COLLECTION

DES MÉMOIRES

RELATIFS

A L'HISTOIRE DE FRANCE.

MÉMOIRES DE RICHELIEU, TOME I.

DE L'IMPRIMERIE DE A. BELIN.

COLLECTION
DES MÉMOIRES

RELATIFS

A L'HISTOIRE DE FRANCE,

DEPUIS L'AVÉNEMENT DE HENRI IV JUSQU'A LA PAIX DE PARIS
CONCLUE EN 1763;

AVEC DES NOTICES SUR CHAQUE AUTEUR,
ET DES OBSERVATIONS SUR CHAQUE OUVRAGE;

Par M. PETITOT.

TOME XXI *BIS.*

PARIS,

FOUCAULT, LIBRAIRE, RUE DE SORBONNE, N°. 9.

1823.

AVERTISSEMENT.

Ce premier volume des Mémoires de Richelieu étoit connu, depuis 1730, sous le titre d'*Histoire de la Mère et du Fils, par Mézeray* : en le réimprimant dans les tomes x et xi de la seconde série, nous fûmes obligés de prendre pour modèle l'édition en deux volumes faite à cette époque; mais ayant depuis obtenu communication du manuscrit original, nous avons soigneusement collationné les deux textes, et cet examen nous a fait remarquer dans celui de 1730, non-seulement plusieurs altérations graves, mais une lacune de six mois dans l'histoire de l'année 1615. C'est ce qui nous a déterminés à réimprimer ce volume d'après le manuscrit. En le comparant avec l'édition de 1730, on ne tardera pas à être convaincu de l'indispensable nécessité de cette réimpression.

Des sommaires de chaque livre ou année nous ont semblé indispensables pour un ouvrage aussi volumineux; ils ont été composés avec le plus grand soin, et nous les avons tous réunis en tête du tome premier. La Notice sur ces Mémoires ouvre le tome second, où commence la partie restée inédite jusqu'à ce jour.

SOMMAIRES

DES VINGT-NEUF LIVRES DES MÉMOIRES
DU
CARDINAL DE RICHELIEU.

LIVRE PREMIER. [1600 à 1610]

Mariage de Henri IV avec Marie de Médicis. — Qualités de cette princesse. — Son arrivée en France. — Cause des querelles domestiques des deux époux. — Eléonore Galigaï et son mari Conchini partagent les bonnes grâces de la Reine. — Marie de Médicis implore en vain la clémence du Roi en faveur du maréchal de Biron. — Demande inutilement la place de Saint-Maixent pour le duc de Sully. — Opinion du Roi sur le caractère de la Reine. — Il lui fait part de ses projets sur l'Italie et sur le duché de Juliers. — Préparatifs pour les mettre à exécution. — Conseils du Roi à la Reine sur la conduite qu'elle aura à tenir pendant la régence qu'il doit lui confier. — Ses vues pour l'établissement de ses enfans. — Préparatifs pour le sacre de la Reine. — Le Roi est assassiné par Ravaillac. — Consternation dans Paris. — Douleur de la Reine. — Elle est déclarée régente par le parlement. — Le comte de Soissons veut s'opposer à cette déclaration. — Il est gagné et se soumet. — Procès et supplice de Ravaillac. — Prédictions sur la mort du Roi. — La Reine-mère fait renouveler l'édit de Nantes en faveur des protestans. — Le parlement condamne un livre de Mariana, auteur espagnol, et un autre de Barclay. — Le prince de Condé résiste aux sollicitations des Espagnols, et revient en France. — Le duc d'Epernon se rend maître de la citadelle de Metz. — Quatre aspects différens que présente l'administration de la régence. — La Reine-mère poursuit le projet de Henri IV, et envoie une armée dans le duché de Juliers. — Funérailles du Roi. — La Reine-mère décharge le peuple de quelques impôts. — Ses largesses aux princes et seigneurs. — Le maréchal de Bouillon travaille à réunir M. le prince et le comte de Soissons. — Projet de mariage entre les enfans de France et d'Espagne. — La Reine-mère fait sacrer le jeune Roi à Reims. — Union des princes du sang. — Les ministres projettent de se débarrasser de Sully. — Union du comte de Soissons avec le marquis d'Ancre. — Les Maurisques sont chassés d'Espagne. — Humanité du gouvernement français envers eux.

LIVRE II. [1611]

Sully remet la charge de surintendant des finances et le gouvernement de la Bastille. — Le duc de Savoie s'arrange avec l'Espagne, et entreprend d'assiéger Genève. — La Reine-mère négocie auprès de lui et le fait renoncer à son projet. — Assemblée générale des huguenots à Saumur. — Intrigues de M. de Bouillon à cette occasion. — Comment elles échouent. — Comment se termine l'assemblée de Saumur. — La Sorbonne condamne le livre intitulé : *Histoire de la papauté.* — La Reine-mère pardonne à l'auteur d'un autre livre intitulé : *De la monarchie aristocratique.* — Dissension à la faculté de Théologie au sujet du livre d'Edmond Richer. — Tumulte à Troyes contre les jésuites. — Arrêt contre les académies de jeu et contre les duels. — La demoiselle Descouman est condamnée par le parlement pour avoir accusé le duc d'Epernon d'avoir trempé dans l'assassinat de Henri IV. — Ambition du marquis d'Ancre. — Il obtient le gouvernement d'Amiens. — Se brouille avec les ministres. — Le chevalier de Guise attaque en plein jour le marquis de Cœuvres. — Mort du duc du Maine ou Mayenne. — Sa fidélité depuis sa soumission au roi Henri. — Mort du duc d'Orléans, frère de Louis XIII. — Mécontentemens qu'elle occasionne à la cour. — La Reine-mère apaise le tumulte survenu à Aix-la-Chapelle. — Les jésuites reçoivent défense d'enseigner. — Mort de Charles XI, roi de Suède. — Mort d'Antonio Perez, ancien ministre du roi d'Espagne ; son histoire.

LIVRE III. [1612]

Tentatives pour désunir M. le prince et le comte de Soissons. — La Reine-mère conclut les mariages de France et d'Espagne. — Elle se refuse aux demandes que lui font le marquis d'Ancre et le duc de Bouillon. — M. le prince et le comte de Soissons reviennent à la cour avec l'intention d'abaisser l'autorité des ministres. — Ils donnent leur consentement aux articles des deux mariages. — Affaire d'Edmond Richer. — Be comte de Soissons obtient le gouvernement de Quillebeuf. — Le duc de Bellegarde a recours à des moyens illicites pour supplanter le marquis d'Ancre. — Affaire de Moysset. — Mort du comte de Soissons. — Le marquis d'Ancre cherche à s'appuyer de M. le prince. — Révolte de Vatan apaisée. — Révolte de Saint-Jean-d'Angely suscitée par le duc de Rohan. — Comment la Reine-mère parvient à l'étouffer. — Orage formé contre les jésuites à l'occasion du livre de *Becanus.* — Mort de l'empereur Rodolphe. — Gustave, roi de Suède, contraint le roi de Danemarck à faire la paix. — Mort du duc de Mantoue. — Le roi d'Angleterre marie sa fille à Frédéric, comte Palatin.

LIVRE IV. [1613]

Le chevalier de Guise tue en duel le baron de Luz ; chagrin de la

Reine-mère. — Son mécontentement envers le chancelier. — Le marquis d'Ancre empêche qu'il soit congédié. — Il appuie les prétentions de M. le prince. — Court risque de perdre la faveur de la Reine-mère. — Le fils du baron de Luz est tué en duel par le chevalier de Guise. — Le marquis d'Ancre propose aux princes de se retirer tous de la cour. — Les princes s'éloignent ; cet éloignement produit peu d'effet. — Affaire du livre de *Becanus*. — Projet de mariage du marquis de Villeroy avec la fille du marquis d'Ancre. — Le duc de Savoie renouvelle les vieilles querelles et ses prétentions sur le Montferrat. — Il entre en armes dans ce pays qu'il met à feu et à sang. — Le marquis d'Ancre fait revenir les princes à la cour. — Sujets de refroidissement entre lui et le duc de Bouillon. — La Reine-mère se décide à défendre le duc de Mantoue. — Le duc de Savoie remet toutes les places qu'il a prises dans le Montferrat. — Le mariage de Frédéric, comte Palatin, avec la fille du roi d'Angleterre, est célébré à Londres. — Sigismond Battory perd ses Etats, sa gloire et sa liberté pour s'être fié à l'Empereur. — Le mariage de M. de Villeroy avec la fille du marquis d'Ancre est publié et signé à Fontainebleau. — Le duc d'Épernon se retire à Metz. — Soulèvement du peuple à Nîmes. — Le siège présidial de cette ville est transféré à Beaucaire. — Établissement de plusieurs congrégations religieuses. — Constructions et jardins du Luxembourg. — Projet de réunir les deux mers par les rivières d'Ouche et d'Armançon. — Froideur entre le marquis d'Ancre et M. de Villeroy. — Le marquis de Cœuvres est envoyé en Italie auprès du duc de Mantoue. — Mort de Gabriel Battory, prince de Transsylvanie. — Gabriel Bethlein lui succède.

LIVRE V. [1614]

Les princes s'éloignent de la cour. — Livres séditieux répandus dans le public. — La Reine-mère fait revenir le duc d'Epernon. — M. de Vendôme se sauve du Louvre où il étoit gardé. — Le duc de Nevers s'empare du château de Mézières. — La Reine-mère veut se démettre de la régence. — Division dans le conseil à ce sujet. — Elle se décide à arranger les affaires par la douceur. — Manifeste de M. le prince. — Réponse victorieuse faite par le conseil aux plaintes qu'il renferme. — Mort du vieux connétable de Montmorency. — Négociations entamées à Soissons. — Comment la Reine-mère s'arrange avec les princes. — La paix est signée à Sainte-Menehould. — Résultat de la mission du marquis de Cœuvres en Italie. — Mort du chevalier de Guise. — Le parlement fait brûler un livre du jésuite Suarez. — La ville de Poitiers refuse l'entrée à M. le prince. — La Reine-mère se décide à mener le Roi dans cette ville et en Bretagne. — Opiniâtreté de M. de Vendôme. — Le Roi tient les états à Nantes; pacifie le Poitou et la Bretagne. — Est déclaré majeur. — Il pose la première pierre du Pont Marie. — M. le prince propose secrètement à la Reine-mère de ne point convoquer les états dont les princes avoient demandé la réunion. — Cette assemblée s'ouvre le 27 octobre aux Augustins à Paris. — Le château d'Amboise est donné à M. de Luynes. — Détails sur la famille de ce favori du Roi. — Le maréchal d'Ancre contribue à son élévation. — Le duc d'Épernon fait sortir de force un soldat mis dans les prisons de Saint-Germain. — Sa conduite insolente envers le parlement. — Le maréchal d'Ancre fait créer des offices de trésoriers des pensions. — Le duc de Savoie refuse de désarmer, malgré les instances que lui en font les Espagnols. — Troubles en Italie. — Le marquis de Spinola prend Aix-la-Chapelle, au nom de l'Empereur. — Les Hollandais s'emparent de Juliers et d'Emmerick.

LIVRE VI. [1615]

Délibérations des trois chambres des états. — Discussions au sujet de la paulette, de la vénalité des offices, de la commission pour les recherches du sel, du concile de Trente, d'un projet de loi fondamentale proposé par la chambre du tiers. — Discours du cardinal du Perron dans cette chambre à cette occasion. — La chambre du clergé demande au Roi un édit contre les duels. — Le parlement condamne par contumace un député de la noblesse qui a donné des coups de bâton à un député du tiers. — Il décrète de prise de corps un agent de M. le prince pour avoir donné des coups de bâton à Marsillac. — Le maréchal d'Ancre fait attaquer en plein jour Riberpré, du parti de M. de Longueville. — Les trois chambres présentent au Roi leurs cahiers de doléances. — Réponse que leur fait Sa Majesté. — Les députés sont congédiés. — Résultat de cette assemblée. — Mort de Marguerite de Valois, première femme de Henri IV. — Son éloge. — Le Roi casse un arrêt du parlement portant convocation de toutes les chambres pour délibérer sur les affaires de l'État. — Le parlement présente au Roi des remontrances. — Nouvel arrêt du conseil qui annule ces remontrances. — M. le prince se retire à Creil et refuse d'accompagner le Roi en Guienne. — Le maréchal d'Ancre incline toujours à la paix. — Plaintes de la Reine-mère contre M. de Villeroy. — M. le prince refuse une troisième fois d'accompagner le Roi. — M. de Longueville essaie en vain de soulever le peuple d'Amiens et de s'emparer de la citadelle. — Le duc de Savoie est contraint de signer les articles concertés entre la France et l'Espagne par le marquis de Rambouillet. — Substance de ces articles. — Punition d'une religieuse de Naples, nommée Julia. — Lettre de M. le prince au Roi, en forme de manifeste. — Plaintes du duc de Bouillon contre le duc d'Épernon, le chancelier, et nommément contre le maréchal d'Ancre. — Quel est le genre de crédit dont ce maréchal jouit auprès de la Reine. — Il reçoit l'ordre de se retirer à Amiens. — L'abbé de Saint-Victor, coadjuteur de Rouen, vient supplier le Roi, au nom du clergé, de recevoir le concile de Trente. — Sa harangue est mal reçue. — Les remontrances de l'ambassadeur d'Angleterre sont aussi mal accueillies. — Leurs Majestés partent pour la Guienne. — Le président Le Jay est conduit au château d'Amboise. — Le duc d'Epernon, en crédit auprès de la Reine, accompagne Leurs Majestés. — La maréchale d'Ancre est du voyage. — Lettre de l'assemblée des huguenots tenue à Grenoble, adressée au Roi; demandes qu'elle contient. — Le Roi étant à Poitiers déclare le prince de Condé et ses adhérens criminels de lèse-majesté. — Déclaration de M. le prince en réponse à celle du Roi. — Le maréchal Bois-Dauphin rassemble à Paris une armée pour l'opposer à celle des princes. — Comment la maréchale d'Ancre rentre dans sa familiarité première avec la Reine. — L'armée des princes s'empare de Château-Thierry et passe la Seine à Bray. — Leurs Majestés arrivent à Bordeaux où se font les fiançailles de Madame et du prince d'Espagne, et le mariage du Roi avec l'Infante. — Le cardinal de Sourdis délivre des prisons, à main armée, un huguenot condamné pour plusieurs crimes par le parlement de Bordeaux. — L'assemblée de Grenoble se transporte à Nîmes contre l'avis du maréchal de Lesdiguières. — Elle avoue la prise d'armes du duc de Rohan, et exhorte toutes les provinces à le seconder. — Le Roi déclare criminels de lèse-majesté tous les huguenots qui, dans un mois, ne se soumettront pas. — M. le prince ravage avec son armée le Berri, la Touraine et le Poitou. — Convention passée à Parthenay entre lui et les députés de l'assemblée de Nîmes. — Le Roi nomme le duc de Guise général de ses deux armées. — La Reine consent à négocier avec M. le prince. — Le duc de Nevers offre de s'entremettre pour la paix. — Mort du cardinal de Joyeuse.

LIVRE VII. [1616]

Opinions diverses dans le conseil du Roi. — Sentimens divers parmi les princes. — M. le prince se résout à la paix. — Sa lettre au Roi qui accorde que l'assemblée de Nîmes soit transférée à La Rochelle. — Sa Majesté arrive à Poitiers. — Suspension d'armes. — Conférences de Loudun. — Le Roi envoie l'ordre au duc de Vendôme de poser les armes. — Il consent à toutes les demandes des princes. — Le commandement de la citadelle d'Amiens est ôté au maréchal d'Ancre. — Les princes reçoivent de grands dons et des récompenses du Roi. — Les sceaux sont donnés au sieur du Vair, premier président de Provence. — Le président Le Jay est remis en liberté, de même que M. le comte d'Auvergne. — Le maréchal d'Ancre est dédommagé de la perte d'Amiens. — Mécontentement des princes les uns envers les autres. — Changement dans le ministère. — Du Vair fait congédier Villeroy à qui il doit son élévation. — La Reine-mère demande au Roi à quitter les soins de l'administration; le Roi s'y refuse. — Elle commence à se défier des sentimens de Luynes. — Envoie l'évêque de Luçon auprès de M. le prince pour l'engager à venir à la cour. — Le duc de Bouillon et M. de

Mayenne conçoivent le dessein de se défaire du maréchal d'Ancre. — Ils rallient tous les ennemis du maréchal. — Imprudences de ce dernier. — M. le prince arrive à Paris et y est reçu avec joie. — Le maréchal d'Ancre et sa femme se livrent entièrement à lui. — M. le prince partage l'autorité de la Reine et devient tout puissant. — Il se joint au dessein de perdre le maréchal. — Conseils secrets tenus pour en hâter l'exécution. — Projet du duc de Nevers de séparer l'ordre du Saint-Sépulcre de celui de Saint-Jean de Jérusalem, et de se faire empereur d'Orient. — Représentations du grand-maître de Malte contre ce projet. — M. de Longueville enlève Péronne au maréchal d'Ancre. — La Reine envoie M. le comte d'Auvergne investir cette place. — Moyen qu'elle prend pour s'attacher M. de Luynes. — Diversité d'opinions dans le conseil des princes sur la manière de ruiner le maréchal d'Ancre. — Proposition de M. le prince contre la Reine-mère; le duc de Guise s'y montre tout contraire. — M. de Sully instruit le Roi et la Reine des mauvais desseins des princes. — Conférence de M. le prince avec le ministre Barbin. — Le duc de Bouillon fait changer de résolution à M. le prince, qui envoie dire au maréchal d'Ancre qu'il n'est plus son ami. — Frayeur du maréchal et de sa femme. — Le maréchal quitte Paris. — Le Roi et la Reine-mère font arrêter M. le prince au Louvre. — Les autres princes se rendent à Soissons. — La maison du maréchal d'Ancre à Paris est pillée par le peuple. — La Reine-mère fait rétablir l'ordre dans la ville. — M. de Vendôme s'enfuit à La Fère. — Le duc d'Épernon arrête les mauvais desseins des huguenots de La Rochelle. — Foiblesse de M. le prince; ses agitations. — Le Roi se rend au parlement où il fait connoître les motifs qui ont provoqué les mesures qu'il a prises. — Ordre donné à tous les domestiques et suivans des princes de sortir de Paris dans les vingt-quatre heures s'ils ne viennent déclarer qu'ils veulent vivre et mourir dans l'obéissance du Roi. — Conférence tenue à Coucy; résolution prise par les princes de marcher sur Paris. — M. de Longueville traite avec le Roi et lui remet Péronne. — M. de Guise propose divers projets. — M. de Nevers se joint aux princes. — Conférence à Cravausson entre les députés du Roi et les princes. — L'armée du Roi s'avance jusques à Villers-Cotterets. — M. de Guise se rend à la cour. — Le Roi consent à quelques-unes des demandes des princes. — Le duc de Nevers excite de nouveaux troubles, et résiste aux sollicitations de la Reine. — Essaie de s'emparer de Reims; fait occuper le château de Sy appartenant au marquis de La Vieuville. — Son insolence envers Barenton, exempt des gardes, envoyé par le Roi. — Le garde des sceaux du Vair est congédié, et Richelieu fait secrétaire d'État. — Celui-ci refuse de se démettre de son évêché. — Le maréchal d'Ancre revient à la cour et continue à se mêler des affaires. — M. de Luynes s'attache à le perdre dans l'esprit du Roi. — Le duc de Nevers surprend Sainte-Menehould et met garnison dans le château. — Le maréchal de Praslin l'en fait sortir peu après.

— Lettre hardie du duc de Bouillon au Roi ; réponse ferme et vigoureuse de Sa Majesté. — M. le prince est gardé de plus près. — Boursier, un de ses chevau-légers, est condamné à mort pour avoir voulu tuer la Reine-mère. — M. le prince est conduit à la Bastille. — Affaires d'Italie. — Le maréchal de Lesdiguières va au secours du duc de Savoie. — Le duc de Nemours fait des levées contre lui. — Ses troupes sont mises en déroute. — Il termine par un accord ses différends avec le duc de Savoie. — Mort du président de Harlay. — Son caractère ferme, son intégrité. — Mort du cardinal de Gondy, ancienne créature de Catherine de Médicis.

LIVRE VIII. [1617]

Le Roi envoie des ambassadeurs en Angleterre, en Hollande et en Allemagne, pour éclairer ces puissances sur la conduite des princes révoltés. — Le duc de Nevers continue ses préparatifs de guerre. — Messieurs du Maine et de Bouillon adressent au Roi des lettres où ils témoignent leur mécontentement. — Réponse du Roi à M. du Maine. — Déclaration du Roi contre M. de Nevers. — Réponse des princes au nom de M. de Nevers. — Nouvelle déclaration du Roi contre eux. — Armées levées pour les soumettre. — Le comte d'Auvergne assure au Roi plusieurs places du Perche et du Maine. — Les huguenots s'assemblent à La Rochelle malgré le refus qui leur en a été fait. — Déclaration des princes contre le maréchal d'Ancre et ses adhérens. — Peu d'effet qu'elle produit dans l'esprit des peuples. — Un arrêt du conseil réunit tous les biens des princes au domaine du Roi. — Succès du duc de Guise contre les révoltés. — Pareils succès obtenus en Berri et au Nivernais par le maréchal de Montigny, et dans l'Ile de France par le comte d'Auvergne. — Caractère du maréchal d'Ancre. — Comment il s'attira tant d'ennemis. — Son imprudence égale à son ambition. — Pourquoi il devient l'ennemi de Richelieu. — Celui-ci veut par deux fois se retirer des affaires ; la Reine-mère le retient. — Le maréchal d'Ancre forme le dessein de se remettre en possession de la citadelle d'Amiens. — Par quels moyens M. de Luynes aigrit l'esprit du Roi contre le maréchal, et le porte enfin à le faire arrêter. — Le baron de Vitry tue le maréchal. — Le Roi écrit dans les provinces pour calmer les esprits et annoncer qu'il veut prendre en main l'administration de ses Etats, à l'exclusion de tout autre. — Richelieu paroît au Louvre devant le Roi, en reçoit des paroles obligeantes, et par son ordre assiste au conseil. — Barbin est gardé chez lui. — La maréchale d'Ancre est arrêtée. — Le baron de Vitry est fait maréchal de France. — Opinion de l'auteur sur l'assassinat du maréchal d'Ancre. — Le corps du maréchal est exhumé par la populace qui l'accable d'outrages. — Présence d'esprit de Richelieu qui le sauve du danger qu'il court en passant le Pont-Neuf. — Le baron de Vitry est pourvu de l'office de conseiller au Parlement. — Le Roi remet en charge tous les anciens officiers chassés par la Reine-mère. — Richelieu refuse de rester au conseil et veut suivre la fortune de la Reine. — Les nouveaux ministres se conduisent tout autrement que ceux qu'ils ont remplacés. — Les princes sont appelés et bien accueillis à la cour. — La Reine-mère est reléguée à Blois. — Le prêtre Travail projette d'assassiner M. de Luynes. — Il est condamné à mort comme coupable d'avoir voulu assassiner la Reine. — Discours de cette princesse au Roi avant son départ. — Détails sur ce départ. — La maréchale d'Ancre est traduite devant le parlement. — Le Roi fait publier une déclaration en faveur des princes. — Pardonne à l'assemblée de La Rochelle et la congédie. — Remontrances de l'assemblée générale du clergé sur la situation malheureuse de l'Église du Béarn. — Un arrêt du conseil ordonne que l'exercice de la religion catholique sera rétabli dans ce pays, et que les biens du clergé seront rendus aux ecclésiastiques. — Les édits contre les duels sont remis en vigueur. — Arrêt du parlement contre la maréchale d'Ancre. — Principaux chefs sur lesquels elle est condamnée. — Sa résignation, son courage. — Naissance de Conchini. — Son élévation, son caractère. — Naissance de Léonore Galigaï. — Comment elle parvient à gagner la confiance de Marie de Médicis. — Sa santé et son esprit s'altèrent. — Causes de ses querelles avec son mari. — Richelieu est fait chef du conseil de la Reine-mère. — Sa prudence dans cet emploi. — Sa correspondance avec M. de Luynes. — Le Roi lui écrit qu'il est bien aise de la résolution qu'il a prise d'aller en son évêché, et lui commande d'y rester jusqu'à nouvel ordre. — Réponse soumise de Richelieu. — La Reine-mère se plaint au Roi de cet ordre. — Elle en écrit à M. de Luynes. — Presse Richelieu de revenir auprès d'elle. — Richelieu s'y refuse. — Il est relégué dans son évêché. — Pourquoi le maréchal de Vitry devient son ennemi. — Il compose un écrit contre la lettre des quatre ministres de Charenton. — Mortifications dont la Reine-mère devient l'objet. — On veut lui arracher l'aveu qu'elle s'est mal gouvernée dans l'administration des affaires de l'État. — M. le prince est transféré à Vincennes. — M. de Luynes se marie avec la fille du duc de Montbazon ; est fait lieutenant général au gouvernement de Normandie. — La correspondance entre Barbin et la Reine-mère passe sous les yeux de M. de Luynes. — Assemblée des princes protestans d'Allemagne à Hailbronn. — Le duc de Saxe fait célébrer les cent ans révolus depuis la première publication des hérésies de Luther. — Affaires d'Italie. — Succès du maréchal de Lesdiguières. — Traité de Pavie. — Assemblée des notables à Rouen. — Mort de M. de Villeroy. — Son caractère. — Mort de l'historien de Thou. — Son incapacité dans les affaires.

LIVRE IX. [1618].

La Reine-mère projette d'aller trouver le Roi. — Les mauvais traitemens qu'elle endure lui regagnent les esprits. — Richelieu, son frère et son beau-frère, reçoivent ordre d'aller à Avignon. — Barbin est plus étroitement gardé et interrogé sur ses lettres à la Reine. — M. de Luynes fait supprimer la paulette et permettre aux jésuites d'ouvrir un collége à Clermont. — Le Roi tient ferme à l'exécution de son arrêt en faveur des ecclésiastiques du Béarn. — Déclare criminels de lèse-majesté tous ceux qui se trouveront à l'assemblée d'Orthez. — Fait rendre Verceil par les Espagnols. — M. de Luynes travaille à l'établissement de sa maison, et fait poursuivre le procès de Barbin. — Condamnations. — Emprisonnemens. — Barbin obtient d'être ouï au grand conseil. — Il est condamné au bannissement. — Cette peine est changée en une prison rigoureuse. — La Reine-mère reçoit défense de sortir de Blois. — Ses promenades sont bornées. — Déclaration qu'on la force de signer. — Le cardinal de Savoie vient en France demander en mariage Madame, sœur du Roi, pour le prince de Piémont. — Soulèvement en Bohême. — Le roi Ferdinand et l'archiduc Maximilien font arrêter le cardinal Klezel. — Mort du cardinal du Perron; son éloge.

LIVRE X. [1619]

La Reine-mère songe à sortir de sa captivité. — Chanteloube travaille auprès des princes pour les intéresser à sa liberté. — Les ducs de Bouillon et d'Epernon s'engagent à la délivrer. — Le dernier part de Metz pour aller à Loches recevoir la Reine-mère et la conduire à Angoulême. — Comment la Reine sort du château de Blois pendant la nuit. — Elle se rend à Montrichard, où le cardinal de La Valette la reçoit et la conduit au duc d'Epernon son père. — Lettre qu'elle écrit au Roi pour lui annoncer les motifs qui l'ont forcée à quitter Blois. — Réponse du Roi. — Nouvelle lettre de la Reine. — Autre réponse du Roi. — Richelieu reçoit ordre du Roi d'aller trouver la Reine-mère et de calmer son esprit. — Il part, est arrêté à Vienne, puis relâché et arrive à Angoulême. — Détails sur ce qui s'y passe à son sujet. — Situation dans laquelle s'y trouve la Reine-mère. — Traité qui s'y conclut. — Le Roi l'approuve et part pour aller en Touraine. — Propositions extravagantes de Russelay à la Reine. — Russelay quitte la Reine et se rend à la cour. — Le frère de Richelieu est tué par le marquis de Thémines. — Lettre de protestations de M. de Luynes à la Reine. — Réponse. — Autre lettre pour l'inviter à venir à la cour. — M. de Luynes traite en même temps pour surprendre les places qui sont au pouvoir des serviteurs de la Reine. — Barneveldt est condamné à mort et exécuté. — Le Roi s'intéresse vainement à lui. — Richelieu est envoyé à Tours; sa conférence avec M. de Luynes. — Entrevue du Roi et de la Reine. — Nouveaux sujets de plaintes de la Reine-mère. — Elle se rend à Angers. — M. le prince est délivré. — Barbin sort de la Bastille et du royaume. — Déclaration du Roi en faveur de M. le prince. — Lettre de la Reine-mère au Roi sur le tort que lui fait cette déclaration. — Richelieu conseille à la Reine de se rendre à la cour. — Chanteloube l'en détourne. — Nouvelles plaintes de la Reine-mère sur l'inexécution du traité d'Angoulême. — Suite du soulèvement de la Bohême. — Le roi Ferdinand est élu empereur. — L'électeur Palatin est couronné roi de Bohême. — Le Roi envoie une ambassade solennelle en Allemagne, pour travailler à un accommodement entre les princes.

LIVRE XI. [1620]

La Reine-mère, retirée à Angers, se plaint de l'inexécution du traité d'Angoulême. — Des négociations s'entament entre elle et Louis XIII. — Elle refuse les offres de service que lui font les huguenots. — Pendant les négociations le Roi envoie des ambassadeurs en Allemagne. — Il vient à Orléans pour se rapprocher de la Reine-mère. — Le duc de Luynes le fait retourner à Fontainebleau. — Richelieu veut dissuader la Reine-mère de prendre la voie des armes pour obtenir satisfaction. — La guerre est décidée dans son conseil. — Le Roi marche sur Rouen où il fait son entrée; il pacifie la Normandie et part pour le Pont-de-Cé. — Les seigneurs du parti de la Reine n'opposent qu'une foible résistance et se dispersent. — Traité de paix entre le Roi et sa mère. — Modération du duc de Luynes. — Le Roi se rend à Bordeaux, soumet les protestans du Béarn, fait rendre aux évêques les biens dont ils étoient privés. — Il revient à Paris. — Les protestans du Béarn excitent de nouveaux troubles. — Affaires d'Allemagne. — Bataille de Prague. — L'Empereur soumet la Bohême.

LIVRE XII. [1621]

Projet de mariage entre madame Henriette, troisième sœur du Roi, et le prince de Galles; pourquoi il échoue. — Assemblée des huguenots à La Rochelle; ils font de vaines protestations de fidélité, et se révoltent en plusieurs provinces; ordres donnés et mesures prises pour les réprimer. — Réunion de la Navarre à la couronne. — Le Roi se prépare à la guerre contre les rebelles. — Le duc de Luynes est fait connétable. — Conduite de ce dernier envers la Reine-mère; bruits calomnieux répandus contre elle; affronts qu'elle reçoit. — Elle refuse de recourir à la voie des armes. — Différend survenu entre le cardinal de Guise et M. de Nevers; comment la Reine-mère s'y trouve compromise. — Ses plaintes et ses conseils au Roi. — Insolence de l'assemblée de La Rochelle. — Sédition à Tours apaisée. — Le Roi se rend à Saumur, dont il ôte le gouvernement à du Plessis-Mornay. — Organisation politique des églises protestantes. — Prise de plusieurs places sur les huguenots. — Siège et capitulation de Saint-Jean-d'Angely. — Prise de Nérac et autres villes. — Mort du garde des sceaux du Vair; son caractère. — Siège de Montauban; le duc du Maine y est tué. — Son portrait. — Le Roi convertit le siège de Montauban en blocus. — La Reine-mère est accusée d'être à la tête d'un tiers parti qui n'existe pas. — Forfanterie et hauteur du duc de Luynes.— Le Roi se rend à Toulouse. — Le père Arnoult fait ombrage au connétable. — Mort de ce dernier; prédictions sur sa mort; son ambition désordonnée et extravagante; son caractère, ses procédés envers la Reine-mère. — Situation de cette princesse au moment de la mort du connétable. — Lettre du Roi en lui annonçant cette mort. — Affaires d'Allemagne. — Mort du pape Paul v et de Philippe iii, roi d'Espagne. — Leur caractère. — Du duc de Lerme et de son fils le duc d'Uzède.

LIVRE XIII. [1622]

La Reine-mère offre au Roi Angers, Chinon et le Pont-de-Cé, pour récompenser ceux qui l'ont servi. — Efforts de M. le prince et des ministres pour empêcher le Roi de revoir sa mère. — Elle envoie Richelieu à son fils pour lui exprimer toute sa tendresse et les bons sentimens qui l'animent. — Les ministres ne veulent pas qu'elle entre au conseil. — Moyens qu'ils emploient pour l'en écarter, ou au moins pour prévenir l'influence qu'elle pourroit y prendre. — Conversation de la Reine-mère avec son fils à ce sujet et à l'occasion d'une insulte de Russelay. — Son explication avec M. le prince. — Son opinion dans le conseil du Roi sur le parti à prendre envers les huguenots. — M. le prince fait décider la guerre. — La Reine-mère déclare qu'elle suivra le Roi. — Nouvelle explication avec M. le prince sur cette résolution. — Entreprises des huguenots. — Le Roi part de Paris pour marcher contre eux. — Il reçoit à Orléans la nouvelle de la soumission de plusieurs places sur le Rhône. — Il se rend à Nantes d'où il veut aller en bas Poitou à la poursuite du duc de Soubise. — La Reine-mère essaie de s'opposer à cette résolution. — Le duc de Soubise se sauve le long des Dunes. — Le Roi le poursuit et déploie un grand courage. — La Reine-mère tombe malade et va aux eaux de Pougues. — Ses ennemis essaient de profiter de cette circonstance pour calomnier ses intentions. — Le Roi assiége et prend Royan, s'achemine vers le Languedoc, prend Négrepelisse, soumet Saint-Antonin, se rend à Toulouse. — Il fait vérifier au parlement les lettres patentes qui déclarent le duc de Rohan criminel de lèse-majesté. — Il nomme le maréchal de Lesdiguières connétable. — Soumission de plusieurs petites villes aux environs de Montpellier. — Les frontières de la Champagne menacées par le comte de Mansfeld. — Gonzalès poursuit Mansfeld qui se retire en Westphalie. — Siége de Montpellier entrepris par M. le prince. — Russelay vient auprès de lui. — Mort du cardinal de Retz; son caractère. — Richelieu est nommé cardinal. — Capitulation de Montpellier; M. le prince ne pouvant empêcher cette capitulation se rend en Italie. — Conseils de la Reine-mère au Roi sur les moyens de terminer la guerre. — Mort de Russelay; son histoire. — Bataille navale où les Rochelois sont défaits. — Richelieu vient à Tarascon remercier le Roi du chapeau de cardinal. — Le Roi revoit les Reines à Lyon; il entretient sa mère des desseins de M. le prince. —

Conseils de la Reine-mère à l'égard de la Valteline. — Le Roi retourne à Paris. — Rétractation du jésuite Antonio de Dominis.

LIVRE XIV. [1623]

Le Roi envoie des commissaires dans toutes les provinces pour rétablir l'exercice de la religion catholique. — Les Rochelois font de vaines instances pour la démolition du fort Louis. — Le chancelier Sillery et son fils de Puisieux entreprennent de faire éloigner du ministère M. de Schomberg. — Il est congédié; se bat en duel avec le comte de Candale. — Le chancelier obtient les sceaux par le crédit de la Reine-mère. — Le duc de Rohan reçoit ordre de se retirer de Montpellier. — Déclaration du Roi qui défend aux huguenots de tenir aucune assemblée. — Conduite du chancelier et de son fils envers la Reine-mère. — Ils essaient de brouiller le Roi et la Reine. — La Reine-mère s'offre de parler à la Reine sur la légèreté qu'elle met dans quelques-unes de ses actions. — Elle réconcilie les deux époux. — Le Roi envoie assurer M. le prince, de retour d'Italie, de sa bonne volonté et du désir qu'il a de le voir. — D'après les avis de la Reine-mère, le Roi se décide à ne point rompre le projet de mariage de Monsieur, mais d'en différer l'exécution. — Comment elle empêche l'entrée au conseil du prince de Joinville et de Bassompierre. — Le prince de Galles passe *incognito* en France pour se rendre en Espagne, afin d'accélérer son mariage avec l'Infante. — Remontrances de la Reine-mère au Roi à cette occasion. — Intrigues des ministres auprès d'elle. — Mort du président Jeannin; son caractère. — Mort du duc de Bouillon; son ambition, son esprit turbulent. — Remontrances du parlement. — La Reine-mère est accusée d'avoir sollicité le gouvernement de Saumur. — Sa conduite dans cette affaire; le Roi lui donne pleine satisfaction. — Elle se charge de nouveau de parler à la Reine sur sa conduite. — Nouvelles intrigues des ministres. — La Reine-mère projette d'aller aux eaux de Pougues; raisons qui l'y font renoncer. — Elle se rend à Monceaux où le Roi va la visiter, puis la Reine. — Madame de Chevreuse est éloignée de la cour. — La Reine-mère se justifie d'être la cause de cet éloignement. — Ses avis au Roi sur la formation d'un conseil que lui proposent les ministres, et sur l'offre du roi d'Espagne d'assister Louis XIII d'une armée navale pour prendre La Rochelle. — Intrigue de Puisieux découverte. — Les habitans de Montpellier obtiennent la construction d'une citadelle. — Mort du pape Grégoire XV; son caractère. — Mort de du Plessis-Mornay; son portrait. — Confrérie de *los Alumbrados*. — Les Roses-Croix et les Invisibles.

LIVRE XV. [1624]

La Vieuville, qui dirige le ministère, fait résoudre le Roi à admettre le cardinal de Richelieu en ses conseils. — Le cardinal s'en défend par plusieurs raisons. — Le Roi le lui ordonne; il obéit, en présentant diverses considérations politiques et personnelles. — Le roi d'Angleterre demande madame Henriette pour le prince de Galles. — Opinion du cardinal dans le conseil du Roi sur ce mariage ; conditions d'après lesquelles il conclut qu'il se fasse. — Négociations et débats entre les ambassadeurs d'Angleterre et le conseil. — Le mariage est arrêté. — Négociations avec la cour de Rome à ce sujet. — Les Hollandais demandent secours au Roi contre la maison d'Autriche. — Opinion du cardinal dans le conseil, tendante à contracter avec eux une amitié aussi étroite que du temps du feu Roi. — Articles importans pour l'Etat et la religion ajoutés à l'ancien traité. — Menées et intrigues de La Vieuville ; raisons qui déterminent le Roi à le renvoyer. — Le cardinal et le garde des sceaux essaient de l'excuser. — Il est congédié. — Discours du cardinal au Roi avant ce renvoi. — D'après ses conseils Schomberg est rappelé au ministère. — La Vieuville est arrêté et envoyé prisonnier à Amboise. — Le cardinal loue le Roi de s'être défait de ce ministre ; il lui conseille de gouverner d'après un autre plan. — On écrit aux provinces, aux gouverneurs, aux parlemens, aux ambassadeurs, pour les informer des résolutions du Roi et du changement qui vient de se faire. — Le colonel Ornano est rappelé auprès de Monsieur. — Le cardinal propose l'établissement d'une chambre de justice pour poursuivre ceux qui ont malversé dans les finances ; développemens dans lesquels il entre à cet égard ; moyens qu'il offre. — Le Roi ordonne l'érection de cette chambre ; plusieurs financiers sont emprisonnés, d'autres prennent la fuite. — Affaire de la Valteline ; détails historiques à ce sujet ; le cardinal fait rejeter le projet de traité proposé par le Pape ; exposé des motifs qu'il en donne ; ses conclusions sont adoptées par le Roi. — Négociations entre l'ambassadeur de France et la cour de Rome. — Le cardinal prouve la nécessité et la justice de recourir à la voie des armes ; il fait approuver les mesures qu'il propose. — Le maréchal de La Force est envoyé avec quelques troupes en Picardie, le duc d'Angoulême en Champagne, le connétable de Lesdiguières en Bresse. — Le marquis de Cœuvres, secondé par les ligues grises, occupe la Valteline, et renvoie au marquis de Bagny, commandant pour Sa Sainteté, les officiers et les soldats qu'il a faits prisonniers.

LIVRE XVI. [1625]

RÉVOLTE des ducs de Soubise et de Rohan. — Soubise s'empare de six vaisseaux du Roi ; le duc de Vendôme lui fait quitter la ville de Blavet. — Le Roi demande des vaisseaux au roi d'Angleterre et en obtient. — Nouveaux obstacles à la conclusion du mariage de madame Henriette avec le prince de Galles ; comment ils sont enfin levés. — Cérémonie des fiançailles ; fête que donne le cardinal en cette occasion. — La Rochelle, Castres et Montauban se déclarent pour Soubise. — Opinion du cardinal sur le parti à prendre dans ces circonstances. — Le sieur de Toiras force Soubise à quitter la rivière de Bordeaux. — Le Roi demande aux Hollandais un secours de vingt vaisseaux, et obtient que ces vaisseaux soient montés et commandés par des Français; il en est de même des vaisseaux anglais. — Comment les huguenots sont amenés à envoyer des députés à Fontainebleau pour solliciter la paix. — Ils obtiennent la plupart des choses qu'ils demandent, à l'exception de la démolition du fort Louis. — Conduite perfide de Soubise envers l'amiral hollandais Haustein. — Moyens dont se sert le cardinal pour gagner les Rochelois. — La flotte du Roi reprend l'île de Ré sur les troupes de Soubise qui se retire à Oleron; huit de ses vaisseaux sont pris à la suite d'un combat opiniâtre. — Soubise s'enfuit en Angleterre. — Affaires de la Valteline; siége de Vérue; le sieur de Vignoles bat les Espagnols devant cette place. — Le cardinal fait faire de nouvelles levées. — D'après ses conseils le Roi envoie des troupes en Hollande pour la défense de Bréda. — Mansfeld rentre en Westphalie, et les Français dans leur pays. — Le Pape envoie en France le cardinal Barberin pour se plaindre de ce qu'on lui a enlevé les forts de la Valteline. — Lord Buckingham vient proposer au nom du roi d'Angleterre une ligue offensive; réponse du conseil à cette proposition. — Opinion du cardinal sur la conduite à tenir avec l'Angleterre; le Roi se rend à son avis. — Madame Henriette part pour l'Angleterre. — Débats entre le légat Barberin et le conseil du Roi au sujet des forts de la Valteline. — Lettre du cardinal au Roi, dans laquelle il lui conseille de convoquer une assemblée de notables pour prendre leur avis sur cette affaire. — L'assemblée est convoquée; résolutions qui y sont prises d'après l'avis du cardinal. — Bassompierre est envoyé ambassadeur extraordinaire en Suisse; instructions dont il est chargé. — L'Espagne fait faire des ouvertures de paix; réponse qu'y fait le Roi. — Comment madame Henriette est reçue et traitée en Angleterre. — L'ambassadeur de France en fait le rapport au Roi, et lui demande des instructions. — Le sieur de Blainville est envoyé ambassadeur extraordinaire pour se plaindre des contraventions faites au traité d'alliance; instructions que lui adresse le cardinal. — Lord Buckingham fait un traité d'alliance avec les Hollandais et le roi de Danemarck. — Comment le cardinal prévient une rupture avec l'Angleterre. — Les Rochelois et les huguenots du Languedoc envoient demander la paix au Roi; à quelles conditions le cardinal propose de la leur accorder. — Le livre intitulé *Mystères politiques* est censuré par l'assemblée générale du clergé.

LIVRE XVII. [1626]

L'AMBASSADEUR de France en Espagne signe, avec le comte d'Olivarès, un traité de paix qui n'obtient pas l'assentiment du Roi. — Opinion du cardinal dans cette occasion. — Instructions envoyées à l'ambassadeur.

— Les ambassadeurs d'Angleterre recherchent une alliance défensive avec le Roi, et sollicitent les huguenots à s'accommoder. — Le Roi accorde la paix aux huguenots; conditions de cette paix. — Prudence et courage du cardinal dans la conduite de cette affaire. — Arrêt du parlement au sujet de la censure du livre intitulé *Mystères politiques*.—Le Roi, de l'avis du cardinal, évoque cette affaire à son conseil et la termine. — Orage formé contre les jésuites à l'occasion d'un livre du père Santarel ; comment le cardinal parvient à l'apaiser. — L'ambassadeur de France signe un nouveau traité de paix avec l'Espagne qui est ratifié. — M. de Bullion est envoyé auprès du duc de Savoie pour le lui faire agréer, et le sieur de Châteauneuf à Venise et auprès des Grisons pour le même sujet; instructions dont ils sont chargés. — Promesses du Roi aux ambassadeurs d'Angleterre de concourir avec eux à procurer la liberté de l'Empire. — Nouvelles mesures proposées par le cardinal et adoptées par le Roi pour arrêter la fureur des duels. — Succès qu'elles obtiennent. — Conspiration du maréchal d'Ornano; combien elle est étendue ; rangs et qualités des personnes qui y trempent; preuves et détails. — D'Ornano est arrêté avec plusieurs complices ; il est enfermé à Vincennes. — Le cardinal conseille au Roi de diviser la faction. — Entrevue de M. le prince avec le cardinal ; son heureuse issue. — Entrevue de Monsieur avec le même; ses protestations de fidélité. — Déclaration écrite et signée du Roi, de la Reine-mère et de Monsieur. — Le duc de Vendôme et son frère sont arrêtés. — Voyage du Roi à Nantes. — Chalais est arrêté. — Le Roi fait l'ouverture des Etats de Bretagne. — Inquiétudes de Monsieur sur l'arrestation de Chalais; ses résolutions aussitôt abandonnées que prises ; ses aveux; il demande un apanage. — Discours du cardinal au Roi sur la nécessité de terminer le mariage de Monsieur ; quelles personnes s'y opposent. — Par le conseil du cardinal, madame de Chevreuse est éloignée de la cour; sa colère en recevant l'ordre de la quitter. — Lettres patentes du Roi concernant l'apanage de Monsieur. — Son mariage est célébré par le cardinal. — Instruction du procès de Chalais ; il est condamné et exécuté. — Lit de justice du Roi au parlement de Rennes. — Le comte de Soissons reçoit ordre du Roi de rester à Paris.—D'Ornano meurt de chagrin en prison ; preuves de ses crimes; aveux de Monsieur contre lui. — Desseins des conjurés contre le Roi et contre le cardinal. — Difficultés apportées à l'exécution du traité de paix conclu avec l'Espagne de la part de quelques puissances intéressées. — Traité entre les rois de France et d'Espagne sur la démolition des forts de la Valteline.—Détails sur les mauvais procédés des Anglais envers leur reine, madame Henriette. — Menées et intrigues de Buckingham ; son portrait. — Discours de Richelieu au Roi sur les moyens de rétablir la balance politique en Allemagne. — Ce projet échoue par les fautes que commettent les Anglais. — Après quelques succès Mansfeld et le roi de Danemarck sont vaincus et entièrement défaits. — Le cardinal met le Roi et son conseil en garde contre des ouvertures spécieuses faites par la cour d'Espagne. — Le maréchal de Bassompierre est envoyé en Angleterre pour se plaindre de la conduite tenue envers la Reine. — Sa première audience auprès du Roi. — Le cardinal fait supprimer les charges de connétable et d'amiral. — Le Roi, sur son avis, ôte à Liancourt ses charges pour avoir provoqué en duel le duc d'Halluin. — Baradas est disgracié. — Le maréchal de Bassompierre obtient en partie satisfaction de la cour d'Angleterre.

LIVRE XVIII. [1627]

Résultat de l'ambassade extraordinaire du sieur de Châteauneuf auprès des Grisons. — Le Roi consent à la révocation et cassation des traités de Lindau, de Coire et de Milan, en ce qu'ils ont de contraire au traité de Monçon. — Dissensions à l'occasion du livre de Santarel; le Roi y met fin par deux arrêts. — L'évêque de Verdun essaie par des excommunications d'empêcher la construction de la citadelle de cette ville; puni de son audace, il se retire en Allemagne. — Le duc de Vendôme reconnoît et avoue ses fautes, et implore la clémence du Roi; à quelles conditions le Roi lui pardonne. — Le cardinal est nommé grand-maître et surintendant général de la navigation et commerce de France. — Il fait approuver par une assemblée de notables son projet de rétablissement de la marine française. — Éloge que fait M. le prince des grandes vues d'administration du cardinal; il demande au Roi de reparoître à la cour et de le servir, protestant de sa fidélité et de son dévouement; il donne son avis sur Monsieur, sur le duc de Vendôme et sur le grand-prieur. — Représentations au Roi de la part du cardinal sur l'ambassade extraordinaire du maréchal de Bassompierre et sur la politique peu loyale des Anglais. — Le Roi empêche le duc de Buckingham de venir en ambassade auprès de lui. — Les Anglais prennent tous les vaisseaux français qu'ils rencontrent en mer; favorisent Soubise et Rohan qui cherchent à brouiller en France. — L'ambassadeur du Fargis signe à Madrid un traité d'alliance défensive avec l'Espagne. — Le roi de France l'approuve et l'exécute de bonne foi; l'Espagne n'agit qu'avec lenteur. — Duel de Bouteville et de Deschapelles; rapport du cardinal au Roi sur cette affaire; ils sont condamnés et exécutés; en quoi le parlement de Paris manque à ses devoirs dans l'arrêt qu'il rend contre eux. — Mort de Madame. — Supplice du libelliste Fancan. — Le roi d'Angleterre envoie Montaigu en Lorraine pour gagner le duc, puis en Savoie et à Venise dans le même but. — Buckingham descend sur la côte de France avec une armée de mer et menace l'île de Ré; il publie un manifeste, s'empare de Saint-Martin sans résistance. — Le cardinal, pendant la maladie du Roi, pourvoit à ses dépens à l'approvisionnement et à la défense de l'île de Ré. — Il accepte les propositions de l'ambassadeur d'Espagne sans trop se fier à ses promesses. — Opérations de Buckingham dans l'île de Saint-Martin ; efforts du cardinal pour conserver l'île de Ré ; il y fait introduire des vivres, des provisions et des hommes. — Le Roi, d'après son avis, rejette la proposition honteuse que fait Buckingham de se retirer à condition que le fort Louis sera rasé. — La citadelle de l'île de Ré est ravitaillée. — Armement de l'empereur d'Allemagne contre la France. — Six mille hommes débarquent dans l'île de Ré malgré la flotte anglaise ; le maréchal de Schomberg bat les Anglais, et les force à se retirer avec une perte considérable. — Le comte de Tilly enlève au roi de Danemarck tout ce qu'il possédoit en Allemagne. — Montaigu est arrêté en Lorraine. — Détails à ce sujet. — Le Pape autorise le clergé de France à donner au Roi les secours d'argent dont il a besoin. — Le duc de Rohan publie un manifeste en Languedoc ; le prince de Condé est envoyé contre lui. — Entrevue de ce prince avec le cardinal. — Le duc de Rohan est déclaré ennemi de l'Etat ; il est enjoint au parlement de Toulouse de lui faire son procès. — Le Roi, sur l'avis du cardinal, se décide à faire le siége de La Rochelle. — Mort du duc de Mantoue.

LIVRE XIX. [1628]

Le cardinal entretient le Roi sur l'état présent de ses affaires et lui donne son avis sur la conduite qu'il doit tenir pour triompher de ses ennemis. — Les députés des Rochelois font un traité avec le roi d'Angleterre. — Le parlement attaque Buckingham. — Savignac, député de La Rochelle, est arrêté dans l'Albigeois. — Ses papiers sont saisis ; aveux qu'on tire de lui. — Valquier, écossais, est aussi arrêté, et fait également des révélations. — Le duc de Rohan échoue dans une entreprise contre Montpellier. — Le parlement de Toulouse rend des arrêts contre les rebelles, déclare le duc de Rohan déchu des titres de duc et pair, et le condamne à être tiré à quatre chevaux. — Le prince de Condé poursuit les révoltés dans le Languedoc, et persiste à faire la guerre à sa manière. — La Milletière, agent du duc de Rohan, est arrêté et envoyé à la Bastille, puis conduit à Toulouse. — Le marquis de Spinola va trouver le Roi au camp de La Rochelle. — Vains efforts du cardinal pour retenir devant cette ville la flotte espagnole. — Il rejette les propositions qui lui sont faites de la part de l'Angleterre. — Le Roi s'ennuyant au camp retourne à Paris peu content du cardinal. — Celui-ci reste au siége de La Rochelle auquel il donne tous ses soins. — La mort du duc de Mantoue fait naître aux Espagnols l'envie d'envahir l'Italie. — Intérêts de l'Empereur dans l'affaire de la succession de ce duché qui revient au duc de Nevers. — Le duc de Savoie se lie avec l'Espagne à cette occasion. — Tentative du cardinal pour surprendre La Rochelle. — Pourquoi elle échoue. — Relations des Rochelois avec l'Angleterre découvertes. — Montaigu dévoile au Roi les causes de la mésintelligence entre le roi d'Angleterre et Sa Majesté. — Le cardinal conseille au Roi de faire revenir en France, madame de Chevreuse et de délivrer Montaigu. — Le Roi revient au camp de La Rochelle. — Le cardinal lui fait en plein conseil un rapport sur l'état présent de ses affaires, et insiste sur la réduction de La Rochelle. — Le Roi fait à cette ville une sommation qui reste sans effet. — Ordres donnés par le cardinal à toute l'armée navale pour maintenir la discipline et surveiller l'arrivée de la flotte anglaise. — Mesures prises pour empêcher que la ville ne soit secourue. — Etat de la flotte française et de la flotte anglaise. — Retraite honteuse de cette dernière. — Extrémité où la ville est réduite. — Le comte de Soissons demande à rentrer dans les bonnes grâces du Roi, en renonçant à tous ses projets. — Le duc de Savoie offre de renouer avec le Roi. — Négociations du comte d'Olivarès avec le conseil du Roi au sujet du duché de Mantoue. — Portrait de la nation espagnole par le cardinal. — Le Roi charge le marquis de Créqui d'aller à la défense de Casal. — Conduite du marquis. — Les Rochelois pressent les Anglais de leur envoyer des secours. — Etat désespéré où ils se trouvent réduits. — Buckingham est assassiné. — Arrivée d'une nouvelle flotte anglaise. — Description de la digue construite par ordre du cardinal. — Les vaisseaux anglais se retirent à l'île d'Aix. — Les Rochelois demandent grâce et se soumettent au Roi, qui fait son entrée dans la ville, et en fait démolir les fortifications et les murs. — Factions et cabales à la cour et dans l'Etat contre le cardinal. — Le Roi fait négocier auprès de l'Empereur et du roi d'Espagne, au sujet du duché de Mantoue. — Instructions données à ses négociateurs. — Arrivée de Bautru en Espagne; ses conférences avec le comte d'Olivarès. — Le Roi fait marcher des troupes vers l'Italie d'après les conseils du cardinal.

LIVRE XX. [1629]

APOLOGIE de la justice du Roi dans la défense du duc de Mantoue. — Discours du cardinal dans le conseil, sur la nécessité de secourir promptement Casal. — Entretien remarquable du même cardinal, dans lequel il donne à Sa Majesté, en présence de la Reine-mère et du père Suffren, des conseils sur sa conduite à l'égard des affaires de l'État et sur sa conduite privée. — Le cardinal demande à se retirer des affaires, offrant de rester auprès du Roi pour l'aider quelquefois de ses avis. — Le Roi refuse de lui accorder sa retraite. — Il tient un lit de justice où il fait lire et publier un recueil de diverses ordonnances. — Longs débats entre le parlement et le garde des sceaux au sujet de l'enregistrement de ces lois. — Comment ils se terminent. — Nouveau débat du parlement à l'occasion de l'entérinement des lettres d'abolition accordées par le Roi en faveur du duc de Vendôme. — Mort du grand-prieur. — Le cardinal refuse les deux abbayes de Marmoutier et de Saint-Lucien de Beauvais, que le Roi veut lui donner; honorable motif de son refus. — Le Roi part pour se rendre en Piémont. — Il permet à M. le prince de le venir voir à Bray. — Détails sur cette entrevue. — Résultat des négociations de Bautru en Espagne. — La conduite ferme de ce négociateur déconcerte le comte d'Olivarès. — Propositions inadmissibles faites par l'Espagne. — Le Roi force le pas de Suse. — Le cardinal qui l'accompagne se voit chargé seul de pourvoir à tous les besoins de l'armée. — Négociations entamées avec le duc de Savoie pour obtenir le passage des troupes du Roi. — Le duc cherche tous les moyens de retarder ce passage qu'il n'ose refuser ouvertement. — La fermeté du cardinal rend tous ses efforts inutiles. — La ville de Suse est emportée d'assaut; le château est rendu. — Le duc de Savoie fait un traité avec le Roi, et s'engage à le seconder dans son entreprise. — Conditions du traité. — Projet de ligue entre le Roi et les puissances de l'Italie pour se soustraire à l'oppression des Espagnols. — La ville de Casal est délivrée. — Le Roi refuse de faire aucune conquête en Italie. — Propositions du duc de Savoie rejetées. — Opinion du cardinal sur le projet de soumettre Gênes. — Le Roi force les Espagnols à quitter quelques places voisines de Casal. — Ruses et artifices du duc de Savoie pour engager le Roi à une grande guerre avec l'Espagne. — Le Roi fait assembler et tenir des forces à l'entrée de la Savoie pour tenir le duc en respect. — Il se rend en Languedoc. — Le cardinal lui donne en partant des conseils sur les moyens de soumettre les huguenots de cette province. — Il reste en Italie avec plein pouvoir. — Il termine par un traité tous les différends des ducs de Savoie et de Mantoue. — Pourvoit à la sûreté de l'Italie et va rejoindre le Roi en Languedoc. — Tous les États de l'Europe se rapprochent du Roi et recherchent son alliance. — L'Angleterre fait la paix. — Le Danemarck s'arrange avec l'Empereur. — La ville de Privas est assiégée et emportée d'assaut. — Le fort de Colon est pris et brûlé. — Marillac obtient le grade de maréchal par le crédit du cardinal. — Les Cevennes se soumettent au Roi. — Efforts du duc de Rohan pour soutenir les huguenots dans leur rebellion. — Raisons qui déterminent le cardinal à écouter les propositions des rebelles. — Comment le duc de Rohan, après avoir été bercé d'espérances et de promesses par l'Angleterre, l'Espagne et le duc de Savoie, se voit réduit à implorer le pardon du Roi. — La paix est conclue; à quelles conditions. — Le Roi fait son entrée à Nîmes et autres villes soumises, et retourne à Paris. — Le duc de Rohan s'embarque à Toulon d'où il écrit au Roi une lettre pleine de repentir. — Le cardinal se rend à Montpellier où il établit des élus et réunit en un seul corps la chambre des comptes et la cour des aides. — Il dissout les états réunis à Pésenas. — Entre successivement à Alby et à Montauban où il est reçu avec de grands honneurs et fait bénir sa présence. — Les ministres des huguenots viennent de toutes parts le complimenter. — Tous les évêques viennent le visiter. — Le cardinal s'attache à faire respecter l'autorité du Roi et à lui gagner tous les cœurs en publiant partout sa gloire. — Mécontentement de Monsieur. — Nommé lieutenant général de l'armée d'Italie, il refuse d'aller la commander. — Sa jalousie contre le Roi; par qui elle est entretenue. — Il veut épouser la princesse Marie, fille du duc de Mantoue, qui se retire auprès de madame de Longueville sa tante. — Ces deux dames sont envoyées par la Reine-mère au donjon de Vincennes. — Intrigues à l'occasion de ce projet de mariage. — Lettre du cardinal de Richelieu au cardinal de Berule sur ce sujet. — Les conseillers de Monsieur demandent pour lui le gouvernement de la Bourgogne et de la Champagne. — La Reine-mère se refroidit pour le cardinal. — Lettre qu'il lui adresse. — Monsieur évite la rencontre du Roi et se retire en Lorraine. — Le cardinal demande au Roi à quitter les affaires. — Il écrit à la Reine-mère pour lui exprimer son chagrin de lui avoir déplu. — Le cardinal de Berule soupçonné d'être la cause de cette brouillerie. — Conduite équivoque de ce cardinal dans les affaires. — Négociations entamées pour ramener Monsieur en France. — A quelles conditions il y revient. — Son éloignement pour le cardinal. — Mission du baron de Charnacé auprès des électeurs et du roi de Danemarck. — Il est envoyé auprès des rois de Suède et de Pologne. — Détails sur cette mission. — Il devient le médiateur de la paix entre eux. — Sa fermeté à soutenir la dignité du Roi. — Sujets de mécontentement du roi de Suède de la part de l'Empereur. — Tentative de Charnacé pour engager le roi de Suède à faire un traité d'alliance avec la France. — Affaires de Hollande. — Politique du cardinal envers les Hollandais. — Ceux-ci surprennent Wesel et chassent les Espagnols de Bois-le-Duc. — Négociations pour renouveler le traité d'alliance entre la France et la Hollande. — Ambassade de Châteauneuf en Angleterre. — Difficultés et pointilleries qu'il y éprouve. — Négociations au sujet des prêtres attachés à la chapelle de la reine d'Angleterre. — De quelques articles concernant la liberté du commerce, et de la restitution de vaisseaux. — Expédition de Cahusac dans l'île de Saint-Christophe. — Châteauneuf essaie d'amener les Anglais à un traité d'alliance avec la France contre l'Espagne. — Désespoir d'Olivarès et du conseil d'Espagne en apprenant la capitulation de Casal. — Éloge que le peuple espagnol fait du roi de France. — L'Empereur, à la sollicitation du cabinet de Madrid, lève des troupes qu'il fait entrer en Italie. — Le duc de Savoie principal auteur de la guerre qui s'y renouvelle. — Ses intrigues. — Ambassade de Sabran auprès de l'Empereur; peu de succès qu'il y obtient. — Le Pape est sollicité par les puissances d'Italie de se déclarer contre les ennemis de la paix. — Conduite du Pape et des Vénitiens. — Le duc de Savoie redemande la ville de Suse et se met en état d'hostilité avec la France. — Lettre du cardinal au commissaire Marini. — Préparatifs de guerre ordonnés par le Roi. — Le maréchal de La Force est envoyé avec une armée sur les frontières de Savoie. — Efforts des Espagnols auprès des Treize-Cantons pour les engager à ne pas s'opposer aux entreprises de l'Empereur. — Efforts du roi de France pour les mettre dans son parti. — Spinola attaque ouvertement le Mantouan et entre dans le Montferrat. — Lettre du duc de Savoie au Roi. — Projet de suspension d'armes. — Instructions données par le cardinal à Barault, ambassadeur en Espagne. — Toute voie d'accommodement est rejetée par les Espagnols et les Allemands. — Nouvelles tentatives du Roi pour prévenir la guerre. — Il envoie le cardinal à l'armée. — Discours du cardinal avant son départ. — Terreurs des Pays-Bas. — Craintes du duc de Savoie. — Le cardinal envoie Deshayes en Moscovie pour y traiter de la liberté du commerce. — Mort de Bethlem Gabor ; son histoire. — Edmond Richer, auteur d'un livre pernicieux, abandonne ses erreurs après avoir argumenté avec le cardinal.

LIVRE XXI. [1630]

Le cardinal se rend à Fontainebleau, où il reçoit des lettres du maréchal de Créqui sur l'état des négociations en Italie. — Instructions envoyées par le cardinal au maréchal sur la conduite qu'il doit tenir avec le duc de Savoie. — Correspondance suivie entre ces deux personnages, dans laquelle on voit d'un côté les délais, les artifices et la mauvaise foi du duc de Savoie, et de l'autre la pénétration et la ferme résolution du cardinal de forcer le duc à se déclarer ouvertement. — Lettre du cardinal au Roi pour l'engager à pourvoir à la sûreté de la Picardie et de la Champagne, et à donner à Monsieur le gouvernement de Paris pendant son absence. — Le cardinal arrive à Lyon où il reçoit une lettre du duc de Rohan qui l'instruit des dispositions des ennemis. — Réponse du cardinal aux propositions que lui fait faire le prince de Piémont. — Ses mesures pour faire entrer l'armée en Italie et pourvoir à son entretien. — Moyens employés par le Pape pour subvenir à l'entretien de ses gens de guerre. — Il manifeste à l'ambassadeur de France le désir qu'il a de rester neutre. — Nouvelles instructions du cardinal au maréchal de Créqui. — Il arrive à Grenoble, et dépêche à Chambéry au prince de Piémont pour l'exhorter, lui et son père, à demeurer fidèles au traité de Suse. — Il écrit au Roi pour lui donner des conseils sur la manière de soutenir la guerre en Italie et en France. — Nouvelles dépêches du maréchal de Créqui sur la conduite ambiguë du duc de Savoie. — Propositions de paix faites par le cardinal. — Levées de troupes ordonnées d'après son avis. — Tentatives de l'Empereur sur les villes de l'Alsace. — Opinion du cardinal à ce sujet. — Sa réponse aux demandes faites par le duc de Savoie. — Comment il parvient à faire ravitailler Casal et à prendre le duc dans ses propres pièges. — Avis qu'il reçoit du dessein où est ce duc d'amuser le Roi par des négociations et de ruiner son armée. — Autre avis sur le projet d'attenter à sa personne. — Voyage de Monsieur à Paris; détails à ce sujet. — Le cardinal étant sur le point d'entrer en Italie écrit au Roi pour lui faire part des difficultés qu'il prévoit. — Il descend à Suse. — Son entrevue avec le prince de Piémont; conditions qu'il exige de lui. — Nouvelle lettre au Roi sur la conduite du duc de Savoie, et sur la nécessité de rompre avec lui. — Mesures que prend le cardinal pour commencer la guerre. — Nouvelles conférences rendues inutiles par la mauvaise foi du duc. — Le cardinal passe la Doire à la tête de l'armée, et se rend maître de Pignerol par composition, ainsi que du fort de La Pérouse. — Il envoie au maréchal d'Estrées des dépêches et des instructions pour l'état de Venise. — Prise du château de La Luzerne et de celui de Baignols. — Le marquis de Spinola et le duc de Savoie demandent la paix à condition qu'on rende Pignerol. — Discours du maréchal de Bassompierre à la diète helvétique. — La diète ordonne une levée de six mille Suisses. — Dispositions du duc de Lorraine. — Incertitudes des Hollandais. — Le Roi se rend à Troyes. — Le cardinal refuse une suspension d'armes qui lui est demandée. — Sa lettre au Roi à ce sujet. — Le Pape approuve la conduite et les raisons du cardinal. — Instances de ce dernier auprès des Vénitiens pour les engager à seconder le Roi. — Conduite pusillanime des Vénitiens. — Comment elle leur devient funeste. — Le duc de Toscane donne des secours aux Espagnols. — Le duc de Lorraine se range du côté de l'Empereur. — La garnison française de Pondesture se rend à Spinola qui se dispose à assiéger Casal. — Le cardinal, sur le point d'aller à Lyon, laisse d'amples instructions aux maréchaux de La Force et de Schomberg. — Détails sur la réconciliation de Monsieur avec le Roi. — Lettre du garde des sceaux Marillac au cardinal. — Commencement de leur mésintelligence. — Le Roi réprime une sédition à Dijon. — Il se rend à Lyon et ordonne l'attaque de la Savoie. — Il va à Grenoble où le cardinal lui fait un rapport sur le fait des négociations relatives à la paix. — Le Roi lui ordonne d'aller à Lyon faire le même rapport à la Reine-mère. — Le garde des sceaux opine devant la Reine pour la paix; réplique du cardinal. — La Reine est d'avis qu'on poursuive la guerre. — Le cardinal retourne auprès du Roi qui se rend maître de Chambéry. — Mazarin vient de la part de Spinola et du duc de Savoie faire des propositions de paix. — Le Roi consent à la restitution de Pignerol. — Notice sur cette place. — Le Roi réduit Annecy sous son obéissance. — Retraite du prince Thomas. — L'armée du Roi prend de force Saint-Maurice. — Travaux ordonnés par le Roi pour empêcher les ennemis d'y rentrer. — Mesures prises par le cardinal pour fortifier Pignerol. — Spinola se décide à attaquer Casal. — Faux rapport de Toiras qui y commande sur la situation et les besoins de cette place. — Conduite du duc de Savoie. — Rapport du cardinal au Roi sur les mesures à prendre pour fortifier Casal. — La Reine-mère refuse de se rendre en Italie auprès du

Roi. — Assiduité du garde des sceaux auprès d'elle. — Sa conduite envers le cardinal. — Lettre de ce dernier à la Reine sur la situation des affaires en Italie. — Le garde des sceaux refuse de s'y rendre. — Raisons qui portent les ennemis à retarder les moyens de faire la paix. — Relation de Mazarin. — Rapport de Bouvart, premier médecin de Sa Majesté, sur la santé du Roi. — Traverses qu'éprouve le cardinal par rapport à la continuation de la guerre. — Sa lettre à la Reine-mère à ce sujet. — Le duc de Montmorency est envoyé au secours de Casal. — Mouvemens du duc de Lorraine. — Il fournit de l'argent aux Allemands. — Le maréchal de Marillac a ordre de fortifier Toul et du Louart. — Mort du prince d'Orange. — L'armée du Roi marche en avant et s'empare de plusieurs places du Piémont. — Bataille de Veillane. — Les ennemis y sont tous défaits. — L'armée s'avance vers Casal. — Caractère des généraux qui la commandent. — Elle arrive à Saluces, prend Revel. — Prise de Mantoue par les Impériaux, causée par la lâcheté des Vénitiens. — Prise de l'île et de la principauté de Rugen par le roi de Suède. — Mort du duc de Savoie. — Tentatives du cardinal auprès de son fils pour l'amener à faire la paix. — Discours et plaintes du garde des sceaux sur l'état des affaires. — Ses lettres de soumission apparente au cardinal. — Le Roi retourne à Lyon. — Le duc de Montmorency demande à se retirer. — Ordres du Roi envoyés par Soudeilles à ses généraux. — Conseil tenu en même temps par les généraux français d'un côté, et de l'autre par les généraux ennemis sur la place de Casal. — Instructions du cardinal sur les moyens de la secourir. — Prise de Villefranche, Pancalier et Vigon. — Combat et prise de Carignan. — Relation de Mazarin sur ses négociations avec le feu duc de Savoie, le marquis de Spinola et le comte de Colalte. — Conditions offertes par le Roi. — Nouvelles négociations entamées. — Lettres du cardinal au marquis d'Effiat. — Celui-ci négocie avec l'abbé de La Mante pour ramener le duc de Savoie au service du Roi. — Le maréchal de Schomberg reçoit le commandement de la nouvelle armée envoyée en Italie. — Le cardinal lui donne des instructions pour sa conduite envers M. de Piémont. — Le maréchal attaque Veillane et s'en rend maître. — Suspension d'armes en Piémont. — Mazarin propose une trêve générale à des conditions déraisonnables. — Détails sur ces nouvelles négociations. — Récit de ce qui se passe à la diète de Ratisbonne, et des ouvertures de paix qui s'y font. — Toiras ne cesse de demander de l'argent pour se maintenir à Casal. — Le Roi défend à ses généraux d'accorder une prolongation de trêve. — État des négociations à la diète de Ratisbonne. — Dernières résolutions du Roi envoyées à son ambassadeur auprès de cette diète. — Dispositions des maréchaux en Italie pour marcher en avant après l'expiration de la trêve. — L'armée se met en marche. — Mazarin apporte un projet de traité. — Les maréchaux, nonobstant le traité conclu à Ratisbonne, continuent leur marche. — Les deux armées se trouvant en présence et prêtes à combattre, une suspension d'armes qui assure la paix est conclue. — Casal est rendu à M. le duc de Mantoue. — Le Roi désapprouve le traité de Ratisbonne. — Le maréchal de Marillac remet dans Casal deux régimens français. — Conduite peu franche du duc de Savoie. — Détails sur les défauts du traité de Ratisbonne et sur les moyens qu'on emploie pour les réparer. — Traité conclu avec le duc de Savoie, en vertu duquel les Français s'obligent à quitter Casal après que les Espagnols auront quitté le Montferrat. — Comment ce traité s'exécute de part et d'autre. — Le maréchal de Schomberg revient en France. — Le Roi envoie en Italie le président Servien avec des instructions pour l'entière exécution de la paix. — Détails sur les négociations de Charnacé auprès du roi de Suède. — Traité d'alliance entre les rois de France et de Suède. — Ce prince s'empare de l'île de Rugen, d'où il publie un manifeste contre l'Empereur. — Complot formé contre le cardinal. — La Reine-mère déclare qu'elle n'assistera plus aux conseils du Roi, tant que le cardinal y sera. — Le Roi prend la défense du cardinal, et fait arrêter le maréchal de Marillac. — Monsieur quitte le parti de la Reine-mère.

LIVRE XXII. [1631]

La princesse de Conti et les dames d'Ornano et d'Elbeuf animent la Reine-mère contre le cardinal. — Elle promet de revenir assister au conseil, mais n'y vient point. — Le Roi essaie de retenir Monsieur en donnant des dignités à ses conseillers Le Coigneux et Puylaurens. — Ceux-ci exigent davantage, et font prendre à Monsieur la résolution de quitter la cour. — Il se retire à Orléans et envoie au Roi faire ses excuses. — Le Roi veut en vain le ramener et apaiser la Reine-mère. — Elle refuse obstinément de reparoître au conseil. — Opinion du cardinal sur la cabale de la Reine-mère et de Monsieur. — Le Roi se décide à reléguer la Reine-mère à Moulins. — La princesse de Conti et les dames d'Ornano, d'Elbeuf et de Lesdiguières, ont ordre de se retirer chacune chez elles. — Le médecin Vautier, le maréchal de Bassompierre et l'abbé de Foix, sont envoyés à la Bastille. — Le père Chanteloube reçoit l'ordre de se rendre à Nantes, et va trouver Monsieur à Orléans. — Déclaration du Roi envoyée aux parlemens et aux gouverneurs de provinces. — Monsieur fait faire des amas de blé, des achats d'armes et de munitions de guerre. — Le cardinal de La Valette est envoyé auprès de lui pour le détourner de ses projets. — Monsieur veut se fortifier à Orléans. — Le Roi tente de nouveau de le ramener. — Lettre injurieuse de Monsieur qui sort du royaume. — Le comte de Moret, les ducs d'Elbeuf, de Roanez et de Bellegarde, Le Coigneux, Puylaurens, Monsigot et le père Chanteloube, sont déclarés criminels de lèse-majesté. — Le parlement de Paris refuse d'enregistrer cette déclaration. — Arrêt du conseil du Roi et nouvelle déclaration à ce sujet. — Nouvelle lettre injurieuse de Monsieur. — Réponse du Roi. — La Reine-mère retirée à Compiègne refuse de se rendre à Moulins. — Vains efforts du Roi pour vaincre sa résistance. — Levées de troupes ordonnées par Sa Majesté pour prévenir les desseins de la Reine-mère et de Monsieur. — La Reine-mère quitte subitement Compiègne et se rend à Avesnes. — Sa lettre au Roi. — Nouvelle déclaration contre les conseillers de Monsieur qui essaient de lever des troupes dans le Luxembourg. — La Louvière, leur agent, est arrêté et a la tête tranchée. — Le duc de Guise est remplacé dans le gouvernement de la Provence par M. le prince. — Il se retire en Italie avec la permission du Roi. — Chambre de justice créée pour juger les faux monnoyeurs, les criminels de lèse-majesté, et les faiseurs de pronostics sur la vie du Roi. — Le duc de Bouillon est sommé de prêter un nouveau serment de fidélité au Roi. — Le duc de Savoie se conforme au traité conclu entre le Roi et l'Empereur. — Il consent à remettre en dépôt la place de Pignerol. — Vaines tentatives des Espagnols dans l'Italie. — Le roi de Suède descend en Allemagne. — Il s'empare du fort de Mervitz sur l'Oder. — Signe le traité conclu avec Charnacé, ambassadeur de France, et le rend aussitôt public. — L'électeur de Bavière, sollicité de se joindre au roi de Suède, veut garder la neutralité. — Le roi de France essaie d'engager les princes d'Allemagne à s'accorder ensemble et à contraindre l'Empereur à la paix. — Admonitions de l'Empereur contre les résolutions prises par les princes protestans dans l'assemblée de Leipsick. — Progrès du roi de Suède en Allemagne. — Il assiège et prend Francfort sur l'Oder. — Défait l'armée de Tilly près de Leipsick ; se rend maître de tout l'archevêché de Mayence. — Le duc de Lorraine menacé a recours au roi de France. — Justes reproches que lui fait le Roi. — Il s'accorde néanmoins avec lui. — Il s'empare du fort de Moyenvic. — Entrevue du Roi et du duc de Lorraine. — Soumission du duc. — Le Roi rend à l'évêque de Metz les places qu'on lui a enlevées. — Il nomme le cardinal duc et pair, et lui donne le gouvernement de Bretagne.

LIVRE XXIII. [1632]

OPINION du cardinal sur la manière dont le Roi doit se conduire envers le duc de Lorraine. — Traité signé entre Sa Majesté et le duc. — Promesses faites par ce dernier. — Offres faites par le Roi à Monsieur pour l'engager à rentrer dans le devoir. — Comment elles sont reçues. — Projet d'empoisonner le cardinal. — Mariage de Monsieur fait contre la volonté du Roi. — Extrémité où se trouve l'Empereur par suite des victoires du roi de Suède. — Conditions auxquelles Walstein se charge du commandement de ses troupes. — Le Roi négocie la neutralité de la Bavière et de la ligue catholique avec le roi de Suède. — L'Empereur et le roi d'Espagne forment une autre ligue pour s'y opposer. — Le marquis de Brezé est envoyé en qualité d'ambassadeur auprès du roi de Suède pour lui donner avis du traité conclu avec le duc de Lorraine. — A quelles conditions le roi de Suède accepte la neutralité de la Bavière et de la ligue catholique. — Opinion du cardinal sur l'état des affaires d'Allemagne et sur le parti à prendre dans les circonstances présentes. — Assemblée tenue à Francfort des députés des électeurs catholiques pour achever le traité de neutralité. — Progrès du roi de Suède en Allemagne. — Assemblée à Torgau des princes protestans confédérés avec ce Roi. — La Bavière est envahie par les Suédois. — Monsieur se retire à Bruxelles. — Le duc de Lorraine, oubliant sa foi et son honneur, recommence ses négociations avec ce prince et avec la maison d'Autriche. — Le Roi tient conseil à Saint-Germain-en-Laye sur ce qu'il doit faire à l'égard du duc et de Monsieur. — Opinion du cardinal dans ce conseil. — Procès du maréchal de Marillac. — Il est condamné et exécuté. — Son caractère. — Sa conduite envers le cardinal. — Le Roi se rend à Calais et y met une bonne garnison. — Avis du cardinal au Roi sur les moyens d'éviter les troubles qu'on veut exciter en France. — Le Roi se rend en Lorraine, où il reçoit des plaintes des grandes levées faites par le duc contre les Suédois, et des secours qu'il donne aux Espagnols. — Négociations entamées entre le Roi et le duc de Lorraine. — Ce prince donne passage à Monsieur à travers ses États. — Le marquis de Mirabel, ambassadeur d'Espagne, reçoit ordre de sortir de France. — Le Roi entre dans le Barrois. — Nancy est investi par l'armée de Sa Majesté. — Traité de Liverdun conclu avec le duc de Lorraine. — Conditions de ce traité. — Entrevue de ce duc avec le Roi à Seichepré. — Conseil du cardinal au Roi sur les moyens de s'opposer aux entreprises de Monsieur, de terminer les affaires d'Allemagne, et de profiter des troubles des Pays-Bas. — Le maréchal de Schomberg est envoyé contre Monsieur, et le maréchal d'Effiat au secours de l'électeur de Trèves. — Instructions dont ce dernier est chargé. — Ses succès en Allemagne. — Sa mort. — Son caractère. — Le maréchal d'Estrées, qui lui succède, s'empare de Trèves. — Plaintes portées contre lui. — Proclamations de Monsieur contre le gouvernement du Roi. — Il brûle un des faubourgs de Dijon, passe en Auvergne. — Défection de M. de Montmorency. — Sa conduite dans le Languedoc. — Il fait des levées d'hommes, tente de s'assurer de la ville de Nîmes, s'empare de Béziers et d'Alais. — Les ministres protestans résistent à ses sollicitations. — Il se joint à Monsieur à Lunel. — Beaucaire résiste courageusement aux troupes rebelles. — Le cardinal opine dans le conseil du Roi pour qu'on n'abandonne aucune des entreprises qu'on a résolues. — Déclaration du Roi lue au parlement contre la rébellion de Monsieur. — Arrêts de la chambre de justice, séant à l'Arsenal, contre divers fauteurs de la révolte. — Bataille de Castelnaudary, où M. de Montmorency est blessé et fait prisonnier par le maréchal de Schomberg. — Le Roi fait offrir à Monsieur des conditions raisonnables. — Il envoie à son ambassadeur auprès du prince d'Orange des instructions sur la conduite qu'il doit tenir. — Négociations avec Monsieur. — Le Roi ratifie à Montpellier les articles signés par Son Altesse. — Les sieurs Le Coigneux, Monsigot, Estissac et de Valençay, sont déclarés convaincus du crime de lèse-majesté par le parlement de Dijon. — Monsieur se rend à Tours, et demande au Roi la liberté du duc de Montmorency; elle lui est refusée. — Le cardinal conseille au Roi de faire faire le procès au duc, et propose de surseoir à l'exécution du jugement tant que Monsieur restera dans le devoir. — Le Roi se décide à faire une justice exemplaire. — Le duc est condamné par le parlement de Toulouse, et exécuté. — Le maréchal de Schomberg est pourvu du gouvernement de Languedoc. — Déshayes est condamné et exécuté à Béziers. — Bautru est envoyé en Espagne pour se plaindre de la conduite du gouvernement de ce pays à l'égard de la France. — Plaintes du comte d'Olivarès sur la mort du duc de Montmorency. — Le Roi fait consentir le duc de Savoie à l'échange de Pignerol et autres places. — Légitimité de cet échange. — Conduite équivoque de Toiras, gouverneur de Casal. — Il accepte le gouvernement d'Auvergne. — Assemblée des députés de Flandre à La Haye pour moyenner une trêve entre le roi d'Espagne et les Pays-Bas. — Mort du maréchal de Schomberg. — Son caractère. — Ses belles actions. — Monsieur quitte de nouveau la France, et se retire dans les Pays-Bas. — Le roi de Suède attaque les États du duc de Saxe, puis se porte en Franconie. — Bataille de Lutzen. — Le roi de Suède y est blessé, tué et dépouillé. — Le duc de Weimar gagne la bataille, et prend le commandement des troupes suédoises. — Il reprend Leipsick et toutes les places de la Misnie où Walstein a laissé garnison. — Portrait du roi de Suède.

LIVRE XXIV. [1633]

Avis du cardinal sur la nécessité de faire continuer la guerre en Allemagne et en Hollande, sans que le Roi soit obligé de se mettre ouvertement de la partie. — Envoi d'ambassadeurs vers l'Empereur, l'électeur de Bavière, les trois électeurs catholiques, les princes protestans et les états des Pays-Bas. — Instructions dont ils sont chargés séparément. — Le garde des sceaux de Châteauneuf est renvoyé des conseils du Roi. — Causes de ce renvoi. — Madame de Chevreuse est éloignée de la cour. — Condamnations portées contre plusieurs conseillers de Monsieur. — Déclaration du Roi concernant les arrêts de contumace obtenus contre Le Coigneux et Monsigot. — Edits de suppression et de création d'un office de président et de conseiller. — Abolition générale en faveur des rebelles du Languedoc. — Les sieurs d'Elbeuf et de La Vieuville sont déclarés, par arrêt, dégradés des ordres du Roi. — Assemblée tenue à Hailbronn par les princes et États protestans des cercles supérieurs d'Allemagne. — Résolutions qui y sont prises. — Le chancelier Oxenstiern est chargé de continuer et d'entretenir la guerre. — L'ambassadeur Feuquières renouvelle avec le chancelier le traité d'alliance conclu avec le feu roi de Suède. — L'assemblée d'Hailbronn confirme le traité. — L'électeur de Saxe refuse d'y accéder. — L'électeur de Brandebourg y souscrit. — L'ambassadeur Charnacé fait tous ses efforts pour empêcher la trêve prête à se conclure entre le roi d'Espagne et les Hollandais. — Comment la trêve est rompue. — Mort de l'infante Isabelle-Claire-Eugénie, gouvernante des Pays-Bas. — Le duc de Lorraine se déclare de nouveau contre le roi de France. — Ses intrigues, ses armemens, ses intelligences avec Monsieur. — Le Roi lui envoie le sieur de Guron pour lui faire ses plaintes. — Le duché de Bar est réuni à la couronne par arrêt du parlement. — Le Roi se décide à aller en Lorraine. — Opinion du cardinal sur la conduite à tenir envers le duc. — Les troupes de ce duc sont défaites par les Suédois. — Entrevue du cardinal de Lorraine avec le cardinal de Richelieu. — Reproches de ce dernier sur la conduite déloyale du duc. — Réparations offertes par le cardinal de Lorraine et refusées par le cardinal de Richelieu. — Le Roi se décide à faire le siége ou le blocus de Nancy. — Conseils donnés au Roi par le cardinal contre le duc de Lorraine. — Prise de Lunéville et autres places. — Siége de Nancy. — Traité conclu avec le cardinal de Lorraine. — Rupture de ce traité. — Reddition de Mirecourt. — Nouveau traité. — Entrevue du duc de Lorraine avec le Roi. — Le duc est retenu à Charmes, et forcé d'exécuter le traité. — Le Roi entre dans Nancy. — Procès d'Alfeston, accusé d'avoir attenté à la vie du cardinal. — Le Roi envoie auprès de la Reine-mère, malade à Gand, ses médecins pour la soigner. — Elle refuse obstinément de répondre aux offres de service du cardinal. — Les Espagnols promettent de grands secours à Monsieur. — Inutiles négociations entre le Roi et la Reine-mère. — Opinion du conseil sur la Reine-mère et sur la seule manière de la faire rentrer en France. — Négociations ouvertes avec Puylaurens, intime conseiller de Monsieur. — Opinion du cardinal dans le conseil du Roi sur la conduite à tenir envers Son Altesse. — Le duc de Lorraine fait de nouvelles levées contre le Roi, et se joint aux Espagnols qui passent le Rhin. — L'armée suédoise s'oppose à leurs entreprises. — Conférence de Bautru avec le comte d'Olivarès sur la conduite de Monsieur. — La garnison de Casal est changée, et Toiras est forcé de se retirer. — Le duc de Mantoue se soumet aux volontés du Roi. — Dépit des Espagnols de voir Pignerol au pouvoir du roi de France. — Intrigues du comte d'Olivarès auprès des états d'Italie. — Le Roi fait fortifier et approvisionner Pignerol. — La douairière de Mantoue se soulève contre le duc. — Elle reçoit l'ordre de sortir du duché. — Le duc de Parme refuse de s'allier avec l'Espagne. — Le Pape refuse d'entrer comme chef dans la ligue défensive et offensive proposée par l'Empereur. — Le Roi envoie le duc de Créqui en ambassade à Rome avec une lettre écrite de sa propre main.— Le duc prête au nom du Roi le serment d'obédience filiale à Sa Sainteté.— Démêlés entre le Pape et les Vénitiens. — Le Roi met la réforme dans l'abbaye de Saint-Denis. — Chambre ecclésiastique établie pour juger les évêques qui ont pris part à la révolte du duc de Montmorency. — Dispositions du comte d'Olivarès pour continuer la guerre.

LIVRE XXV. [1634]

Le Roi, dans un lit de justice, déclare qu'il est résolu à faire rentrer Monsieur dans le devoir par la voie de la force et par celle de la clémence. — Supprime plusieurs impositions, décharge le peuple d'un quartier des tailles, révoque un grand nombre de priviléges. — Conditions offertes à Monsieur, qui, loin de les accepter, se lie avec l'Espagne par un traité. — Puylaurens est blessé d'un coup de carabine. — La Reine-mère est soupçonnée de cet attentat. — Efforts inutiles de d'Elbène pour ramener Monsieur à la raison. — Opinion unanime dans le conseil du Roi sur la conduite à tenir envers Monsieur. — Avis particulier du cardinal. — Le nommé Passart, envoyé à Rome par Monsieur avec des instructions pour le Pape, est arrêté et conduit à la Bastille, où il avoue sa mission. — Le Roi fait donner avis au roi d'Angleterre que les Espagnols se flattent de l'attirer au traité qu'ils ont fait avec Monsieur. — Il envoie ordre au maréchal de La Force de désarmer les villes de Lorraine. — Prend des mesures pour la sûreté de l'intérieur. — Ordonne à la duchesse de Guise d'aller rejoindre son mari en Italie. — Sujets de mécontentement de la Reine-mère de la part de Monsieur. — Elle essaie de se rapprocher du Roi, et fait consulter à cet effet les Espagnols, le roi et la reine d'Angleterre et le duc de Savoie. — Lettres interceptées qui font connoître ses vrais sentimens. — Laleu, porteur d'instructions de la Reine-mère, est entendu à Ruel en présence du cardinal, du garde des sceaux, Bullion, Saint-Chamont et Bouthillier. — Le Roi consent à le voir. — Conditions qu'il lui propose. — Lettre du cardinal à la Reine-mère, en réponse à celle qu'elle lui a adressée. — Autre lettre du même au père Suffren. — Chavagnac est condamné à mort par le parlement de Metz, comme coupable d'avoir voulu attenter à la vie du cardinal. — Le père Chanteloube est condamné par contumace à être rompu vif comme convaincu du crime de lèse-majesté. — Divers attentats médités contre le cardinal. — La Reine-mère accepte les conditions proposées par le Roi, mais refuse de livrer le père Chanteloube. — Le duc de Lorraine fait une feinte donation de ses Etats au cardinal son frère, et avec deux mille hommes de pied et huit cents chevaux va joindre les armées impériales. —Il est repoussé par le maréchal Horn

— Le cardinal de Lorraine se marie sans dispense avec sa cousine germaine. — Le comte de Salins remet sous la protection du Roi les places de Haguenau, Saverne et le château d'Imbar. — Le maréchal de La Force s'assure de Lunéville et envoie à Nancy le nouveau duc et les princesses qui sont gardés à vue. — Le Roi rejette les propositions du duc Charles de Lorraine. — Le duc François s'échappe de Nancy avec son épouse, et se retire à Florence. — Madame de Lorraine sur les offres du Roi se rend à Paris et va demeurer à Fontainebleau. — Sa réponse au duc François de Lorraine qui l'a sollicitée de quitter la France. — Le maréchal de La Force prend Bitche, La Mothe et Wildenstein. — Manifeste du duc Charles à ses anciens sujets. — Le Roi écrit au parlement pour qu'il ait à juger la validité du mariage de Monsieur et la question de rapt, dont le duc de Lorraine s'est rendu coupable. — Témoins entendus dans cette affaire. — Le parlement déclare le mariage non valablement contracté et le duc Charles criminel de lèse-majesté; ordonne en mémoire de cet attentat l'érection d'une pyramide dans la principale place de la ville de Bar. — Le Roi déclare par lettres patentes que la Lorraine sera administrée en son nom et sous son autorité. — Monsieur se décide à rentrer dans le devoir. — Conditions offertes par le Roi et acceptées par Monsieur. — Comment Son Altesse quitte Bruxelles et est reçue en France. — Son entrevue avec le Roi. — Il va à Ruel chez le cardinal; déclarations qu'il y fait. — Puylaurens épouse la seconde fille du baron de Pont-Château et est reçu duc et pair. — Walstein est calomnié auprès de l'Empereur; il est assassiné par les siens. — Sa naissance, son élévation, ses services, son caractère. — Avantages des Suédois en Allemagne. — Le cardinal Infant détourne le prince Thomas du service du duc son frère, et le fait résoudre à aller en Flandre servir le parti de l'Espagne. — Les Espagnols mettent ordre en Flandre au soulèvement des grands. — Traité entre le Roi et les Provinces-Unies pour sept ans. — Clauses de ce traité. — Instructions envoyées au sieur de Charbonnières pour traiter de la paix avec l'Empereur. — Instructions au comte de Barault pour traiter avec la cour d'Espagne. — Autres instructions au sieur de Feuquières, ambassadeur extraordinaire en Allemagne. — Le sieur d'Avaux est envoyé en ambassade en Danemarck, Suède et Pologne pour le même sujet. — Instructions dont il est chargé. — Menées des Espagnols pour empêcher la conclusion de la paix générale. — Leurs intrigues auprès du Pape contre la France. — L'archevêque de Trèves nomme pour son coadjuteur le cardinal de Richelieu; cette nomination n'est pas approuvée par le Pape. — Les Espagnols envoient un ambassadeur en Danemarck pour l'opposer au sieur d'Avaux. — Le cardinal Infant entre en Allemagne avec une armée considérable; prend Ratisbonne. — Défait les Suédois à Nordlingen. — Fait le maréchal Horn prisonnier. — Se rend dans le pays de Juliers et arrive à Bruxelles. — Discours du cardinal pour soutenir le courage du Roi dans cette circonstance. — Le Roi fait un nouveau traité avec la Suède et les princes confédérés, et leur promet secours et protection. — Les généraux français reprennent Heidelberg sur les Impériaux commandés par le duc Charles de Lorraine. — Le Roi ordonne et fait publier des grands jours dans la ville de Poitiers. — Par sa justice il remédie aux désordres du royaume. — Affaire d'Urbain Grandier et des religieuses de Loudun. — Violences exercées par M. le duc d'Epernon sur l'archevêque de Bordeaux. — Arrêt du conseil du Roi qui révoque une ordonnance du duc et lui enjoint de recourir au Pape pour l'absolution des actes dont il s'est rendu coupable. — Bref du Pape qui ordonne au duc de demander pardon à l'archevêque de Bordeaux. — Décision des commissaires de Sa Sainteté contre les évêques révoltés. — Le Roi pourvoit à la défense de la Provence contre une armée navale de Naples. — Manifeste du duc de Lorraine contre le Roi. — Le premier méridien est fixé par une ordonnance à l'île de Fer. — La clôture de la ville de Paris est commencée. — Le château de Bicêtre est fondé pour les soldats estropiés. — L'ambassadeur français à Constantinople est renvoyé précipitamment sur un vaisseau par le Grand-Seigneur.

LIVRE XXVI. [1635]

PUYLAURENS renoue ses intelligences avec les Espagnols. — Il est arrêté avec quelques autres de sa cabale. — Les Espagnols préparent une armée navale destinée pour la Provence. — Ils tentent une entreprise sur Philisbourg et s'en rendent maîtres, ainsi que de Spire qui est reprise par les maréchaux de La Force et de Brezé. — Le duc de Rohan fait tête au duc de Lorraine. — L'archevêque électeur de Trèves est fait prisonnier par les Impériaux. — Le Roi essaie de raffermir ses confédérés et de leur faire reprendre courage. — Instructions données au sieur de Feuquières chargé de mission auprès d'eux. — Autres instructions données au sieur de Rorté, résident auprès des électeurs de Saxe et de Brandebourg. — Le Roi fait un traité de ligue offensive et défensive avec les Hollandais contre les Espagnols. — Le baron de Charnacé est chargé de s'accorder avec les États sur le lieu où les armées pourront se joindre, et sur ce qu'elles auront à faire après leur jonction. — Le sieur de Senneterre est envoyé en Angleterre pour essayer de faire consentir le Roi à la neutralité. — Le sieur de Mélian, ambassadeur en Suisse, est chargé d'apaiser les différends survenus en ce pays pour cause de religion. — Instructions qui lui sont données à cet effet. — Le duc de Rohan est envoyé avec une armée chez les Grisons pour se saisir de la Valteline. — Le Roi se lie par un traité avec les ducs de Mantoue, de Parme et de Savoie. — Il fait désarmer les habitans de Nancy, et envoie le prince de Condé en qualité de son lieutenant général en Lorraine. — Sa Majesté pourvoit à la défense du Languedoc et de la Provence, de la Picardie et de la Champagne. — Elle fait défense à tous ses sujets d'aller trafiquer en aucun lieu de l'obéissance d'Espagne. — Abolition de la chambre de justice établie contre les financiers. — Ordonnances pour réprimer le luxe. — Le cardinal envoie au baron de Charnacé des instructions sur le plan de campagne à suivre contre les Espagnols. — Le Roi envoie demander au cardinal Infant d'Espagne et au marquis d'Aytonne la liberté de l'électeur de Trèves. — Sur le refus du cardinal Infant, le Roi déclare la guerre à l'Espagne. — Motifs de cette déclaration. — Commencement des hostilités ; lenteurs du prince d'Orange. — Bataille d'Avein où les Espagnols sont battus et défaits. — Lettre du cardinal au baron de Charnacé sur la nécessité de poursuivre la guerre avec vigueur. — La conduite du prince d'Orange fait perdre les avantages de la victoire. — La ville de Tirlemont est prise et brûlée. — Piccolomini se joint au cardinal Infant. Le fort de Schench est surpris par les Espagnols. — Instructions données par le Roi au baron de Charnacé sur les affaires de Flandre. — Le prince d'Orange assiége le fort de Schench. — Manifeste du cardinal Infant. — Mesures prises contre le duc Charles de Lorraine. — Succès de l'armée du Roi dans ce pays. — Le duc de Saxe fait sa paix avec l'Empereur. — Le chancelier Oxenstiern vient en France. — Il fait à Paris un nouveau traité avec le Roi. — Le marquis de Saint-Chamont est envoyé pour animer les confédérés à la continuation de la guerre. — Effroi et découragement du chancelier Oxenstiern. — Son entrevue à Wismar avec le marquis de Saint-Chamont. — Efforts de ce dernier pour ranimer les confédérés. — L'Empereur avoue hautement l'injuste détention de l'électeur de Trèves. — Nouvelles armées levées par le Roi. — Discours du cardinal à Sa Majesté pour la détourner d'aller à l'armée. — Opérations militaires du cardinal de La Valette sur le Rhin. — Il se rend maître de Bingen. — Le landgrave de Hesse refuse de se joindre à l'armée française et se retire dans son pays. — Le cardinal de La Valette et le duc de Weimar se retirent du côté de Metz. — Difficultés qu'ils éprouvent dans cette retraite. — Motifs qui déterminent le Roi à se rendre à Bar près de l'armée. — Il prend Saint-Mihiel par composition. — Mesures sévères contre les Lorrains. — Le Roi revient à Paris, après avoir donné ses ordres aux généraux de l'armée. — Lettre de la Reine-mère au Roi contre la guerre qu'il fait à l'Espagne. — Réponse victorieuse du Roi à cette lettre. — Clausel, agent des Espagnols et de la Reine-mère, est arrêté, condamné à mort et exécuté. — Instructions envoyées par le Roi aux généraux de son armée de Lorraine et d'Alsace. — Précautions prises par le cardinal pour mettre la fortune du Roi à l'abri de tout événement. — Le cardinal de La Valette prend Dieuze, Vaudemont et autres petites places. — Le Roi prend à sa solde le duc de Weimar. — Traité conclu à cet effet. — Opérations militaires en Italie du maréchal de Créqui et du duc de Savoie. — Ce dernier se plaint à l'ambassadeur de France de la défiance qu'on lui témoigne. — Les Français fortifient Brême et s'emparent de Candie. — Succès du duc de Rohan dans la Valteline. — Les Grisons sont remis en possession de cette vallée. — Foibles efforts du Pape pour éteindre le feu de la guerre. — Avis du clergé de France touchant le mariage de Monsieur. — La Reine-mère écrit au Pape pour le supplier de ne pas approuver cet avis. — Représentations du Roi à Sa Sainteté à ce sujet. — Propositions de paix faites par le Pape. — Artifice des Espagnols en cette occasion. — Le prince d'Orange négocie secrètement avec l'Espagne pour faire sa paix. — Détails sur ces négociations. — Reproches du Roi adressés au prince et aux Etats-Généraux sur leur procédé. — Séditions apaisées dans quelques villes. — La foudre tombe près du Roi. — Augures favorables tirés de cet accident. — Mémoire de l'ambassadeur extraordinaire des Etats-Généraux sur le lieu le plus propre à tenir des conférences pour traiter de la paix générale. — Réponse du cardinal à ce mémoire. — Le Roi renouvelle la paix faite avec le roi de Maroc.

LIVRE XXVII. [1636]

Conduite de l'électeur de Saxe envers les Suédois. — Négociations entre le chancelier Oxenstiern et le sieur de Saint-Chamont. — Les Espagnols sollicitent les Suédois et les princes d'Allemagne de s'accommoder avec l'Empereur. — Le landgrave de Hesse conclut un traité avec le sieur de Saint-Chamont. — Celui-ci obtient du roi de Danemarck qu'il gardera la neutralité avec les Suédois. — Bataille de Vistoc gagnée par le général suédois Bannier. — La tête de Saint-Chamont est mise à prix par les Espagnols. — Instructions envoyées par le Roi à ses ambassadeurs extraordinaires en Hollande sur le projet de négociation entre les États-Généraux et l'Espagne. — Observations particulières sur le lieu le plus convenable pour tenir les conférences relatives à la paix. — Les Espagnols refusent de traiter conjointement avec les États et le roi de France. — La prise du fort de Schench relève le courage des Hollandais. — Les Espagnols essaient en vain de détacher la France des Hollandais. — Le Pape est reconnu pour médiateur entre les puissances belligérantes. — Cologne est choisi pour le lieu des conférences. — La diète de l'Empire élit le roi de Hongrie pour roi des Romains; vices et nullité de cette élection. — Le comte d'Arundel est envoyé à la diète par le roi d'Angleterre pour demander la restitution du Palatinat à son neveu. — Condition qu'on lui propose pour cette restitution. — Projet de paix présenté par l'Empereur. — Le roi de France se décide à gagner par la force des armes ce qu'il ne peut obtenir de la justice de ses ennemis. — Il donne au duc de Savoie le commandement de ses troupes en Italie; prend le duc de Parme sous sa protection; soutient le maréchal d'Estrées son ambassadeur auprès du Pape. — Voyage du duc de Parme en France.— Accueil qu'il y reçoit. — Il est renvoyé en Italie avec un commandement de douze mille hommes de pied. — Les États de ce prince sont envahis par les Espagnols. — Plaisance est assiégée. — Mésintelligence entre le duc de Parme et celui de Modène. — Le duc de Savoie, sur les instances du Roi, marche au secours du duc de Parme. — Dissentiment entre le duc de Savoie et le maréchal de Créqui sur les opérations de la guerre. — Bataille du Tésin, où les Espagnols sont vaincus. — Soulèvement des Grisons contre le duc de Rohan. — Le Roi arrête le cours des rigueurs du Pape envers le duc de Parme, et s'entremet pour apaiser le différend élevé entre Sa Sainteté et les Vénitiens. — Le Pape approuve la décision de l'assemblée du clergé à l'égard du mariage de Monsieur. — Le cardinal de Savoie quitte la protection de la France et accepte celle de l'Empire.— Succès du cardinal de La Valette et du duc de Weimar en Alsace. — Troubles dans la Franche-Comté. — Siége de Dôle par le prince de Condé.— Les Espagnols entrent en Picardie.— Manifeste du cardinal Infant.— Le Roi demande des secours aux Hollandais. — Les Espagnols s'emparent de La Capelle et de Corbie. — Terreur dans Paris. — Le Roi fait un appel à tous ses sujets. — Mesures prises pour la défense de Paris. — Fermeté du cardinal. — Sévérité du Roi envers le parlement. — Sa Majesté va visiter tous les passages de la rivière de l'Oise. — Nouveau traité conclu avec le prince d'Orange et les États-Généraux. — Une armée de trente mille hommes de pied et de douze mille chevaux part de Paris pour la délivrance de la Picardie. — Faute de Monsieur commise à Roye. — Le cardinal soutient la proposition du maréchal de Châtillon d'attaquer Corbie de force. — Les Espagnols rendent cette place par capitulation. — Opposition de M. le comte de Soissons pendant la campagne de Picardie. — Ses discours, ses fausses insinuations. — Opérations de M. le prince de Condé dans la Bourgogne. — Saint-Jean-de-Losne est bloqué par les troupes de l'Empereur qui sont forcées de s'éloigner avec perte. — Succès du cardinal de La Valette et du duc de Weimar. — Gallas, commandant de l'armée impériale, se retire en Allemagne. — Monsieur et M. le comte de Soissons abandonnent l'armée et s'en vont, le premier à Blois, le second à Sedan. — Efforts du Roi pour ramener l'un et l'autre à leur devoir. — Négociations à ce sujet. — Sa Majesté promet à Monsieur de consentir à son mariage avec la princesse de Lorraine. — Le prince d'Orange et les États-Généraux refusent de donner un asile à M. le comte de Soissons. — Le cardinal conseille au Roi de fermer à Monsieur tous les passages pour prévenir sa sortie du royaume. — Ordres du Roi envoyés à cet effet aux gouverneurs de provinces. — Le cardinal conseille au Roi de composer une armée navale assez puissante pour empêcher les Espagnols de ravitailler les îles de Sainte-Marguerite et de Saint-Honorat, et pour les en chasser. — Plan proposé à cet effet. — Les Espagnols forment le projet d'assiéger Bayonne. — Ils entrent dans le royaume par Fontarabie. — Manifeste du Roi catholique. — Les Basques arrêtent les progrès de l'ennemi.

LIVRE XXVIII. [1637]

CONTINUATION des négociations avec Monsieur et M. le comte de Soissons. — Opinion du cardinal dans le conseil du Roi, sur les mesures à prendre envers eux. — Le Roi envoie des troupes vers Blois, et se rend lui-même à Fontainebleau. — Monsieur prend la résolution d'aller trouver le Roi, et congédie ses mauvais conseillers. — Le cardinal se rend auprès de Monsieur, qui vient ensuite joindre le Roi à Orléans. — M. le comte de Soissons demande la permission de sortir du royaume. — Dépêches interceptées entre M. le comte et le cardinal Infant. — Avis du cardinal au Roi sur cette affaire. — M. le comte accepte les conditions offertes par Sa Majesté, et renonce à tous les traités faits avec la Reine-mère. — Progrès des Suédois en Allemagne. — Belle retraite du général Bannier. — Diversion opérée par les armées du Roi en Flandre, en Bourgogne, en Alsace et en Lorraine. — Le sieur de Saint-Chamont obtient des rois de Pologne et de Danemarck qu'ils resteront neutres. — Honorable capitulation des sieurs de Bussy et de La Saludie. — Saint-Chamont parvient à détourner les Suédois de traiter séparément avec l'Empereur. — Assurances données par le Roi qu'il ne traitera jamais sans ses alliés. — Le landgrave de Hesse reste constamment fidèle au Roi. — Sa mort donne une fausse espérance au parti impérial. — Le roi d'Angleterre propose vainement aux Suédois de se liguer avec lui. — Les Allemands sont forcés d'abandonner le siége de Montbelliard. — Le duc de Rohan fait un traité honteux avec les chefs de la sédition des Grisons. — Détails à ce sujet. — Il se retire à Genève. — Il reçoit ordre de s'en aller à Venise. — Réflexions sur la conduite du duc de Rohan. — Succès du duc de Weimar dans la Bourgogne et sur le Rhin. — Bataille livrée près de Brisach, où les Impériaux sont défaits. — Nouveau combat près du fort Capelle, où Jean de Wert est mis en fuite. — Le Roi envoie des secours d'hommes et d'argent au duc de Weimar. — Succès du maréchal de Châtillon dans la Lorraine. — Siége de Damvilliers. — Le maréchal reçoit cette place à discrétion. — Succès en Flandre. — Capitulation de Cateau-Cambrésis, de Landrecies, de Maubeuge, du château d'Aimeries et autres. — Désagrément qu'éprouve la Reine-mère à Bruxelles. — Le cardinal de La Valette assiége La Capelle. — Mécontentement du Roi contre ce cardinal. — Excuses de ce dernier, qui rejette la cause de son inaction sur le grand-maître de l'artillerie. — Le grand-maître se justifie. — La Capelle capitule. — Le cardinal de La Valette, attaqué par le cardinal Infant, le repousse et le force à se retirer à Mons ; lui-même abandonne Maubeuge malgré les ordres du Roi. — Les Hollandais se rendent maîtres de Bréda. — Le duc de Savoie demande qu'on examine s'il seroit plus avantageux de faire une guerre offensive ou défensive, ou une suspension d'armes en Italie, où seroient compris tous les princes. — Le Roi, après avoir tout bien examiné, se décide à continuer l'offensive. — Le duc de Parme fait son accord avec l'Espagne. — Le Roi demande aux Vénitiens qu'ils veillent à la conservation de Mantoue. — Il fortifie Casal. — Le duc de Savoie montre un violent désir d'obtenir le titre de roi. — Le jésuite Monot, son ambassadeur en France, emploie tous ses soins à cet effet. — Le duc de Savoie désavoue ensuite sa conduite. — Monot se mêle dans les intrigues de cour; il se lie avec le père Caussin, confesseur du Roi. — Succès en Italie. — Combats particuliers où les troupes du Roi ont le dessus. — Mort du duc de Savoie; caractère de ce prince. — Mort du duc de Mantoue; sa reconnoissance envers le Roi. — Difficultés qu'éprouve Sa Majesté pour maintenir la Savoie et le duché de Mantoue dans son alliance. — Intrigues du père Monot auprès de Madame, veuve du duc de Savoie. — Instructions adressées à l'ambassadeur d'Hémery. — Le cardinal de Savoie part de Rome, et, malgré les instances de sa belle-sœur, se rend en Piémont. — Elle se décide à le voir, et, nonobstant les observations de l'ambassadeur de France, elle consent à ce que le cardinal revienne en Savoie. — Intrigues du prince Thomas pour détacher la duchesse du parti de la France. — Sur les instances du Roi, la duchesse éloigne d'auprès d'elle le père Monot, et défend à ses frères de venir dans ses États. — Le maréchal d'Estrées fait consentir le Pape à ce que le cardinal Antoine reçoive la comprotection de France, malgré les oppositions de l'ambassadeur d'Espagne. — Le cardinal de Richelieu est élu abbé général de Cîteaux. — Le Pape, à la sollicitation des Espagnols, refuse les bulles de confirmation, et renvoie pour la décision de cette élection à la congrégation des affaires consistoriales. — Il refuse également de nommer cardinal le père Joseph. — Artifices des Espagnols pour éluder le traité de paix que Sa Sainteté poursuit, et celui d'une suspension d'armes ou trêve générale. — Les Suédois consentent à recevoir les Vénitiens comme médiateurs de la paix. — Ceux-ci acceptent, non sans peine, la médiation. — Les Suédois ne veulent point traiter à Cologne. — Difficultés élevées par les Espagnols sur la délivrance des passe-ports et saufs-conduits des députés à l'assemblée de Cologne. — Négociations infructueuses à cet égard. — Nouvelles difficultés au sujet d'un projet de trêve générale. — Efforts du Roi pour y arriver. — Sa Majesté met sa personne, ses états et sa couronne, sous la protection de la Vierge; elle ordonne des prières dans tout le royaume et se décide à poursuivre la guerre. — Libelle publié contre le cardinal par les Espagnols. — Réfutation de ce libelle. — Les îles de Sainte-Marguerite et de Saint-Honorat sont reprises et enlevées par l'armée navale de France.—Le maréchal de Vitry est mis à la Bastille pour sa conduite dans cette expédition. — Les Espagnols font le siège de Leucate. — Le duc d'Halluin les force à l'abandonner après un combat très-meurtrier. — Il est fait maréchal et prend le nom de Schomberg qu'avoit eu son père. — Soulèvement de quelques paysans du Périgord apaisé. — Les Espagnols quittent la Biscaye où ils s'étoient emparés de plusieurs postes. — Le Roi réduit le parlement à l'obéissance. — Le père Caussin, confesseur du Roi. — Découverte d'une correspondance de la Reine épouse du Roi, avec madame de Chevreuse, le cardinal Infant et autres ennemis de la France. — Le Roi pardonne à la Reine. — Conduite du père Caussin dans cette affaire. — Il est éloigné de la cour. — Le père Sirmond est choisi pour le remplacer. — Le cardinal trace lui-même la règle des devoirs dans laquelle un confesseur du Roi doit se renfermer. — Son avis sur la conduite à tenir envers madame de Chevreuse. — Cette dame quitte furtivement la France. — La Reine-mère s'adresse à plusieurs princes pour obtenir du Roi sa rentrée en France. — Le Roi refuse de l'accorder.

LIVRE XXIX. [1638]

Le Roi envoie un secours extraordinaire d'argent au duc de Weimar, et réunit des troupes dans la Franche-Comté. — Il fait un nouveau traité avec les Suédois. — La reine de Suède accepte la médiation des Vénitiens. — Siége de Saint-Omer par les troupes françaises. — La lenteur du maréchal de Châtillon en empêche le succès. — L'armée levée en Guienne fait le siége de Fontarabie. — La mauvaise conduite du duc de La Valette fait manquer cette entreprise. — Perte qu'y éprouve l'armée du Roi. — Le prince de Condé demande que le duc de La Valette soit éloigné de l'armée et le duc d'Épernon de la Guienne. — La flotte française remporte une grande victoire sur les galères d'Espagne entre Savone et Vado. — La Meilleraie, grand-maître de l'artillerie, assiége et prend Renty. — Le Castelet est emporté d'assaut. — Le prince d'Orange entreprend le siége de Gueldres qu'il est forcé de lever. — Grands progrès du duc de Weimar le long du Rhin. — Le vicomte de Turenne repousse le duc Charles de Lorraine de la frontière de Bassigny, et reprend les places tenues en Lorraine par les ennemis. — Le duc de Weimar bat le duc Charles et le met en fuite. — Il défait les troupes de Gents et de Lamboy, et se rend maître de Brisach. — Succès du duc de Longueville en Bourgogne et en Lorraine. — Le Roi refuse aux cantons suisses la neutralité qu'ils lui demandent pour la Bourgogne. — Obstacles aux succès des armes du Roi en Italie, causés par la légèreté et la foiblesse de la duchesse de Savoie. — Aveuglement de cette princesse pour le père Monot qui la trompe et qu'elle ne peut renvoyer. — Plaintes du Roi à sa sœur. — Le marquis de

Leganez assiége le château de Moncalve. — Le maréchal de Créqui est tué d'un coup de canon en arrivant au secours de cette place. — Le Roi envoie pour le remplacer le cardinal de La Valette. — La princesse de Mantoue abandonne le parti de la France. — Trahison de Monteil, gouverneur du château de Milan. — Vains efforts du Roi pour retenir la princesse dans son alliance. — Le marquis de Leganez publie un manifeste par lequel il déclare que le roi d'Espagne prend sous sa protection le jeune duc de Savoie et sa maison. — Il assiége Verceil et s'en rend maître. — Le cardinal de Savoie refuse de se ranger du parti de la France, et entreprend de régner à Turin. — Complot tramé contre sa belle-sœur. — Démêlés du Roi avec la cour de Rome au sujet de la vacance des évêchés, de la réunion de Cluny à la congrégation de Saint-Maur, et des plaintes des capucins. — Démêlés du roi de Hongrie avec la même cour. — Le roi d'Angleterre poursuit avec instance l'alliance de mademoiselle de Rohan avec le prince Robert, frère du prince Palatin. — Négociations à ce sujet. — Le comte d'Alais, gouverneur de Provence, fait prisonnier le prince Casimir, frère du roi de Pologne. — Louis XIII approuve cette détention. — Le roi d'Angleterre sollicite l'élargissement de ce prince et la liberté du chevalier de Jars. — Révolte en Ecosse au sujet de la religion. — La Reine-mère s'ennuyant à Bruxelles passe en Angleterre. — Détails sur cet événement. — Comment elle est reçue à Londres. — L'ambassadeur de France a ordre de la saluer une fois et de ne plus la revoir. — Rapport du cardinal sur la conduite du duc de La Valette à Fontarabie. — Ce duc refuse de venir rendre compte au Roi de ses actions et passe en Angleterre. — Continuation des négociations pour la paix. — Nouvelles difficultés pour les passe-ports et les saufs-conduits. — Nouvelles ruses des Espagnols pour éloigner le traité de paix. — Ils amusent le roi d'Angleterre par l'espoir de rendre le Palatinat à son neveu. — Grandes réjouissances en France à l'occasion de la naissance du Dauphin. — Sévérité du Roi envers le parlement.

MÉMOIRES

DU

CARDINAL DE RICHELIEU,

SUR LE RÈGNE DE LOUIS XIII,

DEPUIS 1610 JUSQU'A 1619.

MÉMOIRES

DU

CARDINAL DE RICHELIEU.

LIVRE PREMIER.

En l'an 1600, le grand Henri, qui étoit digne de vivre autant que sa gloire, ayant affermi sa couronne sur sa tête, calmé son Etat, acquis par son sang la paix et le repos de ses sujets, vaincu par les vœux de la France et par la considération du bien de son peuple, qui pouvoit tout sur lui, se résolut, chargé de victoires, de se vaincre soi-même sous les lois du mariage, pour avoir lieu de laisser à cet Etat des héritiers de sa couronne et de sa vertu.

Pour cet effet, il jeta les yeux sur toute l'Europe pour chercher une digne compagne de sa gloire : et, après en avoir fait le circuit, sans omettre aucune partie où il pût trouver l'accomplissement de ses désirs, il s'arrêta à Florence, qui contenoit un sujet digne de borner le cours de sa recherche.

Il est touché de la réputation d'une princesse qui étoit en ce lieu, princesse petite-fille de l'Empereur à cause de sa mère, et, à raison de son père, sortie d'une maison qui a presque autant d'hommes illustres que de princes.

Cette princesse, en la fleur de ses ans, faisoit voir en elle les fruits les plus mûrs de sa vertu, et il sembloit que Dieu l'eût rendue si accomplie, que l'art, qui porte envie à la nature, eût eu peine à beaucoup ajouter à son avantage.

L'amour étant impatient, ce grand prince envoie promptement offrir sa couronne à cette princesse; et Dieu, qui ordonne souvent les mariages au ciel avant qu'on en ait connoissance en terre, fait que, bien qu'elle eût refusé la couronne impériale, elle accepte avec contentement celle qui lui étoit présentée; faisant voir par cette action qu'il faut avoir plus d'égard au mérite qu'à la qualité des personnes, et qu'une dignité inférieure en un prince de singulière recommandation, surpasse la plus grande du monde en un sujet de moindre prix.

Le traité de ce mariage n'est pas plutôt commencé par le sieur de Sillery, qui depuis a été chancelier de France, qu'il se conclut et s'accomplit à Florence, en vertu de la procuration du Roi portée au Grand-Duc par le duc de Bellegarde (1), le tout avec des magnificences dignes de ceux entre qui il se contracte.

Le passage de cette grande princesse se prépare: elle part du lieu de sa naissance; la mer et les vents lui sont contraires, mais son courage, sa fortune et son bonheur sont plus forts.

Elle arrive à Marseille, qui lui fait connoître que les cœurs des Français lui sont aussi ouverts que les portes de la France.

Aux instantes prières de celui qui l'attend avec impatience, sans s'arrêter en ce lieu, elle passe outre pour aller à Lyon, où ce grand prince, vrai lion en guerre et agneau en paix, la reçoit avec une joie

(1) Roger de Saint-Lary, baron de Thermes, duc de Bellegarde.

incroyable, et des témoignages d'amour correspondans à ceux du respect qu'elle lui rendoit.

D'abord il tâche de la voir sans être connu d'elle, à cette fin il paroît dans la foule; mais, bien que d'ordinaire ce qui se loge au cœur y prenne entrée par les yeux, l'amour que le ciel lui avoit mis au cœur pour ce grand prince le fit discerner à ses yeux.

Dieu, vrai auteur de ce mariage, unit leurs cœurs de telle sorte, que d'abord ils vécurent avec autant de liberté et de franchise, que s'ils eussent été toute leur vie ensemble.

Toute la cour n'ouvre les yeux que pour la voir et l'admirer, et ne se sert de sa langue que pour louer et publier la France heureuse par celle qu'on prévoyoit y apporter toutes les bénédictions.

La paix, qui fut faite au même temps avec le duc de Savoie, fut reçue comme prémices du bonheur qu'elle apportoit avec elle.

Elle vint à Paris, cœur de ce grand royaume, qui lui offre le sien pour hommage.

Dans la première année de son arrivée en France, Dieu, bénissant son mariage, lui donna un dauphin, non pour signe de tempête, mais, au contraire, pour marque assurée qu'il n'en peut plus venir qui ne soit calmée par sa présence.

Un an après, accouchant d'une fille, elle donne lieu à la France de se fortifier par alliance.

Ensuite, Dieu voulant donner de chaque sexe autant de princes et princesses à ce royaume qu'il a de fleurs de lis, il lui donna trois fils et trois filles (1).

(1) Louis XIII, le duc d'Orléans, mort en 1611, et Jean-Baptiste Gaston, qui fut plus tard duc d'Orléans; Elisabeth, mariée à Phi-

En diverses occasions elle reçoit des preuves de l'affection du Roi; qui la contentant en beaucoup d'autres, elle lui rend des témoignages de son amour qu'il satisfait.

Un jour allant à Saint-Germain avec le Roi, le cocher qui les menoit ayant été si malheureux que de les verser, au passage d'un bac, dans la rivière, du côté de la portière où elle étoit, elle se trouve en si grand péril de sa vie, que si le sieur de La Châtaigneraie ne se fût promptement jeté dans l'eau, du fond de laquelle il la retira par les cheveux, elle se fût noyée. Mais cet accident lui fut extrêmement heureux, en ce qu'il lui donna lieu de faire paroître que les eaux qui l'avoient presque suffoquée, n'eurent pas la force d'éteindre son affection pour le Roi, dont elle demanda soigneusement des nouvelles au premier instant qu'elle eut de respirer.

Ses premières pensées n'ayant autre but que de lui plaire, elle se fait force pour se rendre patiente en ce en quoi non-seulement l'impatience est pardonnable aux femmes les plus retenues, mais bienséante.

Les affections de ce grand prince, qui lui étoient dues entières, sont partagées par beaucoup d'autres.

Plusieurs esprits malins ou craintifs lui représentent les suites de ce partage périlleuses pour elle; mais, bien qu'on ébranlât la confiance qu'elle a en lui, on ne peut tout-à-fait la lui faire perdre : sans considérer les accidens qui lui pouvoient arriver de l'excès des passions où souvent le Roi se laissoit transporter,

---

lippe IV, roi d'Espagne; Christine, mariée à Victor-Amédée, prince de Piémont, depuis duc de Savoie; Henriette-Marie, mariée à Charles I, roi d'Angleterre.

la jalousie lui étoit un mal assez cuisant pour la porter à beaucoup de mauvais conseils qui lui étoient suggérés sur ce sujet.

Elle parle plusieurs fois au Roi pour le détourner de ce qui lui étoit désagréable; elle tâche de l'émouvoir par la considération de sa santé qu'il ruinoit, par celle de sa réputation qui d'ailleurs étoit si entière, par celle enfin de sa conscience, lui représentant qu'elle souffriroit volontiers ce qui le contente s'il ne désagréoit à Dieu. Mais toutes ces raisons, si puissantes qu'il n'y en a point au monde qui le puissent être davantage, étoient trop foibles pour retirer ce prince, qui pour être aveuglé de passions n'en connoissoit pas le poids.

D'autres fois elle se sert d'autres moyens; elle proteste qu'elle fera faire affront à ses maîtresses, que, si même la passion qu'elle a pour lui la porte à leur faire ôter la vie, cet excès, pardonnable en tel cas à toute femme qui aime son mari fidèlement, ne sera blâmé en elle de personne.

Elle lui fait donner divers avis sur ce sujet par des personnes confidentes.

Ces moyens, quoique plus foibles que les premiers, font plus d'effet parce qu'ils tirent leur force des intérêts de ses maîtresses, auxquels il étoit aussi sensible qu'il étoit insensible aux siens.

Il fit une fois sortir de Paris la marquise de Verneuil bien accompagnée, sur un avis qui lui fût donné par Conchine que la Reine s'assuroit de personnes affidées pour lui procurer un mauvais traitement; ce qui toutefois n'étoit qu'une feinte, étant certain qu'elle n'avoit dessein, en cette occasion, que de lui faire peur d'un mal qu'elle ne lui vouloit pas faire.

Il eut diverses alarmes de pareille nature, mais elles furent toutes sans effet.

Comme la jalousie rendoit la Reine industrieuse en inventions propres à ses fins, l'excès de la passion du Roi le rendoit si foible en telle occasion, qu'encore qu'il eût bien témoigné en toutes rencontres être prince d'esprit et de grand cœur, il paroissoit dénué de jugement et de force en celle-là.

En tout autre sujet que celui-ci, le mariage de Leurs Majestés étoit exempt de division; mais il est vrai que les amours de ce prince, et la jalousie de cette princesse, jointe à la fermeté de son esprit, en causèrent de si grandes et si fréquentes entre eux, que, outre que le duc de Sully m'a dit plusieurs fois qu'il ne les avoit jamais vus huit jours sans querelle, il m'a dit aussi qu'une fois entre autres la colère de la Reine la transporta jusqu'à tel point, étant proche du Roi, que, levant le bras, il eut si grande peur qu'elle passât outre, qu'il le rabattit avec moins de respect qu'il n'eût désiré, et si rudement qu'elle disoit par après qu'il l'avoit frappée ; ce qui n'empêcha pas qu'elle ne se louât de son procédé au lieu de s'en plaindre, reconnoissant que son soin et sa prévoyance n'avoient pas été inutiles.

J'ai aussi appris du comte de Grammont qu'une fois le Roi étant outré des mauvaises humeurs qu'elle avoit sur pareils sujets, après avoir été contraint de la quitter à Paris, et s'en aller à Fontainebleau, il envoya vers elle pour lui dire que, si elle ne vouloit vivre plus doucement avec lui et changer sa conduite, il seroit contraint de la renvoyer à Florence avec tout ce qu'elle avoit emmené de ce pays, désignant la maréchale d'Ancre et son mari (1).

Et j'ai su de ceux qui avoient en ce temps grande part au maniement des affaires, que l'excès de la mauvaise intelligence qui étoit quelquefois entre Leurs Majestés, étoit venu jusques à tel point, que le Roi leur a dit plusieurs fois qu'il se résoudroit enfin de la prier de vivre dans une de ses maisons séparée; mais la colère fait si souvent dire ce que pour rien du monde on ne voudroit faire, qu'il y a grande apparence que cette passion tiroit ces paroles de sa bouche, bien qu'en effet il n'en eût pas le sentiment au cœur.

Il est difficile de ne croire pas que la Reine fût échauffée en ses jalousies par certaines personnes, qui ne lui donnoient pas seulement mauvais conseil en ce sujet, mais en beaucoup d'autres. Et de fait, le même duc de Sully, dont elle faisoit grand cas en ce temps-là où il étoit considéré comme le plus puissant en l'esprit de son maître, m'a dit qu'un jour elle l'envoya querir pour lui communiquer une résolution que Conchine lui avoit fait prendre, d'avertir le Roi de certaines personnes de la cour qui lui parloient d'amour. Conchine, qui étoit présent, soutenoit que, par ce moyen, la Reine feroit connoître au Roi qu'elle n'étoit pas capable de rien savoir sans le lui communiquer. Le duc lui répondit d'abord, avec sa

(1) Eléonore Gai ou Galigaï étoit venue en France avec Marie de Médicis. Elle avoit épousé Conchini, qui partageoit avec elle les bonnes grâces de la Reine. Conchini acheta, en 1610, le marquisat d'Ancre, dont il prit le nom, et fut fait maréchal de France en 1613. (Voyez sur Galigaï et sur Conchini, ci-après, à l'année 1617.)

façon aussi brusque que peu civile, que cette affaire étoit si différente de celles dont il avoit le soin, qu'il ne pouvoit lui donner aucun avis; mais qu'ayant aussi-tôt changé ce discours après que Conchine, devant qui il ne vouloit point parler, se fut retiré, il lui dit qu'il étoit trop son serviteur pour ne l'avertir pas qu'elle prenoit la plus mauvaise résolution qui se pût prendre en telles matières, et qu'elle alloit donner au Roi le plus grand et le plus juste soupçon qu'un mari de sa qualité pût avoir de sa femme, attendu qu'il n'y avoit point d'homme de jugement qui ne sût fort bien qu'on ne parloit point d'amour à une personne de sa condition, sans avoir premièrement reconnu qu'elle l'auroit agréable, et sans qu'elle fît la moitié du chemin, et que le Roi pourroit penser que les motifs qui l'auroient portée à faire cette découverte, seroient ou la crainte qu'elle auroit qu'elle ne fût connue par autre voie, ou le dégoût qu'elle auroit pris de ceux qu'elle vouloit accuser, par la rencontre de quelques autres plus agréables à ses yeux, ou enfin la persuasion d'autres assez puissantes sur son esprit pour la porter à cette résolution.

Ces considérations pressèrent sa raison de telle sorte qu'elle suivit, pour cette fois, les avis du duc de Sully, bien qu'en d'autres occasions elle l'eût souvent trouvé peu capable de conseil, et que, dès le temps de sa jeunesse, elle fût si attachée à ses propres volontés que la grande-duchesse, sa tante, qui avoit le soin de sa conduite, se plaignoit d'ordinaire souvent de la fermeté qu'elle avoit en ses résolutions.

Il arrivoit souvent beaucoup de divisions semblables entre Leurs Majestés; mais l'orage n'étoit pas plus tôt cessé, que le Roi, jouissant du beau temps, vivoit avec tant de douceur avec elle, que je l'ai vue souvent, depuis la mort de ce grand prince, se louer du temps qu'elle a passé avec lui, et relever la bonté dont il usoit en son endroit, autant qu'il lui étoit possible.

Si elle lui demande quelque chose qui se puisse accorder, elle n'en est jamais refusée ; s'il la refuse, c'est en faisant cesser ses demandes par la connoissance qu'il lui donne qu'elles tournent à son préjudice.

Un jour elle le prie d'accorder la survivance d'une charge pour quelqu'un de ses serviteurs ; il la refuse avec ces paroles : *Le cours de la nature vous doit donner la mienne ; et lors vous apprendrez par expérience que qui donne une survivance ne donne rien en l'imagination de celui qui la reçoit, n'estimant pas que ce qui tient encore lui puisse être donné.*

La prise du maréchal de Biron, dont le mérite et la vertu émurent la compassion de tout le monde, lui donna lieu d'en parler au Roi, plutôt pour apprendre son sentiment, que le duc de Sully, qui étoit fort bien avec elle, désiroit savoir, que pour le porter à aucune fin déterminée.

Le Roi lui dit que ses crimes étoient trop avérés et de trop grande conséquence pour l'Etat, pour qu'il le pût sauver ; que s'il eût été assuré de vivre autant que ce maréchal, il lui eût volontiers donné sa grâce, parce qu'il eût pensé à se garantir de ses mauvais desseins ; mais qu'il avoit trop d'affection pour elle et pour ses enfans pour leur laisser une telle épine au pied, dont il les pouvoit délivrer avec justice ;

que s'il avoit osé conspirer contre lui, dont il connoissoit le courage et la puissance, il le feroit bien plus volontiers contre ses enfans.

Il ajouta qu'il savoit bien qu'en pardonnant au maréchal plusieurs loueroient hautement sa clémence, et qu'on répandroit faussement par le peuple que l'appréhension de ce personnage faisoit plus contre lui que ses crimes; mais qu'il falloit se moquer des faux bruits en matière d'Etat, que la clémence en certaines occasions étoit cruauté, et qu'outre que ce seroit chose répugnante à son courage que de faire mal sans l'avoir mérité, s'il le faisoit il appréhendoit les châtimens de Dieu, qui ne bénit jamais les princes qui usent de telle violence.

En cela la Reine, qui déféroit beaucoup en toutes occasions à son autorité, déféra en celle-là tout à sa raison, qui, ne pouvant être contredite par personne, le devoit être moins par une princesse de sa naissance et de sa maison, qui ne laisse jamais impuni aucun crime qui concerne l'Etat.

Une autre fois le duc de Sully lui ayant fait connoître que la puissance et l'humeur du duc de Bouillon devoient être suspectes à la sûreté de ses enfans, si le Roi venoit à lui manquer, elle en parla au Roi lorsqu'il fut tombé dans sa disgrâce, et que Sa Majesté entreprit expressément le voyage de Sedan pour châtier sa rebellion. Le Roi lui répondit, avec sa promptitude ordinaire, qu'il étoit vrai que le parti et l'humeur de cet homme étoient ennemis du repos de la France, qu'il s'en alloit d'autant plus volontiers pour le châtier, qu'il étoit si malavisé que de croire qu'il n'oseroit l'entreprendre, et qu'il le mettroit assurément en état de ne lui pouvoir nuire à l'avenir.

Il partit en cette résolution, et comme il fut résolu à faire le contraire, il dit à la Reine qu'il en usoit ainsi parce qu'il pouvoit ne le faire pas; que le duc de Bouillon n'étoit pas en état de lui résister, et que chacun connoîtroit que la grâce qu'il recevroit n'auroit autre motif que sa clémence;

Qu'au reste, comme c'étoit grande prudence de considérer quelquefois l'avenir, et prévenir les maux prévus par précaution, celle qui portoit quelquefois les princes à ne rien émouvoir de peur d'ébranler le repos dont ils jouissoient, n'étoit pas moindre.

Peu de temps après elle lui demanda avec instance une place pour le duc de Sully, qui avoit l'honneur de sa confiance : ne voulant pas la lui accorder, il lui répond qu'il savoit bien que Saint-Maixent étoit la plus mauvaise place de son royaume; mais que, tandis que le parti des huguenots subsisteroit, les moindres de la France seroient importantes, et que si un jour il étoit par terre, les meilleures ne seroient d'aucune considération ; qu'il ne vouloit pas la lui donner, parce qu'il n'y avoit quasi dans un Etat que celui qui manioit les finances à qui il ne falloit pas consigner de retraite assurée pendant qu'il étoit en cette administration, d'autant que lui donner un lieu où il pût sûrement retirer de l'argent étoit quasi honnêtement le convier à en prendre;

Qu'au reste, un établissement parmi les huguenots étoit capable de l'empêcher de se faire catholique, et de le porter à les favoriser en ce qu'il pourroit, pour rendre son appui plus considérable ;

Qu'il vouloit le détacher, autant qu'il pouvoit, de ce

parti, et le mettre par ce moyen en état d'être plus facilement détrompé de l'erreur de leur créance.

A ce propos, il confessa à la Reine qu'au commencement qu'il fit profession d'être catholique, il n'embrassa qu'en apparence (1) la vérité de la religion pour s'assurer en effet sa couronne, mais que, depuis la conférence qu'eut à Fontainebleau le cardinal du Perron avec du Plessis-Mornay, il détestoit autant par raison de conscience la créance des huguenots, comme leur parti par raison d'Etat.

En cette occasion et plusieurs autres il lui dit que les huguenots étoient ennemis de l'Etat, que leur parti feroit un jour du mal à son fils s'il ne leur en faisoit;

Que d'autre part elle avoit aussi à prendre garde à certaines personnes, qui, faisant profession de piété, par un zèle indiscret, pourroient un jour favoriser l'Espagne, si ces deux couronnes venoient en rupture, d'autant que la prudence des rois catholiques avoit été telle jusqu'alors, qu'ils avoient toujours couvert leurs intérêts les plus injustes d'un spécieux prétexte de piété et de religion;

Qu'il étoit bien aise qu'elle sût que, comme la malice des uns lui devoit être perpétuellement suspecte, elle ne devoit pas être sans soupçon du scrupule des autres en certaines occasions.

Lorsqu'il avoit quelque affliction il s'en déchargeoit souvent avec elle; et quoiqu'il n'y trouvât pas toute

(1) *Il n'embrassa qu'en apparence* : Cayet, ancien précepteur de Henri IV, beaucoup mieux instruit que Richelieu, dit précisément le contraire. Il soutient que, dès l'année 1584, le roi de Navarre s'occupoit sérieusement de sa conversion. (Voyez cette particularité importante dans l'introduction aux mémoires relatifs aux guerres de religion, première série, tome 20, page 198.)

la consolation qu'il eût pu recevoir d'un esprit qui eût eu de la complaisance et l'expérience des affaires, il le faisoit volontiers parce qu'il la trouvoit capable de secret.

La considération de son âge fit qu'il la pressa souvent de prendre connoissance des affaires, d'assister au conseil pour tenir avec lui le timon de ce grand vaisseau ; mais, soit que lors son ambition ne fût pas grande, soit qu'elle fût fondée en ce principe, qu'il sied bien aux femmes de faire les femmes, tandis que les hommes font les hommes comme ils doivent, elle ne suivit pas en cela son intention.

Il la mène en tous ses voyages, et, contre la coutume des rois, ils ne font deux chambres pour avoir lieu d'être le jour séparément.

Il la trouve tellement à son gré, qu'il dit souvent à ses confidens que, si elle n'étoit point sa femme, il donneroit tout son bien pour l'avoir pour maîtresse.

Deux fois en sa vie il la dépeint des couleurs qu'il estime lui être convenables.

Une fois, touché d'affection, après qu'il eut évité le péril qu'ils avoient couru de se noyer ensemble, et l'autre, piqué de colère sur le sujet de quelque passion qu'il avoit en la fantaisie ; la première, il loua grandement son naturel, parce qu'elle l'avoit demandé en ce péril, son courage, parce qu'elle ne s'étoit point étonnée, sa reconnoissance, parce qu'elle le pria instamment de faire du bien à celui qui avoit exposé sa vie pour les garantir de ce péril.

Et, prenant là-dessus occasion de rapporter les autres qualités qu'il avoit remarquées en elle, il la loua d'être secrète, parce que souvent il l'avoit pressée, jusque même à se fâcher contre elle, pour savoir les auteurs de quelques avis qu'on lui donnoit sans qu'elle voulût les découvrir.

En riant il ajouta qu'elle étoit désireuse d'honneur, magnifique et somptueuse en ses dépenses, et glorieuse par excès de courage, et que si elle ne prenoit garde à réprimer ses sentimens, elle seroit vindicative : ce qu'il disoit pour l'avoir vue plusieurs fois si piquée de la passion qu'il avoit pour quelques femmes, qu'il n'y a rien qu'elle n'eût fait pour s'en venger.

Il l'accuse en outre de paresse, ou pour le moins de fuir la peine, si elle n'est poussée à l'embrasser par passion.

Il lui fait la guerre d'être moins caressante que personne du monde, grandement défiante; enfin il conclut ses défauts de prendre plutôt de ses oreilles et de sa langue que d'autres choses, en ce qu'il ne lui déplaisoit pas d'ouïr faire quelques contes aux dépens d'autrui, ni même d'en médire sans grand fondement.

L'autre fois qu'il étoit animé contre elle, il tourna son courage en gloire, et sa fermeté en opiniâtreté, et disoit souvent à ses confidens qu'il n'avoit jamais vu femme plus entière, et qui plus difficilement se relâchât de ses résolutions.

Un jour, ayant témoigné au Roi de la douleur de ce qu'il l'appeloit madame la Régente : « Vous avez
« raison, dit-il, de désirer que nos ans soient égaux;
« car la fin de ma vie sera le commencement de vos
« peines : vous avez pleuré de ce que je fouettois
« votre fils avec un peu de sévérité, mais quelque
« jour vous pleurerez beaucoup plus du mal qu'il

« aura, ou de celui que vous recevrez vous-même.

« Mes maîtresses souvent vous ont déplu, mais
« difficilement éviterez-vous d'être un jour maltraitée
« par celles qui posséderont son esprit.

« D'une chose vous puis-je assurer, qu'étant de
« l'humeur que je vous connois, et prévoyant celle
« dont il sera, vous entière, pour ne pas dire têtue,
« madame, et lui opiniâtre, vous aurez assurément
« maille à départir ensemble. »

Il lui tint ce langage ensuite de ce que M. le dauphin ne voulut jamais, quoi qu'il dît, sauter un petit ruisseau qui est dans le parc de Fontainebleau, ce qui le mit, à la vue de la cour, en telle colère, que si on ne l'eût empêché il vouloit le tremper dedans.

En un mot, dix ans se passent avec grande satisfaction pour cette princesse, les traverses qu'elle y rencontre étant si légères qu'il semble que Dieu les ait plutôt permises pour réveiller que pour travailler son esprit.

Ses véritables douleurs commencèrent en l'an 1610, auquel temps le Roi s'ouvrit à elle de la résolution qu'il avoit prise de réduire à son obéissance Milan, Montferrat, Gênes et Naples; donner au duc de Savoie la plus grande partie du Milanais et du Montferrat, en échange du comté de Nice et de la Savoie; ériger le Piémont et le Milanais en royaume; faire appeler le duc de Savoie roi des Alpes; et, à la séparation de la Savoie et du Piémont, faire une forteresse pour borner ces royaumes et se conserver l'entrée d'Italie.

Son intention étoit d'intéresser tous les princes d'Italie en ses conquêtes, la république de Venise par quelque augmentation contiguë à ses États, le grand-duc de Florence en le mettant en possession des places qu'il prétend lui être usurpées par les Espagnols, les ducs de Parme et de Modène en les accroissant en leur voisinage, et Mantoue en le récompensant grassement du Montferrat par le Crémonais.

Pour plus facilement exécuter ce grand dessein, il vouloit passer en Flandre, donner ordre aux troubles arrivés à Clèves et à Juliers par la mort du prince qui en étoit duc, allumer la guerre en Allemagne; non à dessein d'y chercher quelque établissement au-delà du Rhin, mais pour occuper et divertir les forces de ses ennemis.

Peut-être que l'appétit lui fût venu en mangeant, et qu'outre le dessein qu'il faisoit pour l'Italie il se fût résolu d'attaquer la Flandre, où ses pensées se portoient quelquefois, aussi bien qu'à rendre le Rhin la borne de la France, y fortifiant trois ou quatre places. Mais, pour lors, son vrai dessein étoit d'envoyer le maréchal de Lesdiguières, avec quinze mille hommes de pied et deux mille chevaux, en Italie, dont l'amas étoit déjà presque fait dans le Dauphiné, pour joindre avec le duc de Savoie, qui devoit envoyer dix mille hommes de pied et mille chevaux, commencer l'exécution de son dessein en Italie au même temps qu'il passeroit actuellement en Flandre et à Juliers avec l'armée qu'il avoit en Champagne, qui eût été de vingt-cinq mille hommes de pied et trois mille chevaux.

Le sujet de Juliers étoit assez glorieux pour être le seul motif et l'unique cause de son entreprise; car, en effet, le duc de Clèves étant mort, et n'ayant laissé que deux filles héritières de ses Etats, l'aînée desquelles étoit mariée à l'électeur de Brandebourg, et l'autre au duc de Neubourg, l'Empereur, selon la coutume ordinaire de la maison d'Autriche; qui ne perd aucune occasion de s'agrandir sous des prétextes spécieux, envoya si promptement, après la mort du duc de Juliers, l'archiduc Léopold avec ses armes, qu'il se saisit de la place dont il portoit le nom, comme si tout ce qui relève de l'Empire y devoit être réuni faute d'héritiers masculins.

S'agissant en cette rencontre de protéger le foible contre la puissance qui étoit lors la plus redoutée dans l'Europe, de maintenir une cause dont le droit étoit si clair que les prétentions au contraire n'avoient pas même d'apparence, ce n'est pas sans raison que je dis que cette occasion étoit assez importante pour être seule la cause du préparatif de si grandes armées que le Roi mettoit sur pied. Mais cependant la sincérité que l'histoire requiert m'oblige à ajouter que non-seulement estimé-je que les autres desseins que j'ai rapportés ci-dessus, fondés en la justice qui donne droit à tout prince de reconquérir ce qui lui appartient, doivent être joints aux motifs de ses armes, mais encore que l'amour n'étoit pas la dernière cause de ce célèbre voyage; car il est vrai qu'il vouloit se servir de cette occasion à contraindre l'archiduc à lui remettre madame la Princesse (1) entre les mains. Sur quoi il est impossible de ne considérer pas en ce lieu combien cette passion, ordinaire presque à tous les hommes, est dangereuse aux princes, quand elle les porte à l'excès d'un aveuglement dont les

---

(1) *Madame la Princesse :* Henriette-Charlotte de Montmorency, princesse de Condé.

suites sont fort périlleuses et pour leurs personnes et pour leurs Etats.

Ainsi l'amour lui fermant les yeux lui avoit servi d'aiguillon en tout ce grand dessein. Il y a grande apparence qu'après qu'il eût terminé le différend de Juliers, et retiré des mains des étrangers madame la Princesse, elle lui eût servi de bride pour l'arrêter et le divertir du reste. Qui se laisse guider à un aveugle se fourvoie bien souvent de son chemin, et ne va jamais bien sûrement au lieu où il veut arriver.

La Reine, peu préparée à la perte d'une si douce et heureuse compagnie, se trouve surprise de cette nouvelle. Outre le regret qu'elle a de son éloignement, elle entre en appréhension du succès d'une si haute entreprise; elle essaie de l'en divertir, lui remettant devant les yeux la jeunesse de son fils, le peu d'expérience qu'elle avoit dans les affaires, et le nombre de ses années, qui le convioient à jouir paisiblement du fruit des victoires qu'il avoit si chèrement acquises; mais en vain, y ayant peu de princes, et même d'hommes, qui défèrent assez à la raison pour ne se laisser pas emporter aux efforts de l'amour et de la gloire, les deux plus puissantes et pressantes passions dont l'esprit humain souffre quelquefois violence.

Il continue sa résolution, met sur pied une armée royale si puissante qu'elle étonne ses ennemis, met en admiration ses amis, tient toute l'Europe en crainte, et même l'Orient, où le Grand-Seigneur fait la paix avec le Persan, pour, en cas d'invasion, être prêt à se défendre et arrêter le cours de ses armes.

Je ne dois pas oublier à remarquer, en cette occasion, quelques particularités importantes connues de peu de gens, mais que j'assure être véritables, pour les avoir apprises de la Reine et du président Jeannin, qui les savoient de la bouche du Roi.

Ce grand prince méditoit de notables changemens en l'administration de ses affaires, et ne savoit cependant comment les mettre en exécution.

Il étoit peu satisfait (1) de la personne du sieur de Sully, il pensoit à lui ôter le maniement de ses finances, et vouloit en commettre le soin à Arnaud. Il avoit dit plusieurs fois à la Reine qu'il ne pouvoit plus souffrir ses mauvaises humeurs, et que, s'il ne changeoit de conduite, il lui apprendroit à ses dépens combien la juste indignation d'un maître étoit à craindre. Son mécontentement étoit formé, sa résolution prise de le dépouiller de sa charge, mais le temps en étoit incertain. Le grand dessein qu'il avoit en tête lui faisoit penser que peut-être il n'étoit pas à propos de le commencer par un tel changement : d'autre part, les contradictions du duc de Sully, et le soupçon qu'il avoit, non de la fidélité de son cœur, mais de la netteté de ses mains, faisoient qu'il avoit peine à se résoudre de le supporter davantage.

S'il étoit mécontent de ce personnage, il n'étoit pas satisfait du chancelier de Sillery : bien qu'il eût de bonnes parties, qu'il eût beaucoup d'expérience, et qu'il ne manquât pas d'esprit et d'adresse aux affaires de la cour, il avoit ce malheur, qu'il n'étoit pas cru entier en sa charge, et qu'on le connoissoit peu capable d'une résolution où il eût été besoin d'autant de cœur que d'industrie.

(1) *Il étoit peu satisfait* : Ces assertions sont victorieusement réfutées dans les *OEconomies royales*.

Il avoit eu plusieurs fois envie de l'ôter de sa charge et de l'éloigner de la cour; il persistoit au dégoût qu'il avoit de lui, ce qu'il lui eût témoigné sans la nécessité de l'occasion présente, qui l'obligea à prendre ce tempérament de le laisser auprès de la Reine pour la soulager au maniement des affaires qui se présenteroient en son absence, et donner les sceaux au président Jeannin, qu'il vouloit mener avec lui, comme un homme dont la probité étoit connue d'un chacun, et qu'il savoit être fort et solide en ses pensées, et constant en l'exécution de ses conseils.

Ces changemens, la passion qu'il avoit en la tête, et la grandeur de l'entreprise qu'il méditoit, inquiétoient grandement son esprit, mais ne le détournoient pas de son dessein.

Ne sachant pas comme il plairoit à Dieu de disposer de lui, il se résolut de laisser la régence à la Reine pour assurer son Etat et sa couronne à ses enfans. Il entretint plusieurs fois cette princesse de ce dessein, et, entre plusieurs choses générales qu'il faut observer pour régner heureusement, dont il lui parloit souvent à diverses reprises, il lui donna quelques préceptes particuliers nécessaires au gouvernement de cet Etat.

Le premier fut d'être fort retenue et réservée au changement des ministres, lui disant que, comme on ne doit les appeler au maniement des affaires qu'avec grande connoissance de leur mérite, aussi ne faut-il les en éloigner qu'après être certainement informé de leurs mauvais déportemens.

Non-seulement, lui dit-il, les derniers venus sont-ils moins nourris aux affaires, mais souvent ils prennent des résolutions contraires à ceux qui les ont précédés, pour décrier leurs personnes; ce qui apporte un changement notable à l'Etat : et qui plus est, le malheur de leurs prédécesseurs leur donnant lieu de croire qu'il y a peu de sûreté dans l'esprit de leur maître, il est à craindre qu'ils ne fassent des cabales pour trouver en icelles la protection qu'ils doivent attendre de sa bonté et de leurs services.

Le second, qu'elle ne se laissât pas gouverner à des étrangers, et surtout qu'elle ne leur donnât point de part à la conduite de ses Etats, parce que tel procédé lui aliéneroit les cœurs des Français, vu que, quand même telles gens seroient capables de connoître les vrais intérêts de la France, et assez gens de bien pour les procurer, ils ne seroient jamais estimés tels.

Le troisième, qu'elle maintînt les parlemens en l'autorité qui leur appartenoit de rendre la justice au tiers et au quart; mais qu'elle se donnât bien garde de leur laisser prendre connoissance du gouvernement de l'Etat, ni faire aucune action par laquelle ils pussent séparément autoriser la prétention imaginaire qu'ils avoient d'être tuteurs des rois; qu'il avoit eu plusieurs disputes avec eux, qu'en cela il n'avoit pas été plus heureux que ses prédécesseurs, et qu'elle ni son fils ne le seroient pas davantage.

Le quatrième, qu'elle ne prît point conseil de ses passions, ni ne formât aucune résolution pendant qu'elle en seroit préoccupée, parce que jamais personne ne s'en étoit bien trouvé, ce qu'il savoit par sa propre expérience.

Le cinquième, qu'elle traitât bien les jésuites, mais en empêchât, autant qu'elle pourroit, l'accroissement sans qu'ils s'en aperçussent, et surtout leur établissement ès places frontières. Il estimoit ces bons religieux utiles pour l'instruction de la jeunesse, mais faciles à s'emporter, sous prétexte de piété, contre l'obéissance des princes: surtout ès occasions où Rome prendroit intérêt, il ne doutoit nullement qu'ils ne fussent toujours prêts d'exciter les communautés à rebellion, et dispenser ses sujets de la fidélité qu'ils lui avoient promise.

Ces impressions étoient encore un reste de la teinture qu'il avoit reçue pendant qu'il étoit séparé de l'Eglise, vu que les ministres n'ont pas de plus grand soin que de publier et persuader, autant qu'ils peuvent, que ces bons religieux, qu'ils haïssent plus que tous les autres, sont ennemis des rois, et tiennent des maximes contraires à leur sûreté et celle de leurs Etats.

La cause de la haine qu'ils leur portent est parce que leur institut les oblige à une particulière profession des lettres, et, leur donnant toutes les commodités nécessaires pour s'y rendre excellens, ils sont d'ordinaire plus capables que les autres de confondre leurs erreurs.

Les moyens dont ils se servent, la malice dont ils usent pour rendre odieux ces grands serviteurs de Dieu sous le prétexte des rois, est de dire qu'ils enseignent que les princes ne possèdent leur temporel qu'avec dépendance des papes, ce qu'ils ne pensèrent jamais, et dont toutefois ils tâchent de donner impression, leur imputant comme un crime la doctrine de saint Thomas et de tous les théologiens, et même de leurs propres auteurs, qui enseignent que les sujets sont dispensés d'obéir à leur prince lorsqu'il les veut empêcher de professer la vraie religion.

Le sixième, de ne point avantager les grands en ce en quoi le service du Roi peut recevoir préjudice, et son autorité diminution; mais qu'ès choses indifférentes et qui ne peuvent être de cette conséquence, elle fût soigneuse de les contenter, de crainte que ses refus peu nécessaires n'altérassent leur affection, et que, quand ils verroient qu'il n'y auroit rien à espérer pour eux, il n'y eût beaucoup à craindre pour l'Etat.

Enfin que tôt ou tard elle seroit contrainte d'en venir aux mains avec les huguenots, mais qu'il ne falloit pas leur donner de légers mécontentemens, de crainte qu'ils ne commençassent la guerre avant qu'elle fût en état de l'achever. Que pour lui il en avoit beaucoup souffert parce qu'ils l'avoient un peu servi, mais que son fils châtieroit quelque jour leur insolence.

Lorsqu'il parloit du mariage du Roi son fils, il estimoit toujours que le plus avantageux qu'on pût faire étoit l'héritière de Lorraine, si le duc n'avoit point d'autres enfans; ajoutant que ce lui seroit un grand contentement de voir que ce royaume fût agrandi des dépouilles dont il avoit reçu des maux indicibles.

Il témoignoit souvent être du tout éloigné de marier sa fille aînée au roi d'Espagne, qui depuis l'a épousée; alléguant pour raison que la disposition de ces deux Etats étoit telle, que la grandeur de l'un étoit l'abaissement de l'autre; ce qui rendant l'entretien d'une bonne intelligence entre eux du tout impossible, les alliances étoient inutiles à cette fin entre les deux couronnes, qui considèrent toujours plus leurs intérêts que leurs liaisons. Pour preuve de quoi il alléguoit d'ordinaire l'exemple du mariage d'Elisabeth avec Philippe II, qui ne produisit autre fruit qu'une misérable mort à cette innocente et vertueuse princesse.

Il ajoutoit à ce discours que, s'il eût désiré marier une de ses filles en Espagne, c'eût été avec un des puînés déclaré duc de Flandre, et non avec l'héritier de la couronne. Et il y a lieu de croire qu'il se proposoit, s'il eût vécu encore dix ans, tellement travailler l'Espagne par la guerre des Hollandais, que, pour se priver des dépenses indicibles qu'il lui falloit faire pour conserver la Flandre, elle se fût enfin résolue d'en donner la souveraineté à un de ses cadets, à condition qu'épousant une de ses filles il eût moyenné avec les Etats une bonne paix, dont il eût été d'autant plus volontiers le ciment qu'il s'y fût trouvé obligé par les intérêts de son gendre et de sa fille, et par la plus haute considération d'Etat que la France puisse avoir devant les yeux sur ce sujet, étant certain que voir diviser les provinces de Flandre du corps de la monarchie d'Espagne, est un des plus grands avantages qu'elle et toute la chrétienté puissent acquérir.

Sept mois avant sa mort, étant à Fontainebleau, le dessein qu'il avoit de marier mademoiselle de Verneuil avec le petit-fils du duc de Lesdiguières, lui donna lieu, en traitant cette affaire, d'entretenir le duc, en présence du sieur de Bullion, de la plupart de tout ce que dessus, et ensuite des principaux desseins qu'il avoit pour l'établissement de tous ses enfans.

Il lui dit, entre autres choses, qu'il se proposoit de

faire comme un architecte, qui, entreprenant un grand édifice, regarde principalement à en assurer le fondement, et qui veut appuyer son bâtiment de divers arcs-boutans puissans en eux-mêmes, et d'autant plus utiles à sa fin qu'ils ne sont faits qu'en cette considération ;

Qu'il vouloit établir le règne de M. le Dauphin, en sorte que toute la puissance de ses autres enfans légitimes et naturels fût soumise à son autorité, et destinée à servir de soutien et d'appui à sa grandeur contre la maison de Lorraine, qui de tout temps s'étoit proposé d'affoiblir l'Etat pour s'emparer plus aisément de quelqu'une de ses parties;

Qu'en cette considération il auroit marié son second fils, qui portoit le titre de duc d'Orléans, avec mademoiselle de Montpensier, tant parce que c'étoit une riche héritière, qu'afin d'empêcher qu'il ne prît un jour quelque alliance étrangère qui pût être préjudiciable au repos du royaume.

Qu'il avoit tellement le bien de l'Etat devant ses yeux, qu'il étoit en doute s'il lui donneroit en propre le duché d'Orléans; mais que s'il lui destinoit cet apanage il le priveroit de la nomination des bénéfices et offices, parce qu'il ne savoit en user autrement sans énerver l'autorité royale, et communiquer la puissance du maître à ceux qui doivent obéir comme sujets;

Qu'il ne parloit point de partager le second; vu que, si Dieu lui laissoit la vie quelques années, il prétendoit le jeter au dehors en lieu utile à la France, et dont ses alliés ne pourroient prendre jalousie.

Qu'il avoit toujours destiné sa fille aînée pour la

Savoie, estimant qu'il étoit plus utile à un grand roi de prendre des alliances avec des princes ses inférieurs, capables de s'attacher à ses intérêts, qu'avec d'autres qui fussent en prétention d'égalité;

Qu'il n'avoit point encore de dessein pour ses deux autres filles, mais qu'il ne doutoit pas qu'avec le temps Dieu ne fît naître des occasions qu'il étoit impossible de prévoir;

Que, par souhait, il en eût bien voulu mettre une en Flandre aux conditions exprimées ci-dessus, et l'autre en Angleterre, en sorte qu'elle y pût apporter quelque avantage à la religion.

Il ajouta ensuite qu'il se promettoit que ses enfans naturels ne manqueroient jamais au Roi son fils, vu les liens par lesquels il prétendoit les attacher à leur devoir;

Qu'il les vouloit opposer à tous les princes de Lorraine, qui avoient toujours l'image du roi de Sicile devant les yeux, aux branches des maisons de Savoie et de Gonzague, qui avoient fait souches en cet Etat, et à toutes les autres des grands de ce royaume, qui pouvoient avoir l'audace de résister aux justes volontés du Roi;

Que le duc de Vendôme (1) étoit de fort bon naturel, et que sa nourriture étoit si bonne qu'il osoit se promettre que sa conduite ne seroit jamais mauvaise; qu'il l'avoit marié avec la plus riche héritière du royaume; qu'il lui avoit donné le gouvernement de Bretagne pour le rendre plus puissant à servir le Roi; qu'il le vouloit rendre capable d'affaires, à ce qu'il pût servir l'Etat aussi bien de sa tête que de son épée;

(1) César, duc de Vendôme, fils de Henri IV et de Gabrielle.

qu'il le faisoit marcher devant les ducs de Nemours, de Guise, de Nevers, et de Longueville (1), afin de l'obliger à être plus attaché à son souverain ; qu'il le feroit marcher après tous ces princes du jour qu'il se méconnoîtroit envers lui.

Il s'étendit à ce propos sur l'opinion qu'il avoit de ces quatre maisons de princes, qui seuls ont été reconnus en cette qualité par ses prédécesseurs et par lui-même.

Il lui dit qu'il ne comptoit la première, tant parce qu'elle ne subsistoit qu'en la seule personne du duc de Nemours, qui apparemment n'auroit point d'enfans, que parce qu'aussi il n'y avoit rien à craindre de son humeur, la musique, des carrousels et des ballets étant capables de le divertir des pensées qui pourroient être préjudiciables à l'Etat ;

Qu'il ne faisoit pas grand cas de celle de Mantoue, attendu que le duc de Nevers, qui en étoit le chef, feroit plus de châteaux, non en Espagne, mais en Orient, où il prétendoit renverser l'empire du Grand-Turc, et le remettre en la famille des Paléologue, dont il soutenoit être descendu par sa mère, que de desseins qui pussent réussir en ce royaume ;

Que le duc de Longueville étoit fils d'un père en la foi duquel il y avoit peu d'assurance, et qui avoit souvent au cœur le contraire de ce qu'il avoit en la bouche. Sur quoi il ajouta en riant, selon sa coutume qui le portoit souvent à faire des rencontres aussi

(1) Louis, duc de Nemours, mort en 1641 au siège d'Aire ; Charles, duc de Guise, mort en Italie en 1640 ; Charles de Gonzague, duc de Nevers, duc de Mantoue en 1627 ; Henri, duc de Longueville, mort en 1663. Anne de Condé, sa seconde femme, fut cette duchesse de Longueville qui joua un grand rôle dans les intrigues de la Fronde.

promptes que pleines de bon sens, qu'étant petit comme il étoit, il ne pouvoit croire qu'il pût jamais frapper un grand coup contre l'Etat; que son oncle, le comte de Saint-Paul, avoit l'esprit aussi bouché que ses oreilles, et que sa grande surdité le rendoit presque incapable d'entendre autre chose que les trompes et les cors de chasse, où il s'occupoit continuellement;

Qu'il falloit plus prendre garde à la maison de Guise qu'à aucune autre, tant à cause du grand nombre de têtes qu'elle avoit, qu'à raison de la proximité des états de Lorraine dont ils étoient sortis, et des mauvais desseins qu'ils avoient toujours eus contre la France sur les folles prétentions du comté de Provence, esquelles ils se flattoient, bien que sans fondement, lorsqu'ils étoient enfermés en leurs cabinets;

Que de tous ceux qui portoient le nom de Lorraine en France, les ducs de Guise et de Mayenne, son oncle, étoient les plus considérables; que le premier avoit plus de montre que d'effet, qu'il avoit quelque éclat et quelque agrément dans les compagnies, qu'il sembloit capable de grandes choses à qui n'en connoissoit pas le fond; mais que sa paresse et sa fainéantise étoient telles qu'il ne songeoit qu'à ses plaisirs, et qu'en effet son esprit n'étoit pas plus grand que son nez;

Que le duc de Mayenne étoit homme d'esprit, d'expérience et de jugement; mais qu'encore que par le passé il eût eu tous les mauvais desseins que peut avoir un sujet contre son roi et l'Etat auquel il est né, il ne croyoit pas qu'à l'avenir il fût capable de telles pensées, les malheurs auxquels il s'étoit vu étant plus que suffisans de le détourner de s'exposer de nouveau à de semblables inconvéniens, et qu'il y avoit lieu de croire que les folies de ses jeunes ans le rendroient sage en sa vieillesse;

Qu'encore que tous ces princes ne fussent pas fort considérables si on les regardoit séparément, ils ne laissoient pas de l'être tous ensemble;

Qu'il ne vouloit point s'allier avec eux par ses enfans naturels, mais à des gentilshommes qui s'en tiendroient bien honorés, au lieu que l'orgueil de ces princes étoit assez grand pour qu'ils pensassent obliger ses enfans par leurs alliances, qui ne leur apporteroient autre chose qu'un hôpital, vu le mauvais état où étoient leurs affaires, et qu'en effet il n'eût pas fait le mariage du duc de Vendôme sans la qualité d'héritière qu'avoit la femme qu'il lui avoit donnée.

Poursuivant son discours, il lui dit encore que, reconnoissant que le chevalier de Vendôme (1) avoit l'esprit gentil, agréable et complaisant à tout le monde, il le vouloit avancer autant qu'il lui seroit possible; qu'outre le grand-prieuré de France qu'il avoit, il lui seroit aisé de le rendre riche et puissant en bénéfices;

Qu'il lui vouloit donner la charge d'amiral et de général des galères, le gouvernement de Lyonnais et celui de Provence, afin qu'étant ainsi établi il fût plus utile au Roi son fils.

Il lui dit encore le dessein qu'il avoit d'attacher à l'Eglise le fils (2) de madame de Verneuil, et le rendre

(1) Alexandre, dit le chevalier de Vendôme, fils naturel de Henri IV et de Gabrielle d'Estrées, grand-prieur de France. Il est ordinairement désigné sous le titre de grand-prieur. —(2) Henri, évêque de Metz, puis duc de Verneuil, mort en 1682.

grand et considérable cardinal ; qu'ayant cent mille écus de rente en bénéfices, il pourroit servir utilement à Rome, où il falloit une personne de cette qualité pour y maintenir les affaires de France avec éclat, et y soutenir dignement la qualité de protecteur, dont il vouloit qu'il fît les fonctions.

Il ajouta aussi que son dessein étoit de marier mademoiselle de Vendôme (1) avec le duc de Montmorency ; que ses premières pensées avoient été de la donner au marquis de Rosny sur la proposition que lui en avoit faite le cardinal du Perron, l'assurant que, par ce moyen, il se feroit catholique ; mais que Dieu en avoit disposé autrement. Qu'il avoit eu autrefois quelque envie de la donner au duc de Longueville ; qu'il en avoit été passé un contrat entre sa mère et la duchesse de Beaufort ; mais qu'ils témoignoient en cette maison faire si peu d'état de cette alliance, qu'il n'y pensoit plus en aucune façon ; que le duc de Montmorency, à qui il la destinoit, étoit bien fait et témoignoit avoir beaucoup de cœur ; qu'il avoit en horreur l'héritière de Chemilly, tant il désiroit avoir l'honneur d'être son beau-fils.

Qu'il ne lui parloit point de sa fille de Verneuil (2), parce qu'il savoit bien qu'il la destinoit au fils aîné de Créqui, son petit-fils, auquel il vouloit faire tomber le gouvernement de Dauphiné, s'assurant qu'il seroit bien aise de le voir gouverneur en chef d'une province dont il n'avoit été que lieutenant de roi.

Après tout ce discours, il lui fit connoître qu'il en

---

(1) Catherine-Henriette, mariée à Charles de Lorraine, duc d'Elbeuf.
— (2) Gabrielle-Angélique, fille naturelle de Henri IV et de madame de Verneuil, mariée au duc d'Epernon.

avoit souvent entretenu la Reine, qu'il se promettoit qu'elle suivroit ses intentions, mais qu'il s'en tiendroit bien plus assuré si elle étoit défaite de la princesse de Conti (1), dont les artifices étoient incroyables, qu'elle et sa mère empoisonnoient son esprit, en sorte que, bien qu'il eût pris soin de lui faire connoître leurs malices, elle ne pouvoit toutefois s'en garantir.

Il lui conta à ce propos qu'un jour, pour détromper la Reine, il l'avoit disposée, lorsqu'elles l'animoient le plus contre la marquise de Verneuil, de feindre quelques desseins contre elle, et les leur communiquer, pour voir si aussitôt elles n'en avertiroient pas la marquise, bien que devant la Reine elles jetassent feu et flamme contre elle; que la Reine, ayant en cela suivi son conseil, leur communiqua une entreprise qu'elle feignoit avoir de la faire enlever, passant au bac d'Argenteuil; ce que les bonnes dames ne surent pas plutôt qu'elles se servirent du duc de Guise pour en donner avis à la marquise : ce qu'il fit avec tant de circonstances, que, sur la plainte qu'elle en fit au Roi, la Reine fut contrainte de reconnoître l'esprit et le génie de ces femmes, et d'avouer qu'elles n'aimoient rien dans la cour que les intrigues, èsquelles elles n'étoient pas peu industrieuses.

Par tout ce que dessus, il paroît que le sens et la ratiocination de ce prince avoient des racines profondes; mais la plupart des événemens ayant été tout

---

(1) *De la princesse de Conti* : Louise-Marguerite de Lorraine, sœur du duc de Guise. Douée d'un esprit aussi vif que malin, elle devint, après la mort de la maréchale d'Ancre, la confidente intime de Marie de Médicis.

autres qu'il se le promettoit, il paroît aussi combien est véritable le dire commun qui nous apprend que la proposition des choses dépend bien de l'esprit des hommes, mais que sa disposition est tellement en la main de Dieu, qu'il ordonne souvent par sa providence le contraire de ce qui est désiré par l'appétit humain, et prévu par la prudence des créatures.

Bien que ce prince eût tant d'expérience qu'il pût être dit avec raison le plus grand de son siècle, il est vrai qu'il étoit si aveuglé de la passion de père, qu'il ne connoissoit point les défauts de ses enfans, et raisonnoit si foiblement en ce qui les touchoit, qu'il prenoit souvent le contre-pied de ce qu'il devoit faire.

Il se loue de la nourriture du duc de Vendôme et de son bon naturel; et toutefois, dès ses premières années, sa mauvaise éducation étoit visible à tout le monde, et sa malice si connue, que peu de gens en évitoient la piqûre.

Il estime que le grand établissement qu'il donne à ce prince, et celui auquel il se proposoit d'établir son frère, étoient les vrais moyens d'assurer l'autorité du Roi son fils; et cependant on peut dire avec vérité que tous deux ont beaucoup contribué aux plus puissans efforts qui se soient faits pour l'ébranler; et, sans la prudence et le bonheur de ce règne, ces deux esprits eussent fait des maux irréparables à ce royaume.

Les mariages qu'il ne vouloit pas ont été faits, ceux qu'il proposoit ne l'ont pu être; ce qu'il estimoit devoir être le ciment d'un grand repos a été la semence de beaucoup de troubles; et Dieu a permis que sa prudence ait été confondue, pour nous apprendre qu'il n'y a point de sûreté aux ratiocinations qui suivent les passions des hommes, et qu'on se trompe souvent lorsqu'on se propose ce qu'on désire, plus par le déréglement de ses passions que par le vrai discours d'une juste raison.

En un mot, il semble que la sapience qui n'a point de fond, a voulu faire voir combien les bornes de la sagesse humaine ont peu d'étendue, et que la perfection des hommes est si imparfaite, que les bonnes qualités des plus accomplis sont contre-pesées par beaucoup de mauvaises qui les accompagnent toujours.

Comme roi, ce prince avoit de très-grandes qualités; comme père, de grandes foiblesses, et, comme sujet aux plus grands déréglemens des passions illicites de l'amour, un grand aveuglement.

Quiconque considérera l'entreprise qu'il fait sur la fin de ses jours, ne doutera pas du bandeau qu'il a sur les yeux, puisqu'il s'embarquoit en une guerre qui sembloit présupposer qu'il fût au printemps de son âge; au lieu qu'approchant de soixante ans, qui est au moins l'automne des plus forts, le cours ordinaire de la vie des hommes lui devoit faire penser à sa fin, causée peu après par un funeste accident.

Pendant les grands préparatifs qu'il faisoit pour la guerre, il témoignoit souvent que la charge de connétable et celle de colonel de l'infanterie lui étoient grandement à charge, et disoit qu'en la division en laquelle le royaume étoit entretenu par le parti des huguenots, si on les souffroit en toute l'étendue que la négligence des rois leur avoit laissé prendre, on rendroit ceux qui les possédoient trop puissans pour queleur pouvoir ne dût pas être suspect.

Il ne céloit point à ceux à qui il estimoit pouvoir ouvrir son cœur avec franchise, que si Dieu appeloit le duc de Montmorency de ce monde (ce qu'il croyoit devoir arriver bientôt à cause du grand âge de ce duc), il supprimeroit pour jamais la première de ces charges dont il étoit possesseur, et que, parce qu'il croyoit que le duc d'Epernon (1) n'étoit pas pour mourir sitôt, et que, comme sa charge lui étoit odieuse, sa personne ne lui étoit pas fort agréable, sans attendre sa mort il ne perdroit aucune occasion de réduire cet office à tel point qu'il pût être supporté jusqu'à ce qu'on eût lieu de l'éteindre tout-à-fait.

Il désiroit, sur toutes choses, priver ledit duc de la possession en laquelle il s'étoit mis pendant la grande faveur qu'il avoit eue auprès de Henri III, de pourvoir à toutes les charges de l'infanterie; ce qui, à la vérité, étoit de très-dangereuse conséquence et du tout insupportable.

Après tant de sages et importans avis que la Reine reçut de lui en diverses occasions, afin que la dignité fût jointe à la suffisance il voulut la faire sacrer, en intention de la laisser en France comme une seconde Blanche pendant son voyage.

Jamais assemblée de noblesse ne fut si grande qu'en ce sacre; jamais de princes mieux parés, jamais les dames et les princesses plus riches en pierreries; les cardinaux et les évêques en troupe honorent l'assemblée, divers concerts remplissent les oreilles et les

---

(1) Jean-Louis de La Valette, duc d'Epernon. Il avoit épousé Gabrielle de Bourbon, fille légitimée de Henri IV et de la duchesse de Verneuil. Il eut trois fils : Henri, duc de Candale ; Bernard, duc de La Valette ; et Louis, archevêque de Toulouse, cardinal de La Valette, qui commanda les armées sous le ministère de Richelieu.

charment; on fait largesses de pièces d'or et d'argent, avec la satisfaction de tout le monde.

Cependant on prépare son entrée pour le dimanche suivant avec une grande magnificence; on ne voit qu'arcs triomphaux, que devises, que figures, que trophées, que théâtres qui doivent retentir de concerts.

Partout on trouve des fontaines artificielles pour marque de grâces représentées par les eaux; grand nombre de harangues se préparent, les cœurs se disposent à parler plus que les langues; tout Paris se met en armes; nul n'épargne la dépense pour se rendre digne de paroître devant cette grande princesse, qui, vraiment triomphante pour être femme d'un roi révéré et redouté de tout le monde, doit entrer en un char de triomphe.

Tous ces préparatifs se font, mais un coup funeste en arrête le cours; une parricide main ôte la vie à ce grand Roi, sous les lois duquel toute la France vivoit heureuse.

Comme le feu Roi ne prévoyoit pas assurément sa mort, il ne donna pas une instruction entière et parfaite à la Reine, ainsi qu'il eût pu faire s'il eût eu déterminément sa fin devant les yeux.

Tout ce que dessus a été ramassé de plusieurs discours qu'il lui a faits, et à des princes et autres grands de ce royaume, en différentes occasions sur divers sujets; ce qui fait que le lecteur ne trouvera pas étrange s'il reste beaucoup de choses à dire sur un sujet si important, parce que, comme j'ai protesté, je ne fais pas état d'écrire ce qui se pourroit penser de mieux sur les matières dont je traite, mais seulement la vérité de ce qui s'est passé.

Ce grand prince (1) est mis par terre comme à la veille du jour qui lui préparoit des triomphes ; lorsqu'il meurt (2) d'impatience de se voir à la tête de son armée, il meurt en effet, et le cours de ses desseins et celui de sa vie sont retranchés d'un même coup, qui, le mettant au tombeau, semble en tirer ses ennemis, qui se tenoient déjà vaincus.

A cette triste nouvelle, les plus assurés sont surpris d'une telle frayeur que chacun ferme ses portes dans Paris, l'étonnement ferme aussi d'abord la bouche à tout le monde, l'air retentit ensuite de gémissemens et de plaintes, les plus endurcis fondent en larmes, et, quelque témoignage qu'on rende de deuil et de douleur, les ressentimens intérieurs sont plus violens qu'ils ne paroissent au dehors.

Les cris publics et la tristesse du visage des ministres qui se présentent au Louvre, apprennent cette déplorable nouvelle à la Reine ; elle est blessée à mort du coup qui tue celui avec qui elle n'est qu'une même chose, son cœur est percé de douleur ; elle fond en larmes, mais de sang, larmes plus capables de la suffoquer que de noyer ses ressentimens, si excessifs que rien ne la soulage et ne la peut consoler.

En cette extrémité, les ministres lui représentent que, les rois ne mourant pas, ce seroit une action digne de son courage de donner autant de trève à sa douleur que le requéroit le bien du Roi son fils,

---

(1) *Ce grand prince* : Ici commence le manuscrit original des Mémoires de Richelieu. Ce qui précède se trouvoit en tête de la copie d'après laquelle on a imprimé l'histoire de la Mère et du Fils. Nous avons conservé ce morceau qui paroît de la même main que les Mémoires, et qui offre une récapitulation intéressante des dernières années du règne de Henri IV. — (2) Le 14 mai 1610.

qui ne pouvoit subsister que par son soin. Ils ajoutent que les plaintes sont non-seulement inutiles, mais préjudiciables aux maux qui ont besoin de prompts remèdes.

Elle cède à ces considérations, et, bien qu'elle fût hors d'elle-même, elle s'y retrouve, et pour mettre ordre aux intérêts du Roi son fils, et pour faire une exacte perquisition des auteurs d'un si abominable crime que celui qui venoit d'être commis.

Chacun court au Louvre, en cette occasion, pour l'assurer de sa fidélité et de son service; le duc de Sully, qui devoit plus à la mémoire du feu Roi, y rend le moins, et manque à son devoir en ce rencontre.

Son esprit fut saisi d'une telle appréhension à la première nouvelle de la mort de son maître, qu'au lieu d'aller trouver la Reine à l'heure même, il s'enferme dans son Arsenal, et se contenta d'y envoyer sa femme pour reconnoître comme il seroit reçu, et la supplier d'excuser un serviteur qui n'avoit pu souffrir la perte de son maître sans être outré de douleur et perdre quasi l'usage de la raison.

La connoissance du grand nombre de gens qu'il avoit mécontentés, le peu d'assurance qu'il avoit des ministres dont le feu Roi s'étoit servi dans ses conseils avec lui, et la défiance ouverte en laquelle il étoit de Conchine, qu'il estimoit avoir grand pouvoir auprès de la Reine, et qu'il croyoit avoir maltraité pendant sa puissance, lui firent faire cette faute.

Quelques-uns de ses amis n'oublièrent rien de ce qu'ils purent pour le conjurer de satisfaire à son devoir, passant par-dessus ces appréhensions et ces craintes; mais, comme les esprits les plus audacieux sont souvent les moins hardis et les moins assurés, il fut d'abord impossible de lui donner la résolution nécessaire à cet effet.

Il se représentoit que, quelque temps auparavant, il avoit parlé ouvertement contre Conchine, sur ce que n'ayant pas voulu laisser ses éperons, entrant au palais, les clercs s'en étoient tellement offensés qu'animés sous main par quelques personnes qui ne croyoient pas déplaire au Roi, ils s'attroupoient par la ville et faisoient contenance de chercher Conchine, pour tirer raison de l'injure qu'ils estimoient leur avoir été faite. Les images qu'il avoit présentes de ce qui s'étoit passé en ce rencontre, et le souvenir qu'en toutes les brouilleries qui avoient été entre don Joan, oncle naturel de la Reine, et ledit Conchine, il avoit, au moins de paroles, suivant l'exemple du feu Roi et son inclination, favorisé le premier contre le dernier, le troubloient de telle sorte, qu'encore que pendant la vie du feu Roi il eût toujours eu particulière intelligence avec la Reine, il fut long-temps sans pouvoir s'assurer.

Sur le soir, Saint-Géran qu'il avoit obligé, et qui témoignoit être fort de ses amis, l'étant venu trouver, il le fit résoudre à quitter son Arsenal et aller au Louvre.

Comme il fut à la Croix du Trahoir, ses appréhensions le saisirent de nouveau, et si pressamment, sur quelque avis qu'il reçut en ce lieu, qu'il s'en retourna, avec cinquante ou soixante chevaux qui l'accompagnoient, à la Bastille, dont il étoit capitaine, et pria le sieur de Saint-Géran d'aller faire ses excuses à la Reine, et l'assurer de sa fidélité et de son service.

Pendant ces incertitudes du duc de Sully, le chancelier (1), le sieur de Villeroy et le président Jeannin, travailloient au Louvre à penser ce qui étoit le plus nécessaire en un tel accident.

Aussitôt qu'ils eurent un peu affermi l'esprit de la Reine, ils se retirèrent dans le cabinet aux livres, où les secrétaires d'Etat et le sieur de Bullion, qui dès lors étoit employé par le Roi en diverses occasions, se trouvèrent aussi.

On proposa tout ce qui se pouvoit faire pour assurer l'Etat en un tel changement, et si inopiné qu'il surprenoit tout le monde.

Tous demeurèrent d'accord que la régence de la Reine étoit le moyen le plus assuré d'empêcher la perte du Roi et du royaume, et que, pour l'établir, il n'étoit question que de mettre en effet, après la mort de ce grand Roi, ce qu'il vouloit pratiquer durant sa vie.

Il n'y avoit pas un de ces messieurs qui n'eût certaine connoissance de l'intention qu'avoit ce prince de laisser la régence à la Reine pendant son voyage.

Ils savoient tous semblablement qu'il n'eût pas oublié, dans le pouvoir qu'il lui en eût laissé, de la déclarer telle au cas qu'il plût à Dieu l'appeler de ce monde pendant son voyage.

La pratique ordinaire le requéroit ainsi, et la raison ne lui eût pas permis d'en user autrement, étant certain que, s'il jugeoit son gouvernement utile pendant sa vie, il l'eût assurément jugé nécessaire après sa mort.

(1) Le chancelier de Sillery. Il seroit inutile de répéter les détails qu'on a déjà donnés sur Sillery, sur Villeroy, sur Jeannin, et sur les autres ministres de Henri IV, dans les notes des *Mémoires de Sully*.

Il connoissoit trop bien la différence qu'il y a entre la liaison que la nature met entre une mère et ses enfans lorsqu'ils sont en bas âge, et celle qui se trouve entre un roi enfant et les princes qui, étant ses héritiers, pensent avoir autant d'intérêt en sa perte qu'une mère en sa conservation.

En un mot, le Roi avoit si souvent appelé la Reine madame la régente, lui avoit tant de fois témoigné publiquement que le commencement de son gouvernement seroit celui de sa misère, qu'il étoit impossible de ne savoir pas qu'il la destinoit pour gouverner le royaume après sa vie, si Dieu l'appeloit auparavant que M. le Dauphin (1) eût assez d'âge pour le faire lui-même. Il n'étoit question que de justifier la volonté de ce grand prince au public, par la déclaration que chacun savoit qu'il devoit faire en faveur de la Reine avant que d'entreprendre son voyage.

Tous convinrent que c'étoit le meilleur expédient. Les sieurs de Villeroy et président Jeannin soutinrent qu'il s'en falloit servir, Villeroy offrit de dresser la déclaration et la signer; mais le chancelier, qui avoit le cœur de cire, ne voulut jamais la sceller. Il connoissoit aussi bien que les autres ce qui étoit nécessaire, mais il n'avoit ni bras ni mains pour le mettre en exécution. Il dit ouvertement à ceux (2) qu'il pouvoit rendre confidens de sa crainte, qu'il lui étoit impossible de s'ôter de la fantaisie que, s'il scelloit cette déclaration, le comte de Soissons (3) s'en prendroit à lui et le tueroit. Il falloit en cette occasion

---

(1) Né en 1601. — (2) A Bullion. — (3) Charles de Bourbon, comte de Soissons, fils de Louis 1, prince de Condé, mort en 1611, appelé ordinairement M. le comte.

mépriser sa vie pour le salut de l'Etat; mais Dieu ne fait pas cette grâce à tout le monde. La chose étoit juste; tout ce qu'il falloit faire avoit pour fondement la raison et la vérité, nul péril ne devoit détourner d'une si bonne fin; et qui eût eu cœur et jugement tout ensemble, eût bien connu qu'il n'y avoit rien à craindre.

Mais ce vieillard aima mieux exposer l'Etat en péril que de manquer à ce qu'il estimoit pouvoir servir à la sûreté de sa personne; pour avoir trop de soin de ses intérêts, il méprisa ceux de son maître et du public tout ensemble.

Le parlement n'en fit pas de même : au contraire, l'intérêt public lui fit passer par-dessus les bornes de son pouvoir pour assurer la régence à la Reine, bien que les parlemens ne se fussent jamais mêlés de pareilles affaires.

Pendant l'agitation et les difficultés qui se trouvoient aux premiers momens d'un si grand changement; comme ceux qui se noient se prennent, durant le trouble où ils sont, à tout ce qu'ils estiment les pouvoir sauver, la Reine envoya sous main, par l'avis qui lui en fut donné, avertir le premier président de Harlay, homme de tête et de courage, et qui lui étoit affectionné, d'assembler promptement la cour, pour faire ce qu'ils pourroient en cette occasion pour assurer la régence.

Ce personnage, travaillé de ses gouttes, n'eut pas plutôt cet avis qu'il sortit du lit, et se fit porter aux Augustins, où lors on tenoit le parlement parce que l'on préparoit la grande salle du Palais pour y faire le festin de l'entrée de la Reine. Les chambres ne furent pas plutôt assemblées que le duc d'Epernon s'y présente, et leur témoigne comme le Roi avoit toujours eu intention de faire la Reine régente.

Les plus sages représentoient les maux qui pouvoient arriver si l'on apercevoit un seul moment d'interruption en l'autorité royale, et si l'on pouvoit croire que Dieu, nous privant du feu Roi, nous eût privés de la règle et discipline nécessaire à la subsistance de l'Etat.

Ils conclurent tous qu'il valoit mieux faire trop que trop peu en cette occasion, où il étoit dangereux d'avoir les bras croisés, et qu'ils ne sauroient être blâmés de déclarer la volonté du Roi, puisqu'elle étoit connue de tous ceux qui avoient l'honneur de l'approcher.

Sur ce fondement et autres semblables, ils passèrent en ce rencontre très-utilement les bornes de leur pouvoir; ce qu'ils firent plutôt pour donner l'exemple (1) de reconnoître la Reine régente, que pour autorité qu'ils eussent d'y obliger le royaume, en vertu de leur arrêt qu'ils prononcèrent dès le soir même.

Le lendemain 15 de mai, la Reine vint en cet auguste sénat, où elle conduisit le Roi son fils, qui, séant en son lit de justice, par l'avis de tous les princes, ducs, pairs et officiers de la couronne, suivant les intentions du feu Roi son père, dont il fut assuré par ses ministres, commit et l'éducation de sa personne et l'administration de son Etat à la Reine sa mère, et approuva l'arrêt que le parlement avoit donné sur ce sujet le jour auparavant.

(1) *Bono magis exemplo, quàm concesso jure.* TACIT. l. 1. Ann.

En cette occasion la Reine parla plus par ses larmes que par ses paroles; ses soupirs et ses sanglots témoignèrent son deuil, et peu de mots entrecoupés une extrême passion de mère envers son fils et son Etat. Elle alla du Palais droit à l'église cathédrale, pour consigner le dépôt qu'elle avoit reçu, entre les mains de Dieu et de la Vierge, et réclamer leur protection.

M. le comte de Soissons (1), qui s'étoit retiré en une de ses maisons avant la mort du feu Roi, pour ne vouloir pas consentir que la femme du duc de Vendôme, fils naturel du Roi, portât au couronnement de la Reine une robe semée de fleurs de lis, comme les princesses du sang, ce que le Roi désiroit avec une passion déréglée, s'étoit mis en chemin pour retourner à la cour dès qu'il eut reçu la triste nouvelle de la mort du Roi.

Il ne fit pas si grande diligence à revenir, que celle des bons Français à faire déclarer la Reine régente ne le prévînt; il apprit à Saint-Cloud que c'en étoit fait. Cet avis l'étonne et le fâche, il ne laisse pas pourtant d'arriver à Paris le lendemain.

D'abord il jette feu et flamme; premièrement il se plaint de ce que cette résolution avoit été prise et exécutée en son absence; il dit que par cette précipitation on lui a ôté le gré du consentement qu'il y eût, disoit-il, apporté, ainsi qu'il avoit promis à la Reine dès long-temps.

Passant outre, il soutient en ses discours que la régence est nulle, qu'il n'appartient point au parlement de se mêler du gouvernement et de la direction

(1) Le comte de Soissons arriva à Paris le 15 ou le 16 mai.

du royaume, moins encore de l'établissement d'une régence, qui ne pouvoit être établie que par le testament des rois, par déclaration faite de leur vivant, ou par assemblée des états-généraux. Il ajoute que, quand même le parlement pourroit prétendre le pouvoir de délibérer et ordonner de la régence, ce ne pourroit être qu'après avoir dûment averti et appelé les princes du sang, ducs, pairs et grands du royaume, comme étant la plus importante affaire de l'Etat; ce qui n'avoit pas été pratiqué en cette occasion.

Poursuivant sa pointe, il dit que, depuis que la monarchie française est établie, il ne se trouve aucun exemple d'une pareille entreprise; que le pouvoir du parlement est restreint dans les bornes de l'administration de la justice, qui ne s'étend point à la direction générale de l'Etat; qu'au reste la pratique ordinaire étoit que les mères des rois avoient l'éducation de leurs enfans, et que le gouvernement en appartenoit aux princes du sang, à l'exclusion de tous autres.

Les ministres s'opposoient le plus doucement qu'il leur étoit possible à ses prétentions; ils jugeoient bien que, s'il avoit son compte, la Reine n'auroit pas le sien ni eux aussi; mais, d'autre part, ils appréhendoient l'indignation d'un homme de sa qualité, et désiroient le contenter.

Ils se déchargeoient, autant qu'il leur étoit possible, sur le parlement, qu'ils soutenoient, à cet effet, avoir fait la déclaration de la régence de son propre mouvement, sans y être suscité de personne.

Ils excusoient ensuite cette célèbre compagnie, disant qu'en une action si importante elle n'avoit pas dû tant considérer son pouvoir, comme la nécessité de prévenir les maux qui pouvoient arriver dans l'incertitude de l'établissement d'une régence; que voyant M. le prince (1) hors du royaume, M. le comte hors de la cour mécontent, le prince de Conti (2) seul présent, mais comme absent par sa surdité, et par l'incapacité de son esprit, qui étoit connue de tout le monde, on n'avoit pu faire autre chose que ce qui s'étoit fait, étant impossible d'attendre le retour de ces princes sans un aussi manifeste péril pour l'Etat que celui d'un vaisseau qui seroit long-temps à la mer sans gouvernail.

Ils ajoutoient en outre que le bien de l'Etat, préférable à toutes choses, avoit requis qu'on prévînt les diverses contentions qui fussent nées sans doute, entre les princes du sang sur ce sujet, si on les eût attendus ;

Que le parlement n'avoit point tant prétendu établir la régence de la Reine par son autorité, comme déclarer que la volonté du feu Roi avoit toujours été que le gouvernement fût entre ses mains, non-seulement en son absence pendant son voyage, mais en cas qu'il plût à Dieu disposer de lui ; que l'action du parlement, ainsi interprétée, étoit dans l'ordre et les formes accoutumées à telles compagnies, qui ont toujours enregistré les déclarations des régences que les rois ont faites quand ils se sont absentés de leur royaume, ou lorsque la mort les en a privé en les tirant du monde ;

---

(1) Henri II, prince de Condé, père du grand Condé. Il est ordinairement appelé M. le prince. — (2) Le prince de Conti, oncle de Henri II, prince de Condé ; il étoit sourd et muet: mort en 1614. Il avoit épousé une princesse de la maison de Guise.

Que les rois mêmes à qui la couronne tomboit sur la tête en bas âge, ne se déclaroient jamais majeurs qu'en faisant la première action de leur majorité dans leur parlement ;

Enfin que le Roi, accompagné de la Reine sa mère et de tous les grands qui étoient lors auprès de lui, ayant été, le lendemain du malheur qui lui étoit arrivé, en son parlement, pour y déclarer, comme il avoit fait séant en son lit de justice, que, suivant l'intention du feu Roi son père, sa volonté étoit que la Reine sa mère eût la régence de son royaume, il n'y avoit rien à redire à ce qui s'étoit passé.

Cependant, sans s'amuser au mécontentement et aux plaintes de M. le comte, la Reine fait voir que, si jusques alors elle ne s'étoit mêlée des affaires, ce n'étoit pas qu'elle n'en eût la capacité, puisqu'elle prend en main le gouvernement de l'Etat pour conduire ce grand vaisseau, jusques à ce que le Roi son fils pût ajouter le titre et l'effet de pilote à celui que sa naissance lui donnoit d'en être le maître. Considérant que la force du prince est autant en son conseil qu'en ses armes, pour suivre en tout ce qui lui seroit possible les pas du feu Roi son seigneur, elle se sert de ceux qu'elle trouve avoir été employés par lui au maniement des affaires, et continue auprès de la personne du Roi son fils tous ceux qui avoient été choisis pour son institution par le Roi son père.

Les prières publiques sont faites par toute la France pour celui qu'elle avoit perdu ; on en fait de particulières au Louvre ; la Reine y vaque si assidument, que ce sujet, sa douleur, et les soins qu'elle prend de l'avenir, la privent de repos presque neuf nuits consécutives.

Elle s'emploie à la perquisition des complices de celui qui, donnant la mort au Roi, l'avoit privée de la douceur de sa vie. On avoit expressément garanti ce misérable de la fureur du peuple, afin qu'en lui arrachant le cœur on découvrît la source de son entreprise détestable.

Ce monstre fut interrogé par le président Jeannin et le sieur de Boissise, personnages du conseil des plus affidés à ce grand prince, qui les avoit toujours employés ès plus importantes affaires de l'Etat.

Par après il fut mis entre les mains du parlement de Paris, ce qu'il suffit de rapporter pour faire connoître qu'on n'oublia rien de ce qui se pouvoit pour savoir l'origine de ce forfait exécrable. On ne put tirer de lui autre chose, sinon que le Roi souffroit deux religions en son Etat, et qu'il vouloit faire la guerre au Pape, en considération de quoi il avoit cru faire une œuvre agréable à Dieu de le tuer; mais que depuis avoir commis cette maudite action il avoit reconnu la grandeur de son crime.

Il est interrogé à diverses fois; on l'induit par espérance, on l'intimide par menaces, on lui représente que le Roi n'est pas mort; on se sert de tourmens et de peines pour arracher de lui la vérité; il est appliqué à la question extraordinaire la plus rigoureuse qui se donne.

D'autant qu'on juge que, sur le point qu'on doit partir de ce monde (1), rien n'est plus fort que les considérations de la vie ou de la mort de l'ame immortelle,

(1) *Perfecto demum scelere magnitudo ejus intellecta est.* TACIT. l. 14.

Le Clerc et Gamache, deux des lecteurs de la Sorbonne, docteurs de singulière érudition et de probité du tout exemplaire, sont appelés : ils lui représentent l'horreur de son crime, lui font voir qu'ayant tué le Roi il a blessé à mort toute la France, qu'il s'est tué lui-même devant Dieu, duquel il ne peut espérer aucune grâce si son cœur n'est pressé de l'horreur de sa faute, et s'il ne déclare hautement ses complices et ses adhérens.

Ils lui font voir le paradis fermé, l'enfer ouvert, la grandeur des peines qui lui sont préparées ; ils l'assurent de deux choses fort contraires, de la rémission de sa faute devant Dieu s'il s'en repent comme il doit, et en déclare les auteurs comme il est tenu en sa conscience; d'autre part de la damnation éternelle s'il cèle la moindre circonstance importante en un fait de telle conséquence, et lui dénient l'absolution s'il ne satisfait à ce qu'ils lui ordonnent de la part de Dieu.

Il dit hautement, au milieu des tourmens et hors d'iceux, qu'il est content d'être privé d'absolution, et demeurer coupable de l'exécrable attentat dont il se repentoit, s'il cèle quelque chose qu'on veuille savoir de lui.

Il se déclare entre les hommes le seul criminel du forfait qu'il avoit commis ; il reconnoît bien, en l'état auquel il étoit, que ce damnable dessein lui avoit été suggéré par le malin esprit, en ce qu'un homme noir s'étant une fois apparu à lui, il lui avoit dit et persuadé qu'il devoit entreprendre cette action abominable.

Que depuis, il s'étoit plusieurs fois repenti d'une si détestable résolution, qui lui étoit toujours revenue en l'esprit jusqu'à ce qu'il l'eût exécutée. Ensuite de ce que dessus, il permit que sa confession fût révélée à tout le monde, pour donner plus de connoissance de la vérité de ce fait.

En un mot, toutes ses réponses et toutes ses actions font que cet auguste sénat, qui avoit examiné sa vie pour condamner son corps, et ces deux docteurs, qui l'avoient épluchée pour sauver son ame, conviennent en cette croyance, qu'autre n'est auteur de cet acte que ce misérable, et que ses seuls conseillers ont été sa folie et le diable.

Il y eut, à mon avis, quelque chose d'extraordinaire en la mort de ce grand prince; plusieurs circonstances, qui ne doivent pas être passées sous silence, donnent lieu de le croire. La misérable condition de ce maudit assassin, qui étoit si vile que son père et sa mère vivoient d'aumônes, et lui de ce qu'il pouvoit gagner à apprendre à lire et à écrire aux petits enfans d'Angoulême, doit être considérée en ce sujet; la bassesse de son esprit, qui étoit blessé de mélancolie, et ne se repaissoit que de chimères et de visions fantastiques, rend la disgrâce du Roi d'autant plus grande, qu'il n'y avoit pas apparence de croire qu'un homme si abject eût pu se rendre maître de la vie d'un si grand prince, qui, ayant une armée puissante sur sa frontière pour attaquer ses ennemis au dehors, a, dans le cœur de son royaume, le cœur percé par le plus vil de ses sujets.

Dieu l'avoit jusques alors miraculeusement défendu de semblables attentats, comme la prunelle de son œil.

Dès l'an 1584, le capitaine Michau vint expressément des Pays-Bas pour l'assassiner.

Rougemont fut sollicité pour le même effet, et en eut dessein en l'an 1589.

Barrière, en 1593, osa bien entreprendre sur sa personne.

Jean Châtel, en 1594, le blessa d'un coup de couteau.

En 1597, Davennes, flamand, et un laquais lorrain, furent exécutés pour un semblable dessein, que plusieurs autres ont encore eu, tous sans effet par la spéciale protection de Dieu; et maintenant, après tant de dangers heureusement évités, après tant d'entreprises contre sa personne, lorsqu'il est florissant et victorieux, et qu'il semble être au-dessus de toute puissance humaine, Dieu, tout à coup, par un conseil secret l'abandonne, et permet qu'un misérable ver de terre, un insensé sans conduite et sans jugement, le mette à mort.

Cinquante-six ans auparavant ce funeste accident, à pareil jour que celui auquel il arriva, le 14 de mai 1554, le roi Henri II, ayant trouvé de l'embarras en la rue de la Ferronnerie, qui l'avoit empêché de passer, fit une ordonnance par laquelle il enjoignoit de faire abattre toutes les boutiques qui sont du côté du cimetière des Saints-Innocens, afin que le chemin fût plus ouvert pour le passage des rois; mais un mauvais démon empêcha l'effet de cette prévoyance.

Camerarius, mathématicien allemand, et de réputation, fit imprimer un livre, plusieurs années avant la mort du Roi, dans lequel, entre plusieurs nativités, il mit la sienne, en laquelle il lui prédisoit une mort violente par attentat des siens.

Cinq ans avant ce parricide coup, les habitans de Montargis envoyèrent au Roi un billet qu'un prêtre avoit trouvé sous la nappe de l'autel en disant la messe, qui désignoit l'an, le mois, le jour et la rue où cet assassinat devoit être commis.

On imprima dans Madrid, en 1609, un pronostic de l'an 1610, qui contenoit divers effets qui devoient arriver en diverses parties du monde, et particulièrement en l'horizon de Barcelone et Valence. Ce livre, composé par Jérôme Oller, astrologue et docteur en théologie, dédié au roi Philippe III, imprimé à Valence avec permission des officiers royaux et approbation des docteurs, porte exprès en la page 5.: *Dichos daños, empeçaran los primeros de henero el presente anno 1610, y durara toda la quarta hyemal y parte del verano señal la muerte d'un principe o rey el qual nacio en el anno 1553, a 14 decembre a t. hora 52 minutes de media noche: qui rex, anno 19 ætatis suæ fuit detentus sub custodiá, deinde relictus fuit: tiene este rey 24 grados de libra por ascendente y viene en quadrado preciso del grado y signo donde se hizo eclipse que le causara muerte o enfermedad de grande consideracion.*

Cinq ou six mois avant la mort du Roi, on manda d'Allemagne à M. de Villeroy qu'il couroit très-grande fortune le 14 de mai, jour auquel il fut tué.

De Flandre on écrivit, du 12 de mai, à Roger, orfévre et valet de chambre de la Reine, une lettre par laquelle on déploroit la mort du Roi, qui n'arriva que le 14.

Plusieurs semblables lettres de même date furent écrites à Cologne et en d'autres endroits d'Allemagne, de Bruxelles, d'Anvers et de Malines.

Et, plusieurs jours avant sa mort, on disoit à Cologne qu'il avoit été tué d'un coup de couteau; les Espagnols, à Bruxelles, se le disoient à l'oreille l'un de l'autre; à Maestricht, un d'entre eux assura que s'il ne l'étoit encore il le seroit infailliblement.

Le premier jour du mois de mai, le Roi voyant planter le mai, il tomba par trois fois; sur quoi il dit au maréchal de Bassompierre et à quelques autres qui étoient avec lui : « Un prince d'Allemagne feroit « de mauvais présages de cette chute, et ses sujets « tiendroient sa mort assurée; mais je ne m'amuse « pas à ces superstitions. »

Quelques jours auparavant, La Brosse, médecin du comte de Soissons, qui se mêloit de mathématiques et d'astrologie, donna avis qu'il se donnât de garde du 14 de mai, et que s'il vouloit il tâcheroit de remarquer l'heure particulière qui lui étoit plus dangereuse, et lui désigneroit la façon, le visage et la taille de celui qui attenteroit sur sa personne. Le Roi, croyant que ce qu'il lui disoit n'étoit que pour lui demander de l'argent, méprisa cet avis, et n'y ajouta pas de foi.

Un mois auparavant sa mort, en plusieurs occasions, il appela sept ou huit fois la Reine, *madame la Régente.*

Environ ce temps, la Reine étant couchée auprès du Roi, elle s'éveilla en cris et se trouva baignée de larmes. Le Roi lui demanda ce qu'elle avoit; après avoir long-temps refusé de le lui dire, elle lui confessa qu'elle avoit songé qu'on le tuoit; ce dont il se moqua, lui disant que songes étoient mensonges.

Cinq ou six jours auparavant le couronnement de la

Reine, cette princesse allant d'elle-même à Saint-Denis voir les préparatifs qui se faisoient pour cette cérémonie, elle se trouva, entrant dans l'église, saisie d'une si grande tristesse, qu'elle ne put contenir ses larmes, sans en savoir aucun sujet.

Le jour du couronnement, il prit M. le Dauphin entre ses bras, et le montrant à tous ceux qui étoient présens, il leur dit : *Messieurs, voilà votre roi;* et cependant on peut dire qu'il n'y avoit prince au monde qui prît moins de plaisir à penser ce que l'avenir devoit apparemment produire sur ce sujet, que ce grand roi.

Pendant la cérémonie du couronnement, la pierre qui couvre l'entrée du sépulcre des rois se cassa d'elle-même.

Le duc de Vendôme le pria, le matin même dont il fut tué le soir, de prendre garde à lui cette journée-là, qui étoit celle que La Brosse lui avoit désignée; mais il s'en moqua, et lui dit que La Brosse étoit un vieux fou.

Le jour qu'il fut tué, avant que de partir du Louvre pour aller à l'Arsenal, par trois fois il dit adieu à la Reine, sortant et rentrant en sa chambre avec beaucoup d'inquiétude; sur quoi la Reine lui dit : *Vous ne pouvez partir d'ici; demeurez, je vous supplie; vous parlerez demain à M. de Sully.* A quoi il répondit qu'il ne dormiroit point en repos s'il ne lui avoit parlé, et ne s'étoit déchargé de tout plein de choses qu'il avoit sur le cœur.

Le même jour et la même heure de sa mort, environ sur les quatre heures, le prévôt des maréchaux de Pithiviers, jouant à la courte boule dans Pithiviers, s'arrêta tout court, et, après avoir un peu pensé, dit à ceux avec qui il jouoit : *Le Roi vient d'être tué.*

Et comme, depuis ce funeste accident, on voulut éclaircir comme il avoit pu savoir cette nouvelle, le prévôt, ayant été amené prisonnier à Paris, fut un jour trouvé pendu et étranglé dans la prison.

Une religieuse de l'abbaye de Saint-Paul, près Beauvais, ordre de Saint-Benoît, âgée de quarante-deux ans, sœur de Villars-Houdan, gentilhomme assez connu du temps du feu Roi pour l'avoir servi en toutes ses guerres, étant demeurée dans sa chambre à l'heure du dîner, une de ses sœurs l'alla chercher en sa chambre, selon la coutume de tous les monastères, où elle la trouva tout éplorée ; lui demandant pourquoi elle n'étoit pas venue dîner, elle lui répondit que, si elle prévoyoit comme elle le mal qui leur alloit arriver, elle n'auroit pas envie de manger, et qu'elle étoit hors d'elle-même d'une vision qu'elle avoit eue de la mort du Roi, qui seroit bientôt tué. La religieuse, la voyant opiniâtrée à ne point quitter sa solitude, s'en retourna sans s'imaginer qu'une telle pensée eût autre fondement que la mélancolie de cette bonne religieuse ; cependant, pour s'acquitter de son devoir, elle fit rapport de ce qui s'étoit passé à l'abbesse, qui commanda qu'on laissât cette fille en sa chambre, et pensa plutôt à la faire purger qu'à croire ce qu'elle estimoit une pure imagination.

L'heure de vêpres étant venue, et cette religieuse se présentant aussi peu à l'office qu'à dîner, l'abbesse y envoya deux de ses filles, qui la trouvèrent encore en larmes, et leur dit affirmativement qu'elle voyoit que l'on tuoit le Roi à coups de couteau ; ce qui se trouva véritable. -

Le même jour de ce funeste accident, une capucine, fondant en pleurs, demanda à ses sœurs si elles n'entendoient pas qu'on sonnoit pour les avertir de la fin du Roi. Incontinent après, le son de leurs cloches frappa les oreilles de toute la troupe à heure indue; elles coururent à l'église, où elles trouvèrent la cloche sonnant sans que ame vivante y touchât.

Le même jour, une jeune bergère, âgée de quatorze ou quinze ans, nommée Simonne, native d'un village nommé Patay, qui est entre Orléans et Châteaudun, fille d'un boucher dudit lieu, ayant le soir ramené ses troupeaux à la maison, demanda à son père ce que c'étoit que le Roi. Son père lui ayant répondu que c'étoit celui qui commandoit à tous les Français, elle s'écria : *Bon Dieu ! j'ai tantôt entendu une voix qui m'a dit qu'il avoit été tué;* ce qui se trouva véritable.

Cette fille étoit dès lors si dévote, que son père l'ayant promise en mariage à un homme fort riche de naissance, elle se coupa les cheveux pour se rendre difforme, et fit vœu d'être religieuse; ce qu'elle accomplit après en la maison des Petites Hospitalières de Paris, dont elle fut, peu de temps après, supérieure.

Le christianisme nous apprenant à mépriser les superstitions qui étoient en grande religion parmi les païens, je ne rapporte pas ces circonstances pour croire qu'il y faille avoir égard en d'autres occasions; mais l'événement ayant justifié la vérité de ces présages, prédictions et vues extraordinaires, il faut confesser qu'en ce que dessus il y a beaucoup de choses étranges dont nous voyons les effets et en ignorons la cause. Vrai est que, si la fin nous en est inconnue, nous savons bien que Dieu, qui tient en main le cœur des rois, n'en laisse jamais la mort impunie. *Qui fait ses volontés a part à sa gloire; mais qui abuse de sa permission n'échappe jamais sa justice*, comme il appert en la personne de ce malheureux, qui meurt par un genre de supplice le plus rigoureux que le parlement ait pu inventer, mais trop doux pour la grandeur du délit qu'il a commis.

Tant de pronostics divers de la mort de ce prince, que j'assure être véritables pour avoir eu le soin de les éclaircir et justifier moi-même, et la misérable et funeste fin qui a terminé le cours d'une si glorieuse vie, doivent bien donner à penser à tout le monde.

Il est certain que l'histoire nous fait voir que la naissance et la mort des grands personnages est souvent marquée par des signes extraordinaires, par lesquels il semble que Dieu veuille, ou donner des avant-coureurs au monde de la grâce qu'il leur veut faire par la naissance de ceux qui les doivent aider extraordinairement, ou avertir les hommes qui doivent bientôt finir leur course d'avoir recours à sa miséricorde lorsqu'ils en ont plus de besoin.

Je m'étendrois au long sur ce sujet, digne d'un livre entier, si les lois de l'histoire ne me défendoient d'y faire le théologien autrement qu'en passant. Il est raisonnable de se resserrer dans la multitude des considérations que ce sujet fournit, mais non pas de passer sans considérer et dire que ceux qui reçoivent les plus grandes grâces de Dieu en reçoivent souvent les plus grands châtimens quand ils en abusent.

Beaucoup croient que le peu de soin que ce prince a eu d'accomplir la pénitence qui lui fut donnée lorsqu'il reçut l'absolution de l'hérésie, n'est pas la moindre cause de son malheur.

Aucuns estiment que la coutume qu'il avoit de favoriser sous main les duels, contre lesquels il faisoit des lois et des ordonnances, en est une plus légitime cause.

D'autres ont pensé que, bien qu'il pût faire une juste guerre pour l'intérêt de ses alliés, qu'encore que ravoir le sien soit un sujet légitime à un prince de prendre les armes, les prendre sous ce prétexte, sans autre fin que d'assouvir ses sensualités au scandale de tout le monde, ne fut pas un foible sujet d'exciter le courroux du Tout-Puissant.

Quelques autres ont eu opinion que n'avoir pas ruiné l'hérésie en ses Etats a été la cause de sa ruine.

Pour moi, je dirois volontiers que ne se contenter pas de faire un mal s'il n'est aggravé par des circonstances pires que le mal même, ne se plaire pas aux paillardises et adultères s'ils ne sont accompagnés de sacriléges, faire et rompre des mariages pour, à l'ombre des plus saints mystères, satisfaire à ses appétits déréglés, et, par ce moyen, introduire une coutume de violer les sacremens, et mépriser ce qui est de plus saint en notre religion, est un crime qui, à mon avis, attire autant la main vengeresse du grand Dieu, que les fautes passagères de légèreté sont dignes de miséricorde.

Mais ce n'est pas à nous à vouloir pénétrer les conseils de la sagesse infinie; ils sont impénétrables aux plus clairvoyans : c'est pourquoi, s'humiliant en la considération de leur hautesse, et confessant que les plus grands esprits de ce monde y sont aveugles, il vaut mieux en quitter la contemplation et suivre le cours de notre histoire, disant que le monde fut délivré le 17 de mai de ce misérable parricide, qui, après avoir eu le poing coupé, été tenaillé en divers lieux de la ville, souffert les douleurs du plomb fondu et de l'huile bouillante jetés dans ses plaies, fut tiré vif à quatre chevaux, brûlé, et ses cendres jetées au vent.

Lors la maladie de penser à la mort des rois étoit si pestilentielle, que plusieurs esprits furent, à l'égard du fils, touchés et saisis d'une fureur semblable à celle de Ravaillac au respect du père. Un enfant même de douze ans osa bien dire qu'il seroit assez hardi pour tuer le jeune prince. Ses premiers juges le condamnèrent à la mort; dont ayant appelé, la nature fut assez clémente pour venger elle-même l'outrage qu'elle avoit reçu de ce monstre, en prévenant les châtimens qu'il devoit attendre de la justice des lois.

La Reine n'eut pas plus tôt satisfait à ce que sa douleur et les ressentimens de toute la France exigeoient d'elle, qu'elle fit renouveler l'édit de Nantes dès le 22 de mai, pour assurer les huguenots et les retenir dans les bornes de leur devoir.

Et parce que, dans l'étonnement que la nouvelle de la mort du Roi porta dans toutes les provinces, quelques-uns, croyant, non sans apparence, que la perte de ce grand prince causeroit celle de l'Etat, s'étoient saisis des places fortes qui étoient dans leur bienséance, elle fit publier, le 27 de mai, une déclaration qui, portant abolition de ce qui s'étoit fait, portoit aussi commandement de remettre les places saisies en l'état qu'elles étoient, sur peine de crime de lèse-majesté.

Il ne se trouva personne qui ne rendît une prompte obéissance aux volontés du Roi.

Au même temps le parlement, voulant empêcher qu'à l'avenir les pernicieuses maximes qui avoient séduit l'esprit de Ravaillac ne pussent produire le même effet en d'autres, enjoignit, par arrêt du 27 de mai, à la Faculté de théologie de délibérer de nouveau sur le sujet du décret émané de ladite Faculté le 13 de décembre 1413, par lequel cent quarante-un docteurs assemblés censurèrent et condamnèrent la folie et la témérité de ceux qui avoient osé mettre en avant qu'il étoit loisible aux sujets d'attenter à la vie d'un tyran, sans attendre à cet effet la sentence ou le mandement des juges. Ensuite de quoi le concile de Constance confirma ce décret deux ans après, en 1415, et déclara que ladite proposition étoit erronée en la foi et aux bonnes mœurs, qu'elle ouvroit le chemin à fraude, trahison et parjure, et étoit telle enfin qu'on ne pouvoit la tenir et la défendre avec opiniâtreté sans hérésie.

La Faculté s'assembla, au désir de l'arrêt de la cour, le 4 de juin, renouvela et confirma son ancien décret, auquel, de plus, elle ajouta que dorénavant les docteurs et bacheliers d'icelle jureroient d'enseigner la vérité de cette doctrine en leurs leçons, et d'en instruire les peuples par leurs prédications.

En conséquence de ce décret, la cour condamna le 8 juin un livre de Mariana, auteur espagnol, livre intitulé *de Rege et Regis institutione*, à être brûlé par la main du bourreau, et défendit, sous grandes peines, de l'imprimer et le vendre en ce royaume, attendu qu'il contenoit une doctrine formellement contraire audit décret, et louoit l'assassin du roi Henri III, disant, en termes exprès, que telles gens que l'on punit justement pour ces exécrables attentats, ne laissent pas d'être des hosties agréables à Dieu.

Les ennemis des pères jésuites leur mettoient à sus que la doctrine de Mariana étoit commune à toute leur société; mais le père Cotton éclaircit fort bien la Reine et le conseil du contraire, leur faisant voir qu'en l'an 1606 ils l'avoient condamnée en une de leurs congrégations provinciales; que leur général Aquaviva avoit commandé que tous les exemplaires de ce livre fussent supprimés comme très-pernicieux; qu'au reste ils reconnoissoient la vérité de la doctrine du décret du concile de Constance porté en la session XV, et soutenoient partout que la déclaration faite en la Sorbonne en l'an 1413, et celle du 4 de juin de la présente année, devoient être reçues et tenues inviolables de tous les chrétiens.

Cette secousse, qui pouvoit ébranler les esprits plus affermis, n'abattit point tellement le courage des jésuites qu'ils n'entreprissent incontinent d'ouvrir leurs colléges, et faire leçons publiques dans Paris.

Il y avoit long-temps qu'ils avoient ce dessein, mais ils n'avoient osé s'en découvrir; ils avoient, dès l'an 1609, obtenu des lettres du Roi, par lesquelles il leur étoit permis de faire une leçon de théologie en leur collége.

Ils n'avoient lors demandé que la permission de

cette leçon qui sembloit ne blesser pas l'Université, à qui tout l'exercice des lettres humaines et de la philosophie demeuroit libre. Néanmoins, s'y étant opposée sur la croyance qu'elle avoit que ces bons pères aspiroient à plus, ils se désistèrent de leur poursuite.

Maintenant que le Roi est décédé, et que sa mort a tout mis en trouble, ils n'ont pas plutôt surmonté les tempêtes qui s'étoient excitées contre eux, qu'ils poursuivent non-seulement ce qu'ils avoient demandé du temps du feu Roi, mais la permission pure et simple d'enseigner publiquement dans leur collége de Clermont, et en obtiennent des lettres patentes du 26 d'août.

L'Université s'y oppose derechef; mais, nonobstant que par divers moyens ils eussent gagné une partie des suppôts d'icelle, ils furent contraints de caler voile pour cette année, à cause d'un orage qui s'émut de nouveau contre eux, sur le sujet d'un livre que le cardinal Bellarmin fit pour réponse à celui de Barclay, *de Potestate Papæ.*

Le parlement prétendoit que ce livre contenoit des propositions contraires à l'indépendance que l'autorité royale a de toute autre puissance que de celle de Dieu ; en considération de quoi, par arrêt du 26 de novembre, il fit défense, sous peine de crime de lèse-majesté, de recevoir, tenir, imprimer ni exposer en vente ledit livre.

Le nonce du Pape en fit de grandes plaintes, qui portèrent le Roi, suivant la piété de ses prédécesseurs vers le Saint-Siége, d'en faire surseoir l'exécution.

En ce même temps, le roi d'Espagne ayant fait, par édit public, le 3 d'octobre, des défenses très-expresses d'imprimer, vendre et tenir en ses Etats le onzième tome des *Annales* de Baronius, si premièrement on n'y avoit retranché ce qu'il estimoit y être au préjudice de son autorité et de ses droits sur la Sicile, ses volontés furent rigoureusement exécutées, sans considération des instances du nonce.

La Chrétienté eut, en cette occasion, lieu de reconnoître la différence qu'il y a entre les véritables sentimens que les Français ont de la religion, et l'extérieure ostentation que les Espagnols en affectent; mais beaucoup estimèrent aussi, non sans raison, que notre légèreté nous fait relâcher en certaines rencontres où la fermeté nous seroit souvent bienséante, et quelquefois nécessaire.

Mais je ne considère pas que la condamnation du livre de Mariana, qui fut faite incontinent après la mort du Roi, m'a emporté au discours des autres choses qui arrivèrent aux jésuites cette année, et qu'il est temps que nous retournions à la cour, où nous avons laissé la Reine en peine de faire agréer à M. le comte la déclaration de sa régence:

Après lui avoir fait entendre toutes les raisons qui avoient obligé à se conduire ainsi qu'on avoit fait, n'étant plus question de convaincre l'esprit, mais de gagner la volonté, un jour le sieur de Bullion étant allé voir M. le comte, après qu'il eut fait de nouveau toutes ses plaintes, lesquelles ledit sieur de Bullion adoucit et détourna avec industrie, il lui dit: *Si au moins on faisoit quelque chose de notable pour moi, je pourrois fermer les yeux à ce que l'on désire.* Sur quoi le sieur de Bullion, poussant l'affaire plus avant, le pria de lui faire connoître ce qui pouvoit le satisfaire. Il demanda cinquante mille écus de pension, le gouvernement de Normandie, qui étoit lors vacant par la mort du duc de Montpensier, décédé dès le temps du feu Roi; la survivance du gouvernement du Dauphiné, et de la charge de grand-maître pour son fils, qui n'avoit lors que quatre ou cinq ans; et, de plus, qu'on l'acquittât de deux cent mille écus qu'il devoit à M. de Savoie, à cause du duché de Montafia appartenant à sa femme, qui étoit dans le Piémont. Ces demandes étoient grandes, mais elles sembloient petites au chancelier, aux sieurs de Villeroy, président Jeannin, et à la Reine, qui n'en furent pas plutôt avertis par Bullion, que Sa Majesté envoya quérir ledit sieur comte pour les lui accorder de sa propre bouche.

Ainsi M. le comte fut content et entra dans les intérêts de la Reine, auxquels il fut attaché quelque temps.

Ce prince ne fut pas plutôt en cet état, que les ministres résolurent avec lui le traité d'un double mariage entre les Enfans de France et ceux d'Espagne.

Au même temps il se mit en tête d'empêcher que M. le prince, qui étoit à Milan, ne revînt à la cour. La Reine et les ministres l'eussent désiré aussi bien que lui; mais il étoit difficile d'en venir à bout par adresse, d'autant que ledit sieur prince se disposoit à revenir: il n'y avoit pas aussi d'apparence de le faire par autorité, la foiblesse du temps ne permettant pas d'en user ainsi.

Le comte de Fuentes, gouverneur de Milan, se promettoit qu'il ne seroit pas plutôt à la cour qu'il ne brouillât les affaires.

En cette considération, il le porta, autant qu'il put, à prétendre la royauté, et lui promit à cette fin l'assistance de son maître. Mais ledit sieur prince lui témoignant qu'il aimeroit mieux mourir que d'avoir cette prétention, et qu'il n'avoit autre dessein que de se rendre auprès du Roi, à qui la couronne appartenoit légitimement, pour le servir, lors le comte lui déconseilla ce voyage, et lui fit connoître honnêtement qu'il ne pouvoit le laisser partir qu'il n'en eût eu auparavant ordre d'Espagne, qu'il fallut attendre en effet, quelque instance que ledit sieur prince fît au contraire.

Cet ordre étant venu, M. le prince prit de Milan son chemin en Flandre, où il avoit laissé sa femme. Il dépêcha en partant un gentilhomme au Roi, que la Reine lui renvoya en diligence avec beaucoup de témoignages de sa bonne volonté, et assurance qu'il auroit auprès du Roi son fils, et auprès d'elle, le rang et le crédit que sa naissance et sa bonne conduite lui devoient faire espérer.

Il ne fut pas plutôt à Bruxelles qu'on lui fit les mêmes sollicitations qui lui avoient été faites à Milan; mais il ne voulut jamais y prêter l'oreille, ce qui dégoûta fort les Espagnols, qui désiroient si passionnément l'embarquer à ce dessein, que leur ambassadeur qui étoit à Rome avoit déjà voulu pénétrer de Sa Sainteté s'il se porteroit à le reconnoître en cette qualité.

Auparavant l'arrivée de M. le prince, la Reine ne se trouva pas peu en peine pour l'établissement des conseils nécessaires à la conduite de l'Etat. Si le petit nombre de conseillers lui étoit utile pour pouvoir secrètement ménager les affaires importantes, le grand lui étoit nécessaire pour contenter tous les grands, qui désiroient tous y avoir entrée, la condition du temps ne permettant pas d'en exclure aucun qui pût servir ou nuire.

Les ministres, pour ne mécontenter personne, prenoient des heures particulières pour parler séparément les uns après les autres à la Reine, et l'instruire de ce qui devoit venir à la connoissance de tous ceux qui étoient admis au conseil du Roi.

Quelques-uns proposèrent d'abord, par ignorance ou par flatterie, que toutes les expéditions de la régence, les lettres patentes, les édits et déclarations, devoient être faites sous le nom de la Reine, et que son effigie devoit être dans la monnoie qui se battroit pendant son administration.

Cette question fut agitée au conseil, où les ministres n'eurent pas plutôt représenté à la Reine que, par la loi du royaume, en quelque âge que les rois viennent à la couronne, quand ils seroient même au berceau, l'administration de l'Etat doit être faite sous leur nom, qu'elle résolut qu'on suivroit la forme qui avoit été gardée du temps de la reine Catherine de Médicis, pendant la régence de laquelle les lettres patentes et brevets étoient expédiés sous le nom du Roi, avec expression : *de l'avis de la Reine sa mère ;* et pour les dépêches qui se faisoient dedans et dehors le royaume, le secrétaire d'Etat qui avoit contre-signé les lettres du Roi, écrivoit aussi : *de la part de la Reine,* qu'il contre-signoit semblablement.

En ce temps, le duc d'Epernon, jugeant que la foiblesse de la minorité étoit une couverture favorable pour se tirer une épine du pied qui l'incommodoit fort, et rendoit son autorité au gouvernement de Metz moins absolue qu'il ne la désiroit, résolut d'ôter de la citadelle le sieur d'Arquien, que le feu Roi y avoit mis.

A cette fin, il obtint de la Reine, par surprise ou autrement, un commandement audit sieur d'Arquien de remettre entre ses mains ladite citadelle.

D'Arquien n'eut pas plutôt reçu ce commandement qu'il obéit, et n'eut pas plutôt obéi que la Reine, reconnoissant la faute qu'elle avoit faite, lui témoigna qu'elle eût bien désiré qu'il n'eût pas été si religieux et si prompt à suivre les ordres qu'il avoit reçus.

Ce gentilhomme fut fâché d'avoir mal fait en faisant bien, et cependant la Reine lui sut tant de gré de son aveugle obéissance, qu'elle lui confia le gouvernement de Calais, qui vaqua en ce temps-là par la mort du feu sieur de Vic, que les siens disoient être mort du regret qu'il avoit eu de la perte du feu Roi son bon maître.

Ledit sieur de Vic étoit d'assez basse naissance, mais d'une haute valeur, et qui par la noblesse de son courage releva glorieusement celle de son extraction.

Il fut long-temps capitaine au régiment des Gardes, où il se signala en tant d'occasions, que le Roi, en la journée d'Ivry, voulut qu'il fît la fonction de sergent de bataille (1); où il correspondit à l'attente de Sa Majesté, qui ne fut pas plutôt maître de Saint-Denis qu'il lui en donna le gouvernement, parce que cette place,

---

(1) Les sergens de bataille étoient en quelque sorte des adjudans généraux.

ouverte de tous côtés, dans le voisinage de Paris, ne pouvoit être conservée que par un homme vigilant et de grand cœur. La foiblesse de la place faisant croire aux ligueurs qu'elle ne pouvoit être défendue, ils y firent entreprise dès le second jour qu'il en eut la charge. Le chevalier d'Aumale y entra la nuit avec toutes ses troupes. Au premier bruit de l'alarme, le sieur de Vic monta à cheval, nu en chemise, avec quatorze des siens, va droit à l'ennemi, l'attaque si vivement qu'il l'étonne; et, fortifié des siens qui venoient à la file, il les chasse hors de la ville avec tant de confusion et de perte, que le chevalier d'Aumale y fut tué.

Ce qui lui donna tant de réputation que Paris n'osa plus attaquer Saint-Denis, dont le Roi le retira aussitôt qu'il fut entré dans Paris, pour lui donner le gouvernement de la Bastille. Depuis, ayant repris Amiens, il ne jugea pas pouvoir mieux confier cette grande place qu'à sa vertu et sa vigilance, qui obligea le Roi à l'en tirer pour le mettre à Calais, aussitôt que les Espagnols l'eurent remis entre ses mains par la paix de Vervins. Il s'y gouverna avec tant d'ordre, et fit observer une si exacte discipline entre les gens de guerre, que les meilleures maisons du royaume n'estimoient pas que leurs enfans eussent été nourris en bonne école, s'ils n'avoient porté l'arquebuse sous sa charge.

A sa mort, le sieur de Valençai, qui avoit épousé la fille de sa femme, se rendit maître de la citadelle, et dépêcha à la Reine pour l'assurer qu'il la garderoit aussi fidèlement qu'avoit fait son beau-père.

Cette façon de demander un gouvernement fut

5.

trouvée si mauvaise, que non-seulement l'obligeat-elle d'en sortir, mais ne le voulut pas envoyer ambassadeur en Angleterre, où il avoit été destiné.

Le duc d'Epernon, ayant fait retirer d'Arquien de Metz, et mis en sa place Bonouvrier, l'une de ses créatures, pour garder la citadelle comme son lieutenant et non celui du Roi, ainsi qu'étoit d'Arquien; se mit par ce moyen en plus grande considération qu'il n'étoit auparavant.

Il sembloit lors que la régence fût autant affermie qu'elle le pouvoit être; le parlement de Paris et tous les autres ensuite étoient intéressés à sa subsistance; toutes les villes et communautés du royaume avoient juré fidélité au Roi, et s'étoient aussi volontairement soumises à l'obéissance de la Reine qu'ils y étoient obligés par les dernières volontés du feu Roi; tous les gouverneurs des provinces et des places avoient fait de même; tous les grands de la cour, par divers motifs, témoignoient n'avoir autre but que de conspirer au repos de ce royaume, en servant le Roi sous la conduite de la Reine. La maison de Guise affectoit de paroître inviolablement attachée à ses volontés; le duc d'Epernon, fort considéré en ce temps-là, ne respiroit que les commandemens du Roi et de la Reine, et ne regardoit que leur autorité. Tous les ministres étoient unis à cette fin. Conchine et sa femme, qui avoient la faveur de la Reine, promettoient de se gouverner sagement, et n'avoir autre but que les intérêts de leur maîtresse. Les expédiens ci-dessus rapportés avoient contenté le comte de Soissons. On se promettoit, par mêmes moyens, de satisfaire le prince de Condé, qui étoit en chemin pour venir à la cour : la connoissance que l'on avoit de son esprit faisoit croire qu'on en viendroit à bout, vu principalement qu'il trouveroit les choses si bien affermies, qu'il ne pourroit juger par raison avoir avantage à entreprendre de les ébranler. On espéroit aussi contenir les huguenots par l'entretènement de leurs édits, et l'intérêt des ducs de Bouillon, de Rohan et de Lesdiguières (1), qui étoient les principaux chefs de leur parti.

Et cependant le cours de la régence de la Reine nous fera voir le vrai tableau de l'inconstance des Français, même de ceux qui devroient être les plus retenus et les plus sages, et les diverses faces de la fidélité des grands, qui d'ordinaire n'est inviolable qu'à leurs intérêts, et qui changent souvent sur la moindre espérance qu'ils ont d'en tirer avantage; puisqu'en effet nous verrons tous ceux qui sont maintenant attachés au Roi et à la Reine, les quitter tour à tour l'un après l'autre, selon que leurs passions et leurs intérêts les y portent.

Les princes du sang seront divisés et unis, et, en quelque état qu'ils soient, manqueront à ce qu'ils doivent. La maison de Guise sera unie et séparée de la cour, et ne fera jamais ce qu'on doit attendre ni de la fidélité qu'ils ont promise, ni du cœur de ses prédécesseurs. Les parlemens favoriseront les troubles à leur tour. Les ministres se diviseront, et, épousant divers partis, se rendront artisans de leur perte.

(1) Henri de La Tour d'Auvergne, vicomte de Turenne, duc de Bouillon. Henri IV lui avoit fait épouser Charlotte de La Marck, héritière de Bouillon et de Sedan; maréchal de France depuis 1592. — Henri de Rohan, second du nom, premier duc de Rohan. — Charles, sire de Créqui et de Canaple, duc de Lesdiguières.

Le maréchal d'Ancre, qui doit être inséparable des intérêts de celle qui l'a élevé au plus haut point où étranger puisse aspirer raisonnablement, sera si aveuglé, qu'il agira contre les volontés de sa maîtresse pour suivre un parti qu'il estime capable de le maintenir. Les divers caprices de sa femme nuiront encore beaucoup à sa maîtresse. Tant qu'il y aura de l'argent dans l'épargne pour satisfaire à l'appétit déréglé d'un chacun, les divisions demeureront dans le cabinet et dans la cour, et le repos de la France ne sera pas ouvertement troublé; mais, lorsque les coffres de l'épargne seront épuisés, la discorde s'étendra dans les provinces, et partagera la France, en sorte que, bien que l'autorité royale ne puisse être qu'en un lieu, son ombre paroîtra en diverses parties du royaume, où ceux qui prendront les armes protesteront ne les avoir en main que pour le service du Roi, contre qui ils agiront.

Jamais on ne vit plus de mutations sur un théâtre qu'on en verra en ces occasions : la paix et la guerre se feront plusieurs fois; et, bien que la cour et la France soient toujours en trouble, on peut toutefois dire avec vérité que jamais minorité n'a été plus paisible ni plus heureuse.

Pour distinguer et mieux connoître les changemens désignés ci-dessus, il faut noter que l'administration que la Reine a eue de cet Etat pendant sa régence, et quelque temps après, a eu quatre faces différentes.

La première conserva pour un temps des marques de la majesté que la vertu du grand Henri avoit attachée à sa conduite, en tant que les mêmes ministres qui avoient sous son autorité supporté les charges de l'Etat durant sa vie, en continuèrent l'administration sans se séparer ouvertement les uns des autres, ce qui dura jusqu'à la défaveur et la chute du duc de Sully.

La seconde retint encore quelque apparence de force en sa foiblesse, en ce que l'union qui demeura entre le chancelier, le président Jeannin et Villeroy, et la profusion des finances qui fut introduite sous l'administration qu'en eut le président Jeannin, aussi homme de bien que peu propre à résister aux importunes et injustes demandes du tiers et du quart, firent que les grands, arrêtés par des gratifications extraordinaires, demeurèrent en quelque règle et obéissance, ce qui dura jusqu'à ce que les coffres fussent épuisés, et que la femme du sieur de Puisieux, fille de Villeroy, fût décédée.

La troisième fut pleine de désordre et de confusion, qui tirèrent leur origine de la division ouverte des ministres, qui fut causée par la dissolution de l'alliance qui étoit entre le chancelier et Villeroy, qui ne fut pas plutôt arrivée, que l'imprudence et l'ambition du chancelier et de son frère les portèrent à complaire au maréchal d'Ancre et adhérer au déréglement de ses passions, à beaucoup desquelles ils avoient résisté auparavant, et l'eussent toujours pu faire si leurs divisions ne les en eussent rendus incapables. En ce divorce, tous les grands prirent le dessus, Villeroy déchut de sa faveur, le chancelier subsista pour un temps, en suivant les volontés de ceux qui auparavant étoient contraints de s'accommoder à beaucoup des siennes.

Enfin le mariage du Roi étant accompli, au retour du voyage entrepris à cette fin, après que les uns et les autres eurent eu le dessus et le dessous, chacun à son tour, ils furent disgraciés et éloignés, plus par leur mauvaise conduite que par la puissance du maréchal d'Ancre et de sa femme.

La quatrième n'eut quasi autre règle que les volontés du maréchal et de sa femme, qui renversèrent souvent les meilleurs conseils par leur puissance.

Cette saison fut agitée de divers mouvemens estimés du vulgaire beaucoup plus violens qu'ils ne l'étoient, si l'on en considère la justice, et qui en effet étoient aussi utiles à l'Etat quils sembloient rigoureux à ceux qui les souffroient les ayant mérités.

Entre les affaires de poids qui se présentèrent au commencement de cette régence, celle de la continuation ou du changement des desseins du feu Roi pour la protection des états de Juliers et de Clèves, fut la plus importante. La mort de ce duc, arrivée avant celle du Roi, ayant été suivie d'une grande dispute pour sa succession, les parties qui la prétendent s'y échauffent jusqu'aux armes; les princes catholiques d'Allemagne favorisent une part, les protestans une autre; les Hollandais et les Espagnols se mêlent en ce différend; l'Anglais y soutient ceux de sa croyance; plusieurs villes sont prises; on craint que la trève de Flandre se rompe, et que le feu se mette en toute la chrétienté. Les uns conseilloient à la Reine d'abandonner cette affaire, le dessein de laquelle sembloit être rompu par la mort du feu Roi. On représenta qu'il n'étoit pas à propos d'irriter l'Espagne à l'avénement du Roi à sa couronne, ains qu'il valoit mieux, pour fortifier la jeunesse de Sa Majesté, s'allier avec elle par le nœud d'une double alliance. Les autres disoient au contraire que, si l'on ne suivoit les desseins du feu Roi, nos alliés auroient grand lieu de soupçonner que nous voulussions nous séparer d'eux et les abandonner; qu'il étoit dangereux de montrer de la foiblesse en ce commencement; qu'un tel procédé donneroit hardiesse aux Espagnols de nous attaquer; que le vrai moyen de parvenir à cette double alliance étoit de conserver la réputation de la France.

Qu'au reste, si nous voulions délivrer l'Espagne de la jalousie de nos armes, il valoit mieux licencier l'armée de Dauphiné, qui leur en donnoit beaucoup plus que celle de Champagne. Outre que désarmant par ce moyen le maréchal de Lesdiguières, huguenot, le Roi en tireroit un autre avantage bien nécessaire en ce temps où la puissance de ce personnage devoit être suspecte.

Cet avis fut suivi; mais il n'y eut pas peu de peine à choisir pour cette armée un chef. Le maréchal de Bouillon eût bien désiré l'être, mais sa religion et son humeur inquiète et remuante empêchèrent avec raison qu'on ne lui donnât le commandement des armées du Roi, qui se devoient joindre à celle des Etats-généraux et des protestans d'Allemagne, et le maréchal de La Châtre fut honoré de cette charge.

Ainsi la Reine exécute généreusement la résolution que le feu Roi avoit prise de s'y interposer; elle envoie des forces pour rendre les raisons avec lesquelles elle veut composer ce différend, plus fortes et plus puissantes.

L'Empereur, l'Espagne et la Flandre font mine de s'opposer à leur passage; mais, connoissant que l'armée du Roi étoit résolue de prendre d'elle-même ce qu'on ne pouvoit lui dénier avec raison, ils changèrent d'avis, et donnèrent passage aux troupes françaises, qui contribuoient tout ce qu'on pouvoit attendre d'elles pour conserver à cette couronne le glorieux titre d'arbitre de la chrétienté, que ce grand monarque lui avoit acquis. Au reste, la Reine reçut beaucoup de louanges de tous les gens de bien, de ce qu'elle eut le soin de conserver la religion catholique en tous les lieux où elle étoit auparavant.

Le duc de Bouillon fit de grandes plaintes de ce qu'en cette occasion on avoit préféré le maréchal de La Châtre à sa personne. Le soupçon qu'il eut que le comte de Soissons, le cardinal de Joyeuse, et le duc d'Epernon, étroitement unis ensemble, n'avoient pas peu contribué à son mécontentement, fit qu'il attendoit avec grande impatience la venue de M. le prince, afin de former avec lui un parti dans la cour par l'union de la maison de Guise, du duc de Sully, et de plusieurs autres grands.

Cependant la Reine, en la mémoire de laquelle le feu Roi est toujours vivant, se résout de le faire porter à Saint-Denis, pour lui rendre les derniers devoirs. Jugeant que ceux qui l'avoient précédé au règne devoient faire le même en la sépulture, elle envoya querir les corps de Henri III son prédécesseur, et de la reine Catherine de Médicis sa mère, et les fit porter au lieu destiné pour leur sépulture, à Saint-Denis.

Je ne veux pas omettre en ce lieu une prédiction faite au feu Roi, qui l'avoit empêché de faire enterrer son prédécesseur. On lui avoit dit, depuis qu'il fut venu à la couronne, que peu de jours après que le corps de Henri III seroit porté en terre, le sien y seroit mis aussi; il s'imaginoit volontiers que différer l'enterrement de ce prince prolongeoit le cours de sa vie, et ne s'apercevoit pas que la seule crainte et la superstition qui l'empêchoient de s'acquitter du dernier office qu'il pouvoit rendre à celui qui lui avoit laissé la couronne, donneroit lieu à la vérité de ce qui lui avoit été prédit; ce qui fut si véritable, que le roi Henri III ayant été mis en terre le ....., le feu Roi y fut mis ensuite le premier jour de juillet, avec les cérémonies et les pompes funèbres dues aux personnes de sa qualité.

Les louanges qui furent données à ce grand prince en diverses oraisons funèbres qui furent faites par toute la France, et en beaucoup de lieux même de la chrétienté, seroient trop longues à rapporter. Il fut pleuré et regretté de tous les gens de bien, et loué de ses propres ennemis, qui trouvèrent encore plus de sujet de l'estimer en sa vertu que de le craindre en sa puissance.

Il étoit d'un port vénérable, vaillant et hardi, fort et robuste, heureux en ses entreprises, débonnaire, doux et agréable en sa conversation, prompt et vif en ses reparties, et clément à l'égard même de ses propres ennemis.

Ces derniers devoirs étant rendus à la mémoire de ce grand prince, la Reine pense sérieusement à s'acquitter de ceux qu'elle doit au Roi son fils et à son Etat. Elle décharge le peuple, et par déclaration du 22 de juillet fait surseoir quatorze commissions extraordinaires dont il n'eût pas reçu peu de foule. Elle en révoque cinquante-huit, toutes vérifiées au parlement, et diminue d'un quart le prix du sel. Elle continue les bâtimens du feu Roi, commence ceux du bois de Vincennes, pour pouvoir toujours tenir le Roi avec sûreté ès environs de Paris, et, par le conseil du grand cardinal du Perron, elle fait travailler à ceux des colléges royaux.

Tandis que ces choses se passent, M. le prince part de Bruxelles et s'achemine à la cour. La Reine lui dépêche le sieur de Barault, qui le rencontre à la frontière, et l'assure de la part de Leurs Majestés qu'il y seroit reçu comme il le pouvoit désirer.

La maison de Lorraine, les ducs de Bouillon et de Sully, qui avoient dessein de s'unir à lui, vont au-devant jusques à Senlis : le comte de Soissons et ses adhérens assemblent au même temps tous leurs amis. La Reine, craignant qu'il n'arrivât du désordre de telles assemblées, fut conseillée de faire armer le peuple. M. le prince entra dans Paris le 15 de juillet, accompagné de plus de quinze cents gentilshommes; ce qui donna quelque alarme à la Reine, qui considéroit que, ayant les canons, la Bastille et l'argent du feu Roi en sa puissance par le duc de Sully, si le parlement et le peuple n'eussent été fidèles, il pouvoit entreprendre des choses de très-dangereuse conséquence pour le service du Roi. M. le prince n'étoit pas en moindre méfiance que celle qu'on avoit de lui. Il reçut trois ou quatre avis en arrivant, que la Reine, à la suscitation du comte de Soissons, avoit dessein de se saisir de sa personne et de celle du duc de Bouillon; ce qui fit que, nonobstant la bonne chère qu'il reçut de Leurs Majestés, il fut trois nuits alerte, en état de sortir de Paris au premier bruit qu'il entendroit de quelque entreprise contre lui. Aussitôt qu'il fut rassuré de ses premières appréhensions, il fit connoître ses prétentions à son tour, ainsi qu'avoit fait M. le comte.

Il eût bien voulu contester la régence s'il eût osé, mais il en fut diverti par le bon traitement qui lui fut fait; on lui donna deux cent mille livres de pension, l'hôtel de Gondi au faubourg Saint-Germain, qui fut acheté deux cent mille francs, le comté de Clermont, et beaucoup d'autres gratifications.

La Reine, par le conseil des vieux ministres, ouvrit au même temps sa main fort largement à tous les autres princes et seigneurs; elle leur départ de grandes sommes de deniers pour s'acquérir leurs cœurs et le repos de ses peuples par un même moyen.

Beaucoup ont pensé qu'elle eût mieux fait de n'en user pas ainsi, et que la sévérité eût été meilleure, parce que l'on perd plutôt la mémoire des bienfaits que des châtimens, et que la crainte retient plus que l'amour. Mais ce n'est pas un mauvais conseil de retenir en certaines occasions, semblables à celles de la régence, les esprits remuans avec des chaînes d'or; il y a quelquefois du gain à perdre en cette sorte, et il ne se trouve point de rentes plus assurées aux rois, que celles que leur libéralité se constitue sur les affections de leurs sujets; les gratifications portent leurs intérêts en temps et lieu, et l'on peut dire qu'il est des mains du prince comme des artères du corps, qui s'emplissent en se dilatant.

Cependant M. le prince et le comte de Soissons vivoient toujours appointés contraires. Cette division n'étoit pas désagréable à la Reine et aux ministres;

mais elle l'étoit bien au maréchal de Bouillon, qui, par l'habitude qu'il avoit aux brouilleries, et par la malice de son naturel, ne pouvoit souffrir le repos de l'Etat. Les bienfaits qu'il avoit reçus de la Reine avoient plutôt ouvert que rassasié l'appétit qu'il avoit de profiter de la minorité du Roi. Il se servit du marquis de Cœuvres (1), en qui le comte de Soissons avoit grande confiance, pour former l'union qu'il désiroit; il l'engagea d'autant plus aisément à son dessein, qu'il lui protesta d'abord n'en avoir point d'autre que le service du Roi, qu'il détestoit et avoit en horreur les troubles et les guerres civiles.

Ensuite de cette première couche, il lui représenta que les divisions qui paroissoient entre M. le prince et M. le comte, et les serviteurs de l'un et de l'autre, ne pouvoient être utiles qu'aux ministres, qui seroient d'autant plus fidèlement attachés au Roi, qu'il y auroit un contre-poids dans la cour capable de les contenir en leur devoir; qu'autrement ils rendroient de bons et de mauvais offices à qui il leur plairoit auprès de la Reine, avanceroient les leurs, et éloigneroient les plus gens de bien.

Qu'il croyoit que M. le comte avoit contribué à l'aversion que la Reine témoignoit avoir de lui, mais que cela n'empêchoit pas qu'il ne portât M. le prince à vivre en bonne intelligence avec lui; ce qu'il estimoit si utile et si nécessaire à l'Etat; qu'il ne craignoit point que la Reine en eût connoissance, ains au contraire désiroit la parachever avec son consentement.

---

(1) Depuis maréchal d'Estrées; il étoit frère de Gabrielle d'Estrées, maîtresse de Henri IV, et fut duc et pair. Il a écrit des Mémoires qui font partie de cette collection. Mort en 1670.

Le marquis de Cœuvres n'eut pas plutôt fait cette ouverture à M. le comte qu'il la lui fit goûter ; au même temps M. le comte en avertit la Reine, et lui en fit faire si délicatement la proposition, que, la croyant impossible, elle témoigna ne l'avoir pas désagréable.

Le cardinal de Joyeuse et les plus entendus des deux partis estimèrent qu'il falloit tirer un consentement plus exprès et plus formel de la Reine, et que lui en parlant en présence des ministres, ils n'oseroient s'y opposer, de peur de s'attirer par ce moyen la haine des princes du sang et de tous les grands.

Ce dessein réussit ainsi qu'il avoit été projeté ; les ministres approuvèrent cette réconciliation devant le monde, et en exagérèrent tellement par après la conséquence à la Reine, à Conchine et à sa femme, qu'on n'oublia rien de ce qui se put pour l'empêcher.

On assura, à cette fin, M. de Guise du mariage de madame de Montpensier, qu'on avoit traversé jusqu'alors, et on entretint M. le prince de beaucoup d'espérances imaginaires, qui différèrent pour un temps l'exécution de cette union sans la rompre, comme nous verrons sur la fin de l'année.

Cependant les ambassadeurs que la plupart des princes de la chrétienté envoyèrent au Roi, pour se condouloir de la mort du feu Roi son père, et se réjouir de son avénement à la couronne, arrivèrent à Paris. Le duc de Feria y vint de la part du roi d'Espagne, et, après que le comte de Fuentes et les ministres de Flandre eurent sollicité, comme nous avons vu, M. le prince d'entreprendre contre le repos de l'Etat, il offrit toutes les forces de son maître contre ceux qui voudroient troubler la régence de la Reine.

Il fit aussi l'ouverture du double mariage qui fut depuis contracté entre les enfans de France et d'Espagne; et, par accord secret entre les ministres de l'État et lui, il fut arrêté que le Roi son maître n'assisteroit point les esprits brouillons de ce royaume, et que nous ne les troublerions point aussi dans leurs affaires d'Allemagne, qui n'étoient pas en petite confusion entre l'empereur Rodolphe et Mathias son frère, qui s'étoit élevé contre lui, et l'avoit dépouillé d'une partie de ses provinces héréditaires et de ses autres Etats.

Cet attentat de Mathias contre son frère, si âgé qu'il sembloit être à la veille de recueillir sa succession, fait bien paroître que l'ambition n'a point de bornes, et qu'il n'y a point de respects si saints et si sacrés qu'elle ne soit capable de violer pour venir à ses fins.

Il justifie encore la pratique d'Espagne, qui tient les frères des rois en tel état, que, s'ils ont tant soit peu de jugement, ils ne sauroient avoir la volonté de nuire, connoissant qu'on leur en a retranché tout pouvoir.

Le duc de Savoie, sachant la proposition du mariage d'Espagne, donna charge à ses ambassadeurs d'en faire de grandes plaintes; il n'oublia pas de représenter que le feu Roi disoit que, pour la grandeur de son fils, il étoit beaucoup meilleur qu'il eût des beaux-pères inférieurs qu'égaux; mais on eut peu d'égard à ses plaintes, bien lui envoya-t-on un ambassadeur, pour essayer de le contenter de paroles lorsqu'on ne pouvoit le satisfaire par les effets qu'il désiroit.

En ce temps la Reine se résolut de faire sacrer le

Roi son fils à Reims, où elle le mena à cette fin. Pendant ce voyage le duc de Guise demeura dans Paris à cause de la dispute qu'il avoit pour les rangs avec le duc de Nevers, qui, étant en son gouvernement, sembloit le devoir précéder en cette occasion.

Le Roi fut sacré le 17 d'octobre, et le 18 il reçut l'ordre du Saint-Esprit. M. le cardinal de Joyeuse et M. le prince le devoient aussi recevoir; mais le cardinal s'en excusa, parce que l'état présent des affaires rendant M. le prince plus considérable que lui, il ne voulut pas faire juger la dispute qui étoit entre eux pour la préséance, ce dont l'événement n'eût pu être que mauvais au service du Roi, pour le mécontentement de M. le prince s'il eût perdu sa cause, ou à l'Eglise si le cardinal de Joyeuse fût déchu de la possession où les cardinaux sont de tout temps de précéder tous les souverains, excepté les rois.

Pendant le voyage du Roi, qui fut de retour à Paris le 30 du mois, le duc de Bouillon, qui, pour n'avoir pas parachevé l'union qu'il avoit commencée entre les princes du sang et les grands du royaume attachés à leurs intérêts, n'en avoit pas perdu le dessein, renoua cette affaire durant le séjour que le Roi fit à Reims, à l'insu de la Reine et des ministres, qui en furent fort fâchés.

Pour mieux confirmer cette union, lorsque le Roi partit de Reims pour venir à Paris, il mena lesdits princes, les ducs de Longueville, de Nevers, le marquis de Cœuvres et quelques autres à Sedan, où il étreignit la nouvelle liaison qu'il avoit faite, par un second nœud pour la rendre indissoluble.

Ensuite, pour avoir plus de lieu de faire ses affaires et troubler le repos du gouvernement, il porta les huguenots à demander une assemblée générale; ce qui lui fut fort aisé, leur représentant qu'il falloit qu'ils profitassent du bas âge du Roi et de l'ébranlement que l'Etat avoit reçu par la perte du feu Roi. Ils se résolurent d'autant plus volontiers à ce qu'il désiroit, que le temps auquel, par l'édit de 1597, ils pouvoient en demander échéoit cette année.

La Reine, qui jugea bien qu'ils ne manqueroient de faire des demandes si extraordinaires et si injustes, que, ne pouvant être accordées, elles pourroient porter aux extrémités, essaya de gagner temps et différer cette assemblée; mais leurs instances furent si pressantes, qu'il fut impossible de s'exempter de leur permettre, par brevet, de s'assembler l'année suivante en la ville de Saumur.

Un différend intervenu au voyage de Reims entre le marquis d'Ancre et le sieur de Bellegarde, grand-écuyer de France, pour leurs rangs, donna lieu au duc d'Epernon de témoigner son aigreur ordinaire contre ledit marquis, qui, en cette considération, se résolut de se mettre bien avec M. le comte, pour empêcher qu'il ne favorisât à son préjudice ledit duc, qui étoit joint avec lui.

M. le comte lui témoigna avoir grand sujet de se plaindre de lui, à cause du mariage de mademoiselle de Montpensier avec le duc de Guise, qui avoit été résolu peu de temps auparavant par son seul avis, les ministres lui ayant fait sentir adroitement qu'ils n'y avoient eu aucune part. Il ajouta qu'il ne pouvoit être son ami s'il ne réparoit cette faute, faisant agréer à la Reine le mariage de mademoiselle de

Montpensier avec le prince d'Enghien son fils ; qu'aussi bien étoit-il croyable que madame de Guise la privant de son bien, qu'elle donneroit sans doute aux enfans qu'elle auroit du second lit, Monsieur ne penseroit jamais à sa fille lorsqu'il seroit en âge de se marier. Il représentoit encore qu'il étoit à craindre qu'elle eût dessein de marier cette héritière, princesse du sang, à quelqu'un des cadets de la maison de Guise; et, pour conclusion, qu'il ne vouloit point d'accommodement avec lui s'il ne se faisoit par le commandement de la Reine, et à la connoissance des ministres.

En ces entrefaites il arriva, en présence de la Reine, une grande dispute entre le duc de Sully et Villeroy, sur le sujet de trois cents Suisses que le dernier demandoit pour la garde de Lyon, dont Alincour son fils avoit depuis peu acheté le gouvernement du duc de Vendôme, vendant par même moyen la lieutenance de roi qu'il en avoit à Saint-Chamont. Le duc de Sully lui dit sur ce sujet des paroles si piquantes, que l'autre en demeura mortellement offensé.

Il faut remarquer en cet endroit que pendant le sacre du Roi, auquel le duc de Sully ne s'étoit pas trouvé à cause de sa religion, mais étoit allé se promener en sa maison, Villeroy, qui désiroit l'ordre dans les affaires, considérant que tout le monde étoit déjà tout accoutumé aux refus du duc de Sully, n'oublia rien de ce qu'il put pour persuader à la Reine qu'il étoit de son service de conserver ledit duc en sa charge, et lui donner toute l'autorité qu'elle pourroit, eu égard au temps de la minorité du Roi, auquel il ne pouvoit et ne devoit pas espérer la même qu'il avoit du temps du feu Roi.

Bullion eut ordre de s'avancer pour le trouver à Paris à son retour de ses maisons, et lui faire entendre la bonne volonté de la Reine, qui vouloit avoir en lui pareille confiance qu'avoit eue le feu Roi.

Il accepta l'offre de la Reine avec autant de civilité que son naturel rude et grossier lui permit d'en faire. Cependant il ne demeura pas satisfait, parce qu'il prétendit une commission scellée pour l'exercice de la charge des finances, ce qu'on ne voulut pas lui accorder, attendu que, du temps du feu Roi, il n'en avoit pas eu seulement un brevet. Ce refus mit cet homme en de grandes méfiances du chancelier, de Villeroy et de Conchine qu'il tenoit pour son ennemi.

Il continua néanmoins, depuis le retour du sacre, l'exercice de sa charge environ quinze jours ou trois semaines, après lequel temps le différend des Suisses de Lyon, dont j'ai déjà parlé, se renouvela sur ce que Villeroy vouloit en assurer le paiement sur la recette générale dudit lieu. Le duc de Sully s'aigrit tellement sur cette affaire, que, non content de soutenir qu'il n'étoit pas raisonnable de charger le Roi d'une telle dépense, les habitans pouvant faire la garde de Lyon, comme ils avoient toujours accoutumé, il se prit au chancelier, qui favorisoit Villeroy, et lui dit qu'ils s'entendoient ensemble à la ruine des affaires du Roi. Comme cette offense étoit commune à tous les ministres, ils s'accordèrent tous de ruiner ce personnage, dont l'humeur ne pouvoit être adoucie.

Alincour, intéressé au sujet dont il s'agissoit, s'adressa pour cet effet au marquis de Cœuvres, qu'il savoit être fort mal affectionné au duc de Sully à cause de la charge de grand-maître de l'artillerie qu'il avoit obtenue du feu Roi nonobstant que ledit marquis en eût la survivance; il lui proposa l'éloignement dudit duc de la cour, auquel il lui fit sentir que tous les ministres contribueroient volontiers si M. le comte y vouloit porter le marquis d'Ancre.

Cette ouverture ne fut pas plutôt faite au marquis de Cœuvres, qu'il proposa cette affaire à M. le comte, et lui représenta que cette occasion lui serviroit à faire consentir les ministres au mariage de son fils avec mademoiselle de Montpensier; il se résolut aussitôt de parler au marquis d'Ancre, qui lui promit d'assister les ministres en cette rencontre, pourvu qu'il voulût faire de même.

Il fut question ensuite de s'assurer des ministres sur le sujet du mariage désiré par M. le comte. Le marquis de Cœuvres, adroit et entendu en affaires de la cour, le leur fit consentir, soit qu'ils le voulussent en effet, soit que le bas âge des parties leur fît croire qu'ils ne manqueroient pas d'occasions d'empêcher l'accomplissement de cette proposition.

Par ce moyen M. le comte et le marquis d'Ancre se lièrent ensemble, et les ministres se joignirent à eux pour le fait particulier du duc de Sully, dont l'éloignement fut différé par l'occasion suivante.

Le comte de Soissons étant gouverneur de Normandie, il fut obligé d'en aller tenir les Etats, pendant lesquels le duc de Sully recommença, la veille de Noël, une nouvelle querelle dans le conseil avec Villeroy sur le même sujet, qui le porta à des paroles si pleines d'aigreur, que Villeroy fut contraint de se retirer à Conflans jusqu'au retour de M. le comte, après lequel nous parachèverons l'histoire de la disgrâce du duc de Sully.

Cependant, avant que clore cette année, je ne puis que je ne rapporte qu'elle produisit en Espagne le plus hardi et le plus barbare conseil dont l'histoire de tous les siècles précédens fasse mention; ce qui donna occasion à la France de rendre un témoignage de son humanité et de sa piété tout ensemble.

L'Espagne étoit remplie de Morisques, qui étoient ainsi appelés parce que de père en fils ils descendoient des Maures, qui l'avoient autrefois subjuguée et commandée sept cents ans durant.

Le mauvais traitement qu'ils recevoient du Roi, et le mépris qu'ils souffroient des vieux chrétiens, firent que la plus grande part d'entre eux conservèrent secrètement l'impiété et fausse religion de leurs ancêtres contre Dieu, pour la haine particulière qu'ils avoient contre les hommes.

Etant traités comme esclaves, ils cherchèrent les moyens de se mettre en liberté; le soupçon qu'on en a, fait qu'on leur ôte toutes leurs armes, et particulièrement aux royaumes de Grenade et de Valence, où tout le peuple étoit presque infecté de ce venin; il ne leur étoit même pas permis de porter de couteaux s'ils n'étoient épointés.

Le conseil d'Espagne, considérant que le feu Roi s'engageoit en une grande entreprise contre eux, eut en même temps appréhension que ces peuples prissent cette occasion d'allumer une guerre civile dans le cœur de leur Etat. Pour prévenir ce dessein, qui n'étoit pas sans fondement, le roi Catholique fit, au commencement de cette année, un commandement à tous ces gens-là de sortir d'Espagne, avec leurs femmes et leurs enfans, dans trente jours pour tout délai, pendant lesquels il leur étoit permis de vendre tous leurs meubles, et en emporter avec eux le prix, non en argent, mais en marchandises du pays non défendues, tous leurs immeubles demeurant confisqués au Roi et réunis à son domaine.

Ceux qui étoient près de la marine s'embarquèrent pour passer en Barbarie, et, pour ce sujet, tous les vaisseaux étrangers qui étoient dans leurs ports furent arrêtés; les autres prirent le chemin de la frontière de la France pour passer par les Etats du Roi.

Il est impossible de représenter la pitié que faisoit ce pauvre peuple, dépouillé de tous ses biens, banni du pays de sa naissance : ceux qui étoient chrétiens, qui n'étoient pas en petit nombre, étoient encore dignes d'une plus grande compassion, pour être envoyés comme les autres en Barbarie, où ils ne pouvoient qu'être en péril évident de reprendre contre leur gré la religion mahométane.

On voyoit les femmes, avec leurs enfans à la mamelle, les chapelets en leur main, qui fondoient en larmes et s'arrachoient les cheveux de désespoir de leurs misères, et appeler Jésus-Christ et la Vierge, qu'on les contraignoit d'abandonner, à leur aide.

Le duc de Medina, amiral de la côte d'Andalousie, donna avis au conseil d'Espagne de cette déplorable désolation; mais il reçut un nouveau commandement de n'épargner âge, sexe, ni condition, la raison d'Etat contraignant à faire pâtir les bons pour les méchans : ce qui obligea le duc à obéir contre son gré, disant hautement qu'il étoit bien aisé de commander de loin ce qu'il étoit impossible d'exécuter sans compassion extrême.

On fait compte de plus de huit cent mille de ces habitans; de sorte que cette transmigration ne fut pas moindre que celle des Juifs hors de l'Egypte; y ayant toutefois ces deux différences entre les deux, qu'en celle-là les Hébreux contraignoient les Egyptiens de les laisser aller, en celle-ci les Morisques sont contraints de sortir; en celle-là les Hébreux s'en vont d'une terre étrangère pour sacrifier à Dieu, et passer en une abondante qui leur est promise; en celle-ci les Morisques sortent de leur pays natal pour passer en une terre inconnue, où ils doivent vivre comme étrangers, non sans grand hasard d'abandonner le vrai culte de Dieu.

Le roi Henri-le-Grand, ayant avis que plusieurs de ces pauvres gens s'acheminoient en son royaume, qui est réputé par tout le monde l'asile des affligés, touché de compassion de leur misère, fit publier, au mois de février, une ordonnance qui obligeoit ses lieutenans et officiers à leur faire entendre, sur la frontière, que ceux qui voudroient vivre en la religion catholique, en faisant profession devant l'évêque de Bayonne, auroient ensuite permission de demeurer dans ses Etats, au-deçà des rivières de Garonne et de Dordogne, où ils seroient reçus faisant apparoître à l'évêque du diocèse où ils voudroient s'habituer, de l'acte de leur profession de foi.

Et quant aux autres qui voudroient vivre en la secte de Mahomet, on leur pourvoiroit de vaisseaux nécessaires pour les faire passer en Barbarie

La mort de ce grand prince prévint l'exécution de son ordonnance, mais la Reine la fit exécuter avec soin.

Il y eut quelques officiers qui, abusant de l'autorité qui leur étoit donnée pour l'accomplissement de cette bonne œuvre, commirent force larcins, et souffrirent même quelques meurtres sur ceux d'entre ces misérables qui vouloient passer en Barbarie; mais on fit faire un châtiment si exemplaire des coupables, qu'il empêcha les autres de se porter à de semblables violences.

En cette année décéda l'électeur Palatin, dont la mort mérite d'être remarquée comme un présage de beaucoup de maux qui arrivèrent ès années suivantes par l'ambition de son fils, qui, suivant les conseils du duc de Bouillon et de quelques autres de ses alliés, fut, au jugement de beaucoup de personnes dépouillées de passion, justement privé de ses Etats pour en avoir voulu trop injustement envahir d'autres.

L'ambition de ce prince a allumé un feu dans la chrétienté, qui dure encore, et Dieu seul sait quand on le pourra éteindre.

LIVRE II.

[1611] Au lieu que la première année de la régence de la Reine, que nous avons vue au livre précédent, conserva aucunement la majesté avec laquelle Henri-le-Grand avoit gouverné son Etat, celle-ci commence à en déchoir par la désunion des ministres, qui se font la guerre les uns aux autres, en sorte que trois réunis ensemble chassent le quatrième.

Nous avons déjà dit le sujet pour lequel on entreprit d'éloigner le duc de Sully. Le comte de Soissons, sollicité par les ministres plus que par l'ancienne animosité qu'il avoit eue contre lui, se rendit chef de ce parti, auquel il attira M. le prince.

Mais il marchoit si lentement en cette affaire, qu'il ne désiroit avancer qu'à mesure qu'on effectueroit les promesses qu'on lui avoit faites sur le sujet de ses intérêts, et particulièrement en ce qui étoit du mariage du prince d'Enghien, son fils, avec mademoiselle de Montpensier, qui, en vertu de ce complot, devoit être, à la sollicitation des ministres, agréé de la Reine.

Dès qu'il fut de retour du voyage qu'il avoit fait en Normandie, les ministres le pressèrent de parachever ce qui étoit projeté entre eux : il s'y portoit assez froidement; mais deux querelles qui arrivèrent, donnant lieu à une plus étroite liaison entre M. le comte et Conchine, qui étoit de la partie, lui firent entreprendre cette affaire avec plus de chaleur.

La première arriva le 3 de janvier, entre M. de Bellegarde et le marquis d'Ancre, ce dernier voulant, outre le logement que sa femme avoit au Louvre, avoir cette année-là, qu'il étoit en exercice de premier gentilhomme de la chambre, celui qui étoit destiné à cette charge, comme la raison le requéroit. Bellegarde le refusa avec tant d'obstination qu'ils en vinrent aux grosses paroles. Le marquis d'Ancre, reconnoissant que son adverse partie avoit beaucoup plus d'amis que lui dans la cour, estima se devoir appuyer du comte de Soissons; il emploie à cet effet le marquis de Cœuvres, en qui le prince avoit beaucoup de confiance; il lui dit qu'encore que M. le prince et le duc d'Epernon lui eussent envoyé offrir leur entremise pour accommoder cette affaire, néanmoins il n'en vouloit sortir que par celle de M. le comte, entre les mains duquel il remettoit ses intérêts et son honneur, ce qu'il faisoit d'autant plus volontiers, qu'il étoit résolu de faire plus d'état de ceux dudit comte que des siens propres.

Le comte de Soissons, sachant que la plus grande finesse de la cour consiste à ne perdre pas les occasions de faire ses affaires quand elles se présentent favorables, bien aise d'obliger le marquis pour qu'il se mît en ses intérêts, s'employa de telle sorte en cette affaire, que, nonobstant les artifices du duc d'Epernon, qui, piqué du déplaisir qu'il avoit de n'y être pas employé, n'oublia rien de ce qu'il put pour la brouiller, il la termina selon que la raison le requéroit, sans que le duc de Bellegarde en fût mécontent.

Le marquis en eut tant de satisfaction, qu'il lui promit de porter les ministres à ce qu'il désiroit pour le mariage; et en effet, pour avoir leur consentement, il s'obligea à faire résoudre M. le comte de parachever, conjointement avec eux, le dessein projeté contre le duc de Sully.

Ainsi les ministres, qui ne vouloient que prêter l'épaule au temps, et gouverner doucement jusques à la majorité du Roi, conseillèrent à la Reine de consentir au mariage désiré par le comte de Soissons pour son fils; en quoi ils ne se donnèrent pas de garde qu'ils offensèrent le cardinal de Joyeuse et le duc d'Epernon, alliés à ladite princesse, qui, lorsque cette affaire fut publiée, firent de grandes plaintes à la Reine de ce qu'elle l'avoit conclue sans leur en donner part.

Le comte de Soissons s'excusa, disant que par discrétion il en avoit usé ainsi, d'autant qu'étant une affaire qui regardoit Monsieur et la Reine, il avoit cru être obligé de tirer le consentement de Sa Majesté avant que de former aucun dessein; mais ils ne se payèrent point de ces excuses, et demeurèrent mal avec lui jusques à sa mort.

Peu de jours après il survint une seconde querelle, qui fut entre lui-même et le prince de Conti, et ensuite la maison de Guise. Les carrosses des deux premiers s'étant rencontrés dans la rue parmi un embarras de charrettes, dans lequel il étoit nécessaire que l'un s'arrêtât pour laisser passer l'autre, l'écuyer du comte de Soissons, ne reconnoissant pas le carrosse du prince de Conti, l'arrêta avec menaces, et fit passer celui de son maître; lequel, s'en étant aperçu, envoya incontinent faire ses excuses au prince de Conti, l'assurant que ce qu'il avoit fait n'avoit été avec aucun dessein de l'offenser, mais par mégarde, et qu'il étoit son très-humble serviteur.

Il croyoit par là que la chose fût assoupie; mais le lendemain M. de Guise montant à cheval, accompagné de plus de cent gentilshommes, et passant assez près de l'hôtel de Soissons, alla voir M. le prince de Conti.

Le comte de Soissons, qui crut avec raison que cela avoit été fait pour le braver, voulut monter à cheval pour les aller rencontrer; quantité de ses amis se joignent à lui, M. le prince le vient trouver avec grande compagnie. La Reine en ayant avis, et craignant l'inconvénient qui en pourroit arriver, envoya prier M. le comte de ne pas sortir, et manda à M. de Guise qu'il se retirât chez lui : ce qu'il fit sans voir la Reine, que M. le comte alla trouver au Louvre.

M. de Guise trouva, du commencement, bonne la proposition que la Reine fit, qu'il allât trouver M. le comte, comme par visite, pour lui faire ses excuses, et l'assurer qu'il étoit son serviteur : mais quand il en eut parlé à M. du Maine, le vieux levain de la maison de Guise contre celle de Bourbon parut encore; car il l'en dissuada, lui fit retirer la parole qu'il en avoit donnée à la Reine; et enfin, pour tout accommodement, M. du Maine (1) vint le lendemain trouver la Reine, et, en présence des plus grands de la cour, lui fit des excuses pour son neveu, assurant Sa Majesté que toute la maison de Guise demeureroit toujours avec M. le comte dans les termes de civilité, d'honneur et de bienséance qu'ils devoient, et qu'ils l'honoreroient et seroient ses serviteurs s'il vouloit bien vivre avec eux.

(1) Charles, duc de Mayenne, célèbre pendant les guerres de la ligue. Dans les Mémoires on le nomme indifféremment duc de Mayenne ou du Maine : mort en 1611.

A quoi la Reine répondit qu'elle le feroit entendre à M. le comte, et le prieroit d'oublier ce qui s'étoit passé, et de recevoir cette satisfaction.

Ce peu de respect dont la Reine souffrit que le duc de Guise usât envers elle, manquant à la parole qu'il lui avoit donnée, sentoit déjà bien la désunion du conseil, la foiblesse de la Reine, et la diminution de son autorité, laquelle ne peut être si petite qu'elle ne soit de grande conséquence, l'expérience nous apprenant qu'il est beaucoup plus aisé de la maintenir inviolable, qu'il n'est pas d'empêcher son entière ruine quand elle a reçu la moindre atteinte.

La Reine accorda aussi presque en ce même temps, par sa prudence, une querelle importante, qui eût attiré une dangereuse suite si elle n'eût été promptement assoupie.

Un jour, étant à table, un grand bruit s'émut dans la chambre; on lui rapporta qu'on y étoit aux mains, ce qui n'étoit pas vrai, mais bien en étoit-on venu aux paroles rudes et atroces. Le baron de La Châtaigneraie, son capitaine des gardes, homme hardi, mais brutal, ayant cru que les ducs d'Epernon et de Bellegarde lui rendoient de mauvais offices sur la prétention qu'il avoit d'obtenir un gouvernement de la Reine, les trouvant au sortir du cabinet de Sa Majesté, les entreprit de paroles, qui vinrent jusques à tel point, qu'il étoit impossible de ne connoître pas qu'elles intéressoient grandement le duc d'Epernon, et outrageoient tout-à-fait le duc de Bellegarde. Ces seigneurs, pleins de ressentiment, professoient vouloir tirer raison de cette offense; Châtaigneraie, d'autre part, ne demandoit pas mieux que de la leur faire.

Cette querelle eût été capable de faire beaucoup de mal dans la cour, qu'elle eût partagée indubitablement, si la Reine n'eût été conseillée d'y prendre intérêt, comme en effet elle y en avoit beaucoup, vu que ce désordre étant arrivé en sa chambre, le respect qui lui étoit dû avoit été violé.

Elle eût volontiers remis ce qui la touchoit à Châtaigneraie, qui une fois lui avoit sauvé la vie; mais il valoit mieux pour lui-même qu'elle le châtiât en apparence, pour satisfaire les grands en effet, que de laisser sa faute impunie: ce qui fit qu'elle se porta sans peine à l'envoyer à la Bastille, où il ne fit qu'entrer et sortir, pour se retirer d'un mauvais pas où il s'étoit mis inconsidérément.

Incontinent après on mit les fers au feu pour éloigner le duc de Sully; le comte de Soissons y disposa M. le prince; le marquis de Cœuvres eut charge de savoir le sentiment du duc de Bouillon sur ce sujet, qui lui dit qu'il ne pouvoit rien arriver au duc de Sully qu'il n'eût mérité; mais qu'il n'y vouloit en rien contribuer, tant pource qu'il jugeoit bien qu'il n'étoit pas nécessaire, que pource qu'il ne vouloit pas que les huguenots lui pussent reprocher qu'il eût éloigné un des frères du ministériat.

M. le prince et M. le comte de Soissons en parlèrent les premiers à la Reine, les ministres suivirent, et le marquis d'Ancre lui donna le dernier coup.

Ainsi il se vit contraint de se retirer au commencement de février, chargé de biens que le temps auquel il avoit servi lui avoit acquis, mais d'envie pour la grande autorité avec laquelle il avoit fait sa charge, et de haine pour son humeur farouche. On peut dire avec vérité que les premières années de ses services furent excellentes, et si quelqu'un ajoute que les dernières furent moins austères, il ne sauroit soutenir qu'elles lui aient été utiles sans l'être beaucoup à l'Etat.

Sa retraite n'est pas plutôt faite, que plusieurs se mettent en devoir de poursuivre la victoire contre lui pour avoir ses dépouilles.

Pour parvenir à cette fin, on essaya de rompre le mariage du marquis de Rosny avec la fille du maréchal de Créqui, pour n'avoir pas en tête le maréchal de Lesdiguières, et on fit proposer par le marquis de Cœuvres à M. le duc de Bouillon, de lui donner le gouvernement de Poitou qu'il avoit : à quoi ledit duc témoignant incliner, le marquis d'Ancre lui en alla porter parole expresse de la part de la Reine; mais enfin elle changea d'avis avec grand sujet, n'étant pas raisonnable de maltraiter un personnage dont les services avoient été avantageux à la France, sans autre prétexte que parce qu'étant utile au public il l'avoit été à lui-même.

La charge de surintendant fut divisée entre le président Jeannin, les sieurs de Châteauneuf et de Thou, qui furent nommés directeurs des finances, le dernier y ayant été mis pour le faire départir de la prétention qu'il avoit en la charge de premier président, qu'il désiroit avoir du président de Harlay son beau-frère; à quoi le nonce du Pape s'opposoit tant qu'il pouvoit, pour le soupçon qu'il avoit donné par son *Histoire* de n'avoir pas les sentimens tels qu'un vrai catholique doit avoir pour la foi. Pour obtenir l'éloignement de ce personnage, les ministres représentèrent à la Reine que la rudesse de son esprit lui en faisoit perdre beaucoup d'autres; que, outre son propre naturel qui le portoit à traiter incivilement avec tous ceux qui étoient au-dessus de lui, il en usoit ainsi pour avoir droit d'être peu civil avec elle; qu'il avoit vécu de cette sorte avec le feu Roi, qui le souffroit, tant par une bonté extraordinaire, que parce qu'il estimoit que cette humeur barbare effarouchoit ceux qui autrement l'eussent accablé d'importunités et de demandes; mais que la saison ne permettoit plus ni les contestations d'un tel esprit envers son maître, ni les offenses que chacun recevoit, plus de l'aigreur de ses refus que des refus mêmes; que, bien qu'il agît avec peu de prudence dans les affaires, il ne laissoit pas néanmoins de s'attribuer la gloire et les effets des bons conseils qui ne venoient pas de lui;

Qu'au reste, s'il avoit bien fait les affaires du Roi en son administration, il n'avoit pas oublié les siennes, ce qui paroissoit d'autant plus clairement, qu'étant entré avec six mille livres de rente [1] en la charge, il en sortoit avec plus de cent cinquante mille; ce qui l'avoit obligé à retirer de la chambre des comptes la déclaration de son bien, qu'il avoit mise au greffe quand il entra dans les finances, afin qu'on n'eût pas de quoi justifier par son propre seing qu'il eût tant profité des deniers du Roi.

Ils ajoutèrent qu'il étoit à propos d'éteindre la qualité de surintendant des finances, qui donnoit trop d'autorité à celui qui en étoit pourvu, et qu'il valoit mieux diviser cette charge à plusieurs personnes de

---

[1] *Qu'étant entré avec six mille livres de rente* : ces assertions sont réfutées dans les *OEconomies royales.*

robe longue, dont la Reine disposeroit avec plus de facilité, que de la laisser à un homme seul et particulièrement d'épée, dont la condition rendoit d'ordinaire les hommes insolens.

Mais ils ne disoient pas qu'en s'ôtant de dessus les bras un ennemi puissant leur intention étoit de se réserver toute l'autorité de sa charge : ils prétendoient tous y avoir part; et le but du chancelier étoit de la réunir à la sienne, ainsi qu'en effet il arriva, le président Jeannin, qui fut créé contrôleur général, et tous les autres directeurs des finances, dépendant absolument de lui, en tant qu'ils ne pouvoient rien conclure sans sa voix.

La maison de Guise fut la seule qui assista le duc de Sully; elle essaya d'empêcher ou retarder sa chute, non pour l'affection qu'elle lui portât, mais par opposition au comte de Soissons et à la maison de Bourbon. Entre les seigneurs de la cour, Bellegarde fut aussi le seul qui parla pour lui, à cause de l'étroite liaison qu'il avoit avec ceux de Guise; de son chef il étoit son ennemi plus qu'aucun autre, pour en avoir reçu de très-mauvais offices du temps du feu Roi.

Si la foiblesse avec laquelle nous avons remarqué, au livre précédent, que le duc de Sully se gouverna quand il perdit son maître, et l'étonnement et l'irrésolution en laquelle il se trouva lors, témoignent clairement que les esprits présomptueux et farouches ne sont pas souvent les plus courageux, sa conduite en ce nouvel accident fait voir que ceux qui sont timides dans les périls où ils croient avoir à craindre pour leur vie, ne le sont pas moins aux occasions où ils voient bien que le plus qu'ils peuvent appréhender est la diminution de leur fortune.

La Reine, lui redemandant sa charge, lui demanda aussi le gouvernement de la Bastille, dans laquelle étoient les finances du Roi.

Bien que ce coup ne le surprît pas à l'imprévu, et qu'il le vît venir de loin, il ne put toutefois composer son esprit en sorte qu'il ne le reçût avec foiblesse.

Il céda parce qu'il falloit obéir, mais ce fut avec plaintes ; et sur ce que la Reine lui fit dire qu'il lui avoit plusieurs fois offert de se démettre de ses charges, il répondit qu'il l'avoit fait ne croyant pas qu'on le dût prendre au mot. Il demanda d'abord d'être récompensé ; puis, revenant à soi et s'apercevant de sa faute, il se plaignit des offres qu'on lui fit sur ce sujet, comme s'il n'y eût pas donné lieu par ses demandes.

Il est vrai qu'on n'avoit autre intention que de lui faire un pont d'or, que les grandes ames souvent méprisent lorsqu'en leur retraite ils peuvent eux-mêmes s'en faire un de gloire.

On a vu peu de grands hommes déchoir du haut degré de la fortune sans tirer après eux beaucoup de gens ; mais la chute de ce colosse n'ayant été suivie d'aucune autre, je ne puis que je ne remarque la différence qu'il y a entre ceux qui possèdent les cœurs des hommes par un procédé obligeant et leur mérite, et ceux qui les contraignent par leur autorité.

Les premiers s'attachent tellement leurs amis, qu'ils les suivent en leur bonne et mauvaise fortune, ce qui n'arrive pas aux autres.

Pendant que ces choses se passent à la cour, le

duc de Savoie, qui à la mort du feu Roi étoit armé pour son service contre les Espagnols, s'étant accommodé avec eux, fait passer ses troupes de Piémont en Savoie, avec dessein de se servir du temps pour assiéger Genève.

Il est à noter à ce propos que cette place est de long-temps en la protection du feu Roi; feu Sancy, étant ambassadeur en Suisse en 1579, traita le premier une alliance perpétuelle de cette ville avec le Roi.

Henri III, la recevant et comprenant dans le traité qui est entre la couronne de France et les Ligues, fit qu'aucuns cantons s'obligèrent à fournir un certain nombre d'hommes pour sa défense, au cas qu'elle fût attaquée par quelqu'un de ses voisins; elle fut ensuite comprise dans la paix de Vervins sous le nom des alliés et confédérés des seigneurs des Ligues.

D'où vient que le duc de Savoie, qui a toujours muguetté cette ville qui est à sa bienséance, n'a jamais osé l'attaquer à force ouverte; mais seulement il a tâché de la surprendre auparavant qu'elle pût être secourue du Roi, qui témoigna toujours la vouloir défendre; et leur donna avis de la dernière entreprise que Le Terrail avoit sur elle; dont elle se donna si bien de garde, qu'elle l'attrapa au pays de Vaux et lui fit trancher la tête.

Au premier bruit des desseins du duc de Savoie, force huguenots de qualité s'y rendent, et, d'autre part, la Reine envoie le sieur de Barault audit duc pour le convier de désarmer, lui remontrant qu'il tenoit ses voisins en jalousie, et qu'elle ne pouvoit souffrir l'entreprise qu'on disoit qu'il vouloit faire contre les alliés de cette couronne.

Barault étant revenu avec réponse qui ne contentoit pas Sa Majesté, elle lui renvoya La Varenne, qui lui parla de sorte qu'il licencia ses troupes, voyant bien que ses desseins ne lui réussiroient pas pour lors.

Bellegarde, qui sur la nouvelle de ce siége avoit été envoyé en son gouvernement, voulant en visiter toutes les places, ne fut pas bien reçu à Bourg en Bresse, où il fut tiré des mousquetades à quelques-uns des siens qui en approchèrent de trop près.

Le sieur d'Alincour, à qui cette place faisoit ombre pour être trop proche de Lyon, qui par ce moyen n'étant plus frontière étoit de moindre considération, prit cette occasion de faire conseiller à la Reine d'en ôter Boesse et la faire démanteler, sous ombre que Boesse étoit huguenot, et que les Suisses, Genève, Bourg et M. de Lesdiguières étoient trop proches, tous d'un même parti. On pouvoit récompenser Boesse, y mettre un catholique affidé au Roi, et conserver la place ; mais on fit trouver meilleur de donner à Boesse cent mille écus qu'il voulut avoir avant que d'en sortir, puis la raser. On devoit par raison d'Etat la conserver ; mais le mal de tous les Etats est que souvent l'intérêt des particuliers est préféré au public.

Le prince de Condé, qui dès le temps du feu Roi avoit eu le gouvernement de Guienne, témoigna désirer en vouloir aller prendre possession ; cela donna quelque soupçon à la Reine. Néanmoins, comme elle le vit affermi en cette résolution, elle ne crut pas devoir s'y opposer formellement ; mais elle donna si bon ordre à tout, que quand il eût eu intention de mal faire il n'eût su l'effectuer.

Le duc d'Epernon profita de ce soupçon ; car, étant

sur le point de partir malcontent de la cour, on lui donna charge de veiller aux actions de M. le prince; et on lui fit force caresses en partant.

Le temps de l'assemblée de Saumur étant arrivé, chacun la considéroit comme un orage qui menaçoit la France; mais la bonace fut bientôt assurée, et les mauvais desseins des esprits factieux, qui pour profiter de nos malheurs avoient entrepris en cette assemblée de prendre les armes, furent dissipés.

Pour mieux comprendre ce qui se passa en cette assemblée, il faut remarquer qu'aussitôt que le feu Roi fut mort, ceux de la religion prétendue réformée commencèrent à considérer les moyens qu'il y auroit de profiter du bas âge du Roi, et de l'étonnement auquel tout l'Etat étoit par la perte d'un si grand prince. Pour parvenir à leurs desseins, ils poursuivirent une assemblée générale, et en firent d'autant plus d'instance, que le temps auquel il leur étoit permis par l'édit de 1597 de la demander pour nommer leurs députés généraux, échéoit cette année.

La Reine-mère, qui avoit été déclarée régente, et le conseil qui étoit auprès d'elle, jugèrent bien qu'ils ne manqueroient point de faire des cahiers, par la difficulté ou impossibilité desquels ils réduiroient les choses aux extrémités; tellement qu'afin de gagner temps on ne leur bailla point de brevet pour s'assembler cette année-là, mais seulement pour la suivante, que l'on comptoit 1611, et ce en la ville de Saumur.

Or il est à remarquer que le malheur de la mort du Roi trouva M. de Sully dans l'emploi, et M. de Bouillon éloigné de la cour. Ainsi celui-là favorisoit les intentions de Sa Majesté, et celui-ci se vouloit autoriser par le parti des huguenots ; ce qui fit qu'en l'intervalle du brevet et de la tenue de l'assemblée, ledit sieur de Bouillon envoya dans les provinces gens exprès vers les ministres avec des mémoires, pour charger les cahiers des assemblées provinciales qui devoient précéder la générale. Ces mémoires ne contenoient que plaintes et requêtes de choses irréparables et impossibles, afin que, par ces difficultés et sous le prétexte de ne pouvoir obtenir leurs demandes, l'assemblée générale demeurât toujours sur pied, et que, cela ne pouvant être supporté par raison, les choses allassent à ce point, ou que l'on commençât la guerre pour les faire cesser, ou qu'on les tolérât par impuissance, et par ce moyen mettre État contre État.

Les ministres, susceptibles de toutes les choses qui choquoient l'autorité royale, font des colloques chacun en leur détroit, communiquent lesdits mémoires, et se préparent de les faire passer aux assemblées provinciales.

Pendant qu'on travaille de cette façon dans leurs églises particulières, les faces changent à la cour, la Reine commandant à M. de Sully de se retirer, et à M. de Bouillon de s'approcher de Leurs Majestés.

En ce changement, le duc de Rohan s'intéressa dans la disgrâce du duc de Sully son beau-père ; et, ayant concerté avec lui de ce qu'ils avoient à faire, ils trouvèrent, par l'avis de leurs amis, qu'il n'y avoit point de meilleur remède pour eux que d'appuyer et faire valoir les avis que M. de Bouillon avoit envoyés. Ce dernier au contraire eût bien désiré de les ravoir, ou en tout cas de faire connoître que les affaires n'étoient plus aux termes où elles étoient auparavant, et qu'il avoit trouvé la cour bien disposée à l'avantage de leurs églises; ce qu'il fit entendre le mieux qu'il put aux ministres. Mais il ne fut pas malaisé aux autres de persuader à tous les prétendus réformés, de quelque qualité qu'ils se trouvassent, que son intérêt le faisoit parler ainsi; que c'étoit un membre gâté, et qu'il y avoit plus d'apparence de le retrancher que de le croire. Il promet néanmoins à la cour qu'il a assez de puissance pour se faire élire président à l'assemblée, et qu'il y aura assez d'amis pour empêcher qu'elle ne grossisse le cahier de ses demandes d'articles qui puissent fâcher.

Surtout il assure que Le Plessis-Mornay, gouverneur de Saumur, le secondera comme son ami, et comme celui duquel il disoit avoir la parole.

Enfin les mois de mars et d'avril arrivèrent, destinés à tenir les assemblées provinciales qui devoient précéder la générale, et auxquelles on devoit nommer les députés qui s'y devoient trouver.

C'est là où tout le pouvoir du duc de Bouillon, qui vouloit défaire ce qu'il avoit fait, fut vain; le parti contraire ayant tellement prévalu, qu'il fit résoudre tous les articles et demandes qu'il voulut, et députer ceux qu'il estimoit les plus séditieux et les plus éloignés du repos et de leur devoir.

Les provinces avoient grande raison de ne croire pas le duc de Bouillon, lors plus intéressé dans la cour qu'à leur cause; mais ils ne devoient pas suivre les autres, qu'ils connoissoient préoccupés de passion pour avoir été maltraités de la cour.

Tous se trouvèrent à Saumur au mois de mai, où

le duc de Bouillon fut bien étonné lorsqu'il apprit de ses amis que Le Plessis avoit changé de note; qu'il avoit été ménagé par les ducs de Sully et de Rohan, arrivés quelques jours auparavant, et qu'au lieu de le porter à la présidence, on savoit avec certitude qu'il étoit résolu de la briguer pour soi : ce qui parut le lendemain, en ce que de cent soixante suffrages qu'il y avoit, il n'y en eut pas dix pour lui. On lui donne pour adjoint le ministre Chamier, et pour scribe Desbordes-Mercier, deux des plus séditieux qui fussent en France, comme ils témoignèrent pendant tout le cours de l'assemblée, où celui-là ne fit que prêcher feu et sang, et celui-ci porter les esprits autant qu'il lui fut possible à des résolutions extrêmes.

Le duc de Bouillon ne fut pas seulement tondu en ce commencement, mais en toute la suite de l'assemblée, en laquelle il ne put jamais s'assurer plus de vingt-deux voix de la noblesse et de celle d'un ministre; encore peut-on dire avec vérité qu'ils n'étoient pas attachés à sa personne, mais à la raison et au bien de l'Etat, qu'il tâchoit de procurer par son intérêt : le nombre des bons étant du tout inférieur à celui des malintentionnés, il fut impossible d'empêcher que les cahiers fussent composés de façon que, quand le conseil même eût été huguenot, il n'eût su leur donner contentement.

Boissise et Bullion, députés du Roi en cette assemblée, n'oublièrent rien de ce qu'ils purent, dès son commencement jusqu'à sa fin, pour les porter à la raison; mais leur peine fut inutile.

Leurs demandes, portées à la cour par deux députés, y furent répondues, non avec autant d'autorité que la raison le requéroit, mais selon que le temps le pouvoit permettre. Bullion les reporte, il harangue cette compagnie le 5 de juin, pour l'exhorter à demeurer dans les bornes de leur devoir; il leur représente que le temps de la minorité du Roi requéroit plus d'humilité et d'obéissance qu'aucun autre.

Il les assure que, par ce moyen, ils auroient juste satisfaction sur leurs cahiers; ensuite de quoi il leur déclara que l'assemblée n'étant permise par le Roi qu'aux fins de nommer les députés, et représenter leurs plaintes, ainsi qu'ils avoient accoutumé, et que l'édit de pacification le requéroit, il avoit charge de Sa Majesté de leur commander de sa part de procéder à la nomination de leurs députés, se séparer ensuite, après toutefois qu'il leur auroit donné les réponses qu'il avoit apportées de la cour.

Ce discours surprit ces mutins, qui n'estimoient pas qu'en un temps si foible on dût prendre une résolution si hardie et si contraire à leurs desseins; ils résistèrent aux volontés du Roi, le parti des factieux étant beaucoup plus fort que celui des pacifiques.

Comme les uns disoient que la pratique ordinaire et la raison les obligeoient à obéir, les autres soutenoient ouvertement qu'il ne falloit pas perdre un temps propre à avantager leurs églises; à quoi le sieur du Plessis, président, ajouta que lorsque le prince étoit mineur il falloit qu'ils se rendissent majeurs.

Après beaucoup de contestations, l'assemblée rendit réponse au sieur de Bullion qu'ils ne pouvoient ni nommer leurs députés ni se séparer, sans, premièrement, avoir la satisfaction qu'il leur faisoit attendre.

Le duc de Bouillon, après plusieurs assemblées qui se faisoient de part et d'autre, estima que le seul remède qui se pouvoit trouver en un tel désordre, étoit qu'il plût au Roi envoyer pouvoir à ceux de son parti, dont les principaux étoient Châtillon, Parabère, Brassac, Villemade, Guitry, Bertichères, jusqu'au nombre de vingt-trois, de recevoir les cahiers répondus par Sa Majesté, et nommer leurs députés en cas que les autres ne le voulussent faire.

Cette dépêche étant venue de la cour, ceux du parti contraire furent tellement transportés de colère et de rage contre ce nombre de gentilshommes, qu'à la séance où il faut dire absolument oui ou non, le gouverneur, qui étoit président, fit cacher des mousquetaires au-dessus de sa chambre où l'on étoit, pour mettre main basse si le petit nombre ne s'accordoit au plus grand. Mais celui-là, composé de personnes de qualité, se résolut à se bien défendre, et ceux qui en étoient, étant non-seulement entrés avec hardiesse en l'assemblée, mais ayant fait mettre tous leurs amis dans la basse-cour pour courir à eux au premier bruit qu'ils entendroient, firent que les autres se rattiédirent en leur chaleur, et finalement consentirent le 3 de septembre à la nomination des députés, et ensuite à la séparation de l'assemblée, avec tel mal de cœur toutefois, qu'ils résolurent ensemble que chaque député de ceux qui étoient à leur dévotion s'en iroit en sa province, et y feroit trouver mauvais, autant qu'il lui seroit possible, le procédé du parti contraire et celui de la cour, afin qu'on renouât une assemblée, ou qu'on cherchât, par le moyen des cercles qu'ils avoient introduits, quelque nouveau moyen pour troubler le repos de l'Etat, et tâcher de pêcher en eau trouble.

Pendant que ces infidèles sujets du Roi essayoient de saper par leurs menées les fondemens de l'autorité royale, ces mêmes, non moins infidèles serviteurs de Dieu, firent un nouvel effort pour tâcher de faire le semblable de la monarchie de l'Eglise, mettant au jour un détestable livre sous le nom du Plessis Mornay, qui avoit pour titre : *Le Mystère de l'iniquité, ou Histoire de la papauté*, par lequel ils s'efforçoient de faire croire aux simples que le Pape s'attribuoit plus de puissance en la terre que Dieu ne lui en avoit concédé.

Pour étouffer ce monstre en sa naissance, la Sorbonne le condamna aussitôt qu'il vit le jour, et supplia tous les prélats d'avertir les ames que Dieu leur a commises de rejeter ce livre, pour n'être infectées du poison dont il étoit rempli.

En même temps Mayerne fit imprimer un livre séditieux pour le temps, intitulé : *De la Monarchie aristocratique*, par lequel il mettoit en avant, entre autres choses, que les femmes ne devoient être admises au gouvernement de l'Etat. La Reine le fit supprimer, et en confisquer tous les exemplaires ; mais elle jugea à propos, pour n'offenser pas les huguenots, de pardonner à l'auteur.

L'assemblée dont nous venons de parler fut la source de beaucoup de troubles que nous verrons ci-après.

Villeroy, qui avoit été toujours nourri dans les guerres civiles, et qui avoit une particulière expérience de celles qui étoient arrivées sous le règne du roi Charles IX et de la reine Catherine de Médicis, soutenoit qu'y ayant deux partis dans le royaume, l'un de catholiques, l'autre de huguenots, il falloit s'attacher à l'un ou l'autre. Au contraire, ceux qui avoient été nourris dans les conseils du feu Roi estimoient cette proposition dangereuse, et conseilloient à la Reine de ne se lier à aucune faction, mais d'être la maîtresse des uns et des autres au nom du Roi, et, par ce moyen, reine et non partiale.

La foiblesse avec laquelle on souffrit que les huguenots commençassent leurs brigues et leurs factions, leur donna lieu de croire que la suite en seroit impunie. L'audace dont usa Chamier en demandant la permission de s'assembler peu après la mort du feu Roi, n'ayant point été châtiée, ils estimèrent pouvoir tout entreprendre. Ce ministre impudent osa dire hautement, parlant au chancelier, que si on ne leur accordoit la permission qu'ils demandoient, ils sauroient bien la prendre; ce que le chancelier souffrit avec autant de bassesse que ce mauvais Français le dit avec une impudence insupportable.

Il falloit arrêter et prendre la personne de cet insolent; l'on eût pu ensuite l'élargir pour témoigner la bonté du Roi, après avoir fait paroître son autorité et sa puissance.

On eût pu aussi permettre l'assemblée, comme on fit, puisque raisonnablement on ne pouvoit la refuser au temps qu'elle devoit être tenue par les édits; mais, tirant profit de la faute de cet impudent, il falloit l'en exclure, vu qu'il étoit impossible de ne prévoir pas que, s'il avoit été assez hardi pour parler comme il avoit fait dans la cour, il oseroit tout faire dans l'assemblée, où, en effet, il ne fut pas seulement greffier, mais un des principaux instrumens des mouvemens déréglés qui l'agitèrent. Qui soutient la magistrature avec foiblesse donne lieu au mépris, qui engendre enfin la désobéissance et la rebellion ouverte.

En un mot, la plus grande part des esprits de cette assemblée conspirèrent tous à se servir du temps ; mais, ne s'accordant pas des moyens propres pour venir à leurs fins, la division qui se trouva entre ceux qui étoient seulement unis au dessein de mal faire en général, donna lieu à Bullion, commissaire du Roi, de profiter des envies et jalousies qui étoient entre eux, pour porter les plus mauvais aux intérêts publics par les leurs particuliers, dont il les rendit capables. Et ainsi de plusieurs demandes que faisoit l'assemblée, préjudiciables à l'Eglise et à l'Etat, ils n'en obtinrent aucune de considération, outre ce dont ils jouissoient du temps du feu Roi.

On fut fort content du duc de Bouillon, auquel, à son retour, on donna l'hôtel qui depuis a porté son nom, au faubourg Saint-Germain ; mais il ne le fut pas de la cour, car, bien qu'il ne servît pas en cette occasion sans en recevoir grande utilité, il en espéroit davantage.

Il croyoit si bien qu'on le mettroit dans le ministère de l'Etat, que, se voyant frustré à son retour de cette attente, il dit à Bullion qu'on l'avoit trompé, mais qu'il brûleroit ses livres ou qu'il en auroit revanche ; et dès lors il se résolut d'empiéter sur l'esprit du prince de Condé, pour lui faire faire tout ce que nous verrons par après.

Le duc de Bouillon avoit tort, à mon avis, de dire

que l'on l'avoit trompé ; car je tiens les ministres qui gouvernoient lors, trop sages pour lui avoir promis de le faire appeler au ministère de l'Etat, étant de l'humeur qu'il étoit et de la croyance qu'il professoit. Il devoit plutôt dire qu'il s'étoit trompé, se flattant lui-même par vaines espérances de ce qu'il désiroit.

En effet, promettre et tenir à ceux qui ne se conduisent que par leurs intérêts ce qu'ils peuvent justement attendre de leurs services, et leur laisser espérer d'eux-mêmes ce qu'ils souhaitent outre la raison, sans qu'ils puissent croire qu'on leur ait rien promis, n'est pas un mauvais art de cour dont on puisse blâmer ceux qui le pratiquent; mais jamais il ne faut promettre ce qu'on ne veut pas tenir ; et si quelqu'un gagne quelquefois en ce faisant, il se peut assurer que son mauvais procédé étant connu, il perdra bien davantage.

Tandis que les huguenots se mutinoient en leur assemblée contre l'Etat, nos théologiens n'étoient pas en paix à Paris entre eux.

Il arriva, le dimanche de la Trinité, une grande dissension en la Faculté de théologie, sur ce qu'un dominicain espagnol soutint, en des thèses qu'il mit en avant au chapitre général que son ordre tenoit lors à Paris, que le concile n'est en aucun cas au-dessus du Pape.

Richer (1), syndic de la Faculté, s'adresse à Coeffeteau, prieur des jacobins, et le reprend d'avoir souffert que cette proposition fût insérée dans la thèse.

---

(1) Edmond Richer : c'est lui qui le premier a fait des recherches très-curieuses sur Jeanne d'Arc. Ses manuscrits sont à la bibliothèque du Roi.

L'autre s'excuse sur ce qu'au temps du chapitre général il n'a plus d'autorité; qu'au reste il n'en a pas plus tôt été averti qu'il en a donné avis à messieurs les gens du Roi, qui ont estimé que le meilleur remède qu'on pouvoit apporter à cette entreprise imprévue, étoit d'empêcher qu'on agitât cette proposition en l'acte qui se devoit faire.

Le syndic, au contraire, craignant que le silence de la Faculté pût être un jour imputé à consentement, commande à Bertin, bachelier, de l'impugner. Celui-ci, pour satisfaire à l'ordre qu'il avoit reçu, proposa que tout ce qui est contre la détermination d'un concile œcuménique, légitime et approuvé, est hérétique; que ladite proposition est contre la détermination du concile de Constance, qui est œcuménique, légitime et approuvé, et par conséquent hérétique.

A ce mot d'hérétique, le nonce qui y étoit présent s'émut; le président, qui étoit espagnol, dit qu'il n'avoit mis cette assertion aux thèses de son répondant que comme problématique; le cardinal du Perron dit que la question se pouvoit débattre de part et d'autre, et ainsi la dispute se termina.

Deux jours après, un autre dominicain proposa d'autres thèses, dans lesquelles il disoit qu'il appartient au Pape seul de définir les vérités de la foi, et qu'en telles définitions il ne peut errer. Cette proposition étant une preuve de la précédente, on estima qu'il en falloit arrêter le cours; pour cet effet on ferma les écoles pour quelques jours, et ces thèses ne furent point disputées.

Au même temps il s'éleva un tumulte à Troyes,

qui ne fut pas petit, contre les jésuites, qui, prenant l'occasion d'un maire qui leur étoit affectionné, crurent devoir, au temps de sa mairie, faire ce qu'ils pourroient pour s'y établir. Ils sondèrent le gué, et en firent faire la proposition au commencement de juillet.

Il y en avoit dans la ville qui les désiroient, le plus grand nombre n'en vouloit point; il y eut entre eux de grandes contestations en une assemblée qu'ils firent sur ce sujet, à l'issue de laquelle ceux qui tenoient leur parti dépêchèrent à la cour, pour faire entendre à la Reine que les habitans les demandoient; les autres envoyèrent un désaveu, remontrant que, dès l'an 1604, ces bons pères avoient demandé permission au feu Roi de s'installer en leur ville, sous prétexte qu'elle les demandoit; ce qui ne se trouva pas; qu'ensuite la compagnie avoit obtenu des lettres par lesquelles Sa Majesté faisoit connoître au corps de ville qu'ils lui feroient plaisir de les recevoir.

Cette grâce leur ayant été refusée, ils obtinrent des lettres patentes, avec clause au premier maître des requêtes, bailli de Troyes, ou son lieutenant, de les mettre à exécution. Par ce moyen, voulant emporter d'autorité ce qu'on avoit premièrement présupposé être désiré des habitans, ils furent de nouveau déboutés de leurs prétentions; ce dont les habitans se prévaloient, disant que les mêmes raisons qui empêchèrent leur établissement du temps du feu Roi étoient encore en leur vigueur; que leur ville ne subsiste que par leurs manufactures et la marchandise; que deux ou trois métiers lui valent mieux que dix mille écoliers; qu'ils n'ont point, grâce à Dieu;

de huguenots en la conversion desquels les jésuites aient lieu de s'employer, et qu'ayant jusqu'alors vécu en paix, ils craignoient qu'on jetât entre eux des semences de division, à quoi le naturel du pays, et particulièrement ceux de la ville, sont assez sujets.

Ces raisons ayant été pesées au conseil, la Reine n'estima pas devoir contraindre cette ville à souffrir cet établissement contre leur gré; elle leur manda qu'elle n'avoit eu volonté de les y mettre que sur la prière qui lui en avoit été faite en leur nom, et n'y vouloit penser qu'en tant qu'ils le désiroient.

Si elle s'occupe à remédier aux désordres de cette ville particulière, elle n'étend pas moins sa pensée au soulagement de tout le peuple en général; elle le décharge par une déclaration du mois de juillet du reste des arrérages des tailles, qui n'avoient pu être payées depuis l'an 1597 jusqu'en 1603.

D'autre part, le jeu excessif où elle apprend que les sujets du Roi se laissent aller, à la ruine des meilleures familles du royaume, lui donne lieu de défendre, par arrêt, les académies publiques.

Et sachant que l'édit des duels qui avoit été publié du temps du feu Roi, étoit éludé sous le nom de rencontres, ceux qui avoient querelle se donnant des rendez-vous si couverts qu'il étoit impossible de justifier qu'ils contrevinssent à la défense des appels, elle fit faire une déclaration qui portoit que, s'il avenoit que ceux qui auroient le moindre différend ensemble, pour eux ou pour leurs amis, par après vinssent aux mains en quelque rencontre, ils encourroient les peines ordonnées par l'édit des duels contre les appelans, lesdites rencontres étant réputées comme faites de guet-apens. Cette déclaration fut vérifiée au parlement le 11 de juillet.

Elle eut aussi un très-grand soin de faire éclaircir par le parlement l'affaire de la demoiselle Descouman, qui accusoit le duc d'Epernon d'avoir trempé à l'exécrable parricide commis en la personne de Henri-le-Grand. Le parlement ayant examiné soigneusement cette accusation, en avéra la fausseté si clairement, que, pour arrêter le cours de semblables calomnies, il condamna cette misérable à finir sa vie entre quatre murailles. Cet arrêt est du 30 de juillet.

Cette auguste compagnie l'eût fait mourir par le feu, à la vue de tout le monde, si sa fausse accusation eût été d'un autre genre; mais où il s'agit de la vie des rois, la crainte qu'on a de fermer la porte aux avis qu'on peut donner sur ce sujet, fait qu'on se dispense de la rigueur des lois.

En ce même temps la Reine estima à propos, par l'avis des ministres, de décharger le sieur des Yvetaux de l'instruction du Roi, sur la réputation qu'il avoit d'être libre en ses mœurs et indifférent en sa croyance : elle mit en sa place Le Fèvre, homme d'insigne réputation pour sa doctrine et pour sa piété, qui avoit été choisi par le feu Roi pour instruire le prince de Condé. Mais, tandis que toutes ces choses se font, et que la Reine a l'œil ouvert à mettre un si bon ordre en cet Etat, Conchine, correspondant peu à cette bonne intention et à ce soin de la Reine, se laisse emporter à la vanité de sa présomption, et prend des visées peu convenables à sa naissance et à sa condition étrangère, et par son ambition commencé à épandre les semences de beaucoup de divisions que nous verrons bientôt éclore.

Dès le premier mois de la régence de la Reine il acheta le marquisat d'Ancre ; tôt après il récompensa le gouvernement de Péronne, Roye, Montdidier, la lieutenance de roi qu'avoit Créqui en Picardie.

Tregny, gouverneur de la ville et citadelle d'Amiens, étant mort durant l'assemblée de Saumur, il eut tant de crédit qu'il emporta ce gouvernement nonobstant les traverses que lui donnèrent les ministres, qui favorisoient d'autant plus hardiment La Curée en la même prétention, qu'ils croyoient lors le pouvoir de ce favori dépendre plus de sa femme que de lui-même, et qu'ils savoient ensuite qu'elle le reconnoissoit si présomptueux, qu'appréhendant d'en être méprisée si toutes choses lui réussissoient à souhait, elle étoit bien aise quelquefois de traverser ses desseins, pour qu'il eût besoin d'elle et ne se méconnût pas en son endroit.

Sur ce fondement ils s'opposèrent vertement au dessein du marquis ; mais leurs instances furent inutiles, parce que sa femme, désireuse d'honneurs, considérant qu'elle n'en pouvoit avoir sans le nom de son mari, n'oublia rien de ce qu'elle put auprès de la Reine pour obtenir ce gouvernement.

Cette opposition que les ministres firent en cette occasion contre le marquis d'Ancre commença à le dégoûter d'eux, et lui fit résoudre d'en prendre revanche lorsqu'il en auroit l'occasion. Il en falloit moins de sujet à un Italien pour le porter à leur ruine.

Son outrecuidance lui donna bientôt un plus vif

et sensible sujet de leur vouloir mal ; car, ayant bien osé concevoir en son esprit l'espérance du mariage d'une des filles du comte de Soissons avec son fils, ce qu'il faisoit traiter par le marquis de Cœuvres, l'opposition ouverte que les ministres firent à ce dessein, qui leur fut découvert par le marquis de Rambouillet, les mit aux couteaux tirés.

Une hardiesse de favori qu'il commit à Amiens leur donna beau jeu de venir à leurs fins. Il ne fut pas plus tôt en cette place qu'il traita avec les sieurs de Prouville et de Fleury, lieutenant et enseigne de la citadelle, et établit ses créatures en leur place, sans en avertir la Reine.

Peu de jouts après, ayant besoin de quelque argent pour sa garnison, il emprunta du receveur général douze mille livres sur sa promesse.

Ces deux actions furent représentées à la Reine comme des entreprises de mauvais exemple : ils exagérèrent la seconde comme une violence commise en la personne d'un officier du Roi, et lui remontrèrent ensuite qu'il en feroit bien d'autres si le mariage de son fils avec la fille du comte se parachevoit.

Le marquis d'Ancre, trouvant à son retour l'esprit de la Reine altéré, s'excusa le mieux qu'il put envers le comte, qui, jugeant bien que les ministres étoient cause de ce changement, craignit, non sans raison, que, pensant l'avoir offensé, ils n'en demeurassent pas là, mais recherchassent tous moyens de le mettre dans les mauvaises grâces de la Reine.

La première preuve qu'il en ressentit fut le refus de l'acquisition du domaine d'Alençon, lequel il avoit retiré du duc de Wurtemberg sur l'espérance qu'on lui avoit donnée qu'on ne l'auroit pas désagréable ; pour l'exclure avec prétexte de cette prétention, la Reine fit cet acquêt pour elle-même.

Il s'en sentit tellement piqué, qu'il se résolut de s'unir avec M. le prince, et s'acquérir le plus d'amis qu'il pourroit; les ministres, en ayant eu le vent, firent dépêcher, à son insu, un courrier à M. d'Epernon, et un autre à M. le prince, pour les faire revenir.

Messieurs de Guise, marris de l'union qu'ils voyoient entre M. le comte et le marquis d'Ancre, étant en ce point de même sentiment que les ministres, bien que par intérêts divers, se résolurent de contribuer ce qu'ils pourroient pour la rompre.

Considérant le marquis de Cœuvres comme le lien de cette alliance, qui leur étoit aussi odieuse pour la haine qu'ils portoient au comte de Soissons, qu'elle étoit désagréable aux ministres pour la crainte qu'ils avoient de l'avancement du marquis, ils crurent qu'un des meilleurs moyens de la rompre étoit de se défaire de celui qui en étoit le ciment.

Pour colorer et couvrir la mauvaise action qu'ils se résolurent de faire pour venir à leurs fins, de quelque prétexte qui la déguisât aux yeux des plus grossiers, le chevalier de Guise, rencontrant de guet-apens le marquis de Cœuvres au sortir du Louvre, comme si c'eût été par hasard, fit arrêter son carrosse, et le convia de mettre pied à terre pour qu'il lui pût dire deux mots. Le marquis de Cœuvres, qui étoit sans épée et sans soupçon, tant parce qu'il n'avoit rien à démêler avec ce prince, que parce qu'il l'avoit entretenu le soir auparavant fort long-temps dans le cabinet de la Reine, et que le duc de Guise avoit soupé le jour précédent chez lui, mit tout aussitôt pied à terre; mais il fut bien étonné lorsque, saluant le chevalier de Guise, il lui dit qu'il avoit mal parlé de lui chez une dame, et qu'il étoit là pour le faire mourir. Il le fut encore davantage voyant qu'il mettoit l'épée à la main pour effectuer ses paroles, mais non pas tant que, bien qu'il eût mauvaise vue, il ne vît la porte d'un notaire, nommé Briquet, ouverte, et ne s'y jetât avec telle diligence, que le chevalier, qui étoit accompagné de Montplaisir et de cinq ou six laquais avec épées, ne le pût attraper.

Ce dessein, qui fut blâmé de tout le monde, n'ayant pas réussi, les amis des uns et des autres moyennèrent un accommodement entre le chevalier et le marquis; mais comme le sujet de la querelle qui fut mis en avant étoit simulé, l'accord qui fut fait fut semblable.

En ces entrefaites M. le prince arrivant à la cour, le comte de Soissons, qui étoit sur le point de s'en aller tenir les Etats de Normandie, n'ayant pu se raccommoder avec la Reine à cause des ministres qui l'empêchoient, désira, devant que de partir, s'aboucher avec M. le prince.

Beaumont, fils du premier président de Harlay, qui prenoit soin des intérêts de M. le prince, ménagea cette entrevue en sa maison près de Fontainebleau. Le marquis d'Ancre fut convié d'y être; les ministres s'y opposèrent, mais il en obtint la permission de la Reine, lui persuadant qu'il prendroit bien garde qu'il ne se passât rien entre ces princes au préjudice de son autorité.

Cette entrevue produisit l'effet qu'avoit désiré M. le comte, qui entra en une si étroite union avec M. le prince, qu'ils se promirent réciproquement de ne recevoir aucun contentement de la cour l'un sans l'autre, et que si l'un d'eux étoit forcé par quelque mauvais événement à s'en retirer, l'autre en partiroit au même temps, et n'y retourneroient qu'ensemble. Ils voyoient bien que les ministres n'avoient autre but que de les séparer, pour se servir de l'un contre l'autre à la ruine de tous deux.

Cette association fut si bien liée, que jamais, pour quelque promesse qu'on leur pût faire, ils ne se laissèrent décevoir, mais se gardèrent la foi qu'ils s'étoient jurée, et ce jusques à la mort de M. le comte, qui arriva un an après.

Le crédit des ministres fut d'autant plus affermi auprès de la Reine par cette union, que Sa Majesté n'en recevoit pas peu d'ombrage. Pour se fortifier contre les princes, ils envoyèrent querir, de la part de la Reine, le maréchal de Lesdiguières, qui vint aussitôt sous espérance qu'on feroit vérifier ses lettres de duché et pairie, que le Roi lui avoit accordées il y avoit quelque temps.

Mais cette affaire n'ayant pas réussi à son contentement, il se résolut de s'en venger, et prêta pour cet effet l'oreille à beaucoup de cabales et de desseins qui se formèrent avant son partement, et pour éclore et éclater les années suivantes. La mort du duc du Maine, qui par son autorité retenoit les princes en quelque devoir, étant arrivée en ce temps, les esprits des grands s'altérèrent d'autant plus aisément qu'il n'y avoit plus personne dans la cour capable de les retenir. J'interromprai un peu le fil de mon discours, pour dire que depuis que ce prince se fut remis en l'obéissance du feu Roi, il le servit toujours fidèlement. Il rendit preuve au siége d'Amiens de son affection et de sa capacité, lorsque le Roi voulant par son courage donner bataille aux Espagnols, il le lui déconseilla sagement, disant que, puisqu'il n'étoit question que de la prise d'Amiens qu'ils lui abandonnoient en s'en retournant, il mériteroit d'être blâmé si, par le hasard d'un combat, il mettoit en compromis sa victoire, qui autrement lui étoit entièrement assurée.

Il voyoit peu le Roi, tant à cause des choses qui s'étoient passées, que de son âge et de la pesanteur de son corps, étant fort gros; cependant Sa Majesté l'avoit en telle estime, qu'étant malade à Fontainebleau d'une carnosité qui le pensa faire mourir en 1608, elle le nomma à la Reine pour être un des principaux de ceux par le conseil desquels elle se devoit gouverner.

Il ne trompa point le Roi au jugement qu'il fit de lui; car, en voyant après sa mort les princes et les grands qui demandoient augmentation de pensions, il leur dit franchement en plein conseil qu'il leur étoit fort malséant de vouloir rançonner la minorité du Roi, et qu'ils devoient s'estimer assez récompensés de faire leur devoir en un temps où il sembloit qu'on ne pût les y contraindre. Etant à l'extrémité, il donna la bénédiction à son fils à deux conditions : la première, qu'il demeureroit toujours en la religion catholique; la seconde, qu'il ne se sépareroit jamais de l'obéissance du Roi. Il mourut au commencement d'octobre.

Sa femme le voyant malade se mit au lit aussi, et mourut sitôt après lui qu'ils n'eurent tous deux qu'une cérémonie funèbre.

M. d'Orléans mourut le mois suivant : la Reine en eut grande affliction ; mais si ses larmes la firent reconnoître mère, sa résolution fit voir qu'elle n'avoit pas moins de puissance sur elle que sa dignité lui en donnoit sur les peuples qu'elle gouvernoit lors.

J'ai ouï dire au sieur de Béthune qu'en un autre temps elle fut si peu touchée d'une extrême maladie qu'eut ce prince, que le feu Roi qui vivoit lors le trouva fort étrange, et l'accusa de peu de sentiment vers ses enfans. Mais qui distinguera les temps connoîtra la cause de cette différence, qui consista, à mon avis, en ce qu'elle avoit lors plus d'intérêt à la conservation de son fils que durant la vie du feu Roi, pendant laquelle elle en pouvoit avoir d'autres.

La mort de ce prince causa plusieurs mécontentemens dans la cour, en ce que ses principaux officiers prétendoient tous entrer dans la maison de M. le duc d'Anjou, qui par cette mort demeura frère unique du Roi, et que quelques-uns en furent exclus. Béthune, destiné gouverneur du feu duc, n'eut pas la même charge auprès de l'autre ; la défaveur de son frère l'en devoit exclure par raison, et la considération de Villeroy, dont Brèves étoit allié, le maintint en l'élection que le feu Roi avoit faite de sa personne pour l'éducation du duc d'Anjou.

Le marquis de Cœuvres fut aussi exclu de la charge de maître de la garde-robe, dont il étoit pourvu du vivant du défunt. Les ministres, craignant son humeur, et se ressouvenant qu'il avoit été entremetteur de l'alliance projetée entre M. le comte et le marquis d'Ancre, firent connoître à la Reine qu'un tel esprit seroit très-dangereux auprès d'un héritier présomptif de la couronne.

Le marquis d'Ancre ne l'ayant pas assisté en cette occasion comme il le désiroit, il en eut un tel ressentiment, qu'il le quitta et se joignit tout-à-fait au comte de Soissons.

Tandis que la Reine applique son esprit à défendre l'autorité royale de beaucoup de menées qui se firent lors à la cour, elle ne perd pas le soin de la conservation des alliés du Roi.

Un grand tumulte s'étant élevé à Aix-la-Chapelle, premièrement des catholiques contre les protestans, puis des uns et des autres contre le magistrat, tout l'orage tomboit sur les jésuites, qui étoient perdus sans la protection du nom de Sa Majesté.

La source de ce tumulte fut que l'Empereur, en l'an 1598, avoit mis cette ville au ban de l'Empire, parce que les protestans en avoient chassé le magistrat catholique, lequel étant rétabli en son autorité par l'archevêque de Cologne, pour revanche de l'injure qu'il avoit reçue, empêcha qu'aucun autre exercice fût fait dans la ville et dans son territoire, que celui de la religion catholique.

Les protestans, qui supportoient impatiemment cette interdiction, ne virent pas plutôt, en 1610, la ville de Juliers prise et mise en la puissance des princes de Brandebourg et de Neubourg, qu'ils allèrent publiquement au prêche sur les frontières de Juliers.

Le magistrat s'y opposa, et fit défenses de continuer cette pratique commencée, sur peine de prison et d'amende, ou de bannissement à faute de paiement d'icelle. Cette ordonnance fut exécutée avec tant de rigueur, que les catholiques et les huguenots se bandèrent contre le magistrat, les uns par piété et les autres par intérêt : tous coururent aux armes ; ils se saisirent des portes, tendirent les chaînes, et se rendirent maîtres de la ville. Attribuant la cause de ce rude procédé aux jésuites, ils s'animèrent contre eux jusqu'à tel point, qu'ils pillèrent leur maison et leur église, et les conduisirent à l'Hôtel-de-Ville, où ils couroient danger d'être mis à mort, si l'on n'eût publié que le père Jacquinot, qui par bonheur se trouva lors entre eux, étoit domestique de la Reine.

Ce bruit ne fut pas plutôt répandu que la sédition s'apaisa, et que ces bons religieux furent délivrés de la main de ces mutins, qui n'étoient leurs ennemis que parce qu'ils étoient serviteurs de Dieu. Cet accident faisant craindre qu'en un autre temps il en pût arriver quelque autre semblable, qui fît le mal dont celui-ci n'avoit fait que la peur, la Reine fut conseillée d'envoyer des ambassadeurs pour calmer cet orage en sorte qu'on n'eût pas à le craindre par après ; La Vieuville et Villiers-Hotman furent choisis à cet effet.

Ils ne furent pas plus tôt arrivés, qu'étant assistés des ambassadeurs des princes de Juliers, ils composèrent tout le différend, en sorte que l'exercice de la religion catholique demeura seul dans l'ancienne ville de Charlemagne, celui des différentes religions permises dans l'Empire pouvant être fait hors l'enceinte d'icelle ; le tout jusqu'à ce que l'Empereur et les électeurs en eussent autrement ordonné.

Les pères jésuites furent rétablis, comme aussi les magistrats catholiques qui avoient été démis en ce tumulte. Il fut arrêté qu'à l'avenir les habitans ne pourroient plus recourir aux armes ni procéder par voie de fait. Toutes ces conditions furent reçues et jurées de tous, tant catholiques qu'autres, et la paix par voie amiable rétablie en ce lieu, dont elle avoit été bannie avec grande violence. Cet accord fut fait le 12 d'octobre.

En ce même temps les jésuites n'eurent pas grand contentement, n'osant pas ouvertement reprendre la poursuite de la cause qu'ils avoient intentée l'année précédente, pour l'enregistrement des lettres patentes portant permission d'enseigner publiquement en leur collége de Paris. Ils faisoient enseigner par des maîtres gagés les pensionnaires qu'ils avoient permission de tenir en leur maison ; l'Université s'y opposa, et n'oublia pas de renouveler contre eux les vieilles querelles, qu'ils étoient ennemis des rois, qu'en l'usurpation du royaume de Portugal faite par le roi Philippe II d'Espagne, tous les autres ordres étant demeurés fermes en la fidélité qu'ils devoient à leur roi, ils en avoient été seuls déserteurs, et s'étoient mis du parti dudit Philippe ; que plusieurs de leur société avoient écrit contre le Roi ; qu'il y en avoit d'entre eux qui avoient justifié l'attentat de Jacques Clément ; que si on avoit pardonné à d'autres compagnies qui avoient failli, leur faute n'étoit pas universelle, comme les fautes des particuliers d'entre eux sont suivant les maximes de tout leur ordre ;

que si l'assassinat du cardinal Borromée ayant été machiné par un des frères humiliés, tout l'ordre, pour l'expiation d'icelui, avoit été aboli, ceux-ci mériteroient bien le même châtiment en un crime non moins exécrable; enfin que si l'Université de Paris a besoin d'être réformée, elle ne le doit pas être par la ruine de tout l'Etat que cette société apporte, et par la désolation de l'Université même, qui s'ensuivra par tant de colléges de jésuites qui s'établissent par tout le royaume, et principalement à Paris.

Ils ne manquèrent pas de se défendre et de représenter qu'ils se soumettroient aux lois de l'Université, et en la doctrine concernant les rois enseignée par la Faculté de théologie à Paris; que la justice ne permet pas que tout le corps de leur société pâtisse pour la faute d'un particulier dont ils détestent les maximes; que si les Espagnols d'entre eux ont servi le roi d'Espagne, leurs religieux français serviront le Roi avec la même fidélité.

L'affaire étant contestée de part et d'autre avec beaucoup de raisons ne put être terminée; mais seulement on donna un arrêt le 22 de décembre, par lequel les parties furent appointées au conseil; et cependant défenses aux jésuites d'enseigner.

Nous avons, l'année passée, touché un mot des dissensions qui étoient entre l'Empereur et son frère Mathias; elles paroissoient assoupies, mais le temps a fait voir qu'elles ne l'étoient pas, soit que les querelles dont l'ambition de régner est le fondement ne s'accordent jamais, et principalement entre les frères, ou que, quand l'une des parties est notoirement lésée, l'accord ne dure que jusques à ce qu'elle ait moyen de s'en relever.

L'Empereur, ayant été en effet dépouillé de ses Etats par son frère, et ne demeurant plus que l'ombre de ce qu'il avoit été, essaie avec adresse de se remettre en autorité. Pour y parvenir, il fait sous divers prétextes venir Léopold à Prague avec une armée, feignant que c'étoit contre sa volonté; mais Mathias et ses adhérens prévalurent, et ce dessein ne servit qu'à affermir ledit Mathias en son usurpation; et l'Empereur fut contraint, par l'accord qu'il fit avec lui, de le faire de son vivant couronner roi de son royaume de Bohême, et dispenser ses sujets du serment de fidélité qu'ils lui devoient.

Cette année est remarquable par la mort de Charles [1], roi de Suède, qui avoit usurpé le royaume sur son neveu Sigismond, roi de Pologne, qui, s'en allant prendre possession de ce royaume électif, le laissa régent du sien héréditaire, duquel il s'empara peu de temps après, faisant voir combien il est dangereux de donner en un Etat la première puissance à celui qui est le plus proche successeur de celui qui la lui donne.

Ce prince en son infidélité se comporta avec une merveilleuse prudence pour bien conduire le royaume qu'il avoit usurpé.

Le fils qu'il laissa son successeur, appelé Gustave, ajouta à la sagesse de son père le courage et la vertu militaire d'un Alexandre. La suite de l'histoire donnera tant de preuves de son mérite, que j'estimerois mal terminer cette année si je la finissois sans re-

[1] Charles xi.

marquer le temps auquel ce prince est venu à la couronne.

La mort d'Antonio Perez, arrivée en novembre, me donne lieu de vous faire voir un exemple de la fragilité de la faveur et de la confiance des rois, de l'instabilité de la fortune, de la haine implacable d'Espagne, et de l'humanité de la France envers les étrangers. Il avoit gouverné le roi Philippe ii son maître, prince estimé sage et constant en ses résolutions; il déchut néanmoins de son crédit, sans être coupable d'aucun crime par l'opinion commune.

Il se trouve souvent, dans les intrigues des cabinets des rois, des écueils beaucoup plus dangereux que dans les affaires d'Etat les plus difficiles; et en effet, il y a plus de péril à se mêler de celles où les femmes ont part et où la passion des rois intervient, que des plus grands desseins que les princes puissent faire en autre nature d'affaires.

Antonio Perez l'expérimenta bien, les dames ayant été cause de tous ses malheurs. Son maître, qui ne conserva pas sa fermeté ordinaire en sa bienveillance, la conserva en la haine qu'il lui porta jusques à la mort. Il étoit comblé de biens et de grandeurs; il les perdit en un instant en perdant les bonnes grâces de son maître, qui en priva même ses enfans de peur qu'ils eussent moyens de l'assister.

Il se retire en France au plus fort des guerres civiles, qui n'empêchèrent pas que le Roi ne le reçût humainement. Il lui accorda une pension de quatre mille écus, qui lui fut toujours bien payée, et lui donna moyen de vivre commodément.

L'Espagne ne pouvoit souffrir le bonheur dont ce

personnage jouissoit en son affliction ; elle attenta de lui ôter la vie, et envoya expressément deux hommes à ce dessein, lesquels étant reconnus furent exécutés à mort dans Paris. Le Roi, pour garantir à l'avenir ce pauvre réfugié de tels attentats, lui donna deux Suisses de la garde de son corps qui l'accompagnoient par la ville aux deux portières de son carrosse, et avoient soin que personne inconnu n'entrât chez lui.

Les Espagnols, ne pouvant plus attenter couvertement à sa personne, et ne l'osant faire ouvertement, se résolurent de le perdre par d'autres moyens. On lui fait promettre par un gentilhomme de l'ambassadeur d'Espagne résidant en cette cour, que le Roi son maître le rétabliroit en ses biens, pourvu qu'il voulût quitter la France et la pension qu'il recevoit du Roi. Le connétable de Castille lui confirmant la même chose au passage qu'il fit en France, l'espérance, qui flatte un chacun en ce qu'il désire, l'aveugla de telle sorte, qu'il remit au Roi sa pension, se résolut de sortir de la France, et pour cet effet prit congé de Sa Majesté, qui prévit bien et lui prédit qu'il se repentiroit de la résolution qu'il prenoit. Nonobstant les avertissemens du Roi il passe en Angleterre, lieu qui lui étoit destiné pour recevoir la grâce qu'on lui faisoit espérer ; mais à peine fut-il arrivé à Douvres, qu'il reçut défenses de passer plus avant, l'ambassadeur d'Espagne ayant supplié le roi d'Angleterre de le faire sortir de ses Etats, et déclaré que s'il ne le faisoit il s'en retireroit lui-même. Ce pauvre homme revint en France, où il n'osa quasi paroître devant le Roi, parce qu'il sembloit avoir méprisé sa grâce et ses avis; néanmoins ce prince, touché de compassion de sa misère, ne laissa pas de lui faire donner quelque chose pour subvenir à ses nécessités plus pressantes; mais il ne le traita plus comme auparavant, de sorte que de là en avant il ne subsista pas sans de grandes incommodités, s'entretenant en partie par la vente des meubles qu'il avoit achetés durant qu'il recevoit un meilleur traitement.

Il avoit été tenu en Espagne homme de tête et de grand jugement; il y avoit fait la charge de secrétaire d'Etat avec grande réputation. On n'en fit pas toutefois en France tant d'estime, à cause de la présomption ordinaire à cette nation, qui semble à toutes les autres tenir quelque chose de la folie quand elle va jusques à l'excès.

LIVRE III.

[1612] En cette année les orages s'assemblent, qui doivent éclater en tonnerres et en foudres les années suivantes. L'union qui fut faite entre messieurs le prince et le comte, avant le partement du dernier pour aller aux Etats en Normandie, tend à la division et à la ruine de ceux dont la conservation est la plus nécessaire pour la paix publique, et il n'y a moyen injuste qu'elle ne tente pour parvenir à cette fin.

Le comte de Soissons revient des Etats avec la même volonté contre les ministres qu'il y avoit portée, et elle s'accrut lorsqu'il trouva à son retour que le marquis d'Ancre, qui s'étoit vu déchu des bonnes grâces de la Reine, s'étoit rangé avec eux pour s'y raffermir, et lui faisoit paroître quelque refroidissement, qui, passant jusqu'à ne le vouloir plus voir, se termina enfin par une rupture entière.

Le marquis de Cœuvres, qui se tenoit offensé de la froideur avec laquelle le marquis d'Ancre s'étoit porté en l'affaire de la charge qu'il prétendoit auprès de Monsieur, se mit du côté de M. le comte, et, étant recherché du marquis d'Ancre, témoigna qu'il désiroit plutôt servir à le remettre bien avec M. le comte que non pas penser à son intérêt particulier.

Ensuite Dolé, s'étant abouché avec lui chez le sieur de Harancourt, voulut renouer la négociation du mariage dont nous avons parlé; mais il proposoit que, sans en parler à la Reine, M. le comte et le marquis d'Ancre s'y engageassent seulement entre eux : à quoi le marquis de Cœuvres répondit qu'il n'étoit pas raisonnable que M. le comte se mît au hasard de recevoir un nouveau déplaisir, rentrant au traité d'une affaire de laquelle il avoit déjà reçu tant de mécontentement, mais que si le marquis d'Ancre et sa femme pouvoient prévaloir aux mauvais offices que les ministres lui avoient rendus, le remettre bien auprès de la Reine, et lui faire agréer cette proposition, on le trouveroit toujours tel qu'il avoit été par le passé. Le marquis d'Ancre, ne se tenant pas assez fort pour tirer ce consentement de la Reine, ne passa pas plus outre en cette négociation, mais, changeant de batterie, fit entendre à M. le comte qu'il recevroit de la Reine tous les bons traitemens qu'il pourroit désirer, mais qu'il eût bien voulu que la liaison d'entre lui et M. le prince n'eût pas été si étroite; ce qu'il ne put pas lui faire sentir si délicatement que M. le comte ne jugeât bien qu'on ne pensoit qu'à les désunir.

On fit tenter la même chose du côté de M. le prince par le sieur Vignier et autres; mais tout cela réussit au contraire de ce qu'on désiroit, car leur union s'en fit plus grande, et ils en prirent occasion d'avancer leur partement de la cour, l'un allant à Valery et l'autre à Dreux.

La Reine, lassée du tourment qu'elle avoit des nouvelles prétentions qui naissoient tous les jours en l'esprit de ces princes et autres grands, se résout, pour se fortifier contre eux et assurer la couronne au Roi son fils, de faire, nonobstant leur absence, la publication des mariages de France et d'Espagne, que dès le commencement de sa régence elle avoit désirés ardemment, ayant dès lors mis cette affaire en délibération avec les princes et les grands du royaume, qui firent paroître en cette occasion-là que la diversité des jugemens vient d'ordinaire des passions dont les hommes sont agités; car, la plus grande part le jugeant nécessaire, quelques-uns essayèrent de l'en divertir; mais elle, qui, ouvrant les yeux pour en connoître la cause, jugea que l'intérêt particulier faisoit improuver à peu d'esprits ce que l'utilité publique faisoit souhaiter à beaucoup, par l'avis de son conseil se résolut d'y donner l'accomplissement.

Pour cet effet, elle envoya dès lors des princes et seigneurs découvrir les sentimens du Pape, de l'Empereur, du roi d'Angleterre, et de tous les autres princes et alliés. Après une approbation générale, elle conclut le double mariage, donnant une fille et en prenant une autre, et ce à même condition, n'y ayant autre changement que ce que la nature du pays change soi-même.

Maintenant ces mariages devant être publiés, et le jour en étant pris au 25 de mars, messieurs le prince et le comte de Soissons, quoiqu'ils eussent opiné à ces mariages, se retirent, et n'y veulent pas assister.

Le duc du Maine (1) ne laissa pas d'aller au jour nommé trouver l'ambassadeur d'Espagne, et le mener au Louvre, où le chancelier ayant fait tout haut la déclaration de Leurs Majestés touchant l'accord desdits mariages, l'ambassadeur confirma le consentement et la volonté du Roi son maître; puis, al-

---

(1) *Le duc du Maine:* Henri de Lorraine, fils du fameux duc de Mayenne, mort l'année précédente.

lant saluer Madame, parla à elle à genoux, suivant la coutume des Espagnols quand ils parlent à leurs princes.

En témoignage de l'extrême réjouissance qu'on en reçoit, il se fait des fêtes si magnifiques, que les nuits sont changées en jours, les ténèbres en lumière, les rues en amphithéâtres.

On n'est pas si occupé en ces réjouissances publiques, qu'on ne pense à rappeler à la cour les princes qui s'en étoient éloignés, la pratique du temps portant qu'on couroit toujours après les mécontens pour les satisfaire, joint que la maison de Guise et le duc d'Epernon se croyoient alors si nécessaires, qu'ils concevoient déjà espérance de tirer de grands avantages de cet éloignement; ce que le marquis d'Ancre ne pouvoit aucunement souffrir, et les ministres d'autre côté ne croyoient pas que ces mariages se pussent sûrement avancer en leur absence.

On dépêcha à M. le comte le sieur d'Aligre, qui étoit intendant de sa maison, avec des offres avantageuses pour le ramener; mais il le renvoya avec défenses de se mêler jamais de telles affaires.

Cependant le marquis de Cœuvres, qui avoit commencé, comme nous avons dit, de traiter avec Dolé pour le raccommodement de M. le comte et du marquis d'Ancre, lui mit en avant le gouvernement de Quillebeuf en Normandie. Le marquis d'Ancre se fait fort de le faire agréer à la Reine; il lui en parle, il s'enferme avec elle dans son cabinet pour l'en prier; elle le refusa ouvertement, sachant bien que cette place ne le contenteroit que pour trois mois, et lui donneroit par après une nouvelle audace.

Le duc de Bouillon et ses sectateurs lui représentèrent là-dessus qu'elle devoit obliger les princes durant sa régence, afin que, quand elle en seroit sortie, elle se trouvât considérable par beaucoup de serviteurs puissans et affectionnés; que le Roi pouvant un jour oublier ses services, et trouver à redire à sa conduite, elle pouvoit y apporter des précautions, et prévenir le mal, faisant des créatures intéressées à sa défense.

Mais ces raisons n'apportèrent aucun changement en son esprit, que les ministres fortifioient comme ils devoient contre tels avis.

Le marquis d'Ancre ne perdoit point courage pour cela, et espéroit enfin l'emporter sur l'esprit de la Reine. Il s'offrit d'aller trouver ces princes de la part de Leurs Majestés, et qu'il diroit à M. le comte qu'il avoit laissé Leurs Majestés bien disposées en sa faveur pour la demande dudit gouvernement, dont il espéroit qu'enfin il auroit contentement, mais qu'il n'avoit pu en tirer parole plus expresse.

Les ministres, qui eurent peur que, outre la négociation publique, il se traitât quelque chose en particulier contre eux, désirèrent que quelqu'un d'entre eux accompagnât le marquis d'Ancre. M. de Villeroy fut choisi. On eut peine à y faire consentir M. le comte, qui jusque-là n'avoit point voulu ouïr parler d'aucune réconciliation avec les ministres, mais seulement avec le marquis d'Ancre.

Ce voyage ne fut pas sans fruit : messieurs le prince et le comte reviennent par cette entremise, bien que le marquis d'Ancre et M. de Villeroy eussent travaillé bien diversement en leur légation, puisque, à l'insu dudit sieur de Villeroy, il fut résolu avec les princes que celui qui avoit la faveur n'oublieroit rien de ce qu'il pourroit pour rabattre l'autorité des ministres et élever les princes, dont ils se promettoient beaucoup.

La première affaire qui fut mise sur le tapis à leur retour, fut celle des articles des deux mariages. Quelques-uns conseillèrent à M. le comte de ne pas donner son consentement, et d'empêcher aussi celui de M. le prince, jusques à ce qu'il eût Quillebeuf qu'on lui avoit fait espérer. Il avoit quelque inclination à ce faire ; mais il en fut empêché par les caresses qui lui furent faites à son arrivée, et le conseil que lui en donna le maréchal de Lesdiguières, qui n'étoit pas encore détrompé de l'espérance qu'on lui donnoit de le faire duc et pair.

Y ayant donné leur consentement, on fait et on reçoit en même temps de célèbres ambassades ; le duc de Pastráne vient en France, le duc du Maine va en Espagne, les contrats sont passés avec solennité de part et d'autre ; le roi d'Espagne, pour favoriser la France, ordonne que la fête de ce grand saint que nous avons eu pour roi sera solennisée dans ses Etats.

Il y avoit en ce temps un grand différend entre les ecclésiastiques de ce royaume et le parlement, sur un livre intitulé *De ecclesiasticâ et politicâ potestate*, que Richer, syndic de la Faculté de théologie, fit imprimer sans y mettre son nom, dans lequel il parloit fort mal de la puissance du Pape en l'Église.

Plusieurs s'en scandalisèrent. L'auteur fut incontinent reconnu ; la Faculté étoit prête de s'assembler pour en délibérer; le parlement la retient, fait, par arrêt du premier de février, commandement au syndic d'apporter tous les exemplaires au greffe, et à la Faculté de surseoir toute délibération jusqu'à ce que la cour soit éclaircie du mérite ou du démérite du livre.

Le cardinal du Perron, archevêque de Sens, et ses évêques suffragans provincialement assemblés, firent le 13 de mars la censure que la Faculté de théologie avoit été empêchée de faire par le parlement, et le condamnèrent comme contenant plusieurs propositions scandaleuses et erronées, et comme elles sonnent, schismatiques et hérétiques, sans toucher néanmoins aux droits du Roi et de la couronne, et aux droits, immunités et libertés de l'Eglise gallicane.

Richer fut si téméraire qu'il en appela comme d'abus, disant que les évêques s'étoient assemblés sans la permission du Roi, et sans indiction et convocation préalablement requise par les ordonnances, sans l'avoir appelé ni ouï, contre l'autorité de la cour, qui, ayant défendu à la Sorbonne de délibérer sur ce sujet, avoit lié les mains à tous autres d'en connoître, et enfin que la censure étoit générale et vague, sans coter aucune proposition particulière, et la réservation semblablement.

Son relief d'appel lui ayant été refusé au sceau, il s'adressa à la cour pour obtenir arrêt afin de le faire sceller; mais le parlement, plus religieux que lui, ne jugeant pas devoir se mêler de cette affaire, ne lui en donna pas le contentement qu'il s'étoit promis. La Faculté le voulut déposséder de son syndicat, ne pouvant souffrir qu'étant homme de si mauvaise réputation en sa doctrine, il fût honoré de cette charge première.

Ils s'assemblèrent le premier de juin pour ce sujet; mais il déclara qu'il s'opposoit formellement à ce qu'il fût délibéré sur ladite proposition; et voyant qu'on passoit outre, il fit venir deux notaires, et appela comme d'abus du refus que l'on faisoit de déférer à son opposition.

Cette assemblée s'étant passée ainsi, en la suivante, qui fut le 3 de juillet, la cour envoya Voisin faire défenses aux docteurs de traiter de cette affaire. Le différend étant rapporté à Leurs Majestés, le chancelier, qui étoit long à résoudre et chanceloit long-temps avant que de s'arrêter à un avis certain, envoya à leur assemblée du premier d'août leur faire, de la part du Roi, la même défense qui leur avoit été faite au nom de la cour; mais en la suivante, qui fut le premier de septembre, il leur envoya des lettres patentes du Roi, par lesquelles il leur étoit ordonné de procéder à l'élection d'un nouveau syndic.

Richer fit plusieurs contestations au contraire [1], nonobstant lesquelles on ne laissa pas de passer outre, et on élut le docteur Filsac, curé de Saint-Jean en Grève; et, pour ne plus tomber en semblables fautes et inconvéniens que celui dont on venoit de sortir, la Faculté ordonna qu'à l'avenir le syndic n'exerceroit plus sa charge que deux ans durant, et que même, à la fin de la première année, il demanderoit à la Faculté si elle avoit agréable qu'il continuât l'autre.

[1] *Richer fit plusieurs contestations :* L'affaire de Richer ne fut terminée qu'en 1629, sous le ministère de Richelieu.

Peu après, une prébende de l'église cathédrale de Paris ayant vaqué au mois des gradués nommés, et lui devant appartenir de droit comme au plus ancien, elle lui fut refusée, étant réputé indigne d'être admis en une si célèbre compagnie.

Cependant, à la cour, M. le comte continuoit toujours sa poursuite pour Quillebeuf; la Reine dilayoit et essayoit par ce moyen faire ralentir la sollicitation qu'il lui en faisoit, puis enfin cesser tout-à-fait de l'en presser; mais quand elle vit que cela ne servoit de rien, et qu'il étoit si attaché à ce dessein qu'il n'en pouvoit être diverti que sur la créance absolue de ne le pouvoir emporter, elle le lui refusa ouvertement, dont M. le prince et lui témoignèrent tant de mécontentement qu'il ne se peut dire davantage.

La maison de Guise et M. d'Epernon n'étoient pas plus satisfaits de leur côté, recevant un témoignage de leur peu de faveur en la défense qui fut faite à M. de Vendôme, qui étoit uni à eux, avec le consentement de la Reine, d'aller tenir les Etats en Bretagne, dont on donna la charge au maréchal de Brissac, que M. de Vendôme ayant fait appeler, il lui fut fait commandement de se retirer à Anet, et à l'autre d'aller tenir les Etats.

Messieurs le prince et le comte, jugeant, du peu de satisfaction que l'un et l'autre parti recevoient, que le crédit des ministres auprès de la Reine, et leur union entre eux leur étoient un obstacle invincible à tous les avantages qu'ils espéroient tirer de l'Etat, se résolurent, avec le marquis d'Ancre, de tenter les voies les plus extrêmes pour les ruiner; à quoi messieurs de Bouillon et de Lesdiguières s'accordèrent, le premier ayant porté M. le comte jusqu'à l'engager à faire un mauvais parti au chancelier, l'autre s'étant obligé envers eux, en cas de nécessité, de leur amener jusqu'aux portes de Paris dix mille hommes de pied et cinq cents chevaux.

Le terme qu'avoit pris M. le comte étoit au retour d'un petit voyage qu'il alloit faire en Normandie; mais, auparavant qu'il arrivât, il changea de volonté par l'avis du marquis de Cœuvres, qui lui conseilla de n'exécuter pas de sang-froid ce qu'il avoit entrepris dans l'ardeur et la promptitude de la colère.

En ce voyage de Normandie, le maréchal de Fervaques, qui étoit gouverneur de Quillebeuf, en fortifia la garnison de quantité de gens de guerre extraordinaire. M. le comte s'en offense, envoie vers la Reine pour s'éclaircir si c'étoit de son commandement qu'il en eût usé de la sorte; la Reine, à l'insu de laquelle cela s'étoit fait, commanda au maréchal de Fervaques de venir trouver le Roi, d'ôter la garnison de Quillebeuf, et y recevoir quelques compagnies de Suisses, en attendant que M. le comte fût retourné à la cour.

M. le comte n'est pas satisfait; il prétend que, comme gouverneur, il est de son honneur que ce changement de garnison soit fait par lui, et non par aucun autre à qui Sa Majesté en donne charge.

A ce bruit, M. de Rohan, qui étoit à Saint-Jean-d'Angely, lui envoie faire offre de sa personne et de son crédit dans le parti des huguenots; toute la ligue de la maison de Guise, excepté M. d'Epernon, prit ce temps pour essayer de s'accommoder avec lui.

Mais ce différend fut incontinent assoupi parce qu'on lui accorda tout ce qu'il demandoit, sous la parole qu'il donna à Leurs Majestés que deux heures après qu'il auroit fait cet établissement de la garnison de Quillebeuf il en sortiroit, pour assurance de quoi le marquis de Cœuvres demeura près de Leurs Majestés durant que ce changement se faisoit.

Cette longue demeure de M. le comte en Normandie ennuyoit fort au marquis d'Ancre, qui étoit si passionné de perdre le chancelier, selon qu'il en étoit convenu avec M. le comte, qu'il lui sembloit qu'il n'y avoit aucune affaire de conséquence égale à celle-là qui le pût retenir en Normandie; et ce qui augmentoit son impatience étoit qu'en ce temps se fit la découverte d'un dessein, qui sembla d'autant plus étrange qu'il est peu ordinaire d'en pratiquer de semblables dans ce royaume.

Le duc de Bellegarde étoit si jaloux de la faveur que le maréchal et la maréchale sa femme avoient auprès de la Reine, et si désireux d'occuper leur place, que, ne pouvant, par moyens humains, parvenir à ses fins, il se laissa aller à la curiosité de voir si, par voies diaboliques, il pourroit satisfaire le déréglement de sa passion. Moysset, qui de simple tailleur étoit devenu riche partisan, homme fort déréglé en ses lubricités et curiosités illicites tout ensemble, lui proposa que s'il vouloit il lui mettroit des gens en main qui, par le moyen d'un miroir enchanté, lui feroient voir jusqu'à quel point étoit la faveur du maréchal et de la maréchale, et lui donneroient moyen d'avoir autant de part qu'eux en la bienveillance de la Reine. Le duc n'entend pas plus tôt cette proposition, qui flattoit ses sentimens, qu'il lui adhère.

Le peu de fidélité qu'il y a dans le monde, jointe à la bonté de Dieu, qui ne permet souvent que tels desseins soient découverts pour détourner les hommes par la crainte des peines temporelles, dont ils devroient être divertis par l'amour de Dieu, fit que le maréchal et la maréchale eurent connoissance de ce qui se faisoit non-seulement à leur préjudice, mais à celui de leur maîtresse, et ce, par le moyen de ceux-mêmes qui vouloient tromper Moysset et Bellegarde.

Ils animent la Reine sur ce sujet avec grande raison, et, pource que le chancelier, selon sa coutume, de ne pousser jamais une affaire jusqu'au bout, apportoit beaucoup de longueur à sceller les commissions nécessaires pour cette affaire, ils font que la Reine lui témoigne avoir du mécontentement de son procédé trop lent et irrésolu en un sujet de telle conséquence.

Et, afin de s'appuyer davantage en cette poursuite, à laquelle il s'affectionnoit d'autant plus qu'il avoit toujours été, même avant la régence, ennemi du duc de Bellegarde; il dépêcha un courrier exprès vers M. du Maine, qui étoit déjà sur les frontières d'Espagne, revenant de son ambassade, afin qu'il lui vînt aider à défaire leur commun ennemi.

L'action est intentée au parlement contre Moysset; il est poursuivi à toute outrance; de sa condamnation s'ensuivoit la perte du duc de Bellegarde, qui ressentoit d'autant plus le poids de cette affaire, qu'il craignoit que, sous ce prétexte, on n'en voulût et au bien de Moysset qui étoit grand, et à son gouvernement de Bourgogne, et à sa charge de grand-écuyer.

Comme il n'oublioit rien de ce qu'il pouvoit adroitement pour se défendre au parlement, il ne s'endormoit pas pour trouver du secours dans la cour pour s'aider à se purger de ce qu'il n'estimoit qu'une galanterie ; mais jamais le maréchal et la maréchale sa femme, ne voulurent arrêter le cours du procès, quelque instance que leur en pussent faire les ducs de Guise et d'Epernon, jusqu'à ce que, reconnoissant que la cour de parlement, qui, comme tout le reste du royaume, envioit la faveur de lui et de sa femme, étoit inclinée à l'absoudre par la mauvaise volonté qu'elle leur portoit, ils jugèrent que, sous le prétexte de ces affronteurs, ils en vouloient aux biens de Moysset et aux charges du duc de Bellegarde, comme nous avons dit ci-dessus ; ce qui fit que, pour tirer quelque avantage de cette affaire, ils intervinrent auprès de la Reine pour la supplier de l'assoupir, et firent en sorte que le procès fut ôté du greffe et brûlé.

M. le comte étant revenu à la cour, ne voulut pas exécuter contre le chancelier ce qui avoit été arrêté, mais continua sa poursuite pour le gouvernement de Quillebeuf. Les ministres se résolvoient à porter la Reine à lui donner contentement ; M. de Villeroy même s'avança jusque-là de dire que non-seulement il en étoit d'avis, mais le signeroit s'il en étoit besoin. La maison de Guise essayoit de se remettre bien avec M. le comte, le marquis d'Ancre faisoit le froid, parce qu'il eût désiré que la ruine des ministres eût précédé ; mais la mort dudit sieur comte (1)

(1) *Mais la mort dudit sieur comte :* Il eut pour successeur de son

trancha avec le fil de sa vie le cours de ses desseins et de ses espérances. Il étoit allé à Blandy, pensant y demeurer peu de jours ; il y demeura malade d'une fièvre pourprée qui l'emporta le onzième jour, premier de novembre.

La Reine, reconnoissant la perte que fait la France en la personne de M. le comte, s'en afflige, et témoigne par effet à son fils l'affection qu'elle a au nom qu'il porte, lui conservant sa charge de grand-maître de la maison du Roi, et, des deux gouvernemens de Dauphiné et de Normandie qu'il avoit, celui de Dauphiné.

Quant à celui de Normandie, ayant dessein de le retenir sous son nom, elle le lui refusa, et depuis au prince de Conti, qu'elle contenta par celui d'Auvergne qu'avoit lors M. d'Angoulême qui étoit dans la Bastille.

Je ne veux pas oublier de dire en ce lieu qu'un père cordelier portugais, qui prêchoit lors avec grande réputation à Paris, et faisoit état d'être grand astrologue, lui avoit prédit la mort de ce prince six mois auparavant qu'elle fût arrivée.

M. le comte étant mort, le marquis d'Ancre qui en vouloit aux ministres, pour se fortifier contre eux, se voulut appuyer de M. le prince, et, afin de se lier d'autant plus étroitement avec lui et les siens, fait dessein de moyenner le mariage de M. du Maine avec mademoiselle d'Elbeuf, et de M. d'Elbeuf avec la fille dudit marquis, moyennant quoi l'on ôteroit la Bourgogne à M. de Bellegarde pour la donner à

---

nom son fils aîné Louis de Bourbon, qui joua un grand rôle sous la régence de Marie de Médicis, et sous le ministère de Richelieu.

M. du Maine. M. de Bellegarde est mandé pour ce sujet; mais, apprenant sur le chemin qu'on en vouloit à son gouvernement, il s'en retourna à Dijon, offensé principalement contre le baron de Luz, d'autant qu'à la mort de M. le comte, le marquis de Cœuvres se réunit au marquis d'Ancre, et le baron de Luz prit sa place dans les intrigues du marquis d'Ancre et de M. le prince, et de ceux qui l'assistoient. C'est pourquoi M. de Bellegarde lui voulut mal, et lui attribua la cause de ce mauvais conseil qui avoit été pris contre lui.

La maison de Guise se joint à cette mauvaise volonté, tant pour l'amour de M. de Bellegarde que pour le déplaisir qu'ils ont de voir que le baron de Luz, qui avoit été des leurs et savoit tous leurs secrets, étoit passé dans la confiance de l'autre parti; et leur haine lui coûta cher, comme nous verrons dans l'année suivante.

Voilà ce qui se passa cette année dans la cour, et la peine que l'ambition de ce prince et des grands donna à la Reine, mais dont elle se tira heureusement pource qu'elle donna toujours au conseil des ministres le crédit qu'elle devoit. Elle n'eut pas moins de peine aux affaires qui survinrent hors de la cour dans les provinces.

Vatan, homme de qualité, qui, s'étant fait huguenot de nouveau, croyant que si tout crime pendant la minorité du Roi n'étoit permis, au moins seroit-il impuni, ému de divers mécontentemens qu'il entendoit dire qui étoient à la cour, et des mouvemens qu'il croyoit que produiroit l'assemblée des huguenots qui étoit lors sur pied, s'abandonna soi-même jusqu'à ce point, après avoir abandonné Dieu, qu'au milieu de la Sologne, où tout son bien étoit situé, à vingt-cinq lieues de Paris, il bat la campagne et fortifie sa maison, sur l'espérance qu'il avoit que ces commencemens seroient suivis de ses confrères, dont il seroit bientôt secondé et secouru. Mais il ne se méconnut pas sitôt qu'il se vit assiégé dans Vatan, pris et exécuté le 2 de janvier, pour arrêter, par la punition de son crime, le cours de la rebellion qu'il avoit voulu exciter. Son exemple n'ayant pas peu servi à calmer l'orage dont il sembla que nous étions menacés, on peut dire avec vérité que sa mort fut avantageuse au public, utile à lui-même et aux siens, à lui parce qu'il revint au giron de l'Eglise en mourant, et aux siens parce que sa sœur recueillit toute sa succession, dont la Reine la gratifia.

Sa Majesté eut bien plus de difficulté à apaiser le trouble que le duc de Rohan suscita à Saint-Jean-d'Angely, dans lequel il essayoit d'engager tout le parti huguenot, et une assemblée qui ensuite se tint à La Rochelle, contre son autorité.

Chacun s'étant, comme nous avons dit l'année passée, séparé de l'assemblée de Saumur avec dessein d'aller empoisonner les provinces dont ils étoient partis, le duc de Rohan s'en alla à ces fins à Saint-Jean-d'Angely, place dont il avoit été fait gouverneur après la mort du sieur de Sainte-Mesme ; mais, parce que le feu Roi ne vouloit point qu'il y demeurât, il avoit mis dans la ville un vieux cavalier, nommé M. Desageaux, en qualité de lieutenant de roi : celui-ci étant mort, il donna cette lieutenance à M. de Brassac, de laquelle à l'arrivée de M. de Rohan en cette place il étoit en possession et exercice.

La Reine-mère, qui ne croyoit pas les desseins du duc de Rohan bons, et qui étoit assurée de l'intention du sieur de Brassac à bien servir, lui manda qu'il gardât soigneusement que le duc de Rohan ne se saisît de la place, évitant néanmoins d'en venir aux extrémités, de peur que cela ne fît émotion par toute la France, et ne servît de prétexte à ceux qui étoient prêts de brouiller.

Ils demeurèrent huit mois en cet état-là, M. de Brassac le plus fort dans la ville, et l'autre tâchant d'y gagner le dessus ; ce qui lui étant impossible, il eut recours à une autre voie, et, par le moyen de ses amis qu'il avoit à la cour, s'accommoda avec la Reine, promit de l'aller trouver pourvu que Brassac y allât aussi : l'accord fut fait, ils furent mandés tous deux, et s'y acheminèrent ensemble.

Quinze jours après, le sieur de Rohan feignit une maladie arrivée à son frère, demande congé à la Reine pour l'aller voir : il part, s'achemine en Bretagne où l'autre étoit, puis s'en va dans Saint-Jean-d'Angely, où d'abord, ayant étonné les habitans, qui ne voyoient plus le sieur de Brassac, il chassa le sergent-major de la garnison (1), nommé Grateloup, natif de la ville, mais bien serviteur du Roi ; mit aussi dehors le lieutenant de la compagnie de M. de Brassac, qui étoit un fort vieux homme, que le feu Roi lui avoit baillé, et encore quelques autres habitans. Ce qui ayant été su à la cour, on assemble le conseil, où messieurs les maréchaux de Lesdiguières et de Bouillon se trouvèrent ; là on mit en délibération si l'on devoit ren-

(1) *Le sergent-major de la garnison :* l'adjudant de place.

voyer ledit sieur de Brassac pour essayer, à ce coup de mettre l'autre dehors, tout le monde jugeant la chose encore assez facile. Enfin la timidité du conseil de ce temps l'emporta, et il fut résolu d'écouter ceux du cercle qui étoient à La Rochelle, et le sieur de Rohan : là-dessus leurs propositions furent que derechef l'on s'accommoderoit, pourvu qu'on donnât récompense audit sieur de Brassac de la lieutenance de roi de Saint-Jean.

Et, d'autant qu'en même temps le sieur de Préaux, gouverneur de Châtellerault, mourut, la Reine voulut qu'on fît sa démission de la lieutenance en faveur de celui que nomma ledit sieur de Rohan, et qu'il eût le gouvernement de Châtellerault, ce qui fut exécuté.

Cette assemblée de La Rochelle fut prévue long-temps auparavant, et, sur les avis que Leurs Majestés eurent que les séditieux et mécontens de l'assemblée de Saumur la vouloient tenir sans son autorité et permission, Le Coudray, conseiller au parlement de Paris, qui avoit accoutumé d'aller tous les ans à La Rochelle pour ses affaires particulières, y fut envoyé par Leurs Majestés avec commission d'intendant de la justice, et avec charge d'avoir l'œil aux mouvemens qui se pourroient élever à La Rochelle, empêcher que l'assemblée ne se fît si on la vouloit entreprendre, et donner avis à Leurs Majestés de ce qui seroit nécessaire de faire pour leur service en cette occasion.

Le peuple en eut quelque avis, mais non selon la vérité, qui n'est jamais naïve ni nue dans les bruits, mais déguisée et enveloppée de faussetés, selon la passion de ceux qui les font courir parmi les peuples.

Ils disent que Le Coudray est envoyé pour avoir soin de la police, qui leur appartient par leurs priviléges, et pour les faire séparer de l'union qu'ils ont avec leurs autres frères, et qu'il a mendié cette commission de Leurs Majestés, leur donnant faussement à entendre qu'ils n'étoient pas serviteurs du Roi.

Là-dessus ils s'émeuvent, s'attroupent, prennent les armes; Le Coudray saisi de peur demande sûreté au maire pour se retirer; c'est ce qu'ils vouloient: sa peur les assure; il n'est pas plutôt hors leur ville qu'ils tiennent assemblée.

La Reine en ayant avis, et craignant cette émeute, à laquelle elle ne peut se résoudre de s'opposer avec vigueur, fait appeler Le Rouvray et Miletière, députés ordinaires des huguenots à la suite de Leurs Majestés, leur témoigne le juste sujet de mécontentement qu'elle reçoit, écoute les plaintes qu'ils lui font, leur fait espérer une partie de ce qu'ils désirent, et commande au Rouvray d'aller promptement à La Rochelle leur faire commandement de sa part de se séparer, que Sa Majesté oubliera tout ce qui s'est passé, et fera cesser toutes les poursuites qui pourroient avoir été commencées contre eux, et lui met en main une déclaration de Sa Majesté, portant confirmation de l'édit de pacification, et oubli de tout ce qui s'étoit fait au contraire.

Un orage s'éleva au même temps contre les jésuites pour un livre composé par un des leurs, nommé *Becanus* (1), et intitulé: *la Controverse d'Angleterre touchant la puissance du Roi et du Pape.*

(1) Ce jésuite portoit si loin l'autorité du Pape dans ses ouvrages, que Paul v fit condamner par le Saint-Office un de ses Traités sur la

Ce livre fut vu en France en novembre, et accusé par aucuns docteurs en leur assemblée du premier de décembre, comme proposant le parricide des rois et des princes pour une action digne de gloire. Ils se mirent en devoir de le censurer, et s'adressèrent au cardinal de Bonzy pour en avoir permission de Sa Majesté; à laquelle représentant qu'il étoit à propos d'en donner avis à Sa Sainteté, afin que, s'il lui plaisoit d'en faire faire la censure, elle fût de plus de poids et eût cours par toute la chrétienté, Sa Majesté eut agréable qu'il leur commandât de sa part de différer jusqu'à quelque temps, qu'elle leur feroit savoir sa volonté sur ce sujet, et que cependant il en donnât avis à Rome, afin qu'on y mît l'ordre qu'on jugeroit être de raison.

Les Vénitiens, d'autre côté, avoient aussi, dès le commencement de l'année, renouvelé tous les décrets qu'ils avoient faits contre leur société, de sorte qu'ils reçurent de l'affliction de toute part.

Nous finirons cette année par quatre accidens remarquables qui y arrivèrent.

L'empereur Rodolphe, non tant cassé d'années que lassé des afflictions qu'il recevoit de se voir dépouillé de ses Etats par son frère et méprisé de tous les siens, mourut la soixante-unième année de son âge; un lion et deux aigles qu'il nourrissoit chèrement ayant, par leur mort arrivée peu auparavant, donné un présage de la sienne.

Son frère Mathias, dont il avoit sans cesse en sa maladie prononcé le nom par forme de plainte,

puissance du Roi et du Souverain Pontife. Le décret est du 3 janvier 1613.

comme l'accusant d'être cause de sa mort, lui succéda à l'Empire; mais il ne jouira ni heureusement ni longuement de cette dignité, à laquelle il a violemment et injustement aspiré, violant les lois de la piété fraternelle.

Gustave, nouveau roi de Suède, que nous avons dit l'année passée avoir succédé à Charles son père, qui mourut de déplaisir des mauvais succès qu'il eut en la guerre qu'il avoit contre le roi de Danemarck, rappela si bien, par son adresse et son courage, la fortune de son côté, qu'il contraignit le roi de Danemarck à le rechercher de paix, à laquelle il consentit pour tourner ses armes vers la Pologne et la Moscovie.

En Italie, François, duc de Mantoue, mourut le 22 décembre, laissant enceinte la duchesse sa femme, fille du duc de Savoie, qui en prendra occasion d'allumer la guerre, en laquelle le Roi se trouvera diversement engagé; premièrement contre lui, comme injuste agresseur; puis en sa défense, de peur que les armes d'Espagne ne s'emparent de ses États, et n'étendent trop avant leurs frontières vers nous.

Et le roi d'Angleterre, pour étreindre d'un nouveau nœud son alliance avec les princes protestans d'Allemagne, préféra l'alliance de Frédéric, comte Palatin, futur électeur, à celle des têtes couronnées, et lui promet sa fille unique en mariage. Le comte passe en Angleterre en novembre; les fiançailles s'y font, mais leurs réjouissances sont troublées par la mort du prince de Galles, arrivée en décembre : ce prince étoit gentil, et promettoit beaucoup de soi; et sa mort semble présager les malheureux succès que ces noces ont eus pour l'Angleterre.

LIVRE IV.

[1613] Monsieur le prince étant, par la mort du comte de Soissons, demeuré seul, sans plus avoir de compagnon en sa puissance, ni craindre que son autorité pût être divisée ni combattue, comme elle étoit auparavant lorsque M. le comte se pouvoit faire chef d'un parti contre lui, on estimoit que la France recevroit cet avantage en la perte qu'elle avoit faite en cette mort, qu'il en seroit plus modéré en ses demandes; mais l'expérience fit voir au contraire qu'il jugea qu'étant seul il en devoit être plus considérable.

Il ne donna pas sitôt des témoignages de son dessein, mais attendit l'occasion qui lui en fut offerte par la défaveur des ministres, à cause de la lâcheté du chancelier de Sillery, qui ôta le moyen à la Reine de tirer raison de la mort du baron de Luz, qui fut tué mal à propos, le 5 de janvier, par le chevalier de Guise, qui fut enhardi à cette mauvaise action par l'impunité avec laquelle il avoit attenté l'année précédente la même chose contre le marquis de Cœuvres.

Ce baron de Luz s'étoit trouvé par hasard à Saint-Cloud durant une grande maladie qu'eut le duc d'Epernon, chez lequel se tint une conférence d'une entreprise violente qu'on vouloit faire pour changer le gouvernement.

Le duc de Guise et ceux qui en étoient, voyant qu'incontinent après il prit grande habitude avec la Reine, soupçonnèrent qu'il les avoit découverts, ou qu'il le pouvoit faire, et pour cet effet le firent quereller par le chevalier de Guise qui le tua, sous prétexte de la mort de son père, où il s'étoit vanté d'avoir eu quelque part. Jamais on ne vit tant de larmes que celles qu'épandit la Reine.

Des personnes peu affectionnées à la maison de Guise, se voulurent servir de cette occasion pour aigrir l'esprit de cette princesse contre eux; il fut fait diverses propositions sur ce sujet; Dolé alla jusques à ce point, que de proposer de faire venger un tel outrage par les Suisses en la personne des ducs de Guise et d'Epernon, lorsqu'ils entreroient en la salle des Gardes du Roi.

Ce conseil fut rejeté de ceux qui étoient les plus sages, et la Reine se résolut, de son mouvement, à poursuivre le chevalier de Guise par justice. En effet, elle en eût usé ainsi, si le chancelier, qui craignoit tout, n'eût cherché tous les délais qu'il lui fut possible pour différer l'expédition de la commission dont il avoit reçu commandement sur ce sujet.

La foiblesse du chancelier fut cause que Sa Majesté, en l'effort de sa colère, qui n'étoit pas petite, tant pour l'horreur du sang qui avoit été légèrement épandu, que parce que le baron de Luz n'avoit été tué que sur l'opinion et la crainte qu'on avoit qu'il l'eût servie, se rendit capable de l'avis que les ministres lui donnèrent d'accorder quelque chose au temps; et trouva qu'elle devoit, en cette occasion, se servir d'un des conseils que le feu Roi lui avoit donnés, de n'en prendre point de sa passion, quoiqu'en ce sujet elle fût aussi juste qu'elle étoit grande. Ainsi elle pardonna, en cette rencontre, une action qui en toute autre eût été d'autant moins pardonnable, que, bien que le chevalier de Guise mît seul des siens l'épée à la main contre le baron de Luz, il ne laissa pas de l'attaquer avec avantage, en ce qu'il étoit déjà vieux et cassé, qu'il le surprit de telle sorte qu'il n'eut pas le loisir de sortir de carrosse, sans pouvoir mettre à la main une petite épée qu'il avoit au côté, et qu'outre que le chevalier en avoit une bonne, qu'il étoit jeune et vigoureux, et cherchoit de propos délibéré le baron de Luz pour faire cette action, deux gentilshommes étoient avec lui, qui, à la vérité, ne firent autre chose qu'être spectateurs du combat, qui fut fait en si peu de temps que beaucoup de ceux qui étoient présens ne s'aperçurent que le baron de Luz n'eut pas le loisir de tirer tout-à-fait son épée du fourreau.

La Reine fut tellement offensée contre le chancelier de l'avoir vu si mal procéder en cette affaire, qu'elle eut dessein de s'en défaire et consigner les sceaux de France à une personne qui les gardât avec plus de générosité. Elle fit venir secrètement au Louvre M. le prince, M. de Bouillon, le marquis d'Ancre et Dolé. Cette affaire est mise sur le tapis; elle est trouvée bonne de tous; M. le prince est prié de prendre la charge d'aller chez le chancelier lui demander les sceaux, et lui commander, de la part de Leurs Majestés, de se retirer dans une de ses maisons.

Mais de plus il fut aussi arrêté que la Reine, sous couleur d'aller dîner chez Zamet, passeroit devant la Bastille pour entrer dans l'Arsenal, où elle feroit arrêter M. d'Epernon, qui n'étoit de retour que depuis quelques jours.

Cette résolution, prise à la chaude, devoit être

promptement exécutée; l'ambition du marquis d'Ancre la retarda et la perdit. Il ne vouloit pas chasser le chancelier sans en mettre un autre à sa place qui fût à sa dévotion : sa femme lui proposoit le sieur de Roissy: Il ne l'eût pas eu désagréable, mais Dolé l'en dissuadoit, et M. de Bouillon aussi, qui le haïssoit, se souvenant qu'autrefois il s'étoit chargé de la commission de saisir ses terres de Limosin.

Pendant ce différend, sa femme et lui ne se pouvant accorder du choix de la personne, la Reine changea de volonté, et y fut portée par l'imprudence du parti de M. le prince et du marquis d'Ancre. A peine se virent-ils en cette nouvelle autorité, que M. le prince, aspirant à un pouvoir déraisonnable en l'Etat, demande le gouvernement de la ville de Bordeaux et du Château-Trompette.

Le marquis d'Ancre et sa femme, qu'on estimoit avoir grand pouvoir sur son esprit, se chargent de le servir en cette occasion: ils appuient ses prétentions, et font tous leurs efforts pour gagner l'esprit de Leurs Majestés, mais ils ne peuvent rien obtenir par la force de leurs persuasions; et si leur travail est vain pour celui qu'ils favorisent, il est grandement préjudiciable pour eux-mêmes ; car les ministres, qui étoient quasi tous ruinés, et à l'insu desquels la Reine résolvoit beaucoup d'affaires avec M. le prince, desquelles elle leur parloit seulement puis après, prirent cette occasion à propos pour commencer à se remettre bien dans son esprit. Ils la font supplier de leur donner audience en particulier, et qu'ils ont choses de grande importance à lui dire, qu'ils ne veulent communiquer qu'à elle seule; elle donne heure, ils s'y trouvent. Sauveterre a défense de laisser entrer qui que ce soit. Tandis qu'ils sont avec Sa Majesté, le marquis d'Ancre et sa femme, qui ne manquoient pas d'espions auprès de la Reine pour savoir tout ce qu'elle faisoit et ceux qui lui parloient, sont incontinent avertis que les ministres sont avec elle et lui parlent en secret. Le marquis monte aussitôt au cabinet de la Reine, frappe à la porte; Sauveterre en avertit la Reine, et reçoit un nouvel ordre de ne laisser entrer ni lui ni autres.

Les ministres disent à la Reine les avis qu'ils ont reçus de la poursuite que le marquis d'Ancre fait auprès d'elle pour M. le prince, le blâment lui et sa femme, les accusent de beaucoup d'imprudences préjudiciables à son autorité et au service du Roi, et lui remontrent la conséquence que ce seroit de donner des places à un premier prince du sang dans son gouvernement, et une place importante comme est la ville de Bordeaux, située au milieu de ceux de la religion.

Ils n'eurent pas beaucoup de peine à persuader la Reine, à laquelle le feu Roi avoit dit plusieurs fois, parlant de ce qui s'étoit passé en sa jeunesse, que si, pendant qu'il étoit en guerre avec Henri III, il eût eu le Château-Trompette, il se fût fait duc de Guienne.

Quand ils se furent retirés, le marquis voulant parler à la Reine, elle lui fit mauvais visage, tant que, peu de jours après, voyant qu'il continuoit de la presser de cette affaire, elle se mit en telle colère contre lui, qu'il n'osa plus lui en parler davantage.

Les princes, qui le croyoient tout puissant auprès d'elle, se prenoient à lui de ce refus, et en attribuoient à sa mauvaise volonté la cause, qui ne le devoit être qu'à son impuissance. Sa femme, craignant qu'ils lui fissent du déplaisir si la Reine ne leur accordoit ce qu'ils demandoient, se mêla aussi de lui en parler, mais avec aussi peu de succès que son mari; et, voulant continuer à lui en faire instance, la Reine conçut tant de dégoût contre eux, que peu s'en fallut qu'ils ne déchussent de sa grâce pour toujours.

Elle fut quelques jours qu'elle n'osoit plus monter en la chambre de la Reine. Son mari, désespéré, ne sachant plus comment renouer sa bonne intelligence avec M. le prince, pour lui témoigner que ce n'est pas de lui que vient l'empêchement à son désir, lui fait proposer qu'il se dépouillera lui-même d'un de ses gouvernemens pour l'en accommoder, et qu'il remettra, s'il veut, la ville de Péronne entre les mains de Rochefort son favori.

Cependant le fils du baron de Luz, porté d'un juste regret de la mort de son père, fit appeler le chevalier de Guise qui l'avoit tué. Ils se battent à cheval à la porte Saint-Antoine, avec chacun un second. Bien qu'il n'y eût rien plus juste que la douleur du jeune baron, Dieu permit qu'il eût du malheur en ce combat, pour apprendre aux hommes qu'il s'est réservé la vengeance, que cette voie de satisfaction n'est pas légitime, et que la justice ne se fait que par une autorité publique.

La Reine, touchée de cette perte, dont l'exemple en eût attiré d'autres s'il n'y eût été pourvu avec sévérité, fit défendre les duels sous des peines trèsrigoureuses, afin d'arrêter cette fureur par la crainte des supplices.

Deux lieutenances de roi en Bourgogne étant vacantes par la mort du baron de Luz, M. du Maine en fit demander une pour le vicomte de Tavannes, l'autre pour le baron de Thiange : mais, parce que M. le prince et ceux qui le suivoient étoient mal avec la Reine, elles lui furent toutes deux refusées; et pour montrer le changement de la cour, M. de Bellegarde, l'honneur et les charges duquel avoient couru fortune peu auparavant, les obtint pour deux de ses amis.

M. du Maine, qui n'étoit pas beaucoup endurant, se sentit piqué au vif de cette action, et, ne pouvant croire que la défaveur du marquis d'Ancre fût telle qu'elle étoit, mais soupçonnant qu'il y eût de la feinte, en vivoit avec froideur avec lui; de sorte que le marquis voulant faire presser par le marquis de Cœuvres l'affaire des deux mariages dont nous avons parlé l'année passée, que le baron de Luz s'étoit entremis de faire entre ledit duc du Maine et mademoiselle d'Elbeuf, et M. d'Elbeuf et sa fille, M. du Maine dit qu'il n'avoit jamais eu intention de se marier, et que si le baron de Luz avoit parlé autrement, il l'avoit trompé.

M. le prince, d'autre côté, voyant qu'il ne pouvoit obtenir le Château-Trompette, écouta la proposition que lui avoit faite le marquis d'Ancre de lui donner Péronne, et lui en demanda l'effet. Le marquis, n'ayant plus d'accès auprès de la Reine, prie sa femme de lui obtenir cette grâce de Sa Majesté ; elle y étoit elle-même en si mauvaise posture qu'elle n'en osoit quasi parler, car la Reine ne lui donnoit plus moyen de l'entretenir seule; mais si aux heures qu'elle étoit, comme après son dîner, dans son grand cabinet, elle se vouloit approcher d'elle, elle se retiroit dans son petit cabinet et faisoit fermer la porte; si elle pensoit prendre l'heure de son coucher, la princesse de Conti s'opiniâtroit tellement de demeurer la dernière, qu'elle étoit contrainte de s'en aller. Néanmoins la crainte qu'elle eut que ces princes fissent un mauvais parti à son mari, la fit résoudre d'en parler à la Reine, nonobstant le mauvais état auquel elle étoit près d'elle.

Ce qu'elle en dit fut sans effet. Elle n'en fit pas aussi grande instance, car Plainville, gentilhomme de Picardie, et qui étoit affidé à son mari et à elle, et regrettoit de leur voir quitter Péronne, et plus encore que cette place fût en la puissance de M. le prince, lui représenta la faute que lui feroit cette place, au pied de laquelle étoit son marquisat d'Ancre, dont le revenu diminueroit de plus de moitié. Cette femme avare préféra ce qu'elle crut être de son intérêt domestique à toutes les raisons de son mari, et fut bien aise de conserver cette place.

Durant le temps de ces poursuites du Château-Trompette et de Péronne pour M. le prince, le maréchal d'Ancre se vantoit partout d'avoir dit à la Reine qu'il étoit sa créature, qu'elle pouvoit tout sur lui, mais qu'il ne la pouvoit flatter en la passion qu'elle avoit de quitter ses amis, qui étoient messieurs le prince, du Maine, de Nevers, de Longueville, de Bouillon, lesquels ledit maréchal disoit être serviteurs de la Reine, et que l'amitié que ledit maréchal leur portoit n'étoit fondée que sur son service, qu'il estimoit que le côté des princes étoit le parti le plus légitime. Il s'emportoit jusqu'à tel point que de dire à la personne de la Reine qu'elle étoit ingrate et légère.

On redisoit tout cela à la Reine, ce qui ne l'offensoit pas peu contre lui; et, entre autres choses, on lui représentoit qu'il vouloit établir M. de Bouillon huguenot, ce qui ne pouvoit être qu'au préjudice du service du Roi.

Ce temps étoit si misérable, que ceux-là étoient les plus habiles parmi les grands qui étoient les plus industrieux à faire des brouilleries; et les brouilleries étoient telles, et y avoit si peu de sûreté en l'établissement des choses, que les ministres étoient plus occupés aux moyens nécessaires pour leur conservation, qu'à ceux qui étoient nécessaires pour l'Etat.

Le duc de Bouillon, voyant que le marquis d'Ancre ne pouvoit faire réussir pas une de leurs demandes, s'avisa d'une ruse digne de son esprit. Il envoya prier le sieur de Bullion de le voir, et lui dit qu'il le vouloit avertir, comme ami de messieurs les ministres d'Etat, que la Reine étoit résolue de gratifier M. le prince de Péronne, mais qu'elle seroit bien aise d'avoir leur approbation; ce dont il les avertissoit afin qu'étant sages mondains comme ils étoient, ils allassent au-devant de ses désirs.

La Reine, étant avertie de ce discours, s'aperçut incontinent que les princes vouloient profiter de la division qu'ils croyoient être entre elle et ses ministres; elle avoua, en cette occasion, au sieur de Bullion qu'il étoit vrai qu'elle avoit eu beaucoup de dégoût de la foiblesse que le chancelier avoit témoignée en l'affaire du baron de Luz, que l'intelligence en laquelle les autres ministres vivoient avec le chancelier lui avoit grandement déplu, mais qu'elle vouloit se raccommoder avec eux pour empêcher que les grands, dont les intérêts ne pouvoient être que contraires aux siens et à ceux de ses enfans, ne vinssent à une insolence insupportable. Et de fait, Sa Majesté avoit tellement en l'esprit ce qu'elle témoigna à Bullion, que, feignant d'aller promener à son palais qu'elle bâtissoit au faubourg Saint-Germain, elle envoya commander au président Jeannin de s'y trouver, auquel elle tint même langage, lui commandant de le faire entendre à ses confrères.

Cette réunion, qui ne dura pas long-temps, et qui étoit plus apparente que réelle, ne fut pas plutôt faite, que les ministres conseillèrent à la Reine d'offrir à M. le prince, pour lui ôter tout prétexte de mécontentement, de grandes sommes pour acheter quelque terre notable, estimant qu'il falloit gagner temps par argent, et non pas affoiblir l'Etat par des places qui eussent pu causer en ce temps de fâcheuses suites.

Les libéralités de la Reine ne firent pas une profonde impression dans l'esprit de M. le prince; le refus du Château-Trompette et de Péronne tenoit trop dans son esprit et dans celui du duc de Bouillon, pour qu'ils ne tâchassent pas de faire quelque nouvel édifice préjudiciable à l'Etat sur ce fondement. Le marquis d'Ancre leur en ouvrit le moyen; car, se voyant décrédité auprès de la Reine, et ne sachant comment s'y remettre, les affaires demeurant en l'état auquel elles étoient, il leur conseilla à tous de témoigner ouvertement leur mécontentement, et se retirer de la cour : en quoi il lui sembloit n'y avoir point de danger, étant chose infaillible que messieurs de Guise et d'Epernon se gouverneroient si insolemment auprès de la Reine, qu'ils l'obligeroient de les rappeler, comme elle avoit déjà fait auparavant M. le prince et le comte de Soissons.

Le duc de Bouillon, jugeant bien qu'il leur donnoit cet avis pour son intérêt plutôt que pour le leur, s'en défia du commencement, représenta que la sortie de la cour de tant de princes et seigneurs n'étoit pas une chose de petite considération, et qu'ils ne s'y devoient résoudre qu'après y avoir bien pensé; que, d'une part, il étoit bien dangereux, quelques bornes et règles qu'on se pût prescrire en cet éloignement, qu'on ne passât trop avant contre l'autorité et service de Leurs Majestés, et, d'autre part, qu'ils devoient craindre que ceux qui restoient à la cour ne fissent passer pour grands crimes les moindres choses qu'ils feroient, et même ne prissent occasion de les rendre odieux à la Reine par la seule considération de leur éloignement, et de les opprimer sous ce prétexte. Mais enfin, néanmoins ils s'y résolurent tous, après que le duc de Bouillon eut vu le marquis d'Ancre, et fut convenu avec lui, au nom de tous, qu'il veilleroit pour eux auprès de la Reine, leur donneroit avis de toutes choses et de ce qu'ils auroient à faire pour leur bien commun, et qu'eux aussi prendroient créance en lui de revenir sur sa parole quand il le jugeroit à propos, et que cependant ils ne feroient aucune émotion dans les provinces, et se contiendroient de telle sorte dans leur devoir, qu'ils ne donneroient aucun notable sujet de se plaindre d'eux.

M. le prince s'en alla en Berri, le duc de Nevers en Italie, y conduire mademoiselle du Maine à son mari; M. du Maine s'en va en Provence avec sa sœur qui y alloit voir ses maisons; le duc de Bouillon s'en alla à Sedan.

Le luxe, en ce temps, étoit si grand, à raison des profusions de l'argent du Roi qui étoient faites aux grands, et de l'inclination de la Reine, qui de son naturel est magnifique, qu'il ne se reconnoissoit plus rien de la modestie du temps du feu Roi; d'où il arrivoit que la noblesse importunoit la Reine d'accroître leurs pensions, ou soupiroit après des changemens, espérant d'en tirer du secours dans leurs nécessités; ce qui obligea Sa Majesté de faire, par édit, expresses défenses de plus porter de broderies d'or ni d'argent sur les habits, ni plus dorer les planchers des maisons ni le dehors des carrosses; mais cet édit servit de peu, pource que l'exemple des grands ne fraya pas le chemin de l'observer.

Bien que ces princes mécontens, séparés et dispersés par tout le royaume, donnassent quelque crainte de le troubler de séditions et rebellions en toutes ses provinces, l'appréhension néanmoins en fut moindre en ce que les huguenots étoient apaisés, et que leur assemblée de La Rochelle étoit dissipée, s'étant un chacun d'eux retiré à l'arrivée de Rouvray, que le Roi y avoit envoyé à la fin de l'année passée; car Le Rouvray leur ayant porté et fait lire, en pleine Maison-de-Ville, la déclaration du Roi qui portoit défense de continuer leur assemblée, oubli de ce qui s'étoit passé, et confirmation de l'édit de pacification, ils se résolurent d'obéir; qu'ils continueroient néanmoins d'user du nom de cercles, parole, bien qu'inusitée en France, en usage toutefois en Allemagne, où ils distinguent les provinces par cercles.

Quelques-uns des plus mutins, et qui étoient sortis mécontens de leur assemblée de Saumur, ne laissoient pas de faire entre eux quelques conventicules avec de mauvais desseins; mais le maire en étant averti leur fit défense, le 11 de janvier, de se plus assembler sur peine de la vie, à laquelle les députés du cercle déférèrent, suppliant le maire seulement de les laisser demeurer dans la ville, jusqu'à ce que la déclaration du Roi fût vérifiée par les parlemens auxquels leurs provinces ressortissoient.

La contestation qui commença aussi à la fin de l'année précédente sur le sujet du livre de Becanus, qu'on vouloit censurer, avoit été résolue en même temps. Les docteurs, non contens de la réponse que le cardinal de Bonzy leur avoit faite de la part de la Reine, leur défendant de procéder à la censure de ce livre pour quelque temps, allèrent trouver M. le chancelier le 7 de janvier, lui représentant l'importance de cette mauvaise doctrine, la créance ancienne de la Faculté contraire à icelle, l'obligation qu'ils avoient d'y pourvoir. Le chancelier les mena au Louvre, les présenta à la Reine, qui les remettant à leur faire savoir le lendemain sa volonté par lui, il leur fit réponse que Sa Majesté leur permettoit d'examiner cette matière.

Mais, auparavant que le premier jour de février, auquel se devoit tenir leur première assemblée, fût venu, le nonce leur envoya la censure qui en avoit été faite à Rome le 3 de janvier, par laquelle on mettoit ce livre en la seconde classe des livres défendus. Cette censure leur étant présentée en leur assemblée le premier jour de février, ils ne passèrent pas outre à en faire une nouvelle; et ainsi toutes choses étoient en paix dans le royaume : ni les huguenots ne nous donnoient occasion de crainte, ni ne restoit entre nous aucune contention sur le sujet de la doctrine qui nous pût agiter.

Ce grand repos donna lieu aux ministres de penser seulement à unir la faveur du marquis d'Ancre à leur autorité, sans se soucier de rappeler les princes, ou, pour mieux dire, sans leur vouloir témoigner qu'on eût besoin d'eux.

A cette fin, peu de jours après leur départ, un des amis du sieur de Villeroy vint sonder le marquis de Cœuvres, pour savoir si le marquis d'Ancre voudroit prêter l'oreille à s'accommoder avec les ministres; et lui représenta que c'étoit son avantage, tant pour la sûreté de sa personne que pour la facilité de s'accroître en honneur, et pour le repos d'esprit et contentement de la Reine, qui, l'aimant et sa femme comme ses créatures, ne pouvoit qu'avec déplaisir les voir appointés contraires avec ceux du conseil desquels elle se servoit en la conduite de l'Etat.

Pour assurance de cette réconciliation, on lui propose le mariage du marquis de Villeroy avec la fille du marquis d'Ancre. Le marquis de Cœuvres ne rejette pas cette proposition, et lui en parle en présence de Dolé. De prime abord il la refuse, de crainte qu'elle ne lui soit faite que pour le mettre en mauvaise intelligence avec ses amis. Puis, venant peu à peu au joindre, il dit qu'une seule chose l'y pourroit faire condescendre, qui est que cela servît à les faire rappeler à leur contentement; qu'il ne vouloit néanmoins se résoudre qu'il n'eût l'avis de M. de Bouillon, qu'il lui sembloit difficile d'avoir de si loin, les choses ne se pouvant écrire comme elles se pouvoient dire; toutefois qu'il lui en écriroit, non lui découvrant encore l'affaire tout entière, de peur qu'il en pût faire part à M. le prince, qu'il ne vouloit pas qui en sût rien, mais lui donnant simplement avis de la recherche que les ministres faisoient de son amitié, lui demandant le sien sur ce sujet, et le priant de tenir l'un et l'autre secret.

Quant à celui qui avoit porté la parole au marquis de Cœuvres, il lui fit réponse qu'il ne pouvoit entendre à cette ouverture sans être premièrement assuré que la Reine l'auroit agréable; cela étant, qu'il l'agréeroit volontiers; mais qu'il avoit si peu de crédit auprès d'elle, qu'il n'osoit pas lui en donner parole, et qu'il se remettoit à eux de lui en parler.

Le président Jeannin se chargea de le faire trouver bon à la Reine, lui en parla, et lui fit agréer; et ensuite le marquis de Cœuvres et lui commencèrent à en traiter. Il est incertain si ce traité se faisoit avec participation du chancelier, ou si M. de Villeroy le lui cachoit. Le premier a témoigné n'en avoir rien su, l'autre au contraire a toujours protesté lui en avoir fait part, comme n'ayant eu en cette affaire autre dessein que de leur conservation commune. Mais, soit qu'il le lui eût célé, ou que le chancelier lui en portât envie, craignant de le voir, par cette alliance, élevé au-dessus de lui, la jalousie et méfiance commença dès lors à se mettre entre eux, et alla depuis toujours croissant, jusqu'à ce qu'elle vînt à une inimitié formée.

Tandis que ce mariage se traite en très-grand secret, il s'ouvre une occasion de laquelle le marquis d'Ancre se servit en faveur des princes, qui est que le duc de Savoie entre en armes dans le Montferrat.

Nous avons dit l'année passée que François, duc de Mantoue, étoit mort dès le 22 de décembre, laissant sa femme, fille du duc de Savoie, enceinte. Il avoit deux frères, dont le plus âgé, nommé Ferdinand, étoit cardinal, l'autre s'appeloit Vincent; le cardinal succède au défunt.

Le duc de Savoie, qui ne perd jamais aucune occasion de brouiller, redemande sa fille; le duc de Mantoue la refuse, disant qu'il est raisonnable qu'elle se délivre de sa grossesse auparavant. Elle accouche d'une fille; le duc de Savoie les redemande toutes deux; le duc de Mantoue laisse aller la mère et retient sa nièce, comme étant raisonnable qu'elle demeure en la maison de son père où elle est née, ce que l'Empereur par son décret confirma, le chargeant de la garde de sadite nièce.

Le duc de Savoie ne se contente pas, mais, sous ombre de la consolation de la mère, demande que l'une et l'autre soient envoyées à Modène, où le duc les gardera pour rendre la dernière à qui l'Empereur l'ordonnera.

Le duc de Mantoue s'y accorde, le duc de Modène refuse de vouloir prendre ce soin; le marquis Linochosa, gouverneur de Milan, affectionné au Savoyard, duquel il avoit été autrefois gratifié du marquisat de Saint-Germain, premier titre qui lui donna entrée aux autres plus grands, et aux honneurs et charges qu'il reçut depuis du roi d'Espagne son maître, s'offre de recevoir les deux princesses, à quoi le duc de Mantoue ne voulut pas consentir.

Lors le duc de Savoie fait de grandes plaintes, auxquelles il ajoute les vieilles querelles et le renouvellement de ses prétentions sur le Montferrat, tant à raison de l'extraction qu'il tire des Paléologues et de la donation et convention faite, l'an 1435, entre le marquis Jean-Jacques de Montferrat et le marquis de Ferrare, que des conventions matrimoniales de 90,000 ducats adjugés par l'empereur Charles-Quint à Charles, duc de Savoie, pour la dot de Blanche de Montferrat sa femme.

Le duc de Mantoue le prie que, s'il a quelques prétentions, il en diffère la demande à un autre temps; que leur différend a été jugé en la personne du duc de Savoie son aïeul, au procès qui fut intenté par-devant Charles-Quint, qui jugea en faveur du duc de Mantoue; et que, si quelques prétentions de reste ont été réservées au pétitoire en la maison de Savoie, il les peut maintenant poursuivre par-devant l'Empereur.

Quant à la donation et convention faite par le marquis Jean-Jacques de Montferrat, elle a été annulée par jugement de l'Empereur l'an 1464, comme ayant été extorquée par violence dudit marquis, lequel, ayant été convié sous prétexte de quelque fête solennelle, fut, contre la foi publique, arrêté par le duc de Savoie, et ne s'en put délivrer qu'en lui promettant tout ce qu'il voulut.

Quant à la dot de madame Blanche, il ne la dénie pas; mais aussi a-t-il des prétentions contre lui à raison de l'indue occupation, faite par les ducs de Savoie sur ses prédécesseurs, des villes de Trin, Yvrée, Mondovi et autres, qui furent redemandées à l'Empereur par le même procès, et dont il poursuivra le droit en temps et lieu.

Le duc Savoie, foible de raisons, a recours aux ruses et aux armes, fait lever des gens de guerre sous couleur de la défense de ses Etats contre quelque entreprise qu'il sait feindre, pratique tous ceux qu'il peut dans le Montferrat; et, tandis qu'il traite à l'amiable avec le duc de Mantoue, et a près de soi l'évêque de Diocésarée son ambassadeur, il lui fait accroire, le 22 d'avril, qu'il part pour aller au rendez-vous qu'il a donné à ses troupes, les mène dans le Montferrat, pétarde Trin, escalade Albe, et met tout à feu et à sang, sans excepter les filles ni les prêtres, ni épargner les églises. Pour s'excuser, il fait courir un manifeste dans lequel, colorant le mieux qu'il peut son infidélité, il supplie le Pape et l'Empereur son seigneur d'agréer ce qu'il a fait, et Sa Majesté Catholique, oncle de sa fille, et l'électeur de Saxe son parent, et tous les princes chrétiens, de lui être favorables.

Le duc de Nevers, qui arrivoit à Savone avec sa belle-sœur, apprenant ces nouvelles, l'envoie seule à Florence où le mariage se devoit faire, et avec ce qu'il put ramasser de gens s'alla jeter dans Casal, où Vincent, frère du duc, se rendit incontinent.

A ce bruit de guerre, tous les princes d'Italie arment, mais aucuns d'eux en faveur du duc de Savoie.

Le marquis Linochosa même, quoiqu'il favorise le duc, est obligé, par le commandement du Roi son maître, d'armer et s'opposer à ses desseins; il fait des troupes avec lesquelles il lui fait lever le siége de Nice. Dès que le Savoyard vit paroître les armes d'Espagne, il lui manda qu'il ne vouloit pas employer les siennes contre celles-là, et se retire.

La nouvelle de ces mouvemens en Italie met la Reine en peine; cette affaire ne lui semble pas de peu de conséquence; elle la juge la plus grande de toutes celles qui sont survenues au dehors depuis le commencement de sa régence jusqu'en ce temps, et ne voulant pas se hasarder d'y prendre aucune résolution d'elle-même sans l'avis et consentement de tous les grands du royaume, le marquis d'Ancre, qui épioit l'occasion, prend celle-là à propos pour faire revenir les princes, qui furent tous bien aises de retourner, excepté M. de Nevers qui étoit engagé en Italie.

M. de Bouillon est à peine de retour à la cour, que le marquis d'Ancre envoie chez lui le visiter, et lui faire part de tout ce qui se traitoit entre lui et M. de Villeroy, dont il n'avoit encore rien su, la chose s'étant tenue fort secrète entre ceux qui la traitoient. Tant s'en faut qu'il l'en dissuadât, qu'au contraire il le confirma en cette volonté, et lui promit de lui garder le secret fidèlement, ce qu'il fit; en sorte qu'il ne fut rien su de cette affaire qu'elle ne fût parachevée.

Il arriva néanmoins deux sujets de refroidissement qui la retardèrent. Un nommé Magnas, qui suivoit toujours le conseil, fut pris prisonnier à Fontainebleau au mois de mai; il avoit été accusé d'avoir été gagné par un nommé La Roche de Dauphiné de donner au duc de Savoie avis de tout ce qui se passoit ; il hantoit fort chez Dolé, que le marquis d'Ancre crut que les ministres vouloient envelopper en cette accusation, dont il se tint offensé jusqu'à ce qu'au dernier du mois Magnas fut exécuté à mort, sans qu'il fût fait mention que Dolé eût aucune intelligence avec lui.

D'autre côté, M. de Villeroy faisoit instance qu'auparavant que le contrat de mariage fût signé entre eux, la charge de premier gentilhomme de la chambre qu'avoit M. de Souvré, fût par avance donnée au sieur de Courtenvaux son fils, qui avoit épousé une des petites-filles de M. de Villeroy ; à quoi le marquis d'Ancre ne vouloit consentir, ayant dessein de la faire tomber à un autre après la mort du sieur de Souvré, qui étoit fort âgé. Et il n'étoit pas si mal auprès de la Reine, que, par divers faux donnés à entendre, il ne l'empêchât, par le moyen de sa femme, de l'agréer : d'où il arriva que les ministres qui étoient lors en considération, représentant à la Reine sa trop grande union avec M. le prince et ses adhérens, et leurs visites trop fréquentes, lui firent faire commandement de s'absenter de la cour, et se retirer en son gouvernement d'Amiens.

Cependant la Reine, par l'avis de tous les grands, se résout de défendre le duc de Mantoue, fait lever quelques troupes, et destine de les faire passer en Italie en sa faveur.

L'Espagne, qui veut avoir seule intérêt en Italie et en être arbitre, prévient la Reine, et commande au marquis Linochosa de faire la paix ; ce qu'il fit avec une telle précipitation, que l'agent du duc de Mantoue, qui étoit à Milan, n'eut pas loisir d'avertir son maître du traité pour recevoir pouvoir de lui de l'accepter, bien que par après ledit duc l'eût agréable.

Ce qu'ils convinrent, fut qu'à la semonce de Sa Sainteté, et pour obéir aux commandemens de l'Empereur et de Sa Majesté Catholique, le duc de Savoie dans six jours remettroit, entre les mains des commissaires de l'Empereur et du roi d'Espagne, les places qu'il avoit prises dans le Montferrat, afin qu'ils les rendissent au duc de Mantoue ; ce qui fut exécuté.

En même temps qu'en Italie ils en étoient aux armes, ils étoient en Angleterre dans les réjouissances du mariage de leur princesse avec le prince Frédéric, devenu depuis peu, par la mort de son père, électeur Palatin. Ils se fiancèrent, comme nous avons dit, sur la fin de l'année passée ; ils accomplissent le mariage le 18 de février de la présente, et, après toutes les solennités accoutumées en semblables occasions, ils partent de Londres, s'en vont en Hollande, où ils sont reçus magnifiquement, arrivent à La Haye le 28 de mai ; de là ils s'en vont prendre possession de leur Etat, où ils seroient heureux si, renfermant leurs désirs dans les bornes de leur condition, et la princesse se souvenant d'être descendue de celle de sa naissance en celle de la naissance de son mari, ils ne concevoient des espérances injustes et peu modérées, lesquelles enfin se termineront à leur honte et à la perte et à l'anéantissement même de ce qu'ils sont.

Il leur eût été à désirer de mourir alors, et de ne pas attendre les années suivantes, auxquelles tant de disgrâces leur arrivèrent. Il ne l'eût pas été moins à Sigismond Battory d'être parti de ce monde auparavant que de s'être fié à l'Empereur, et avoir, en punition de sa crédulité, perdu non-seulement la possession de ses Etats, très-grands et très-beaux, mais de sa gloire qui n'étoit pas moindre, et enfin de sa liberté.

Ce prince, ayant été élu en sa jeunesse prince de la Transylvanie, fit la guerre au Turc, et remporta de grandes et signalées victoires sur lui; mais à la longue, ses forces n'étant pas suffisantes pour empêcher que, nonobstant ses victoires, les armées que le Grand-Seigneur envoyoit les unes après les autres contre lui ne fissent beaucoup de dégât en son pays, il se laissa persuader de remettre son État entre les mains de l'empereur Rodolphe, qui s'en serviroit plus avantageusement comme d'un boulevart pour la chrétienté, de laquelle il emploieroit les forces pour le garder, et endommager l'ennemi commun. On lui promet en récompense une grande principauté en Allemagne; il y va, il se voit trompé. A peine lui donne-t-on de quoi s'entretenir comme un simple seigneur de quelque qualité; encore veille-t-on sur ses actions, et le tient-on en quelque sorte de garde. Il se repent de sa faute, il s'évade, il gagne la Transylvanie, où il est reçu à bras ouverts; l'Empereur y étant haï à cause de la rudesse inaccoutumée de son gouvernement. Georges Battory est envoyé contre lui; il se défend courageusement, et a l'avantage en beaucoup de rencontres; a une armée aussi puissante que la sienne et l'amour des peuples, aidé de la réputation de ses premiers exploits. Mais des religieux lui remontrant le dommage qu'il apporte à toute la chrétienté par l'effusion de tant de sang chrétien en une province si proche du Turc, qui ne se rend maître des pays qu'en les dépeuplant; et celui-ci ayant perdu plus des trois quarts de ses hommes depuis le commencement de la guerre du Turc en Hongrie, il se remet de nouveau en la puissance de l'Empereur, avec promesse de meilleur traitement, qu'il reçut néanmoins pire qu'il n'avoit jamais eu. On le tient prisonnier à Prague en sa maison, on l'accuse d'avoir intelligence avec le Turc, on saisit tous ses papiers; et, ne trouvant rien qui le pût convaincre d'être criminel, on ne lui donne pas plus de liberté pour cela. En ce misérable état il demeure toute sa vie, qui finit à Prague le 27 de mars de la présente année par une apoplexie.

Exemple mémorable qu'il n'y a point d'issue de l'autorité souveraine que le précipice ; qu'on ne la doit déposer qu'avec la vie, et que c'est folie de se laisser persuader à quelque apparence qu'il y ait pour se remettre en la puissance d'autrui, quelque espérance qu'il donne de bon traitement, ni sujet qu'il ait de la donner. L'inhumanité qui a été exercée contre ce prince n'en est pourtant pas plus excusable, soit que nous la voulions attribuer à la nation ou à la maison de l'Empereur. Maroboduus, roi allemand, pressé de ses ennemis, se fia à Tibère, qui le reçut et le traita toujours royalement; et Sigismond, qui fia volontairement sa personne et un grand Etat à un empereur chrétien, en reçoit un pire traitement que ne feroit un ennemi envers celui que le sort de la guerre auroit mis entre ses mains.

Nous avons laissé le marquis d'Ancre à Amiens,

où il se vit envoyé de la Reine avec déplaisir. Il sent bien d'où le mal lui vient, et, au lieu de s'en piquer inutilement, recherche plus que devant M. de Villeroy, et se sert de son absence pour, avec plus de facilité et de secret (et partant moins d'empêchement), parachever l'affaire du mariage proposé. Etant résolue, et lui sur le point de revenir, craignant que l'intelligence qu'il vouloit toujours entretenir avec M. le prince et ceux qui le suivoient ne donnât à ses ennemis un nouveau sujet de lui nuire, il tira parole d'eux que toutes cérémonies et témoignages extérieurs de particulière amitié cesseroient de part et d'autre, jusqu'à ce que le contrat fût signé, et qu'il tînt M. de Villeroy obligé de ne le plus abandonner. M. de Bouillon est rendu capable de ce procédé, et lui conseille de s'aboucher avec M. du Maine, qui étoit à Soissons, afin de le lui faire trouver bon; ce qu'il fit, et de là vint à Paris, où, peu après la Reine s'en allant vers le mois de septembre à Fontainebleau, le mariage fut divulgué et signé en sa présence, dont les ducs de Guise et d'Epernon, qui désiroient et croyoient la ruine du marquis d'Ancre, furent au désespoir, étonnés de voir l'accomplissement de cette affaire sans qu'ils en eussent eu le vent, ni eussent le temps de chercher les moyens de le pouvoir empêcher.

Leur déplaisir accrut encore lorsqu'à peu de jours de là le marquis de Noirmoutier étant mort, M. le prince, qui étoit revenu à la cour et se tenoit toujours avec le marquis d'Ancre, se trouva avoir assez de crédit, avec l'aide de M. de Villeroy, pour faire tomber entre les mains de Rochefort son favori, la lieutenance de roi en Poitou que le défunt avoit.

Tous ces messieurs qui étoient liés à lui se ressentirent en même temps, et en diverses occasions, de sa faveur, et reçurent plusieurs gratifications.

Le maréchal de Fervaques mourut en ce temps-là; le marquis d'Ancre succéda à cette charge, et fit avoir au sieur de Courtenvaux la charge de premier gentilhomme de la chambre qu'avoit M. de Souvré, lequel jusques alors n'avoit pu obtenir permission de la Reine de s'en démettre entre ses mains.

M. d'Epernon voulut prendre ce temps pour faire revivre celle qu'il avoit eue du temps du roi Henri III, et qu'il avoit perdue sans en avoir eu récompense; mais sa faveur n'entroit pas en comparaison avec celle des autres, joint que sa cause n'étoit pas si favorable ni si juste. Son humeur altière toutefois, à laquelle non-seulement les choses un peu rudes, mais les équitables mêmes, sont inaccoutumées et difficiles à supporter, le fit offenser du refus qui lui en fut fait avec raison, et prendre résolution de s'absenter et s'en aller à Metz.

Le duc de Longueville eut, à son retour du voyage qu'il étoit allé faire en Italie, une brouillerie avec le comte de Saint-Paul son oncle, sur le sujet du gouvernement de Picardie, duquel le feu Roi l'avoit pourvu à la mort du père dudit duc, pour le garder et le rendre à son fils quand il seroit en âge. Il demanda qu'il satisfît à ce à quoi il étoit obligé; mais l'ambition, qui est aveugle, et ne reconnoissoit point la raison, faisoit que le comte estimoit sien ce que dès long-temps il possédoit d'autrui, et dénioit le dépôt qu'il tenoit à son neveu, en faveur duquel la Reine jugea ce différend; et pour contenter le comte lui donna le gouvernement d'Orléans et du pays Blaisois.

Ce jeune gouverneur ne fut pas plutôt établi en Picardie, que, ne se souvenant plus de l'étroite confédération qu'il avoit avec le marquis d'Ancre et de la faveur qu'il en venoit tout fraîchement de recevoir, il entra en pointille avec lui sur le fait de leur charge, laquelle augmentant de jour en jour, leurs différends vinrent jusques à tel excès, qu'ils furent une des principales causes de la sortie que feront les princes hors de la cour au commencement de l'année suivante.

Toutes ces divisions entre les grands de notre cour, rendoient plus hardis nos huguenots dans les provinces, et principalement dans celle de Languedoc, où ils soulevèrent le peuple en la ville de Nîmes contre Ferrière, peu auparavant un de leurs ministres de grande réputation, lequel, ayant été déposé en une petite assemblée qu'ils tinrent à Privas de leur autorité privée, pource qu'il n'avoit pas été assez séditieux en l'assemblée de Saumur, le Roi honora d'une charge de conseiller au présidial de Nîmes. Ce peuple, offensé de le voir élevé en honneur pour le mal qu'il leur avoit fait, lui courent sus au sortir du présidial, le poursuivent à coups de pierres, et, s'étant sauvé, vont abattre sa maison, brûler ses livres, et arracher ses vignes. Les magistrats voulant faire justice de cet excès, ces mutins les violentent et leur font rendre les clefs des prisons, disent par dérision : *Le Roi est à Paris, et nous à Nîmes.* La Reine ne pouvant souffrir une action si préjudiciable à l'autorité royale sans en prendre quelque punition exemplaire, et lui semblant n'en pouvoir prendre une plus grande de cette ville que d'en ôter le siége présidial, fit expédier à la fin d'août lettres patentes par lesquelles Sa Majesté commande qu'il soit transféré de Nîmes en la ville de Beaucaire; ce qui fut exécuté.

Cependant, comme elle s'emploie à tenir les hérétiques dans les bornes de leur devoir, elle fortifioit la religion et le culte de Dieu par l'établissement de plusieurs congrégations et religions réformées dans la ville de Paris. Les carmes déchaussés furent établis au faubourg Saint-Germain, les jacobins réformés au faubourg Saint-Honoré, le noviciat des capucins et un monastère d'ursulines au faubourg Saint-Jacques; de sorte qu'on pouvoit dire que le vrai siècle de saint Louis étoit revenu, qui commença à peupler ce royaume de maisons religieuses.

Et comme la vraie piété envers Dieu est suivie de celle envers les pauvres, elle a soin d'eux, et, pour attirer la bénédiction de Dieu sur ce royaume, elle fonde aux faubourgs Saint-Marceau, Saint-Victor et Saint-Germain, trois hôpitaux pour les pauvres invalides, et établit une chambre pour leur réformation.

Ces hautes occupations ne l'empêchent pas de penser aux ornemens publics. Elle achète l'hôtel de Luxembourg, au faubourg Saint-Germain, et plusieurs jardins et maisons voisines, pour y commencer un superbe palais, duquel par avance elle commença à faire planter les arbres des jardins, qui, ne venant à leur croissance qu'avec le temps qui leur est limité par la nature, sont ordinairement devancés par les bâtimens, le temps de l'accomplissement desquels est mesuré à la dépense, et hâté selon la magnificence et la richesse de celui qui les entreprend. Et pour donner de l'eau à ce palais, elle y fit conduire les fontaines de Rongy, à quatre lieues de Paris; œuvre vraiment royale, et ce d'autant plus, que, n'en retenant que la moindre part pour elle, elle donne tout le reste de ses eaux au public, les divisant au collége Royal et en plusieurs autres lieux de l'Université.

On fit aussi en même temps, dans le conseil, une proposition de conjoindre les deux mers (1) par les rivières d'Ouche et d'Armançon, qui ont toutes deux leurs sources en Bourgogne. Celle d'Ouche porte des bateaux assez près de Dijon, et va descendre dans la Saône, puis au Rhône, et dans la mer Méditerranée; l'autre, qui est navigable vers Montbard, tombe dans l'Yonne, qui descend dans la Seine, et de là en l'Océan. Cette entreprise étoit trop grande pour le temps, n'y ayant personne qui eût soin du commerce et de la richesse de la France pour l'appuyer; aussi fut-elle seulement mise en avant et non résolue.

Tandis que toutes ces choses se font, il naît de la froideur entre le marquis d'Ancre et M. de Villeroy, le premier commençant à mépriser l'alliance du dernier, et ne l'estimer pas sortable à ce qu'il pouvoit espérer. Dolé aidoit à ce dégoût, offensé de se voir trompé en l'espérance qu'il prétendoit que le sieur d'Alincour lui avoit donnée, de lui faire avoir le contrôle général des finances qu'avoit le président Jeannin. M. de Villeroy n'en avoit jamais ouï parler; mais le

---

(1) *De conjoindre les deux mers* : Il s'agit du canal de Bourgogne. Cette entreprise n'a été commencée que sous le règne de Louis XVI. Elle n'est pas terminée au moment où nous écrivons.

chancelier, par mauvaise volonté feignant le contraire, faisoit offrir à Dolé sous main de l'y assister; ce qui augmentoit encore son mécontentement contre Villeroy, duquel il s'estimoit d'autant plus indignement traité, que, lui ayant rendu service, il en étoit, ce lui sembloit, abandonné, et au contraire recevoit assistance du chancelier, dont il devoit espérer le moins.

Peu après, environ le mois de novembre, madame de Puisieux mourut d'un cholera-morbus: cette mort ne sépara pas seulement tout-à-fait le peu d'union qui restoit encore, au moins en apparence, entre les deux beaux-pères, mais les mit en division pour les intérêts de la succession de ladite dame; ce qui fut cause de la ruine de tous deux et de beaucoup de maux pour l'Etat.

Les affaires d'Italie ayant été accommodées avec la précipitation que nous avons dit par le gouverneur de Milan, il se pouvoit plutôt dire que les actes d'hostilité étoient cessés entre les ducs de Savoie et de Mantoue, que non pas qu'il y eût une véritable paix entre eux. Le premier, après qu'il eut rendu les places qu'il avoit prises sur le duc de Mantoue, étoit demeuré armé, sous prétexte, disoit-il, que cela rendroit ledit duc plus facile à se soumettre à ce qui seroit ordonné de leurs différends, joint qu'il prétendoit que le gouverneur de Milan lui avoit promis que la princesse Marie seroit mise en la puissance de sa mère.

Ces raisons étoient bonnes pour lui, mais le duc de Mantoue ne les recevoit pas pour telles, et, non content de ravoir le sien, désiroit s'affranchir de la crainte qu'il lui fût ravi une autre fois par le même ennemi, et faisoit instance vers le gouverneur de Milan pour lui faire licencier ses troupes.

Lui, au contraire, s'en défendoit, envoya ses enfans en Espagne pour obtenir de Sa Majesté Catholique ce qu'il désiroit en cela, ou au moins pour gagner autant de temps.

Enfin toutes ces longueurs obligèrent Sa Majesté de dépêcher en Italie, vers l'un et vers l'autre de ces princes, le marquis de Cœuvres, qui partit le 22 de décembre, avec un ordre particulier de faire en sorte que le duc de Mantoue voulût remettre au sieur de Gáligaï, frère de la marquise d'Ancre, son chapeau de cardinal.

Avant que de passer en l'année suivante, il est à propos que nous remarquions ici la mort de Gabriel Battory, prince de Transylvanie, et l'élection de Gabriel Bethelin en sa place, prince qui fera parler glorieusement de lui ci-après.

Gabriel Battory fut d'une force de corps prodigieuse, de laquelle on raconte en Transylvanie des choses qui surpassent toute créance : il n'avoit pas un courage moindre, et le témoigna en plusieurs guerres contre ses voisins; mais il étoit accompagné d'une outrecuidance barbare, et, esclave de ses vices, s'abandonnoit à toutes sortes de voluptés. Il se rendit amoureux de la femme de Gabriel Bethelin, et voulut faire mauvais traitement au mari, qui se retira en Turquie, d'où il entra en Transylvanie avec deux armées, l'une par la Valachie, l'autre par le Pont de Trajan, chassa Battory; et se fit élire prince au lieu de lui. Battory s'enfuit à Waradin, recourt à l'Empereur, qui lui envoie quelque foible secours commandé par le sieur Abafy, gouverneur de Tokai, auquel il donna charge de se défaire de lui, de peur que se voyant si foiblement assisté il ne se tournât du côté du Turc, et ne lui mît ce qui lui restoit de places en sa puissance. Abafy exécute son commandement, et, n'osant entreprendre de le faire tuer à coups de main à cause qu'il craignoit sa grande force, il prit l'occasion d'un jour qu'il s'alloit promener peu accompagné, ne se doutant de rien, et envoya deux cents chevaux, qui le tuèrent dans son carrosse à coups d'arquebuses.

Ainsi Gabriel Bethelin se trouva confirmé en sa principauté par la mort de son ennemi, à laquelle il n'avoit rien contribué ; et la maison d'Autriche, comme si elle étoit avide de mauvaise renommée, se chargea de tout le crime, ayant témoigné, par le traitement qu'elle a fait à ces deux princes de Transylvanie de la maison de Battory, combien son assistance est dangereuse, puisqu'elle a, contre tout devoir de reconnoissance, tenu en servitude et fait traîner une vie misérable à Sigismond, qui avoit de son bon gré donné à l'empereur Rodolphe la principauté dont il étoit revêtu, et que maintenant son frère Mathias, au préjudice de son propre honneur et du droit des gens, qui l'obligeoient à protéger celui qui s'étoit jeté à ses genoux, le fait cruellement massacrer par ceux mêmes qu'il feignoit envoyer à son secours.

LIVRE V.

[1614] Les présens que la Reine fit aux grands au commencement de sa régence, par le conseil du président Jeannin, étourdirent la grosse faim de leur avarice et de leur ambition, mais elle ne fut pas pour cela éteinte ; il falloit toujours faire de même si on les vouloit contenter : de continuer à leur faire des gratifications semblables à celles qu'ils avoient reçues, c'étoit chose impossible, l'épargne et les coffres de la Bastille étoient épuisés ; et quand on l'eût pu faire, encore n'eût-il pas été suffisant, d'autant que les premiers dons immenses qui leur avoient été faits les ayant élevés en plus de richesses et d'honneurs qu'ils n'eussent osé se promettre, ce qui du commencement eût été le comble de ce qu'ils pouvoient désirer leur sembloit maintenant petit, et ils aspiroient à choses si grandes, que l'autorité royale ne pouvoit souffrir qu'on leur donnât le surcroît de puissance qu'ils demandoient. Ce qui étoit le pis, c'est que la pudeur de manquer au respect dû à la majesté sacrée du prince étoit évanouie. Il ne se parloit plus que de se vendre au Roi le plus chèrement que l'on pouvoit, et ce n'étoit pas de merveille; car si, à grande peine, on peut par tous moyens honnêtes retenir la modestie et sincérité entre les hommes, comment le pourroit-on faire au milieu de l'émulation des vices, et la porte ayant été si publiquement ouverte aux corruptions, qu'il sembloit qu'on fît le plus d'estime de ceux qui prostituoient leur fidélité à plus haut prix? Cela donne juste sujet de douter si c'est un bon moyen d'avoir la paix de l'acheter avec telles profusions de charges et de dépenses, puisqu'elle ôte le pouvoir de continuer, fortifie la mauvaise volonté des grands, et augmente le mal par le propre remède et la précaution que l'on y a voulu apporter.

On dira peut-être que cela a différé la guerre quelques années ; mais, si elle l'a différée, elle a donné moyen de la faire plus dangereuse par après. Il est vrai que la Reine en a tiré cet avantage, qu'elle a quasi gagné le temps de la majorité du Roi, en laquelle, agissant par lui-même, il lui sera plus aisé de mettre à la raison ceux qui s'en voudront éloigner.

Les princes et les grands, voyant que le temps s'approchoit auquel le Roi devoit sortir de sa minorité, craignirent qu'il s'écoulât sans qu'ils fissent leurs affaires, et, ne les ayant pu faire à leur souhait dans la cour par négociations, nonobstant les libéralités et les prodigalités qui leur avoient été faites, ils se résolurent de les faire au dehors par les armes. A ce dessein, et pour chercher noise, ils se retirèrent de la cour dès le commencement de l'année. M. le prince part le premier, et va à Châteauroux après avoir pris congé du Roi, promettant à Sa Majesté de revenir toutes fois et quantes qu'il le manderoit.

Autant en fit M. du Maine, qui s'en alla à Soissons, et M. de Nevers en son gouvernement de Champagne.

Le duc de Bouillon demeura quelque temps après eux à la cour, et assura les ministres et la Reine qu'ils avoient intention de demeurer dans la fidélité qu'ils devoient à Sa Majesté, et que la cause de leur mécontentement étoit la confusion qu'ils voyoient dans les affaires, de laquelle ils croyoient être obligés de représenter les inconvéniens qui en pourroient arriver à Sa Majesté, et avoient quelque pensée de s'assembler sur ce sujet à Mézières avec leur train seulement.

Le cardinal de Joyeuse fut employé vers lui pour aviser à assoupir cette émotion en sa naissance; mais ledit duc, connoissant qu'il n'avoit aucun pouvoir de procurer les avantages qu'ils désiroient, n'y voulut pas entendre. A peu de temps de là, il partit pour aller trouver les princes, sous prétexte de les ranger à leur devoir, mais à dessein en effet de les en éloigner davantage : ce qui parut bien par le bruit qu'il fit courir en partant, qu'il se retiroit parce qu'on avoit eu dessein de l'arrêter.

M. de Longueville partit incontinent après, sans prendre congé de Leurs Majestés, qui, ayant eu avis que le duc de Vendôme, qui étoit encore à Paris, étoit aussi de la partie, le firent arrêter au Louvre le 11 de février.

En même temps force livrets séditieux couroient entre les mains d'un chacun; les almanachs, dès le commencement de l'année, ne parloient que de guerre; il s'en étoit vu un, d'un nommé Morgard, qui étoit si pernicieux que l'auteur en fut condamné aux galères. C'étoit un homme aussi ignorant en la science qu'il professoit faussement, que dépravé en ses mœurs, ayant pour cet effet été repris de justice, ce qui fit juger qu'il n'avoit été porté à prédire les maux dont il menaçoit, que par ceux-là mêmes qui les vouloient faire; c'est pourquoi il mérita justement le châtiment qui lui fut ordonné.

La Reine envoya lors le duc de Ventadour et le sieur de Boissise vers M. le prince à Châteauroux; mais ne l'y trouvant pas, pource qu'il étoit parti pour se rendre à Mézières, et ne pouvant avoir aucune réponse des lettres qu'ils lui écrivirent, ils retournèrent à Paris.

Dès le commencement de ces mouvemens, elle se résolut de faire revenir M. d'Epernon de Metz, où il étoit allé mécontent sur la fin de l'année dernière; et pour le contenter fit revivre, en la personne de M. de Candale, la prétendue charge de premier gentilhomme de la chambre, qu'il avoit eue du temps du roi Henri III. Elle accorda aussi au sieur de Thermes la survivance de la charge de premier gentilhomme de la chambre, qu'avoit M. de Bellegarde, et flatta M. de Guise de l'espérance de lui donner la conduite de ses armées.

Tout cela ne plaisoit point au maréchal d'Ancre, qui n'avoit nulle inclination pour ces messieurs-là, et au contraire la conservoit pour M. le prince et ceux de son parti, quoique, pour cette fois, ils fussent sortis de la cour sans lui donner aucune participation de leur dessein.

Cependant M. de Vendôme, mal gardé au Louvre, se sauve, le 19 de février, par une des portes de sa chambre qu'on avoit condamnée, va en Bretagne, où le duc de Retz se joignit à lui, et lui amassa quelques troupes, commence à faire fortifier Blavet, et se rend maître de Lamballe.

La Reine envoie défendre à tous les gouverneurs

des places de le recevoir plus fort, et commande au parlement d'empêcher qu'il se lève des gens de guerre en la province.

Le même jour qu'il se sauva, la Reine eut avis que le château de Mézières avoit été remis en la puissance du duc de Nevers, lequel voyant que Descuroles, lieutenant de La Vieuville, qui en étoit gouverneur, ne lui en vouloit pas ouvrir les portes, et sachant, d'autre part, que la place étoit mal munie de tout ce qui étoit nécessaire pour sa défense, envoya querir deux canons à La Cassine, et en fit venir deux autres de Sedan, à la vue desquels Descuroles se rendit le 18.

Le duc de Nevers, qui en donna avis à la Reine, fut si effronté que de lui mander que son devoir l'avoit obligé de se saisir de cette place, d'autant que Descuroles n'avoit pu lui en refuser l'entrée qu'ensuite de quelque conspiration qu'il tramoit contre l'Etat, attendu qu'en lui, comme gouverneur de la province, résidoit l'autorité du Roi, et que Mézières étoit de son patrimoine. Il demandoit aussi que le marquis de La Vieuville fût puni pour avoir donné à Descuroles un tel commandement.

La Reine, n'osant pas blâmer ouvertement l'action qu'il avoit faite, se contenta de lui envoyer M. de Praslin avec une lettre de sa part, par laquelle elle lui commandoit de recevoir en ladite citadelle un lieutenant des gardes qu'elle lui envoyoit.

La Reine, agitée par tant de factions qu'elle voyoit dans le royaume, eut quelque pensée de se démettre de la régence, et aller au parlement pour cet effet. Le maréchal et sa femme étoient si étonnés des menaces que les princes et autres grands leur faisoient, qu'ils n'osoient lui déconseiller. Le seul Barbin, auquel la Reine avoit quelque confiance pource qu'il étoit intendant de sa maison, et étoit homme de bon sens, insista au contraire, lui apportant pour principale raison le péril auquel en ce faisant elle mettroit le Roi.

Elle dit qu'on lui avoit donné avis de Bretagne que quelques-uns faisoient courir le bruit qu'elle vouloit faire empoisonner le Roi pour avoir continuellement et à toujours la régence; que c'étoit chose horrible de lui imputer telle calomnie, jurant qu'elle éliroit plutôt la mort que la continuation d'une si pesante charge; dit de plus qu'elle savoit tous les mauvais bruits qu'on faisoit courir contre elle-même, contre sa réputation, et que ce n'étoit la première fois qu'on avoit dit que le marquis d'Ancre la servoit, et que, quand les factieux n'en peuvent plus, ils publient divers discours et contre sa personne et contre le gouvernement de l'Etat. Néanmoins, qu'elle est résolue d'achever l'administration pendant le temps de sa régence, ayant pour principal but de bien servir le Roi, et se tenir bien auprès de lui, et qu'elle pouvoit dire assurément que cela alloit le mieux du monde entre le Roi et elle, et qu'elle prendroit courage, voyant le temps de la majorité approcher, et qu'elle avoit su et appris de bon lieu que la reine Catherine de Médicis avoit fait déclarer le roi Charles majeur de bonne heure, pour se décharger d'envie, et avoir l'autorité plus absolue sous le nom du Roi son fils.

Il y avoit dans le conseil une grande division pour

résoudre lequel des deux partis la Reine devoit suivre, ou aller droit à ces princes avec ce que le Roi avoit de gens de guerre, ou mettre cette affaire en négociation.

Le cardinal de Joyeuse, M. de Villeroy et le président Jeannin, étoient d'avis qu'on courût promptement sus aux princes, sans leur donner temps de faire assemblée de gens de guerre, attendu qu'ils n'étoient pas en état de se défendre, mais si foibles, que le seul régiment des Gardes et une partie de la cavalerie entretenue, étoient suffisans de les réduire à la raison.

Qu'au moins la Reine leur devoit-elle faire peur, et partir de Paris pour aller jusqu'à Reims; ce que faisant, elle les contraindroit ou de venir absolument, sans aucune condition, trouver Leurs Majestés, ou de se retirer, avec désordre et à leur confusion, hors du royaume, qui, par ce moyen, demeureroit paisible et en état que chacun seroit bien aise d'abandonner le parti des princes et se remettre en son devoir, et que, par ce moyen, elle retireroit Mézières surpris sur les siens, et toute la Champagne et l'Ile-de-France, qui étoient possédées par ceux qui leur devoient être suspects.

M. de Villeroy ajoutoit que si la Reine faisoit autrement, elle tomberoit en la même faute que l'on avoit commise en la première prise des armes de la ligue; auquel temps, si on eût pu prendre un conseil généreux d'aller droit à M. de Guise et à ses partisans, qui étoient plus armés de mauvaise volonté qu'ils ne l'étoient de gens de guerre, dont ils avoient fort petit nombre près d'eux, on eût mis les affaires en état de ne les voir plus réduites à l'extrémité où elles furent depuis.

Le chancelier, qui avoit accoutumé en toutes occurrences de chercher des voies d'accommodement, et prendre des conseils moyens, que César disoit n'être pas moyens mais nuls dans les grandes affaires, fut de différente opinion, et estima qu'on devoit donner aux princes toutes sortes de contentemiens. Il représentoit que tous les grands du royaume, sans presque en excepter aucun, étoient unis avec M. le prince contre l'autorité royale; que la Reine n'avoit que messieurs de Guise et d'Epernon de son côté, et qu'encore étoient-ils en telle jalousie l'un de l'autre, prétendant tous deux à la charge de connétable, qu'ils se haïssoient de mort. Que le parti des huguenots étoit lors très-puissant, qu'ils ne demandoient que le trouble du royaume, expressément pour en profiter, disant ouvertement qu'il falloit qu'ils se fissent majeurs pendant la minorité du Roi, s'ils ne vouloient consentir à se voir un jour absolument ruinés, quand il auroit connu ses forces. Que le gouvernement étant entre les mains d'une femme, et le Roi âgé seulement de douze à treize ans, la prudence requéroit qu'on ne commît rien au hasard, et obligeoit à préférer les moyens de conserver la paix à une guerre, quelque avantageuse qu'elle semblât de prime face.

Le maréchal d'Ancre, qui étoit à Amiens, et en quelque disgrâce, ce lui sembloit, de la Reine, dépêchoit continuellement courriers sur courriers à sa femme, pour la presser de se joindre à l'avis du chancelier, et faire tout ce qu'elle pourroit pour moyenner la paix. Elle le fit; et trouvant pendant ces contestations, qui tenoient l'esprit de la Reine divisé entre l'estime qu'elle devoit faire du conseil des uns ou des autres, plus d'accès auprès d'elle et plus de lieu en sa bonne grâce, elle lui fit mal juger de toutes les raisons de M. de Villeroy, les interprétant à dessein qu'il eût d'obliger M. de Guise, lui faisant avoir le commandement des armées, et à son animosité contre le chancelier et le maréchal d'Ancre, qu'il espéroit de ruiner par la guerre; et ensuite lui fit prendre la résolution d'accommoder les affaires par la douceur; ce qui n'empêcha pas, néanmoins, d'envoyer en Suisse faire une levée de six mille hommes.

On présenta à la Reine, le 21 de février, de la part de M. le prince, un manifeste en forme de lettre, par lequel il essayoit de justifier le crime de la rebellion que lui et les siens commettoient, et vouloit faire passer pour criminelle l'innocence de la Reine et de son gouvernement. Il n'avoit dessein, disoit-il, que de procurer la réformation des désordres de l'Etat, à laquelle il ne prétendoit parvenir que par remontrances et supplications, lesquelles, pour ce sujet, il commençoit à faire sans armes, auxquelles il ne vouloit avoir recours qu'au cas qu'il fût forcé à repousser les injures faites au Roi par une naturelle, juste et nécessaire défense.

Ses plaintes étoient de tous les maux imaginaires en un Etat, non d'aucune faute réelle dont la régence de la Reine fût coupable. Il se plaignoit que l'Eglise n'étoit pas assez honorée, qu'on ne l'employoit plus aux ambassades, qu'on semoit des divisions dans la

Sorbonne, la noblesse étoit pauvre, le peuple étoit surchargé, les offices de judicature étoient à trop haut prix, les parlemens n'avoient pas la fonction libre de leurs charges, les ministres étoient ambitieux, qui, pour se conserver en autorité, ne se soucioient pas de perdre l'Etat. Et ce qui étoit le meilleur, est qu'il se plaignoit des profusions et prodigalités qui se faisoient des finances du Roi, comme si ce n'étoit pas lui et les siens qui les eussent toutes reçues, et que, pour gagner temps avec eux, la Reine n'y eût pas été forcée. Pour conclusion, il demandoit qu'on tînt une assemblée des Etats, sûre et libre, que les mariages du Roi et de Madame fussent différés jusqu'alors.

Ceux qui répondirent de la part de la Reine à ce manifeste, y eurent plus d'honneur que de peine; car les raisons qu'ils avoient sur ce sujet étoient convaincantes et aisées à trouver. Que M. le prince avoit tort de ne lui avoir pas depuis quatre ans remontré toutes ces choses lui-même, et ne l'avoit pas avertie des malversations prétendues sur lesquelles il fondoit ses mécontentemens. Qu'il ne falloit point s'éloigner pour cela de la cour, et prendre prétexte sur les mariages que lui-même avoit approuvés et signés. Que ni l'Eglise, ni la noblesse, ni le peuple, ne se plaignent d'être maltraités, ni n'en ont point de sujet; aussi peu la Sorbonne, en laquelle Sa Majesté a tâché de maintenir la bonne intelligence, laquelle ceux qui se plaignent d'elle ont essayé et essaient journellement de troubler par mauvais desseins, au préjudice du service du Roi et du repos de l'Etat. Que tant s'en faut qu'elle eût appauvri la noblesse, elle leur avoit plus libéralement départi des biens et des honneurs qu'ils n'en avoient du temps du feu Roi. Que ce n'étoit pas de son temps que les offices de judicature avoient été rendus vénaux, ni qu'elle n'avoit donné occasion à les hausser de prix. Que le peuple a été soulagé, et les levées ordinaires diminuées, nonobstant les grandes dépenses qu'il étoit nécessaire de faire. Que les parlemens avoient toute liberté en l'exercice de la justice. Que c'est l'ordinaire de ceux qui entreprenoient contre leurs souverains, de faire semblant de ne se prendre pas à eux, mais à leurs ministres, et, par ce moyen, épargnant en papier leur nom, faire néanmoins tomber sur eux en effet tous les reproches dont on charge leurs serviteurs. Que ceux dont elle se sert sont vieillis dans les affaires publiques et dans les charges qu'ils exercent, lesquelles ils sont tous prêts de lui remettre s'il est jugé expédient pour le bien de l'Etat; mais qu'elle sait qu'ils méritent plutôt récompense que punition. Que les profusions qu'il appelle n'ont été faites que pour contenir en leur devoir ceux qui s'en plaignent maintenant, et en ont eu tout le profit. Que si telles gratifications n'ont produit l'effet qu'on en avoit attendu, on ne peut que louer la bonté de la Reine, et accuser l'ingratitude de ceux qui les ont reçues. Quant aux Etats-Généraux, elle a toujours eu dessein de les assembler à la majorité du Roi, pour rendre compte de son administration; mais que la demande qu'il fait qu'on les rende sûrs et libres, témoigne qu'il projette déjà des difficultés pour les éluder, et en faire avorter le fruit avant la naissance. Et enfin que la protestation qu'il fait de vouloir procéder à la réformation prétendue de l'Etat par moyens légitimes et non par armes, est plutôt à désirer qu'à espérer, vu que la liaison des seigneurs mécontens avec lui est un parti, lequel sans l'autorité du Roi ne peut être légitime, va le grand chemin à la guerre, est un son de trompette qui appelle les perturbateurs du repos public, et force le Roi à s'y opposer par toutes voies.

M. le prince envoya à tous les parlemens de France la copie du manifeste qu'il envoyoit à la Reine, avec une lettre particulière qu'il leur écrivoit pour les convier de lui aider ; mais nul d'eux ne lui fit réponse. Il écrivit à plusieurs cardinaux, princes et seigneurs particuliers, la plupart desquels envoyèrent au Roi leurs paquets fermés.

La Reine, pour n'oublier aucune voie de douceur, envoya à Mézières le président de Thou, pour le trouver et convenir d'un lieu pour conférer avec lui. Le président alla jusqu'à Sedan, où il étoit allé voir le duc de Bouillon, où, après lui avoir fait ouïr une comédie, ou plutôt une satire contre le gouvernement, ils s'accordèrent de la ville de Soissons, où la conférence fut assignée pour le commencement d'avril.

En ce temps mourut le connétable de Montmorency, chargé d'années ; il fut le plus bel homme de cheval et le meilleur gendarme de son temps, et en réputation d'homme de grand sens, nonobstant qu'il n'eût aucunes lettres, et à peine sût-il écrire son nom.

La persécution que sa maison reçut de celle de Guise le porta, pour sa conservation, de s'unir avec les huguenots de Languedoc, auxquels le service du Roi l'obligeoit de s'opposer, sans que néanmoins il leur laissât tant prendre de pied qu'ils fussent maîtres des catholiques, tenant les choses en un équilibre qui, continuant la guerre, lui donnoit prétexte de demeurer toujours armé. Le roi Henri-le-Grand, pour le retirer avec honneur de cette province, où il avoit vécu presque en souverain, lui donna la charge de connétable, que trois de ses prédécesseurs avoient possédée. Sa présence diminua sa réputation, soit que son âge déjà fort avancé eût perdu quelque chose de la vigueur de son esprit, soit que les hommes concevant d'ordinaire les choses absentes plus grandes qu'elles ne sont quand nous les voyons, elles ne correspondent pas à notre attente, ou soit enfin que le peu de satisfaction que le Roi avoit de ses actions passées, l'envie qu'on lui portoit, et la faveur de Sa Majesté, la bienveillance de tous les gens de guerre vers le maréchal de Biron, qui étoit un soleil levant, obscurcissent l'éclat de ce bon homme, qui étoit déjà bien fort en son déclin. A la mort du Roi, sa vieillesse ne le laissant que l'ombre de ce qu'il avoit été, il désira retourner en son gouvernement; où il mourut au commencement d'avril de la présente année, s'étant, quelque temps auparavant, séquestré des choses temporelles pour vaquer à la considération de celles du ciel et penser à son salut.

Le 6 d'avril, la Reine fit partir de Paris le duc de Ventadour, les présidens Jeannin et de Thou, les sieurs de Boissise et de Bullion, pour se rendre à Soissons au temps dont ils étoient convenus avec M. le prince. Après plusieurs conférences avec tous, dont la première fut le 14 du mois, et plusieurs autres particulières avec le duc de Bouillon, qui étoit l'ame de cette assemblée, on convint de trois choses. La première fut celle du mariage qu'ils vouloient qui fût sursis jusqu'à la fin des Etats, qu'on leur accorda de l'être jusqu'à la majorité du Roi; la seconde, les Etats libres, demandés en apparence pour réformer l'Etat, mais en effet pour offenser la Reine et les ministres; la troisième, le désarmement du Roi, qu'ils vouloient être fait en même temps qu'ils désarmeroient, mais qu'on ne leur accorda qu'après qu'ils auroient désarmé les premiers.

Durant plusieurs allées et venues qui se firent de Paris à Soissons pendant cette conférence, l'armée du Roi se faisoit toujours plus forte en Champagne, et la levée des six mille Suisses y arriva, dont M. le prince prit ombrage; et, écrivant à la Reine qu'il laissoit messieurs du Maine et de Bouillon pour parachever le traité, il s'en alla avec le duc de Nevers et le peu de troupes qu'il avoit à Sainte-Menehould, où le gouverneur et les habitans, lui ayant du commencement refusé les portes, le laissèrent entrer dès le lendemain.

Cette nouvelle arrivée à la cour fortifia l'opinion de ceux qui déconseilloient à la Reine d'entendre aux conditions de paix qu'on lui avoit apportées. On parla d'assembler les troupes du Roi en un corps d'armée, et en donner la conduite à M. de Guise. La Reine néanmoins voulut encore une fois dépêcher vers M. le prince, et choisit le sieur Vignier, intendant de ses affaires, qui lui rapportant le désir qu'avoit M. le prince que les députés s'avançassent à Rethel, la Reine leur en fit expédier la commission le 5 de mai; ensuite de laquelle y étant allé, le tout se termina en divers intérêts particuliers, qui passèrent à l'ombre des trois concessions générales prétendues pour le bien public, lesquelles avoient été accordées à Soissons.

Les intérêts particuliers avoient plusieurs chefs. M. le prince eut Amboise ; il en demandoit le gouvernement pour toujours, prétendant qu'il lui fût nécessaire pour sa sûreté. On le lui accorda en dépôt seulement, et ce jusqu'à la tenue des Etats; mais, outre cela, on lui promit et paya quatre cent cinquante mille livres en argent comptant.

M. du Maine, trois cent mille livres en argent pour se marier, et la survivance du gouvernement de Paris, pour se rendre plus considérable en l'Ile-de-France, dont il étoit gouverneur. M. de Nevers, le gouvernement de Mézières et la coadjutorerie de l'archevêché d'Auch.

M. de Longueville, cent mille livres de pension. Messieurs de Rohan et de Vendôme comparoissoient par procureurs. M. de Bouillon eut le doublement de ses gendarmes, et l'attribution de la connoissance du taillon, comme premier maréchal de France. Toutes ces conditions étant accordées entre les commissaires du Roi et les princes, M. de Bullion fut député pour les porter à la Reine, où il trouva les choses bien autrement qu'il n'eût pensé.

Car le cardinal de Joyeuse, les ducs de Guise et d'Epernon, et le sieur de Villeroy, qui étoient réunis ensemble pour empêcher la paix, agirent de telle sorte vers l'esprit de la Reine par la princesse de

Conti, passionnée aux intérêts du duc de Guise, qui prétendoit être connétable par la guerre, que, bien que le chancelier, le maréchal et la maréchale, et le commandeur de Sillery, fissent tous leurs efforts pour la paix, ils n'y pouvoient porter l'esprit de la Reine.

M. de Villeroy et le président Jeannin s'opposoient particulièrement à livrer Amboise à M. le prince, remontrant de quelle conséquence étoit cette place, à cause de sa situation sur une grande rivière proche de ceux de la religion.

Cette contestation dura quelque temps entre les plus puissans de la cour. Le duc d'Epernon voulut même faire une querelle d'Allemand au sieur de Bullion, à qui il tint des paroles fort aigres pour le détourner de favoriser la paix; mais tant s'en faut qu'il s'en abstînt pour ce sujet, que, s'étant plaint à la Reine de son procédé, il prit occasion de lui faire connoître que le duc et ses adhérens agissoient avec d'autant plus d'artifice et de violence qu'ils ne le pouvoient faire par raison.

Enfin le sieur de Villeroy, qui d'abord se portoit à la guerre, ayant vu que la proposition qu'il avoit faite à la Reine de chasser le chancelier, duquel il étoit séparé depuis la mort de la dame de Puisieux qui étoit sa petite-fille, ne réussissoit pas, se porta à la paix en se réunissant avec le maréchal d'Ancre qui la désiroit.

D'autre part, la princesse de Conti et la maréchale d'Ancre étant venues aux grosses paroles sur le sujet des affaires présentes, la dernière, outrée de l'insolence de la princesse, fit si bien connoître à la Reine que si la guerre étoit elle seroit tout-à-fait sous la tyrannie de la maison de Guise, qu'elle se résolut à la paix.

Pour la conclure avec les formalités requises, on assembla les premiers présidens et gens du Roi des compagnies souveraines de Paris, prévôt de ladite ville, grands du royaume et ministres, qui tous ensemble approuvèrent les conditions portées ci-dessus. Le sieur de Bullion retourna à Sainte-Menehould où étoient les princes, où la paix fut signée le 15 de mai.

Cependant le marquis de Cœuvres revint d'Italie où l'on l'avoit dépêché l'année passée, et arriva à la cour le 10 de mai. Passant par Milan, il vit le gouverneur, pour lequel il avoit des lettres, et reçut de lui un bon traitement en apparence, et témoignage de confiance sur le sujet pour lequel il avoit été dépêché; mais il ne fut pas sitôt arrivé à Mantoue, qu'il reconnut bien, par effet, la jalousie qu'il avoit que Leurs Majestés prissent part aux affaires d'Italie, et voulussent employer leur autorité pour les accorder; car il dépêcha en même temps secrètement un cordelier, pour persuader au duc de Mantoue qu'il ne devoit entendre aux propositions que ledit marquis lui feroit de la part du Roi; et, de peur que les raisons du cordelier ne fussent suffisantes, il envoya encore le prince de Castillon, qui étoit commissaire impérial, pour lui faire la même instance au nom de l'Empereur; et, afin que cela ne parût point, le commissaire se tint caché en une des maisons du duc près de Mantoue. Mais tous ces artifices n'eurent pas assez de pouvoir sur l'esprit du duc pour le faire entrer en soupçon d'aucun conseil qui lui fût donné de la part de Sa Majesté; à quoi déférant entièrement, il pardonna au comte Gui de Saint-Georges et à tous ses autres sujets rebelles du Montferrat, renonça à toutes les prétentions que lui et ses sujets pouvoient justement avoir, à cause des ruines et dégâts de la guerre injuste que le duc de Savoie lui avoit faite, promit de se marier avec la princesse Marguerite, et se soumettre à des arbitres qui jugeroient tous leurs différends avant la consommation du mariage. Il dépêcha à la cour un courrier avec tous ces articles, avec ordre, si Leurs Majestés les agréoient, de le faire passer en Espagne, ou de se remettre à la Reine si elle le vouloit, pour, par ses offices, y faire consentir les Espagnols.

Cela fait, le marquis de Cœuvres ayant exécuté ce qui lui avoit été commis, se remet en chemin pour retourner. Le duc de Savoie, quand il passa à Turin, lui témoigna agréer tout ce qui avoit été traité, mais craindre que les Espagnols traverseroient l'accommodement entier entre lui et le duc de Mantoue, et se servoit de ce prétexte pour ne pas désarmer.

Il arriva à Paris le 10 de mai, où il vint à propos pour être peu après envoyé à M. de Vendôme, lui conseiller de revenir en son devoir. Car, en cette paix qui avoit été faite, les ennemis du Roi ayant obtenu pardon sans réparer leur faute, et reçu des bienfaits, sinon à cause; au moins à l'occasion du mal qu'ils avoient fait, et de peur qu'ils en fissent davantage, tant s'en faut qu'ils perdissent la mauvaise volonté qu'ils avoient au service du Roi, qu'ils s'y affermirent davantage par l'impunité avec laquelle ils voyoient qu'ils la pouvoient exécuter. Nonobstant toutes les promesses qu'avec serment messieurs le prince et de Bouillon firent au président Jeannin de demeurer à l'avenir dans une fidélité exacte au service du Roi, ni l'un ni l'autre ne revint à la cour, comme ils avoient donné à entendre qu'ils feroient; mais M. de Bouillon alla à Sedan, et M. le prince n'approcha pas plus près que Valery, d'où il écrit à la Reine, qui lui envoya Descures, gouverneur d'Amboise, qui lui remit la place en ses mains, de laquelle il alla incontinent après prendre possession. Le duc de Nevers s'en alla à Nevers; le duc de Vendôme étoit en Bretagne; M. de Longueville vint saluer le Roi, mais demeura peu de jours près de sa personne; M. du Maine y vint, qui y demeura davantage, et étoit très-bien vu de Leurs Majestés.

Le seul duc de Vendôme témoignoit ouvertement n'être pas content de la paix; le duc de Retz et lui, prétendant qu'on n'y avoit pas eu assez d'égard à leurs intérêts, voulurent essayer de s'avantager, et gagner quelque chose de plus pour eux-mêmes; de sorte que non-seulement ledit duc de Vendôme ne se mettoit en devoir de raser Lamballe et Quimper, selon qu'il étoit obligé; mais surprit encore la ville et château de Vannes par l'intelligence d'Aradon, qui en étoit gouverneur, et faisoit beaucoup d'actes d'hostilité en cette province.

La Reine ne crut pas pouvoir envoyer vers lui personne qui pût gagner davantage sur son esprit que le marquis de Cœuvres, qui n'en rapporta néanmoins pas grand fruit; ce qui obligea la Reine à le lui envoyer encore une fois, avec menaces que le Roi useroit de remèdes extrêmes, si volontairement il ne se mettoit à la raison.

Elle changea seulement l'ordre du rasement de Blavet en un commandement de faire sortir la garnison qui y étoit pour y en faire entrer une des Suisses. La crainte obligea M. de Vendôme à signer toutes les conditions que l'on désiroit de lui ; mais, pour les avoir signées, il ne se hâtoit néanmoins pas encore de les exécuter.

Tandis que la maison de Guise tenoit le haut du pavé, et que le mauvais gouvernement des autres princes la rendoit recommandable, elle reçut une grande perte en la mort du chevalier de Guise, qui arriva le premier jour de juin. Il étoit prince généreux, et qui donnoit beaucoup à espérer de lui ; mais le duc de Guise, qui en faisoit son épée, le nourrissoit au sang, et lui avoit fait entreprendre deux mauvaises actions : l'une contre le marquis de Cœuvres, l'autre contre le baron de Luz, la dernière desquelles il exécuta à son malheur; car Dieu, qui hait le meurtre et le sang innocent répandu, le punit, et fit qu'il répandit le sien même par sa propre main ; car, étant à Baux en Provence, il voulut, par galanterie, mettre le feu à un canon, qui creva et le blessa d'un de ses éclats, dont il mourut deux heures après, non sans reconnoître qu'il méritoit ce genre de mort cruelle et avancée.

Environ ce temps, le parlement fit brûler, par la main d'un bourreau, un livre de Suarez, jésuite, intitulé : *La Défense de la foi catholique, apostolique, contre les erreurs de la secte d'Angleterre ;* comme enseignant qu'il est loisible aux sujets et aux étrangers d'attenter à la personne des souverains. Et, pource que ce livre étoit nouvellement imprimé et apporté en France, nonobstant la déclaration des pères et le décret de leur général, de l'an 1610, la cour fit venir les pères jésuites Ignace, Armand Fronton, Leduc, Jacques Sirmond, et fit prononcer ledit arrêt en leur présence, leur enjoignant de faire en sorte vers leur général qu'il renouvelât ledit décret, et qu'il fût publié, et d'exhorter le peuple en leurs prédications à une doctrine contraire. Cet arrêt de la cour fut si mal reçu à Rome par les faux donnés à entendre de ceux qui y étoient intéressés, que Sa Sainteté fut sur le point d'excommunier le parlement, et de traiter leur arrêt comme ils avoient fait le livre de Suarez. Mais quand l'ambassadeur du Roi l'eut informé de la procédure et du fait, Sa Sainteté, bien loin de condamner ledit arrêt, donna un bref et décret confirmatif de la détermination du concile de Constance en ce sujet, laquelle le parlement avoit suivie en son arrêt.

Tandis que le parlement travailloit à Paris contre les pères jésuites, M. le prince en avoit à Poitiers contre l'évêque. On s'aperçut en cette ville, au temps que l'on a accoutumé d'élire un maire, qui est le lendemain de la Saint-Jean, de quelques menées de sa part; on y découvrit un parti formé pour lui, duquel Sainte-Marthe, lieutenant général, et quelques autres des principaux officiers étoient. Le 22 du mois, un nommé Latrie, qui étoit à M. le prince, fut attaqué dans la ville, et blessé d'un coup de carabine par quelques habitans, qui se retirèrent dans l'Evêché. M. le prince part d'Amboise, se présente aux portes, que l'évêque (auquel la Reine, dès le commencement de ces mouvemens, avoit écrit et commandé de ne laisser entrer aucun des grands en ladite ville) lui fit refuser. M. le prince demandant à parler à quelqu'un, un nommé Berland se présenta, qui lui dit qu'on ne le laisseroit point entrer; et, sur ce qu'il l'interrogea de la part de qui il lui faisoit cette réponse, il lui dit que c'étoit de la part de dix mille hommes armés qui étoient dans la ville, qui mourroient plutôt que de l'y laisser entrer, et qu'il le prioit de se retirer, ou qu'on tireroit sur lui.

Le duc de Rouanais, gouverneur de la ville, affidé à M. le prince, y alla le 25; mais il fut contraint de prendre le logis de l'évêque pour asile, et ceux de la ville refusant de lui obéir, et protestant qu'ils ne reconnoissoient lors personne que l'évêque, il en sortit deux jours après. M. le prince se retira à Châtellerault, d'où il écrivit à la Reine une lettre pleine de plaintes, lui demandant justice de l'évêque et de ceux qui avoient été contre lui; puis, ayant amassé quelque noblesse, et le marquis de Bonnivet lui ayant amené un régiment, il alla loger à Dissé, maison épiscopale, et autres lieux à l'entour de Poitiers, qui envoya demander assistance à la Reine, et la supplier de les dégager de M. le prince.

La Reine lui manda qu'elle lui feroit faire justice, et qu'elle attribuoit au parlement la connoissance de ce qui s'étoit passé en cette affaire, pour en juger selon les lois; et, afin qu'on ne pût prendre aucun prétexte pour ne pas exécuter le traité de Sainte-Menehould, la Reine fit vérifier, le 4 de juillet, une déclaration du Roi, portant que Sa Majesté avoit été bien informée que le sieur prince et tous ceux de son parti n'avoient eu aucune mauvaise intention contre son service, et partant avouoit tout ce qu'ils avoient fait, et ne vouloit pas qu'ils en pussent être jamais recherchés. Tout cela ne put pas faire retirer M. le prince, qui muguettoit cette ville, et auquel la lâcheté du gouvernement passé faisoit peu appréhender l'avenir.

M. de Villeroy persistoit au conseil généreux qu'il avoit toujours donné, qui étoit que le Roi et la Reine s'acheminassent en ces quartiers-là; joint que M. de Vendôme, qui étoit en Bretagne, n'obéissoit non plus que s'il n'eût point signé le traité.

M. le chancelier étoit d'un avis contraire, auquel le maréchal d'Ancre et sa femme se joignoient; et la chose se traitoit avec tant d'animosité de part et d'autre, qu'il y eut beaucoup de paroles d'aigreur entre eux et ceux qui étoient d'avis du voyage.

Mais enfin la Reine, s'étant mal trouvée des premiers conseils de M. le chancelier, et d'avoir voulu éviter le naufrage en cédant aux ondes, suivit pour cette fois le conseil de M. de Villeroy, nonobstant tous les offices du maréchal et de sa femme, et se résolut de résister au temps, faire force à la tempête, et mener le Roi à Poitiers et en Bretagne. Elle le fit partir le 5 de juillet. Le maréchal et sa femme, s'estimant ruinés, n'osèrent accompagner Leurs Majestés en ce voyage, mais demeurèrent à Paris.

La Reine étant arrivée à Orléans, dépêcha M. du Maine vers M. le prince, croyant qu'ayant été de son parti il avoit plus de pouvoir de le faire retirer; mais son voyage n'eut autre fin, sinon que M. le prince, voyant le Roi s'approcher de lui, dit qu'il s'en alloit à Châteauroux, où il attendroit la satisfaction de l'offense qu'il avoit reçue, et fut voir en passant M. de Sully, sous prétexte de le ramener en son devoir, mais en intention toute contraire.

Elle renvoya aussi d'Orléans, pour la troisième fois, au duc de Vendôme le marquis de Cœuvres, et fit expédier en ladite ville, le 14 de juillet, une déclaration en faveur dudit duc, par laquelle le Roi le rétablissoit dans les fonctions de sa charge de gouverneur de Bretagne, et commandoit aux villes de le laisser entrer comme elles avoient accoutumé auparavant ces mouvemens.

M. le prince éprouva lors combien peu de chose étoit le gouvernement d'Amboise, qu'il avoit désiré avec tant de passion, vu que ceux qui y commandoient en apportèrent les clefs à Leurs Majestés à leur passage, lesquelles elles laissèrent néanmoins entre leurs mains.

A leur arrivée à Tours, la nouvelle leur ayant été apportée de l'éloignement de M. le prince, ceux qui avoient déconseillé le voyage voulurent persuader la Reine de retourner à Paris; mais la venue de l'évêque de Poitiers avec deux cents habitans, qui représentèrent la ville en péril à cause de l'absence des principaux magistrats d'icelle, qui, ayant été soupçonnés d'être contre le service du Roi, avoient été obligés de se retirer, Leurs Majestés s'y acheminèrent, furent reçues avec applaudissement de tout ce peuple, y mirent l'ordre nécessaire, et firent résigner à Rochefort sa charge de lieutenant de roi en Poitou, en faveur du comte de La Rochefoucault.

Toutes choses succédant si heureusement en ce voyage, messieurs de Guise, d'Epernon et de Villeroy, étoient en faveur et gouvernoient tout, et on ne faisoit qu'attendre l'heure que le chancelier seroit chassé, ce que si le sieur de Villeroy eût fait alors, il se fût garanti de beaucoup de maux que le chancelier lui fit depuis.

Le commandeur de Sillery croyoit tellement son frère et lui ruinés, qu'il traita et tomba quasi d'accord de sa charge de premier écuyer de la Reine, avec le sieur de La Trousse; Barbin seul l'empêcha, lui représentant que l'honneur l'obligeoit à ne s'en point défaire sans en parler au maréchal d'Ancre, par la faveur duquel il la tenoit.

Le duc de Vendôme, nonobstant l'approche du Roi, demeura toujours dans son opiniâtreté, ne désarmant ni rasant les fortifications de Lamballe et de Quimper, ni ne recevant la garnison de Suisses dans Blavet, jusques à ce qu'il sût que Leurs Majestés fussent arrivées à Nantes, où, pour sa sûreté, on lui fit expédier, le 13 d'août, une déclaration semblable à celle qui lui avoit été envoyée d'Orléans; et lors seulement il se rendit à son devoir.

Le Roi tenant ses Etats à Nantes, il fut étonné des excès et violences dont avoient usé les troupes de M. de Vendôme, desquelles les Etats lui firent des plaintes, suppliant Sa Majesté qu'il lui plût ne point comprendre dans l'abolition qu'on leur donnoit de leurs crimes, ceux qui avoient fait racheter les femmes aux maris, les filles et les enfans aux pères et mères, les champs ensemencés aux propriétaires, et ceux qui, pour exiger de l'argent, avoient donné la gêne ordinaire et extraordinaire, et pendu ou autrement fait mourir les hommes, ou les avoient rançonnés pour ne pas brûler les maisons, ou mettre le feu à leurs titres et enseignemens ; ce qui fit tant d'horreur à Leurs Majestés et à leur conseil, qu'elles déclarèrent qu'ayant mieux aimé oublier que venger les injures faites à leur particulier, elles entendoient que les crimes susnommés qui concernent le public, fussent sévèrement punis selon la rigueur des ordonnances. Le Roi ayant pacifié ces deux provinces, le Poitou et la Bretagne, retourna à Paris, et y arriva le 16 de septembre.

Durant ce voyage, le prince de Conti mourut à Paris le 13 d'août, sans enfans, n'ayant eu qu'une fille de son second mariage avec mademoiselle de Guise. Il étoit prince courageux, et qui s'étoit trouvé auprès de Henri-le-Grand à la bataille d'Ivry, et en plusieurs autres occasions où il avoit très-bien fait ; mais il étoit si bègue qu'il étoit quasi muet, et n'avoit pas plus de sens que de parole.

M. le prince arriva treize jours après le Roi à Paris, pour accompagner Sa Majesté au parlement, où il devoit être déclaré majeur le 2 d'octobre, suivant l'ordonnance du roi Charles v, par laquelle les rois de France entrent en majorité après treize ans accomplis.

Le jour précédent, Sa Majesté fit expédier une déclaration par laquelle elle confirmoit de nouveau l'édit de pacification, renouveloit la défense des duels et celle des blasphèmes.

Le lendemain, cette cérémonie se passa avec un grand applaudissement de tout le monde. La Reine y ayant remis au Roi l'administration de son gouvernement, Sa Majesté, après l'avoir remerciée de l'assistance qu'il avoit reçue d'elle en sa minorité, la pria de vouloir prendre le même soin de la conduite de son royaume, et fit vérifier la déclaration susdite qu'il avoit fait expédier le jour auparavant.

Le 13 du mois, il mit avec la Reine sa mère la première pierre au pont que Leurs Majestés, pour la décoration et commodité de la ville, trouvèrent bon de faire construire pour passer de la Tournelle à Saint-Paul, et en donnèrent la charge à Christophe Marie, bourgeois de Paris, moyennant les deux îles de Notre-Dame que Leurs Majestés achetèrent, et lui donnèrent en propre pour subvenir aux dépenses dudit pont.

Lors il ne fut plus question que de la tenue des Etats, que dès le 9 de juin l'on avoit convoqués au 10 de septembre en la ville de Sens; mais les affaires du Poitou et de la Bretagne les firent remettre au 10 d'octobre ensuivant, puis, à quelques jours de là, le Roi les fit assigner à Paris et non à Sens.

M. le prince ne vit pas plutôt la Reine résolue de les assembler, qu'il lui fit dire sous main que, si elle vouloit, il ne s'en tiendroit point, et qu'eux-mêmes, qui les avoient demandés, y consentiroient les premiers. Mais le conseil, prévoyant très-prudemment que, quoi que dissent ces princes, ce seroit le premier sujet de leurs plaintes au premier mécontentement qu'ils prendroient, et que ce prétexte seroit spécieux pour animer le peuple contre son gouvernement, et pour justifier leur première rebellion et la seconde qu'ils recommenceroient encore, s'affermit à les tenir, d'autant plus qu'ils la sollicitoient de ne le pas faire. A quoi l'exemple de Blanche, mère de saint Louis, la fortifioit, qui fit tenir à l'entrée de la majorité de son fils une semblable assemblée; par le conseil de laquelle elle pourvut si bien aux affaires de son royaume, que la suite de son règne fut pleine de bénédictions.

Quand les princes la virent en cette résolution, ils remplirent de brigues toutes les provinces, pour avoir des députés à leur dévotion, et faire grossir leurs cahiers de plaintes imaginaires : ce qui leur réussit toutefois au contraire de ce qu'ils pensoient, nonobstant que, durant lesdits Etats, tous les esprits factieux vinssent à Paris pour fortifier M. le prince qui y étoit en personne, et qu'on ne vît jamais tant de brigues et factions, jusque-là que M. le prince même voulut aller se plaindre ouvertement du gouvernement de la Reine, et l'eût fait si Saint-Geran ne l'eût été trouver à son lever, et ne lui en eût fait défenses expresses de la part de Sa Majesté.

L'ouverture de cette célèbre compagnie fut le 27 du mois d'octobre aux Augustins. Il s'émut en l'ordre ecclésiastique une dispute pour les rangs, les abbés prétendant devoir précéder les doyens et autres dignités de chapitres. Il fut ordonné qu'ils se rangeroient et opineroient tous confusément; mais que les abbés de Citeaux et de Clairvaux, comme étant chefs d'ordre et titulaires, auroient néanmoins la préférence.

Les hérauts ayant imposé silence, le Roi dit à l'assemblée qu'il avoit convoqué les États pour recevoir leurs plaintes et y pourvoir. Ensuite le chancelier prit la parole, et conclut que Sa Majesté permettoit aux trois ordres de dresser leurs cahiers, et leur y promettoit une réponse favorable.

L'archevêque de Lyon, le baron de Pont-Saint-Pierre, et le président Miron, firent, l'un après l'autre, pour l'Église, la noblesse et le tiers-état, les très-humbles remercîmens au Roi de sa bonté et du soin qu'il témoignoit avoir de ses sujets, de l'obéissance et fidélité inviolable desquels ils assuroient Sa Majesté, à laquelle ils présenteroient leurs cahiers de remontrances le plus tôt qu'ils pourroient. Cela fait on se sépara, et, durant le reste de l'année, chacune des trois chambres travailla à la confection desdits cahiers.

M. le prince, ayant su que les Etats, jusqu'à l'assemblée desquels seulement il avoit reçu en dépôt la ville et château d'Amboise, avoient résolu de faire instance qu'il les remît entre les mains du Roi, les prévint, au grand regret du maréchal d'Ancre, qui soupçonna qu'il avoit rendu cette place pour l'obliger par son exemple à rendre celles qu'il avoit. Le château d'Amboise fut donné à Luynes, qui commença à entrer dans les bonnes grâces du Roi parce qu'il se rendit agréable en ses plaisirs.

Le maréchal d'Ancre, qui de long-temps regardoit de mauvais œil messieurs de Souvré père et fils, leur portant envie pour la crainte qu'il avoit qu'ils gagnassent trop de crédit dans l'esprit du Roi, eut dessein d'élever celui-ci pour le leur opposer, et fit office auprès de la Reine pour lui donner ce gouvernement, lui représentant qu'elle feroit chose qui contenteroit fort le Roi, et que ce seroit une créature qu'elle auroit près de lui.

Mais, pource que ce jour est le premier auquel commence à poindre la grandeur à laquelle on l'a vu depuis élevé, il est bon de remarquer ici de quel foible commencement il est parvenu jusques à cette journée, qu'on peut dire être l'aurore d'une fortune si prodigieuse.

Son père, nommé le capitaine Luynes, étoit fils de maître Guillaume Ségur, chanoine de l'église cathédrale de Marseille. Il s'appela Luynes, d'une petite maison qu'avoit ledit chanoine, entre Aix et Marseille, sur le bord d'une rivière nommée Luynes; et prit le surnom d'Albert, qui étoit celui de sa mère, qui fut chambrière de ce chanoine.

Ayant un frère aîné auquel son père laissa le peu de bien qu'il avoit, et n'ayant en sa part que quelque argent comptant, il se fit soldat, et s'en alla à la cour, où il fut archer de la garde du corps, fut estimé homme de courage, fit un duel dans le bois de Vincennes avec réputation, et enfin obtint le gouvernement du Pont-Saint-Esprit, où il se maria à une demoiselle de la maison de Saint-Paulet, qui avoit son bien dans Mornas. Ils y acquirent une petite maison du président d'Ardaillon, d'Aix en Provence, qu'on appeloit autrement M. de Montmiral, une métairie chétive, nommée Brante, assise sur une roche, où il fit planter une vigne, et une île que le Rhône a quasi toute mangée, appelée Cadenet, au lieu de laquelle, pource qu'elle ne paroît quasi plus, on montre une autre nommée Limen. Tous leurs biens et leurs acquêts pouvoient valoir environ 1,200 livres de rente. A peu de temps de là, il leur fallut quitter le Pont-Saint-Esprit, pource que sa femme devant beaucoup à un boucher qui les fournissoit, ayant un jour envoyé pour continuer à y prendre sa provision, le boucher ne se contenta pas de la refuser simplement, mais le fit avec telle insolence, qu'il lui manda que, n'ayant jusqu'alors reçu aucun paiement de la viande qu'il lui avoit vendue, il n'en avoit plus qu'une à son service, dont, se conservant la propriété, il lui donneroit, si bon lui sembloit, l'usage, sans lui en rien demander. Cette femme hautaine et courageuse reçut cette injure avec tant d'indignation, qu'elle alla tuer celui de qui elle l'avoit reçue, en pleine boucherie, de quatre ou cinq coups de poignard. Après quoi ils se retirèrent à Tarascon.

Ils eurent trois fils et quatre filles de ce mariage : l'aîné fut appelé Luynes, le deuxième Cadenet, et le troisième Brante.

L'aîné fut page du comte du Lude; à son hors de page il demeura avec lui, et le suivit quelque temps avec ses deux frères, qu'il y appela. Ils étoient assez adroits aux exercices, jouoient bien à la longue et courte paume et au ballon. M. de La Varenne, qui les connoissoit à cause que la maison du Lude est en Anjou, province d'où il est natif, et avoit le gouvernement de la capitale ville, les mit auprès du feu Roi, et fit donner à l'aîné quatre cents écus de pension, dont ils s'entretenoient tous trois : depuis il la leur fit augmenter jusqu'à douze cents écus. L'union étroite qui étoit entre eux les faisoit aimer et estimer; le Roi les mit auprès de M. le Dauphin, en la bonne grâce duquel ils s'insinuèrent par une assiduité continuelle, et par l'adresse qu'ils avoient à dresser des oiseaux.

- Le Roi, à mesure qu'il croissoit en âge, augmentant sa bienveillance envers l'aîné, il commença à se rendre considérable. Le maréchal d'Ancre, voyant l'inclination du Roi à l'aimer, pour se l'obliger et plaire à Sa Majesté tout ensemble, lui fit donner ledit gouvernement d'Amboise, que M. le prince remettoit entre les mains de Sa Majesté, espérant que, reconnoissant le bien qu'il avoit reçu de lui, il lui seroit un puissant instrument pour dissiper les mauvaises impressions qu'on donneroit au Roi à son désavantage. En quoi paroît combien est grand l'aveuglement de l'esprit de l'homme, qui fonde son espérance en ce qui doit être le sujet de sa crainte ; car le maréchal ne recevra mal que de celui de qui il attend tout le contraire, et Luynes, qu'il regardoit comme un des principaux appuis de sa grandeur, non-seulement le mettra par terre, mais ne bâtira sa fortune que sur les ruines de la sienne.

Il eut quelque peine à y faire consentir la Reine ; mais lui ayant représenté que le Roi avoit quelque inclination vers ledit de Luynes, et qu'entre ceux qui la suivoient il avoit meilleure part en son jeune esprit, elle crut faire bien de se l'acquérir pour serviteur, et lui acheta la ville et château d'Amboise plus de cent mille écus. En quoi elle commit une erreur assez ordinaire entre les hommes, d'aider ceux qu'ils voient s'élever plus qu'ils ne désireroient, n'osant ouvertement s'opposer à eux, et espérant de les pouvoir gagner par leurs bienfaits, sans prendre garde que cette considération-là n'aura pas un jour tant de force pour nous en leur esprit, qu'en aura contre nous le propre intérêt de leur ambition démesurée, qui ne peut souffrir de partager l'autorité qu'elle désire avoir seule, ni moins la posséder avec dépendance d'autrui.

Le respect dont M. le prince usa en cette occasion, de rendre au Roi cette place, suivant la condition avec laquelle il l'avoit reçue, sans attendre qu'on la lui demandât, ne fut pas suivi du duc d'Epernon, qui, à la face des Etats, usa d'une violence inouïe contre l'honneur dû au parlement.

Un soldat du régiment des Gardes fut mis prisonnier au faubourg Saint-Germain, pour avoir tué en duel un de ses camarades. Le duc d'Epernon prétendant, comme colonel général de l'infanterie française, en devoir être le juge, l'envoya demander. Sur le refus qui lui en fut fait, il tire quelques soldats d'une des compagnies qui étoient en garde au Louvre, fait briser les prisons et enlever le soldat.

Le bailli de Saint-Germain en fait sa plainte à la cour le 15 de novembre; elle commet deux conseillers pour en informer. Le duc d'Epernon, offensé de ce qu'on y travailloit, va, le 19 du mois, au Palais, si bien accompagné qu'il ne craignoit point qu'on lui pût faire mal, et, à la levée de la cour, les siens se tenant en la grande salle et en la galerie des Merciers, se moquoient de messieurs du parlement à mesure qu'ils sortoient, et aux paroles et gestes de mépris ajoutèrent quelques coups d'éperons, dont ils perçoient et embarrassoient leurs robes; de sorte qu'aucuns furent contraints de retourner, et ceux qui n'étoient pas encore sortis se tinrent enfermés jusqu'à ce que cet orage fût passé.

Cette action sembla si atroce que chacun prit part à l'offense. La cour s'assembla le 24 de novembre, qui étoit le jour de l'ouverture du parlement, pour délibérer quelle punition elle prendroit de ce crime, où, non-seulement la justice avoit été violée au brisement de la prison du faubourg Saint-Germain, la sûreté de la personne du Roi méprisée par l'abandonnement de ses gardes, qui ont été tirés de leur faction pour employer à cet attentat, mais la majesté royale même foulée aux pieds en l'injure faite à son parlement, et tout cela à la vue des Etats.

La Reine n'étoit pas en état de prendre aucune résolution généreuse sur ce sujet, pource qu'elle n'avoit entière confiance en aucun des ministres, ni aucun d'eux aussi assez d'assurance de sa protection, pour lui oser donner un conseil qui le chargeât de la haine d'un grand, joint qu'elle étoit en défiance de M. le prince et de tous ceux de son parti, et partant avoit quelque créance aux ducs de Guise et d'Epernon; ce qui fit qu'elle envoya au parlement le sieur de Praslin avec une lettre du Roi, par laquelle il leur commandoit de surseoir pour deux jours la poursuite de cette affaire, et que cependant il aviseroit de donner contentement à la cour. Ils en étoient déjà aux opinions quand il arriva; néanmoins, ils ne passèrent pas outre, mais ordonnèrent que le parlement ne seroit point ouvert jusques alors.

Toute la satisfaction que le parlement en reçut, fut que le soldat fut remis dans la prison de Saint-Germain. Le duc d'Epernon alla trouver la cour le 29, où, sans faire aucune mention de l'affront qu'il lui avoit fait dans la grande salle et la galerie des Merciers, il dit simplement qu'il étoit venu au Palais ledit jour, pensant venir rendre compte à la cour de l'action de l'enlèvement du soldat; mais que le malheur s'étoit rencontré qu'elle étoit levée, ce que les malveillans, avoient mal interprété; qu'il supplioit la cour de perdre à jamais la mémoire ce qui s'étoit passé; qu'il les honoroit et étoit en volonté de les servir en général et en particulier.

Si le duc d'Épernon fit peu de compte du Roi et de son parlement, le maréchal d'Ancre n'en fit pas davantage de l'assemblée des Etats, que l'on puplioit être pour mettre ordre aux confusions qui étoient dans le royaume, et principalement à celle qui étoit dans les finances, dont la plupart des autres tiroient leur origine; car, lorsque l'on parloit de modérer l'excès des dépenses du Roi, il fit impudemment créer des offices de trésoriers des pensions, dont il tira dix-huit cent mille livres.

Les huguenots aussi, en la ville de Milhaud, se soulevèrent la veille de Noël contre les catholiques, les chassèrent de la ville, entrèrent dans l'église, y brisèrent le crucifix, les croix et les autels, rompirent les reliquaires, et, ce qui ne se peut écrire sans horreur, foulèrent le Saint-Sacrement aux pieds, duquel excès et sacrilége il ne fut pas tiré grande raison.

Tandis qu'en France nos affaires étoient dans cet état, et que la Reine, d'un côté, étoit occupée à garantir le royaume de la mauvaise volonté des grands, et d'autre part s'y comportoit avec tant de foiblesse, la puissance d'Espagne se faisoit craindre en Italie, et se fortifioit en Allemagne. En Italie, nonobstant que le marquis de Cœuvres y eût laissé les affaires en train d'accommodement, l'ambition néanmoins du duc de Savoie en continua non-seulement le trouble, mais l'augmenta, en ce que les Espagnols agréant les articles qui avoient été concertés, et dont nous avons parlé ci-dessus, et faisant instance audit duc de désarmer, il le refusa. Davantage, il commença à se plaindre d'eux, demandant le paiement de soixante mille livres par an que Philippe II, son beau-père, avoit par contrat de mariage données à l'Infante sa femme, dont il lui étoit dû huit années d'arrérages, et d'autres huit mille écus par an de ce qui lui avoit été semblablement promis, et dont il lui étoit dû aussi des arrérages. Le roi d'Espagne, employant le nom de l'Empereur pour mieux colorer son procédé, lui fit faire, le 8 de juillet, un commandement de la part de Sa Majesté impériale de licencier ses troupes; à quoi ne voulant obéir, le gouverneur de Milan entra dans le Piémont avec une armée, et fit bâtir un fort près de Verceil.

D'autre côté, le marquis de Sainte-Croix, assisté des Génois, descendit avec une armée navale sur la rivière de Gênes, entra dans les Etats du duc de Savoie, et prit Oneille et Pierrelatte.

L'avis en étant venu en France, Sa Majesté ne voulant pas laisser perdre ce prince, dépêcha, le 20 de septembre, le marquis de Rambouillet en ambassade extraordinaire en Italie, pour composer ces différends, dont toutefois il ne put pas venir à bout pour cette année, le nonce de Sa Sainteté et lui étant convenus d'un traité à Verceil, qui fut signé du duc de Savoie, mais que le gouverneur de Milan refusa; et depuis étant aussi convenus d'un autre à Ast, que ledit gouverneur agréa, mais que le roi d'Espagne refusa de ratifier, ne voulant entendre à aucune autre proposition d'accommodement qu'aux premières qu'il avoit accordées, et voulant absolument, pour sa réputation en Italie, que ledit duc obéît à ce qu'il avoit désiré de lui; dont il se défendoit par l'espérance qu'il avoit que la France, pour son propre intérêt, le prendroit en sa protection. En Allemagne, la maison d'Autriche se saisit d'une partie des pays héréditaires de Juliers, sur le sujet de la contention qui naquit entre les princes possédans.

Le duc de Neubourg s'étant marié à une fille de Bavière, l'électeur de Brandebourg entra en soupçon de lui; d'où vint que ledit Neubourg voulant, vers le mois de mars de cette année, entrer dans le château de Juliers, la porte lui en fut refusée par le gouverneur, et Brandebourg, croyant que le duc s'en étoit voulu rendre maître, fit une entreprise sur Dusseldorf.

Cette mésintelligence fut cause que Neubourg se résolut d'abjurer son hérésie, et faire profession de la religion catholique, et l'un et l'autre de faire quelques levées de gens de guerre pour leur défense. L'archiduc Albert et les Etats se voulurent mêler de les accorder; mais, comme leur principal dessein étoit de profiter de leur division, les uns et les autres s'emparèrent des places qui étoient le plus en leur bienséance; les Hollandais de Juliers et d'Emmerick, qui étoit une belle et grande ville sur le bord du Rhin, de Rees, qui est située entre Wesel et Emmerick, et de plusieurs autres places.

Le marquis de Spinola commença par la prise d'Aix-la-Chapelle, qui, pour les divisions qui avoient continué entre eux, avoit été mise au ban de l'Empire, et, pour l'exécution d'icelui, l'électeur de Cologne et l'archiduc avoient été commis. Spinola, en qualité de lieutenant du commissaire de l'Empereur, attaqua cette place le 21 d'août, et la prit le 24. De là il passa outre, et s'empara de Mulheim dont il fit démolir les fortifications, prit Wesel en la basse Westphalie, située sur le Rhin, et très-bien fortifiée, et diverses autres places moindres.

Les rois d'Angleterre et de Danemarck, et plusieurs autres princes, craignant que de cette étincelle il naquît un grand embrasement, envoyèrent des ambassadeurs pour tâcher à composer ce différend. On tint, pour ce sujet, une conférence en la ville de Santen qui étoit demeurée neutre, où enfin les princes possédans firent une transaction entre eux, qui devoit être par provision observée jusqu'à un accord final, mais dont Spinola empêcha l'effet, sous prétexte qu'il vouloit que les Hollandais promissent de ne s'ingérer plus à l'avenir aux affaires de l'Empire, et que lui de son côté ne pouvoit faire sortir la garnison qu'il avoit mise dans Wesel, jusqu'à ce qu'il en eût commandement exprès de Leurs Majestés impériale et catholique. Ainsi les Hollandais et les Espagnols divisèrent entre eux les Etats dont les princes perdirent l'effet de possédans, et en gardèrent le titre en vain. Le Roi étoit lors si occupé à pacifier les troubles de son royaume, qu'il ne put leur départir son assistance, comme il avoit fait incontinent après la mort du feu Roi.

LIVRE VI.

[1615] Les Etats, qui furent ouverts le 27 d'octobre de l'année précédente, continuèrent jusqu'au 23 de février de celle-ci.

La première contention qui s'émut entre eux, fut du rang auquel chacun des députés devoit opiner dans les chambres. Sur quoi le Roi ordonna qu'ils opineroient par gouvernemens, tout le royaume étant partagé en douze, sous lesquels toutes les provinces particulières sont comprises.

Quand on vint à délibérer de la réformation des abus qui étoient en l'Etat, il s'éleva d'autres contentions dont l'accommodement n'étoit pas si facile.

La chambre de la noblesse envoya prier celle de l'Eglise qu'elle se voulût joindre à elle, pour supplier Sa Majesté qu'attendant que l'assemblée eût pu délibérer sur la continuation ou la révocation de la paulette, qui rendoit les offices héréditaires en France, il plût à Sa Majesté surseoir le paiement du droit annuel pour l'année suivante, lequel on tâchoit de hâter, et faire révoquer les commissions qui obligeoient les ecclésiastiques et nobles à montrer les quittances du scel qu'ils auroient pris depuis deux ans, ce qui étoit en effet les traiter en roturiers.

Le clergé, considérant que par la paulette la justice, qui est la plus intime propriété de la royauté, est séparée du Roi, transférée et faite domaniale à des personnes particulières; que par elle la porte de la judicature est ouverte aux enfans, desquels nos biens, nos vies et nos honneurs dépendent ; que de là provient la vénalité du détail de la justice, qui monte à si haut prix qu'on ne peut conserver son bien contre celui qui le veut envahir qu'en le perdant, et pour le paiement de celui qui le doit défendre ; qu'il n'y a plus d'accès à la vertu pour les charges ; qu'elles sont rendues propres à certaines familles, desquelles vous ne les sauriez tirer qu'en les payant à leur mort, d'autant qu'elles sont assurées de ne les pouvoir perdre : ce qui établit une merveilleuse tyrannie en elles, et principalement en celles de lieutenans généraux des provinces, les charges desquels ne furent jamais, du vivant du feu Roi, comprises au droit annuel : pour toutes ces considérations, elle trouva bon de se joindre à cette première proposition de la noblesse. Quant à la seconde, elle s'y joignit pour son propre intérêt.

La chambre du tiers-état, les députés de laquelle étoient, par un des principaux articles de leur instruction, chargés de demander l'extinction de ladite paulette, députa vers le clergé, et consentit à se joindre auxdites demandes. Mais, pource que la plupart desdits députés étoient officiers, et partant intéressés à faire le contraire de ce qui leur étoit ordonné, ils ajoutèrent, pour éluder cette résolution, qu'ils prioient aussi le clergé et la noblesse de se joindre à eux en deux supplications qu'ils avoient à faire à Sa Majesté : la première, qu'il lui plût, attendu la pauvreté du peuple, surseoir l'envoi de la commission des tailles jusqu'à ce que Sa Majesté eût ouï leurs remontrances sur ce sujet, ou, dès à présent, leur en eût diminué le quart ; la seconde, qu'attendu que par ce moyen et par la surséance du droit annuel, ses finances seroient beaucoup amoindries, il lui plût aussi faire surseoir le paiement des pensions et gratifications qui étoient couchées sur son état.

Les chambres du clergé et de la noblesse, jugeant bien que cette réponse du tiers-état étoit un déni en effet, sous un apparent prétexte, de consentir à leurs avis, délibéroient de faire leurs supplications au Roi sans l'adjonction de ladite chambre, lorsque Savaron et cinq autres députés d'icelle vinrent trouver celle du clergé, leur remontrer que, sur la surséance du droit annuel, on faisoit courir fortune à tous les officiers dont il y avoit grand nombre en leur chambre; que le Roi retireroit par ce droit un grand argent; que si on l'ôtoit, c'étoit retomber en la confusion qui étoit auparavant la ligue, quand le Roi donnoit les offices à la recommandation des grands, auxquels les officiers demeuroient affidés et non pas au Roi; que, si on vouloit retrancher le mal par la racine, il falloit ôter toute la vénalité. Puis ils firent une particulière plainte de l'ordonnance des quarante jours, priant Messieurs du clergé de se joindre à eux pour en tirer la révocation.

La chambre ecclésiastique fut confirmée, par cette seconde députation, au jugement qu'elle fit de la première, et n'estima pas bonnes les raisons alléguées en faveur de la paulette: la première, d'autant que c'étoit une mauvaise maxime de croire que tout ce qui est utile aux finances du Roi le soit au bien et à la conservation de l'Etat; que ce n'est pas tant la recette qui enrichit comme la modération de la mise; laquelle, si elle n'est réglée comme il faut, le revenu du monde entier ne seroit pas suffisant; la seconde, d'autant que l'expérience du passé rendroit sage pour l'avenir, et que Sa Majesté donneroit à la vertu et au mérite les charges, non à la recommandation des grands.

Quant à la proposition d'éteindre la vénalité, il n'y avoit personne qui ne l'agréât. Premièrement, parce que c'étoit ce qui augmentoit le nombre au préjudice du pauvre peuple, aux dépens duquel ils vivent, et, s'exemptant de la part qu'ils devoient porter de leurs charges, le laissent tellement opprimer, qu'il ne peut plus payer les tailles et subvenir aux nécessités de l'Etat.

Secondement, parce que cela donne lieu non-seulement à l'augmentation des épices, ce qui va à la ruine des oppressés, mais à l'anéantissement de la justice même, ceux qui les achètent semblant avoir quelque raison de ne penser qu'à chercher de la pratique, pour gagner et vendre en détail à la foule des particuliers ce qu'ils ont acheté en gros.

Et en troisième lieu, parce que, par ce moyen, l'or et l'argent ravit à la vertu tout ce qui lui est dû, savoir est l'honneur, qui est l'unique récompense qu'elle demande. Et l'exemple qu'on apporte qu'en la république de Carthage toutes les charges se vendoient, et que la monarchie romaine n'en étoit pas entièrement exempte, n'est pas tant une raison qu'un témoignage de l'ancienneté de cette corruption dans l'Etat, laquelle Aristote, en sa *Politique,* blâme en la république de Carthage, et les plus sages et vertueux empereurs romains ne l'ont pas voulu souffrir. Et nous n'avons pas besoin d'autre preuve pour montrer qu'elle est contraire aux lois fondamentales de cette monarchie, que le serment que les juges, de coutume immémoriale, faisoient de n'être point entrés en leurs charges par argent, ce que saint Louis appeloit du nom de simonie, et l'introduction de cette vénalité, laquelle fut faite, non parce qu'on l'estimât juste, ni qu'il en provînt du bien à l'Etat, mais seulement par pure nécessité et pour mettre de l'argent aux coffres du Roi, que les guerres avoient épuisés.

Louis XII commença à l'imitation des Vénitiens. François I, qui fut encore plus oppressé de guerre, érigea le bureau des parties casuelles; et Henri IV, qui le fut plus que tous, la confirma si manifestement, qu'il ordonna que les juges ne feroient plus le serment ancien, et ajouta encore la paulette à la vénalité. Car, quant à la raison que l'on apporte que, par ce moyen, il n'entre dans les offices que des personnes riches, lesquelles partant sont moins sujettes à corruption, et qu'il n'y a point lieu de craindre qu'ils ne soient de vertu et probité requise, puisqu'on ne les reçoit point que l'on n'ait auparavant informé de leurs vies et mœurs, qu'ils sont destituables s'ils s'y comportent autrement qu'ils doivent, et que, pour ce sujet, il falloit avoir entre les Romains un certain revenu pour être admis aux charges, ce n'est pas une raison qui oblige à ladite vénalité, attendu que le Roi, qui auroit le choix d'y commettre qui il lui plairoit, ne choisiroit que des personnes qui pourroient soutenir la dignité des charges, seroient d'autant plus obligés à y bien vivre qu'ils n'en auroient rien payé, et d'une vertu si connue qu'on en seroit plus assuré qu'on ne peut être par quelque information de leurs vies et mœurs qu'on puisse faire; et n'y auroit point sujet de craindre qu'ils ne correspondissent à l'estime qu'on feroit d'eux.

Mais, bien que cette proposition leur fût agréable, néanmoins la chambre ne crut pas y devoir alors avoir égard, d'autant que le temps pressoit de faire leurs remontrances au Roi sur la surséance du paiement du droit annuel.

Ensuite de cela, les députés du clergé et de la noblesse allèrent ensemble trouver le Roi, lui faire ladite remontrance, et celle touchant la révocation de la commission pour la recherche du scel, dont ils reçurent réponse et promesse de Sa Majesté à leur contentement.

Les députés du tiers-état allèrent aussi faire la leur, où ils s'emportèrent en quelques paroles offensantes contre la noblesse, ce qui augmenta encore la division qui étoit déjà entre eux.

Depuis on fit une autre proposition pour l'extinction de la vénalité des offices, offrant de faire, en douze années, le remboursement actuel de la finance qui auroit été payée ès coffres du Roi, tant pour les offices que taxations et droits; et à la fin de ce temps, ces offices étant tous remis en la main du Roi, Sa Majesté les réduiroit au nombre ancien, et ce sans payer finance, ains, au contraire, augmentant les gages des officiers afin qu'ils ne prissent plus d'épices.

Le clergé et la noblesse agréèrent cette proposition, à laquelle le tiers-état ne voulut pas se joindre; mais tous s'accordèrent de demander au Roi l'établissement d'une chambre de justice pour la recherche des financiers, suppliant Sa Majesté que les deniers qui en proviendroient fussent employés au remboursement des offices supernuméraires, ou du rachat du domaine; ce que Sa Majesté leur accorda pour la recherche de ce qui n'auroit pas été aboli par le feu Roi, ou des malversations commises depuis.

Il y eut une seconde contention entre eux sur le sujet du concile de Trente, dont la chambre du clergé et celle de la noblesse demandèrent la publication, sans préjudice des droits du Roi et priviléges de l'Eglise gallicane. A quoi la chambre du tiers-état ne voulut jamais consentir, prétendant qu'il y avoit dans ledit concile beaucoup de choses qui étoient de la discipline et police extérieure, qui méritoient une plus grande discussion que le temps ne permettoit pas de faire pour lors; qu'il y avoit des choses où l'autorité du Roi étoit intéressée, et le repos même des particuliers.

Qu'entre les ecclésiastiques les réguliers y perdoient leurs exemptions, les chapitres étoient assujétis aux évêques, les fiefs de ceux qui mouroient en duel étoient acquis à l'Eglise, les indults du parlement étoient cassés, la juridiction des juges subalternes à l'endroit du clergé étoit éclipsée, et l'inquisition d'Espagne introduite en France; enfin, que c'étoit une chose inouïe en ce royaume qu'aucun concile y eût jamais été publié, et qu'il n'étoit pas bon d'y rien innover maintenant.

Le plus grand différend qui survint entre eux, fut sur le sujet d'un article que le tiers-état mit dans son cahier, par lequel il faisoit instance que Sa Majesté fût suppliée de faire arrêter, dans l'assemblée de ses

15.

Etats, pour loi fondamendale du royaume, qu'il n'y a puissance sur terre, soit spirituelle ou temporelle, qui ait aucun droit sur son royaume, pour en priver la personne sacrée de nos rois, ni dispenser leurs sujets de l'obéissance qu'ils leur doivent, pour quelque cause ou prétexte que ce soit; que tous les bénéficiers, docteurs et prédicateurs seroient obligés de l'enseigner et publier, et que l'opinion contraire seroit tenue de tous pour impie, détestable et contre-vérité, et que, s'il se trouve aucun livre ou discours écrit qui contienne une doctrine contraire, directement ou indirectement, les ecclésiastiques seroient obligés de l'impugner et contredire.

Messieurs du clergé, en ayant eu avis, envoyèrent en la chambre du tiers-état les prier de leur vouloir communiquer ce qu'ils auroient à représenter au Roi touchant les choses qui concerneroient la foi, la religion, la hiérarchie et la discipline ecclésiastique; comme aussi ils feroient de leur part ce qu'ils auroient à représenter à Sa Majesté touchant ce qui les regarderoit. A quoi ladite chambre ne voulant acquiescer, et le clergé jugeant que cette proposition tendoit à exciter un schisme, voulant faire un article de foi d'une chose qui étoit problématique, elle dépêcha en ladite chambre l'évêque de Montpellier pour la prier de lui communiquer l'article susdit; ce qu'elle fit, mais témoignant qu'elle n'y vouloit changer aucune parole.

Le clergé l'ayant examiné, résolut qu'il ne seroit reçu ni mis au cahier, ains rejeté. A quoi la noblesse s'accorda, et députa douze gentilshommes pour accompagner le cardinal du Perron, qui fut envoyé par la chambre ecclésiastique vers celle du tiers-état.

Il les remercia premièrement du zèle qu'ils avoient eu de pourvoir avec tant de soin à la sûreté de la vie et de la personne de nos rois, les assurant que le clergé conspiroit également en cette passion avec eux.

Mais il les pria de considérer que les seules lois ecclésiastiques étoient capables d'arrêter la perfidie des monstres qui osent commettre ces abominables attentats, et que les appréhensions des peines temporelles étoient un trop foible remède à ces maux, qui procèdent d'une fausse persuasion de religion, d'autant que ces malheureux se baignent dans les tourmens, pensant courir aux triomphes et couronnes du martyre, et partant ne sont retenus que par les défenses de l'Eglise, dont la rigueur et la sévérité s'exécute après la mort.

Mais il faut, pour cet effet, que ces lois et défenses sortent d'une autorité ecclésiastique certaine et infaillible, c'est-à-dire universelle, et ne comprenant rien de ce dont toute l'Eglise catholique est d'accord; car, si elles procèdent d'une autorité douteuse et partagée, et contiennent des choses en la proposition desquelles une partie de l'Eglise croie d'une sorte, et le chef et les autres parties d'icelle enseignent de l'autre, ceux en l'esprit desquels on veut qu'elle fasse impression, au lieu d'être épouvantés et détournés par leurs menaces, s'en moqueront et les tourneront en mépris.

Puis il leur dit qu'en leur article dont il s'agit, et lequel ils baptisent du nom de loi fondamentale, il y a trois points:

Le premier, que, pour quelque cause que ce soit,

il n'est pas permis d'assassiner les rois; qu'à cela toute l'Eglise souscrit, voire elle prononce anathème contre ceux qui tiennent le contraire.

Le deuxième, que nos rois sont souverains de toute sorte de souveraineté temporelle dans leur royaume; que ce deuxième point-là encore est tenu pour certain et indubitable, bien qu'il ne le soit pas d'une même certitude que le premier, qui est un article de foi.

Le troisième, qu'il n'y a nul cas auquel les sujets puissent être absous du serment de fidélité qu'ils ont fait à leur prince; que ce troisième point est contentieux et disputé en l'Eglise, d'autant que toutes les autres parties de l'Eglise gallicane, et toute la gallicane même, depuis que les écoles de théologie y ont été instituées jusqu'à la venue de Calvin, ont tenu qu'il y a quelques cas auxquels les sujets en peuvent être absous : savoir est que, quand un prince vient à violer le serment qu'il a fait à Dieu et à ses sujets de vivre et mourir en la religion catholique, par exemple, non-seulement se rend arien ou mahométan, mais pas jusqu'à forcer ses sujets en leurs consciences, et les contraindre d'embrasser son erreur et infidélité, il peut être déclaré déchu de ses droits, comme coupable de félonie envers celui à qui il a fait le serment de son royaume, c'est-à-dire envers Jésus-Christ, et ses sujets peuvent être absous au tribunal ecclésiastique du serment de fidélité qu'ils lui ont prêté.

D'où il s'ensuit que ledit article en ce point est inutile et de nul effet pour la sûreté de la vie de nos rois, puisque les lois d'anathème et défenses ecclésiastiques ne font point d'impression dans les ames, si elles ne sont crues parties d'une autorité infaillible, et de laquelle toute l'Eglise convienne ; et que ce n'est pas encore assez de dire qu'il est inutile pour elle, mais qu'il lui est même préjudiciable, d'autant qu'étant tenu pour constant par toute l'Eglise que, pour quelque cause que ce soit, il n'est permis de les assassiner, si on mêle cette proposition avec celle-ci, qui est problématique, on lui fait perdre sa force en l'esprit de ces perfides assassins, infirmant par le mélange d'une chose contredite ce qui est tenu pour article de foi.

Que le titre même qu'ils donnent à cet article de loi fondamentale est injurieux à l'Etat, duquel ce seroit avouer que les fondemens seroient bien mal assurés, si on les appuyoit sur une proposition incertaine et problématique. Davantage, que cet article, couché comme il est, fait un schisme en l'Eglise de Dieu ; car nous ne pouvons tenir et jurer que le Pape et toutes les autres parties de l'Eglise catholique, que nous savons avoir une créance contraire, tiennent une doctrine opposée à la parole de Dieu, et impie, et partant hérétique, sans faire schisme et nous départir de leur communion ; et enfin qu'il attribue aux personnes laïques l'autorité de juger des choses de la religion, et décider quelle doctrine est conforme à la parole de Dieu, et leur attribue même l'autorité d'imposer nécessité aux personnes ecclésiastiques de jurer, prêcher et annoncer l'une, et impugner par sermons et par écrits l'autre ; ce qui est un sacrilége, fouler aux pieds le respect de Jésus-Christ et de son ministère, et renverser l'autorité de son Eglise.

Et partant, il conclut que messieurs du tiers-état

devoient ôter cet article de leur cahier, et se remettre à messieurs du clergé de le changer, réformer, et en ordonner ce qu'ils jugeroient à propos.

L'opiniâtreté ne donna pas lieu de céder à la raison : comme ils s'étoient animés dès le commencement contre les deux chambres de l'Eglise et de la noblesse, ils ne voulurent pas se relâcher de ce qu'ils avoient mis en avant, principalement se laissant emporter à la vanité du spécieux prétexte du soin qu'ils prenoient de la défense des droits du royaume et de la sûreté de la personne des rois, sans ouvrir les yeux pour reconnoître qu'au lieu de la conservation de l'Etat ils le mettoient en division, et, au lieu d'assurer les vies de nos rois, ils les mettoient en hasard, et leur ôtoient la vraie sûreté que leur donne la parole de Dieu.

La cour de parlement intervint, et, au lieu de mettre ordre à ce tumulte, l'augmentoit davantage; mais le Roi y mit la dernière main et le termina, évoquant la connoissance de cette affaire, non à son conseil seulement, mais à sa propre personne, et retirant cet article du cahier du tiers-état.

Durant la tenue des Etats il se fit tant de duels, que la chambre ecclésiastique se sentit obligée de députer vers le Roi l'évêque de Montpellier, pour lui représenter qu'ils voyoient à regret que le sang de ses sujets étant épandu par les querelles, leurs ames, rachetées par le sang innocent de Jésus-Christ, descendissent aux enfers ; que c'étoit proprement renouveler la coutume barbare du sacrifice des païens, qui immoloient les hommes au malin esprit; que la France en étoit le temple, la place du combat en étoit l'autel, l'honneur en étoit l'idole, les duellistes en étoient les prêtres et l'hostie; qu'il étoit à craindre que ce fût un présage de malheur pour le royaume, puisque les simples plaies de sang qui tombent de l'air sans aucun crime des hommes, ne laissent pas de présager des calamités horribles qui les suivent de près; qu'ils sont obligés d'en avertir Sa Majesté, à ce que, par sa prudence et l'observation rigoureuse de ses édits, elle y porte remède, afin que Dieu ne retire pas d'elle ses bénédictions, attendu que non-seulement tous les droits des peuples sont transférés en la personne de leurs princes, mais aussi leurs fautes publiques quand elles sont dissimulées ou tolérées.

Sa Majesté ayant eu agréable leur requête, et témoigné de vouloir prendre un grand soin de remédier à un désordre si important, ils en mirent un article dans leur cahier.

Il survint un nouveau sujet de mécontentement entre les chambres de la noblesse et du tiers-état, qui leur fut bien plus sensible que tous ceux qu'ils avoient eus auparavant; car un député de la noblesse du haut Limosin donna des coups de bâton au lieutenant d'Uzerche, député du tiers-état du bas Limosin. Ladite chambre en fit plaintes au Roi, qui renvoya cette affaire au parlement; et, quelque instance que pussent faire le clergé et la noblesse vers Sa Majesté, à ce qu'il lui plût évoquer à sa personne la connoissance de ce différend, ou la renvoyer aux États, elle ne s'y voulut pas relâcher, d'autant que tous les officiers s'estimoient intéressés en cette injure. Le parlement condamna le gentilhomme, par contumace, à avoir la tête tranchée; ce qui fut exécuté en effigie,

Et comme si à la face des Etats chacun se plaisoit à faire plus d'insolence et montrer plus de mépris des lois, Rochefort donna des coups de bâton à Marsillac, sous prétexte qu'il avoit médit de M. le prince, et déclaré la mauvaise volonté qu'il avoit pour la Reine, et dit plusieurs particularités de ses desseins contre la Reine, qu'il lui avoit confiés. Saint-Geran et quelques autres offrirent à la Reine d'en donner à Rochefort; M. de Bullion l'en détourna, et lui proposa de poursuivre cette affaire par la forme de la justice, ce qu'elle refusa d'abord, disant que M. le chancelier l'abandonneroit, comme il avoit fait en l'affaire du baron de Luz; et, pour cet effet, fut envoyé commission au parlement, en vertu de laquelle le procureur général fit informer.

M. le prince en étant averti, alla en la grand'-chambre, et depuis, en toutes celles des enquêtes, faire sa plainte ainsi qu'il s'ensuit :

Qu'il avoit, suivant ce qu'il avoit promis à la cour, fait tout son possible pour satisfaire au Roi par toutes sortes de soumissions, et à la Reine semblablement, reconnoissant le pouvoir qu'elle a et qui lui a été commis par le Roi, voulant rendre ce qu'il doit à Leurs Majestés, pour donner exemple à tous autres d'obéir; qu'à cette fin il avoit commencé par envoyer vers M. le chancelier, afin de tenir les moyens qui seroient avisés pour se raccommoder avec Leurs Majestés, en leur rendant ce qui est de son devoir; que, depuis, la reine Marguerite avoit été employée pour cet effet; et que madame la comtesse s'en étoit entremise; que par les conseils de ceux qui lui vouloient mal, le Roi et la Reine, desquels il ne se plaignoit point, avoient été portés contre lui, et qu'il n'avoit trouvé la porte ouverte auprès de Leurs Majestés; qu'il savoit ce qui s'étoit passé le jour de devant au cabinet; qu'il n'étoit de qualité pour être jugé en un conseil de cabinet, où il savoit ceux qui s'y étoient trouvés, et ce qui s'y étoit passé; qu'il n'avoit espéré du Roi et de la Reine que toute bonté, s'ils n'en étoient divertis par la violence de ses ennemis; qu'il étoit de qualité pour être jugé en la cour des pairs, le Roi y étant assisté des ducs et pairs; mais que la faveur, l'ire et la violence empêchoient qu'il n'eût contentement, étant cause de toutes les injustices qui se font en l'Etat. Et, puisqu'il ne pouvoit avoir justice, et qu'elle lui étoit déniée, que sa juste douleur, conjointe à l'intérêt de ceux qui étoient accusés, apporteroit, comme il espéroit, envers eux, et comme il les en supplioit, quelque considération pour adoucir et amollir l'aigreur et la dureté de la chose; qu'il vouloit retirer ses requêtes (comme il fit, et lui furent données par le rapporteur); qu'il épioit l'occasion pour leur dire, toutes les chambres assemblées, ce qu'il avoit à leur dire pour le bien de l'Etat.

Messieurs du parlement lui firent réponse qu'ils ne devoient ouïr parler des affaires d'Etat sans le commandement du Roi, ni ouïr des plaintes de ses serviteurs particuliers.

Nonobstant tout ce que fit M. le prince, M. de Bullion, poursuivant l'affaire pour la Reine, eut décret de prise de corps.

Il est à noter que M. le prince avoit présenté sa requête au parlement, par laquelle il avoit soutenu la violence faite par Rochefort, prétendant que les princes du sang peuvent faire impunément telles violences. Mais depuis, ayant eu avis que tant s'en faut que son aveu pût garantir Rochefort, que le parlement eût procédé contre lui pour l'aveu qu'il en avoit fait, étant vrai que les princes du sang ne peuvent user de telle violence sans en être repris par la justice, il retira sa requête.

L'affaire se termina en sorte qu'après le décret de Rochefort M. le prince demanda son abolition.

Un autre attentat fut commis en la personne du sieur de Riberpré, qui ne fit pas tant de bruit, mais ne fut pas moins étrange. Le maréchal d'Ancre, qui étoit fort mal avec M. de Longueville sur le sujet de leurs charges, comme nous avons dit en l'année précédente, se défiant de Riberpré qu'il avoit mis dans la citadelle d'Amiens, récompensa le gouvernement de Corbie pour le lui donner et se défaire de lui.

Riberpré, offensé de cette défiance, se mit, avec ladite place, du parti de M. de Longueville; peu après étant allé à Paris, les États y tenant encore, il fut attaqué seul, en plein jour, par trois ou quatre personnes inconnues, d'entre lesquelles il se démêla bravement, non sans une opinion commune que c'étoit une partie qui lui avoit été dressée par le maréchal d'Ancre; ce qui indigna d'autant plus les Etats contre lui, que les assassinats sont inusités et en horreur en ce royaume.

Quand on approcha du temps de la clôture des Etats, les trois chambres appréhendant que, si tous les conseillers d'Etat du Roi jugeoient des choses demandées par les Etats, ou si après la présentation des cahiers on n'avoit plus de pouvoir de s'assembler en corps d'Etats, la faveur des personnes intéressées dans les articles desdits cahiers ne les fît demeurer sans effet, l'Eglise et la noblesse résolurent de supplier Sa Majesté d'avoir agréable que les princes et officiers de la couronne jugeassent seuls de leurs cahiers, ou, s'il lui plaisoit qu'ils fussent assistés de quelques autres de son conseil, ce ne fût que cinq ou six qu'ils lui nommeroient ; que trois ou quatre des députés de chaque chambre fussent au conseil lorsqu'il s'agiroit de leurs affaires, et que les Etats ne fussent rompus qu'après que Sa Majesté auroit répondu à leurs demandes.

Sa Majesté, ayant eu avis de cette résolution, leur témoigna qu'elle ne l'avoit pas agréable, ce qui fit qu'ils se restreignirent à la dernière demande, et à ce que six des plus anciens de son conseil seulement, avec les princes et officiers de sa couronne, fussent employés à donner avis à Sa Majesté sur leurs cahiers.

Le Roi leur manda, par le duc de Ventadour, que ce seroit une nouveauté trop préjudiciable que la présentation de leurs cahiers fût différée jusqu'après la résolution de leurs demandes, comme aussi que les Etats continuassent à s'assembler après que leurs cahiers auroient été présentés; que ce qu'elle leur pouvoit accorder étoit qu'ils députassent d'entre eux ceux qu'ils voudroient pour déduire les raisons de leurs articles devant Sa Majesté et son conseil, et que les réponses de Sa Majesté seroient mises ès mains des trois ordres qui demeureroient à Paris, et ne seroient point obligés de se séparer jusques alors.

Après cette réponse, toutes les trois chambres firent une seconde instance au Roi que Sa Majesté eût agréable qu'après avoir présenté leurs cahiers ils se pussent encore assembler, jusqu'à ce qu'ils eussent été répondus.

Sa Majesté refusa leur requête pour la seconde fois, leur mandant néanmoins que si, après la présentation de leurs cahiers, il survenoit quelque occasion pour laquelle ils dussent s'assembler de nouveau, elle y pourvoiroit. Lors, se soumettant entièrement à la volonté du Roi, ils présentèrent leurs cahiers le 23 de février. Les principaux points qui y étoient contenus étoient: le rétablissement de la religion catholique en Gex et en Béarn, et particulièrement que le revenu des évêchés de Béarn, qui avoit été mis entre les mains des officiers royaux depuis le temps de la reine Jeanne, mère du feu Roi, fût rendu aux évêques, au lieu des pensions que le Roi leur donnoit pour entretenir leur dignité, attendu que cette promesse leur avoit toujours été faite par le feu Roi, et depuis sa mort leur avoit été confirmée par la Reine régente, et le temps de l'exécution remis à la majorité du Roi; l'union de la Navarre et du Béarn à la couronne; la supplication qu'ils faisoient à Sa Majesté d'accomplir le mariage du Roi avec l'infante d'Espagne; qu'elle eût agréable de composer son conseil de quatre prélats, quatre gentilshommes et quatre officiers, par chacun des quartiers de l'année, outre les princes et officiers de la couronne; d'interdire au parlement toute connoissance des choses spirituelles, tant de matière de foi que sacremens de l'Eglise, règles monastiques et autres choses semblables; de commettre quelques-uns pour régler les cas des appellations comme d'abus, réformer l'Université et y rétablir les jésuites; ne donner plus de bénéfices ni pensions sur iceux qu'à personnes ecclésiastiques, et n'en donner plus aucune survivance; député des commissaires de deux ans en deux ans, pour aller sur les provinces pour recevoir les plaintes de ses sujets, et en faire procès-verbal, sans faire pour cela aucune levée sur le peuple; d'ôter la vénalité des offices, gouvernemens et autres charges; supprimer le droit annuel, abolir les pensions, régler les finances, et établir une chambre de justice pour la recherche des financiers.

Je fus choisi par le clergé pour porter la parole au Roi, et présenter à Sa Majesté le cahier de son ordre, et déduisis les raisons des choses desquelles il étoit composé, en la harangue suivante, laquelle je n'eusse volontiers non plus rapportée ici que celles des députés de la noblesse et du tiers-état, n'eût été que, pource qu'elles sont toutes trois sur un même sujet, et que j'ai essayé d'y traiter, le plus brièvement et nettement qu'il m'a été possible, tous les points résolus dans les Etats, il m'a semblé ne les pouvoir mieux représenter que par ce que j'en ai dit; outre que s'il y a quelque faute de l'insérer tout entière et non les principaux chefs seulement, un équitable lecteur excusera, à mon avis, facilement si j'ai voulu rapporter en historien tout ce que j'en ai prononcé en orateur (1).

Après que j'eus ainsi parlé au Roi, le baron de Senecé présenta le cahier de la noblesse, et le prési-

(1) Voyez la harangue; tome XI de cette série, page 201.

dent Miron celui du tiers-état. Sa Majesté, pour plus promptement donner ses réponses aux cahiers des Etats, commanda que sur chaque matière on fît extrait de ce qui en étoit demandé dans les trois cahiers, et ordonna quelques-uns des plus anciens de son conseil pour examiner les choses qui regarderoient l'Eglise, les maréchaux de France et le sieur de Villeroy pour celles qui concerneroient la noblesse et la guerre, les présidens Jeannin et de Thou, et les intendans pour celles des finances, et autres personnes pour les autres matières contenues dans leurs cahiers.

Cependant, pource que quelques députés des Etats, qui étoient de la religion prétendue, s'étoient émus sur la proposition que quelques-uns des catholiques avoient faite, que le Roi seroit supplié de conserver la religion catholique selon le serment qu'il en avoit prêté à son sacre, Sa Majesté fit, le 12 de mars, une déclaration par laquelle elle renouvelle les édits de pacification ; et pource que le temps étoit venu que l'assemblée de ceux de ladite religion prétendue se devoit tenir pour élire de nouveaux agens, le Roi la leur accorda à Gergeau, bien qu'il changeât depuis ce lieu en la ville de Grenoble.

Quelque presse que l'on apportât à l'examen des cahiers des Etats, les choses tirant plus de longue qu'on ne s'étoit imaginé, Sa Majesté jugea à propos de congédier les députés des Etats, et les renvoyer dans leurs provinces ; et, afin que ce fût avec quelque satisfaction, elle leur manda que les chefs des gouvernemens des trois ordres la vinssent trouver, le 24 de mars, au Louvre, où Sa Majesté leur dit qu'elle étoit résolue d'ôter la vénalité des charges et offices, de régler tout ce qui en dépendroit, rétablir la chambre de justice et retrancher les pensions. Quant au surplus des demandes, Sa Majesté y pourvoiroit aussi au plus tôt qu'elle pourroit.

Par cette réponse la paulette étoit éteinte; mais elle ne demeura pas long-temps à revivre; car le tiers-état, qui y étoit intéressé, en fit une si grande plainte, que le 13 mai ensuivant, le Roi, par arrêt de son conseil, rétablit le droit annuel, déclarant que la résolution que Sa Majesté avoit prise pour la réduction des officiers au nombre porté par l'ordonnance de Blois, la révocation du droit annuel et la défense de vendre les offices, seroient exécutées dans le premier jour de l'an 1618, et cependant pour bonnes causes seroient sursises jusques alors.

Ainsi ces Etats se terminèrent comme ils avoient commencé. La proposition en avoit été faite sous de spécieux prétextes, sans aucune intention d'en tirer avantage pour le service du Roi et du public, et la conclusion en fut sans fruit, toute cette assemblée n'ayant eu d'autre effet sinon que de surcharger les provinces de la taxe qu'il fallut payer à leurs députés, et de faire voir à tout le monde que ce n'est pas assez de connoître les maux si on n'a la volonté d'y remédier, laquelle Dieu donne quand il lui plaît faire prospérer le royaume, et que la trop grande corruption des siècles n'y apporte pas d'empêchement.

Le 27 de mars, trois jours après que le Roi eut congédié les députés des Etats, la reine Marguerite passa de cette vie en l'autre. Elle se vit la plus grande princesse de son temps, fille, sœur et femme de grands rois, et, nonobstant cet avantage, elle fut depuis le jouet de la fortune, le mépris des peuples qui lui devoient être soumis, et vit une autre tenir la place qui lui avoit été destinée. Elle étoit fille de Henri II et de Catherine de Médicis, fut, par raison d'Etat, mariée au feu Roi, qui lors étoit roi de Navarre, lequel, à cause de la religion prétendue dont il faisoit profession, elle n'aimoit pas. Ses noces, qui sembloient apporter une réjouissance publique, et être cause de la réunion des deux partis qui divisoient le royaume, furent au contraire l'occasion d'un deuil général et d'un renouvellement d'une guerre plus cruelle que celle qui avoit été auparavant; la fête en fut la Saint-Barthélemy, les cris et les gémissemens de laquelle retentirent par toute l'Europe, le vin du festin le sang des massacrés, la viande les corps meurtris des innocens pêle-mêle avec les coupables; toute cette solennité n'ayant été chômée avec joie que par la seule maison de Guise, qui y immola pour victimes à sa vengeance et à sa gloire, sous couleur de piété, ceux dont ils ne pouvoient espérer avoir raison par la force des armes.

Si ces noces furent si funestes à toute la France, elles ne le furent pas moins à elle en son particulier. Elle voit son mari en danger de perdre la vie, on délibère si on le doit faire mourir, elle le sauve. Est-il hors de ce péril, la crainte qu'il a d'y rentrer fait qu'il la quitte et se retire en ses Etats; il se fait ennemi du Roi son frère; elle ne sait auquel des deux adhérer : si le respect de son mari l'appelle, celui de son frère et de son Roi et celui de la religion la retiennent. L'amour enfin a l'avantage sur son cœur; elle suit celui duquel elle ne peut être séparée qu'elle ne le soit d'elle-même. Cette guerre finit quelquefois, mais recommence incontinent après, comme une fièvre qui a ses relâches et ses redoublemens. Il est difficile qu'en tant de mauvaises rencontres il n'y ait entre eux quelque mauvaise intelligence; les soupçons, nés des mauvais rapports, fort ordinaires à la cour, et de quelques occasions qu'elle lui en donne, séparent l'union de leurs cœurs, comme la nécessité du temps fait celle de leurs corps. Cependant les trois frères meurent, l'un après l'autre, dans la misère de ces guerres : son mari succède à la couronne ; mais comme elle n'a point de part en son amitié, il ne lui en donne point en son bonheur. La raison d'Etat le persuade facilement à prendre une autre femme pour avoir des enfans, qu'il ne pouvoit plus avoir de celle-ci. Elle, non si touchée de se voir déchoir de la qualité de grande reine de France en celle d'une simple duchesse de Valois, qu'ardente et pleine de désir du bien de l'Etat et du contentement de son mari, n'apporte aucune résistance à ce qu'il lui plaît, étant, ce dit-elle, bien raisonnable qu'elle cède de son bon gré à celui qui avoit rendu la fortune esclave de sa valeur. Et, au lieu que les moindres femmes brûlent tellement d'envie et de haine contre celles qui tiennent le lieu qu'elles estiment leur appartenir, qu'elles ne les peuvent voir, ni moins encore le fruit dont Dieu bénit leurs mariages, elle, au contraire, fait donation de tout son bien au dauphin que Dieu donne à la Reine, et l'institue son héritier comme si c'étoit son fils propre, vient à la cour, se loge vis-à-vis du Louvre, et non-seulement va voir souvent la Reine, mais lui rend jusqu'à la fin de ses jours tous les honneurs et devoirs d'amitié qu'elle pouvoit attendre de la moindre princesse. L'abaissement de sa condition étoit si relevé par la bonté et les vertus royales qui étoient en elle, qu'elle n'en étoit point en mépris. Vraie héritière de la maison de Valois, elle ne fit jamais don à personne sans excuse de donner si peu, et le présent ne fut jamais si grand qu'il ne lui restât toujours un désir de donner davantage si elle en eût eu le pouvoir; et, s'il sembloit quelquefois qu'elle départît ses libéralités sans beaucoup de discernement, c'étoit qu'elle aimoit mieux donner à une personne indigne que manquer de donner à quelqu'un qui l'eût mérité. Elle étoit le refuge des hommes de lettres, aimoit à les entendre parler, sa table en étoit toujours environnée, et elle apprit tant en leur conversation, qu'elle parloit mieux que femme de son temps, et écrivoit plus élégamment que la condition ordinaire de son sexe ne portoit. Enfin, comme la charité est la reine des vertus, cette grande Reine couronne les siennes par celle de l'aumône, qu'elle départoit si abondamment à tous les nécessiteux, qu'il n'y avoit maison religieuse dans Paris qui ne s'en sentît, ni pauvre qui eût recours à elle sans en tirer assistance. Aussi Dieu récompensa avec usure, par sa miséricorde, celle qu'elle exerçoit envers les siens, lui donnant la grâce de faire une fin si chrétienne, que, si elle eut sujet de porter envie à d'autres durant sa vie, on en eut davantage de lui en porter à sa mort.

Quand M. le prince et ceux de son parti demandèrent les Etats, ce ne fut que pour dresser un piége à la Reine, espérant d'y faire naître beaucoup de difficultés et de divisions qui mettroient le royaume en combustion. Mais, lorsqu'ils virent qu'au contraire toutes choses alloient au contentement de la Reine, et que s'il y avoit quelquefois de la diversité dans les opinions des députés, leur intention n'étoit qu'une, et, conspirant tous au bien de l'Etat, qu'ils n'étoient en différend que du choix des moyens pour y parvenir, ils se tournèrent alors vers le parlement et essayèrent d'y produire l'effet qu'ils n'avoient pu aux Etats. Ils semèrent en ce corps de la jalousie contre le gouvernement, les persuadant qu'après s'être servi d'eux en la déclaration de la régence on les méprisoit, ne leur donnant pas la part que l'on devoit dans les grandes affaires que l'on traitoit lors. Ces paroles n'étoient pas sans leur promettre de les assister à maintenir leur autorité, et appuyer les instances qu'ils en feroient près de Leurs Majestés.

Ces inductions à des personnes qui d'eux-mêmes n'ont pas peu d'opinion de l'estime qu'on doit faire d'eux, eurent assez de pouvoir pour faire que le 24 de mars, quatre jours après que les députés des Etats furent congédiés, la cour assemblât toutes ses chambres ; et sur ce que le Roi avoit répondu aux cahiers des Etats sans avoir ouï la cour et entendu ce qu'elle avoit à lui remontrer, nonobstant la promesse que quelque temps auparavant il leur avoit faite au contraire, elle arrêta que, sous le bon plaisir du Roi, les princes, ducs, pairs et officiers de la couronne, seroient invités de se trouver en ladite cour, pour, avec le chancelier, les chambres assemblées, aviser sur les propositions qui seroient faites pour le service du

Roi, le soulagement de ses sujets et le bien de son Etat.

Cet arrêt fut incontinent cassé par un arrêt du conseil, et le Roi envoya querir ses procureurs et avocats généraux, leur témoigne le mécontentement qu'il a de cet attentat : que lui présent à Paris, le parlement ait osé, sans son commandement, s'assembler pour délibérer des affaires d'Etat; lui majeur et en plein exercice de son autorité royale, ils aient convoqué les princes pour lui donner conseil; ce qui, nonobstant que le chancelier fût requis de s'y trouver, ne se pouvoit faire que par exprès commandement de Sa Majesté. Ils disent pour excuse que ce qu'ils en ont fait n'est que sous le bon plaisir du Roi, et non par entreprise sur son autorité; mais elle n'est reçue pour valable. On leur dit qu'on sait bien les mauvais propos qu'ils ont tenus en leurs opinions; que ces mots n'y furent pas mis par résolution de la compagnie, mais seulement par le greffier qui dressa l'arrêt, outre qu'ils n'étoient pas suffisans pour les exempter de coulpe; et partant, Sa Majesté leur commande de lui apporter l'arrêt de la cour, à laquelle il défend de passer outre à l'exécution d'icelui. Ce qui ayant été fait, le Roi, le 9 d'avril, manda les présidens et quelques-uns des plus anciens conseillers de la cour, auxquels il fit une réprimande de l'entreprise qu'ils avoient faite; qu'ils se devoient ressouvenir des offenses et ressentimens contre eux des rois ses prédécesseurs en pareilles occasions; qu'ils devoient, comme son premier parlement, employer l'autorité qu'ils tenoient de Sa Majesté à faire valoir la sienne, non à la déprimer et en sa présence, et qu'il leur défendoit de délibérer davantage sur ce sujet.

Ils ne délaissèrent pas de le faire le lendemain, arrêtant entre eux de dresser des remontrances. Sa Majesté les appelle, les reprend, et leur renouvelle les défenses, nonobstant lesquelles ils dressent leurs remontrances, qu'ils apportent au Roi le 22 de mai.

Ils commencèrent par excuser et justifier leur arrêt du 28 de mars, puis apportèrent quelques raisons et exemples peu solides pour prouver que de tout temps le parlement prend part aux affaires d'État, et que les rois ont même accoutumé de leur envoyer les traités de paix pour lui en donner leur avis.

De là ils passèrent à improuver ce que le cardinal du Perron avoit dit touchant l'article du tiers-état, supplier Sa Majesté d'entretenir les anciennes alliances, ne retenir en son conseil que des personnes expérimentées, ne permettre la vénalité des charges de sa maison, n'admettre les étrangers aux charges, défendre toute communication avec les princes étrangers, ni prendre aucune pension d'eux; ne permettre qu'il soit entrepris sur les libertés de l'Eglise gallicane, réduire les dons et pensions au même état qu'elles étoient du temps du feu Roi, remédier aux désordres et larcins de ses finances, ne souffrir que ceux qui en ordonnent achètent à bon marché de vieilles dettes notables dont ils se fassent payer entièrement; ne permettre qu'ils accordent de grands rabais et dédommagemens frauduleux, ni qu'on fasse des créations d'offices dont les deniers soient convertis au profit des particuliers, et les finances du Roi demeurent à perpétuité chargées des gages qui y sont attribués; établir une chambre de justice; défendre la vaisselle d'or et la profanation de celle d'argent, jusqu'aux moindres ustensiles de feu et de cuisine; ne casser ou surseoir sur requête les arrêts du parlement, ni faire exécuter aucuns édits, déclarations et commissions qui ne soient vérifiés aux cours souveraines, et surtout permettre l'exécution de leur arrêt du 28 de mars; se promettant que, par ce moyen, Sa Majesté connoîtroit beaucoup de choses importantes à son Etat, lesquelles on lui cache. Ce que si Sa Majesté ne leur accorde, ils protestent qu'ils nommeront ci-après les auteurs des désordres de l'Etat.

Ces remontrances furent mal reçues; le Roi leur dit qu'il en étoit très-malcontent; la Reine, avec quelque chaleur, ajouta qu'elle voyoit bien qu'ils attaquoient sa régence, qu'elle vouloit que chacun sût qu'il n'y en avoit jamais eu de si heureuse que la sienne.

Le chancelier leur dit de la part du Roi qu'il ne leur appartenoit pas de contrôler le gouvernement de Sa Majesté; que les rois prenoient quelquefois avis du parlement aux grandes affaires, mais que c'étoit quand il leur plaisoit, non qu'ils s'y pussent ingérer d'eux-mêmes; que les traités de paix ne se délibéroient point au parlement, mais que l'accord étant fait, on le faisoit publier à son de trompe, puis on l'envoyoit enregistrer au parlement; que le feu Roi en avoit encore ainsi usé en la paix de Vervins. Davantage, qu'outre qu'ils s'étoient mal comportés en ces remontrances, qu'ils avoient délibérées contre le commandement du Roi, ils les avoient faites à contre-temps, vu que s'ils eussent attendu que le Roi eût achevé de faire la réponse aux cahiers des Etats, et la leur eût envoyée pour la vérifier, ils eussent pu lors faire leurs remontrances s'ils eussent eu lieu de le faire, et que le Roi eût oublié quelque chose de ce qu'ils avoient à lui représenter.

Dès le lendemain, qui fut le 23 de mai, le Roi donna un arrêt en son conseil, par lequel il cassoit derechef leur arrêt du 28 de mars, et leurs remontrances présentées le jour précédent; déclara qu'ils avoient en cela outrepassé le pouvoir à eux attribué par les lois de leur institution, et commanda que, pour effacer la mémoire de cette entreprise et désobéissance, ledit arrêt et remontrances fussent biffés et ôtés des registres, et qu'à cet effet le greffier fût tenu les apporter à Sa Majesté, incontinent après la signification qui lui seroit faite du présent arrêt.

Ensuite les gens du Roi sont appelés au Louvre le 27 de mai ; la lecture leur en est faite, et leur est commandé de le porter, faire lire et enregistrer au parlement. Après plusieurs refus, ils sont contraints de s'en charger, et le parlement, après diverses délibérations, d'en ouïr la lecture ; mais ils ne se purent jamais résoudre d'en faire l'enregistrement, ni apporter au Roi leurs registres pour en voir biffer leur arrêt du 28 de mars, et leurs remontrances. Mais ils donnèrent un autre arrêt le 23 de juin, par lequel il fut arrêté que le premier président et autres de la cour iroient trouver le Roi pour l'assurer de leurs très-humbles services, et supplier Sa Majesté de considérer le préjudice que le dernier arrêt de son conseil apporte à son autorité, et que leurs remontrances sont très-véritables. L'affaire en demeura là; l'opiniâtreté du parlement l'emporta sur la volonté du Roi.

Durant toutes ces brouilleries du parlement, M. le prince ne se trouva point à Paris, afin de ne point donner de sujet de les lui imputer, mais étoit à Saint-Maur, d'où néanmoins étant revenu sur la fin de mai, lorsque le dernier arrêt du conseil fut donné, la Reine craignant qu'il voulût assister au parlement lorsqu'il délibéreroit là-dessus, envoya Saint-Geran à son lever lui en faire défenses de la part du Roi; d'où il prit le prétexte, qu'il cherchoit il y avoit long-temps, de se retirer de la cour, sous couleur qu'il n'y avoit pas d'assurance pour lui.

Il s'en alla à Creil, place dépendante de son comté de Clermont, dont le château est assez fort pour se défendre de surprise.

Leurs Majestés, qui, dès lors que les Etats se tenoient, se disposoient à partir le plus tôt qu'ils pourroient pour faire le voyage de Guienne, et recevoir et donner mutuellement les deux princesses de France et d'Espagne, avoient souvent sollicité M. le prince et autres grands de se tenir prêts pour les y accompagner. Ils en avoient redoublé leurs instances depuis que les Etats eurent demandé l'exécution desdits mariages, laquelle il sembloit qu'il fût préjudiciable à l'honneur du Roi de retarder, d'autant que cela feroit croire au roi d'Espagne, ou qu'on n'eût pas la volonté de les accomplir, ou que l'on n'osât pas l'entreprendre; ce qui le rendroit notre ennemi, ou lui donneroit lieu de nous mépriser.

M. le prince, du commencement, ne se laissant

pas encore entendre de ne vouloir pas suivre Leurs Majestés, essayoit néanmoins de leur faire trouver bon de différer quelque temps leur résolution, en laquelle, comme étant importante, il disoit n'être à propos d'user de précipitation. Mais, quand il fut une fois parti de la cour et les autres princes aussi, et qu'il fut à Creil, il dit tout hautement qu'il ne consentoit point à ce voyage, et qu'il n'y suivroit point le Roi si on ne le différoit en un temps où il pût être maître de ses volontés, ses sujets fussent plus contens, ses voisins plus assurés, et toutes choses avec sa personne disposées au mariage.

Les ministres furent divisés en leur opinion. M. de Villeroy et M. le président Jeannin sont d'avis qu'on diffère, et qu'on défère à M. le prince ; le chancelier, au contraire, presse fort le partement. Ledit sieur de Villeroy n'étoit pas si bien avec la Reine qu'il étoit l'année précédente, d'autant que la maréchale d'Ancre s'étoit remise en la bonne grâce de Sa Majesté à son retour du voyage de Nantes, et avoit remis en son esprit le chancelier. Ce qui faisoit que M. de Villeroy conseilloit de retarder le voyage, c'étoit le regret qu'il avoit que la Reine eût donné, durant les Etats, au commandeur de Sillery la commission de porter, de la part du Roi, le bracelet que Sa Majesté envoyoit à l'Infante, dont ledit sieur de Villeroy désiroit que le sieur de Puisieux fût le porteur.

Le maréchal d'Ancre, qui étoit en froideur avec ledit sieur de Villeroy, et principalement depuis la paix de Mézières, à laquelle il s'étoit ardemment opposé, et que plusieurs occasions dans les Etats augmentèrent encore, lui fit recevoir ce déplaisir, ne lui en pouvant faire davantage; car, voyant qu'aux États il se faisoit beaucoup de propositions contre lui, auxquelles les amis dudit sieur de Villeroy ne s'opposoient point, et que lui-même sollicitoit, s'entendant pour cet effet avec Ribier, et sachant d'autre part qu'il étoit déchu de crédit dans l'esprit de la Reine par les artifices du chancelier, qui lui avoit persuadé qu'il s'entendoit avec M. le prince, et le voyoit en cachette à l'insu de Sa Majesté, n'ayant plus de peur qu'il lui pût nuire, eut volonté, pour se venger, de lui faire l'affront de rompre le contrat de mariage passé entre eux.

Mais le marquis de Cœuvres le lui déconseilla, de peur qu'il lui fût imputé à lâcheté; au moins lui voulut-il faire ce déplaisir de préférer le commandeur de Sillery, qu'il savoit qu'il haïssoit, au sieur de Puisieux à qui il avoit de l'affection.

Cela le piqua de telle sorte, qu'il faisoit tout ce qu'il pouvoit pour retarder l'exécution de cette alliance, jusques à faire intervenir même don Ignigo de Cardenas, ambassadeur d'Espagne, qui supposa à la Reine que le Roi son maître en désiroit le retardement.

Le maréchal d'Ancre, pour éviter que l'on vînt à la guerre, qu'il craignoit et croyoit être le moyen de sa ruine, se joignit à M. de Villeroy, et d'ami du chancelier devint le sien, fortifiant son avis auprès de la Reine par son autorité; ce qu'il a toujours fait jusques ici, n'ayant jamais opiné qu'à la paix, et s'étant toujours rendu ennemi de celui qui conseilloit la guerre, se souciant peu duquel des deux avis, ou la paix ou la guerre, étoit le plus avantageux pour l'Etat, mais ayant l'œil seulement à sa sûreté et conservation.

Maintenant un nouveau sujet l'obligeoit à être de l'avis de la paix, et différer le partement de Sa Majesté, d'autant qu'il espéroit que messieurs le prince et de Bouillon porteroient M. de Longueville à l'accommoder du gouvernement de Picardie qu'il désiroit, et recevoir en échange celui de Normandie qui étoit en sa puissance. Mais ni toutes les raisons du sieur de Villeroy et du président Jeannin, ni la faveur du maréchal, ne purent faire incliner l'esprit de la Reine à leur avis, tant elle avoit le mariage à cœur, et lui sembloit qu'il y alloit de son honneur et de l'autorité du Roi à l'accomplir; joint que M. le chancelier trouva moyen d'arrêter l'opposition dudit maréchal d'Ancre, M. d'Epernon et lui lui promettant que la Reine lui donneroit le commandement de l'armée qu'elle laisseroit ès provinces de deçà pour s'opposer à celle des princes.

Elle commença lors à se plaindre tout ouvertement dudit sieur de Villeroy, de ce qu'au lieu d'avancer cette affaire selon son intention, il traitoit avec l'ambassadeur d'Espagne pour la reculer, et tout cela pour son propre intérêt, ayant dessein de gagner temps pour se pouvoir auparavant établir en créance auprès du Roi, et y affermir les sieurs de Souvré et le marquis de Courtenvaux, afin que les mariages s'achevant, ils en reçussent seuls tout le gré de Sa Majesté.

Ces plaintes de la Reine, et la presse que de jour en jour le roi d'Espagne faisoit d'autant plus grande, pour l'exécution de ces mariages, qu'il se doutoit qu'on les voulût rompre, firent que ledit sieur de Villeroy, pour éviter la mauvaise grâce d'Espagne, y écrivit que ce n'étoit pas lui qui retardoit l'exécution de ce dessein, mais la Reine, vers qui le maréchal et la maréchale avoient tout pouvoir. Mais, comme rien d'écrit n'est secret, cet artifice fut depuis découvert par le comte Orso, principal ministre de Florence, à qui on envoya d'Espagne la copie de l'article de la lettre dudit sieur de Villeroy, qui, le sachant, demanda pardon à la Reine; la suppliant qu'en considération des bons services qu'il avoit rendus, il lui plût oublier cette méprise; ajoutant que s'il s'étoit voulu décharger d'envie, ce n'étoit pas à ses dépens, mais à ceux du maréchal et de la maréchale, qu'il ne tenoit pas ses amis jusques au point qu'il estimoit le mériter.

Leurs Majestés, auparavant que partir, crurent ne devoir oublier aucun moyen qu'elles pussent apporter pour persuader aux princes mécontens de les accompagner en ce voyage, leur remontrer leur devoir, et leur faire voir la faute signalée qu'ils commettoient s'y opposant. Elle envoya à Creil, vers M. le prince, le sieur de Villeroy, qu'elle jugea ne lui devoir pas être désagréable. N'ayant rien pu gagner sur l'esprit dudit sieur prince, la Reine le renvoya vers lui à Clermont, où il s'étoit avancé, et enfin, pour la troisième fois, avec le président Jeannin à Coucy, où il s'étoit assemblé avec les princes de son parti, pour prendre, ce disoient-ils, avis ensemble sur le sujet des remontrances du parlement.

En ce troisième voyage, les affaires ne semblant pas s'acheminer à un plus prompt accommodement qu'aux deux premiers, la Reine se lassa de tant attendre, étant avertie aussi que cependant ils armoient de tous côtés, pour arracher de force ce qu'ils ne pouvoient obtenir par leurs remontrances. Le chancelier, pour achever de perdre le sieur de Villeroy, rendant sa négociation inutile, poussoit à la roue tant qu'il pouvoit, remontrant à la Reine que le président Jeannin et lui entretenoient exprès cette négociation pour retarder son départ, et qu'ils l'engageroient enfin insensiblement à promettre des choses dont elle auroit de la peine à se dédire, ce qui serviroit aux princes de prétexte d'entreprendre avec plus de couleur; joint qu'il étoit assuré que le sieur de Villeroy s'étoit uni avec les princes, et leur servoit de conseil au lieu de les détourner de leur dessein : cela fit que la Reine envoya le sieur de Pontchartrain, le 26 de juillet, avec lettres du Roi à M. le prince, par lesquelles il lui mandoit qu'il étoit résolu de partir le premier jour d'août; qu'il le prioit de l'accompagner, ou de dire en présence dudit Pontchartrain si, contre ce qu'il lui en avoit fait espérer, il lui vouloit dénier ce contentement.

M. le prince répond à Sa Majesté que son voyage étoit trop précipité; qu'il devoit auparavant avoir donné ordre aux affaires de son Etat, et pourvu aux désordres qui lui avoient été représentés par les Etats et par son parlement, desquels désordres le maréchal d'Ancre, le chancelier, le commandeur de Sillery, Bullion et Dolé étoient les principales causes; que jusque-là il supplioit Sa Majesté de l'excuser s'il ne pouvoit l'accompagner.

Tandis qu'il se plaignoit des désordres, il essayoit

de s'en prévaloir d'un contre le service du Roi, qui étoit arrivé en la ville d'Amiens.

Prouville, sergent-major de ladite ville, n'étoit pas fort serviteur du maréchal d'Ancre, non plus que beaucoup d'autres d'icelle, et étoit pour ce sujet mal voulu de lui et des siens. Le jour de la Madeleine, se promenant sur le fossé, un soldat italien de la citadelle le rencontra, et, l'ayant tué de deux ou trois coups de poignard, se retira dans la citadelle, où celui qui y commandoit, non-seulement le reçut et refusa de le rendre à la justice, mais monta à cheval avec lui, et le conduisit en Flandre jusques en lieu de sûreté.

Tout le peuple en fut merveilleusement ému; les princes, espérant qu'il le pourroit être jusques à les vouloir aider à s'emparer de la citadelle, sous couleur d'en chasser le maréchal d'Ancre, envoient des gens de guerre tout autour de la ville, et y font venir de la noblesse de leurs amis, et M. de Longueville va dans la ville même pour les y animer. Mais des lettres de cachet du Roi, par lesquelles on leur défendoit de laisser entrer M. de Longueville le plus fort dans la ville, ayant été montrées à quelques-uns des principaux, il ne trouva pas un seul bourgeois de son côté, et fut contraint de se retirer et s'en aller à Corbie, de peur que ceux de la citadelle se saisissent de sa personne.

Durant ces brouilleries, le feu de la guerre, qui avoit été au commencement de cette année plus allumé que jamais en Italie, s'assoupit pour quelque temps par l'entremise de Sa Majesté. Les Espagnols, pour contraindre le duc de Savoie à désarmer, étoient entrés avec une grande armée en Piémont; le duc de Savoie se défendoit avec une armée non moindre que la leur, en laquelle les Français accouroient de toutes parts, nonobstant les défenses que le Roi pût faire au contraire. Les offices du marquis de Rambouillet ne faisoient pas grand effet auprès du duc, qui disoit n'oser désarmer le premier, de peur que les ministres d'Espagne, en la parole desquels il ne se fioit pas, prissent ce temps d'envahir ses Etats; mais il reconnut que ce n'étoit qu'un prétexte pour continuer la guerre, d'autant que, pour découvrir son intention qu'il tenoit cachée, lui ayant proposé exprès des conditions fort avantageuses pour lui à la charge qu'il désarmât le premier, il y consentit; ce dont le marquis avertit Leurs Majestés, afin que, puisque ledit sieur duc agissoit avec fraude, elles convinssent avec le roi d'Espagne des conditions justes et raisonnables avec lesquelles elles le contraignissent de désarmer le premier. Le commandeur de Sillery en traita à Madrid, et en demeura d'accord avec les ministres d'Espagne. Le duc en ayant avis se résolut de ne pas obéir; à quoi il étoit fortifié par les ambassadeurs d'Angleterre et de Venise qui étoient près de lui, et beaucoup de grands qui lui écrivoient de France que, quoi que lui dît le marquis de Rambouillet, le Roi ne l'abandonneroit point.

Le marquis y remédia, faisant que Leurs Majestés écrivissent en Angletere et à Venise, pour savoir s'ils vouloient assister le duc de Savoie, en cas qu'il refusât des conditions justes et raisonnables sous lesquelles il pût sûrement désarmer le premier, Sa Majesté lui promettant de le secourir de toutes ses forces, si ayant désarmé on lui vouloit courre sus; car le roi d'Angleterre et la République répondirent que non, et mandèrent à leurs ambassadeurs qu'ils eussent à le déclarer au duc de Savoie. D'autre part, il fit que le maréchal de Lesdiguières manda aux troupes françaises, la plupart desquelles dépendoient de lui, qu'elles eussent créance audit marquis, qui leur conseilla de se tenir toutes ensemble, et ne permettre que le duc de Savoie les séparât, comme il avoit dessein, afin de les rendre par ce moyen à sa merci, ne se soucier de leur payer leur solde, et leur faire aussi mauvais traitement qu'ils pourroient recevoir de leurs ennemis. Le duc de Savoie, qui, à peu de temps, les voulut séparer et n'en put venir à bout, reconnoissant par là qu'il n'en étoit pas le maître contre la volonté du Roi, joint qu'il se voyoit abandonné des autres princes ses alliés s'il persistoit en une opiniâtreté déraisonnable, fut contraint de recevoir et signer au camp près d'Ast, le 21 de juin, les articles concertés entre les deux couronnes par le marquis de Rambouillet.

La substance de ce traité étoit que dans un mois il désarmeroit, et ne retiendroit des gens de guerre que le nombre qui étoit nécessaire pour la sûreté de son pays; n'offenseroit les Etats du duc de Mantoue, n'agiroit contre lui que civilement devant la justice ordinaire de l'Empereur; que les places et prisonniers pris durant cette guerre seroient restitués de part et d'autre; que le duc de Mantoue pardonneroit à tous ses sujets qui en ces mouvemens ont servi contre lui; que Sa Majesté pardonne à tous les siens qui, contre ses défenses, sont venus assister le duc de

Savoie, et qu'en cas que les Espagnols, contre la parole donnée à Sa Majesté, voulussent troubler, directement ou indirectement, le duc de Savoie en sa personne ou en ses Etats, Sa Majesté le protégera et assistera de ses forces, et commandera au maréchal de Lesdiguières, et à tous les gouverneurs desdites provinces voisines dudit duc, de le secourir en ce cas de toutes leurs troupes, non-seulement sans attendre pour cela nouveau commandement de la cour, mais même contre celui qu'ils pourroient recevoir au contraire.

Mêmes promesses furent faites au duc de Savoie par les ambassadeurs d'Angleterre et de Venise, au nom de leurs maîtres.

Par ce traité, la paix d'Italie sembloit être bien cimentée, et n'y avoir rien qui la pût ébranler; mais l'inadvertance qui fut apportée en ce traité, de n'obliger pas le roi d'Espagne à désarmer aussi bien que le duc de Savoie, sera cause de nouveaux et plus dangereux mouvemens, comme nous verrons ci-après.

Puisque nous sommes sur le discours de ce qui se passa en Italie, il ne sera pas hors de propos d'ajouter ici une chose bien étrange qui arriva à Naples. Une religieuse, nommée Julia, qui étoit en telle réputation de sainteté qu'on l'appeloit béate, ayant une plus étroite familiarité avec un moine de l'ordre de la Charité que la condition religieuse ne porte, changea enfin son amitié spirituelle en amour ; elle ne s'arrêta pas simplement à pécher avec lui, mais passa jusques à la créance que c'étoit une chose licite. Et comme l'estime de piété en laquelle elle étoit, faisoit que les plus honnêtes femmes et filles la visitoient, elle eut moyen d'épandre en leur esprit les semences de cette opinion, et l'inclination naturelle que nous avons au péché, et la facilité d'y consentir, en persuada un grand nombre à suivre son exemple. Ce mal alloit toujours croissant, jusqu'à ce qu'étant découvert par un confesseur, l'inquisition en fut avertie, et la béate et son moine envoyés à Rome, où ils furent châtiés.

En même temps, un autre Italien, nommé Côme, abbé de Saint-Mahé en Bretagne, à qui la reine Catherine de Médicis avoit fait du bien, lequel étoit aimé du maréchal d'Ancre, qui se servoit de lui en plusieurs choses, ayant vécu toute sa vie en un grand libertinage, mourut sans vouloir reconnoître pour rédempteur celui devant lequel il alloit comparoître pour être jugé. Le maréchal d'Ancre fit de grandes instances afin qu'on l'inhumât en terre sainte; mais l'évêque de Paris y résista courageusement, et le fit jeter à la voirie.

Ce prodige fit que le Roi, par un édit nouveau, bannit tous les Juifs, qui depuis quelques années, à la faveur de la maréchale d'Ancre, se glissoient à Paris.

Mais la hâte que le Roi a de partir pour son voyage nous rappelle, et ne nous permet pas de faire une plus longue digression.

M. le prince ayant, comme nous avons dit ci-dessus, écrit au Roi, par M. de Pontchartrain, qu'il ne l'y pouvoit accompagner, Sa Majesté ensuite manda, par toutes les villes de son royaume, qu'elles se tinssent sur leurs gardes, ne donnassent entrée à aucun des princes et seigneurs unis à M. le prince.

Ce que ledit seigneur prince ayant su, il envoya au Roi, le 9 août, un manifeste en forme de lettre, par lequel il se plaint que quelques mauvais esprits, desquels Sa Majesté est prévenue et environnée, lui ont jusqu'ici fait mal recevoir toutes ses remontrances; qu'il les a fait désarmer, et néanmoins ont fait lever à Sa Majesté des gens de guerre pour lui courre sus et l'opprimer, ce qui l'a obligé d'amasser ses amis et faire quelques troupes pour se défendre; qu'il a montré la bonne intention qu'il avoit, en ce qu'incontinent qu'on lui a accordé, à Sainte-Menehould, la convocation des Etats du royaume pour remédier aux désordres qui s'y font, il a posé les armes; mais qu'à peine les a-t-on promis qu'on les a voulu éluder; puis, quand on s'est vu par honneur obligé de tenir la parole qu'on avoit donnée, on a usé de tant d'artifice, qu'on a mandé en la plupart des lieux ce qu'on vouloit qu'on mît dans les cahiers, sans qu'en plusieurs villes les communautés aient eu connoissance de ce qui y étoit; et depuis encore, nonobstant toutes ces fraudes, les Etats étant clos et leurs cahiers présentés, on n'a pas répondu à tous leurs articles, et on n'observe rien de ce qui a été accordé en aucuns (1).

On a rejeté la proposition du tiers-état, si nécessaire pour la sûreté de la vie de nos rois; on a fait rayer des cahiers l'article qui porte la recherche du parricide détestable commis en la personne du feu

(1) *De ce qui a été accordé en aucuns*: Ici, dans l'Histoire de la Mère et du Fils, se termine l'histoire de l'année 1615. Les détails qui suivent, et qui se trouvent dans le manuscrit original, sont d'un grand intérêt.

Roi. On lui a envoyé défendre d'assister aux Etats, pour y proposer ce qu'il jugeroit nécessaire pour le service du Roi ; on s'est moqué des remontrances du parlement. On a entrepris contre sa vie et celle des autres princes : on reçoit toutes sortes d'avis, dont l'argent entre en la bourse du maréchal d'Ancre, qui, depuis la mort du feu Roi, a tiré 6,000,000 de livres; qu'il n'y a accès aux charges que par lui, qui ordonne de toutes choses à sa discrétion ; qu'il a, durant les Etats, voulu faire assassiner Riberpré ; qu'il a depuis peu fait tuer Prouville, sergent-major d'Amiens ; que ceux de la religion prétendue se plaignent qu'on avance ces mariages afin de les exterminer pendant le bas âge du Roi; qu'on voit courir des livres qui attribuent les malheurs de la France à la liberté de conscience que l'on y a accordée, et à la protection que l'on y a prise de Genève et de Sedan ; que le clergé, assemblé à Paris à la face du Roi, a solennellement juré l'observation du concile de Trente sans la permission de Sa Majesté : ce qui fait qu'il la supplie de vouloir différer son partement jusqu'à ce que ses peuples aient reçu le soulagement qu'ils espèrent de l'assemblée des Etats, de faire cependant vérifier son contrat de mariage au parlement, ainsi que par les termes d'icelui elle y est obligée, et déclarer qu'aucuns étrangers ne seront admis aux charges du royaume, ni même aux offices domestiques de la Reine future; enfin qu'il proteste que, si on continue à lui refuser tous les moyens propres et convenables à la réformation des désordres, il sera contraint d'en venir aux extrémités par la violence du mal.

M. le prince accompagna cette lettre ou manifeste, qu'il envoya au Roi, d'autres lettres au parlement de semblable teneur, toutes lesquelles, n'étant pas jugées provenir d'un cœur sincère au service du Roi et bien de l'Etat, demeurèrent sans effet.

Incontinent que ce manifeste eut été envoyé à Leurs Majestés par M. le prince, le duc de Bouillon s'en alla loger dans les faubourgs de Laon, et pria le marquis de Cœuvres, qui étoit dans la ville et en étoit gouverneur, de lui faire la faveur de le venir voir, d'autant qu'il n'osoit s'enfermer dans la ville. Il fit de grandes plaintes audit marquis de la violence du duc d'Epernon et du chancelier, qui étoient ceux desquels la Reine suivoit maintenant les conseils; qu'on les avoit forcés de se défendre par le manifeste qu'il avoit vu; que contre son sens on s'étoit plaint nommément du maréchal d'Ancre, mais que M. de Longueville avoit refusé de le signer sans cela, et que ledit maréchal avoit tort de se laisser aller aux persuasions de personnes qui ne l'avoient jamais aimé, et de l'affection nouvelle desquelles il ne se pouvoit guère assurer.

La commune créance étoit si grande que ledit maréchal et sa femme faisoient tout ce que bon leur sembloit auprès de la Reine, qu'on ne pouvoit croire que rien se passât contre leur opinion. Il étoit bien vrai qu'en ce qui regardoit leur établissement et leur grandeur Sa Majesté ne leur refusoit rien, mais en ce qui touchoit les affaires générales, le peu de connoissance qu'y avoit la Reine, le peu d'application de son esprit qui refuit la peine en toutes choses, et ensuite l'irrésolution perpétuelle en laquelle elle étoit, lui faisoit prendre créance en ceux qu'elle pensoit lui pouvoir donner meilleur conseil ; et, soit qu'elle n'eût pas assez de lumières pour reconnoître celui qui étoit le plus habile à la conseiller, ou que, par une condition ordinaire à celles de son sexe, elle fût facile à soupçonner et à croire ce qu'on imposoit aux uns et aux autres, elle se laissoit conduire tantôt à l'un, tantôt à l'autre des ministres, selon qu'il lui sembloit s'être bien ou mal trouvée du dernier conseil qui lui avoit été donné : d'où venoit que sa conduite n'étoit pas uniforme et d'une suite assurée ; ce qui est un grand manquement, et le pire qui soit en la politique, où l'unité d'un même esprit et la suite des mêmes desseins et moyens, conservent la réputation, assurent ceux qui travaillent dans les affaires, donnent terreur à l'ennemi, et atteignent bien plus certainement et promptement à la fin, que non pas quand la conduite générale n'est pas correspondante à toutes ses parties, mais comme d'une personne qui erre et qui, prenant tantôt un chemin, tantôt un autre, travaille beaucoup sans s'avancer au lieu où elle tend. La Reine donc se gouvernant ainsi, le maréchal d'Ancre avoit ce déplaisir, qu'elle ne suivoit pas son avis aux affaires qui concernoient l'Etat, et néanmoins toute l'envie en retomboit sur lui, et ceux qui étoient offensés du gouvernement lui attribuoient la cause du mauvais traitement qu'ils croyoient recevoir ; à quoi néanmoins il aidoit bien par sa faute, d'autant que, par vanité ou autrement, il essayoit de faire croire à tout le monde que rien ne se passoit que par son avis.

Quand le marquis de Cœuvres eut vu M. de Bouillon, il dépêcha un courrier exprès au maréchal d'Ancre, pour l'informer de tout ce que ledit sieur de Bouillon lui avoit dit; mais il trouva le maréchal d'Ancre en assez mauvaise posture auprès de la Reine, qui étoit tellement offensée contre lui de ce qu'il insistoit à ce qu'elle retardât le voyage, qu'elle lui commanda de se retirer à Amiens. Il y alla outré de colère contre le chancelier et M. d'Epernon, d'autant que lui ayant, dès le commencement, comme nous avons dit, fait espérer qu'il auroit le commandement de l'armée que le Roi assembloit auprès de Paris pour s'opposer aux princes, il l'avoit depuis, sous couleur de la haine que les Parisiens portoient audit maréchal, déconseillé à la Reine qui y condescendit, leur disant que, comme elle n'avoit eu pensée de lui donner cette charge que par eux, elle la quittoit volontiers puisqu'ils avoient changé d'opinion.

Le commandeur de Sillery, à quelques jours de là, soit pour se moquer dudit maréchal, ou pour faire bonne mine, comme s'il ne l'avoit point offensé, ayant prié Montglat, qui l'alloit visiter à Amiens, de le saluer de sa part. Ledit maréchal donna charge à Montglat de lui dire pour réponse qu'il ne retourneroit point à la cour que lui et son frère ne fussent pendus.

Avant le partement de Leurs Majestés, l'abbé de Saint-Victor, coadjuteur de Rouen, les vint supplier, au nom du clergé de France, d'avoir agréable la réception du concile de Trente, qui avoit, disoit-il, été faite en l'assemblée des Etats, signée et jurée par ledit clergé, qui le devoit être en peu de temps encore par les conciles provinciaux, et Sa Sainteté suppliée de s'accommoder aux raisons qu'on lui représenteroit pour ce qui regarderoit les droits de la France.

La harangue qu'il fit à Leurs Majestés sur ce sujet fut fort mal reçue d'elles, et M. le chancelier lui témoigna que Sa Majesté ayant intérêt à la réception dudit concile pour les choses qui concernoient la discipline extérieure de l'Eglise, elle ne se pouvoit ni ne se devoit faire sans elle.

Ledit sieur abbé ayant fait imprimer sa harangue, elle fut supprimée par sentence du Châtelet, l'imprimeur condamné à 400 livres d'amende et banni, et ordonné que ledit abbé seroit ouï sur le contenu en icelle.

Aussi mal fut reçue la remontrance qu'au même temps l'ambassadeur d'Angleterre vint faire au Roi, de la part du Roi son maître, sur le sujet de son partement, lequel disoit devoir être retardé à raison du mécontentement des grands, des mouvemens qui s'en ensuivroient, du peu de satisfaction qu'avoit le parlement, et de la disposition du peuple à suivre leurs sentimens, joint que si cette double alliance avec l'Espagne avoit mis en quelque jalousie les anciens alliés de la couronne, l'exécution qui en seroit faite si à contre-temps et si à la hâte les y confirmeroit bien davantage.

Que ce qui lui faisoit représenter ces choses à Leurs Majestés étoit la promesse mutuelle qui étoit entre le feu Roi et le Roi son maître, que le dernier vivant des deux prendroit en sa protection les enfans de l'autre; car, au demeurant, il étoit avantageux à son maître que le Roi fît ce qu'il faisoit, d'autant qu'il recueilleroit toutes les bonnes volontés des anciens amis de cette couronne, qui s'en estimeroient abandonnés; mais que le Roi son maître ne pouvoit manquer à rendre ce devoir à l'étroite union qu'il avoit toujours entretenue avec la France, de laquelle il ne se sépareroit jamais si le changement de deçà ne l'y contraignoit.

Tout cela ne fit pas changer à la Reine de résolution ni retarder un seul jour son partement. Après avoir fait la fête de la mi-août à Paris, Leurs Majestés en partirent le 17, font mettre force canons dans le bois de Vincennes, sous prétexte qu'ils seront plus près pour empêcher les désordres d'autour de Paris, mais en effet pour s'en servir en cas qu'il arrivât une émeute dans Paris même, à la suscitation des princes, et mandent par toutes les villes qu'on fasse garde, et qu'on n'y laisse entrer personne le plus fort.

Le jour même qu'elles partirent, elles envoyèrent prendre le président Le Jay en sa maison par deux exempts des gardes et quinze archers du corps, qui le firent mettre dans un carrosse, les portières abattues, et le firent suivre Sa Majesté jusqu'à Amboise, où il fut mis dans le château.

La cour en écrivit au chancelier, duquel n'ayant pas reçu la satisfaction qu'ils désiroient, ils envoyèrent quelques conseillers d'entre eux vers le Roi même; mais ils n'eurent de Sa Majesté autre réponse, sinon qu'à son retour la cour sauroit la raison pour laquelle il avoit été amené. La cause pour laquelle Leurs Majestés ne le voulurent pas laisser à Paris pendant leur absence, fut qu'elles l'estimoient homme de créance parmi le peuple, à raison de la charge de lieutenant civil qu'il avoit eue, et croyoient qu'il eût intelligence particulière avec M. le prince, à cause des fréquentes visites qu'il en avoit reçues à Charonne, et qu'il lui avoit rendues à Saint-Maur.

Avec le Roi partirent M. de Guise, le chancelier et M. d'Epernon, qui avoit lors tel crédit auprès de la Reine, qu'elle se reposoit entièrement sur lui, tant pour la conduite du Roi et d'elle en ce voyage, que pour la disposition des armes qu'il falloit opposer aux princes.

Les ducs de Nevers et de Vendôme accompagnèrent seulement le Roi hors de Paris, où ils revinrent le même jour; le premier pour aller faire quelques troupes et les conduire à Sa Majesté; ce qu'il ne fit pas néanmoins, mais tout le contraire, comme nous verrons ci-après.

La maréchale d'Ancre, dont l'esprit mélancolique étoit tout abattu de courage pour la résolution du voyage que la Reine avoit prise contre son gré, et la mauvaise chère qu'il lui sembloit qu'elle lui faisoit, et pour l'indisposition perpétuelle en laquelle les personnes de son humeur pensent être, étoit résolue de demeurer à Paris; mais le sieur de Villeroy et le président Jeannin (le premier dit qu'il étoit demeuré d'accord avec les princes qu'ils devoient prendre les armes, les assurant qu'étant auprès de la Reine il les assisteroit en ce qu'il pourroit), et les lettres continuelles qu'elle recevoit de son mari, lui remontrèrent si bien qu'elle donnoit elle-même le dernier coup à sa ruine, si elle n'accompagnoit la Reine en ce voyage, et que l'absence, qui éteint les amitiés, principalement celle des grands, l'éloigneroit tellement de l'esprit de la Reine, et donneroit un si long temps à ses ennemis pour s'y affermir, qu'elle ne trouveroit plus de lieu de s'y remettre, qu'enfin elle changea de résolution, et suivit Sa Majesté ; se raccommodant avec ledit sieur de Villeroy à l'italienne, c'est-à-dire pour s'en servir et agir en temps et lieu tous deux ensemble contre le chancelier et sa cabale.

Leurs Majestés, en partant, donnèrent le commandement de l'armée qui devoit demeurer aux environs de Paris, au maréchal de Bois-Dauphin, qui commença à l'assembler auprès de Dammartin, et Leurs Majestés, en partant, firent raser les citadelles de Mantes et de Melun, pour obliger la ville de Paris.

Elles arrivèrent à Orléans le 20, et le 30 à Tours, où les députés de l'assemblée de Grenoble lui présentèrent une lettre de l'assemblée, et quelques articles des choses qu'ils demandoient à Sa Majesté, les principaux desquels étoient qu'il lui plût accorder le premier article demandé par le tiers-état, touchant l'indépendance de la couronne et conservation de la personne royale, et la condamnation de la doctrine contraire, suivant les remontrances du parlement ; approfondir la recherche de l'assassinat du feu Roi, refuser absolument, en la réponse aux cahiers du clergé et de la noblesse, la réception du concile de Trente, déclarer que le serment de son sacre ne doit préjudicier à l'observation des édits de pacification faits en leur faveur, entretenir la protection de la ville de Sedan, et faire payer les appointemens accordés pour icelle ; et enfin, à cause, disoient-ils, que M. le prince leur avoit écrit, les priant de se joindre à ses justes ressentimens, ils supplioient Sa Majesté avoir agréable de surseoir son voyage pour l'accomplissement de son mariage, ainsi que la cour de parlement l'en avoit suppliée; mais ceux de ladite assemblée ayant appris qu'auparavant que leurs députés fussent arrivés à Paris le Roi en étoit parti, ils lui dépêchèrent le conseiller du Buisson, par lequel ils mandèrent à Sa Majesté, avec plus d'insolence que devant, qu'ils la supplioient de ne passer pas outre en son voyage. A quoi ils prenoient intérêt, non-seulement comme de la religion prétendue réformée, mais comme bons Français; ce qu'ils espéroient que Sa Majesté leur accorderoit, attendu que le même dieu qui commande aux sujets la fidélité envers leur prince, commande aussi au prince l'amour envers ses sujets.

Sur quoi Sa Majesté, pour opposer les derniers remèdes à l'extrémité de ces maux et à la rebellion manifeste du prince de Condé et à ses adhérens, les déclara à Poitiers criminels de lèse-majesté le 17; la déclaration en fut enregistrée au parlement de Paris le 18.

Ce qu'ayant été rapporté à M. le prince, il en fit une autre par laquelle il déclaroit ladite déclaration du Roi être nulle, comme étant faite sans aucun légitime pouvoir, et par gens qui faussement usurpoient le titre de conseillers du Roi. Autant en disoit-il de l'arrêt de la cour portant l'enregistrement d'icelle, lequel il disoit être faux et contraire à la délibération de ladite cour; exhortoit tous ceux qui disoient servir le Roi sous autre autorité que celle dudit sieur prince, à revenir à résipiscence dedans le mois, à faute de quoi il les déclaroit atteints et convaincus du crime de lèse-majesté.

Tandis que ces choses se passoient, le maréchal de Bois-Dauphin avoit assemblé une armée de dix mille hommes de pied et deux mille chevaux, avec laquelle il avoit charge de s'opposer à celle des princes, et leur empêcher le passage des rivières.

Si la Reine eût voulu, selon le bon avis qu'on lui donnoit, différer au moins quinze ou vingt jours son voyage, et faire un tour à Laon et à Saint-Quentin, elle eût assuré toutes ces provinces au Roi, et les eût nettoyées de tous les partisans des princes, qu'elle eût empêchés de joindre leurs levées si facilement qu'ils firent et mettre leur armée sur pied; mais l'opiniâtreté ordinaire à la grandeur, la fermeté à faire ce qu'elle veut, l'impatience de voir sa volonté combattue et retardée, la firent partir à la hâte, et son éloignement leur donna la liberté de faire tout ce qu'ils voulurent.

Le maréchal de Bois-Dauphin, au lieu de prendre pour sa place d'armes Crécy-sur-Serre, qui est en telle situation qu'il ôtoit la communication des provinces de la Normandie et de la Picardie avec la Champagne, et, attendu que M. de Nevers n'étoit pas encore déclaré pour les princes, les obligeoit de se retirer loin vers Sedan pour mettre toutes leurs troupes ensemble, amassa son armée autour de Dammartin, peut-être à bon dessein, et craignant, s'il s'éloignoit de Paris, qu'il s'y fît quelque soulèvement; mais les princes, à son défaut, ne manquèrent pas de prendre pour places d'armes ledit Crécy, lieu très-favorable pour leur dessein, et qui l'avança beaucoup.

Le duc de Bouillon envoya incontinent Justel, son secrétaire, à Laon, pour tâcher à gagner le marquis de Cœuvres; ce que ne pouvant faire, il lui fit quelques propositions d'accommodement; à quoi le maréchal de Bois-Dauphin n'ayant aucun pouvoir d'entendre, il les envoya à la cour qu'il trouva à Poitiers, où elle étoit arrivée le 4 septembre; mais s'étant adressé à M. de Villeroy, il n'en eut autre réponse, sinon qu'il dit à celui qui les lui apportoit que jusqu'ici on avoit gouverné par finance et par finesse, mais qu'il ne savoit ce qui arriveroit maintenant que l'on étoit à bout de l'une et de l'autre. Il étoit en une extrême défaveur, et la maréchale d'Ancre aussi, qui, étant venue contre son propre gré, avoit volonté de s'en retourner, tant le traitement qu'elle recevoit de la Reine lui étoit insupportable.

Barbin, intendant de la maison de la Reine, la retira de ce dessein plus qu'aucun autre, lui remontrant qu'il connoissoit en toutes occasions où il y alloit du bien particulier de ladite maréchale, que la Reine l'aimoit autant qu'elle avoit jamais fait, et qu'il n'y avoit de l'éloignement d'elle en son esprit, qu'en ce qui regardoit la conduite des affaires.

La Reine fut contrainte de faire un plus long séjour à Poitiers qu'elle ne pensoit, d'où elle ne partit que le 27 septembre, tant à cause que Madame y eut la petite vérole, que parce que Sa Majesté y fut malade elle-même d'une défluxion sur un bras, et d'une gratelle universelle.

Cette maladie fut cause de la santé de la maréchale, car par ce moyen, étant obligée d'être tous les jours en la chambre de la Reine, elle y entra insensiblement en sa familiarité première. Un médecin juif qu'elle avoit, et en qui la Reine n'avoit pas peu de créance, la servit à ces fins, lui persuadant que le commandeur de Sillery l'avoit ensorcelée. Elle n'étoit pas aussi peu aidée des instructions que lui donnoient M. de Villeroy et le président Jeannin, desquelles s'étant bien trouvée, elle disposa par après la Reine à prendre plus de créance en eux; à quoi ne donna pas peu de facilité le mauvais ordre qu'apportèrent ceux auxquels on avoit donné charge de s'opposer aux princes, qui, avec une misérable armée qui ne montoit pas au tiers de celle du Roi, prirent à leur barbe Château-Thierry le 29 septembre, et, par le moyen de cette place, s'ouvrirent un passage sur la rivière de Marne, et de là passèrent la rivière de Seine à Bray, ne leur restant plus que la Loire pour passer en Poitou, et se joindre à ceux de la religion prétendue qui les attendoient.

La Reine, partant de Poitiers, alla à Angoulême, où elle arriva le premier octobre. La comtesse de Saint-Paul la vint assurer de la fidélité de son mari, et des places de Fronsac et de Caumont; mais le duc de Candale en partit pour s'aller joindre à M. de Rohan contre le service du Roi, et faire profession de la religion prétendue; ce qu'il fit bientôt après, ayant dessein de mettre Angoulême entre les mains des huguenots, et prendre la Reine et le conseil.

Ces mauvais desseins n'empêchèrent pas que Leurs Majestés n'arrivassent sûrement à Bordeaux le 7 octobre, où les fiançailles de Madame et du prince d'Espagne se firent le 28, celles du Roi et de l'Infante se devant faire le même jour à Burgos.

Il fut remarqué qu'en ce jour on lisoit en l'église l'évangile d'un roi qui faisoit les noces de son fils, auxquelles les invités refusèrent de venir, et aucuns d'eux firent violence à ceux qui les en étoient venus semondre, et les tuèrent, ce qui obligea ce grand roi à les perdre tous malheureusement. Cela sembloit n'être pas tant arrivé par hasard que par un ordre secret de la Providence divine, qui désignoit la ruine de ces sujets infidèles qui s'opposoient au mariage de Sa Majesté.

Le Roi, sachant que le duc de Rohan, le sieur de La Force, et les autres huguenots de ce côté-là, avoient armé, leur envoya La Brosse, lieutenant de ses gardes, pour savoir d'eux à quel dessein et avec quelle autorité ils le faisoient.

Ils répondirent que l'assemblée de Grenoble leur avoit mandé qu'ils se tinssent en état de se pouvoir défendre en cas que leurs députés ne reçussent contentement, lequel ils savoient bien qu'ils n'avoient pas reçu, Sa Majesté n'ayant point eu d'égard aux remontrances de M. le prince ni du parlement.

Cette réponse insolente obligea le Roi à envoyer tout ce qu'il avoit de troupes pour accompagner Madame en Espagne, et lui amener sûrement la Reine sa future épouse.

Madame se mit en chemin le 21. Le duc de Rohan n'osa entreprendre de s'opposer à son passage; elle arriva heureusement à Bayonne le dernier octobre. Elle en partit le 6 novembre pour aller à Saint-Jean-de-Luz, en même temps que le roi d'Espagne arrivoit à Fontarabie, et au 9 on fit l'échange des deux princesses au milieu de Bidache ou d'Irun, avec toute l'égalité qui se put entre les deux nations.

La Reine entra à Bayonne le 11 novembre, où le sieur de Luynes arriva le jour même de la part du Roi, avec une lettre de Sa Majesté, par laquelle il lui offroit et donnoit en son royaume le même pouvoir qu'il y avoit, et lui témoignoit l'attendre avec impatience à Bordeaux, où elle arriva le 21 ; et dès le lendemain se fit la bénédiction nuptiale, avec un contentement indicible du Roi et de tout le peuple.

Quatre jours auparavant, le cardinal de Sourdis fit une action qui témoignoit, ou le peu d'estime en laquelle étoit en ce temps-là l'autorité royale, ou la hardiesse inconsidérée de celui qui l'entreprit impunément.

Un huguenot nommé Hautcastel, coupable de mort par plusieurs crimes, s'étant rendu dans les prisons sur la parole dudit cardinal, qui croyoit avoir tiré promesse de la Reine de lui faire donner sa grâce, ayant été promptement condamné par le parlement à être exécuté dans la prison même auparavant qu'elle fût expédiée, le cardinal, sur l'avis qu'il en eut, s'y en alla comme pour l'exhorter à se convertir, et y étant entré le délivra par force, étant assisté de plusieurs hommes armés qu'il avoit amenés avec lui pour cet effet; mais le geôlier, qui étoit gagné et avoit concerté avec ledit cardinal qu'il feindroit, pour sa décharge, de vouloir faire quelque résistance, fut tué par les siens qui n'en avoient pas été avertis.

Cette action d'un cardinal et archevêque, faite en plein midi, non-seulement à la face de la cour, mais du Roi même, en laquelle un meurtrier hérétique avoit été délivré, et un catholique non condamné meurtri, fut trouvée si mauvaise, que le Roi, sur la plainte du parlement, trouva bon qu'il donnât un arrêt pour en informer, et un autre de prise de corps contre ceux qui étoient accusés de ce crime; mais l'affaire ne passa pas plus avant, Sa Majesté, par sa piété, donnant son intérêt à l'Eglise.

Cependant l'assemblée de ceux de la religion prétendue à Grenoble, ayant su que le Roi avoit déclaré, passant à Poitiers, M. le prince et ses adhérens criminels de lèse-majesté, voyant que les affaires s'échauffoient, et que l'armée de M. le prince avoit déjà passé une partie des rivières, et s'approchoit du Poitou, eurent volonté de transporter leur assemblée à Nîmes, où ils seroient en lieu plus commode pour délibérer et résoudre librement ce qu'ils voudroient.

Le maréchal de Lesdiguières, auquel ils en demandèrent avis, le leur déconseilla, leur représentant qu'ils ne pouvoient, de leur autorité privée, transférer ladite assemblée sans préjudicier à l'édit de Nantes, et qu'ils ne devoient même le faire sans le communiquer premièrement aux provinces; qu'il n'est plus temps de penser au retardement du mariage, qu'on en est trop avant; que le Roi ayant gagné ce point, comme on ne l'en pouvoit empêcher, il s'accorderoit facilement avec M. le prince.

Mais ces remontrances ne produisirent autre effet, sinon qu'ils le soupçonnèrent d'être faux frère, et de prendre plus d'intérêt en la volonté du Roi qu'au bien de leur parti.

Ils s'en allèrent à Nîmes où ils attendoient les nouvelles de ce que deviendroit l'armée de M. le prince, qui, après avoir eu et failli une entreprise sur Sens le 20 octobre, passa la Loire à Bony le 29.

Le maréchal de Bois-Dauphin fut blâmé de ne l'avoir pas combattue; mais il s'excusoit sur ce qu'il avoit défense expresse de combattre.

Incontinent que les nouvelles de ce passage furent arrivées à Nîmes, l'assemblée écrivit à toutes leurs prétendues Eglises qu'elle avouoit la prise des armes du duc de Rohan et des autres huguenots de ces quartiers-là, exhortant toutes les provinces de les assister, et qu'elle avoit jugé à propos de répondre aux semonces de M. le prince et se joindre à lui, avec mutuelle promesse de ne point traiter les uns sans les autres.

Ce que Sa Majesté sachant, elle fit une déclaration le 20 novembre, par laquelle elle déclaroit tous lesdits huguenots qui avoient pris les armes contre elle, criminels de lèse-majesté, si dans un mois ils ne revenoient à résipiscence.

M. le prince, ayant passé la Loire, s'en vint, à petites journées, avec son armée, par le Berri et la Touraine, en Poitou, pillant et saccageant tous les lieux où il passoit.

Les députés de l'assemblée le vinrent rencontrer le 27 à Parthenay, où ils convinrent ensemble de plusieurs articles qui se rapportoient à prendre soin et sûreté de la conservation de la personne et de la vie du Roi, comme si eux seuls, par leur rebellion, ne mettoient pas en compromis et l'une et l'autre;

Qu'ils empêcheroient la réception du concile de Trente, préviendroient les mouvemens qui pourroient naître des mutuels mariages, pourvoiroient à faire maintenir l'édit de Nantes, établir un bon conseil selon les remontrances du parlement, ne s'abandonner les uns les autres, et n'entendre à aucun traité sans un mutuel consentement.

Le Roi, de sa part, pour s'opposer à eux, déclara le même jour le duc de Guise général de l'une et de l'autre de ses armées qu'il vouloit être jointes en une.

Tous ces progrès de l'armée de M. le prince, qui, nonobstant celle du Roi qui étoit plus forte, étoit passé en Poitou, et avoit donné lieu à tous les huguenots du royaume de faire des levées et se joindre à lui, donnèrent le dernier coup pour remettre en grâce M. de Villeroy et décréditer le chancelier, et ce d'autant plus, que ledit sieur chancelier avoit célé à la Reine le passage de la rivière de Loire par l'armée de M. le prince; ce que ces messieurs ne manquoient pas de représenter à la Reine, et lui faisoient le mal plus grand qu'il n'étoit, protestant que si elle n'éloignoit le chancelier de la cour elle perdroit l'Etat, d'autant qu'il avoit coutume de céler, en la même manière, beaucoup de choses importantes au service du Roi.

Le chancelier, se reconnoissant affoibli, les rechercha d'accommodement. Ils y consentirent, comme bons courtisans qu'ils étoient, n'ayant pas crainte de se laisser tromper par celui auquel ils ne vouloient avoir aucune créance. La maréchale d'Ancre ne s'y voulut jamais réconcilier, disant qu'il l'avoit si souvent trompée, qu'elle ne savoit plus quelle assurance y pouvoir prendre. Le comte Orso, agent du Grand-

Duc près le roi d'Espagne, et qui étoit venu accompagner la Reine régnante à Bordeaux, découvrit à la Reine-mère beaucoup de choses qui s'étoient passées en l'ambassade extraordinaire du commandeur de Sillery en Espagne, desquelles la Reine avoit grand sujet d'être mécontente de lui. La maréchale prit cette occasion pour décréditer son frère et lui encore davantage, et le sieur de Villeroy et le président Jeannin n'en firent pas moins de leur part, quelque raccommodement qu'il y eût entre eux; de sorte que le chancelier demeurant sans aucun pouvoir, il fut aisé audit sieur de Villeroy de faire qu'elle entrât en traité avec M. le prince.

Le duc de Nevers en donna l'occasion. Il avoit sous main favorisé le passage de Loire à M. le prince, mais ne s'étoit pas ouvertement déclaré pour lui. Il vint à Bordeaux au commencement de décembre, s'offrit à Sa Majesté de s'entremettre pour la paix; autant en fit l'ambassadeur d'Angleterre de la part du Roi son maître, lequel il dit avoir refusé à M. le prince l'assistance d'hommes et d'argent qu'il lui avoit envoyé demander par le marquis de Bonnivet. Sa Majesté l'ayant agréé, ils partirent l'un et l'autre pour aller trouver M. le prince à Saint-Jean-d'Angely.

En même temps Sauveterre se sentit de la défaveur du chancelier, ou plutôt reçut l'effet de l'envie du sieur de Luynes, qui, ayant jalousie de la bonne volonté que le Roi lui témoignoit, ne le put souffrir plus long-temps auprès de Sa Majesté. Luynes se tenoit pour lors fort bien avec la maréchale, par la faveur de laquelle et de son mari, comme nous avons déjà dit, il avoit eu le gouvernement d'Amboise, et depuis avoit encore eu, par ce même moyen, en ce voyage, la charge de capitaine des gardes pour Brantés, son troisième frère, et avec diverses gratifications que la maréchale sollicitoit avec grand soin pour eux.

Il la vint avertir, comme son serviteur obligé, que ledit Sauveterre avoit une étroite intelligence avec le chancelier, et à heures secrètes l'avertissoit de ce qui se passoit chez la Reine, et lui dit encore que ledit Sauveterre parloit mal de la Reine au Roi, et la mettoit mal en son esprit. Il fit en sorte que le Roi même dit à la Reine qu'il lui disoit souvent qu'elle aimoit mieux Monsieur, son frère, que lui, et qu'il étoit aisé à juger de son visage quand l'un ou l'autre entroit en sa chambre, et qu'on avoit mille peines à obtenir d'elle tout ce qu'on demandoit pour Sa Majesté.

La Reine envoya quérir Sauveterre, et le lui reprocha avec grande colère. Il se défendit jusqu'à ce que la Reine lui dît que c'étoit le Roi même qui l'en avoit avertie; mais lors il avoua sa faute, et supplia seulement la Reine de lui faire donner récompense de la charge de premier valet de la garde-robe du Roi qu'il avoit; ce qu'elle fit.

Leurs Majestés partirent enfin de Bordeaux le 27 décembre, et arrivèrent le 29 à La Rochefoucauld, où ils passèrent le premier jour de l'an.

Cette année le cardinal de Joyeuse mourut en Avignon chez monsignor de Bagny, vice-légat d'Avignon, ayant long-temps devant été averti qu'il se donnât de garde des bains; ce qu'il ne devina jamais devoir être entendu du nom de l'hôte chez lequel il devoit mourir.

Il vit en sa jeunesse son frère en si haute faveur auprès du Roi, qu'il le fit son beau-frère; fut cardinal jeune et plein de biens; eut bonne part à l'élection de deux papes; fut doyen des cardinaux, protecteur de France; eut l'honneur de nommer, comme légat, et au nom du Pape, le Roi à présent régnant, et au sien Monsieur, frère unique du Roi; fut le principal entremetteur pour la composition des différends d'entre Sa Sainteté et la république de Venise; sacra la Reine à Saint-Denis et le Roi à Reims, et vit sa nièce, héritière de toute sa maison, mariée à un prince du sang, et une fille unique, provenant de ce mariage, promise à M. d'Orléans, à la mort duquel elle fut destinée à M. d'Anjou, devenu, par cette mort, frère unique du Roi, qui l'a depuis épousée en 1626. Mais toutes ces félicités ne l'ont pas rendu si illustre qu'il a été remarquable par la vanité et instabilité de la grandeur qui a paru en toute sa maison; car de cinq frères qu'ils étoient, dont lui seul étoit d'église, les trois autres sont morts en batailles et rencontres où ils ont été vaincus; le quatrième est mort capucin, et tous quatre sans laisser après eux aucun de leur nom, qui est demeuré dans le point même de son élèvement éteint en la maison de Guise.

LIVRE VII.

[1616] Cette année bissextile, qui a été remarquable par les mutations extraordinaires de l'air, l'a été davantage par les effets prodigieux que nous verrons en ce royaume durant son cours, pendant lequel les cœurs seront si acharnés à la rebellion, que, nonobstant une paix en laquelle on se relâchera jusqu'au-delà de leurs désirs, ils conserveront encore leur malignité, osant se porter à des entreprises si pernicieuses, que l'on sera contraint, avec très-grand regret, de les mettre, non sans péril, en état auquel ils ne les puissent exécuter.

Quelques-uns conseilloient au Roi de poursuivre à outrance les princes, lui représentant de la facilité à les ruiner, leurs troupes n'étant ni égales en nombre ni si bien armées que celles de Sa Majesté, outre qu'elle avoit déjà plusieurs fois éprouvé que leur malice étoit telle, qu'elle s'irritoit par la douceur des remèdes, et que sa bonté royale ne servoit qu'à les rendre plus audacieux.

Mais les plus foibles conseils étant quelquefois les plus agréables, pour éviter la peine qu'il y avoit d'exécuter les plus forts, ceux qui lui conseillèrent de ne poursuivre pas les princes jusqu'à l'extrémité, et qu'il valoit mieux au Roi, en ce temps, avoir que faire la guerre contre ses sujets, prévalurent, sous couleur qu'il étoit plus glorieux de vaincre par équité que par sang répandu, et par justice et bon droit que par armes.

Du côté des princes aussi il y avoit divers sentimens. M. le prince, les ducs de Mayenne et de Bouillon vouloient la paix; le premier espérant de s'établir dans les conseils de sorte qu'il en demeureroit le chef, et que, toutes choses passant par son avis, il auroit moyen de faire ses affaires.

Le duc de Mayenne craignoit que le parti des huguenots, qui étoit fort en son gouvernement, prît trop d'avantage et profitât le plus de cette division.

Le troisième se voyoit vieux, vouloit conserver Sedan à son fils, craignoit de le mettre en hasard, et avoit aussi quelque espérance qu'aidant à la paix, cela obligeroit le Roi à lui donner part dans les affaires. En quoi il montroit la foiblesse de l'esprit de l'homme, qui, quelque grand et expérimenté qu'il soit, ne se peut empêcher d'espérer ce qu'il désire; car il avoit eu assez de sujet, depuis la régence, de se détromper de cette prétention.

Le duc de Longueville étoit d'opinion contraire, par la seule crainte qu'il avoit que le maréchal d'Ancre en la paix lui fît perdre le crédit qu'il avoit en son gouvernement.

Mais les ducs de Sully, de Rohan et de Vendôme, et tout le parti huguenot, ne vouloient ouïr parler de paix en aucune façon, si ce n'étoit avec des conditions si indignes, que nul de ceux du conseil n'eût osé proposer à Sa Majesté de les accepter.

Il n'y eut artifice dont ils ne se servissent, ni raisons qu'ils ne représentassent à M. le prince pour le tirer à leur avis. Ils lui représentoient qu'il partageoit avec le Roi l'autorité en ce royaume tandis qu'il avoit les armes à la main, et qu'il pouvoit facilement conserver sa puissance, demeurant dans son gouvernement, où il étoit environné de tout le corps des huguenots. Ils n'oublièrent pas de lui faire connoître qu'il n'y avoit pas beaucoup de sûreté pour lui à retourner dans la cour; qu'à un homme comme lui, il ne falloit ou jamais prendre les armes, ou jamais les poser contre son maître; et qu'après les avoir deux fois prises, il n'y avoit pas grande apparence de faire un assuré fondement sur quelques promesses que lui pussent faire Leurs Majestés; qu'en chose de si grande importance on ne faisoit jamais qu'une faute, et qu'il seroit blâmé si, sur quelque petite espérance de profiter dans les finances, il se désunissoit d'avec tous ceux qui lui étoient associés, et se mettoit en danger de se perdre, et eux avec lui.

Mais si leurs remontrances étoient fortes en elles-mêmes, sa propre passion l'étoit davantage envers lui; joint que ses serviteurs, qui n'espéroient pas pouvoir ailleurs si bien faire leurs affaires qu'à la cour, le fortifioient en son inclination. En quoi le maréchal de Bouillon, qui considéroit ne pouvoir être tout à la fois en Guienne auprès dudit sieur prince, et à Sedan dont son propre intérêt l'obligeoit de s'approcher, l'appuyoit par toutes les raisons que la fertilité de son esprit lui pouvoit suggérer.

Ainsi M. le prince, charmé par les trompeuses apparences de la cour, et attiré par sa passion et par les conseils que ses serviteurs et ses amis lui donnèrent pour leur propre utilité, se résolut à la paix, à laquelle aussi Sa Majesté, nonobstant les conseils qu'on lui avoit donnés au contraire, avoit eu agréable d'entendre.

Dès le premier jour de cette année, le duc de Nevers et Edmond, ambassadeur d'Angleterre, revinrent d'auprès de M. le prince où ils étoient allés, avec permission de Sa Majesté, pour le convier de revenir à son devoir. Ils amenèrent le baron de Thianges, qui apporta au Roi une lettre de lui, par laquelle, faisant bouclier des remontrances des Etats et du parlement, il témoignoit ne désirer sinon que Sa Majesté y eût égard pour le bien propre de sa sacrée personne et de son Etat. Il supplioit Sa Majesté de donner la paix à ses sujets, puis ensuite qu'il se tînt une conférence en laquelle elle envoyât ses députés pour traiter avec lui et ceux de l'assemblée de Nîmes, laquelle, pour plus de facilité, il supplioit le Roi de trouver bon qu'elle s'avançât en quelque lieu plus proche de la cour, qu'il daignât lui faire savoir le nom de ceux qu'elle y vouloit envoyer, et que l'ambassadeur d'Angleterre y pût intervenir comme témoin.

Sa Majesté accorda que l'assemblée de Nîmes fût transférée à La Rochelle, et renvoya, dès le lendemain 2 de janvier, M. de Nevers pour convenir de toutes les circonstances de la conférence.

Le même jour, Sa Majesté partit de La Rochefoucauld, et arriva le 7 à Poitiers, ayant failli une entreprise que l'on avoit faite d'enlever tous les princes à Saint-Maixent où ils se devoient assembler, et s'ils n'en eussent été avertis, comme on croit qu'ils le furent par le duc de Guise même, ils fussent tous tombés en la puissance du Roi.

Le 8 Sa Majesté renvoya vers M. le prince le baron de Thianges, qui l'étoit venu trouver de sa part, et le maréchal de Brissac et M. de Villeroy, qui convinrent avec lui de la ville de Loudun pour le lieu de la conférence, qu'elle commenceroit le 10 de février, et cependant qu'il y auroit suspension d'armes de part et d'autre jusqu'au premier jour de mars. L'ordonnance de Sa Majesté pour cette suspension fut publiée le 23 de janvier.

Leurs Majestés arrivèrent à Tours le 25, où il survint un accident bien étrange et d'un mauvais présage; car, le 29 du mois, le plancher de la chambre où la Reine étoit logée à l'hôtel de La Bourdaisière fondit, et la plupart des grands et des officiers qui y étoient tombèrent; la Reine seule et ceux qui étoient auprès d'elle ne furent point enveloppés en cette ruine. Et à Paris, la nuit de ce jour même, la glace de la rivière de Seine, qui étoit prise, venant à se rompre, fit périr plusieurs bateaux qui étoient chargés de provisions nécessaires pour la vie, et emporta une partie du pont Saint-Michel; l'autre qui ne fut pas emportée fut tellement ébranlée, qu'elle tomba à quelque temps de là.

Le duc de Vendôme, qui avoit eu commandement et reçu de l'argent du Roi pour faire des troupes, et les avoit levées, étant jusqu'alors toujours demeuré sans se venir joindre en l'armée du Roi, ni aussi se déclarer contre son service, faisoit, nonobstant la suspension d'armes, tant d'actes d'hostilité, qu'on fut contraint de lui commander de désarmer; à quoi au lieu d'obéir, il se retira vers la Bretagne, où le parlement de Rennes ordonna, par arrêt du 26 de janvier, aux habitans des villes et bourgades de courir sus à ses troupes à son de tocsin, et le Roi lui envoya par un héraut commander de poser les armes, sous peine d'être déclaré criminel de lèse-majesté.

Lors il leva le masque, et déclara le 18 de février être du parti de M. le prince, qu'il vint trouver à Loudun; ce qui retint Sa Majesté de le poursuivre plus avant.

Les propositions des princes furent à leur ordinaire colorées du spécieux prétexte du service du Roi et du bien de l'Etat. Ils demandent qu'il soit fait une exacte recherche de ceux qui ont participé à la mort du feu Roi, et que Sa Majesté en veuille faire expédier une commission au parlement; que les libertés et autorités de l'Eglise gallicane soient maintenues; que le concile de Trente ne soit point reçu; que l'autorité et dignité des cours souveraines ne soient point affoiblies; que les édits de pacification soient entièrement observés; qu'il soit pourvu dans quelque temps aux remontrances du parlement et aux cahiers des Etats; que les anciennes alliances soient conservées; retrancher l'excès des dons et pensions, et principalement aux personnes de nul mérite. Tout cela ne reçut point de difficulté à être admis et accordé par le Roi. Ils demandèrent que le premier article du cahier du tiers-état fût accordé. A quoi Sa Majesté ne put consentir, mais promit seulement qu'elle y pourvoiroit avec l'avis des principaux de son conseil, lorsqu'il seroit répondu aux cahiers des Etats.

Ils insistèrent que l'arrêt du conseil sur le sujet des remontrances du parlement fût révoqué. Sa Majesté fut, par leur importunité, obligée de consentir qu'il demeurât sans effet.

Ce qui apporta plus de préjudice à son autorité

royale, fut que Sa Majesté accorda que tous édits, lettres patentes, déclarations, arrêts, sentences, jugemens et décrets donnés contre les princes et tous ceux qui les ont suivis, seroient révoqués et tirés des registres, et qu'ainsi en seroit-il fait de la déclaration faite à Poitiers en septembre dernier, sans qu'elle pût être tirée en exemple pour l'avenir, en ce qui regarde la dignité des princes du sang. Car, par là, Sa Majesté sembloit avouer que ladite déclaration donnée à Poitiers, avoit été contre la justice et les formes ordinaires. Elle promet aussi de faire réparer l'offense que M. le prince prétendoit lui avoir été faite par l'évêque et habitans de Poitiers, et que tous ceux qui, pour avoir eu intelligence avec lui, s'étoient retirés et absentés de la ville y seroient rétablis, et toutes les informations et procédures faites contre eux déclarées de nul effet et valeur ; et d'autre côté, à l'instance dudit sieur prince, Sa Majesté promit qu'elle seule pourvoiroit aux charges du régiment des Gardes ; ce qui, encore que juste, ne devoit néanmoins être accordé à la requête dudit sieur prince, qui sembloit le proposer en haine du service que le duc d'Epernon en cette occasion avoit rendu au Roi : ce qui donnoit sujet à leurs partisans de publier que ceux qui servoient le Roi en recevoient du mal, et ceux qui le desservoient en servant les princes en tiroient récompense.

La Reine eut de la peine à accorder une chose que M. le prince demandoit instamment, qui étoit qu'il seroit chef du conseil de Sa Majesté, et signeroit tous les arrêts qui s'expédieroient. Mais elle ne voyoit pas tant de jour à la refuser que la demande qu'avec plus de chaleur les princes firent au Roi, et à laquelle ils s'affermirent avec plus d'opiniâtreté, qui fut celle de la citadelle d'Amiens. Cet article, longtemps débattu, obligea à prolonger la trêve jusqu'au 5 de mai.

Leurs Majestés, sachant qu'ils n'en vouloient qu'à la personne du maréchal d'Ancre, aimèrent mieux lui ôter cette place que permettre qu'elle fût rasée, étant de l'importance qu'elle est à l'Etat, à la charge, toutefois, que M. de Longueville demeureroit en sa maison de Trie en attendant que Sa Majesté eût pourvu au gouvernement de ladite place.

M. de Villeroy, ayant eu le vent que la Reine étoit mécontente de lui pour ces deux derniers articles, comme s'il n'eût pas fait tout ce qui étoit en lui pour empêcher les princes de les lui proposer, ou en affoiblir leurs poursuites, la vint trouver à Tours, et pour se justifier lui représenta qu'il étoit avantageux pour le service du Roi de donner à M. le prince toute la satisfaction qui se pouvoit pour l'attirer à la cour; qu'il lui étoit préjudiciable de permettre qu'il demeurât éloigné dans son gouvernement, où de nouveaux boutefeu seroient tous les jours à l'entour de lui pour l'exciter à rallumer la guerre; qu'au reste l'autorité qu'on lui donneroit de signer les arrêts ne diminueroit en rien celle de la Reine, vu que, s'il y servoit bien, les choses que Sa Majesté y feroit ordonner en seroient d'autant plus autorisées, et s'il faisoit mal on y pouvoit facilement remédier, sa personne étant en la puissance de Leurs Majestés. Quant à ce qui regardoit le maréchal d'Ancre, il lui avoit semblé être obligé, pour le service qu'il devoit à la

Reine, et pour la considération dudit maréchal même; de ne pas attirer sur lui, et ensuite sur elle, cette envie, que l'on crût et publiât par tout le royaume que son intérêt particulier, qui seroit réputé à une vanité très-dommageable, empêchât la pacification de ces troubles, le repos des peuples et le bien public; et qu'à l'extrémité, si la Reine lui vouloit conserver cette place, elle la lui pourroit remettre par après en ses mains, quand les princes seroient séparés et leur armée licenciée, et ce d'autant plus facilement que l'échange seroit aisé à faire avec M. de Longueville de la Picardie avec la Normandie, et ledit duc, hors d'intérêt, ne penseroit plus à la citadelle d'Amiens.

La Reine fut contente ou feignit de l'être de ces raisons. Cependant le Roi s'avança à Blois, où peu de jours après la Reine se rendit, et en même temps M. le prince tomba malade d'une fièvre continue, ce qui fut cause que la paix ne put être signée qu'au commencement de mai.

Le 4 de mai, Sa Majesté fit publier deux ordonnances : l'une pour la retraite des gens de guerre qui avoient suivi M. le prince, l'autre pour la pacification des troubles présens, attendant que l'édit qu'elle en avoit fait expédier fût publié au parlement, ce qui fut le 8 de juin ensuivant.

Voilà ce qui fut publié de l'édit de Loudun; mais les articles secrets, qui étoient les principaux, et ceux auxquels les princes avoient buté, furent que chacun d'eux reçut, en son particulier, de grands dons et récompenses du Roi, au lieu de la punition qu'ils avoient méritée. Aussi ne livrèrent-ils pas à Sa

Majesté la foi qu'ils lui vendoient si chèrement, ou, s'ils la lui livrèrent, ce ne fut pas pour long-temps.

On donna à M. le prince la ville et château de Chinon, et, pour son gouvernement de Guienne qu'en apparence il offrit pour montrer qu'il vouloit se déporter de toute occasion de remuement, mais duquel, en effet, il se défaisoit à la suscitation de son favori, qui avoit son bien éloigné de la Guienne, et préféroit son intérêt à ceux de son maître, on lui donna celui de la province de Berri, de la tour et ville de Bourges, et plusieurs autres places en icelle, la plus grande part du domaine et quinze cent mille livres d'argent comptant, pour les frais qu'il prétendoit avoir faits en cette guerre; outre les levées qu'il avoit faites en ce royaume et les deniers du Roi qu'il avoit pris.

Tous les autres princes et seigneurs qui l'avoient suivi reçurent aussi, chacun en son particulier, des gratifications, le Roi achetant cette paix plus de six millions de livres.

Le Roi donnant la paix à son peuple, la donna encore à la cour à tous ceux qui étoient mécontens du chancelier; car il lui fit rendre les sceaux et les donna au sieur du Vair, premier président de Provence, la réputation duquel fit estimer d'un chacun le choix que Sa Majesté en avoit fait.

Il y avoit long-temps que M. de Villeroy disoit à la Reine et à la maréchale que, si Sa Majesté ne chassoit le chancelier de la cour, tout étoit perdu, et leur avoit souvent répété ce discours durant le voyage, en toutes les occasions qui se présentoient de satisfaire à la mauvaise volonté qu'il avoit contre lui, et lui donner à dos. Il disoit aussi à la Reine que le parlement et le peuple recevroient grande satisfaction de son éloignement, étant certain que ce personnage, ayant beaucoup de bonnes qualités, avoit ce malheur de n'être pas bien dans la réputation publique. Et, sur la difficulté que faisoit la Reine d'éloigner un vieux ministre auquel naturellement elle avoit quelque inclination, disant que c'étoit un bon homme qui n'avoit pas de mauvais desseins, il lui avoit mis le président du Vair en avant comme un homme la créance de la vertu duquel feroit perdre le regret que quelques-uns pourroient avoir de son éloignement.

Mais le chancelier s'étant aperçu que le sieur de Villeroy et le président Jeannin commençoient à prévaloir contre lui en l'esprit de la Reine, il n'y eut sorte d'adresse dont il ne se servît, ni de soumissions qu'il ne leur fît pour se réconcilier avec eux; ce qui fit que le sieur de Villeroy, qui avoit une particulière connoissance de M. du Vair, et savoit qu'outre que c'étoit un esprit rude et moins poli que la vie de la cour et le grand rang qu'il y tiendroit ne pouvoient souffrir, il étoit si présomptueux, que, sans déférer à l'avis de personne, il voudroit usurper toute l'autorité du gouvernement, essaya de ramener l'esprit de la Reine, et faire que, continuant à se servir du chancelier, elle se contentât d'éloigner de la cour le commandeur de Sillery, et le sieur de Bullion qui avoit épousé sa nièce.

La Reine chassa de Tours les deux susdits, mais elle continua toujours en la volonté de faire de même du chancelier; à quoi la maréchale la confortoit, mécontente de voir que le sieur de Villeroy et le président Jeannin eussent sitôt changé d'avis.

Le sieur de Villeroy reconnoissant cela, tâcha d'arrêter ce dessein par un autre moyen, et écrivit au président du Vair, avec lequel il avoit une ancienne amitié, qu'il ne lui conseilloit pas en ce temps orageux, auquel les affaires avoient peu de fermeté, d'accepter les sceaux si on les lui offroit; qu'il penseroit manquer à l'affection qu'il lui portoit s'il ne lui donnoit ce conseil; qu'il y avoit peu de sûreté dans cet emploi, grande difficulté à y bien faire, et plus encore à y contenter tout le monde, grand nombre d'ennemis à y acquérir, et peu ou point de protection à y attendre de ceux qui avoient le principal crédit dans le gouvernement.

Le président du Vair, intimidé, refusa l'offre qu'on lui en fit. La maréchale, étonnée de ce refus, et soupçonnant qu'il y avoit en cela quelque tromperie, envoya quérir Ribier son neveu, qui lui dit que ce que son oncle en avoit fait étoit sur les lettres qu'il en avoit reçues de M. de Villeroy qui l'en dissuadoit, et s'offrit, si elle l'avoit agréable, de l'aller quérir lui-même, ce qu'il fit incontinent.

Le partement de M. du Vair fut si public, par le grand nombre de personnes de toutes qualités qui voulurent aller prendre congé de lui et l'accompagner, que le chancelier en eut promptement avis. Il se résolut, pour n'être prévenu avec honte à la face de toute la cour, de partir de Tours où il étoit encore, et aller à Blois trouver la Reine pour lui demander congé de se retirer. Le président du Vair avoit la même volonté que lui, et ne désiroit pas, à son arrivée, le trouver encore à la cour, soit pour le respect de la bienveillance qui étoit entre eux de long-temps, soit qu'il ne s'estimât point assuré qu'il ne le vît actuellement dépossédé, et avoit fait supplier la maréchale, par son neveu Ribier, de lui vouloir procurer cette satisfaction.

Le chancelier, étant en chemin, communiqua son dessein au président Jeannin, et, comme l'espérance meurt toujours la dernière en nos esprits, et principalement à la cour, il pria le président Jeannin (parce que M. de Villeroy étoit alors à la conférence de Loudun) d'aller devant trouver la Reine, et savoir d'elle si le bruit que l'on faisoit courir de la venue du sieur du Vair étoit véritable, et lui rendre, en cette occasion, les derniers bons offices que son péril présent, qui leur pouvoit être commun bientôt après, lui devoit faire espérer de lui.

Le président Jeannin va trouver la Reine, elle lui dit ce qui en étoit. Il lui parla de différer ce changement: la Reine se montrant tout émue de ses paroles, il lui dit que M. de Villeroy et lui autrefois lui en avoient donné le conseil, mais qu'ils ne le jugeoient plus nécessaire depuis les protestations qu'il leur avoit faites de vouloir suivre leur avis, et leur être tellement soumis qu'il ne feroit plus rien que ce qu'ils voudroient, dont ils avoient sujet d'être assurés, puisqu'il n'avoit plus auprès de lui le commandeur de Sillery et Bullion. A quoi la Reine, pour toute réponse, lui demanda si c'étoit ainsi qu'il gouvernoit les affaires du Roi par ses intérêts particuliers, et, dès le lendemain, fit faire commandement au chancelier de rapporter les sceaux au Roi ; ce qu'il fit, et se retira de la cour.

L'éloignement du président Jeannin et de M. de Villeroy étoit aussi déjà résolu, mais ce dessein n'éclatoit pas encore, Barbin, à qui la Reine avoit donné la charge du premier, ayant cru devoir différer à la recevoir jusqu'à ce que Leurs Majestés fussent de retour à Paris, et la paix bien assurée.

Leurs Majestés y arrivèrent le 16 de mai, et y donnèrent les sceaux à M. du Vair; le président Le Jay fut remis en liberté, et rentra en l'exercice de sa charge au parlement. Mais une liberté plus chère et moins espérée fut rendue, et plus volontiers, au comte d'Auvergne (1), que Leurs Majestés, ne sachant plus à qui des princes avoir une confiance entière, délivrèrent comme une créature anéantie à laquelle ils auroient donné l'être de nouveau. Il avoit été mis deux fois à la Bastille par le feu Roi, pour crime de rebellion et entreprises contre Sa Majesté, au service de laquelle il ne s'étoit jamais comporté de la sorte qu'il étoit obligé par sa condition. Son premier arrêt ne l'ayant rendu sage, il n'y avoit point d'espérance que celui-ci dût prendre fin ; mais ce que son propre mérite lui dénioit, la malice des autres le lui fit obtenir, sous espérance que la grandeur de cette obligation dernière surmonteroit les mauvaises inclinations qui avoient paru en lui auparavant; et, afin que la grâce fût tout entière, Sa Majesté lui fit

---

(1) *Au comte d'Auvergne :* Charles de Valois, fils naturel de Charles IX, et frère de la marquise de Verneuil, maîtresse de Henri IV. Ayant bien servi Louis XIII, il obtint en 1619 le duché d'Angoulême, dont il prit le nom.

rendre, par le duc de Nevers, l'état de colonel de la cavalerie légère, dont il étoit honoré avant sa prison.

Leurs Majestés récompensèrent aussi ceux qui avoient des places fortes et le domaine du Roi en Berri, afin de satisfaire à la promesse qui avoit été faite à M. le prince.

Le maréchal d'Ancre remit la citadelle d'Amiens entre les mains du duc de Montbazon, à qui, en outre, le Roi donna la lieutenance en Picardie, au lieu de celle de Normandie qu'il avoit. Et, afin que le maréchal d'Ancre ne perdît point en cet échange, ains au contraire trouvât son élèvement en l'abaissement qu'on lui avoit voulu procurer, on lui donna la lieutenance de roi en Normandie, le gouvernement de la ville et château de Caën dont on retira Bellefond, celui du Pont-de-l'Arche, et peu après Quillebeuf.

Les princes, nonobstant que Leurs Majestés témoignassent, par ces commencemens, vouloir exécuter ponctuellement ce qui avoit été promis, ne se hâtoient point de venir à Paris, chacun d'eux désirant laisser écouler davantage de temps pour voir plus assurément quel train prendroient les affaires.

Ils s'étoient néanmoins séparés avec assez mauvaise intelligence les uns d'avec les autres, ce qui arrive ordinairement entre personnes desquelles chacun estimant plus mériter qu'il ne vaut, nul n'est content de la part qui lui est donnée en la récompense commune. Ils se plaignoient tous que M. le prince avoit pris tout l'avantage pour lui. Les ducs de Rohan et de Sully, qui prétendoient être seuls qui avoient joint à ses armes le parti des huguenots, estimoient qu'il avoit eu trop peu d'égard à leurs intérêts. M. de

Longueville n'étoit pas plus satisfait que les autres, se voyant retiré en sa maison, et n'osant retourner en Picardie, nonobstant que le maréchal d'Ancre se fût démis de la citadelle d'Amiens, pource qu'il jugeoit bien qu'il n'y auroit pas plus de crédit étant entre les mains de M. le duc de Montbazon, qu'il y en avoit eu étant entre les mains du maréchal d'Ancre. Et entre M. de Bouillon et M. le prince il y avoit si peu de confiance, que le dernier, qui étoit désiré à la cour avec impatience de la part de la Reine, lui faisoit paroître qu'il eût bien souhaité, quand il y arriveroit, en trouver le premier éloigné : tant cette union si étroite de ces princes contre le Roi, et qui ne se maintenoit que par les avantages que chacun d'eux en espéroit par la guerre, fut promptement dissipée par ce traité de paix.

Les seuls ducs de Mayenne et de Bouillon se maintinrent en intelligence l'un avec l'autre. Le dernier, ayant volonté de s'en aller en Limosin et à Negrepelisse, que depuis peu il avoit acquis, changea de dessein à la semonce de la Reine, qui lui fit l'honneur de lui écrire de sa main propre pour le convier de se rendre au plus tôt auprès de Sa Majesté; ce qu'il fit, et amena le duc de Mayenne avec lui; mais, encore que la Reine les reçût très-bien, ils ne furent pas sitôt arrivés qu'ils se repentirent de s'être hâtés plus que les autres, d'autant qu'ils virent un changement universel que la Reine fit bientôt après de tous les ministres.

M. de Villeroy et le président Jeannin étoient déjà à leur arrivée sans crédit, et ne se passa guère de temps que le premier ne se retirât en sa maison de

Conflans; la charge du second fut donnée à Barbin, et celle de secrétaire d'Etat que M. de Puisieux exerçoit, au sieur Mangot. La raison dictoit assez qu'ayant ôté les sceaux à M. le chancelier, il n'étoit pas à propos de laisser son fils premier secrétaire d'Etat en un temps si orageux que celui auquel on étoit alors; mais la bonté de la Reine, qui n'avoit éloigné le père qu'y étant contrainte par son mauvais gouvernement, faisoit qu'elle avoit difficulté d'éloigner le fils, qui n'avoit point commis de faute particulière qui semblât le mériter. Le sieur du Vair, qui ne croyoit être assuré tandis qu'il verroit une personne à la cour si proche à celui dont il tenoit la place, oubliant toute l'obligation qu'il avoit à M. de Villeroy, qui seul l'avoit proposé au feu Roi pour être premier président de Provence, lui avoit fait valoir ses services, et l'avoit maintenu envers et contre tous, fit tant d'instances à la Reine de le congédier, qu'il lui en fit enfin prendre résolution, non toutefois tant à son contentement qu'il espéroit; car, au lieu qu'il se promettoit de faire entrer en cette charge Ribier son neveu, qui s'en étoit déjà vanté, la Reine la donna au sieur Mangot, à qui elle avoit, peu auparavant, accordé la charge de premier président de Bordeaux. C'est ainsi que les honneurs changent les mœurs en un moment. Le sieur du Vair, qui, peu de jours avant, faisoit profession d'être un philosophe stoïque, et en écrivoit des livres, n'est pas sitôt à la cour que, changeant d'esprit en faisant paroître les qualités qui y étoient cachées, non-seulement il devient ambitieux, mais noie dans son ambition tous les devoirs de bienséance et d'amitié, commettant une ingratitude qu'un homme qui n'eût jamais été courtisan eût eu honte qu'on lui eût pu reprocher.

En ce temps la Reine ayant été avertie par ses serviteurs de l'adresse et des artifices dont le sieur de Luynes usoit auprès du Roi pour lui rendre sa conduite odieuse, lui en représentant les manquemens plus grands qu'ils n'étoient, et amoindrissant ce qui étoit à louer, se résolut de lui offrir de se démettre de l'autorité qu'il lui avoit donnée, et la consigner en ses mains, jugeant bien qu'il ne la recevroit pas, et que cette offre, néanmoins, feroit en son esprit l'effet qu'elle désiroit, qui étoit de lui ôter la créance qu'elle eût un désir démesuré de continuer son gouvernement, auquel elle étoit portée par ambition particulière, non pour le bien de son service, ni que la nécessité publique le requît.

Elle le supplia pour ce sujet d'avoir agréable de prendre jour pour aller au parlement, où, après lui avoir justifié combien elle étoit éloignée de ces sentimens, elle désiroit se décharger du soin de ses affaires; qu'il trouveroit que par le passé on n'avoit pu conduire les choses plus heureusement, et qu'ayant fait tout ce qu'elle avoit dû pour lui assurer la couronne, il étoit bien raisonnable qu'il prît cette peine pour lui de procurer son repos; qu'il lui fâchoit, après tant de glorieuses preuves qu'elle avoit données de sa passion au bien de cet État, de se voir en peine de défendre ses intentions contre des calomnies secrètes.

Comme elle n'avoit rien à craindre de son naturel, aussi voyoit-elle qu'elle avoit juste sujet de se défier de son âge; qu'elle prévoyoit que, si on avoit eu l'audace de l'attaquer en un lieu si saint, il pourroit avec le temps être emporté par force, et se laisser vaincre à la violence de leurs poursuites;

Qu'elle jugeoit bien que, quand l'on est parvenu par beaucoup de peines et de périls au comble d'une grande réputation, la prudence veut qu'on pense à une favorable retraite, de peur qu'on ne perde par la révolution des choses humaines ce qu'on a si chèrement acquis;

Qu'elle savoit que les offices les plus mal reconnus sont ceux qu'on rend au public, et qu'un mauvais événement pouvoit ternir la gloire de ses actions passées.

Mais, quelque instance qu'elle pût faire, le Roi ne lui voulut jamais accorder de quitter le gouvernement de ses affaires. En quoi elle ne fut pas trompée, car elle ne le désiroit, ni ne craignoit que le Roi la prît au mot; mais les raisons qu'elle lui avoit apportées lui sembloient être si recherchées, qu'il crut qu'elles lui avoient été plutôt insinuées qu'elle ne les avoit conçues en son esprit, et pour ce ne s'ouvrit pas avec elle des mécontentemens qu'il commençoit à recevoir du prodigieux élèvement du maréchal d'Ancre, ne jugeant pas qu'elle eût volonté d'y remédier, mais l'assura qu'il étoit très-satisfait de son administration, que personne ne lui parloit d'elle qu'en des termes convenables à sa dignité.

Le sieur de Luynes ne lui en dit pas moins, et accompagna ses paroles de gestes et de sermens, et de toutes autres circonstances qui peuvent servir à cacher un cœur double, et qui a une intention toute contraire à ce qu'il promet. Il ne put néanmoins si bien feindre, que la Reine, qui n'étoit pas inexperte en ces artifices, n'en aperçût quelque chose. Elle ne s'en douta pas tant qu'elle en prît dessein de le chasser d'auprès de la personne du Roi, ni si peu aussi qu'elle ne commençât à penser à quelque retraite honorable, si le Roi prenoit de lui-même quelque jour la résolution qu'il avoit refusé de prendre à sa requête. Et, pource qu'elle avoit commencé à gouverner ce royaume avec autorité souveraine en la minorité du Roi, ne désirant pas retourner à vivre sous la puissance d'autrui, elle fit traiter de la principauté de la Mirandole, et envoya exprès André Lumagne en Italie pour convenir du prix. Mais le roi d'Espagne traversa l'exécution de ce traité, et ne voulut plus que les Français remissent le pied, en quelque manière que ce fût, en un lieu d'où il les avoit chassés avec tant de peines, de périls et d'années.

M. de Bouillon, qui savoit bien se servir de tout à son avantage, essaya de profiter de l'absence de M. le prince, et convertit en artifices de prudence la disgrâce en laquelle, par fortune, se rencontroit alors M. de Villeroy : car jugeant que ledit sieur de Villeroy, pour, par l'appréhension de nouvelles brouilleries, se rendre nécessaire, favoriseroit toutes les demandes qu'il pourroit faire, pour peu raisonnables qu'elles fussent, et représenteroit que le refus qu'on lui en feroit seroit une infraction au traité de Loudun, ne fit point de difficulté de désirer de la Reine plusieurs choses frivoles et impertinentes, et qui, en vérité, étoient au-delà des choses qui avoient été accordées par ledit traité, mais que néanmoins il disoit être nécessaires, tant pour la sûreté de M. le prince que de ceux qui avoient été joints avec lui.

Entre autres choses, ils faisoient grande instance sur le réglement du conseil, lequel ils vouloient être réduit à un certain nombre de personnes choisies, le choix desquelles étoit très-difficile à faire, tant pour n'encourir l'envie de ceux qu'on rebutoit, que pource qu'ils eussent formé difficulté sur beaucoup de ceux qu'on eût retenus, s'ils n'eussent été de leur intelligence.

Cela mettoit la Reine bien en peine; car le garde des sceaux du Vair étoit si nouveau dans les affaires qu'elle n'en étoit aucunement assistée, étant étonné en toutes rencontres, ne sachant se démêler d'aucune, et M. de Bouillon ayant tel ascendant sur son esprit qu'il en faisoit ce qu'il vouloit, de sorte qu'il se laissa aller jusque-là que de dire à la Reine, en présence dudit sieur de Bouillon, qu'elle n'étoit pas bien conseillée de prendre si peu de confiance qu'elle faisoit à lui et à M. de Mayenne; ce que la Reine, qui sur-le-champ ne lui voulut rien répondre, lui reprocha par après, lui remontrant les sujets qu'elle avoit de se méfier d'eux, et que, quand bien cela ne seroit pas ainsi, il ne devoit pas lui en parler en leur présence.

Toutes ces choses faisoient désirer à la Reine d'autant plus ardemment la venue de M. le prince, qui étoit allé en Berri prendre possession du gouvernement, et avoit de sa part bonne volonté de se rendre à la cour, espérant d'y disposer de toutes choses dans le conseil; mais les ducs de Bouillon et de Mayenne faisoient tous les offices qu'ils pouvoient auprès de lui pour retarder son partement; ce qui fit que la Reine lui dépêcha plusieurs personnes l'une après l'autre, et lui aussi lui en dépêcha de même, chacun desquels se vantoit avoir le plus de créance auprès de lui. Et de fait, toutes les lettres qu'il écrivoit par eux étoient en une créance fort particulière, et la plupart contraires les unes aux autres : ce qui fit que, pour démêler ces fusées, la Reine me dépêcha vers lui, croyant que j'aurois assez de fidélité et d'adresse pour dissiper les nuages de la défiance que les mauvais esprits lui donnoient d'elle contre la vérité : ce qui me réussit, non sans peine, assez heureusement, l'ayant en peu de temps rendu capable de l'avantage que la Reine recevroit de sa présence, de l'affermissement qu'elle donneroit à la paix, de l'autorité qu'elle apporteroit aux résolutions du conseil, de l'espérance qu'elle ôteroit aux brouillons de voir leurs mauvaises volontés appuyées, et du repos qu'elle donneroit à l'esprit de Sa Majesté, qui ne pouvoit plus davantage supporter les soins et les craintes perpétuelles où ces divisions passées l'avoient tenue si long-temps ; pour toutes lesquelles raisons il ne pouvoit raisonnablement douter qu'elle n'eût sa présence très-agréable, et lui donnât toutes les satisfactions qu'elle pourroit pour le retenir auprès du Roi, en la dignité et au crédit que sa qualité et son affection au service de Sa Majesté lui faisoient mériter ; outre que je lui donnai assurance, de la part de la maréchale, qu'elle emploieroit ce que son mari et elle auroient de pouvoir auprès d'elle, pour le maintenir en l'honneur de ses bonnes grâces, et que, si jusqu'ici ils l'avoient fait, comme il en pouvoit lui-même être bon témoin, ils n'y manqueroient pas à l'avenir, après s'y être obligés par une solennelle promesse.

On lui avoit donné jalousie du baron de La Châtre, qui étoit à Bourges, lequel on lui mandoit y avoir été envoyé pour épier ses actions, et de ce qu'on ne lui faisoit point encore de raison de ce qui s'étoit passé à Poitiers, ces deux choses témoignant assez le peu de sincérité avec laquelle on désiroit son retour, quoiqu'on fît semblant du contraire.

J'en donnai avis à la Reine, qui fit venir incontinent le baron de La Châtre à Paris, auquel elle donna 60,000 livres et le brevet de maréchal de France pour sa démission du gouvernement de Berri, qui, par ce moyen, demeureroit sans dispute à M. le prince, et dépêcha à Poitiers le maréchal de Brissac pour y faire exécuter ce qui avoit été promis par le traité de Loudun. Il approuva aussi le changement des ministres, et l'élection de Mangot et de Barbin, insistant seulement que l'on contentât M. de Villeroy s'il avoit intérêt en la charge du sieur de Puisieux. Il promit de sa part que, la Reine lui faisant l'honneur d'avoir confiance en lui, il ne communiqueroit rien de ses conseils secrets qu'à qui elle voudroit en être communiqué, et trouva bon aussi que, si on vouloit, on se servît de son nom pour avancer ou retarder le réglement du conseil qui étoit poursuivi par les princes.

Ce voyage, que la Reine me fit faire au déçu de messieurs de Mayenne et de Bouillon, les mit en si grande jalousie qu'ils dépêchèrent incontinent vers M. le prince, pour savoir ce que j'avois traité avec lui et le détourner de venir en cour : mais ce fut en vain. Le maréchal de Bouillon m'ayant, soudain après mon retour, enquis si je n'avois pas trouvé M. le prince tout disposé au service de Leurs Majestés, je lui répondis que non-seulement il protestoit de leur demeurer inviolablement obéissant, mais, en outre, qu'il leur donnoit la même assurance pour M. de Mayenne et pour lui, afin de lui donner sujet de désirer aussi son retour, le croyant en bonne intelligence avec eux.

Mais il y avoit un sujet particulier et bien important, qui, outre les raisons générales, les empêchoit de pouvoir avoir agréable qu'il revînt sitôt. C'étoit un dessein qu'ils avoient formé de se défaire du maréchal d'Ancre, dont ils craignoient que la langue ou la timidité de M. le prince, s'il étoit présent, les pût empêcher.

Peu après leur arrivée à Paris, le maréchal d'Ancre, se fondant sur l'ancienne mésintelligence de ces deux ducs avec les ducs d'Epernon et de Bellegarde, qui faisoient un parti contraire à eux, leur proposa de les ruiner tout-à-fait. Mais eux, qui n'avoient pas tant d'aversion des deux qu'ils en avoient de lui, étranger, homme de peu, élevé sans mérite en cette grande fortune à laquelle ils portoient envie, et auquel ils attribuoient tous les mauvais contentemens qu'ils avoient ci-devant reçus à la cour, et pour lesquels ils avoient pris les armes, prirent, de ce dessein, occasion de faire une entreprise toute nouvelle, et, au lieu d'entendre à la ruine de ces deux-là, entreprendre la sienne, et délivrer le royaume de sa personne.

Ils en firent part à M. de Guise, qui entra dans ce

dessein, y étant induit par le sieur du Perron, frère du cardinal, qui étoit de long-temps affectionné aux ducs d'Epernon et de Bellegarde, et parce que de soi-même il n'aimoit pas le maréchal, qui lui avoit semblé ne tenir pas de lui le compte qu'il devoit. Lors ils commencèrent à rallier tous les ennemis du maréchal d'Ancre, non dans la cour seulement, mais dans le parlement et dans le peuple même qui l'avoient en horreur.

Il les aidoit par ses imprudences à se fortifier, ne se retenant en aucune de ses passions, quoi qu'il lui en pût arriver.

Durant la conférence de Loudun, ayant été fait à Paris une expresse défense à ceux qui gardoient les portes de laisser passer aucun sans passeport, un cordonnier picard, sergent du quartier de la rue de la Harpe, l'arrêta le samedi de Pâques à la porte de Bussy, dans son carrosse, refusant de le laisser sortir s'il ne montroit son passeport, à faute de quoi il le contraindroit de rebrousser chemin. En ce contrast il se passa plusieurs choses et se dit plusieurs paroles, qu'un seigneur françois, né en un climat plus bénin, eût oubliées, mais qui tenoient à cœur au maréchal, qui, s'en voulant venger, remit à le faire quand le Roi seroit de retour à Paris, auquel temps il y auroit plus de sûreté pour lui. Pour cet effet il commanda à un de ses écuyers d'épier l'occasion de rencontrer ce cordonnier hors des murailles de la ville, pour le châtier de l'affront qu'il estimoit avoir reçu de lui. Il le rencontre, le 19 de juin, au faubourg Saint-Germain, et le fait battre si outrageusement par deux valets qu'il avoit avec lui, qu'il le laissa pour mort.

Cette action renouvela la mémoire de celle de

Riberpré, qu'il avoit voulu faire assassiner l'année de devant, et celle du sergent-major Prouville, qu'il avoit fait tuer à Amiens; de sorte qu'elle fut poursuivie avec tant de chaleur qu'il n'osa l'avouer, et ses valets, par arrêt de la cour, furent pendus le 2 de juillet, devant la maison du picard, et son écuyer se garantit par sa fuite. Mais ces punitions, au lieu d'apaiser la haine du peuple, ne faisoient que l'animer davantage contre lui, qu'il eût voulu être perdu avec les siens.

En même temps M. de Longueville, qui étoit mécontent en sa maison de Trie, s'imaginant que tandis qu'il demeureroit chez lui on n'avanceroit rien en ses affaires, se résolut d'aller en Picardie et y faire quelque remuement. Il en donne avis à messieurs de Mayenne et de Bouillon, qui agréent son voyage comme faisant à leur dessein contre ledit maréchal, et lui offrent leur assistance et celle de M. de Guise. Il part, il va à Abbeville, il y est reçu avec grande démonstration d'amitié par les habitans.

M. le prince cependant s'achemine à la cour. Passant à Vilbon, chez M. de Sully, il apprend quelque chose de la conspiration qui se tramoit contre le maréchal d'Ancre, et ne voulant ni offenser la Reine et rentrer en nouvelle brouillerie, ni abandonner les princes, il fut sur le point de prendre quelque prétexte pour s'en retourner et remettre son arrivée à quelque temps de là; mais la crainte qu'il eut de donner soupçon à la Reine fit qu'enfin il passa outre, et arriva à Paris le 20 de juillet, allant droit descendre au Louvre, où il reçut de Leurs Majestés toute la bonne chère qu'il eût su désirer; mais les Parisiens témoignèrent de sa venue plus de contentement qu'on n'eût voulu et qu'il n'eût été à propos pour lui-même.

Le lendemain de sa venue, Barbin parlant au marquis de Cœuvres combien il seroit à désirer que M. le prince et M. de Bouillon fussent en bonne intelligence avec la Reine et en un ferme désir de servir l'Etat, oubliant tous les mécontentemens et prétextes passés, il lui dit que de M. le prince on ne pouvoit douter qu'il n'eût une intention véritable de complaire, puisqu'il étoit venu, et que c'étoit une chose certaine qu'il n'y avoit qualité, puissance, ni crédit qui pût garantir un homme qui entroit dans le Louvre de faire ce qu'il plairoit à Leurs Majestés, et d'être absolument soumis à tout ce qu'elles commanderoient.

Quant à M. de Bouillon, il lui étoit aisé de recevoir satisfaction, et tout tel traitement qu'il lui plairoit, pourvu qu'il cessât de vouloir, par un conseil nouveau dont il poursuivoit l'établissement, contrecarrer l'autorité du Roi, et qu'il lui feroit plaisir de lui représenter ce qu'il lui en disoit.

Le marquis de Cœuvres, qui étoit tout à ce parti-là, ne manqua pas de le lui redire, et non-seulement ce qui le regardoit en son particulier, mais encore ce qui touchoit à M. le prince. Il fit peu de réflexion sur ce qui le regardoit, pource qu'il étoit dans le dessein de se défaire du maréchal d'Ancre, ce qui eût changé la face des affaires ; mais il fut étonné de la hardiesse de la parole qu'il avoit avancée sur le sujet de M. le prince, et cela lui fit croire plus facilement qu'elle avoit été dite plutôt par inconsidération que par aucune intention qu'on eût de lui faire mal.

M. le prince aussi n'en conçut aucune crainte,

pource qu'il se tenoit assuré du maréchal et de sa femme, qui, dès incontinent après la paix de Loudun, lui avoient témoigné se vouloir lier avec lui d'une étroite intelligence, qu'ils avoient toujours recherchée auparavant, ainsi que l'on peut voir par le cours de cette histoire, s'étant portés, autant qu'ils avoient pu, à toutes les choses qui étoient de son contentement.

Le maréchal et sa femme l'avoient vu si puissant en ces mouvemens passés, qu'ils croyoient que, l'ayant pour ami, il ne leur pouvoit mésavenir; et M. le prince, qui savoit que leur entremise auprès de la Reine lui étoit avantageuse, feignit de les recevoir entre ses bras, et agréer leur bonne volonté: ce dont ils étoient si transportés d'aise, que non-seulement ils tenoient peu de compte de messieurs de Guise et d'Epernon, avec lesquels, durant cette dernière guerre, il avoient contracté amitié, mais ils les abandonnèrent entièrement, et tous ceux qui avec eux avoient servi le Roi en cette dernière occasion. En quoi ils agissoient en favoris aveugles, que la fortune plutôt que le mérite avoit élevés, lesquels, se voyant en un degré si inespéré et disproportionné à ce qu'ils valent, sont si éperdus et hors d'eux-mêmes, qu'ils ne voient pas les choses les plus visibles et palpables qui sont à l'entour d'eux.

Car, premièrement, ils ruinoient le service de Leurs Majestés, qui étoit néanmoins le fondement de toute leur subsistance; d'autant que, un chacun voyant qu'on n'avoit aucun gré, honneur, ni récompense d'avoir servi le Roi; mais, au contraire, que ceux qui avoient desservi étoient caressés et gratifiés, l'offense du mauvais traitement que l'on recevoit, augmentée par l'exemple du bon traitement des autres, faisoit perdre la fidélité à ceux que l'intérêt ni l'espérance des biens n'avoient pu jusques alors faire éloigner de leur devoir; joint que les plus prudens ne vouloient plus encourir pour néant la mauvaise grâce de ces princes, lesquels étoient pleins de ressentimens contre ceux qui n'avoient pas été de leur parti, et du côté du Roi on n'avoit point de soin de ceux qui avoient servi.

En second lieu, ils n'étoient pas bien avisés de croire que M. le prince les pût aimer, sinon en tant que ses affaires et les occasions, qui en la cour changent tous les jours, le pourroient requérir; et de ne pas considérer que cette liaison si étroite feroit qu'ils l'auroient continuellement sur leurs épaules en toutes les choses qu'il auroit, pour lui et pour les siens, à demander à la Reine, quelque impertinentes qu'elles fussent; et qu'outre que ces demandes leur pourroient quelquefois causer quelque refroidissement de la Reine, qui s'en sentiroit importunée, comme ils avoient déjà avec grand péril expérimenté, quand ils lui auroient aujourd'hui obtenu une chose, il leur en demanderoit demain une autre; et, quelque service qu'ils lui eussent rendu auparavant, s'ils manquoient une seule fois à faire ce qu'il désireroit, tout seroit oublié, et ils l'auroient pour ennemi, comme ils l'avoient déjà éprouvé ès affaires du Château Trompette et de Péronne, où, n'ayant pu surmonter l'opposition des ministres en l'esprit de la Reine, M. le prince s'étoit déclaré leur ennemi, nonobstant tous les bons offices qu'il avoit reçus d'eux ; outre que la posture en laquelle ils étoient d'étrangers et favoris de la Reine, noms qui sont d'ordinaire l'objet de la haine des peuples, les rendoit à M. le prince le plus spécieux et presque l'unique prétexte de prendre les armes contre l'autorité du Roi, sous couleur de la vouloir maintenir.

Mais, soit qu'ils eussent peu de jugement, qu'ils fussent prévenus, ou que leur mauvaise fortune les entraînât dans la ruine, ils ne s'aperçurent point de leur faute ; et au lieu de demeurer entre M. le prince et l'autre parti, l'obligeant en choses justes sans desservir les autres, et demeurant par leur faveur comme le lien de tous les deux sans prendre parti et se joindre ni à l'un ni à l'autre, ils se donnèrent à M. le prince, qui ne se donna pas à eux, et perdirent les autres, qui, pour leur foiblesse, ayant besoin d'eux, s'y désiroient plus fidèlement tenir unis. Ils allèrent même jusques à cet excès vers M. le prince, qu'ils crurent tellement qu'il leur suffisoit de l'avoir pour ami, qu'ils méprisoient même ceux qui étoient de son parti, et dédaignoient de les entretenir ; dont le duc de Bouillon ne se put tenir de se plaindre à Barbin, qui, étant homme de bon jugement, leur en dit son avis, mais en vain.

Cependant M. le prince avoit tout à souhait : il partageoit l'autorité que la Reine, sous le bon plaisir du Roi son fils, avoit aux affaires, et quasi l'en dépouilloit pour s'en revêtir. Le Louvre étoit une solitude, sa maison étoit le Louvre ancien ; on ne pouvoit approcher de la porte pour la multitude du monde qui y abordoit. Tous ceux qui avoient des affaires s'adressoient à lui ; il n'entroit jamais au conseil que les mains pleines de requêtes et mémoires qu'on lui présentoit, et qu'il faisoit expédier à sa volonté : tant il avoit ou peu tenu de compte, ou peu conservé de mémoire de l'avertissement que je lui avois donné, d'user de modération en la part que la Reine, par sa facilité, lui avoit donnée au gouvernement.

Aussi étoit-il très-content de sa condition, et, quelque ambition qu'il eût, il avoit sujet de l'être. Mais messieurs de Mayenne et de Bouillon ne l'étoient pas, d'autant qu'ils vouloient avoir part aux avantages qu'il recueilloit seul, et étoient fâchés de voir que tout le profit des mouvemens derniers fût arrêté en sa seule personne. Cela faisoit que, mécontens de l'état présent, ils lui faisoient tous les jours des propositions nouvelles de choses qu'ils le pressoient de demander à la Reine, comme étant nécessaires pour l'observation du dernier traité; mais, quand ils virent qu'on ne leur refusoit rien de ce qui pouvoit avoir quelque apparence de leur avoir été promis, ils s'arrêtèrent à une demande qu'ils crurent la plus difficile : c'étoit la réformation du conseil.

Cette affaire tenoit la Reine en perplexité; le choix de ceux qui devoient être du conseil étoit difficile, et n'étoit pas plus aisé de le faire de personnes qui fussent agréables à tous, que de personnes en qui le Roi dût avoir une entière confiance, outre qu'il en falloit rejeter un grand nombre qu'il étoit fâcheux d'offenser par ce rebut. Barbin ouvrit un expédient qui ne fut pas trouvé mal à propos, et dont la Reine se trouva bien, qui fut de remettre à ces messieurs d'en faire le choix eux-mêmes, et que la Reine agréeroit ceux qu'ils éliroient ; car par ce moyen ils se chargeroient de l'envie, chacun jugeant bien que Leurs Majestés auroient été violentées en cette occasion.

M. le prince et M. de Mayenne étant assemblés chez M. de Bouillon, pour attendre la résolution de la Reine sur ce sujet, Barbin même la leur porta, dont ils furent si étonnés qu'ils commencèrent à se regarder l'un l'autre. M. le prince, selon la promptitude ordinaire de son naturel, se leva de sa chaise, et se prenant à rire, et se frottant les mains, s'adressa à M. de Bouillon, et lui dit : « Il n'y a plus rien à dire « à cela, nous avons sujet d'être contens ; » par où il paroissoit bien que c'avoit été à son instigation qu'on avoit fait cette poursuite. M. de Bouillon, se grattant la tête, ne répondit un seul mot ; mais Barbin étant sorti, il dit à ces messieurs qui étoient assemblés, qu'il voyoit bien que cet homme-là leur donneroit trente en trois cartes, et prendroit trente et un pour lui, c'est-à-dire qu'il feroit, par son artifice, qu'ils auroient toutes les apparences de contentement, et qu'il en garderoit la réalité pour lui-même. Cela leur faisoit d'autant plus presser l'exécution de leur dessein contre le maréchal d'Ancre, auquel M. le prince, quelque promesse d'amitié qu'il eût faite au maréchal, se joignit, bien que froidement et quasi contre sa volonté ; mais la crainte de perdre ces messieurs pour amis prévalut à toute autre considération.

Pour arrêter les moyens qu'il falloit tenir pour cela, ils résolurent de s'assembler, et choisirent la nuit pour le pouvoir faire plus secrètement, bien que ces assemblées nocturnes ne laissèrent pas d'être remarquées et soupçonnées ; mais l'arrivée à la cour de milord Hay, ambassadeur extraordinaire d'Angleterre, leur vint tout à propos; car, sous ombre de lui faire des festins, ils s'assembloient et traitoient de cette affaire.

M. le prince, les ducs de Guise, de Mayenne et de Bouillon, étoient ceux qui en avoient le principal soin. Le duc de Nevers en avoit une générale connoissance, car ils n'osèrent pas la lui ôter tout-à-fait; mais ils ne lui faisoient pas néanmoins part des conseils secrets, d'autant qu'ils avoient peur qu'il les découvrît, sous espérance d'être assisté plus fortement de l'autorité de la Reine, pour faire réussir son affaire de l'institution des chevaliers du Saint-Sépulcre, par laquelle il se promettoit de se faire empereur de tout le Levant.

Il vouloit démembrer de l'ordre de Saint-Jean de Jérusalem celui du Saint-Sépulcre, s'en faire grand-maître, et espéroit, en se faisant aider de quelques intelligences qu'il avoit en Grèce, et de l'affection que tous les Grecs lui portoient, pource qu'il disoit être descendu d'une fille des Paléologues, mettre un nombre assez suffisant de vaisseaux sur mer pour s'emparer de quelques places fortes dans le Péloponèse, et les défendre assez long-temps pour attendre le secours des chrétiens, et pousser avec leur faveur ses progrès plus avant.

Bien que cette entreprise fût mal fondée et sans apparence à ceux qui étoient tant soit peu versés en la connoissance des affaires du Levant, néanmoins, comme les choses les moins raisonnables réussissent quelquefois, et que le peu d'attention qu'on a souvent dans le conseil des grands rois à une affaire particulière, pour la multitude des autres qui tiennent les esprits occupés, le grand-maître de Malte eut crainte qu'il obtînt du Roi ce qu'il désiroit, et envoya une ambassade solennelle en France pour remontrer au Roi l'injustice de cette demande.

Il représenta à Sa Majesté que cet ordre étoit depuis cent vingt ans annexé au leur ; que, si Sa Majesté favorisoit en cela le duc de Nevers, les ordres militaires d'Espagne et d'Italie renouvelleroient leurs poursuites anciennes, pour leur ôter semblablement les biens du Saint-Sépulcre qu'ils possèdent en leurs terres ; que, bien que l'offre que faisoit le duc de Nevers fût sincère, ce qu'il ne croyoit pas néanmoins qui fût à l'avenir, qu'il se contentât du seul titre de sa grande-maîtrise dudit ordre, sans rien prétendre aux biens qui en sont unis à Saint-Jean de Jérusalem, cela n'étoit pas raisonnable, vu qu'elle fait partie de la dignité de leur grand-maître, à la conservation de laquelle Sa Majesté a intérêt, vu que des sept langues qui composent le corps de l'ordre de Malte, trois sont françaises, et la plupart des grands-maîtres sont de leur nation ; et que non-seulement le grand-maître en recevroit diminution en sa dignité, mais tout l'ordre y seroit intéressé, en ce que la noblesse française ayant un grand-maître dans le royaume, auquel elle se pourroit engager de vœu, même sans exercice de la guerre, aimeroit mieux prendre cette condition que d'aller à Malte avec tant de difficulté et de dépense ; dont ils voient l'expérience en l'ordre Teutonique, qui avoit ruiné la langue allemande, autrefois la plus belle des sept ; joint qu'il ne seroit peut-être pas expédient au service du Roi qu'un prince, son sujet, eût un si grand moyen de lier avec lui et s'obliger un grand nombre de noblesse, laquelle considération a fait que les rois d'Espagne, qui sont savans en matière de gouvernement, ont réuni à leur couronne toutes les grandes-maîtrises qu'ils ont dans leurs Etats.

Sa Majesté donna de bonnes paroles à l'ambassadeur, et lui promit de ne point préjudicier à leur ordre, ains au contraire de commander à son ambassadeur à Rome de leur faire tous bons offices sur ce sujet auprès de Sa Sainteté.

En ce temps-là arrivèrent au Roi les nouvelles de la prise de Péronne, que M. de Longueville enleva au maréchal d'Ancre sur un faux donné à entendre que ledit maréchal y vouloit mettre garnison, ce qui émut ce peuple de telle sorte qu'ils résolurent d'envoyer au Roi pour supplier Sa Majesté de leur vouloir entretenir ce que le feu Roi son père leur avoit accordé, lorsque, du temps de la ligue, ils se remirent en son obéissance, qu'ils n'auroient point de gouverneur étranger. Tandis qu'ils envoyèrent à Sa Majesté pour cela, M. de Longueville paroissant aux portes, elles lui furent ouvertes, et peu de temps après, ceux qui étoient dans le château de la part du maréchal d'Ancre le remirent en la puissance du duc.

Cette nouvelle affligea la Reine tout ce qui se pouvoit, pource qu'elle vit bien que les princes ne donnoient point de bornes à leur mauvaise volonté, que la douceur dont elle avoit usé jusques alors étoit inutile, qu'ils en abusoient, qu'ils tiroient avantage d'avoir profité de leurs brouilleries passées, que l'espérance qu'elle avoit eue que sa patience les ramèneroit à la raison, et que le bon traitement qu'ils recevoient les gagneroit, étoit vaine, et qu'enfin elle seroit contrainte de repousser leurs mauvais desseins par la force des armes, dont la pensée seule lui faisoit horreur.

M. le prince ayant eu avis de cette affaire avant la Reine, d'autant qu'elle ne s'étoit pas faite sans son consentement, s'en alla à l'heure même en une terre qu'il avoit achetée auprès de Melun, soit afin que son absence retardât le conseil que l'on avoit à prendre en cet accident, et en fît le remède plus difficile, soit afin de laisser évaporer le premier feu de la colère que la Reine en avoit, et ne laisser lui-même échapper aucune parole qui pût donner soupçon qu'il eût part en cette action; mais la Reine ayant dépêché vers lui en diligence pour le convier de venir, il ne s'en put excuser. Toutefois il ne laissa pas en venant de faire une nouvelle faute; car, quelqu'un des siens l'étant venu avertir que M. de Bouillon l'attendoit chez M. de Mayenne, il passa par là avant que d'aller au Louvre, quoique les plus sages lui conseillassent d'aller vers la Reine auparavant.

Les siens parloient si insolemment de cette affaire, qu'ils témoignoient assez y avoir eu part. La Reine crut que, selon la maxime commune, ceux qui ont fait les fautes étant les plus propres à les réparer, il étoit bon d'envoyer à M. de Longueville M. de Bouillon, qui étoit l'oracle du parti, pour lui faire reconnoître l'offense qu'il avoit commise, et l'obliger à satisfaire à Sa Majesté en remettant la chose en son entier. Il sembla partir si peu volontiers et avec si peu d'espérance de son voyage, que, quoique Leurs

Majestés lui dissent, quand il prit congé d'elles, des paroles qui pouvoient gagner un autre cœur que le sien, ceux qui le connoissoient ne crurent pas en devoir attendre aucun fruit, et ne furent pas trompés en leur opinion. Car le duc de Mayenne y ayant, par son avis, envoyé, tambour battant et enseignes déployées, des gens de guerre des garnisons de Soissons, Noyon et Chauny, il y mena aussi des capitaines et des ingénieurs pour défendre la place, qui étoit une action bien éloignée de la charge qu'il avoit prise de la remettre en l'obéissance du Roi. Ce qui contraignit enfin la Reine d'y envoyer le comte d'Auvergne, avec une partie du régiment des Gardes et quelques compagnies de cavalerie, pour investir cette place.

On savoit bien que ce n'étoit pas des forces suffisantes pour la prendre, mais on le faisoit à dessein, premièrement de reconnoître si les princes avoient résolu de faire la guerre, puis de leur faire paroître que le Roi étoit délibéré de s'y opposer avec plus de vigueur que par le passé, comme aussi de leur ôter le sujet d'être à Paris en alarme du Roi, lequel, par ce moyen, étoit destitué d'une bonne partie des forces dont il avoit accoutumé d'être accompagné, et de leur donner lieu de faire éclore plutôt leurs mauvais desseins, s'ils en avoient, contre lesquels Sa Majesté s'étoit sous main préparée sans qu'ils s'en donnassent de garde, d'autant qu'ils l'avoient en mépris par la foiblesse qu'ils avoient éprouvée en ses conseils jusqu'alors.

La Reine, ayant reconnu ès mouvemens passés qu'en matière de soulèvement de peuples, les bruits les plus faux sont bien souvent plus vraisemblables que les véritables, et paticulièrement que ce qui se dit en faveur des séditieux est plus facilement cru que la vérité qui est rapportée en faveur du prince, vouloit patienter jusqu'à l'extrémité, pour ne leur donner aucun jour à publier, avec la moindre apparence du monde, qu'ils eussent été obligés, pour leur défense, à prendre les armes contre le Roi.

Si cela portoit d'un côté quelque préjudice à l'opinion qu'on devoit avoir de la puissance royale, qui en étoit moins estimée, de sorte que plusieurs parloient mal des affaires du Roi et en désespéroient, cela lui apportoit d'autre part un avantage bien plus considérable, qui étoit que les princes prenoient une telle assurance en leurs forces, qu'ils ne pensoient plus à sortir de la cour, et croyoient pouvoir exécuter tout ce qu'ils voudroient entreprendre contre Sa Majesté, ne sachant pas ni que sous main elle eût mis ordre à la sûreté de ses affaires, ni que ceux-là mêmes d'entre eux à qui ils se fioient le plus jouoient à la fausse compagnie, et l'avertissoient d'heure à autre de tout ce qu'ils faisoient.

La Reine, voyant cette grande cabale des princes, qui étonnoit tout le monde, voulut prendre cette occasion de reparler encore au Roi comme elle avoit fait auparavant, et dit à Barbin qu'elle voyoit les choses si désespérées, qu'elle croyoit qu'il seroit de son honneur d'en remettre entièrement la conduite entre les mains du Roi. Mais ledit Barbin lui fit toucher au doigt qu'elle ne devoit pas seulement penser à sortir volontairement des affaires, mais employer tout son soin à empêcher que le Roi en fût chassé avec force et infamie; qu'elle étoit plus obligée à maintenir la succession de ses enfans qu'à chercher son repos; que toute l'Europe l'accuseroit d'avoir manqué de naturel et de courage, quittant le gouvernement en un temps où on prévoyoit une si grande tempête.

Ces considérations la persuadèrent, mais à condition qu'elle en parleroit encore une fois au Roi; ce qu'elle fit en présence des sieurs Barbin, Mangot et de Luynes, où elle le conjura de reprendre en main la conduite de ses affaires; qu'il étoit déjà grand, et pourvu des qualités nécessaires pour régner heureusement; qu'il avoit un conseil composé de personnes portées avec passion à l'affermissement de son autorité, ou, en cas qu'il désirât y apporter quelque changement, un État abondant en hommes; que ce lui seroit une gloire immortelle si, à la sortie de son enfance, il s'occupoit à commander à des hommes, si, en l'âge où les autres suivent les plaisirs défendus, il s'abstenoit même de ceux qui sont honnêtes et permis pour faire valoir sa puissance, que Dieu lui avoit commise.

Luynes, en qui le Roi avoit déjà une entière confiance, la supplia de laisser une pensée si contraire au bien public et à la sûreté de son maître; qu'elle avoit trop d'intérêt en la conservation de ces deux choses pour en abandonner le soin en une saison où rien n'empêchoit de faire mal, que le respect de son nom et la générosité de ses conseils.

Peut-être que les maux qui sembloient se préparer dans l'Etat lui faisoient croire la subsistance de la Reine nécessaire, principalement dans le peu d'expérience qu'il avoit des affaires; peut-être aussi qu'il ne désiroit pas qu'elle s'éloignât de la sorte, parce qu'en demeurant près du Roi, elle auroit toujours plus d'autorité que son ambition et ses desseins ne pouvoient pas souffrir qu'elle eût.

A quelque fin qu'il lui parlât, elle se soumit à ce que le Roi désira d'elle par sa bouche, et lui dit qu'elle ne pouvoit dissimuler que, bien qu'il y eût beaucoup de peine au maniement des affaires, beaucoup d'ennemis à acquérir pour son service, rien ne l'avoit dégoûtée de cet emploi que la jalousie qu'on lui avoit voulu donner de son gouvernement, et les inventions dont on usoit pour lui rendre ses actions moins agréables; mais que s'il vouloit qu'elle fît avec contentement ce qu'elle n'entreprenoit que par obéissance, elle désiroit à l'avenir partager avec lui les fonctions de la charge, en prendre la peine et lui en laisser la gloire, se charger des refus et lui donner l'honneur des grâces; qu'elle le prioit, à cette fin, de disposer de son mouvement des charges qui viendroient à vaquer, et d'en gratifier les personnes dont la fidélité et l'affection lui étoient connues ; que si, entre autres, il vouloit récompenser les soins que M. de Luynes apportoit auprès de lui par de nouveaux bienfaits, il n'avoit qu'à commander, et ce avec d'autant plus de liberté que la franchise dont il useroit lui seroit une preuve qu'il avoit satisfaction de sa conduite ; que, quelque opinion qu'on lui veuille donner de ses déportemens, elle ne manquera jamais à ce que doit une reine à ses sujets, une sujette à son roi, et une mère au bien de ses enfans.

Luynes, faisant semblant de croire ses paroles au Roi pleines de sincérité, vint en particulier lui en faire des remercîmens, avec des protestations de vouloir dépendre absolument de ses volontés; ou, s'il les crut, les faveurs qu'il venoit de recevoir ne le rendirent pas meilleur, mais bien celle qui les avoit faites moins prévoyante. Au lieu de veiller sur ses actions elle se fia sur ses promesses, elle crut l'avoir gagné par bonté au lieu de l'éloigner par prudence. En un mot, elle pensa l'avoir attaché par l'intérêt à son devoir, l'avoir rendu homme de bien par la maxime des méchans; mais elle n'eut pas le loisir de vieillir en cette créance, comme nous verrons ci-après.

Pour revenir aux princes, ils n'étoient pas d'accord en leurs opinions dans les assemblées qu'ils faisoient de nuit contre Sa Majesté; car, selon que les uns et les autres étoient plus ou moins violens en leurs passions, et avoient plus ou moins perdu la crainte de Dieu et le respect dû à la majesté royale, les propositions qu'ils faisoient étoient différentes.

Les uns, qui étoient les plus modérés, étoient d'avis que l'on se saisît de la personne du maréchal d'Ancre pour le livrer au parlement, auquel on présenteroit requête pour lui faire faire son procès.

Les autres passoient plus avant, et, se défiant que quelque aversion que le parlement eût de lui, le Roi y seroit le plus fort et le retireroit de leurs mains, vouloient qu'étant pris on l'enlevât de Paris, et qu'on le mît en garde en quelqu'une de leurs maisons fortes, ou des places dont ils étoient gouverneurs. Mais il y en eut qui allèrent jusque-là d'opiner qu'il n'en falloit point faire à deux fois, qu'un homme mort ne pouvoit plus leur nuire, et qu'il étoit plus sûr de s'en défaire tout d'un coup.

Cela se traitoit entre eux, nonobstant l'assurance que M. le prince lui donnoit de le défendre contre tous des entreprises que l'on pourroit avoir contre sa personne : en quoi se voit le peu de foi qu'on doit avoir à ceux qui ne sont pas maîtres d'eux-mêmes, mais esclaves de leur ambition. Il avoit néanmoins raison de lui avoir promis, car il l'en garantit par foiblesse et par crainte d'exécuter ce qu'il vouloit et avoit résolu.

Un jour qu'il fit un festin solennel à l'ambassadeur extraordinaire d'Angleterre, le maréchal d'Ancre ne se doutant de rien le vint visiter ; tous ces princes y étoient, et en si grande compagnie, qu'ils se pouvoient rendre maîtres de sa personne pour en faire ce que bon leur sembleroit. Ils en pressèrent M. le prince, lui représentant que l'occasion ne s'offriroit pas toujours si belle ; mais ils ne l'y surent jamais faire résoudre, et il remit la partie à une autre fois.

Barbin, qui avoit lors crédit dans l'esprit de la Reine, voyant cette grande liaison de tous les princes, qui étoit si publique qu'on ne s'en cachoit plus, conseilla à la Reine d'essayer à retirer M. de Guise d'avec eux, et le conserver au service du Roi, duquel il croyoit avoir sujet de mécontentement par l'abandon que le maréchal avoit fait de son amitié pour rechercher celle de M. le prince.

Il l'alla trouver de sa part, lui dit que Sa Majesté se ressouvenoit des services qu'il lui avoit rendus en l'occasion dernière ; que si elle oublioit les desservices de ceux qui s'étoient dévoyés du droit chemin pour le bien de la paix, qu'elle vouloit conserver à quelque prix que ce fût, elle se souviendroit à jamais qu'il étoit quasi le seul des princes qui étoit demeuré dans le devoir; qu'elle savoit qu'il avoit des différends pour divers sujets avec aucuns d'eux; qu'elle le prioit de passer les choses le plus doucement qu'il pourroit, mais que s'il étoit question d'en venir à rupture, il fût assuré qu'elle ne l'abandonneroit point.

Le duc de Guise reçut cet office avec un grand témoignage de ressentiment, après avoir fait quelque plainte de ce que, les autres princes ayant pris les armes contre le Roi, on s'étoit servi de lui, et la paix faite on ne l'avoit plus regardé, et eux, au contraire, avoient toute autorité, et ayant différend avec lui pour les rangs, lui feroient un de ces jours une querelle d'Allemand, et lui joueroient un mauvais tour. Le lendemain il alla trouver la Reine, et lui fit mille protestations de sa fidélité envers et contre tous.

Cela ne le retira pas de la mauvaise volonté qu'il avoit contre le maréchal d'Ancre, ni peut-être de tout le mécontentement qu'il avoit de la Reine, à laquelle il ne pouvoit attribuer les actions du maréchal et de sa femme; mais au moins lui fit-il perdre une partie de l'aigreur qu'il avoit.

Etant assemblé à quelques jours de là avec les conjurés, M. le prince proposa qu'il se falloit hâter de faire ce qu'ils avoient entrepris, et se chargea de l'exécuter lui-même; mais il ajouta que, comme c'étoit une action qui auroit beaucoup de suites, il falloit penser plus avant, et prévoir à ce qu'ils feroient pour se défendre de la Reine, laquelle demeureroit si mortellement offensée qu'infailliblement elle se vengeroit d'eux, et le pourroit faire sans difficulté, ayant toute l'autorité royale en sa puissance, et ne manquant pas de serviteurs qui le lui conseilleroient et l'enhardiroient s'il en étoit besoin ; que, quant à lui, il n'y voyoit qu'un remède, qui étoit de l'éloigner d'auprès du Roi quand ils auroient fait le coup. Tel eût bien été de son avis qui n'osa pas lâcher la parole comme lui ; d'autres trouvèrent la proposition étrange, et tous ne répondirent que du silence et du chapeau. Le duc de Guise seul prit la parole, et dit qu'il y avoit grande différence de se prendre au maréchal d'Ancre, homme de néant, l'opprobre et la haine de la France et la ruine des affaires du Roi, ou perdre le respect qu'on devoit à la Reine mère du Roi, et faire entreprise contre sa personne ; quant à lui, qu'il haïssoit le maréchal, mais qu'il étoit très-humble serviteur de Sa Majesté.

Cette réponse faisoit assez paroître que M. de Guise étoit serviteur de la Reine ; mais la haine qu'il témoigna avoir du maréchal fit que les autres ne se cachèrent pas de lui. M. le prince seulement s'en refroidit un peu, craignant que, quand ils se seroient défaits du maréchal, le duc de Guise en recueillît seul tout l'avantage et le profit, et entrât seul dans la confiance de la Reine, dans l'aversion et haine de laquelle ils demeureroient tous. Il ne laissa pas de poursuivre néanmoins, et l'audace de lui et des siens croissoit de jour en jour ; de sorte que la Reine recevoit souvent des paroles trop hardies de ceux de son parti, jusqu'à lui oser dire de sa part une fois qu'elle avoit fait bon visage à quelques seigneurs de la cour, qu'il ne trouvoit pas bon qu'elle lui débauchât ses amis ; et une autre fois, il lui manda, sur le sujet de M. de Guise, qu'il vouloit bien qu'elle sût que lui et ses frères étoient si étroitement liés à lui, qu'il n'étoit pas en sa puissance de les en séparer.

Mais, si les serviteurs de M. le prince lui parloient si insolemment, il y en avoit assez d'autres, de ceux auxquels il se fioit le plus, qui lui venoient donner avis de tout ce qui se passoit; et, entre les autres, messieurs l'archevêque de Bourges et de Guise l'en faisoient avertir très-soigneusement, et ce à heures particulières et de nuit, afin de n'être point reconnus. Enfin, ils commencèrent à dire à la Reine qu'ils jugeoient les affaires en tel point et en tel péril pour le Roi, qu'ils ne croyoient plus qu'il fût possible d'y donner remède.

M. de Sully demanda audience à la Reine pour lui parler seul d'affaires qu'il disoit importer à la vie de Leurs Majestés. Elle avoit pris médecine; mais, sur un sujet si important, elle ne jugea pas devoir différer à le voir : le Roi s'y trouva par hasard; les sieurs Mangot et Barbin y furent aussi. Lors il fit un long discours des mauvais desseins que ces princes avoient, et du mal inévitable qu'il en prévoyoit pour le Roi. Les sieurs Mangot et Barbin lui dirent que ce n'étoit pas assez, mais qu'il étoit besoin qu'il dît les remèdes plus propres à y apporter; à quoi il ne fit autre réponse, sinon que le hasard étoit grand, et qu'infailliblement on en verroit bientôt de funestes effets. S'étant retiré du cabinet, il y remit une jambe avec la moitié de son corps, disant ces mêmes paroles : « Sire, et vous, Madame, je supplie vos Majestés « de penser à ce que je vous viens de dire; j'en dé- « charge ma conscience. Plût à Dieu que vous fussiez « au milieu de douze cents chevaux, je n'y vois autre « remède; » puis s'en alla.

La Reine, qui ne vouloit venir qu'à l'extrémité aux derniers remèdes, après avoir jeté plusieurs larmes de s'y voir quasi contrainte, voulut encore auparavant essayer un remède de douceur, par lequel elle fit voir à tous les peuples le désir qu'elle avoit que les affaires pussent souffrir une conduite bénigne, et à tous les princes qu'ils n'en étoient pas encore où ils pensoient, et que la plupart de ceux qui leur promettoient étoient en leurs cœurs serviteurs du Roi, et les abandonneroient quand ce viendroit au point d'exécuter l'entreprise qu'ils avoient faite.

Elle parla à tous les seigneurs de la cour l'un après l'autre, et leur fit voir le procédé qu'elle avoit tenu dans son gouvernement jusques alors, combien elle avoit relâché de l'autorité du Roi pour maintenir les choses en paix, le mésusage que de mauvais esprits en avoient fait. Il n'y en eut quasi un seul de tous ceux à qui elle parla qui ne revînt de bon cœur à vouloir servir le Roi, et ne l'assurât de sa fidélité envers et contre tous.

Ces choses qui étoient publiques ne pouvoient pas être célées à M. le prince et aux siens; mais les choses en étoient venues si avant, et ils croyoient leur parti si fort, qu'ils ne désistèrent point pour cela, et la résolution et le courage que la Reine montra ne leur fit point de peur.

Comme néanmoins la difficulté des entreprises paroît plus grande quand on est sur le point de les exécuter, qu'elle ne paroissoit à la première pensée que l'on a eue; et que d'abondant l'esprit de M. le prince étoit irrésolu et avoit peu de fermeté, il se trouva en telle perplexité, quand le temps arriva de faire ce qu'il avoit promis aux siens, que s'étant retiré à Saint-Martin seul, il envoya querir Barbin, et lui dit qu'il étoit en la plus grande peine où il s'étoit jamais trouvé, et qu'il y avoit trois heures qu'il ne cessoit d'épandre des larmes, d'autant que ces princes le pressoient de conclure, ou le menaçoient de l'abandonner, ce que s'ils faisoient, il savoit bien que la Reine le mépriseroit incontinent ; qu'à la vérité, il étoit en un tel état qu'il ne lui restoit plus qu'à ôter le Roi de son trône, et se mettre en sa place; que c'étoit trop, mais aussi que d'être abaissé jusqu'au mépris, il ne le pouvoit souffrir, joint qu'il voyoit les affaires à un tel point, et une si grande conjuration de tous les princes contre le Roi, qu'il ne croyoit pas, quand même il se mettroit du parti de Sa Majesté, qu'il fût le plus fort.

Barbin lui répondit que sa qualité et sa naissance le garantissoient d'être méprisé, que la Reine lui avoit témoigné l'estime qu'elle faisoit de lui ; qu'elle auroit toujours volonté de lui augmenter plutôt que de diminuer sa puissance,

Quant au parti du Roi, qu'il n'étoit point si foible qu'il s'imaginoit, que tous ceux qu'il pensoit être liés avec les princes ne l'étoient pas ; que le seul nom de roi étoit extrêmement puissant, que tout ce qu'on entreprendroit contre son autorité seroit un feu de paille qui ne dureroit point.

Lors M. le prince, revenant un peu à soi, lui dit que la Reine chassât le duc de Bouillon hors de la cour; qu'il le brouilloit et tourmentoit son esprit, qu'il lui falloit avouer qu'il avoit un grand ascendant sur lui, que, lui dehors, il tourneroit les autres princes comme bon lui sembleroit. Barbin, qui ne savoit s'il lui parloit à dessein pour découvrir son sentiment, lui répondit que la Reine les affectionnoit tous, qu'elle désiroit les contenter, et maintenir la paix en ce royaume. Quant à M. de Bouillon, s'il y avoit quelque commission honorable et digne de lui donner hors de la cour, elle le feroit volontiers, et qu'il falloit qu'en cela M. le prince lui aidât.

Cet entretien fini ils se séparèrent. M. le prince retournant en son logis y trouva M. de Bouillon qui l'attendoit, et qui sut si bien l'ensorceler par ses discours, qu'il lui fit prendre des pensées et des résolutions toutes nouvelles : à quoi son esprit, en l'état où il se trouvoit, n'étoit pas mal disposé ; car l'ordinaire de ceux qui sont éperdus de crainte, c'est de croire que les nouveaux conseils sont toujours les meilleurs, qu'il y a plus d'assurance autre part que là où ils se trouvent, et que tout ce qu'on leur propose est plus assuré que ce qu'ils avoient pensé. Il le fit résoudre de pousser les choses jusqu'à l'extrémité ; et, rompant avec le maréchal d'Ancre, lui envoie dire, comme une parole de défi, qu'il ne vouloit plus être son ami. Une des principales raisons par lesquelles le duc de Bouillon l'y anima, fut qu'il lui dit que le maréchal s'étoit moqué de lui sur le sujet du démariage d'avec madame la princesse, qu'il lui avoit fait espérer d'obtenir de Rome ; et ne le faisoit pas néanmoins.

M. le prince donna cette commission à M. l'archevêque de Bourges, qui, trop hâté valet, s'en alla de ce pas chez le maréchal d'Ancre, où il trouva Barbin que ledit maréchal avoit envoyé querir, et l'abbé d'Aumale. Il dit à l'un et à l'autre qu'ils pouvoient être présens à ce qu'il diroit : dès qu'ils furent assis, il adressa la parole au maréchal, et lui dit qu'il lui venoit dire de la part de M. le prince qu'il n'étoit plus son ami, parce qu'il lui avoit manqué à ce qu'il lui avoit promis. Il en dit autant à Barbin, qui ne répondit sinon : « Qu'ai-je donc fait depuis deux « heures qu'il m'a tant assuré du contraire ? » Quant au maréchal, il lui dit que ce lui étoit un grand malheur d'avoir perdu ses bonnes grâces, mais que sa consolation étoit qu'il ne lui en avoit point donné de sujet.

L'abbé d'Aumale prenant la parole dit aussi à l'archevêque : « Je vois bien que vous voulez dire que « j'ai porté parole à M. le prince de la part de M. le « maréchal qu'il l'assisteroit en son démariage ; mais « tant s'en faut que cela soit, que je lui ai dit que cela « ne se pouvoit faire, et y ai toujours insisté contre « vos conseils, que je lui ai soutenu n'être pas bons. »

L'archevêque demeura tout confus ; et, se tournant vers Barbin, le convia de venir trouver M. le prince, ce qu'il refusa de faire ; mais il lui promit d'attendre ledit sieur archevêque le lendemain chez lui, auparavant que d'aller au conseil.

Lors le maréchal mena Barbin chez sa femme qui étoit malade, et dit à Barbin qu'ils étoient désespérés, et vouloient l'un et l'autre se retirer à Caën, et de là par mer s'en aller en Italie ; qu'ils voyoient bien que tout étoit perdu et pour le Roi et pour eux ; que plût à Dieu fussent-ils dans une barque au milieu de la mer pour retourner à Florence. Il leur dit que le temps étoit bien orageux, mais que les choses n'étoient pas si désespérées qu'ils croyoient; qu'il espéroit que l'autorité de Leurs Majestés seroit bientôt plus grande qu'elle n'avoit été durant la régence; mais que cependant ils ne prenoient pas un mauvais conseil de s'absenter pour quelque temps, afin que les princes ni les peuples ne pussent prendre leur prétexte accoutumé sur eux.

Ils firent lors mille protestations que, quand bien ils reviendroient à la cour, ils ne se mêleroient jamais d'aucune affaire, et se contenteroient d'avoir assez de pouvoir pour établir la sûreté de leur fortune, sans chercher les apparences d'une autorité si grande, qui ne faisoit que leur engendrer la haine de tout le monde.

Ils pensoient partir tous deux le lendemain matin; mais le mauvais génie qui les persécutoit retint la maréchale à son malheur; car, pensant entrer en sa litière, elle se trouva si foible qu'elle s'évanouit deux fois entre les bras des siens. Ne pouvant partir, elle voulut retenir son mari à toute force: il envoie querir Barbin à la pointe du jour, il les trouve tous deux si effrayés qu'ils ne savoient ce qu'ils faisoient. Le mari lui dit qu'il étoit perdu s'il ne persuadoit sa femme de le laisser aller; ce qu'il fit, lui remontrant qu'il n'y avoit point de péril pour elle, son mari étant absent, et principalement se faisant porter au Louvre, où elle seroit plus assurée que si elle étoit en Italie.

Le maréchal étant parti, Barbin retourne en son logis, où, peu après, l'archevêque de Bourges arrive selon qu'ils étoient convenus le jour précédent, et lui dit, de la part de M. le prince, que ce qu'il avoit mandé au maréchal et à lui avoit été pour se dépêtrer de M. de Bouillon qui l'y contraignoit; et qu'il ne croyoit pas qu'il dût sitôt exécuter ce commandement, qu'il avoit dessein de contre-mander aussitôt qu'il eût été hors de la présence dudit duc.

Barbin lui répondit que le maréchal étoit parti, et que ce n'étoit point pource que M. le prince lui avoit mandé, d'autant qu'il en avoit le dessein auparavant. Dès qu'il fut retiré, Viré, premier secrétaire de M. le prince, entra, qui lui dit la même chose et beaucoup de mauvaises paroles contre l'archevêque, qui avoit eu si peu de jugement que d'exécuter si inconsidérément une chose qui lui avoit été commandée par M. le prince, en présence d'un homme qu'il savoit bien qui violentoit son esprit. Quand il lui eut dit aussi que le maréchal étoit parti, il fit de grandes exclamations, soit parce que le maréchal leur fût échappé, soit pource que son maître fût en effet marri de l'avoir offensé jusqu'à ce point; mais il en devoit être marri pour autre cause qui étoit plus essentielle et lui importoit davantage que celle-là, qui étoit que s'il fût demeuré à Paris on n'eût rien osé exécuter contre M. le prince; pource que la crainte du péril auquel il eût cru ensuite être exposé, et la fureur du peuple qui eût forcené contre lui, l'eût empêché d'y consentir, comme il avoua depuis à Barbin.

Les choses étant donc venues en cet état, l'union de ces princes se maintenant et publiant toujours de plus en plus, la Reine ayant eu avis certain qu'ils faisoient des pratiques par la ville pour débaucher le peuple et pour gagner les colonels et capitaines des quartiers qui y ont la charge des armes, qu'ils cabalent tous les corps, et tâchent de s'acquérir toutes les compagnies de Paris, qu'on sollicite les curés et les prédicateurs contre le Roi et elle, que déjà tout haut leurs partisans se vantoient que rien que Dieu ne les pouvoit empêcher de changer le gouvernement; M. le prince même lui ayant avoué qu'il s'étoit trouvé en un de ces conseils-là où l'on parloit de se cantonner, et qu'à la vérité Leurs Majestés avoient occasion d'avoir soupçon de lui, mais néanmoins elles lui étoient plus obligées qu'aux pères qui leur avoient donné la vie, nonobstant laquelle déclaration qu'il n'a faite que des lèvres, il ne laissa pas d'adhérer à ces mauvais esprits, et pousser en avant ses mauvais desseins, jusque-là que de proposer d'aller au parlement, poursuivant l'arrêt par lequel, en l'année précédente, la cour avoit ordonné que les princes, pairs et officiers de la couronne, seroient convoqués pour délibérer du gouvernement et y pourvoir, parler de mettre la conduite de l'Etat en autres mains que celles de Sa Majesté.

Ces choses étoient si publiques, que les ambassadeurs des princes étrangers qui étoient à la cour, en donnoient des avis signés de leur main, et que, dans les festins publics qui se faisoient, ils disoient tout haut pour terme d'alégresse : *Barre à bas* (1).

(1) *Barre à bas :* Une petite barre placée dans le milieu de l'écusson est la seule différence qu'il y ait entre les armes de la maison de Condé et celles de France. Quelques mémoires racontent cette anecdote d'une manière différente et assez vraisemblable. S'il faut les en croire, dans un repas que le prince de Condé donnoit à ses affidés chez un baigneur, on apporta un billet de Barbin : Le Coigneux, après l'avoir lu, donna au signataire le sobriquet de Barabas; et Condé, trouvant la plaisan-

Etant tout manifeste que, d'autre part, on faisoit des levées de gens de guerre en toutes les provinces, et qu'enfin ils avoient fait tirer de Paris des armes pour armer trois mille hommes, ce qu'ils ne purent pas faire si secrètement que Leurs Majestés n'en eussent avis certain, la Reine jugeant que si elle attend davantage il ne sera plus temps d'y apporter le remède qui est encore de saison; étant avertie si assurément qu'elle n'en pût douter par M. de Guise, madame de Longueville, les ducs de Sully et de Rohan de ce qui se machine; l'archevêque de Bourges même, qui étoit le principal instrument de M. le prince, lui avoit déclaré tout ce qu'il en savoit; et tous ces avis qu'elle recevoit de toutes parts aboutissant à ce point, que le dessein des conjurés est de la mettre en un monastère, pour, ayant ôté au Roi sa protection et sa défense, s'emparer de son esprit et de sa personne pour la faire agir à leur mode, et se cantonner par toutes les provinces du royaume, nonobstant toutes leurs belles paroles, qui, ne sonnant autre chose que le service de Sa Majesté et le bien de l'Etat, prétextes accoutumés en toutes les guerres civiles, n'ont pour fin que la ruine de l'un et de l'autre, elle crut qu'elle manqueroit au Roi et à soi-même, et seroit plus coupable que les coupables de sa perte, si elle n'y apportoit promptement l'unique remède qui lui restoit pour dissiper ce grand corps de rebellion, qui étoit d'arrêter M. le prince qui en

---

terie bonne, ajouta : *Erat autem Barabas latro.* Le mot fut répété plusieurs fois pendant le repas, et rapporté aussitôt après à Barbin. Celui-ci n'eut pas de peine à persuader à la Reine que c'étoit un mot de ralliement qui cachoit les intentions les plus criminelles.

étoit le chef, et avec lui ceux qu'elle pourroit des principaux d'entre eux. Elle communiqua son dessein au maréchal de Thémines, sur lequel elle jeta les yeux à cause de sa fidélité et de son courage, pour l'assister en l'exécution d'icelui.

Il n'eut pas plutôt connoissance de son dessein qu'il s'y porta fort franchement. Sa Majesté le choisit parce que plusieurs fois le feu Roi son seigneur, qui prenoit plaisir à l'instruire des diverses humeurs des seigneurs de son royaume, lui avoit dit qu'il étoit homme à ne reconnoître jamais que le caractère de la royauté; ce qu'il témoigna bien en cette occasion, qui devoit sembler fort périlleuse, non-seulement à cause de la qualité de M. le prince, mais principalement à raison du grand nombre de princes et de seigneurs qui étoient de son parti. Mais, s'il servit bien, aussi crut-il bien l'avoir fait; car depuis il ne put être content, quelques récompenses qu'il eût reçues de la Reine. Elle le fit maréchal de France, lui donna comptant cent et tant de mille écus, fit son fils aîné capitaine de ses gardes, donna à Lauzières, son second fils, la charge de premier écuyer de Monsieur, et avec tout cela il crioit et se plaignoit encore : tant les hommes vendent cher le peu de bien qui est en eux, et font peu d'estime des bienfaits qu'ils reçoivent de leurs maîtres.

Barbin, qui étoit et celui qui avoit le plus animé la Reine à ce conseil, et le principal conducteur de cette affaire, lui demanda de la part de la Reine combien de gens il avoit dont il se pût assurer en un effet si important. Il lui dit qu'il avoit ses deux fils et sept ou huit gentilshommes des siens, du courage et de la fidélité desquels il répondoit. Et, pource que cela lui sembloit peu en cette affaire, qui devoit être exécutée avec un tel ordre et prévoyance qu'il n'y eût rien à douter, il pensa en son esprit s'il y avoit encore quelqu'un en qui la Reine se pût entièrement confier; il se souvint d'Elbène, italien, et partant plus assuré à la Reine qu'aucun autre, et du courage duquel le feu Roi faisoit cas. Il l'envoya querir, et lui demanda, de la part de la Reine, s'il étoit homme à faire ce qui lui seroit commandé contre qui que ce fût; s'en étant assuré, et lui ayant donné charge d'être de là en avant pour quelques jours à toutes heures auprès de lui avec sept ou huit de ses compagnons, pour recevoir le commandement qu'on lui voudroit donner, il ne resta plus que d'avoir des armes; mais la difficulté étoit de les faire entrer dans le Louvre secrètement. M. de Thémines se chargea de l'achat de pertuisanes, qu'il estima les armes les plus propres, et les envoya dans une caisse, en guise d'étoffes de soie d'Italie, chez Barbin, qui les fit le lendemain conduire au Louvre par un des siens, ayant fait tenir à la porte un des valets de chambre de la Reine, pour assurer les archers que c'étoit des étoffes de soie d'Italie pour Sa Majesté, pource qu'autrement ils eussent voulu savoir ce qui étoit dedans.

Le jour de l'exécution ayant été pris au lendemain, qui étoit un mercredi, dernier jour d'août, et toutes choses étant bien disposées pour cela, la Reine se trouva si étonnée, que le soir elle commanda qu'on laissât encore écouler cette journée, ce qui pensa faire perdre l'entreprise. Car comme ces grandes affaires ne se peuvent pas traiter si secrètement qu'on ne fasse plusieurs choses qui donnent à penser et à soupçonner, bien qu'on ne découvre pas précisément à beaucoup de personnes ce qu'on a à faire, néanmoins on ne peut que l'on ne soit contraint de leur faire des commandemens, et dire des choses dont ils infèrent la fin à laquelle on tend. D'Elbène, qui, outre son ordinaire, étoit vu depuis quelques jours assidument au Louvre avec quelques-uns de ses compagnons; la compagnie de gendarmes de la Reine, qui étoit retournée à Louvres en Parisis de l'armée de Péronne où elle étoit; un nouveau serment de fidélité que la Reine avoit fait prendre des sieurs de Créqui, de Bassompierre, de Saint-Geran, de La Curée, et des autres principaux, qu'on appeloit les dix-sept seigneurs, et plusieurs autres conjectures, donnèrent, une telle lumière aux plus clairvoyans, que l'après-dînée de ce jour, que la Reine avoit fait différer d'Elbène vint dire à Barbin qu'il ne savoit pas ce qu'il vouloit faire, mais que Lignier, son beau-fils, lieutenant de la compagnie des chevau-légers de M. de Mayenne, lui étoit venu dire de sa part qu'il le tenoit pour homme de bien, et qu'il le prioit de ne rien faire mal à propos.

Le duc de Mayenne étant allé voir M. de Bouillon, qui, quelques jours auparavant, avoit gardé le logis, soit qu'il s'y trouvât mal, ou qu'il s'y estimât plus assuré, ils résolurent ensemble que ledit duc de Mayenne prieroit M. le prince de ne point aller au conseil le lendemain. Mais sa prière fut en vain, pource qu'il lui sembloit qu'on n'eût osé entreprendre contre lui une telle chose, et croyoit assurément que s'il y avoit quelque entreprise, c'étoit plutôt contre

M. de Bouillon que contre lui. La nuit venue, les sieurs de Thémines, Mangot et Barbin étant avec la Reine pour résoudre cette affaire, ce dernier, pour l'empêcher de la différer encore une fois, lui remontra le péril où ce premier délai l'avoit mise d'être découverte, et que l'on avoit perdu une belle occasion, pource que tous les princes, hormis M. de Bouillon, étoient le matin venus au Louvre.

Il lui représenta aussi que, pour ne se trouver étonnée, quoi qu'il arrivât de cette entreprise, elle se devoit résoudre au pis; qu'il ne croyoit pas que la ville de Paris se voulût révolter pour M. le prince; que M. Miron, prévôt des marchands, et le chevalier du guet, lui avoient apporté l'état des capitaines de la ville; que le nombre de ceux dont l'on devoit avoir crainte étoit petit. Néanmoins que, comme toutes choses sont possibles, il étoit à propos que la Reine pensât en elle-même lequel elle aimoit mieux, ou abandonner son entreprise et laisser les affaires dans le péril dans lequel elles étoient pour le Roi, ou arrêter M. le prince qui ne lui pouvoit manquer, et l'emmener avec elle hors de la ville de Paris qui se seroit révoltée. Elle prit le dernier parti, et le jour de l'exécution en fut arrêté au lendemain matin.

M. le prince arriva de bonne heure au Louvre, et vint à un conseil qui se tenoit trois heures avant le conseil des affaires; et, ayant su que Barbin étoit au Louvre il y avoit long-temps, il appela Feydeau, et lui dit qu'il falloit qu'il y eût quelque chose puisqu'il y étoit de si bon matin, et lui donna charge d'aller savoir où il étoit. Barbin lui dit qu'il le laissât en paix, qu'il étoit en une grande peine, pource que la maréchale rendoit l'esprit : cela ôta pour lors le soupçon à M. le prince.

Leurs Majestés envoyèrent querir M. de Créqui, mestre de camp du régiment des Gardes, et M. de Bassompierre, colonel général des Suisses et mestre de camp du régiment des Gardes-Suisses de Sa Majesté. La Reine les ayant avertis du dessein que le Roi et elle avoient pris, afin qu'ils se tinssent à la porte du Louvre avec leurs régimens en bataille ; pour empêcher tout désordre et arrêter M. le prince si par hasard il vouloit sortir ; après avoir fait ce qu'ils purent pour empêcher la Reine de son dessein, en exagérant les inconvéniens qui en pouvroient arriver, ils demandèrent des lettres patentes scellées du grand scel, pour exécuter le commandement qui leur étoit fait.

Sur quoi la Reine leur demandant s'il leur falloit d'autre commandement que celui de la propre bouche du Roi, en une occasion si pressée que celle-là, et en laquelle il ne leur pouvoit donner l'assurance qu'ils vouloient, ils la supplièrent d'envoyer au moins avec eux quelque exempt des gardes du corps du Roi, et que, moyennant qu'il y fût, ils feroient ce qu'il leur commanderoit de la part de Sa Majesté. Le Roi, après avoir long-temps pensé qui il y pourroit nommer, dit à la Reine qu'il falloit prendre Launay, qui étoit celui qui avoit pris le président Le Jay, et étoit brave homme. On l'envoya querir aussitôt. Dès qu'il fut venu, Sa Majesté lui commanda d'aller avec lesdits sieurs de Créqui et de Bassompierre en leurs corps-de-garde, et que lorsque les princes et seigneurs qu'il lui nomma voudroient sortir du Louvre, il fit commandement auxdits sieurs de Créqui et de Bassompierre de les en empêcher. Lors ils partirent ensemble, et s'y en allèrent.

M. de Créqui, en partant, demanda à la Reine si on empêcheroit aussi M. de Guise de sortir. Elle lui répondit que non, et qu'elle étoit assurée de ses frères et de lui.

Les gardes étoient en bataille devant le Louvre, et, afin que ce fût sans soupçon, le carrosse du Roi étoit au pied du degré, comme s'il vouloit sortir.

Tout cela n'empêcha pas néanmoins que les partisans des princes, que leurs consciences accusoient, n'entrassent en quelque peur. Thianges, lieutenant de la compagnie des gendarmes de M. de Mayenne, dit à La Ferté, qui étoit au duc de Rohan, qu'il y avoit quelque chose, qu'il avoit vu les sieurs de Créqui et de Bassompierre passer en leurs corps-de-garde avec un exempt des gardes du corps, fort pâles, que les gardes étoient en bataille, qu'il voyoit bien le carrosse du Roi, mais qu'il craignoit qu'il y eût quelque mystère caché qu'on n'entendoit point, et appela incontinent un gentilhomme qui étoit à lui, et l'envoya avertir M. de Mayenne, qui étoit ce matin-là allé visiter M. le nonce. Un autre entra au conseil, qui parla à M. le prince, qui changea un peu de couleur, et rompit tout aussitôt le conseil.

Cependant le Roi et Monsieur étoient avec la Reine dans son cabinet : Sa Majesté étoit peu auparavant entrée dans sa chambre, et avoit parlé aux gentilshommes qui assistoient messieurs de Thémines et d'Elbène, les assurant qu'il se souviendroit du service qu'ils lui rendoient cette journée-là. Saint-Geran vint à demander à parler à Leurs Majestés, et leur dit qu'il venoit de rencontrer sur le pont Notre-Dame M. de Bouillon, qui se retiroit en grande diligence dans un carrosse à six chevaux, avec nombre de cavalerie qui avoient tous le pistolet, et que M. de La Trimouille galoppoit après lui. Il ne l'avoit pas vu, mais on lui avoit rapporté qu'on l'avoit vu passer : car le duc de Bouillon ne voulant pas aller au Louvre, et faire la faute qu'il voyoit bien que M. le prince commettoit, avoit pris occasion d'aller dès le matin à Charenton, avec bon nombre de ses amis, et quelques soldats de ses gardes.

On vint aussi dire à Leurs Majestés que M. de Mayenne s'étoit retiré, ce qui n'étoit toutefois pas, car il ne partit de plus d'une heure après. Néanmoins cela fut cause qu'on n'attendit pas davantage, croyant qu'ils ne viendroient pas.

Au sortir du conseil, Thianges se jeta à l'oreille de M. le prince, et lui dit ce qu'il avoit charge de M. de Mayenne, et qu'il n'avoit pu lui dire plus tôt parce qu'il n'étoit arrivé que lorsque le conseil étoit déjà commencé. M. le prince pâlit entièrement à cette nouvelle, et lui dit que si on avoit quelque dessein contre lui, il n'y avoit plus moyen de s'en garantir, et continua son chemin par la salle basse des Suisses, pour gagner le petit degré et monter en la chambre de la Reine, pour entrer au conseil des affaires, qui se tenoit d'ordinaire à onze heures. Il trouva à la porte deux gardes du corps, dont il s'étonna, et crut alors assurément, mais trop tard, ce qu'il ne s'étoit pas jusque-là voulu persuader. Dès qu'il fut entré il demanda plusieurs fois le Roi et la Reine, qui étoient là auprès, en un lieu qui pour lors servoit de cabinet à la Reine. Leurs Majestés, sachant qu'il étoit venu, et croyant que tous les autres étoient évadés, estimèrent qu'il ne falloit plus différer, et commandèrent au sieur de Thémines de l'arrêter, ce qu'il fit sans aucune résistance de la part de M. le prince, qui étoit tout seul ; seulement fit-il quelque peu de refus de donner son épée, et appela M. de Rohan qu'il vit là, et demeura muet sans lui répondre.

Comme on le menoit en la chambre qu'on lui avoit préparée, il aperçut d'Elbène, et le voyant avec quelques-uns de ses compagnons, tous la pertuisane en la main, il dit qu'il étoit mort; mais l'autre lui répondit qu'ils n'avoient nul commandement de lui méfaire, et qu'ils étoient gentilshommes.

Il ne fut pas plutôt arrêté qu'il fut su par toute la ville, car on fit incontinent sortir tout le monde du Louvre. Les premières nouvelles en furent portées aux princes de son parti par ceux qui y étoient intéressés, dont les uns se retirèrent chez M. de Guise, les autres chez le duc de Mayenne, qui ne faisoit que de retourner de chez le nonce, qu'il étoit allé visiter. Le marquis de Cœuvres fut le premier qui y arriva : peu après, Argencour le vint trouver de la part de M. de Guise, qui, n'ayant point eu avis de ce dessein du Roi, craignoit d'y être enveloppé avec les autres, auxquels le péril commun le sembloit obliger de se tenir uni, et lui envoyant demander s'il vouloit qu'il l'allât trouver, ou s'il lui feroit l'honneur de passer par l'hôtel de Guise, pour prendre ensemble une même résolution, le duc de Mayenne, qui avoit avec lui cent ou deux cents gentilshommes, lui manda qu'il l'attendît, et qu'ils passeroient tous incontinent chez lui.

Dès que le marquis de Cœuvres lui eut porté la nouvelle, trois ou quatre gentilshommes partirent pour en aller avertir le duc de Bouillon qui étoit allé à Charenton, et sans perdre temps reprit droit le premier chemin de la porte Saint-Antoine, et envoya Chambret à M. de Mayenne, le prier de lui vouloir venir dire un mot à deux cents pas de ladite porte où il l'attendoit. M. de Mayenne y alla tout à l'heure, et lui dit qu'il avoit prié M. de Guise de l'attendre chez lui. Ils se résolurent de l'aller trouver tous deux, à dessein d'amasser avec lui tout ce qu'ils pourroient de noblesse de leurs amis, et se faire voir par les rues de Paris, essayant d'émouvoir le peuple et y faire de secondes barricades. Mais comme ils furent sur le point d'entrer dans la ville, ils considérèrent qu'ils ne se pourroient pas facilement rendre maîtres de la porte Saint-Antoine, pour, si leur dessein manquoit, avoir la retraite libre, et que la porte du Temple étoit plus aisée et à s'en saisir et à la garder. S'y étant acheminés, Argencour les y vint trouver de la part de M. de Guise pour les en empêcher, et leur dit que M. de Praslin l'étoit venu trouver de la part de Leurs Majestés pour lui commander de les venir trouver, dont néanmoins il s'excuseroit et s'échapperoit, s'il pouvoit, dès le soir même, pour les aller trouver à Soissons, qu'il jugeoit devoir être le lieu de leur retraite.

Cette nouvelle refroidit toute la compagnie, qui crut pis de M. de Guise qu'il n'y en avoit, et, se voyant divisés, n'osèrent entrer dans la ville, mais prirent le chemin de Bondy, envoyèrent à Paris pour savoir ce qui s'y passoit, et particulièrement de M. de Vendôme; mandèrent au cordonnier Picard qu'ils étoient prêts d'entrer dans la ville avec cinq cents chevaux, et que, de son côté, il essayât de les assister, émouvant le plus de peuple qu'il pourroit.

Incontinent après que M. le prince fut arrêté, une grande foule de noblesse vint au Louvre pour se montrer et donner assurance de sa fidélité. Tel le faisoit sincèrement, tel avec intention et désir tout contraire; mais il n'y en avoit pas un qui n'approuvât ce que Sa Majesté avoit fait; beaucoup même témoignoient envier la fortune du sieur de Thémines, qui avoit eu le bonheur d'être employé en cette entreprise; mais, en effet, la cour étoit si corrompue pour lors, qu'à peine s'en fût-il trouvé un autre capable de sauver l'Etat par sa fidélité et son courage.

Le duc de Guise, ni le cardinal son frère, n'y osèrent venir, mais y envoyèrent le prince de Joinville, pour faire bonne mine et découvrir s'ils étoient ou non de ceux qu'on devoit arrêter. Il ne manqua pas de donner de grandes assurances à Leurs Majestés de ses frères et de lui. La Reine, assez grave de son naturel et peu caressante, et alors encore lassée de la presse qui étoit au Louvre et de la chaleur qu'elle causoit, lui répondit peu de chose, et lui fit assez froide mine. Ce qui lui ayant été remontré, et que cela peut-être leur donneroit l'alarme, elle fit appeler M. de Praslin, qu'elle savoit être des amis particuliers de M. de Guise, et lui commanda de l'aller trouver, et l'assurer, lui et ses frères, que le Roi avoit confiance en eux et les estimoit ses fidèles serviteurs.

Cet envoi tint le duc de Guise en son irrésolution ordinaire, et l'empêcha de prendre déterminément parti avec les autres princes et les laisser venir chez lui, où il eût fallu lier la partie avec eux, qu'il eût bien voulu laisser agir sans y paroître. Mais ce qu'il leur manda les empêcha de pousser plus avant le dessein qu'ils avoient d'entrer dans Paris, où, s'ils fussent venus, il y a beaucoup d'apparence qu'ils eussent pu chaudement émouvoir le peuple, qui ne manquoit que de chef et de quelqu'un qui osât commencer le premier.

Madame la princesse de Condé la mère eut bien le cœur de sortir de sa maison et de s'en aller jusques sur le pont Notre-Dame, criant partout aux armes, et que le maréchal d'Ancre avoit fait tuer le prince de Condé son fils. Chacun l'écoutoit avec étonnement et pitié; mais, comme elle étoit seule, elle ne les encourageoit pas à ce qu'ils eussent bien désiré s'ils eussent été assistés. Le cordonnier Picard, excité par ce que lui avoient mandé les princes, fit seul quelque effet, et commença une émotion en son quartier; mais, pource qu'il n'y avoit aucun homme de qualité pour conduire cette multitude, l'orage qu'il émut ne tomba que sur la maison du maréchal d'Ancre et celle de son secrétaire Corbinelli, qui, avec une extraordinaire furie, furent pillées sans qu'il y restât que les pierres et le bois, le pillage continuant encore le lendemain tout le jour; outre que le bon ordre qui fut mis dans Paris modéra le feu en la plupart des esprits judicieux; car, premièrement, la Reine fit donner avis au parlement de ce qui s'étoit passé, envoya quelques seigneurs de la part du Roi par les rues de la ville pour empêcher le désordre, et fit désabuser le peuple par le lieutenant civil, leur mandant que M. le prince étoit en sûreté, qu'on ne lui avoit point fait de mal, et qu'on s'étoit seulement assuré de sa personne pour quelques raisons nécessaires qu'ils sauroient par après.

Mais, nonobstant que M. de Guise n'eût pas voulu que messieurs de Mayenne et de Bouillon le fussent venus trouver en sa maison, pour suivre leur dessein, il ne s'assura néanmoins pas tant dans Paris qu'il n'en sortît dès le jour même, et ne s'en allât à Soissons avec telle diligence qu'il y arriva le premier d'eux tous.

On crut à la cour que le sieur de Praslin avoit fait un office tout au contraire de celui qu'on lui avoit commandé, et l'avoit conseillé de se retirer au lieu de lui donner des assurances de la part de Leurs Majestés, étant indigné de ce qu'on s'étoit plutôt fié en M. de Thémines pour prendre M. le prince qu'à lui. Ce qui donna plus de fondement à cette créance, fut, outre la malice ordinaire des courtisans où il y a peu de fidélité, que messieurs de Guise partirent incontinent après qu'il leur eut parlé, et que mesdames de Guise, mère et femme, et la princesse de Conti, assuroient qu'ils ne s'étoient retirés que sur la crainte qu'on leur avoit donnée qu'il y avoit dessein contre eux, et quelqu'une d'elles dit à Barbin qu'elle lui nommeroit un jour celui qui leur avoit donné le conseil de s'éloigner, et qu'il l'eût cru de tout autre plutôt que de celui-là.

M. de Vendôme s'étoit esquivé dès auparavant. On dit à la Reine, dès que M. le prince fut arrêté, qu'il étoit chez lui, où il faisoit quelques assemblées. Saint-Geran étoit un de ceux qui le lui dirent ; et quelques autres encore qui étoient de ses plus confidens, lesquels s'offrirent eux-mêmes à s'aller saisir de sa personne ; on leur en donna la commission, mais il les prévint, sortit par une porte de derrière, et s'en alla en diligence. On le poursuivit quelque peu ; mais l'envie qu'il avoit de se sauver étant plus grande que n'étoit pas à le prendre celle de ceux qu'on y avoit envoyés, ils ne le purent attraper ; il gagna Verneuil au Perche, place qui étoit entre ses mains, et de là passa à La Fère. Quelques-uns soupçonnèrent qu'au même temps que Saint-Geran, qui fut envoyé pour le prendre, investissoit le devant de sa maison, il le fit avertir de sortir par un autre côté.

Il fut le seul après qui la Reine envoya, ayant cru que messieurs de Mayenne et de Bouillon s'étoient sauvés trop tôt pour pouvoir être atteints. Et quant à M. de Guise, comme elle n'avoit eu aucun dessein de le faire arrêter, elle ne l'eut aussi de le faire poursuivre, tant parce qu'il avoit été de ceux qui avoient découvert le péril où étoient Leurs Majestés, que parce qu'elle ne se vouloit pas attaquer à tant de gens, et qu'elle et le conseil connoissoient bien que si la légèreté de ce prince l'avoit rendu capable de prêter l'oreille aux mauvais desseins des autres, cette même raison empêcheroit qu'il ne pût demeurer dans leur union ; joint que ses intérêts, dont la plupart des grands sont fort curieux, se trouvoient à servir le Roi.

Madame la comtesse fit aussi sortir son fils, et ainsi la cour se trouva vide de beaucoup de grands, et le Roi presque sans aucun prince auprès de lui.

Rochefort, favori de M. le prince, s'en alla à Chinon, et y mena Le Menillet pour s'y enfermer avec ceux qu'il pourroit amasser des serviteurs de M. le prince, et défendre cette place contre le Roi. Les huguenots de Sancerre prirent cette occasion de se saisir de leur château, dans lequel, depuis quelques années, le comte de Sancerre étoit rentré par le moyen du curé et des catholiques, et le gardèrent depuis avec permission du Roi, qui ne leur voulut pas donner prétexte de se soulever contre son service pour cela. Ceux de La Rochelle se saisirent de Rochefort sur Charente; mais le duc d'Epernon amassa aussitôt des troupes, et mit garnison dans Surgères et Tonnay-Charente, pour arrêter leurs mauvais desseins.

Mais pour retourner à M. le prince, que nous avons laissé entre les mains de M. de Thémines, qui le mena en la chambre qui lui avoit été préparée pour le garder, il fit difficulté de manger quand l'heure de dîner fut venue, et demanda que les siens lui apprêtassent ses viandes; ce qui lui fut accordé. Le sieur de Luynes lui fut envoyé de la part du Roi, pour le consoler et l'assurer qu'il recevroit tout bon traitement; la Reine-mère lui envoya aussi un autre de sa part. Il fit telle instance de voir Barbin, que la Reine lui commanda d'y aller. Dès qu'il le vit, il lui parla de plusieurs choses tout à la fois, tant il étoit hors de lui et transporté de passions différentes, qui aboutissoient néanmoins au désir de sa liberté. Il lui demanda si M. de Bouillon étoit pris; et, sachant qu'il ne l'étoit pas, il dit plusieurs fois qu'on avoit tort de ne l'avoir pas arrêté, et qu'en vingt-quatre heures il lui eût fait trancher la tête ; soit qu'ayant été cause de le mettre en cet état, le regret du mal qu'il en avoit reçu le portât à en parler ainsi ; soit que la malice de la nature de l'homme se fît voir en ses paroles, laquelle fait que nous voudrions que tout le monde pérît pour nous, et que nous portons envie à ceux qui ne sont pas participans à notre mal.

Il le pria en même temps de supplier la Reine de le mettre en liberté, et la maréchale de se jeter à ses pieds pour l'obtenir ; tant les grands croient que tout leur est dû, quelque mauvais traitement qu'ils fassent aux hommes, et que leurs offenses ne désobligent point.

Il lui dit que si on lui pensoit faire son procès il ne répondroit point ; et une autre fois encore qu'il désira parler à lui, il lui répéta la même chose ; mais que si la Reine lui vouloit faire donner parole de sa délivrance par le maréchal d'Ancre et le sieur de Thémines, il découvriroit toutes les cabales que lui et ceux de son parti avoient faites contre le Roi : ce qui ne témoignoit pas tant de générosité et de courage qu'une personne de sa condition devoit avoir.

La Reine fit une réponse sage et digne d'elle : qu'elle n'en vouloit pas apprendre davantage qu'elle en savoit, et qu'elle aimoit mieux oublier le passé que de s'en rafraîchir la mémoire.

Il dit une autre fois au maréchal de Thémines, qui le rapporta à la Reine, qu'elle ne l'avoit prévenu que de trois jours, et que, si elle eût attendu davantage, le Roi n'auroit plus la couronne sur la tête : ce qui, dit en l'état auquel il se trouvoit, témoignoit assez l'audace qu'il avoit conçue en celui auquel il étoit auparavant, et les pernicieux desseins qu'avoient ceux de son parti ; et toutes ces paroles ensemble montroient les diverses passions qui agitent l'esprit des grands, quand ils se voient réduits en une extrémité à laquelle ils ne s'étoient pas attendus, et le peu de générosité qu'ont en leur adversité ceux qui n'ont pas eu la force de se contenir, quand ils ont été en meilleure fortune.

Le même jour qu'il fut pris, les sieurs du Vair, garde des sceaux, Villeroy et le président Jeannin, vinrent trouver la Reine, où se trouva M. de Sully, et lui dirent que les choses étoient en telle extrémité, que l'Etat s'en alloit perdu si elle ne faisoit relâcher M. le prince ; soit qu'ils en parlassent ainsi par inexpérience, comme le sieur du Vair, ou par timidité naturelle de leur esprit, comme le sieur de Villeroy, qui avoit toujours gouverné de sorte que, cédant aux orages, il s'étoit laissé plutôt conduire aux affaires qu'il ne les avoit conduites ; ou pour ce qu'ils affectionnoient les princes, comme le président Jeannin, qui espéroit toujours bien d'un chacun, et croyoit qu'il pouvoit être ramené à son devoir. M. de Sully, violent et peu considéré, le feu de l'esprit duquel ne s'appliquoit qu'au présent, sans rappeler le passé, ni considérer de bien loin l'avenir, ajouta à ce que les autres avoient dit, que quiconque avoit donné ce mauvais conseil à la Reine avoit perdu l'Etat. La Reine, animée de se voir reprise d'une chose qu'elle avoit résolue et exécutée après une si mûre délibération, lui répondit qu'elle s'étonnoit qu'il lui osât parler ainsi, et qu'il falloit bien qu'il eût perdu l'esprit, puisqu'il ne se souvenoit plus de ce qu'il avoit dit au Roi et à elle il n'y avoit que trois jours; dont il resta si confus qu'il se retira incontinent, au grand étonnement de tous les seigneurs qui étoient là présens. Sa femme, puis après, essaya de l'excuser, disant que le transport de crainte dans lequel il étoit lui avoit fait parler ainsi, d'autant qu'on lui venoit de dire présentement que les princes et seigneurs du parti de M. le prince étoient résolus de le faire tuer, le croyant être auteur de l'arrêt dudit sieur prince, par les avis qu'il avoit donnés de leurs desseins.

La Reine, assurée par autres de ses serviteurs èsquels elle avoit confiance, et par la grande foule de noblesse qu'elle voyoit venir au Louvre faire protestation de leur fidèle service au Roi, ne pensa pas à changer de dessein, mais seulement aux moyens convenables pour affermir celui qu'elle avoit pris, et remédier à tous les inconvéniens qui en pourroient survenir.

Elle fit changer M. le prince de chambre, et le fit mettre dans une plus assurée et grillée, dans le Louvre, le 3 de septembre. Le 6 le Roi alla au parlement pour y faire vérifier une déclaration qu'il avoit faite sur la détention de M. le prince; par laquelle il représentoit que pour acheter la paix il avoit, par le traité de Loudun, accordé audit sieur prince le domaine et le gouvernement de la province et des places de Berri, grande somme d'argent à l'un des grands qui suivoient son parti, le taillon à l'autre, et de grands et injustes avantages à tous les particuliers; sans lesquels on n'eût pu convenir d'aucun accord avec eux ; ce qui étoit bien un évident témoignage qu'ils n'avoient pris les armes qu'à cette fin.

Que, nonobstant toutes ces choses, ils avoient enfreint ledit traité, et, non contens d'avoir en toutes façons foulé son autorité aux pieds, avoient encore attenté sur la liberté de sa royale personne. Que tous ces actes de rébellion l'avoient obligé, non-seulement pour sa conservation, mais pour celle de son Etat, d'arrêter M. le prince, pour, par ce moyen, le retirer de la puissance de ceux qui l'eussent achevé de perdre s'il y fût davantage demeuré, ne retranchant pas tant sa liberté qu'ôtant aux mauvais esprits qui l'environnoient la commodité d'abuser de sa facilité et de son nom.

Sa Majesté déclaroit néanmoins qu'elle pardonnoit à tous ceux qui avoient eu part et adhéré à ses mauvais desseins, conseils et actions, pourvu qu'ils revinssent dans quinzaine en demander pardon à Sa Majesté ; comme aussi elle vouloit que, persévérant outre ce temps en leur mauvaise volonté, il fût procédé contre eux selon la rigueur de ses ordonnances, comme contre des criminels de lèse-majesté.

Peu de jours après elle fit publier à son de trompe que tous les domestiques et suivans desdits princes eussent à sortir dans vingt-quatre heures de Paris, s'ils ne venoient, selon sa déclaration susdite, faire protestation de vivre et mourir en son obéissance. Et, pour ne rien oublier de ce qui se pouvoit pour pacifier toutes choses, elle dépêcha, au même temps qu'ils étoient assemblés à Soissons, les sieurs de Chanvalon, de Boissise et le marquis de Villars, beau-frère de M. de Mayenne, pour traiter avec eux et leur offrir tout ce que l'autorité royale pouvoit souffrir leur être concédé pour les ramener à leur devoir.

Ces princes étoient arrivés à Soissons dès le 2 de septembre. Messieurs de Guise et de Chevreuse y étant arrivés les premiers, le sieur de Fresne, gouverneur de la ville sous M. de Mayenne, leur refusa les portes jusqu'à l'arrivée dudit sieur de Mayenne, et, quoique M. de Guise s'en voulût offenser, il en fut néanmoins loué de tout le monde.

Dès le jour même ils s'assemblèrent, et avisèrent d'envoyer vers le duc de Vendôme qui étoit à La Fère, et celui de Longueville qui étoit à Péronne, pour les prier de se trouver, à trois jours de là, à Coucy, où ils se rendroient tous pour prendre conseil en leurs affaires. Le cardinal de Guise, qui arriva à Soissons le 3, se trouva à Coucy à ladite conférence avec les autres. M. de Guise y étoit fort triste et décontenancé, soit que l'exemple de feu son père lui fît peur, et que, sans y penser, il se trouvât plus engagé avec eux qu'il n'avoit eu désir de l'être; soit que ce fût la première fois qu'ouvertement il avoit été du parti contraire à Sa Majesté, et qu'il perdoit la gloire de laquelle il se vantoit, d'être toujours demeuré attaché à ses commandemens; soit qu'il ne jugeât pas leur ligue, M. le prince étant pris, pouvoir subsister; soit qu'il regrettât de voir qu'il perdoit l'honneur de commander les armées de Sa Majesté, et se vît réduit dans un moindre parti à l'égalité avec beaucoup d'autres princes qui lui contestoient le rang.

Cela mettoit ces princes en peine, et les faisoit

méfier de lui. Pour essayer de le gagner tout-à-fait à eux, ils lui rendoient tout l'honneur qu'ils pouvoient, et lui déféroient davantage qu'ils n'eussent fait sans cela, lui donnant lieu d'espérer qu'ils le reconnoîtroient tous pour leur chef, fors M. de Longueville qui y montra de la répugnance. Cela n'empêcha pas qu'ils ne prissent tous ensemble une résolution commune de faire, chacun de son côté, le plus de levées qu'ils pourroient, pour, dans douze jours après, se trouver aux environs de Noyon, où ils avoient assigné leur rendez-vous général, en dessein d'aller avec ces forces, qu'ils n'espéroient pas devoir être moindres de huit à neuf mille hommes de pied, et quinze cents ou deux mille chevaux, droit aux portes de Paris, pour combattre les troupes du Roi si elles s'opposoient à leur chemin, et voir quel mouvement leur venue pourroit causer dans les esprits mécontens à Paris.

Ce conseil si bien pris n'eut pas le succès qu'ils espéroient ; car, bien qu'ils se fussent tous séparés pour faire leurs levées, M. de Guise étant allé à Guise, M. de Mayenne à Soissons, M. de Bouillon à Sedan, M. de Longueville à Péronne, le marquis de Cœuvres à Laon, et M. de Vendôme à La Fère, plusieurs d'entre eux jouèrent à la fausse compagnie, comme on fait en toutes ligues, où chacun pensant à son intérêt particulier, qui ne dépend pas de celui des autres, se détache du lien commun qui leur sert de prétexte plutôt que de véritable sujet de ce qu'ils font.

M. de Guise fut le premier qui manqua à ce qu'il avoit promis. Dès qu'il fut arrivé à Guise, il depêcha un gentilhomme à M. de Lorraine, pour le prier d'être de la partie, et un autre vers messieurs d'Epernon et de Bellegarde; car, quant au maréchal de Lesdiguières, il étoit assez empêché en Italie, sans se mêler des affaires de deçà. Mais ayant, dans trois jours après, avis de sa femme, par l'abbé de Foix qu'elle lui envoya, que le Roi avoit résolu de leur envoyer les commissaires que nous avons dit ci-dessus, pour traiter avec eux, et qu'elle espéroit faire son accommodement à son avantage et avec sûreté, il laissa là toutes ces levées, et s'en alla à Liesse, où il manda au marquis de Cœuvres qu'il le prioit de faire savoir à M. de Mayenne qu'il seroit le lendemain à Soissons.

M. de Mayenne trouva fort mauvais qu'il eût intermis ses levées. Néanmoins, sur l'avis des commissaires, ils envoyèrent avertir tous les ligués de se trouver à Soissons; ce qu'ils firent, hormis M. de Longueville, qui, par l'entremise du sieur Mangot, qui avoit été autrefois de son conseil, traita à part avec le Roi, nonobstant qu'il eût été et le premier de tous, et le plus animé et intéressé contre le maréchal d'Ancre, et se détacha d'avec les autres, qui néanmoins s'étoient presque pour son seul sujet, engagés dès le commencement en ces brouilleries, et remit, à peu de temps de là, Péronne entre les mains du Roi, qui en donna le gouvernement au sieur de Blerancour, et à lui celui de Ham. Tandis qu'ils étoient là, M. de Thermes vint, de la part de M. de Bellegarde, trouver M. de Guise sur le sujet de ce qu'il lui avoit mandé par le gentilhomme qu'il lui avoit envoyé.

Il avoit eu à Liesse réponse de M. de Lorraine

par le comte de Boulay qui l'étoit venu trouver de sa part, et le gentilhomme qu'il avoit envoyé à M. d'Epernon revint aussi, et ne rapporta que de belles paroles, étant échappé audit sieur d'Epernon de dire en sa présence que si M. de Guise étoit parti promptement de la cour, il y retourneroit encore plus vite.

M. de Guise, soit qu'il ne fût pas encore résolu, ou qu'il ne voulût pas faire semblant de l'être, fit diverses propositions, tantôt de s'en aller à Joinville, comme étant un lieu qui est plus proche de Lorraine, pour y faire de plus grandes levées, et essayer de retirer sa femme de la cour, qui l'assisteroit de bagues et d'argent; tantôt il proposoit d'aller en Provence pour y faire une plus puissante diversion; mais les princes, connoissant son humeur peu arrêtée en ses paroles et en ses pensées, ne faisoient ni mise ni recette de tout ce qu'il disoit.

Le cardinal de Guise blâmant la conduite de son frère, ils lui promirent tous de lui obéir, ayant une qualité qui les ôtoit de jalousie pour les rangs.

M. de Nevers n'étoit pas à Paris quand M. le prince fut arrêté, ni n'avoit aucun sujet de se lier avec eux en leurs menées, ni eux ne l'espéroient aussi, quand ils sont étonnés qu'un gentilhomme arrive de sa part pour leur faire entendre qu'il veut être de la partie, tant il étoit léger et peu considéré.

Il avoit témoigné à la Reine, après le traité de Loudun, être dégoûté des brouilleries qu'il voyoit entre les grands, et avoir désir de s'employer hors du royaume en un dessein qu'il avoit dès long-temps contre le Turc, pour lequel il supplia la Reine d'écrire au Pape et au roi d'Espagne. Et, pource qu'il espéroit aussi de disposer les princes d'Allemagne à y contribuer, il désira d'aller en ambassade extraordinaire vers l'Empereur, sous couleur de se réjouir, de la part de Sa Majesté, de sa nouvelle assomption à l'Empire; et, avant partir, il porta à la Reine un livre où il espéroit de faire signer tous ceux qui voudroient contribuer en cette affaire, et la supplia d'y vouloir signer en tête pour quatre cent mille écus. Après avoir reçu d'elle toutes les satisfactions qu'il avoit désirées, il partit au commencement d'août pour son voyage.

Etant sur les frontières de Champagne, il reçut la nouvelle de la prise de M. le prince, et non-seulement s'arrêta, mais eut bien l'audace d'écrire au Roi, sur ce sujet, des lettres qui étoient bien au-delà du respect que lui et autres plus relevés que lui devoient à Sa Majesté. La Reine dissimula pour lors le mécontentement qu'elle en devoit recevoir; mais néanmoins, voyant sa mauvaise volonté, donna ordre qu'on ne le reçût en aucune des villes fortes de son gouvernement. Ensuite de quoi, voulant entrer dans Châlons avec dessein de s'en saisir, on lui en ferma les portes, dont il fut tellement outré de déplaisir, que, sans plus de retenue, il se déclara tout ouvertement, et manda aux princes assemblés à Soissons qu'il vouloit être des leurs.

Cependant les députés du Roi arrivèrent à Villers-Coterets, et, n'ayant pas charge d'aller jusqu'à Soissons, convinrent, avec les princes, d'une ferme nommée Cravausson, distante d'une lieue de Soissons, où ils se trouvèrent ensemble la première fois.

Ils commencèrent par essayer de détacher tout-à-fait M. de Guise d'avec eux, croyant qu'ils en auroient plus aisément la raison des autres. Le sieur de Chanvalon, comme ayant charge des affaires et résidant pour le service de M. de Lorraine auprès de Sa Majesté, avoit beaucoup de crédit en son esprit; mais le secrétaire du duc de Montéléon, ambassadeur d'Espagne, y en eut davantage pour le persuader, lui faisant entendre, de la part de son maître, qu'il se rendoit caution de la parole qu'on lui donneroit, sachant bien qu'il lui étoit difficile de prendre assurance sur celle du maréchal d'Ancre, lequel étoit bien averti de ce qu'avec les autres il avoit tramé contre lui.

A toutes ces choses aidoit bien l'armée du Roi, qui étoit forte et avancée auprès de Villers-Coterets, et prête à les mettre en état de ne pouvoir plus long-temps contester ni prétendre de recevoir de grands avantages. Ils proposèrent néanmoins beaucoup d'articles, plus pour la forme et faire bonne mine, que pour espérance de les obtenir; mais ce qu'ils recherchèrent le plus, fut de n'être point obligés de tout l'hiver d'aller à la cour, et d'avoir du Roi de quoi entretenir leurs garnisons.

Ils demandoient que le traité de Loudun fût entretenu, que les siéges mis devant le château de Chinon et la tour de Bourges fussent levés, et ceux qui commandoient en ces places maintenus en leurs charges; que les garnisons des places du duc de Mayenne fussent augmentées de deux cents hommes de pied; que le paiement de ses pensions, garnisons, compagnies de cavalerie, et autres gratifications qu'il plaisoit à Sa

Majesté de lui accorder, fût assigné sur la recette générale de Soissons; qu'on envoyât au duc de Vendôme la commission pour tenir les Etats en Bretagne; que sa compagnie de chevau-légers servît où il seroit par lui ordonné; qu'il lui fût entretenu cent hommes de pied pour tenir garnison à La Fère; que Sa Majesté fît raser les fortifications de Blavet, et ôtât les garnisons des places où elle en avoit envoyé depuis la détention de M. le prince, et considérât s'il étoit expédient qu'elle tînt sur pied son armée.

M. de Guise, qui ne désiroit plus que de retourner trouver Leurs Majestés, prit sujet de leur demander qu'ils approuvassent qu'il y fît un voyage, sur l'espérance qu'il faciliteroit la concession des demandes qu'ils faisoient. Il arriva à la cour le 24 avec ses frères, fut très-bien reçu, fit encore un voyage vers eux pour leur faire savoir la volonté du Roi; et, étant de retour le 29, Sa Majesté accorda les deux cents hommes de surcroît de garnison qu'ils demandoient pour M. de Mayenne à Soissons, et les cent hommes pour M. de Vendôme à La Fère, mais ne voulut affecter aucune recette au paiement d'icelles.

Quant au traité de Loudun, elle déclara le vouloir observer de bonne foi et n'y contrevenir. Pour le reste, il ne leur fut rien accordé, mais Sa Majesté voulut qu'il demeurât en sa puissance d'en faire ce qu'il lui plairoit.

Le sieur de Boissise seul leur porta cette réponse à leurs articles, à laquelle ils ne voulurent consentir, mais seulement signèrent, le 6 d'octobre, qu'ils l'avoient reçue par exprès commandement de Sa Majesté, et pour obéir à ses volontés.

Ensuite Sa Majesté fit une déclaration le 16 d'octobre, par laquelle elle fit savoir qu'en celle qu'elle avoit faite sur la détention de M. le prince, elle n'entendoit comprendre sous le nom des coupables des cas mentionnés en icelle, les princes, seigneurs et autres officiers de Sa Majesté, qui étoient partis de Paris le premier de septembre; mais qu'elle les tenoit tous pour ses bons serviteurs, et vouloit qu'ils jouissent de ses grâces et faveurs, et exerçassent leurs charges ainsi qu'ils avoient fait auparavant. Elle en fit une autre particulière sur le sujet de M. de Longueville, qu'elle dit être assurée n'avoir eu aucune mauvaise intention contre son service, et ne l'avoir non plus entendu comprendre en sa susdite première déclaration.

Toutes choses, par ce moyen, sembloient être pacifiées, au moins pour quelque temps. Les places que tenoit M. le prince en Berri étoient toutes rendues à M. de Montigny, qui avoit été fait maréchal de France avec M. de Thémines peu après la détention de M. le prince; Chinon, où Rochefort étoit allé pour s'enfermer, étoit aussi remis en l'obéissance du Roi, ledit Rochefort en étant sorti, non tant sur les lettres de M. le prince, que sur l'appréhension de l'événement du siége que le maréchal de Souvré avoit mis devant cette place, le gouvernement de laquelle fut donné à d'Elbène. Toutes choses étoient aussi rétablies en leur premier état à l'entour de La Rochelle, ceux de la ville ayant remis entre les mains d'un exempt du Roi le château de Rochefort dont ils s'étoient saisis, et le duc d'Epernon retiré ses garnisons de Surgères et Tonnay-Charente. Les princes et seigneurs unis étoient retenus dans leur devoir, au moins en apparence, par ce dernier traité. M. de Nevers seul apporta de nouveaux troubles, fit des levées de gens de guerre, s'assuroit de ses amis, alla plusieurs fois consulter à Sedan le démon des rebellions, et mit des gens de guerre dans Mézières, Rethel, La Cassine, Château-Portien, Richecourt, et autres places de son gouvernement, sans permission du Roi, dont les plus sages, qui ne considéroient pas son esprit, étoient étonnés, attendu les forces que le Roi avoit prêtes, auxquelles il ne pouvoit faire aucune résistance s'il les eût voulu employer contre lui.

La Reine employa tous les moyens qu'elle put pour lui faire connoître sa faute; elle dépêcha vers lui M. Marescot, maître des requêtes, lequel n'ayant rien avancé, elle me fit l'honneur de me choisir pour y faire un voyage de la part de Sa Majesté, croyant que j'avois quelque dextérité par laquelle je pourrois ménager son esprit et le ramener à la raison; mais tout cela fut en vain, car il n'en étoit pas capable. Il continuoit en ses mauvais desseins; on en avoit avis par les gouverneurs des places de la province, qui demandoient qu'on renforçât leurs garnisons, et protestoient qu'ils ne seroient pas responsables de la perte desdites places s'il en mésavenoit.

La Reine, pour ne donner occasion à leur prétexte ordinaire qu'ils étoient opprimés et n'armoient que pour se défendre, étoit résolue de le laisser commencer; et, s'étant contentée d'envoyer des commissaires en Champagne pour informer de ce qui s'y passoit, elle ne voulut pas même envoyer renfort de garnisons dans les places, mais se contenta de mander aux gouverneurs et aux villes qu'ils se tinssent sur leurs gardes, afin que, sous ombre de ce renfort de garnisons, on ne pût dire qu'on eût dessein contre lui.

Il n'en faisoit pas de même, mais eut dessein de se saisir de la ville de Reims. Le Roi y envoya le marquis de La Vieuville, qui étoit son lieutenant général en ce quartier de Champagne, mais lui commanda de ne s'accompagner que de ceux de sa maison. Madame de Nevers, à peu de jours de là, qui fut le 14 de novembre, se présenta aux portes de la ville pour y entrer: le marquis, qui avoit reconnu l'état de la ville et les grandes intelligences qu'elle y avoit, joint que son mari étoit proche de là, lui refusa l'entrée avec toutes les soumissions qu'il lui fut possible; et la contraignit de se loger, pour cette nuit-là, au faubourg. Le duc de Nevers, irrité de ce refus, envoya quantité de gens de guerre se saisir du château de Sij, appartenant au marquis de La Vieuville, situé en Rethelois, et peu après manda à son procureur fiscal au duché de Rethelois, qu'il requît une saisie féodale de ladite terre, à faute d'hommes, droits et devoirs non faits et non payés par ledit marquis depuis le décès de son père.

Le marquis de La Vieuville s'en étant plaint au Roi, Sa Majesté lui envoya Barenton, exempt de ses gardes du corps, qui, le 21 dudit mois, lui fit commandement de sa part de faire sortir du château dudit marquis les gens de guerre qu'il y avoit envoyés, et que ce qu'il avoit fait à Reims étoit par son commandement. M. de Nevers lui répondit fort insolemment, et, entre autres choses, que ceux qui étoient à la cour étoient sous la baguette, mais qu'il n'y étoit plus, et que dans trois mois tous auroient la même franchise, et qu'il iroit avec vingt mille hommes au-devant du sieur de Praslin, qui commandoit les armées de Sa Majesté en la province; et néanmoins il n'avoit pas effectivement en ses troupes pour garder la moindre place de son gouvernement. Barenton en dressa son procès-verbal, qu'il apporta à Sa Majesté, laquelle commanda au garde des sceaux que, sur icelui et sur le rapport des sieurs de Caumartin et d'Ormesson, conseillers d'Etat, qui lui avoient été aussi envoyés pour informer des levées des gens de guerre et entreprises dudit duc, et sur les avis des gouverneurs des villes de cette province et protestations qu'ils faisoient, il avisât, en son conseil, à ce qui étoit à faire pour le bien de son service et le repos de son Etat.

La chose étant mise en délibération, le garde des sceaux fut d'avis qu'il falloit renvoyer l'affaire au parlement. M. de Villeroy, quoiqu'il fût soupçonné de favoriser les princes, dit que ce n'étoit point une affaire du parlement; et le président Jeannin donnant un conseil moyen de diviser l'affaire et renvoyer au parlement la saisie féodale, il lui répondit courageusement que ce seroit mettre un gentilhomme en procès avec un prince pour avoir servi le Roi. Le sieur Mangot, secrétaire d'Etat, prenant la parole et l'affirmative pour la défense du marquis de La Vieuville, le sieur Barbin lui dit qu'il oublioit une chose, laquelle mettoit tout-à-fait M. de Nevers en son tort, qui étoit que la saisie féodale n'avoit été faite que plusieurs jours après la prise de sa maison.

Le garde des sceaux, que l'on voyoit bien qui ne faisoit qu'à regret délibérer de cette affaire, et qui montroit dans son visage la peine de son esprit, éclata alors, et dit à Barbin qu'il se trompoit s'il pensoit le rendre ministre de ses conseils violens. L'autre lui répondit assez modestement qu'il étoit homme de bien, qu'il disoit son avis, qu'ils étoient tous assemblés pour cela, et qu'il falloit prendre les opinions. A quoi le garde des sceaux dit qu'il n'en feroit rien, jusqu'à ce qu'il fût avec des gens qui entendissent les affaires. Barbin se leva et lui dit : « Je suis seul qui « peut-être ne les entends pas ; tous ces messieurs « qui restent ici les entendent, et il y en a plusieurs « entre eux qui les entendoient très-bien lorsque « vous n'en aviez jamais ouï parler : » et cela dit, il s'en alla au Louvre, où il raconta ce qui s'étoit passé à Leurs Majestés.

Cependant l'heure du conseil des affaires arrivant, le garde des sceaux vint au Louvre. La Reine lui demande si on avoit eu le procès-verbal de l'exempt, et s'il étoit à propos de le lire devant tous les princes et seigneurs qui étoient là. Le garde des sceaux n'en étant pas d'opinion, Barbin fit instance qu'on le lût, afin que chacun connût l'insolent procédé du duc de Nevers. Etant lu, il n'y eut personne qui ne le blâmât, et qui n'avouât que Leurs Majestés en devoient témoigner du ressentiment. La Reine demanda au garde des sceaux ce qu'il lui en sembloit ; il recula un pas en arrière sans rien dire : elle, étonnée, le lui redemanda encore jusqu'à trois fois, sans qu'il lui répondît aux deux suivantes autrement qu'à la première. Ce que le Roi trouva si mauvais, outre qu'il étoit déjà mécontent de la rudesse de son esprit, de son peu d'expérience dans les affaires, de voir que la plus saine partie du clergé se plaignoit de lui et qu'il étoit en réputation d'être peu affectionné à la religion, que Sa Majesté, de son propre mouvement, se porta à dire à la Reine qu'il le falloit éloigner, lui envoya, dès le soir, redemander les sceaux, et les donna au sieur Mangot, et m'honora de la charge de secrétaire d'Etat, que ledit sieur Mangot exerçoit lors. Peu de jours auparavant j'avois été nommé pour aller en Espagne ambassadeur extraordinaire, pour terminer plusieurs affaires, auxquelles le comte de La Rochefoucauld fut désigné après moi. Par mon inclination je désirois plutôt la continuation de cet emploi, qui n'étoit que pour un temps, que celui-ci, la fonction duquel étoit ordinaire. Mais, outre qu'il ne m'étoit pas honnêtement permis de délibérer en cette occasion, où la volonté d'une puissance supérieure me paroissoit absolue, j'avoue qu'il y a peu de jeunes gens qui puissent refuser l'éclat d'une charge qui promet faveur et emploi tout ensemble. J'acceptai donc ce qui me fut proposé en ce sujet par le maréchal d'Ancre de la part de la Reine, et ce d'autant plus volontiers que le sieur Barbin, qui étoit mon ami particulier, me sollicitoit, et m'y poussoit extraordinairement.

Incontinent que je fus en cette charge, le maréchal me pressa fort de me défaire de mon évêché, qu'il vouloit donner au sieur du Vair. Mais, considérant les changemens qui pouvoient arriver, tant par l'humeur changeante de ce personnage, que par les accidens qui pouvoient arriver à sa fortune, jamais je n'y voulus condescendre, ce dont il eut du mécontentement, quoique sans raison. Je lui représentois qu'il étoit bien raisonnable que, quoi qu'il arrivât, je me trouvasse en l'état où j'étois entré en cette charge, où, ne voulant rien profiter, il étoit plus que juste que je ne me misse en hasard de perdre tout.

Je lui représentois encore que, si je me défaisois de mon évêché, il sembleroit que j'eusse acheté et me fusse acquis l'emploi de la charge où il me mettoit, au prix d'un bénéfice, ce qui ne se pouvoit en conscience, et ne seroit pas honorable ni pour lui ni pour moi. Mais toutes ces raisons ne le contentèrent point, et le sieur Barbin, qui étoit plus pratique de son humeur que moi, me dit que, quoi que je pusse faire, il ne seroit pas satisfait s'il ne venoit à ses fins, parce que son intention étoit, en me dépouillant de ce que j'avois, de me rendre plus nécessairement dépendant de ses volontés. En quoi il témoigna être véritablement mon ami, en me fortifiant sous main dans la résolution que j'avois prise de ne me défaire pas de mon évêché.

Quant au sieur du Vair, jamais homme ne vint en cette charge avec plus de réputation, et ne s'en acquitta avec moins d'estime; si bien que le choix qu'on fit de sa personne ne servit qu'à faire connoître la différence qu'il y a entre le palais et la cour, entre rendre la justice aux particuliers et la conduite des affaires publiques. Il étoit rude en sa conversation, irrésolu ès moindres difficultés, et sans sentiment des obligations reçues.

Messieurs de Bouillon et de Mayenne avoient un tel pouvoir sur son esprit, qu'il ne pouvoit s'empêcher d'en embrasser ouvertement les intérêts. Un jour il reprocha à la Reine, en leur présence, comme nous avons dit ci-dessus, le peu de confiance qu'elle avoit en eux, et que si elle continuoit ses soupçons, elle leur donneroit occasion de chercher ailleurs leur appui, sans considérer les sujets qu'elle avoit de se défier d'eux, qui n'avoient rien oublié à faire, durant la minorité, pour changer le gouvernement des affaires, et décrier sa conduite; qu'ayant redoublé leurs appointemens dès le commencement de sa régence, et les ayant gratifiés de pensions excessives, pensant les retenir par leur intérêt en leur devoir, ils s'étoient servis du bien qu'elle leur avoit fait pour lui faire mal, avoient gagné les uns par argent, les autres par espérance, fait cabales dans la cour, pris les armes à la campagne, perdu le respect qu'ils devoient à leur souverain, troublé la tranquillité publique; que tous les gens de bien désiroient voir leur insolence châtiée, et cependant, contre leurs vœux, ils avoient profité de la rebellion qui les devoit ruiner, et la Reine avoit porté le Roi à récompenser leurs fautes; que sa bonté ne les avoit pas rendus meilleurs, et la paix n'avoit pas été plutôt conçue qu'ils ne méditassent une nouvelle guerre. On parla du mariage du Roi, ils menacèrent de s'y opposer; le Roi l'entreprit, ils arment aussitôt pour en troubler l'exécution. Leur crime ayant donné au Roi sujet de les punir, et leur foiblesse le moyen, la Reine s'étoit contentée de le pouvoir faire. On avoit traité avec eux, le Roi les avoit reçus en père au lieu de les châtier en maître; et qu'après tout cela, ils n'avoient pas plutôt été de retour dans la cour, qu'ils s'étoient proposé de s'en éloigner. Toutes lesquelles choses étant, c'eût été à la Reine une aussi grande imprudence de s'y fier, que c'étoit à lui une grande indiscrétion de le lui conseiller.

Cependant le trouble et l'étonnement de l'arrêt de M. le prince ne fut pas plutôt cessé que le maréchal d'Ancre revint à la cour. S'il en étoit parti avec un grand désespoir, il n'y revint pas avec une moindre présomption et espérance de recommencer à gouverner pis que jamais. Sa femme étoit si abattue de l'effroi où elle s'étoit trouvée, duquel nous avons parlé ci-devant, et de son humeur mélancolique que cette crainte avoit irritée, qu'elle en étoit en quelque manière sortie hors de son bon sens, ne sortant plus de sa chambre, et ne voulant voir personne, croyant que tous ceux qui la regardoient l'ensorceloient, et elle avoit étendu ce soupçon jusques à la personne de Barbin, qu'elle avoit pour ce sujet prié de ne la plus aller voir.

Le maréchal, à son arrivée, demanda audit Barbin s'il y n'auroit plus de danger qu'il se mêlât des affaires. L'autre, qui savoit qu'il étoit déjà résolu de faire ce qu'il lui demandoit, et qu'il ne s'en abstiendroit pas, quoi qu'il lui conseillât, mais prendroit sujet de croire que l'ambition le porteroit à lui donner ce conseil, lui dit que à son avis il le pouvoit faire, et qu'il ne voyoit point de raison qui l'en dût empêcher. Mais cela, néanmoins, fut l'entrée de sa ruine, ce qui le confirma en la haine de tout le monde, et donna un des principaux moyens à Luynes de médire de lui à la Reine et au Roi, et préparer l'orage que nous verrons tomber sur sa personne l'année suivante. Luynes commença à représenter au Roi que l'autorité royale étoit en la personne dudit maréchal, qu'elle ne résidoit en Sa Majesté que de nom, et que, pour se fortifier en ses mauvais desseins, il éloignoit la Reine sa mère de la bienveillance qu'elle lui devoit.

Le Roi étant tombé malade à la Toussaint d'une espèce d'évanouissement, la Reine, qui étoit aux Feuillans, accourt incontinent au Louvre, tout effrayée: le Roi, qui se portoit mieux, ne fut néanmoins entièrement guéri que trois ou quatre jours après. La Reine parlant souvent de cette maladie, du Vair, qui étoit encore lors garde des sceaux, et soupçonnoit que ce fût un autre mal que ce n'étoit, dit qu'il étoit à craindre qu'il ne recommençât au printemps. Cela fit que plusieurs fois la Reine, parlant au sieur Herouard, premier médecin du Roi, lui disoit qu'elle avoit peur que Sa Majesté ne retombât malade au printemps. Luynes prit occasion de là de dire au Roi que l'on tramoit quelque chose contre lui, qui devoit s'exécuter au printemps, et que l'on disoit qu'il lui pourroit bien mésavenir en ce temps-là. Il donnoit quant et quant à entendre au Roi que tous ces princes n'étoient persécutés que pour l'amour du maréchal d'Ancre, qu'ils étoient passionnés pour Sa Majesté, et qu'ils avoient témoigné un déplaisir indicible de sa maladie.

Ces choses firent effet en l'esprit du Roi, et tel que M. de Gesvres dépêcha exprès à Soissons à M. de Mayenne, pour lui faire savoir, non de la part du Roi, mais comme de lui-même, la bonne volonté que Sa Majesté lui portoit, et qu'elle avoit eu quelque pensée de se retirer d'avec la Reine sa mère, et s'en aller à Compiègne, où il savoit bien que tous les autres princes et lui n'auroient pas manqué de le venir trouver.

Cet avis encouragea fort les princes, qui donnèrent ordre au cardinal de Guise de ménager auprès de M. de Luynes tout ce qu'ils pourroient en cette occasion. L'affaire fut si bien suivie que La Chesnaie, gentilhomme ordinaire du Roi, qui avoit grande part auprès dudit sieur de Luynes, leur envoya Génié, par lequel il leur fit savoir la mauvaise volonté que le Roi portoit au maréchal d'Ancre, et le mécontentement qu'il avoit de ses comportemens, les conviant tous de se maintenir bien unis ensemble, et, quoi qu'on leur pût dire, n'entendre à aucune réconciliation avec lui.

Nonobstant toutes ces choses, le changement des ministres les étonnoit; car ils crurent que, n'ayant plus personne de leur intelligence dans le ministère, leurs actions seroient reconnues pour ce qu'elles étoient, et plusieurs détrompés de ce qu'on en avoit fait accroire à leur avantage contre la vérité. Ils ne se rapprochèrent pas néanmoins de leur devoir; mais, au contraire, s'affermissoient dans leur rebellion, le duc de Nevers tout ouvertement, M. de Bouillon couvertement et sous main, décriant le gouvernement aux pays étrangers, et envoyant exprès en Hollande, à Liége et en divers lieux d'Allemagne pour en parler mal; entre lesquels le sieur du Pesché étant à Liége, et se laissant aller, selon qu'il lui étoit commandé, à parler autrement du Roi qu'il ne devoit, un gentilhomme liégeois, abhorrant cette infidélité, le blâma de sa trahison, et, des paroles étant venues aux mains, le tua sur-le-champ. Il faisoit plusieurs autres pratiques au préjudice de l'autorité royale, faisant enlever quantité d'armes, et passer à petites troupes nombre de gens de guerre, par Sedan, en Champagne, où le duc de Nevers les recueilloit et les faisoit couler dans les places qui ne lui pouvoient faire de résistance. Le Roi en étant averti, fut contraint de faire avancer des gens de guerre en cette province, sous le commandement du maréchal de Praslin, tant pour tenir la main à l'exécution des jugemens des commissaires de Sa Majesté qu'elle avoit envoyés sur les lieux pour informer des contraventions à ses ordonnances, et en faire le procès à ceux qui se trouveroient coupables, que pour être prêt à toute occasion qui se pourroit présenter pour son service.

Il ne se passa guère de temps qu'il n'eût sujet de les employer, car M. de Nevers, de nuit et par surprise, entra le premier jour de décembre dans la ville de Sainte-Menehould, s'en saisit, et mit dans le château cinq cents hommes de garnison. Cette ville étoit importante, couvroit Sedan et Mézières, et fermoit le passage pour aller à Verdun. Le maréchal de Praslin y alla avec les troupes du Roi qu'il avoit, avec lesquelles et la promesse qu'il fit de dix mille écus à Bouconville, gouverneur du château, il se rendit maître de la place, et en chassa la garnison du duc de Nevers le 26 de décembre, et la fit conduire à Rethel.

Nonobstant tout ce mauvais procédé des ducs de Nevers et de Bouillon, le dernier, qui s'étoit tenu un peu plus couvert, eut bien la hardiesse d'écrire au Roi, en se plaignant de ce que les troupes que Sa Majesté avoit en Champagne lui donnoient jalousie, et que l'ambassadeur du Roi à Bruxelles empêchoit la liberté du commerce avec Sedan, duquel il sembloit que Sa Majesté ne voulût plus embrasser la protection; ce qui l'obligeroit à s'aider des remèdes que la nature permet à un chacun pour sa propre défense.

Sa Majesté lui fit réponse, le 27, avec plus de vigueur que l'on n'avoit pas accoutumé du temps des autres ministres, lui remontra son mauvais procédé, que la plainte qu'il lui faisoit n'étoit que pour prévenir celles que le Roi avoit sujet de faire de lui, ou tenir les peuples en une fausse créance qu'ils étoient maltraités; que ce qu'il disoit du commerce qui n'étoit pas laissé libre à Sedan du côté de la Flandre, n'étoit que par l'empêchement qu'y avoit fait l'ambassadeur du Roi au passage des armes qu'il en vouloit faire venir contre son service, et que s'il étoit sage, au lieu des remèdes dont il menaçoit qu'il se serviroit pour sa juste défense, et que Sa Majesté n'entendoit pas, et seroit bien aise d'en être éclaircie par lui, il n'en rechercheroit point d'autre que la bonne grâce de Sa Majesté, à laquelle il étoit obligé de tout le bien qu'il avoit. Ce procédé vigoureux du Roi sentant plus sa majesté royale que la conduite passée, n'étoit pas néanmoins bien reçu à cause du maréchal d'Ancre, l'audace duquel et la haine qu'on lui portoit étoient telles, qu'elles faisoient prendre en mauvaise part, et du peuple et des grands et du Roi, tout ce qui autrement étoit de soi et eût été reconnu le plus avantageux au service de Sa Majesté et au bien de l'Etat.

Nous avons dit que M. le prince fut trois jours après sa détention changé de la chambre où il étoit, et mis en une autre plus assurée qu'on lui avoit fait préparer, en laquelle tandis qu'il demeura il avoit quelque espérance d'être bientôt mis en liberté ; mais les choses furent changées bientôt après, sur la méfiance qu'on eut de lui et de ceux qui tenoient son parti à Paris.

Un de ses chevau-légers, nommé Boursier, fut accusé, sur la fin d'octobre, par une femme de mauvais bruit, d'avoir dit, en un lieu assez malhonnête, qu'il eût, quelques jours auparavant, tué la Reine-mère en son bâtiment de Luxembourg qu'elle étoit allée voir, si le cardinal de Guise un jour, et Bassompierre un autre, ne se fussent mis entre Sa Majesté et lui. Barbin fit incontinent envoyer cette femme au garde des sceaux du Vair pour l'interroger ; le rapport qu'il en fit fut que c'étoit une garce, aux paroles de laquelle on ne pouvoit pas prendre assurance. Il sembla à Barbin que c'étoit un peu trop négliger cette affaire, qui importoit à la vie de la Reine, et fit que Sa Majesté commanda audit sieur du Vair de sceller, toutes affaires cessantes, une commission adressante au sieur de Mesmes, lieutenant civil, portant pouvoir à lui et aux conseillers du châtelet de juger cette affaire souverainement : ce qu'il fit, craignant la diversité des jugemens, et peut-être des affections de ceux du parlement. Boursier fut condamné quasi d'une voix à la mort le 4 de novembre, et à être appliqué auparavant à la question ordinaire et extraordinaire, pour savoir ses complices. Tous les conseillers y voulurent assister, contre ce qui a accoutumé d'être fait, soit pour complaire et paroître zélés, soit que, les preuves n'étant pas si entières qu'elles eussent dû être, ils désiroient tous savoir si à la question il diroit quelque chose qui confirmât la justice de leur jugement. Ce que l'on dit qu'il fit, et reconnut son crime, confessant la chose s'être passée selon qu'on l'avoit accusé.

Deux autres, qui avoient été des gardes de M. le prince, furent pris avec lui pource qu'ils le hantoient, mais n'ayant été trouvés coupables furent relâchés. Un des deux, nommé Vaugré, s'en alla à Soissons, espérant y être bien reçu, et là il fut pratiqué pour dire qu'on l'y avoit envoyé pour tuer le duc de Mayenne, comme nous verrons l'année suivante.

Cette accusation de Boursier fit qu'on se méfia davantage de M. le prince, et que, sur quelques soupçons que l'on eut que ses officiers, qui jusqu'alors lui avoient apprêté son manger et l'avoient servi, lui avoient mis quelques lettres dans un pâté, on les congédia tous, et ne fut plus servi que par ceux du Roi. Ensuite, le 24 de novembre, il fut mis dans un carrosse et mené à la Bastille, pour être plus assurément; et, le 19 de décembre, le comte de Lauzières, fils du maréchal de Thémines, en la garde duquel il étoit, fut changé, et du Thiers, qui commandoit à la compagnie des chevau-légers de la Reine-mère, eut ordre de le garder avec quelques-uns de ses compagnons.

Avant finir cette année il est raisonnable que nous disions ce qui s'est passé en Italie depuis le traité d'Ast, pourquoi il ne fut point exécuté, l'assistance que le duc de Savoie eut du côté de la France, et ce que Leurs Majestés firent pour acheminer les affaires à un accommodement.

Après le traité d'Ast, l'Espagne retira le marquis d'Inochosa de l'état de Milan, et y envoya don Pedro de Tolède, lequel, fondé sur ce que par ledit traité le Roi son maître n'étoit point obligé formellement à désarmer, non-seulement ne désarma point, quoique le duc de Savoie eût licencié son armée, mais leva de nouvelles troupes, donnant une juste jalousie audit duc de se vouloir prévaloir de ce qu'il étoit sans défense, et envahir ses Etats.

En ce même temps les Vénitiens étoient en guerre avec l'archiduc Ferdinand, à raison de quelques-uns de ses sujets de Croatie qui avoient, sur la fin de l'année précédente, fait quelques voleries, pour lesquelles les Vénitiens, n'en pouvant tirer raison dudit archiduc, étoient entrés en guerre avec lui.

L'armée de don Pedro de Tolède ne pouvant être employée contre eux comme contre le duc de Savoie, ils entrèrent en traité ensemble. Ils se promirent une mutuelle assistance contre les Espagnols, ensuite de laquelle les uns et les autres firent nouvelles levées de gens de guerre.

Le Roi, ayant avis de ce nouvel embrasement en Italie, y envoya M. de Béthune en qualité de son ambassadeur extraordinaire, au lieu du marquis de Rambouillet, pour essayer de les faire venir à un accommodement.

Les esprits sont irrités, l'orgueil est grand du côté d'Espagne et la présomption de ses forces; le courage ne manque point du côté du duc, ni la prudence de faire paroître d'en avoir du côté des Vénitiens. Diverses propositions sont faites; ils ne peuvent convenir, mais s'arrêtent sur des pointilles; le Roi est convié d'être de la partie, le duc de Savoie le semond de le défendre, selon qu'il y est obligé par le traité d'Ast, et dépêche au maréchal de Lesdiguières, afin que, sans attendre autre commandement de Sa Majesté, il lui envoie des troupes, comme il lui a été promis. Le maréchal de Lesdiguières passe à Turin, fait lever quantité de gens de guerre, leur fait passer les Monts, de sorte que le duc de Savoie se vit avec une armée de treize à quatorze mille hommes de pied, dont il y avoit dix mille français, en état de se défendre contre celle de don Pedro de Tolède, bien qu'elle fût plus forte de la moitié. Ce qui lui fait plus de peine est le duc de Nemours, qui, s'étant, du commencement, chargé de faire quelques levées pour son service dans le Faussigny et le Génevois, tourna ses armes contre lui-même; non tant pour quelque nouveau sujet de mécontentement qu'il eût reçu, que pour l'ulcère que de longtemps il avoit dans le cœur, de ce qu'espérant hériter de ses biens il l'avoit premièrement, dès l'année 1611, empêché d'épouser mademoiselle d'Aumale; puis, sous une fausse amorce de lui faire épouser une de ses filles, lui faisoit couler les années les unes après les autres pour le faire vieillir sans se marier. Il fit alliance avec l'Espagne, passa en Franche-Comté où il leva des troupes, demande passage par la France pour entrer en Savoie, ce qu'on ne lui voulut pas souffrir, sinon que ses gens passassent un à un comme faisoient ceux qui alloient au service du duc de Savoie : ce qui étoit ne rien promettre; car ceux qui alloient trouver le duc de Savoie passoient sûrement un à un, d'autant que partant de France ils entroient immédiatement en Savoie, qui étoit terre amie, au lieu que les autres entroient de France en Savoie comme en terre ennemie, et partant n'y pouvoient passer un à un sans rencontrer la mort au même passage. Le duc de Montéléon fit tant d'instances, et sut si bien représenter que les troupes du duc de Nemours étoient quasi toutes dissipées, et que cette permission, qu'il demandoit au nom de son maître, n'étoit que pour la réputation de leur alliance, qu'enfin il obtint ce qu'il désiroit. Un nommé Lassé, trésorier de France à Bourges, fut choisi pour porter le commandement au duc de Bellegarde de leur laisser le passage libre par la Bresse, et lui dire à l'oreille qu'on savoit très-bien que cela ne pouvoit porter préjudice au duc de Savoie, d'autant que ces troupes prétendues étoient si foibles qu'elles n'oseroient passer. Mais Lassé, qui fut gagné par l'ambassadeur de Savoie, ne dit pas le mot à l'oreille au duc de Bellegarde, lequel, pour ce sujet, n'obéit pas au commandement qui lui étoit fait ; ce qui obligea le duc de Nemours de tenter le passage par la vallée de Cizery, où à peine il se présenta, que ses troupes s'enfuirent à la présence du régiment du baron de Sancy et de quelques autres régimens français, que le duc de Savoie envoya pour s'opposer à elles. Cette déroute fut suivie d'un traité entre les ducs de Nemours et de Savoie, le 14 de décembre, par lequel ils convinrent de tous leurs différends.

Le roi d'Espagne cependant faisoit faire plainte en France de l'assistance qu'on donnoit au duc de Savoie.

Son ambassadeur représente qu'il est raisonnable de lui faire reconnoître qu'il doit quelque déférence aux deux couronnes, et qu'il ne va pas avec elles du pair; qu'il est prêt de lui accorder toutes les conditions qu'il plaira au Roi, pourvu qu'il paroisse que ce qu'il en fait est en considération de Sa Majesté, non qu'il y ait été contraint par l'audace dudit duc; et partant qu'il désiroit que Sa Majesté envoyât à Madrid un ambassadeur extraordinaire, lequel y recevroit incontinent entière satisfaction.

Leurs Majestés ne trouvèrent pas cette proposition déraisonnable, et jetèrent les yeux sur moi pour m'y envoyer. J'étois prêt à partir pour faire ce voyage, j'avois fait provision de beaucoup de gentillesses qui se trouvent en France, pour donner, et mon équipage étoit déjà emballé, lorsqu'il plut au Roi m'appeler en la charge de secrétaire d'Etat qu'avoit M. Mangot.

Le comte de La Rochefoucauld fut destiné pour aller en ma place; mais les galanteries de la cour, qui possèdent l'esprit de ces messieurs, l'empêchant de partir au temps que la Reine désiroit, d'autant qu'il étoit engagé dans un ballet qu'il voulut danser, l'empêchèrent de partir du tout; car les brouilleries de ces princes s'échauffèrent contre le Roi, et nos propres affaires nous firent perdre pour lors la pensée de celles d'autrui.

En cette année mourut le premier président de Harlay, qui, étant né d'une maison qui est la première des quatre anciennes baronnies de la Franche-Comté, ne fut pas moins illustre par sa vertu, pour laquelle il fut premièrement choisi par Henri III pour aller présider aux grands jours de Poitiers, puis fut par lui-même honoré de la charge de premier président en sa cour de parlement de Paris, en laquelle il vécut de sorte que son nom y est encore en vénération. Il étoit si grave, que par son seul regard il retenoit chacun en son devoir. Lorsqu'une cause lui étoit recommandée par une personne puissante, il l'examinoit plus soigneusement, craignant qu'elle fût mauvaise puisqu'on y apportoit tant de précaution ; et dès qu'en une visite de civilité on lui parloit d'une affaire, il reprenoit son visage austère, et ne retournoit plus à parler familièrement. M. de Guise l'étant venu voir le jour des Barricades, pour s'excuser de ce qui se passoit, il lui dit franchement qu'il ne savoit ce qui en étoit, mais qu'il étoit bien difficile qu'on en crût rien à son avantage, et que c'étoit une chose déplorable que le valet chassât le maître de sa maison. Quand Le Clerc, durant la confusion de la ligue, le mena avec le reste de la cour dans la Bastille, les uns et les autres faisant diverses plaintes, il ne proféra jamais une parole, mais s'en alla dans la prison avec la même gravité avec laquelle il avoit accoutumé d'aller au parlement, portant les menaces sur le front, et une courageuse fierté en la tristesse de son visage, qui le rendoit immobile contre le mépris et les injures de ces mutins.

Entre plusieurs exemples de son intégrité et de son courage inflexible en la justice, celui-là est remarquable, que le Roi ayant envoyé vérifier au parlement un édit qui ne lui sembloit pas juste, il s'y opposa de tout son pouvoir, et le Roi lui reprochant un don qu'il lui venoit de faire d'une grande place dans l'île du Palais pour y faire bâtir, il lui en rendit le brevet; mais le Roi admirant sa vertu le lui renvoya peu après. A soixante-quinze ans étant devenu aveugle, le Roi lui permit de se défaire de sa charge, et d'en tirer 200,000 francs de récompense du président de Verdun. A quatre-vingts ans il mourut, plus plein d'années et d'honneur que de biens, que sa façon de vivre ne lui avoit pas donné lieu de laisser à ses enfans beaucoup plus abondans qu'il les avoit reçus de son père.

En la même année mourut aussi le cardinal de Gondy, frère du duc de Retz, créatures de la reine Catherine de Médicis, qui les éleva d'une très-basse naissance aux premières dignités de l'Eglise et de l'Etat. Il fut premièrement évêque de Langres, puis de Paris, et ensuite cardinal; homme de peu de lettres, mais de bon sens, qui montra néanmoins combien il est difficile qu'un cœur étranger s'unisse avec la fidélité qu'il doit au prince auquel il est redevable de tout ce qu'il est, en ce que le roi Henri III, son bienfaiteur, étant blessé à mort, il l'abandonna à l'heure même, et se retira en sa maison de Noisy, sans l'assister en ce besoin, ni lui rendre les derniers devoirs auxquels il étoit obligé, quand bien il n'eût point reçu de lui tant de grâces dont il l'avoit rempli au-dessus de son mérite; montrant bien la vérité de l'ancien proverbe, qu'il ne faut pas aimer les étrangers pour les éprouver, mais les éprouver avant que de les aimer. Il décéda âgé de quatre-vingt-quatre ans, et fut enseveli en l'église de Notre-Dame de Paris, en la chapelle où l'on voit les tombeaux de son frère et le sien, avec des inscriptions plus pleines de faste que de vérité.

LIVRE VIII.

[1617] Le duc de Nevers étoit de gaîté de cœur entré si avant dans la rebellion toute ouverte l'année passée, et les princes et seigneurs ligués, qui, s'étant éloignés de la cour, eussent bien voulu procéder pour quelque temps avec plus de déguisement, lui étoient néanmoins si étroitement unis, et l'assistoient avec tant de passion, qu'ils ne se donnèrent pas le loisir d'attendre le printemps pour faire la guerre, mais la commencèrent avec l'année, au milieu de la rigueur de l'hiver.

Le Roi, pour prévenir les maux qui autrefois, en semblables occasions, étoient arrivés en ce royaume par l'assistance que les rebelles avoient reçue des princes étrangers, par les fausses impressions qu'ils leur avoient données contre les rois ses prédécesseurs qui régnoient lors, envoya en ambassade extraordinaire le baron du Tour vers le roi de la Grande-Bretagne, qui l'aimoit très-particulièrement pour avoir été ambassadeur près de lui lorsqu'il étoit roi d'Écosse, et qu'il vint à recueillir la succession du royaume d'Angleterre; M. de La Noue en Hollande, où son nom et sa religion le rendoient agréable; et le comte de Schomberg en Allemagne, où son père, qui en étoit et qui y avoit été en plusieurs ambassades par le feu Roi, lui donnoit plus de créance et de moyen de bien servir Sa Majesté.

Leur commission fut de dissiper les faux bruits qu'on faisoit courir contre le service du Roi dans les

Etats et cours des princes où on les envoyoit, les informer de la vérité de ses actions, de la justice de la détention du prince de Condé, et de la patience de Sa Majesté, qui avoit été poussée jusqu'à l'extrémité par l'opiniâtreté et insolence des grands de son royaume, qui, abusant de sa clémence, ne pouvoient recevoir tant de grâces d'elle qu'ils ne commissent de nouveaux crimes; et, bien que ces derniers les rendissent indignes du pardon qu'ils avoient reçu de leurs fautes premières, ils prétendoient néanmoins être maltraités si on ne les leur remettoit encore, en sorte qu'on leur laissât toujours le moyen de pouvoir récidiver, comme ils en avoient la volonté, et tenoient à sujet d'offense et de plainte les précautions dont Sa Majesté, en leur pardonnant, vouloit user afin de les retenir en leur devoir à l'avenir.

Et, d'autant que l'instruction que je dressai pour le comte de Schomberg explique fort particulièrement l'ordre qui lui fut donné, et justifie le mieux qu'il se peut toute la conduite du gouvernement de l'Etat depuis la mort du feu Roi jusqu'alors, joint que les princes d'Allemagne étoient ceux que principalement on considéroit, et du secours desquels le Roi avoit plus de sujet de craindre, j'ai cru la devoir mettre, non ici où elle pourroit être ennuyeuse, mais à la fin de ce livre où on la pourra voir (1).

Le duc de Nevers cependant donna des commissions pour faire des compagnies de chevau-légers dans son gouvernement, fait d'autres levées dans le Nivernais; il fait entrer des gens de guerre étrangers dans le royaume, les loge dans Mézières; il met dans

(1) Voyez cette instruction, tome xi de cette série, page 224.

Rethel jusqu'à mille hommes de garnison, leur fait faire montre publiquement, fait travailler par corvées et contraintes aux fortifications de Chateau-Portien et Richecourt, fait provisions d'échelles, cordages, pics, pétards et autres choses nécessaires pour surprendre des places, fait levées de pionniers; le tout sans ordre ni permission du Roi. Il écrit des lettres aux villes qui décrient le gouvernement, fait ruiner un des faubourgs de Mézières pour se préparer à se défendre si on l'assiége, fait prendre le prévôt provincial de Rethelois avec quelques-uns de ses archers prisonniers, en fait autant à un appelé Charlot, habitant de Mézières, et lui fait écrire à son fils, qui étoit un des juges de Mondejous, prisonnier pour avoir porté les armes contre le service de Sa Majesté, qu'il recevroit le même traitement dans la citadelle de Mézières qui seroit fait audit Mondejous.

Messieurs du Maine et de Bouillon, pour donner à connoître qu'ils sont unis avec lui, témoignent au Roi leur mécontentement par des lettres qu'ils écrivent à Sa Majesté. Le duc de Bouillon fait semblant d'avoir crainte que Sa Majesté veuille abandonner sa protection, et proteste d'employer pour sa défense ce que lui et ses parens ont de bien et de crédit. Le duc de Mayenne ayant fait solliciter Vaugré, dont nous avons parlé ci-devant, de dire qu'on l'avoit envoyé de Paris exprès pour attenter à sa vie, se plaint qu'on envoie des assassins pour le faire tuer, et exagère sa misère, disant qu'on le veut bannir hors du royaume sous prétexte d'une charge honorable dont l'on fait semblant de le vouloir honorer en Italie; représente les services de son père, d'avoir, durant les guerres civiles, conservé l'Etat en son entier, et sa fidélité, qu'il veut faire passer pour être sans tache et ne mériter une telle punition qu'il reçoit. Le Roi lui fit réponse, par le baron de Lignières qui lui avoit porté la lettre, qu'il ne tiendroit qu'à lui qu'il n'eût raison du crime de celui qu'il disoit avoir attenté à sa vie, puisqu'il avoit fait ordonner par son parlement que le procès seroit fait à Vaugré dans Soissons, où il le tenoit entre ses mains, et par appel mené à Paris pour y recevoir la peine due à l'énormité de cet attentat s'il en étoit trouvé coupable. Pour la charge dont il parloit, qui est celle de général d'armée des Vénitiens, qu'il sait bien, en sa conscience, que c'est à son instante supplication qu'il a employé son nom pour la lui faire obtenir, et que son autorité royale est telle que personne ne sera jamais persécuté en son royaume pour en sortir, Sa Majesté étant assez puissante pour empêcher qu'aucun de ses sujets n'en persécute d'autres.

Quant aux actions de son père, que l'intégrité de ses dernières fait perdre à Sa Majesté la mémoire des premières qu'il a souvent condamnées lui-même ; et quant aux siennes, qu'il ne sait pas comme il peut appeler innocente celle du refus qu'il a fait au lieutenant général de Soissons de le recevoir en la ville de sa résidence pour exercer la justice, non plus que les levées des gens de guerre qu'il a faites depuis peu pour grossir ses garnisons, non-seulement sans la permission de Sa Majesté, mais contre son commandement ; que Sa Majesté ne sait pas ce qu'il peut tenir pour crime s'il appelle ces deux actions innocentes, et qu'il n'y a personne dépouillé d'intérêt et de passion, qui ne les juge du tout contraires aux lois divines et humaines, qu'elle sera aussi soigneuse d'observer comme de les faire garder aux autres.

Mais toutes ces lettres du Roi étant inutiles, pource qu'il n'avoit pas affaire à personnes qui manquassent de connoissance de leur faute, mais de volonté de s'amender, Leurs Majestés se résolurent d'apporter des remèdes assez puissans à ces maux, qui étoient à l'extrémité. Elles considérèrent que c'étoit la quatrième fois qu'ils se soulevoient et excitoient des tempêtes dans l'Etat, qu'ils n'avoient reçu nul sujet de mécontentement depuis le traité de Loudun quand ils recommencèrent leurs pratiques, qu'ils n'en ont eu non plus depuis le dernier accommodement de Soissons, qu'il est aisé de le voir aux prétextes qu'ils prennent, lesquels sont imaginaires, que ses finances sont épuisées des grands dons qui leur ont été faits depuis la mort du feu Roi jusqu'à présent;

Que M. le prince a reçu depuis six ans 3,665,990 l.; M. le comte de Soissons, et, après sa mort, M. son fils et madame sa femme, plus de 1,600,000 livres; M. et madame la princesse de Conti, plus de 1,400,000 livres; M. de Longueville, 1,200 tant de mille livres; messieurs de Mayenne père et fils, 2,000,000 tant de mille livres; M. de Vendôme, près de 600,000 livres; M. d'Epernon et ses enfans, près de 700,000 livres; M. de Bouillon, près de 1,000,000, sans y comprendre ce qui leur a été payé des gages et appointemens de leurs charges, des deniers du taillon pour leurs compagnies de gendarmes, de l'extraordinaire des guerres pour les garnisons de leurs places, outre les pensions et autres dons qu'ils ont fait accorder à leurs amis et domestiques;

Que toutes ces gratifications immenses n'ont de rien servi, au contraire semblent avoir donné occasion à leur malice de recommencer les mêmes soulèvemens, espérant d'en tirer toujours, par ce moyen, les mêmes avantages; outre que les dépenses extraordinaires qu'il a fallu faire pour s'opposer à leurs rebellions, ayant coûté de compte fait plus de vingt millions, ils espèrent enfin tellement épuiser les finances du Roi, qu'il n'ait plus le moyen de les empêcher de partager entre eux son royaume;

Que les dissimulations et déguisemens de paroles qu'ils apportent sont pour le surprendre, et encore pour faire croire aux simples que ce n'est qu'à l'extrémité et par force qu'ils entrent en guerre; que Sa Majesté, par sa prudence, s'est garantie de la surprise; quant aux peuples, qu'ils sont tous détrompés, et n'y a plus personne en ce royaume qui ne connoisse que ces princes, ne respirant en apparence que le bien de l'Etat, par leurs effets lui procurent tout le mal qu'ils peuvent.

Leurs Majestés ayant considéré toutes ces choses, crurent qu'étant dans un temps où le malheur du siècle et de la nation porte les sujets à mépriser l'autorité du prince, qui ne peut être assez respectée, et la prudence d'un prince débonnaire l'obligeant à faire montre de plus de sévérité qu'en effet il n'en vouloit exercer, elles devoient, sans différer davantage, les déclarer, eux et leurs adhérens, criminels de lèse-majesté. Le Roi fit premièrement une déclaration particulière contre M. de Nevers et tous ceux qui étoient joints à lui, les déclarant atteints et convaincus dudit crime, si, dans quinze jours après la publication d'icelle, ledit duc, reconnoissant sa faute, ne venoit en personne trouver Sa Majesté pour lui en demander pardon, ne faisoit retirer hors du royaume les étrangers qu'il y avoit introduits, ne licencioit ses gens de guerre qu'il avoit levés, et n'ôtoit les garnisons qui avoient été établies par lui et ses adhérens sans ordre ni commission de Sa Majesté, et, pour le regard de ceux qui lui avoient adhéré, si, dans ledit temps, ils ne se présentoient aux siéges des bailliages au ressort desquels ils faisoient leur résidence, pour en faire protestation enregistrée aux greffes d'iceux.

Cette déclaration fut vérifiée au parlement le 17 de janvier. Le duc de Mayenne, en ayant avis, fit défenses en tous les lieux qu'il tenoit qu'on eût à l'avoir, l'imprimer ni la vendre, et la fit ôter de violence des mains des officiers du Roi qui la devoient publier. Et, à peu de jours de là, les ducs de Nevers, de Vendôme, de Bouillon, le marquis de Cœuvres, le président Le Jay et autres de leur parti, le vinrent trouver à Soïssons, où, tenant une forme d'assemblée, ils dressèrent premièrement une lettre sous le nom du duc de Nevers au Roi, en date du dernier de janvier, par laquelle, n'ayant point de honte de soutenir à Sa Majesté qu'il lui étoit fidèle, il disoit les causes portées par la déclaration de Sa Majesté être fausses, le sujet de son éloignement être bien fondé sur la puissance démesurée du maréchal d'Ancre, qui a chassé les anciens conseillers d'Etat et le garde des sceaux du Vair, et qu'il étoit prêt d'aller en personne faire les protestations à Sa Majesté de son très-humble service, pourvu qu'elle lui donnât pour juges les princes, ducs et pairs, et anciens officiers de la couronne, et les conseillers d'Etat dont le feu Roi son père s'étoit servi durant son règne.

Ces prétextes, qui avoient quelque apparence, n'avoient point de solidité devant ceux qui savoient les affaires ; car, premièrement, il s'offroit de venir et ne venoit pas en effet, continuant cependant et augmentant toujours ses hostilités et actes de rebellion : aussi disoit-il qu'il ne trouvoit pas de sûreté auprès de Sa Majesté, ce qui montroit qu'il ne vouloit pas effectuer ce qu'il promettoit. Davantage, il se plaignoit de l'éloignement des anciens conseillers, contre lesquels il avoit le premier fait plainte en sa première rébellion, les appelant tyrans, et disant qu'ils vouloient régner dans la confusion. Et, en troisième lieu, il se soumet à la volonté du Roi pourvu qu'il le fasse juger par les princes qui lui adhèrent, et trempent dans le même crime que lui.

Après que les princes et autres de l'assemblée eurent dressé cette lettre pour le duc de Nevers au Roi, ils arrêtèrent de faire ouvertement la guerre, se fortifier en leurs places, se saisir des deniers royaux ; et, cela fait, dépêchèrent en plusieurs endroits, tant dedans que dehors du royaume.

Ce qui obligea le Roi à faire une déclaration contre eux, semblable à celle qu'il avoit faite contre le duc de Nevers, laquelle fut vérifiée au parlement le 13 de février.

Sur cela, ayant fait des remontrances au Roi, par lesquelles ils rejetoient la cause de tous les maux de l'Etat sur le maréchal d'Ancre et sa femme, et continuoient à faire les mêmes plaintes imaginaires qu'ils avoient accoutumé, Sa Majesté, pour faire voir à toute la chrétienté son juste procédé, sa clémence et sa patience envers eux, et leur opiniâtreté en leurs crimes, fit publier une déclaration sur le sujet des nouveaux troubles de son royaume, laquelle étant un peu longue, mais contenant par le menu la preuve évidente de la vérité de ces choses, toutes les raisons y étant déduites par le menu, je n'ai pas voulu l'insérer ici pour n'interrompre le fil de l'histoire, mais l'ai ajoutée à la fin de ce livre (1).

Mais, pource que les paroles sont trop foibles contre la violence d'une rebellion si elles ne sont fortifiées des armes, sans lesquelles les lois et la justice sont de vaines menaces, sans puissance et sans effet, Sa Majesté voulut accompagner ses raisons de ce qui leur étoit nécessaire. Et, pource que le délai donnoit de la hardiesse à ses ennemis, et au contraire la diligence leur donneroit de la terreur, elle fit promptement lever des troupes en son royaume, manda au comte de Schomberg qu'au lieu d'achever sa commission il levât quatre cents reitres et quatre mille lansquenets, et se résolut de faire trois armées pour attaquer ses ennemis, tout à la fois, en tous les lieux où ils avoient de la puissance, envoyant l'une en Champagne où M. de Nevers étoit, l'autre en Berri et en Nivernais où il avoit plusieurs places et adhérens fortifiés par la présence de madame sa femme, et l'autre en l'Ile de France contre M. de Mayenne. Elle donna le commandement de celle de Champagne à M. de Guise, sous lequel M. de Thémines commandoit, et le sieur de Praslin étoit seul maréchal de camp; celle de Nivernais étoit commandée par le

- (1) Voyez cette Déclaration, tome XI de cette série, page 244.

maréchal de Montigny, ayant pour maréchal de camp le sieur de Richelieu mon frère; et l'autre par le comte d'Auvergne, qui alla premièrement au Perche et au Maine pour nettoyer ces deux provinces, où il assura au service du Roi Senonches qui appartenoit au duc de Nevers, La Ferté qui étoit au vidame de Chartres, Verneuil dont Médavy, qui avoit été de toutes les rebellions, étoit gouverneur, Nogent-le-Rotrou qui étoit à M. le prince, La Ferté-Bernard qui étoit à M. de Mayenne, et Le Mans dont le château étoit à la discrétion des princes, lequel il ruina, et mit garnison dans les autres places, et dans les châteaux qui étoient de quelque considération et appartenoient à ceux qui favorisoient les princes, et dans leurs esprits en mit une plus puissante de l'appréhension qu'ils eurent des armes du Roi.

Les huguenots, qui ne manquoient jamais à se soulever contre le Roi quand ils ont vu naître quelque trouble en ce royaume, et à se mettre du parti de ceux qui levoient les armes contre Sa Majesté, en firent de même en cette occasion, en laquelle, pratiqués par madame de Bouillon en la Marche et au bas Limosin, ils demandèrent au Roi permission de s'assembler à La Rochelle, et leur étant refusée, ils la prirent d'eux-mêmes, et firent courir une déclaration en laquelle ils déduisoient les prétendues raisons qu'ils avoient d'en user ainsi. Mais le duc de Rohan et du Plessis-Mornay ralentirent dans ces commencemens la violence de ces mauvais desseins, et ne leur laissèrent pas lieu de faire beaucoup de mal; joint que le maréchal de Lesdiguières demeura fidèle au Roi, demandant néanmoins en même temps quelque gouvernement de province, et que ce ne fût point de celles qui étoient sous la charge d'aucun des princes et seigneurs ligués contre le service du Roi, donnant quasi à connoître qu'il eût bien désiré la Guienne, sans la nommer : néanmoins il témoigna depuis qu'il recevroit la Champagne. Cependant l'ombre de son nom servoit pour empêcher les levées qu'on vouloit faire pour les princes dans les Cevennes, dont ils eussent tiré quantité de bons hommes.

Le Pape ne s'étoit point ému d'une lettre que le duc de Nevers lui écrivit le 10 de mars, par laquelle, comme s'il eût été quelque grand prince et non simple sujet du Roi, il lui rendoit un compte déguisé de ses actions, où il lui représentoit, avec des faussetés artificieuses, toutes choses s'être passées au désavantage de la sincérité de Sa Majesté. Une déclaration et protestation de lui et de tous les princes unis, faite à Rethel le 5 dudit mois, avoit été inutile dans l'esprit des peuples, par laquelle, renouvelant toutes les vieilles querelles, ils remettoient en avant le fantôme des remontrances de la cour méprisées et réputées à crime, et le traité de Loudun, prétendu violé par la détention, qu'ils qualifioient injuste, de M. le prince ; les assassins, disoient-ils, et les empoisonneurs envoyés pour faire mourir les princes, après avoir failli de les arrêter ; comme, contre tout droit, on vouloit faire la surprise qu'on avoit faite de leurs places, et entre autres Sainte-Menehould ; la déclaration par laquelle ils étoient dénoncés criminels de lèse-majesté, vérifiée, disoient-ils, par un faux et supposé arrêt de la cour. Pour toutes lesquelles causes et autres semblables, frivoles et vaines, ils appeloient de toutes les choses faites contre eux par injustice sous le nom de Sa Majesté à sa justice et équité, lorsqu'elle seroit libre et non forcée par les ennemis de l'Etat : ainsi appeloient-ils les ministres qui s'étoient emparés de sa personne, et la tenoient en leur puissance.

A raison de quoi ils prioient tous ceux qui se trouveroient dans les places occupées par le maréchal d'Ancre ou ses adhérens, ou dans leurs troupes, par lesquels ils entendoient tous les serviteurs du Roi étant dans ses armées ou dans les places de son obéissance, de s'en retirer incontinent pour n'être enveloppés avec les coupables dans la punition qu'ils prendroient d'eux, et dénonçant à toutes les provinces, villes, communautés, et toutes sortes de personnes, qu'ils eussent à se retirer de la communication et société avec le maréchal d'Ancre et ses adhérens, sinon qu'ils protestoient de tout le mal qui leur arriveroit par la rigueur de leurs armes.

La connoissance et l'épreuve de leurs actions passées dissipoit les ténèbres de ces artificieuses palliations de leurs crimes, et aigrissoit encore les peuples plutôt qu'elle ne les émouvoit à pitié vers eux : et Sa Majesté fit prononcer contre eux la dernière condamnation, qui jusques alors avoit été différée, de la réunion de tous leurs biens à son domaine.

Au dehors la réputation du Roi ne recevoit aucune atteinte de leurs impostures. Les étrangers, opprimés par la violence de leurs voisins, avoient recours à l'abri de son autorité royale : le baron de Bueil, dont les terres étoient situées auprès de Nice en Provence, se mit sous sa protection, et Sa Majesté lui en accorda lettres patentes au mois de mars.

Le baron du Tour, que le Roi avoit envoyé en Angleterre pour s'assurer de ce côté-là, reçut de bonnes paroles de ce Roi, et, bien qu'il donnât avis qu'il armoit quantité de vaisseaux, il ne jugeoit néanmoins pas que ce fût contre la France.

Le comte de Schomberg assuroit du côté d'Allemagne que l'électeur Palatin, qui étoit celui de qui ils avoient plus de sujet d'espérer du secours, promettoit de ne rien entreprendre contre le service du Roi.

Du côté de la Hollande tout alloit comme on pouvoit désirer; de sorte que le Roi n'avoit affaire qu'aux forces que ces rebelles pourroient lever dans son royaume, lesquelles n'étoient pas suffisantes à faire tête aux siennes. Le duc de Guise partit le 17 de février, investit le château de Richecourt sur Aisne le premier de mars, y entra par composition le 15, et le rasa. De là, il alla à Rosoy, qui est à trois lieues de Vervins. Les ducs de Vendôme, de Mayenne, et le marquis de Cœuvres, s'étant mis en devoir de le secourir, et venus pour cet effet avec leurs troupes jusqu'à Sissone, le duc de Guise et le maréchal de Thémines vinrent au-devant d'eux et les firent retirer à Laon, et Rosoy se rendit le 10 mars.

Le Roi, ce même jour, fit une déclaration par laquelle il réunit à son domaine et confisqua tous les biens des rebelles.

Le duc de Guise, poursuivant sa pointe, alla investir Château-Portien le 15 de mars. M. de Nevers, qui étoit à Rethel, distant seulement de là de deux lieues, le secourut de ce qu'il put, mais ne put empêcher qu'il n'entrât dans la ville le 29, et dans le château le 31; et passant outre, il prit Cisigny le 3 d'avril. Le 8, il assiégea Rethel, d'où M. de Nevers, qui étoit si brave en paroles, se retira et alla à Mézières, fuyant toujours devant les armées du Roi : et, voyant Rethel à la veille d'être pris par force et pillé, envoya Marolles au duc de Guise, qui lui permit d'entrer dans la ville, et lui donna terme jusqu'au lendemain midi 16 d'avril, dans lequel temps il le lui fit rendre par composition.

De là, le duc de Guise ayoit commandement du Roi d'aller mettre le siége devant Mézières, et en étoit près, quand Sa Majesté, sur l'avis qu'elle reçut que douze cents reîtres et huit cents carabins, qui avoient été levés en Allemagne pour les princes sur le crédit de M. de Bouillon, étoient entrés dans la Lorraine, lui commanda de s'aller opposer à leur entrée, et quant et quant favoriser celle des reîtres et lansquenets que le comte de Schomberg avoit levés pour Sa Majesté.

Tandis que l'armée du Roi, commandée par le duc de Guise, étoit si heureusement employée pour son service contre le duc de Nevers en Champagne, l'autre, qui étoit commandée par le maréchal de Montigny au Berri et au Nivernais contre le même, ne faisoit pas moins d'effet. Il prit Cuffy, puis Clamecy, Donzy et Antrains, et en l'une de ces places prit prisonnier le second fils du duc de Nevers, fit lever le siége de devant Saint-Pierre-le-Moûtier, et, passant jusqu'à la ville de Nevers, l'assiégea et la pressa de telle sorte, que madame de Nevers, qui y étoit enfermée, avoit commencé à capituler. Le Roi lui avoit mandé ne lui vouloir accorder autre capitulation, sinon qu'il lui donnoit la liberté de le venir trouver pour lui demander pardon, auquel cas il vouloit oublier tout le passé, se réservant à user de sa clémence envers ceux qui avoient adhéré à son parti, selon qu'il le jugeroit équitable, et que la moindre énormité de leur crime le permettroit.

Le comte d'Auvergne, qui commandoit l'armée du Roi en l'Ile-de-France, avoit aussi réduit de sa part à l'extrémité le duc de Mayenne et ceux qui lui adhéroient. Il assembla ladite armée aux environs de Crépy en Valois, assiégea Pierrefons le 24 de mars, et le prit le 2 d'avril.

De là il s'avança pour assiéger Soissons, s'attaquant à celle-là la première comme celle qui incommodoit plus Paris, jusqu'aux portes de laquelle il faisoit des courses, et comme la plus forte, et laquelle prise, Noyon, Coucy et Chauny, qui étoient les trois villes de son gouvernement qu'il tenoit encore au-delà de la rivière d'Aisne, n'eussent pas été non-seulement suffisantes de se défendre, mais d'attendre les troupes de Sa Majesté.

Le duc de Mayenne s'enferma dans ladite place avec douze cents hommes de pied et trois cents chevaux. Elle fut investie le 12, saluée du canon le 13, et si bien assaillie, que, quelque défense que le duc de Mayenne y pût faire, il n'avoit plus d'espérance que de mourir plutôt que de se rendre.

Les affaires étant en cet état, le parti des princes étant si bas de tous côtés qu'il n'avoit plus moyen de subsister, elles changèrent toutes en un instant par la mort du maréchal d'Ancre, qui fut tué le 24 d'avril par le commandement du Roi.

Il y avoit long-temps que ledit maréchal lui-même

ourdissoit sa ruine, et se faisoit plus de mal que ses ennemis, s'il ne leur eût donné les armes, ne lui en eussent pu faire.

Il étoit si vain que, ne se contentant pas de la faveur et du pouvoir de faire ses affaires, il affectoit d'être maître de l'esprit de la Reine et son principal conseiller en toutes ses actions, dont le roi Henri-le-Grand conçut quelque mauvaise volonté contre lui et eut dessein de le renvoyer en Italie. Mais ce fut bien pis après sa mort; car, comme l'autorité de la Reine augmenta, son insolence crut à même mesure, et il voulut que tout le monde eût opinion que le gouvernement universel du royaume dépendoit de sa volonté.

La Reine, qui reconnoissoit ce manquement, et qui néanmoins ne le voulut pas abandonner, soit pour la réputation de fermeté en ses affections envers ses serviteurs, soit pour la considération de sa femme qui avoit été nourrie avec elle en sa jeunesse, l'en reprenoit souvent et de paroles et de visage, le rabrouant et lui faisant mauvaise chère devant un chacun quand il lui faisoit quelque demande qu'elle ne croyoit pas être du bien de l'Etat. Il est vrai qu'il s'y prenoit de si mauvaise grâce, et avec si peu d'adresse, que les premières pensées qui lui venoient en l'esprit, il les proposoit à la Reine sans les avoir auparavant digérées. Il en faisoit tout de même aux demandes qu'il avoit à lui faire pour ses amis, sans préparer son esprit par les moyens ordinaires et connus à ceux qui ont quelque prudence.

Mais quand il eût fait autrement, comme il arrivoit lorsque sa femme, qui étoit plus adroite que lui, étoit de la partie, l'esprit de la Reine néanmoins ne pouvoit jamais être si préoccupé de leurs conseils, qu'elle ne fût toujours prête de recevoir et suivre les avis de ceux qu'elle avoit choisis pour l'assister dans l'administration des affaires.

Le commandeur de Sillery m'a confessé qu'il avoit reçu plusieurs commandemens d'elle d'avertir les grands de la cour qu'ils n'ajoutassent point de foi à ce que leur diroit ledit maréchal sur les affaires publiques, mais aux ministres par qui elle leur feroit savoir ses volontés; mais que M. de Villeroy l'empêchoit par jalousie qu'il avoit de lui et de son frère, aimant mieux partager la puissance avec un étranger que de la laisser entière à ses proches.

La créance qu'il vouloit donner de son pouvoir ne nuisoit pas peu à sa fortune ; elle lui engendroit l'envie et la haine de tous les grands, qui le regardoient comme tenant le lieu qui leur étoit dû par leur naissance. S'il leur départoit quelques grâces et faveurs, elles lui étoient inutiles, à cause qu'ils estimoient le tort qu'il leur faisoit beaucoup plus grand que le plaisir qu'ils recevoient de lui ; outre que l'offense descend bien plus avant dans le cœur que n'y fait pas l'impression du bienfait, l'homme est naturellement plus enclin à vouloir rendre l'échange de l'injure que de la grâce, d'autant que par l'un il satisfait seulement à autrui, et par l'autre il se satisfait à soi-même. S'il faisoit quelque chose pour des personnes de moindre étoffe, elles pensoient qu'il étoit en lui de rendre leur condition beaucoup meilleure qu'il n'avoit fait, et partant lui en savoient peu de gré ; et généralement tous ceux qui n'obtenoient pas ce qu'ils désiroient, qui sont toujours en plus grand nombre dans les cours, rejetoient sur lui la cause du refus qui étoit fait à leurs désirs, et le haïssoient.

Mignieux l'avoit prié de faire donner des bénéfices à ses enfans ; il y fit tout ce qu'il put, mais ceux qu'il demandoit, ou étoient donnés, ou destinés à d'autres, et ainsi Mignieux mourut en créance qu'il n'avoit rien fait pour lui. Il sollicita pour le marquis d'Aneval, plusieurs années, la charge de premier écuyer de Monsieur ; ledit marquis s'en tenoit assuré à cause du pouvoir dudit maréchal, néanmoins il ne la put jamais obtenir, et la Reine la donna à Lauzières ; ce qu'ayant su, il témoigna un extrême regret, disant à ses familiers que la Reine l'avoit ruiné, et que d'Aneval croiroit qu'il l'auroit trompé. Autant lui en pensa-t-il arriver pour la charge de premier maître d'hôtel de la Reine régnante, laquelle il avoit poursuivie avec grande instance pour le sieur d'Hocquincourt ; et lorsque l'on alla au voyage pour le mariage, il en envoya supplier la Reine par Barbin, auquel elle répondit qu'elle ne le pouvoit faire parce que le duc d'Epernon, qui lui étoit si nécessaire pour la sûreté du Roi en ce voyage, la lui demandoit pour le marquis de Rouillac. Enfin néanmoins, Barbin continua tant à l'importuner durant le voyage, qu'elle l'accorda avec beaucoup de colère ; outre que bien souvent sa femme l'empêchoit d'obtenir ce qu'il demandoit, pour rabattre, disoit-elle, l'orgueil qu'il avoit trop grand, et lui donner un frein pour le retenir et l'empêcher de la mépriser ; mais il ne vouloit pas faire reconnoître qu'il dépendît d'autrui en la puissance qu'il avoit.

Au lieu que les sages, pour éviter l'envie, se contentent d'un pouvoir modéré, ou le cachent s'il est extrême, il vouloit pouvoir tout, et faire croire qu'il pouvoit ce qu'il n'eût pu vouloir sans crime ni l'espérer sans punition. Il étoit homme de bon esprit, mais violent en ses entreprises, qui prétendoit à toutes ses fins sans moyens, et passoit d'une extrémité à l'autre sans milieu.

Il étoit soupçonneux, léger et changeant, tant par son humeur que sur la créance qu'il avoit que, quelque liaison que l'on pût avoir avec un étranger, sa domination est toujours désagréable : outre que, comme il étoit de sa nature peu reconnoissant par l'excès de son ambition, qui lui faisoit avouer avec déplaisir qu'il fût obligé à personne, il croyoit que dès qu'il avoit obtenu quelque chose d'importance pour quelqu'un de ses amis, ceux pour qui il l'avoit fait désiroient sa ruine pour être dégagés de la reconnoissance des services qu'ils lui devoient pour les biens qu'ils en avoient reçus. Et l'état auquel il se trouvoit, lequel il pensoit être au-dessus de la condition de pouvoir recevoir déplaisir de personne, faisoit qu'il cachoit si peu ses défiances et les montroit si manifestement, qu'il désobligeoit entièrement ses amis, ce qui étoit cause de grands maux ; car les cours étant pleines de flatteurs, et la grandeur n'en étant jamais désaccompagnée, il ne manquoit point de personnes qui, pour lui faire plaisir, lui donnoient des ombrages et des défiances, desquelles étant de son naturel trop susceptible, il prenoit sujet de haïr ses amis.

Mais un autre mal bien grand naissoit de ses soupçons, qui consistoit en ce que, pensant n'être pas aimé, il vouloit régner par la crainte : moyen très-mauvais pour retenir cette nation aussi ennemie de la servitude qu'elle est portée à une honnête obéissance ; cet appui qu'il cherchoit à sa fortune fut la cause de sa ruine, rien ne l'ayant perdu que ce qu'il pensoit devoir affermir son autorité.

On peut dire qu'il n'eut jamais intention qui n'eût pour but l'avantage de l'Etat et le service du Roi, aussi bien que l'établissement de sa fortune, mais que ses desseins étant bons ils étoient tous mal conduits, et que, quoique son imprudence fût son seul crime, ceux qui n'avoient pas connoissance de ses intentions avoient lieu de redouter son pouvoir.

Il n'y a point de prince qui prenne plaisir de voir dans son Etat une grande puissance qu'il pense n'avoir pas élevée et qu'il croit être indépendante de la sienne ; beaucoup moins s'il est jeune, c'est-à-dire en âge où la foiblesse et le peu d'expérience que l'on a des affaires rendent les moindres établissemens suspects.

A la vérité, il eût été à désirer que ce personnage eût modéré davantage ses désirs, non tant par son intérêt que pour le bien de sa maîtresse ; car on peut dire que s'il eût été moins ambitieux elle eût été plus heureuse.

Mais Dieu a voulu que celle qui n'avoit aucune part dans sa faute l'eût très-grande dans sa disgrâce, pour nous apprendre que la vertu a ses peines, comme le soleil ses éclipses. Si elle eût été moins affligée elle n'eût pas été si glorieuse ; car, comme il y a des vertus qui ne se remarquent que dans les grands emplois, aussi y en a-t-il qui ne s'exercent que dans la misère.

Or, bien que cet homme désirât donner à un chacun grande opinion de sa faveur, si est-ce que sa fin principale étoit d'étonner les ministres par les apparences de son crédit, pour disposer absolument de leurs volontés, et faire qu'ils déférassent plus à ses désirs qu'aux commandemens de la Reine leur maîtresse. Mais on peut dire qu'en ces épines ils marchèrent à pas de plomb, qu'ils cheminèrent par la voie de leur conscience, mais avec le plus grand tempérament qu'ils purent pour empêcher la connoissance et l'éclat de ses désordres. S'ils crurent quelquefois sa puissance être telle qu'il y avoit plus à perdre qu'à gagner à faire des actions hardies, ils ne la conçurent jamais assez grande pour les contraindre à en faire de lâches et contraires à leur devoir.

Un jour M. de Villeroy, qui avoit plus part dans son alliance par le mariage que l'on projetoit de son petit-fils avec sa fille, que dans son affection, ayant obtenu de la Reine, qui n'a jamais refusé de grâces si elles n'ont été préjudiciables à l'Etat, une gratification importante, le maréchal d'Ancre vint trouver le secrétaire de ses commandemens pour le prier de deux choses : de n'en point délivrer d'expédition, et de rejeter sur la Reine la haine du refus.

J'exerçois lors cette charge, et le priai de m'excuser si je ne pouvois satisfaire à son désir, vu que la Reine ne pouvoit avec honneur révoquer une grâce qu'elle avoit accordée, ni lui en sa conscience donner à sa maîtresse le blâme d'une faute qu'elle n'avoit point commise.

Le maréchal ne se voulant point contenter de ces raisons, je ne laissai point, contre les ordres qu'il m'avoit prescrits, d'en délivrer les brevets, aimant mieux perdre ses bonnes grâces sans honte, que les conserver avec foiblesse au préjudice de la Reine. Cette action de courage me rendit tellement son ennemi qu'il ne pensa plus qu'aux moyens de s'en venger. Il est fâcheux à un homme de cœur d'avoir à répondre à des personnes qui veulent des flatteurs et non pas des amis, qu'on ne peut bien servir sans les tromper, et qui aiment mieux les choses agréables qu'utiles; mais si ce mal est extrême il ne laisse point d'être ordinaire. Sous le règne des favoris il n'y en a point à qui la tête ne tourne en montant si haut, qui d'un serviteur n'en veuille faire un esclave, d'un conseiller d'Etat un ministre de leurs passions, et qui n'entreprenne de disposer aussi bien de l'honneur que des cœurs de ceux que la fortune leur a soumis.

Or, comme la vengeance se fait des armes de tout ce qui se présente à elle, il tâcha de persuader à la Reine que j'étois partial de la Reine sa fille, ma première maîtresse, que j'étois en secrète intelligence avec les princes, que je lui avois dit une fois, sur le sujet de la rebellion des grands qui étoient unis à M. le prince, que, le Roi ayant témoigné qu'il étoit maître en réduisant à l'extrémité ceux qui d'eux-mêmes ne s'étoient pas rangés à leur devoir, il étoit à propos qu'il témoignât qu'il étoit père, recevant à miséricorde ceux qui avoient failli.

Au milieu de ces mauvais offices, il ne laissa pas de se vouloir servir de Barbin et de moi, pour demander en sa faveur le gouvernement de Soissons, si proche de sa perte qu'il l'estimoit déjà pris. Ces messieurs firent pour son bien quelque difficulté, de crainte qu'on lui reprochât qu'il eût porté la Reine à conseiller le Roi de prendre les armes contre ses sujets pour l'enrichir de leurs dépouilles.

Pour leur ôter le moyen de prévenir Leurs Majestés, il en parla précipitamment à la Reine, qui, jugeant sa demande indiscrète, l'en refusa de son propre mouvement, et lui parla en leur présence avec tant d'autorité et de sentiment du déréglement de ses désirs, qu'il ne put cacher, dans son visage et par ses paroles, qu'il n'en fût extrêmement touché. Mais, pour ne point céler la cause de son déplaisir, il ne se piqua pas tant de l'action que des circonstances, et le refus ne l'offensa pas tant que les témoins.

Il lui fâchoit qu'on s'aperçût qu'il eût plus de réputation que de force, qu'il subsistoit plutôt par son audace que par une véritable confiance. Pour preuve de quoi, la Reine s'étant retirée en colère dans son cabinet, il fit mine de la suivre; et, ressortant incontinent, bien qu'il n'eût point parlé de cette affaire, les assura qu'il avoit obtenu la gratification qu'il désiroit; ce qu'ils jugèrent plus mystérieux que véritable, et le reconnurent clairement l'après-dînée, la Reine nous témoignant une extrême indignation de ses insolentes procédures, et que, pour rien du monde, elle ne lui accorderoit ce qu'il demandoit. Mais, au lieu d'en profiter, il s'affermit de plus en plus dans le dessein de changer les ministres.

L'unique péché qu'ils avoient commis étoit qu'ils avoient la réputation de bien servir le Roi, dont quelques flatteurs prirent occasion de lui dire qu'on ne parloit plus de lui par la France, mais qu'ils avoient l'honneur de tout : ce qui étoit le prendre par son foible; car comme en l'adversité il étoit découragé et protestoit ne se vouloir plus mêler d'affaires, quand les choses alloient mieux il les vouloit faire seul; joint qu'il se fâchoit de n'en pouvoir disposer à sa volonté, laquelle ils ne prenoient pas pour leur règle au-dessus de la raison.

Sa femme étoit si malade d'esprit qu'elle se défioit de tous, de sorte qu'elle aidoit au dessein qu'il avoit de les changer, et de mettre en leur place Russelay, de Mesmes et Barentin.

J'en eus le premier avis par le moyen d'un homme d'église qui étoit à moi, auquel l'abbé de Marmoutier dit confidemment le dessein qu'on avoit contre Barbin; et par autre voie je sus que M. Mangot étoit de la partie, et moi aussi. Je dis à Barbin qu'à la longue le maréchal le gagneroit sur l'esprit de Leurs Majestés par ses continuels artifices, et que mon avis étoit que nous le devions prévenir et nous retirer volontairement des affaires. Nous allâmes ensemble trouver la Reine à cette fin; je lui parlai et lui représentai que, les affaires du Roi étant en tel état que tous les princes qui avoient pris les armes contre lui, tendoient les bras et imploroient sa miséricorde, nous ne pouvions être blâmés de lâcheté de demander notre congé dans cette prospérité, qui étoit chose que nous avions déjà désiré faire il y a quelque temps, mais que nous ne l'avions pas jugé convenable pendant que l'Etat étoit en quelque péril.

La Reine se trouva surprise, et demanda quel mécontentement nous avions d'elle. Barbin lui répondit que le maréchal et sa femme n'étoient pas contens de nous, dont elle se fâcha, disant qu'elle ne se gouvernoit pas par leur fantaisie. Je repris la parole, et fis de nouvelles instances, auxquelles elle ne se rendit point néanmoins, et continua à nous assurer du contentement qu'elle recevoit du service que nous rendions au Roi.

Le maréchal fut averti par sa femme de ce qui s'étoit passé, et vint incontinent à Paris trouver la Reine, qui le gourmanda; de sorte qu'au sortir de là il alla prendre Barbin chez lui et l'amena en mon logis, où, adressant la parole à Barbin, il se plaignit de ce que, demandant notre congé, nous faisions paroître qu'il étoit incompatible et ne pouvoit durer avec personne. Après que je lui eus déduit les raisons que nous avions eues de faire ce que nous avions fait, il ne nous sut répondre autre chose, sinon qu'il étoit de nos amis, et qu'il nous prioit de dire à la Reine que nous ne pensions plus à nous retirer.

Mais il continuoit toujours en sa mauvaise volonté, et inventoit plusieurs calomnies, qu'il essayoit de rendre les plus vraisemblables qu'il pouvoit à la Reine pour décevoir son esprit; jusque-là qu'il la voulut persuader que messieurs Mangot, Barbin et moi la trahissions, et avions envie de la faire empoisonner, s'offrant de lui donner des témoins qui le soutiendroient en notre présence. Ces méchancetés noires qu'il avoit dans le cœur le rendoient inquiet; de sorte qu'il paroissoit bien qu'il avoit quelque chose dont il avoit grand désir de venir à bout, et en laquelle il rencontroit difficulté: il ne faisoit qu'aller et venir de lieu à autre, étoit toujours en voyage de

Caen à Paris et de Paris à Caen, ce qui avança sa mort, comme nous verrons bientôt.

La dernière fois qu'il revint de Caen, ce fut sur une lettre que la Reine lui avoit écrite, par laquelle elle lui défendoit de poursuivre davantage M. de Montbazon, dont il tenoit une terre en criée pour le paiement de quelques armes qu'il lui avoit laissées dans la citadelle d'Amiens, lesquelles il lui avoit vendues pour le prix de 50,000 écus, sous la promesse dudit duc de les faire payer par le Roi. Il vint de Caen, jetant feu et flamme contre Barbin, qu'il croyoit être cause que la Reine lui avoit écrit cette lettre, et en résolution d'exécuter promptement ce qu'il avoit projeté contre lui, Mangot et moi, auquel il écrivit, arrivant à Paris, en termes si étranges, que j'ai cru en devoir rapporter ici une partie. La lettre commençoit en ces mots :

« Par Dieu, Monsieur, je me plains de vous, vous
« me traitez trop mal ; vous traitez la paix sans moi ;
« vous avez fait que la Reine m'a écrit que, pour
« l'amour d'elle, je laisse la poursuite que j'ai com-
« mencée contre M. de Montbazon pour me faire
« payer de ce qu'il me doit. Que tous les diables, la
« Reine et vous pensez-vous que je fasse? La rage
« me mange jusqu'aux os. » Tout le reste étoit du même style.

Il nous fit néanmoins, durant le peu de temps qu'il demeura à Paris, si bon visage devant le monde, et dissimuloit tellement, que jamais personne n'eût cru qu'il eût été refroidi vers nous. Mais sa trop bonne chère ne me trompa point, car je fus averti qu'il avoit quasi persuadé l'esprit de la Reine contre nous, et fus d'avis de demander pour la dernière fois mon congé, et, si la Reine ne me le vouloit donner, de le prendre moi-même. Barbin me vint aussi prier de demander congé pour lui, craignant, ce disoit-il, de n'avoir pas assez de courage de le prendre de lui-même si la Reine le pressoit de demeurer.

M. Mangot étoit aussi assuré qu'on lui en vouloit, et savoit bien que le bruit commun étoit qu'on destinoit Barentin en sa place, et il le croyoit véritable, d'autant que l'ayant voulu envoyer en commission, la maréchale l'avoit prié de le laisser à Paris parce qu'on y avoit affaire de lui; mais la considération de ses enfans et de sa famille l'empêcha de prendre la même résolution, et le fit résoudre d'attendre ce que le temps apporteroit.

J'allai au Louvre, je parlai à la Reine, lui fis instance de permettre à Barbin et à moi de nous retirer. La Reine me répondit qu'il étoit vrai qu'elle avoit quelque chose en l'esprit qu'on lui avoit dit contre nous, qu'elle me promettoit et juroit de me le dire dans huit jours, et me prioit que nous eussions patience jusque-là. Cela m'arrêta, et m'empêcha d'aller parler au Roi que ces huit jours ne fussent expirés, avant lesquels le maréchal fut tué.

En cette poursuite si envenimée du maréchal contre les ministres, et aux moyens si injustes qu'il y employoit, se voit la malignité de son esprit, de laquelle il semble que la principale origine soit son ambition, à laquelle il n'avoit jamais pu prescrire de terme. Et la Reine, ou lasse de ses actions qu'elle ne pouvoit plus défendre, ou craignant qu'il lui mésavînt, lui faisant instance de s'en aller en Italie, comme déjà sa femme étoit résolue d'y aller, il n'y put jamais condescendre, disant à quelqu'un des siens qu'il vouloit expérimenter jusques où la fortune d'un homme peut aller. Il avoit quitté le gouvernement d'Amiens à la réquisition de tout le royaume; il voyoit que les manifestes des princes et les plaintes du peuple étoient toutes fondées sur lui; et, néanmoins, quelques-uns de la citadelle lui ayant, un mois avant sa mort, donné espérance qu'ils s'en pourroient saisir et la lui remettre entre les mains, il en fit incontinent le dessein, et en parla à Barbin, lequel lui remontra que cette action seroit la ruine entière des affaires du Roi et de la réputation de la Reine; que cela seroit justifier les armes des princes, et imprimer dans l'esprit des peuples tout ce qu'ils vouloient, et même dans l'esprit du Roi. Mais, au lieu de prendre ses raisons en bonne part, il les reçut comme un témoignage de la mauvaise volonté de Barbin en son endroit, et continua à se vouloir précipiter en ce dessein; dont la Reine étant avertie par Barbin, elle envoya quérir le duc de Montbazon, et lui commanda d'aller veiller à la garde de sa place, sur laquelle elle avoit avis qu'il y avoit des entreprises. Ce seul moyen fut suffisant de l'arrêter, pource qu'il opposa l'impossibilité à son désir.

Le maréchal, étant tel en son humeur et en sa conduite, donna de grands sujets de prise contre lui. Luynes, qui étoit auprès du Roi, et qui étoit ennemi, non de sa personne, de laquelle il avoit reçu assistance, mais de sa fortune, lui portoit une haine d'envie, qui est la plus maligne et la plus cruelle de toutes, et observoit toutes ses actions pour les tourner en crimes auprès du Roi, n'en oublia aucune qu'il ne lui fît paroître noire, procéder d'un mauvais principe, et tendre à une mauvaise fin. Il lui représente qu'il fait le roi, a un pouvoir absolu dans le royaume, se fortifie contre l'autorité de Sa Majesté; et ne veut ruiner les princes que pour recueillir en lui seul toute la puissance qu'ils avoient, et disposer de sa couronne à sa discrétion lorsqu'il n'y aura plus de personnes assez hardies pour contrevenir à ses volontés; qu'il possède l'esprit de la Reine sa mère, qu'il incline son cœur vers Monsieur, son frère, plus que vers lui; qu'il consulte sur sa vie les astrologues et les devins; que le conseil est tout à sa dévotion, et n'a autre but que son avancement; que, quand on demande de l'argent pour les menus-plaisirs du Roi, il ne s'en trouve point. Il aposte un des siens qui feignit avoir demandé six mille livres pour meubler une maison que le Roi avoit achetée sous le nom de du Buisson, et qu'il en avoit été honteusement refusé. Il n'eut même point de honte de supposer par le ministère de Déageant des lettres de Barbin pleines de desseins contre sa personne sacrée, et enfin ajouta qu'il étoit venu en diligence de Normandie, et que ce retour précipité n'étoit pas sans dessein périlleux contre Sa Majesté et préjudiciable à son État, et fait entretenir le Roi de ces choses les nuits entières par Tronçon et Marsillac.

En même temps qu'il donnoit au Roi de mauvaises impressions contre le maréchal d'Ancre, il faisoit le même contre la Reine, donnant jalousie au Roi du pouvoir absolu qu'elle auroit lorsqu'elle seroit venue à bout des grands du royaume, qui étoient réduits jusqu'à l'extrémité. Et, comme si ce n'eût pas été assez pour ce perfide d'arriver au souverain gouvernement, il entreprit de s'y faire chemin et de s'y élever par ses propres ruines, sans entrer en considération qu'elle avoit jeté les premiers fondemens de sa fortune, avoit depuis comblé de biens ses frères et lui, et qu'à peine avoient-ils les mains vides de la charge de grand-fauconnier qu'elle leur avoit donnée.

Ceux qui ont le moins de mérite ont d'ordinaire le plus d'ambition, et, pource qu'ils n'ont aucune part en la vertu, pour en avoir les apparences ils veulent usurper entièrement la récompense qui lui est due, et ne peuvent souffrir les puissances établies ou exercées par ses règles. Or, comme ceux qui ont écrit de l'art de bien tromper, nous apprennent que pour y bien réussir il faut donner quelquefois de véritables et salutaires avis, cet infidèle ne manqua point d'apporter cette industrie à la conduite de son fatal dessein.

Pour prendre ses sûretés il lui avoua souvent, durant qu'il faisoit ces trames, que force gens portoient le Roi à secouer le joug de son obéissance; mais qu'il se falloit rire de leurs entreprises, parce que son maître avoit trop de confiance en lui pour lui en cacher les auteurs, et qu'elle l'avoit trop obligé pour n'en point empêcher l'effet. Il lui découvrit que M. de Lesdiguières avoit écrit et offert au Roi des forces pour le mettre hors de tutelle, pour le tirer de ses mains, c'est-à-dire pour renverser les lois de la piété naturelle et chrétienne. Sur les bruits qui couroient que le Roi n'étoit point satisfait d'elle, il la vint trouver avec Tronçon et Marsillac pour l'assurer du contraire, et lui protester qu'il ne se passeroit rien auprès de lui dont elle ne fût ponctuellement informée; qu'il lui amenoit Tronçon et Marsillac, ses intimes amis, pour être cautions de sa fidélité, et lui faire reproche devant Dieu et le monde s'il manquoit à ses promesses.

Elle eut en ces témoins la croyance que leurs actions passées pouvoient mériter. L'un d'eux avoit vendu son maître, et l'autre déshonoré sa maison pour s'enrichir; l'un portoit sur ses épaules des marques de sa trahison, et l'autre en la prostitution de ses sœurs des preuves de son infamie.

Enfin ce choix de deux cautions si mauvaises ayant fait connoître qu'elle étoit trompée, elle se résolut de prévenir le mal par une retraite volontaire, de laisser à d'autres la gloire du gouvernement.

N'ayant pu, quelque temps auparavant, venir à bout du traité de la Mirandole, comme nous avons dit ci-dessus, elle voulut essayer d'avoir du pape Paul v l'usufruit du duché de Ferrare sa vie durant; mais sa chute arriva avant que sa négociation fût achevée; car l'ardeur avec laquelle le maréchal d'Ancre se portoit à ruiner les ministres fut cause de hâter sa mort, et peut-être donna la résolution à Luynes de l'entreprendre.

Encore que nous sussions que cette inquiétude qu'il avoit étoit pour notre sujet et pour nous malfaire, nous usions néanmoins de telle discrétion et secret, qu'étant résolus de nous retirer jamais personne n'en sut rien. D'où il arriva que Luynes, qui étoit de son naturel fort timide et soupçonneux, qui sont deux conditions d'esprit qui s'accompagnent l'une et l'autre, fut aisé à persuader que c'étoit à lui à qui le maréchal en vouloit; et tous ceux qui espéroient profiter dans ce changement poussoient à la roue, et augmentoient ses soupçons et ses craintes.

Il chercha premièrement toutes sortes de moyens pour s'assurer contre cet orage. Il fit proposer au maréchal qu'il lui donnât en mariage une de ses nièces qu'il avoit à Florence; mais sa femme, qui étoit bien aise qu'il n'eût pas cet appui auprès du Roi afin qu'il dépendît toujours d'elle, n'y voulut jamais consentir; et lui, qui savoit bien que c'étoit perdre temps de l'entreprendre contre son gré, et qui ne vouloit pas paroître dépendre d'elle, témoigna ne le désirer pas.

Se voyant refusé, il se tourna du côté de Barbin, et lui fit semblablement demander, par Marsilly, une de ses nièces en mariage pour le sieur de Brantes son frère; et, sur ce qu'il répondit n'avoir rien pour donner à sa nièce, il lui dit qu'ils n'avoient que faire de bien ni l'un ni l'autre, que c'étoit le Roi qui vouloit ce mariage, et qu'il leur en donneroit assez à tous deux. Barbin le désiroit, et je le lui conseillois; mais il s'arrêta sur ce qu'il n'en osoit parler à la Reine, s'assurant que le maréchal et sa femme ne manqueroient pas de se servir incontinent de ce moyen pour faire croire à Sa Majesté qu'il la trompoit. Se voyant, ce lui sembloit, rebuté de tous côtés, il crut que c'étoit par résolution prise de le chasser, et fit croire au Roi qu'on en vouloit à sa personne, que cela en étoit une preuve manifeste, qu'à cela tendoient les pensées du maréchal, et que l'impatience d'exécuter bientôt ce dessein lui donnoit ces inquiétudes qu'il avoit si extraordinaires.

Il tire en calomnie une action de la Reine et de son conseil, qui avoit été faite innocemment et prudemment sans aucun mauvais dessein contre le Roi, et avec une très-bonne raison pour le bien de son service. Au commencement du remuement des princes à Soissons, la Reine envoya toutes les forces que le Roi avoit auprès de sa personne à l'entour de ladite ville, et, entre autres, ses compagnies de gendarmes et de chevau-légers ; ce qu'elle faisoit pour empêcher ceux de Soissons de venir courir aux portes de Paris et l'incommoder, et pour empêcher aussi qu'ils ne pussent recevoir secours du dehors cependant que l'armée du Roi s'assembloit pour l'assiéger. Le Roi n'ayant plus de cavalerie auprès de lui, et néanmoins ne laissant pas d'aller à la chasse près de Paris, la Reine eut crainte que l'on pût faire quelque entreprise sur sa personne, et arrêta sa compagnie de chevau-légers qui passoit aux portes de Paris pour aller à l'armée, afin de garder la personne du Roi et la sienne, en attendant que, l'armée étant arrivée à Soissons, on pût renvoyer au Roi sesdites compagnies. Luynes prit sujet sur cela de jeter une défiance dans l'esprit du Roi contre la Reine, comme si elle eût eu dessein de tenir sa personne en sa puissance, la faisant garder par des gens qui étoient à elle, et ayant éloigné ceux qui étoient à lui. Il ajouta que le maréchal d'Ancre avoit dessein de s'assurer des personnes de Monsieur et de M. le comte.

Le Roi, dès long-temps mécontent du maréchal d'Ancre, se résolut sur toutes ces choses de le faire arrêter prisonnier. Luynes, qui ne croit pas pouvoir trouver sûreté que dans sa mort, et qui croit que l'accommodement entre le fils et la mère, le Roi et la Reine, seroit facile si l'offense étoit légère, fait instance de le faire tuer : à quoi le Roi ne voulut point consentir, qu'en cas qu'il se mît en devoir de résister à ses volontés.

Pour exécuter ce dessein, Luynes et ceux qui étoient de son parti jetèrent les yeux sur le baron de Vitry pour le rendre ministre et exécuteur de leurs passions. Pour l'y disposer, ils portèrent le Roi à lui faire des caresses extraordinaires ; ensuite Luynes lui témoigna que Sa Majesté avoit une grande confiance en lui, et qu'en son particulier il le vouloit servir auprès d'elle comme s'il étoit son frère. Par après, une autre fois il lui dit que le Roi avoit si bonne opinion de lui, qu'il lui avoit dit en particulier qu'il étoit capable de grandes entreprises, et qu'il s'y fieroit de sa vie.

Le baron de Vitry, sans se douter de ce à quoi on le vouloit employer, témoignant se sentir obligé de cette confiance, le pria d'assurer le Roi qu'il ne seroit pas trompé, et qu'en toutes occasions il suivroit aveuglément ses volontés. Par après, une autre fois Luynes lui dit qu'il avoit dit au Roi les assurances qu'il lui avoit données de son service, ce qu'il avoit eu si agréable qu'il lui avoit commandé de lui témoigner le gré qu'il lui en savoit, et que, pour preuve de sa confiance, il lui avoit ordonné de tirer parole et serment de lui de ne parler à qui que ce pût être au monde d'une affaire qu'il lui vouloit découvrir, et savoir déterminément s'il n'exécuteroit pas tout ce que Sa Majesté lui commanderoit.

Le sieur de Vitry le lui ayant promis, le sieur de Luynes, qui appréhendoit qu'on prît soupçon si on les voyoit souvent parler ensemble, lui donna rendez-vous pour se trouver la nuit, avec ordre de la part du Roi de recevoir ce qui lui seroit dit par ceux qu'il trouveroit audit lieu, comme si c'étoit de la bouche du Roi. L'heure de l'assignation étant venue, le sieur de Vitry fut étonné que s'étant trouvé au lieu prescrit, il vît les sieurs Tronçon et Marsillac, dont il connoissoit la réputation, Déageant et un jardinier des Tuileries. Si jamais homme a été étonné, il a dit franchement depuis que c'étoit lui, entendant l'importance de la proposition qui lui fut faite par des gens tels que ceux qu'il voyoit.

Il le fut bien encore davantage quand, par discours, il apprit qu'ils n'étoient pas seuls qui avoient connoissance de ce dessein. Cependant l'espérance de faire une grande fortune, et l'engagement auquel il étoit déjà, le portèrent à entreprendre l'exécution, et Dieu permit qu'ainsi que l'expérience fait connoître que souvent le secret et la fidélité que les larrons se gardent, surpasse celle que les gens de bien ont aux meilleurs desseins, celle qui fut gardée en cette occasion fut si entière, que, bien que beaucoup de personnes sussent ce dessein, il fut conservé secret plus de trois semaines, en attendant une heure propre pour son exécution, qui arriva le 24 d'avril, que le sieur de Vitry, accompagné de quelque vingt gentilshommes qui le suivoient négligemment en apparence, aborda le maréchal d'Ancre comme il entroit dans le Louvre et étoit encore sur le pont. Il étoit si échauffé ou si étonné, qu'il le passoit sans l'apercevoir : un de ceux qui l'accompagnoient l'en ayant averti, il retourna, et lui dit qu'il le faisoit prisonnier de par le Roi; et tout en même temps, l'autre n'ayant eu loisir que de lui dire, *moi prisonnier!* ils lui tirèrent trois coups de pistolet, dont il tomba tout roide mort. Un des siens voulut mettre l'épée à la main; on cria que c'étoit la volonté du Roi, il se retint. En même temps le Roi parut à la fenêtre, et tout le Louvre retentit du cri de *vive le Roi.*

Le sieur de Vitry monta en la chambre de Sa Majesté, et lui dit qu'il ne l'avoit pu arrêter vif, et avoit été contraint de le tuer. Son corps fut traîné dans la petite salle des portiers, et de là mis dans le petit jeu de paume du Louvre, et, sur les neuf heures du soir, enseveli dans Saint-Germain-l'Auxerrois, sous les orgues. Il avoit eu, durant sa vie, quelque aversion dudit Vitry, et quand il fut fait capitaine des gardes au lieu de son père, il disoit : « *Per Dio*, il « ne me plaît point que ce Vitry soit maître du « Louvre. » Vitry aussi ne le saluoit point, et s'en vantoit; et, comme on remarque que les loups connoissent et craignent les lévriers qui les doivent mordre, il appréhendoit l'audace dudit sieur de Vitry, et disoit souvent qu'il étoit capable d'un coup hardi.

En même temps on fit retirer du Louvre les gardes de la Reine-mère, jugeant qu'elle seroit aussi bien gardée par ceux du Roi que par les siens, et qu'il étoit expédient qu'il n'y eût qu'une marque d'autorité dans la maison royale. On lui donna des gardes du Roi, et on fit murer quelques-unes de ses portes, pour empêcher les diverses avenues de sa chambre.

Il courut un bruit par la ville que le Roi avoit été blessé dans le Louvre, et autres disoient que c'avoit été par le maréchal d'Ancre. Sur cette rumeur on ferme les boutiques, on court au Palais et au Louvre: Liancourt fut envoyé par la ville dire que le Roi se portoit bien, et que le maréchal d'Ancre étoit mort. Le colonel d'Ornano en alla aussi avertir le parlement; et, afin que ces faux bruits ne fussent portés dans les provinces, le Roi y écrivit ce qui s'étoit passé, que l'abus que l'on faisoit de son autorité qu'on avoit toute usurpée, sans lui en laisser quasi que le nom, de sorte qu'on tenoit à crime si quelqu'un le voyoit en particulier et l'entretenoit de ses affaires, l'avoit obligé de s'assurer de la personne du maréchal d'Ancre, lequel, ayant voulu faire quelque résistance, auroit été tué, et que désormais Sa Majesté vouloit prendre en main le gouvernement de son Etat; et partant qu'un chacun eût à s'adresser à lui-même ès demandes et plaintes qu'ils auroient à faire, et non à la Reine sa mère, laquelle il avoit priée de le trouver bon ainsi.

Lorsque cet accident arriva j'étois chez un des recteurs de Sorbonne, où la nouvelle en fut apportée par un de ses confrères qui venoit du Palais; j'en fus d'autant plus surpris, que je n'avois jamais prévu que ceux qui étoient auprès du Roi eussent assez de force pour machiner une telle entreprise. Je quittai incontinent la compagnie de ce docteur célèbre, tant pour sa doctrine que pour sa vertu, qui n'oublia de me dire fort à propos ce que je devois attendre d'un homme de son érudition sur l'inconstance de la fortune, et le peu de sûreté qu'il y a aux choses qui semblent être plus assurées en la condition humaine.

En m'en venant, comme j'étois sur le Pont-Neuf, je rencontrai Le Tremblay (1), qui, après m'avoir conté ce qu'il avoit appris au Louvre de l'accident qui étoit arrivé, me dit que le Roi me faisoit chercher, et qu'il s'étoit même chargé de me le faire savoir s'il me rencontroit. Comme je fus proche du Louvre, je sus que les sieurs Mangot et Barbin étoient chez le sieur de Bressieux, premier écuyer de la Reine: je montai où ils étoient, où je sus qu'ils avoient déjà appris ce que du Tremblay m'avoit dit, et qui plus est qu'on parloit de Barbin auprès du Roi avec une grande animosité, qui ne lui donnoit pas peu de crainte.

Nous mîmes en délibération s'ils viendroient au Louvre avec moi, et, tous ceux qui en venoient nous confirmant ce qui avoit été dit des uns et des autres, il fut résolu que nous n'irions au Louvre que les uns après les autres, et qu'eux demeurant encore là pour quelque temps, je m'en irois devant pour recevoir les commandemens du Roi. Continuant mon chemin, je rencontrai divers visages qui m'ayant fait caresses deux heures auparavant ne me reconnoissoient plus, plusieurs aussi qui ne me firent point connoître de changer pour le changement de la fortune.

D'abord que j'entrai dans la galerie du Louvre, le Roi étoit élevé sur un jeu de billard pour être mieux vu de tout le monde. Il m'appela, et me dit qu'il savoit bien que je n'avois pas été des mauvais conseils du maréchal d'Ancre, et que je l'avois toujours aimé (il usa de ces mots), et été pour lui aux occasions

(1) Du Tremblay, frère du célèbre père Joseph.

qui s'en étoient présentées, en considération de quoi il me vouloit bien traiter.

Le sieur de Luynes, qui étoit auprès de lui, prit la parole, et dit au Roi qu'il savoit bien que j'avois plusieurs fois pressé la Reine de me donner mon congé, et qu'en diverses occasions j'avois eu brouillerie avec le maréchal sur des sujets qui concernoient particulièrement Sa Majesté. Il me fit ensuite beaucoup de protestations d'amitié. Je repartis à ce qu'il lui avoit plu de me dire à la vue de tout le monde, qu'assurément il ne seroit jamais trompé en la bonne opinion qu'il avoit de moi, qui mourrois plutôt que manquer jamais à son service;

Que je confessois ingénument avoir toujours remarqué peu de prudence au maréchal d'Ancre et beaucoup d'inconsidération; mais que je devois cet hommage à la vérité, de dire, en cette occasion, que je n'avois jamais connu qu'il eût mauvaise volonté contre la personne de Sa Majesté, ni aucun dessein qui fût directement contre son service; que je louois Dieu, s'il en avoit eu, de ce qu'il n'avoit pas eu assez de confiance en moi pour me les découvrir; qu'il étoit vrai que j'avois plusieurs fois pressé la Reine de me donner mon congé; mais que ce n'étoit point pour aucun mauvais traitement que j'eusse reçu d'elle, dont, tout au contraire, j'avois toute occasion de me louer, mais bien pour le peu de conduite qu'avoit le maréchal, les soupçons perpétuels qu'il avoit de ceux qui l'approchoient, et les mauvaises impressions que je craignois qu'il donnât de moi à la Reine. J'ajoutai que je devois dire, avec la même vérité, que les sieurs Mangot et Barbin avoient eu les mêmes sentimens de s'en retirer, que j'en avois fait instance pour l'un et pour l'autre, et particulièrement pour le dernier. Après cela je m'approchai plus près du sieur de Luynes, le remerciai en particulier des bons offices qu'il m'avoit rendus auprès du Roi, et l'assurai de mon affection et de mon service.

Ensuite je lui voulus donner même assurance du sieur Barbin, dont je lui dis tout le bien qu'il me fut possible, conformément à la sincérité que j'avois reconnue en ses actions. Il me témoigna par son visage, son geste et ses paroles, avoir fort désagréable ce que je lui disois sur ce sujet. Lors je lui dis avec le plus d'adresse qu'il me fut possible, qu'il seroit loué de tout le monde s'il ne lui faisoit point de mal, et qu'en effet je pouvois répondre qu'il ne l'avoit point mérité, ni pour le respect du Roi ni de son particulier. A quoi il me répondit : « Au nom de Dieu, ne « vous mêlez point de parler pour lui, le Roi le trou- « veroit très-mauvais ; mais allez-vous-en au lieu où « sont assemblés tous ces messieurs du conseil, afin « qu'on voie la différence avec laquelle le Roi traite « ceux qui vous ressemblent, et les autres qui ont « été employés en même temps. » Il ajouta ensuite : « Il faut que quelqu'un vous y conduise, autrement « on ne vous laisseroit pas entrer ; » et appela le sieur de Vignoles, qui étoit là présent, et lui dit qu'il m'accompagnât au conseil, et dît à ces messieurs que le Roi m'avoit commandé d'y descendre et vouloit que j'y eusse entrée. Je balançai en moi-même si je devois recevoir cet honneur ; mais j'estimai qu'en cette grande mutation les marques de la bonne grâce du Roi me devoient être chères, vu que, par après, mes actions feroient connoître que je les recevois par la pure estime que le Roi faisoit de moi, et non par aucune connivence que j'eusse eue avec ceux qui avoient machiné la mort du maréchal d'Ancre.

Prenant congé du sieur de Luynes, je lui demandai le plus adroitement qu'il me fut possible pour ne lui déplaire pas, s'il ne me seroit point permis de voir la Reine, et que s'il lui plaisoit me faire accorder cette grâce j'en userois assurément, non pour aigrir, mais pour adoucir son esprit. Il me répondit qu'il n'étoit pas temps de penser à obtenir cette permission du Roi, que si on l'accordoit à d'autres il se souviendroit de la demande que je lui faisois.

Lors je sortis avec le sieur de Vignoles, qui n'eut pas plutôt fait sa commission envers ces messieurs qui étoient assemblés au conseil, où étoient messieurs du Vair, Villeroy, le président Jeannin, Déageant, et les secrétaires d'Etat, et plusieurs autres confusément, que le sieur de Villeroy, que j'avois servi jusqu'à ce point de n'avoir point fait difficulté, dans l'emploi où j'avois été des affaires, de me mettre mal à son occasion avec le maréchal d'Ancre, eut dessein de s'opposer à mon entrée en ce lieu, et demanda en quelle qualité je m'y présentois. M. de Vignoles ne pouvant répondre, et me faisant savoir cette difficulté, je le priai de lui dire que je m'y présentois par pure obéissance, sans dessein de m'y conserver l'entrée qu'il avoit plu au Roi de m'y donner, beaucoup moins l'emploi de sa charge où j'avois été, et où je l'avois servi notablement.

Après cette réponse, ces messieurs continuèrent à mettre les ordres qu'ils estimoient nécessaires, pour faire savoir dans toutes les provinces et hors le royaume la résolution que le Roi avoit prise; ce qui leur fut fort aisé, vu que pour cet effet ils n'eurent qu'à suivre les mémoires et les dépêches que le sieur Déageant avoit dressés il y avoit long-temps.

Tandis que je fus en ce lieu, je parlai toujours à diverses personnes qui s'y rencontrèrent n'être pas des plus empêchées, et ne m'approchai point de ces messieurs qui faisoient l'ame du conseil. Après avoir été assez en ce lieu pour dire que j'y étois entré, je me retirai doucement. Je rencontrai dans la cour le sieur Mangot qui montoit pour aller trouver le Roi; lui ayant dit succinctement ce qui s'étoit passé, je continuai mon voyage, et lui le sien. Je n'eus pas demeuré demi-heure dans mon logis, que j'appris qu'il avoit été arrêté dans l'antichambre du Roi, qu'on lui avoit demandé les sceaux, et que par après on l'avoit renvoyé chez lui, sans user d'autre rigueur en son endroit. J'appris ensuite que le sieur Barbin avoit des gardes en son logis, et que personne ne parloit à lui.

Il avoit appris cette nouvelle sur les onze heures, comme il étoit descendu de son cabinet pour aller au Louvre au conseil des affaires. Desportes Baudouin, secrétaire du conseil, le vint trouver là, et lui dit premièrement qu'il y avoit du bruit au Louvre, et, voyant qu'il s'avançoit pour y aller, lui dit que c'étoit le maréchal d'Ancre qui y avoit été tué; puis ajouta que c'étoit le Roi qui l'avoit fait faire, pensant par cet avis le détourner d'y aller. Mais il lui dit que s'il étoit absent de Paris il y viendroit en poste à cette nouvelle, et qu'il n'avoit point fait d'actions qui demandassent les ténèbres; et en parlant ainsi s'avança vers le Louvre. Mais, voyant qu'il n'y pouvoit entrer à cause que la porte étoit fermée, il entra chez le premier écuyer de la Reine, où j'ai dit que je l'avois trouvé, et ne voulut pas retourner chez lui, quoique ledit Desportes l'en pressât pour mettre ordre à ses papiers : à quoi il répondit qu'il avoit servi le Roi de sorte qu'il vouloit que non-seulement on vît ses papiers, mais son cœur. Quelqu'un lui vint dire alors qu'il y avoit un carrosse à six chevaux de l'autre côté de l'eau, qui l'attendoit pour l'emmener où il voudroit; mais il fit réponse qu'il ne vouloit aller autre part qu'au Louvre; et, se voulant mettre en état d'y aller à son tour, un exempt des gardes du corps vint avec des archers, et le ramena chez lui, où il vit incontinent entrer deux commissaires pour saisir ses papiers, savoir est Castille, intendant des finances, et Aubry, maître des requêtes et président du grand conseil, dont l'un ne savoit point le pouvoir de l'autre. Ils entrèrent en contestation dès la porte du logis, et se donnèrent quelques coups de poing à qui entreroit le premier, soit d'affection qu'ils avoient à faire leur charge, ou par la vanité de leur rang. Ils trouvèrent force lettres du maréchal d'Ancre, bien éloignées du style qu'ils pensoient, et d'autres papiers desquels ils n'y avoit aucun qui servît à leur dessein, mais au contraire étoient tous à l'honneur dudit Barbin.

Incontinent après que le maréchal fut tué, M. de Vitry alla à la chambre de la maréchale, qui étoit proche de celle de la Reine, l'arrêta prisonnière, et se saisit de tout ce qu'elle avoit dans la chambre, or, argent, bagues et meubles. Elle portoit sur elle les bagues de la couronné, tant elle étoit en crainte perpétuelle qu'il ne lui arrivât quelque désastre, qu'elle ne pensoit pas être en sûreté si elle n'avoit sur soi des trésors pour se racheter : elle ne pouvoit néanmoins porter ceux-là sans faute ; car, outre qu'elle sembloit se les vouloir approprier, les choses de cette nature doivent être toujours gardées en un lieu stable et sûr, et non sur une personne où elles couroient plusieurs sortes de hasards.

Le baron de Vitry se saisit desdites bagues, et mena la maréchale en la même chambre où M. le prince avoit été mis prisonnier. A l'instant on envoya aussi au logis dudit maréchal se saisir de ses meubles et papiers ; mais le plus de bien qu'il avoit fut trouvé sur sa personne, ayant sur lui des promesses pour 1,900,000 l. Une partie de sa maison fut pillée, et entre autres la chambre du fils dudit maréchal, que Vitry mit en la garde de quelques soldats jusques à ce que le Roi en eût ordonné. Son père le faisoit appeler comte de La Pene, qui est une bonne maison d'Italie, de laquelle il disoit être descendu. C'étoit un jeune garçon de douze ans, bien nourri, qui promettoit quelque chose de bon, et qui méritoit une meilleure fortune ; car, quant à sa fille dont nous avons tantôt parlé ès années précédentes, de laquelle il espéroit faire une grande alliance, elle étoit morte le premier jour de janvier de la présente année. Dieu, ayant pitié de l'infirmité de son sexe, la voulut soustraire aux désastres qui la menaçoient si elle eût vécu jusqu'alors.

Le baron de Vitry (1) fut fait à l'instant maréchal

---

(1) *Le baron de Vitry* : On se rappelle que l'année précédente le bâton de maréchal de France avoit été donné à M. de Thémines, pour

de France pour récompense de l'exécution qu'il avoit faite. Sa charge de capitaine des gardes fut donnée au sieur du Hallier son frère, qui, ayant étudié pour être homme d'église et porté l'habit de religieux dans l'abbaye de Sainte-Geneviève, en espérance de succéder à l'abbé qui étoit son parent, avoit quitté cette profession à la mort de l'un de ses frères; et nonobstant que cela lui fît tort en la vie du monde, en laquelle il entroit, néanmoins son courage et sa vertu, aidés de ce qu'étoit son père dans la cour, et de son frère, lui firent acquérir la réputation de brave et sage gentilhomme, et il fut estimé d'un chacun bien digne de la charge importante qui lui fut confiée.

Persen, beau-frère de Vitry, eut la lieutenance de la Bastille, et la charge de garder M. le prince au lieu du chevalier Conchine, frère du défunt.

L'après-dînée de ce jour tous les ordres et toutes les compagnies de la ville vinrent saluer le Roi, et lui applaudirent de l'action qu'il avoit faite. Ils trouvèrent Sa Majesté sur un jeu de billard, où le sieur de Luynes l'avoit fait mettre exprès pour être vu plus aisément de tout le monde. On lui dit depuis que c'étoit comme un renouvellement de la coutume ancienne des Français, qui portoient leurs rois, à leur avénement à la couronne, sur leurs pavois à l'entour du camp, pour être vus et recevoir plus aisément les acclamations de joie de toute l'armée, dont on voit même quelque exemple en l'Ecriture-Sainte à l'avénement d'un des rois du peuple de Dieu. Il fut bien

avoir arrêté le prince de Condé: La première dignité militaire se trouva ainsi, par suite du malheur des temps, la récompense de deux actions dont la première offroit peu de danger, et dont la seconde étoit odieuse.

aise de se servir de cela, et faire croire qu'il l'avoit fait à dessein. Mais le Roi étant au bas-âge qu'il étoit, et lui n'ayant jusqu'à cette dernière journée fait autre métier auprès de lui que de le servir en ses passe-temps, et lui siffler des linottes, il semble qu'il eût été à propos qu'il eût choisi un autre lieu pour l'élever, principalement ayant volonté de suivre la piste du maréchal d'Ancre; l'insolence duquel parut bientôt après avoir plutôt changé de sujet, passant dudit maréchal en lui, que non pas cessé d'être; la taverne, comme dit peu après le maréchal de Bouillon, étant toujours demeurée la même, n'y ayant eu autre changement que de bouchon.

On a parlé diversement de ce conseil qu'il donna au Roi: les uns le louant comme un conseil extrême en un mal extrême, et l'estimant juste, nonobstant qu'il soit contre les formes, à cause que toutes les lois et les formes de la justice résidant comme en leur source en la personne du Roi, il les peut changer et en dispenser comme il lui plaît, selon qu'il le juge à propos pour le bien de l'Etat et la sûreté de sa personne, en laquelle tout le public est contenu. Mais cette opinion n'est guère dissemblable à celle du flatteur Anaxarque, qui disoit à Alexandre qu'on peignoit la justice et l'équité aux deux côtés de Jupiter, pour montrer que tout ce que les rois vouloient étoit juste; et à celle des conseillers de Perse à leur roi barbare, auquel ils dirent qu'il n'y avoit point de lois qui permissent un inceste qu'il vouloit commettre, mais bien y en avoit-il une par laquelle il étoit permis aux rois de faire ce qu'ils vouloient. Mais elle est bien éloignée, et de tout ce que les hommes sages de l'antiquité ont dit, que les actions des rois ne sont pas justes pource qu'ils les font, mais pource que leur vie étant l'exemplaire de leurs peuples, ils la règlent selon la justice et l'équité, et, pour bien commander aux hommes qui leur sont sujets, obéissent à la raison, qui est un rayon ou une impression que nous avons de la Divinité, et à la loi de Jésus-Christ, qui nous enseigne que Dieu est le roi primitif, et que les rois ne sont que les ministres de son royaume, de l'administration duquel ils lui doivent rendre compte, et être jugés de lui avec plus de rigueur et de sévérité que ne seront pas les peuples qui leur sont sujets. Joint qu'il étoit aussi aisé au Roi de le faire prendre prisonnier dans le Louvre, qu'il lui avoit été d'y faire arrêter M. le prince, qui avoit toute la cour et tout le peuple et tous les parlemens en sa faveur, ce que celui-ci n'avoit pas; joint que la Reine sa mère, qui dès long-temps avoit volonté de le renvoyer en Italie, eût tenu à grande faveur du Roi qu'il l'y eût renvoyé s'il eût été arrêté prisonnier. Et partant ce fut un conseil précipité, injuste et de mauvais exemple, indigne de la majesté royale et de la vertu du Roi, qui n'eut point aussi de part en cette action, car il commanda simplement qu'on l'arrêtât prisonnier, et qu'on ne lui méfît point, si ce n'étoit qu'il mît le premier la main aux armes, de sorte qu'on ne pût l'arrêter qu'en le blessant.

Dès le jour même je fis savoir à la Reine, par Roger, son valet de chambre, la douleur que je ressentois de son malheur, auquel certainement je la servirois selon toute l'étendue de mon pouvoir.

Le lendemain, le corps du maréchal d'Ancre, qui

avoit été enterré sans cérémonie sous les orgues de Saint-Germain-l'Auxerrois, fut déterré par la populace, et, avec grands cris et paroles insolentes, traîné jusque sur le Pont-Neuf, et pendu par les pieds à une potence qu'il y avoit fait planter pour faire peur à ceux qui parloient mal de lui. Là ils lui coupèrent le nez, les oreilles et les parties honteuses, et jetèrent les entrailles dans l'eau, et faisoient à ce cadavre toutes les indignités qui se pouvoient imaginer. A même temps je passai par là pour aller voir M. le nonce, qui étoit lors le seigneur Ubaldin, et ne me trouvai pas en une petite peine; car, passant par-dessus le Pont-Neuf, je trouvai le peuple assemblé qui avoit traîné par la ville quelque partie de son corps, et qui s'étoit laissé emporter à de grands excès d'insolence devant la statue du feu Roi. Le Pont-Neuf étoit si plein de cette populace, et cette foule si attentive à ce qu'ils faisoient, et si enivrés de leur fureur, qu'il n'y avoit pas moyen de leur faire faire place pour le passage des carrosses. Les cochers étant peu discrets, le mien en choqua quelqu'un qui commença à vouloir émouvoir noise sur ce sujet; au même instant je reconnus le péril où j'étois, en ce que si quelqu'un eût crié que j'étois un des partisans du maréchal d'Ancre, leur rage étoit capable de les porter aussi bien contre ceux qui, aimant sa personne, avoient improuvé sa conduite, comme s'ils l'eussent autorisée.

Pour me tirer de ce mauvais pas, je leur demandai, après avoir menacé mon cocher extraordinairement, ce qu'ils faisoient; et m'ayant répondu selon leur passion contre le maréchal d'Ancre, je leur dis : « Voilà « des gens qui mourroient au service du Roi; criez tous

Vive le Roi ! Je commençai le premier, et ainsi j'eus passage, et me donnai bien de garde de revenir par le même chemin; je repassai par le pont Notre-Dame.

Du Pont-Neuf ils le traînèrent par les rues jusqu'à la Bastille, et de là par toutes les autres places de la ville, jusqu'à ce qu'ils le fissent brûler devant sa porte, au faubourg Saint-Germain, et traînèrent ce qui en restoit encore sur le Pont-Neuf, où ils le brûlèrent derechef, puis enfin en jetèrent les os dans la rivière.

Ces choses avoient été prédites au maréchal d'Ancre par plusieurs devins et astrologues qu'il voyoit volontiers, mais lui avoient été prédites par eux en leur manière ordinaire, c'est-à-dire de sorte qu'il n'en pouvoit faire son profit ; car les uns lui disoient qu'il mourroit d'un coup de pistolet, les autres qu'il seroit brûlé, les autres qu'il seroit jeté dans l'eau, les autres qu'il seroit pendu, et toutes ces choses furent véritables; mais, comme il ne les pouvoit comprendre, il croyoit qu'ils se trompassent tous, et les en avoit à mépris.

La Reine sut les excès qui avoient été commis contre le corps mort; et, encore que cette princesse se fût toujours montrée fort constante contre les médisances, si est-ce que les insolentes paroles qu'ils dirent la touchèrent au vif : et à la vérité, s'il faut une grande vertu pour supporter la calomnie, il en faut une héroïque et divine pour la supporter quand elle est conjointe avec mépris et risée publique.

Le même jour on fit publier à son de trompe que tous les serviteurs du maréchal eussent à sortir hors de Paris. Le frère de la maréchale, qui étoit logé au collége de Marmoutier, s'enfuit dans un monastère, craignant la fureur du peuple, et le comte de La-Pene fut mené au Louvre, où on lui donna des gardes; et Sa Majesté fit expédier des lettres au parlement, par lesquelles elle déclara que l'action que le sieur de Vitry avoit faite étoit par son commandement, et d'autres qui portoient une provision d'office de conseiller au parlement pour lui; ce qu'il avoit désiré afin qu'on ne lui pût faire son procès que toutes les chambres assemblées, ne considérant pas qu'il venoit de donner un exemple de le traiter avec moins de cérémonie quand on se voudroit défaire de lui.

Cependant le Roi avoit remis en charge tous les anciens officiers qui avoient été chassés par la Reine. Le président Jeannin retourna à la surintendance des finances; Déageant, commis de Barbin, qui l'avoit fait contrôleur général, fut fait intendant en récompense de son infidélité; les sceaux furent rendus à du Vair avec tant d'honneur, que le Roi passa une déclaration qu'il envoya au parlement, par laquelle il fit savoir qu'ils lui avoient été ôtés contre son gré, et partant qu'il vouloit que les anciennes lettres de provision qui lui avoient été expédiées lui servissent maintenant pour rentrer dans l'exercice de sa charge, sans qu'il en eût besoin d'autres; et M. de Villeroy rentra dans la fonction de la sienne de secrétaire d'Etat, par indivis avec M. de Puisieux.

Les ministres qui servoient actuellement sous l'autorité de la Reine furent tous décrédités: comme en ces bâtimens qu'on mine par le pied rien ne demeure, ainsi l'autorité de la Reine étant ruinée, tous ceux qui subsistoient en elle tombèrent par sa chute.

Je fus le seul auquel Luynes eut quelque égard, car il m'offrit de demeurer au conseil avec tous mes appointemens; mais, voyant le mauvais traitement qu'on commençoit à faire à la Reine, je ne le voulus jamais, et préférai l'honneur de la suivre en son affliction à toute la fortune qu'on me faisoit espérer.

Ces messieurs les nouveaux ministres, ou plutôt le sieur de Luynes, commencèrent leur gouvernement par prendre tout le contre-pied de ce que faisoient ceux qui avoient gouverné devant eux, et firent dessein de rappeler auprès du Roi tous ceux qu'ils croyoient être ennemis de la Reine. Ils envoyèrent querir Sauveterre jusques au fond de la Gascogne, espérant s'en servir comme d'un puissant instrument pour insinuer dans l'esprit du Roi ce qu'ils voudroient, bien que ce fût Luynes même qui, par ses artifices secrets, l'eût fait chasser. Mais cela n'importoit pas tant comme ce qu'ils mirent en la bonne grâce du Roi tous les princes qui avoient pris les armes contre lui et étoient à l'extrémité; et dépêchèrent au nom du Roi, incontinent après la mort du maréchal, vers le duc de Longueville à Amiens, et celui de Vendôme qui étoit à La Fère, et à Soissons vers M. de Mayenne, pour les venir faire trouver Sa Majesté incontinent, les assurant qu'ils seroient très-bienvenus et reçus d'elle.

M. du Maine envoya le comte de La Suse, son beau-frère, porter les clefs de Soissons au Roi, qui le reçut le 27 d'avril comme s'il eût tenu son parti, et le comte d'Auvergne le parti contraire. Le même jour arriva le duc de Longueville, qui fut reçu de même. Le duc de Nevers fit un peu plus de cérémonie que les autres, et vouloit traiter avec le Roi, ayant toujours eu des fantaisies qui l'ont fait aller dans les affaires par un chemin particulier à lui seul; mais néanmoins, voyant qu'on ne se vouloit pas relâcher jusque-là, il se rendit en son devoir, et vint avec M. du Maine et le duc de Vendôme trouver Sa Majesté le jour de l'Ascension.

Mais ces messieurs s'aperçurent bientôt de leur faute, et s'en repentirent; M. de Villeroy ayant témoigné plusieurs fois que, s'ils eussent suivi la pointe de ceux qui servoient sous l'autorité de la Reine contre les princes, ils eussent établi la paix en ce royaume pour cent ans; que nous avions été bien hardis de faire une telle entreprise, et eux peu sages de ne la continuer pas. Et en effet, le changement dont ils usèrent, passant du blanc au noir, n'eut autre fondement que la pratique ordinaire que ceux qui changent un établissement ont de prendre le contrepied de ceux en la place desquels ils se mettent, aimant mieux faire une faute signalée pour donner à penser que les résolutions contraires que l'on avoit prises étoient défectueuses, qu'en continuant ce qui avoit été fait, faire connoître qu'on avoit bien fait.

Cependant Luynes ayant résolu qu'il falloit éloigner la Reine, ils confirmèrent tous le Roi en cette résolution; et, bien qu'entre eux ils fussent de divers avis sur le lieu où ils estimeroient qu'elle devoit être envoyée, ils convinrent enfin que, pour l'heure, elle n'iroit qu'à Blois. La Reine l'ayant songé quelques jours auparavant sa chute, et dit à ses chirurgiens et médecins, ce songe l'y fit résoudre plus facilement lorsqu'ils lui firent savoir leur dessein, et croire que c'eût été se perdre que vouloir résister à la furie des torrens.

Le jour de son départ étant arrêté au 3 de mai, comme elle veut partir on la conjure de s'arrêter cette journée pour éviter un mauvais dessein qui s'étoit formé et découvert contre sa personne. Elle crut au commencement que cet avis étoit faux ; mais elle changea d'opinion, ayant appris par le sieur de Bressieux, son premier écuyer, qu'un de ceux qui avoient conspiré la mort du maréchal étoit auteur d'une si détestable entreprise. Cependant sa première pensée étoit véritable ; il n'y avoit rien à craindre pour elle, mais beaucoup pour Luynes, qui avoit violé sa foi donnée solennellement à ses complices.

C'est la coutume des larrons de partager les choses qu'ils n'ont pas encore prises. Luynes, à leur imitation, n'avoit pas encore épandu le sang du maréchal qu'il avoit déjà ordonné de sa dépouille, où, s'étant réservé ce qu'il y avoit de meilleur, il avoit fait espérer à Travail l'archevêché de Tours. Ce malheureux, sur l'attente de ce bien imaginaire, ne contribua pas peu à sa mort, faisant connoître à ses ennemis le gain qu'ils avoient en sa perte, le peu de péril à l'entreprendre, et les moyens qu'il falloit tenir à l'exécuter avec succès.

Mais comme il arrive d'ordinaire, pour la confusion des méchans, que d'autres profitent de leur malice, Dieu permit que l'évêque de Bayonne tirât la récompense promise à sa faute.

Je ne veux pas m'étendre sur la violence dont on usa pour arracher cette pièce ; il me suffit de dire qu'on dépouilla un homme vivant sans l'accuser d'aucun crime, qu'on le contraignît par diverses menaces de s'en démettre contre les lois divines et humaines, contre tout droit ecclésiastique et civil.

Travail voyant ès mains d'autrui le salaire de son iniquité, que la part qu'il avoit eue dans le crime ne lui étoit pas conservée dans la dépouille, que Luynes avoit payé ses services d'un parjure, se résolut de passer jusqu'au mépris de la vie pour se rendre maître de la sienne. Il pensoit par cette dernière action couvrir la honte que la première lui avoit attirée; il croyoit réparer par la mort de ce second tyran le tort qu'il avoit fait au public, offensant la mère du Roi, une vertu si éminente, et une puissance si légitime.

Pour parvenir à ce but il se propose de dissimuler son juste mécontentement, de lui donner des conseils sur la suite de son gouvernement, avec la même sincérité qu'il avoit fait au commencement de sa conspiration du temps du maréchal, où les moindres choses donnoient de l'ombrage, où les conversations les moins sérieuses étoient suspectes. Il avoit accoutumé de s'entretenir avec Luynes chez la concierge des Tuileries, et dans un lieu dérobé où eux seuls faisoient le nombre des espions et des traîtres; il y reprend les mêmes assignations avec lui, y porte le même visage, mais un cœur fort différent; lui donne, pour augmenter sa confiance, des avis importans à sa réputation et à l'établissement de sa fortune. Comme il vit son esprit assuré et hors de soupçon qu'il eût aucun sentiment de l'offense qu'il avoit reçue, il fait provision d'un cheval qu'il recouvre par l'entremise de Bréauté et de Montpinçon, achète une épée large de quatre doigts et fort courte pour qu'il la pût aisément cacher sous sa soutane, résolu de lui ôter la vie au lieu même où la mort du maréchal avoit été conclue.

Son dessein étant en état d'être exécuté, afin que la Reine lui sût gré de ce service, il désira de lui faire entendre qu'il ne s'étoit porté à cette extrémité que pour la compassion de la misère où elle étoit réduite. Pour cet effet, il s'adresse et se découvre au sieur de Bressieux, premier écuyer de Sa Majesté, gentilhomme de bonne maison, et que souvent il avoit sondé et ouï plaindre son malheur.

Bressieux s'engage de faire valoir cette action, lui hausse le courage, lui promet une entière assistance; mais, au lieu de lui tenir promesse, s'imaginant qu'il avoit en main une occasion de faire sa fortune, il en avertit le sieur de Luynes, qui lui en témoigna telle obligation, qu'il appréhendoit n'avoir pas assez de puissance pour reconnoître dignement cet office.

C'est le style des Provençaux d'être faciles à promettre et difficiles à tenir; mais, sur les preuves que Luynes a données de son infidélité, on peut dire que sa personne l'a enchéri au-dessus de sa nation. Luynes consulte cette affaire avec Déageant et autres personnes intéressées en son établissement; le résultat de la conférence fut de le faire mourir en changeant l'espèce de son crime.

A même temps il est pris et accusé d'avoir attenté sur la vie de la Reine, prétexte honorable pour se défaire d'un dangereux ennemi, pour apaiser le peuple irrité des inhumanités commises contre les vivans et les morts, et qui donnoit à connoître qu'on n'en vouloit pas au gouvernement de la Reine, mais à ceux qui, au préjudice de l'Etat, avoient abusé de sa bonté et de sa patience.

Luynes et Bressieux, contre la vérité et leur conscience, s'offrirent à servir de témoins contre lui, tous deux pour leur intérêt; l'un pour la sûreté de sa vie, l'autre sur la croyance qu'il eut que, pour la perte d'une personne, il en acquerroit deux, les bonnes grâces du favori et celles de sa maîtresse.

Sur le sang de ce misérable, à l'exemple des païens qui juroient leurs alliances sur les victimes, ces messieurs se protestèrent une éternelle fidélité. Luynes disposoit entièrement de l'esprit du Roi, Bressieux prétendoit se rendre maître de celui de sa maîtresse, et tous deux, par une commune correspondance, se jouer de la fortune de cet Etat.

Il seroit difficile d'exprimer les sentimens de cette princesse affligée, quand elle apprit qu'un de ceux qui avoient contribué à sa ruine l'avoit voulu délivrer; qu'un de ses domestiques par sa perfidie en avoit empêché l'effet; que son ennemi capital avoit abusé du respect de son nom pour venger ses querelles propres et particulières. On ne peut douter qu'elle n'eût reçu avec plaisir la liberté dont elle étoit privée, mais la recevoir d'une si mauvaise main n'eût pas peu modéré sa joie; elle n'avoit pu voir sans étonnement que trois personnes de peu eussent été cause de sa chute; mais qu'un de ses serviteurs l'eût empêchée de se relever, elle ne le put ouïr sans une extrême douleur.

La mort de Travail, vu le mal qu'il lui avoit fait, ne pouvoit être qu'agréable à une grande princesse et italienne, offensée jusqu'au point qu'elle étoit; mais quand elle sut qu'il étoit mort pour l'avenir et non pour le passé, par vengeance et non par justice, qu'elle en étoit le prétexte et Luynes le sujet, elle cessa de s'en réjouir, et ne put souffrir sans regret que son nom eût servi à une si mauvaise cause. Mais il y a des temps où tout conspire à augmenter le mal et diminuer le plaisir des remèdes, où la fortune commence et ne peut achever son ouvrage, où, si on donne quelque espérance de liberté, c'est pour rendre la prison plus amère.

Ce misérable avoit fait profession des armes, et étoit huguenot en sa jeunesse; depuis, s'étant rendu catholique, il se fit capucin, où l'austérité de la religion n'ayant pas eu la force de dompter la rudesse de son esprit, que le feu de la première ferveur avoit amolli durant le temps du noviciat, il commença à leur faire tant de peine qu'ils furent obligés d'en venir aux remèdes de la sévérité, par lesquels effarouché et aigri encore davantage, il s'en alla à Rome, l'an 1607, faire des plaintes de ses supérieurs à Sa Sainteté; où ayant le cardinal Monopoli contraire, pource qu'il aimoit la religion des capucins, de laquelle il avoit été tiré et promu au cardinalat, il fit des accusations atroces contre lui-même à Sa Sainteté, et les soutenoit avec tant d'impudence, que ce bon prélat, qui mourut en même temps, fut jugé en être mort de regret. Il obtint enfin de Sa Sainteté absolution de son vœu et permission de vivre en prêtre séculier; il prit bien l'habit de prêtre, mais non pas l'esprit de la prêtrise, ains plutôt celui de la profession qu'il avoit faite auparavant, jusqu'à ce qu'enfin Dieu, juste juge, permît que, comme par ses calomnies il avoit procuré la mort à un autre, il fût, par une fausse accusation, conduit honteusement sur l'échafaud, et, coupable d'autres crimes, rompu vif sur la roue pour des péchés qu'il n'avoit pas commis, et son corps et son procès brûlés après sa mort comme étant indigne qu'il fût jamais mention de lui. Il mourut repentant, mais si peu ému des peines présentes, et du péril de celles de l'autre siècle, qu'ayant ouï lire son dictum dans la chapelle, il présenta son bras à quelqu'un des assistans pour tâter son poulx, et voir qu'il n'avoit aucun étonnement.

Mais laissons là ce misérable pour revenir à la Reine, qui, après avoir été enfermée l'espace de neuf jours, partit de Paris le 4 de mai pour être derechef enfermée dans une autre demeure, mais d'un espace un peu plus ample que celui où elle l'avoit été à Paris. Toute la matinée se passa en visites : les larmes de ceux qui la viennent voir parlent plus que leurs langues; on plaint sa condition, on admire sa prudence, qui fut telle, que jamais les soupirs des princes ou princesses ne purent tirer une larme de ses yeux, ni autres paroles de sa bouche que celles-ci:
« Si mes actions ont déplu au Roi mon fils, elles me
« déplaisent à moi-même ; mais il connoîtra, je m'as-
« sure, un jour qu'elles lui ont été utiles. Pour ce
« qui regarde le maréchal d'Ancre, je plains son
« ame, et la forme qu'on a fait prendre au Roi pour
« l'en délivrer. Vous vous fâchez de me perdre, en
« cela vous vous cherchez, y ayant assez long-temps
« que j'ai plusieurs fois prié le Roi de me décharger
« du soin de ses affaires. »

L'après-dînée le Roi lui vint dire adieu. D'abord qu'elle le vit, son cœur, qui n'avoit point été ému, fut tellement touché qu'elle fondit en larmes; puis, avec des paroles entrecoupées de sanglots, lui tint ce langage :

« Monsieur mon fils, le tendre soin avec lequel je
« vous ai élevé en votre bas âge, les peines que j'ai
« eues pour conserver votre Etat, les hasards où je
« me suis mise, et que j'eusse aisément évités si
« j'eusse voulu relâcher quelque chose de votre au-
« torité, justifieront toujours, devant Dieu et les
« hommes, que je n'ai jamais eu autre but que vos
« propres intérêts. Souvent je vous ai prié de prendre
« en main l'administration et la conduite de vos af-
« faires, et de me décharger de ce soin; vous avez
« cru que mes services ne vous étoient pas inutiles,
« et vous m'avez commandé de les continuer; je vous
« ai obéi pour le respect que je dois à vos volontés,
« et pource que c'eût été lâcheté de vous abandon-
« ner dans le péril. Si vous considérez qu'au sortir de
« ce maniement je me trouve sans aucune place où
« je puisse honorablement me retirer, vous verrez
« que je n'ai jamais recherché ma sûreté qu'en votre
« cœur et en la gloire de mes actions. Je vois bien
« que mes ennemis vous ont mal interprété mes in-
« tentions et pensées; mais Dieu veuille qu'après
« avoir abusé de votre jeunesse à ma ruine, ils ne
« se servent point de mon éloignement pour avancer
« la vôtre. Pourvu qu'ils ne vous fassent point de
« mal, j'oublierai toujours volontiers celui qu'ils m'ont
« fait. »

Le Roi, qui avoit été informé autrement que la

Reine ne disoit, et reçu instruction de Luynes de ce qu'il lui devoit répondre, lui dit seulement qu'il vouloit commencer à gouverner seul son État, qu'il en étoit temps, et qu'en tous lieux il lui témoigneroit qu'il étoit bon fils.

Il fut lors donné permission à un chacun de voir la Reine pour prendre congé d'elle ; les portes furent ouvertes à tous ceux qui la voulurent visiter ; le visage et la façon qu'avoient tous ceux qui la virent quand ils parlèrent à elle furent remarqués. Il y en eut peu néanmoins qui, par bienséance, manquassent à ce devoir ; tous les corps de la ville y furent : elle montroit à tous un même visage, une constance immobile, semblant plutôt s'aller promener en une de ses maisons qu'y être reléguée.

Elle part le 4, accompagnée de mesdames ses filles et de toutes les princesses qui la vinrent conduire hors de la ville, sans qu'elles lui fissent jamais répandre une larme au dernier adieu qu'elles lui dirent. On en fit divers jugemens, selon les différentes passions dont on étoit porté vers elle : les uns l'attribuoient à l'ébahissement et à l'horreur du coup qu'elle avoit reçu, qui lioit en elle le sentiment de la douleur, et tarissoit la source de ses larmes ; les autres l'interprétoient à dissimulation assez accoutumée à celles de sa nation ; ceux qui la favorisoient davantage l'imputoient à vertu et à force d'esprit.

Quelques-uns disoient que c'étoit une vraie insensibilité ; mais Luynes crut qu'un désir si enflammé de vengeance maîtrisoit son cœur qu'elle en perdoit le sentiment de pitié, même d'elle, dans le désastre où elle se voyoit : ce qui, ainsi qu'il le fortifia en l'opinion que la grandeur de son offense lui avoit donnée, que jamais elle ne lui pardonneroit, le confirma aussi au dessein qu'il avoit déjà pris d'employer tous les artifices possibles pour l'empêcher de revenir jamais auprès de Sa Majesté.

Si elle faisoit semblant de s'en aller sans regret, la plupart la voyoient partir avec un véritable contentement, l'orgueil et les violences du maréchal d'Ancre ayant rejeté sur elle un si grand dégoût des peuples, que, bien qu'il fût un peu modéré, il n'étoit pas néanmoins changé par la misère présente de sa condition, qui n'étoit guère au-dessous de l'extrémité de l'infortune. Elle sortit du Louvre, simplement vêtue, accompagnée de tous ses domestiques, qui portoient la tristesse peinte en leur visage; et il n'y avoit guère personne qui eût si peu de sentiment des choses humaines, que la face de cette pompe quasi funèbre n'émût à compassion. Voir une grande princesse, peu de jours auparavant commandant absolument à ce grand royaume, abandonner son trône et passer, non secrètement et à la faveur des ténèbres de la nuit cachant son désastre, mais publiquement, en plein jour, à la vue de tout son peuple, par le milieu de sa ville capitale, comme en montre pour sortir de son empire, étoit une chose si étrange qu'elle ne pouvoit être vue sans étonnement. Mais l'aversion qu'on avoit contre son gouvernement étoit si obstinée, que le peuple ne s'abstint néanmoins pas de plusieurs paroles irrespectueuses en la voyant passer, qui lui étoient d'autant plus sensibles que c'étoient des traits qui rouvroient et ensanglantoient la blessure dont son cœur étoit entamé.

Quatre jours auparavant on mena la maréchale d'Ancre du Louvre à la Bastille; et peu de jours après qu'elle fut partie, on l'en tira, par arrêt du parlement, pour la conduire à la conciergerie du Palais, en vertu des lettres patentes du Roi adressées à la cour, pour lui faire son procès, à ses complices et à la mémoire de son mari. Quand elle entra dans la Bastille la nuit, ce fut avec tant de bruit que M. le prince s'en éveilla, et, sachant ce que c'étoit, sentit une grande consolation de la voir en ce lieu, et d'être délivré d'une telle ennemie. Mais quand elle fut tirée de là pour être exposée au jugement des hommes, il eut lieu de craindre le commencement si sanguinaire de ce nouveau gouvernement.

Le Roi fit, dès le 12 de mai, publier une déclaration par laquelle il étoit bien aisé de voir que les ministres qui donnoient ce conseil à Sa Majesté, le faisoient contre leur propre conscience, y ayant des choses qui se contrarioient en elle. Car, d'une part, elle avouoit la fidélité des princes, et disoit qu'ils n'avoient rien fait que pour le seul désir d'empêcher la ruine qui leur étoit procurée par les pernicieux desseins du maréchal d'Ancre, qui se servoit des armes de Sa Majesté contre son intention pour les opprimer; et de l'autre, elle qualifioit leurs armes avoir été illicites, d'autant qu'ils n'y devoient pas avoir recours, mais à la justice de Sa Majesté.

Par ladite déclaration, Sa Majesté oublioit toutes les actions qu'ils avoient faites contre son autorité en cette guerre, les tenoit, eux et tous ceux qui les avoient assistés, pour ses bons sujets, rétractoit toutes les déclarations qui avoient été faites contre eux depuis le traité de Loudun, et les rétablissoit en leurs charges et honneurs.

Sa Majesté manda aussi à l'assemblée de La Rochelle qu'elle leur pardonnoit ce qu'ils avoient fait, et qu'un chacun d'eux eût à retourner en sa province.

Les députés du synode national de Vitré vinrent trouver le Roi le 27 de mai, et lui témoignèrent la joie qu'ils avoient de la mort du maréchal d'Ancre, et que Sa Majesté commençoit à régner. Mais leur contentement ne dura guère ; car, dès le 2 de juin, l'évêque de Mâcon fit au Roi, à l'ouverture de l'assemblée générale du clergé de France qui se tenoit aux Augustins, une remontrance sur les misères de l'église de Béarn, et lui représenta que la justice et la piété ne pouvant subsister l'une sans l'autre, puisque Sa Majesté avoit commencé son règne par une action de justice qui lui faisoit mériter le nom de *Juste,* elle devoit maintenant avoir pitié de cette pauvre province, en laquelle il y avoit encore plus de cent, tant villes que bourgades et paroisses, desquelles la plupart du peuple étoit catholique, et n'avoient néanmoins aucuns prêtres pour leur administrer les sacremens, tous les biens ecclésiastiques et leurs dîmes étant tenus par les huguenots, et employés à la nourriture des ministres et à l'entretènement de leurs colléges.

Cette remontrance mit en peine ceux de la religion prétendue, qui représentèrent tout ce qu'ils purent au Roi pour le supplier de laisser les choses en l'état qu'il les avoit trouvées, et appuyèrent leurs raisons de la présence du marquis de La Force, gouverneur de Béarn. Mais tout cela n'empêcha point que Sa

Majesté, par un arrêt du 25 de juin, n'ordonnât que l'exercice de la religion catholique seroit rétabli en tous les lieux de son pays de Béarn, et ne donnât main levée aux ecclésiastiques d'icelui de tous leurs biens; assignant néanmoins d'autre part, sur le plus clair revenu de son domaine, le paiement de l'entretènement des ministres, régens, écoliers, disciplines, et autres choses qu'ils prenoient sur lesdits biens ecclésiastiques; pour l'exécution duquel arrêt, Sa Majesté manda aux églises prétendues de Béarn qu'elles lui envoyassent leurs députés pour voir procéder au remplacement desdits deniers.

Ils s'assemblèrent à Orthez, envoyèrent vers le Roi pour lui faire remontrance sur ce sujet, mais en vain; car, nonobstant toutes leurs oppositions, le Roi fit un édit, en septembre suivant, pour la main levée des biens des ecclésiastiques en Béarn, pour l'exécution duquel nous verrons l'année suivante de si grandes difficultés, qu'elles ont été le commencement de la ruine du parti huguenot en France.

Si l'évêque de Mâcon fit ladite remontrance avec effet, l'évêque d'Aire, à la clôture d'icelle, en fit une à Sa Majesté sur le sujet des duels avec non moindre succès; car il lui sut si bien remontrer l'énormité de ce péché, et la vengeance sévère que Dieu en prendroit de ceux qui les toléroient, que Sa Majesté commanda si efficacement que la rigueur de ses édits fût observée, que les corps morts de quelques gentilshommes qui se battirent depuis furent traînés à Montfaucon.

Cependant on faisoit le procès à la maréchale d'Ancre, avec une ferme résolution de la faire condamner en quelque manière que ce fût. On eut premièrement volonté de lui confronter Barbin, espérant en tirer quelque avantage; car, lorsque la Reine à son partement fit instance au Roi et au sieur de Luynes qu'on le délivrât, ce dernier ne fit autre réponse sinon qu'il le falloit encore retenir pour le confronter avec la maréchale. Mais Modène l'ayant été visiter à la Bastille, et après force honnêtes paroles assuré qu'il ne le retenoit qu'à ce dessein, Barbin lui répondit là-dessus que, quelque mauvaise volonté que cette dame eût eue contre lui, et quelque mal qu'elle eût voulu lui faire, il se sentoit si fort son obligé, qu'il eût voulu par son sang la pouvoir racheter de la peine où elle étoit; mais puisqu'ils étoient tous deux dans ce malheur qu'ils ne pouvoient éviter, il auroit un grand désir de se voir devant elle, pour lui demander quels témoins elle vouloit produire contre lui pour soutenir qu'il vouloit empoisonner la Reine, comme nous avons dit ci-dessus.

Cette réponse, qui témoignoit une affection sincère de Barbin vers elle, leur fit craindre que leur confrontation servît plutôt à faire paroître l'innocence de l'accusée, qu'à aggraver les crimes qu'on lui mettoit à sus; de sorte que, sans en venir là, ils poursuivirent son procès: ce que Barbin sachant, avec beaucoup d'aigreur il dit à Modène, qui le venoit voir bien souvent pour essayer à découvrir toujours quelque chose de ses discours, qu'on avoit raison de ne le point confronter à elle, d'autant que, hormis les fantaisies qu'elle avoit eues contre lui, il ne pourroit jamais rendre qu'un témoignage fort honorable d'elle. Enfin son sexe et sa condition ne l'ayant pu garantir de la rage de ceux qui, pour s'approprier son bien, se vouloient défaire de sa personne, par arrêt du 8 de juillet ils déclarèrent son mari et elle criminels de lèse-majesté divine et humaine, pour réparation de quoi condamnèrent la mémoire du défunt à perpétuité, et elle à avoir la tête tranchée sur un échafaud, et son corps et sa tête brûlés et réduits en cendres, leur maison près du Louvre rasée, leurs biens féodaux tenus et mouvans de la couronne réunis au domaine d'icelle, et tous leurs autres biens étant dans le royaume confisqués au Roi; déclarant ceux qu'ils avoient, tant à Rome qu'à Florence, appartenir à Sa Majesté comme provenus de ses deniers; déclarant, en outre, les étrangers incapables de dignités, offices, charges et gouvernemens en ce royaume. Mais cet arrêt ne fut exécuté que contre la personne de la maréchale d'Ancre; car leurs maisons et leurs biens passèrent tout à la fois en la puissance de leurs ennemis, qui, pour le premier degré de leur avancement, s'élevèrent d'un seul pas sur tous les biens que, avec tant de mécontentement des peuples, de jalousie des grands, de désavantage du service du Roi, d'intérêt de l'honneur de la Reine, et de plaintes de Luynes même envers le Roi, ils avoient amassés durant les sept années du gouvernement de la Reine. Tant ou l'avarice les aveugla, et leur fit perdre la mémoire des prétextes qu'ils avoient pris du bien dudit maréchal pour lui nuire, ou leur imprudence fut extrême, ne se souciant pas qu'on reconnût leur fourbe pourvu qu'ils en eussent le profit.

Cela fit voir à tout le monde qu'ils n'avoient poursuivi cette pauvre affligée que pour couvrir leur pauvreté de ses biens, mais bien plus aux juges mêmes, dont plusieurs furent trompés, et apprirent, à leur dam et au préjudice de leur conscience, qu'il ne faut point, sous la promesse d'un favori, outrepasser la ligne de la droiture dans les jugemens; car l'avocat général Le Bret m'a dit que les imputations qu'on faisoit à la défunte étoient si frivoles, et les preuves si foibles, que, quelques sollicitations qu'on lui fît qu'il étoit nécessaire pour l'honneur et la sûreté de la vie du Roi qu'elle mourût, il ne voulut jamais donner ses conclusions à la mort que sur l'assurance qu'il eut, par la propre bouche de Luynes, qu'étant condamnée le Roi lui donneroit sa grâce; et si Le Bret a été trompé sur cette fausse promesse, il est bien croyable que plusieurs autres juges l'ont été par la même voie. Mais le bon homme Deslandes, qui étoit l'un des rapporteurs, ne se laissa point surprendre à ce ramage, mais demeura dans l'intégrité de la justice, et refusa même de s'abstenir de se trouver au jugement, quelque instance qui lui en fût faite de la part de Luynes.

Les principaux chefs sur lesquels ils la condamnèrent, furent qu'elle étoit juive et sorcière, dont la principale preuve étoit l'oblation qu'ils prétendoient qu'elle avoit faite d'un coq, et les nativités du Roi et de messieurs ses frères qu'ils trouvèrent dans ses cassettes.

Il est vrai qu'elle se trouve saisie de la nativité de sa maîtresse et de celle des enfans que Dieu lui a donnés. Il se vérifie contre elle qu'au milieu de ses douleurs elle a fait bénir des coqs et des pigeonneaux, et appliquer sur sa tête pour trouver quelque allégement à ses peines.

On a raison de dire qu'il n'y a point d'innocence assurée en un temps où on veut faire des coupables; car, quoique de ces deux choses la dernière mérite louange, puisqu'elle a son fondement et ses exemples dans l'Ecriture, et la première compassion pour être plutôt un vice de sa nation que de sa personne, elle ne délaisse pas d'être déclarée criminelle de lèse-majesté, d'être convaincue de sortilége.

On sait assez que peu de grands naissent en Italie dont on ne tire l'horoscope, dont la vie et les actions ne soient étudiées dans les astres avec autant de soin que si Dieu avoit écrit dans les cieux les noms des personnes sur qui il veut se reposer de la conduite du monde. Cette doctrine, que nous estimons plus curieuse que nécessaire, ils ne la croient pas inutile ni à leur fortune ni à la sûreté des princes; car, comme ce n'est pas un mauvais commencement pour entrer dans les bonnes grâces de son maître que d'en connoître les inclinations, aussi n'est-ce pas peu pour sa santé que d'en savoir le tempérament et les humeurs : la connoissance du mal est en effet la première partie de la médecine. A la vérité, il est défendu, par les anciennes lois impériales, de faire des consultations sur la vie des princes ; mais ou la défense n'étoit que pour ceux qui avoient droit à la succession, ou contre ceux qui, rendant leurs observations publiques, détachoient les peuples, par l'opinion d'un changement à venir, du respect qui étoit dû aux puissances légitimement établies. Mais quand elles auroient eu force indifféremment contre ceux qui les tirent et les reçoivent, contre ceux qui les rendent publiques ou secrètes, telles fautes ayant été communes en notre temps et sans aucun exemple de châtiment, puisqu'il y a prescription contre les lois les plus saintes lorsque l'usage ordinaire en autorise les contraventions; elle ne pouvoit être justement condamnée.

Pour les remèdes dont elle ne s'est voulu servir qu'après être sanctifiés de la main du prêtre, je soutiens que c'est plutôt une preuve de sa piété que de ses crimes.

Dieu ayant fait le monde pour l'usage de l'homme, il fait bien de chercher en la nature ce qui peut soulager la sienne; mais le chrétien ayant appris que ce qui est consacré par la bénédiction est plus souverain que ce qui est formé par la nature, fait encore mieux de rechercher sa guérison dans les œuvres de la grâce.

Où est la loi qui commande aux sains de bénir les alimens, et défende aux malades de consacrer les médicamens? On arme de ce signe les vaisseaux pour les rendre plus propres à combattre les ennemis et les orages; on bénit les eaux pour en ôter le venin; on fait des processions dans les campagnes pour les rendre plus fertiles; et il ne sera point permis de fortifier la vertu des remèdes par des cérémonies si saintes! A la vérité, qui béniroit les animaux pour les purifier tomberoit en l'erreur des manichéens, qui les estimoient immondes comme procédant d'un mauvais principe; mais les sanctifier pour les rendre meilleurs, cela demeure dans les maximes de la théologie, qui nous apprend que la grâce accomplit la nature.

Aussi ne fut-elle recherchée pour ces crimes imaginaires qu'en apparence, mais en effet pour n'avoir pas refusé les libéralités de sa maîtresse. Si elle eût été moins riche elle eût été plus à couvert en sa mauvaise fortune; elle eût servi plus long-temps si elle eût servi une princesse moins libérale : ses biens lui attirèrent pour ennemis et pires parties, des personnes dont le pouvoir n'étoit pas moindre que l'avarice, qui, disposant absolument des volontés du Roi, mandèrent aux juges par le duc de Bellegarde, qui les visita tous les uns après les autres pour leur donner cette impression, qu'ils n'estimoient pas que la Reine pût posséder sûrement sa vie si elle n'en étoit privée, qui, contre le sentiment des plus gens de bien, pour une faute étrangère, une action de piété et la vertu de sa maîtresse, la firent condamner à la mort par arrêt.

Quand on lui prononça sa sentence, elle fut surprise et s'écria : *Oime poveretta!* car, s'assurant sur son innocence, elle n'attendoit rien moins que la mort, et ne savoit pas encore que toute personne qui est en la mauvaise grâce de son prince est en ce point-là seul atteinte et convaincue de tous crimes dans le jugement des hommes. Elle se résolut néanmoins incontinent à la mort, avec une grande constance et résignation à la volonté de Dieu.

Dès qu'elle entra en la prison, son esprit, qui étoit déjà blessé auparavant de tant d'imaginations mélancoliques, que non-seulement personne ne pouvoit souffrir son humeur, mais elle étoit insupportable à elle-même, revint à soi si parfaitement qu'elle n'eut jamais le sens meilleur qu'elle l'eut alors, et le conserva jusqu'à la fin, tant elle ressentit parfaitement véritable cette parole de l'Ecriture, que l'affliction est le plus salutaire remède de l'esprit. Mais à ce point, qui fut la catastrophe de toute sa mauvaise fortune, une grâce si particulière de Dieu lui fut donnée, que, surmontant l'impression naturelle de l'impatience qu'elle avoit eue toute sa vie, elle se montra d'un courage aussi constant et ferme comme si la mort lui eût été une récompense agréable, et que la vie lui eût tenu lieu d'un supplice cruel.

Sortant de sa prison, et voyant une grande multitude de peuple qui étoit amassé pour la voir passer: « Que de personnes, dit-elle, sont assemblées pour « voir passer une pauvre affligée ! » Et à quelque temps de là, voyant quelqu'un auquel elle avoit fait un mauvais office auprès de la Reine, elle lui en demanda pardon, tant la véritable et humble honte qu'elle avoit devant Dieu de l'avoir offensé, lui ôtoit parfaitement celle des hommes. Aussi y eut-il un si merveilleux effet de bénédiction de Dieu envers elle, que, par un subit changement, tous ceux qui assistèrent au triste spectacle de sa mort devinrent tout autres hommes, noyèrent leurs yeux de larmes de pitié de cette désolée, au lieu d'assouvir leurs cœurs de son supplice qu'ils avoient tant désiré ; et au lieu qu'ils étoient accourus pour la voir comme une lionne, qui après avoir fait beaucoup de carnage étoit prise dans les rets, et prête à subir la vengeance des maux qu'elle avoit faits, elle leur parut comme une brebis qu'on menoit à la boucherie, et l'eussent voulu racheter de leur propre sang. Madame de Nevers même, qui, pour son courage hautain et pour s'être vue, elle et son mari, poussés jusque sur le bord de leur ruine par elle, avoit le cœur le plus envenimé, ne se put tenir de fondre en larmes : de sorte qu'il est vrai de dire qu'elle fut autant regrettée à sa mort qu'elle avoit été enviée durant sa vie. La seule vérité m'oblige à faire cette remarque, et non aucun désir de favoriser cette femme aussi malheureuse qu'innocente, vu qu'il n'y a personne si odieuse qui, finissant ses jours en public avec résolution et modestie, ne change la haine en pitié, et ne tire des larmes de ceux mêmes qui auparavant eussent désiré voir répandre son sang.

La part que son mari et elle ont eue aux biens, aux grandeurs, au gouvernement de l'Etat, et aux bonnes grâces de la Reine, la montre pompeuse que la fortune a faite d'eux sur le théâtre de ce royaume; la passionnée et différente affection des peuples vers eux, et les divers jugemens qu'en a faits toute l'Europe, nous obligent, ce me semble, à dire quelque chose en bref de leur naissance, de leur fortune, de leurs mœurs, de leurs défauts, de leurs vertus; de leur vie et de leur mort; répétant le moins qu'il se pourra les choses qui se trouveront dites d'eux au cours de cette histoire.

Le mari s'appeloit Conchino Conchini, étoit gentilhomme des meilleures maisons de Florence, comme en fait foi Scipio Aminirato, dans son livre des Maisons illustres. Son père avoit été gouverneur de don François de Médicis, père de la Reine mère, et seul ministre sous Côme, estimé pour le premier homme d'Etat d'Italie, au rapport de M. de Thou.

La jeunesse de Conchino fut agitée de plusieurs

accidens, de prison, de bannissement, jusqu'à être réduit à être échanson du cardinal de Lorraine.

Peu de mois avant le mariage du Roi il retourna à Florence, où se trouvant peu de bien, troisième cadet d'une maison de dix mille ducats de rente, il fut aisé à persuader de venir avec la princesse Marie. Leonora Galigaï le regardoit déjà de bon œil, et l'aida de quelques deniers avant son partement, dont il acheta un cheval qu'ils appellent *di rispeto*, qui coûta deux mille ducats, duquel il fit présent au Roi.

Peu après son arrivée il épousa ladite Leonora, et en même temps eut crédit de mari de la favorite de Sa Majesté. Il fut premier maître d'hôtel de la Reine, et puis son premier écuyer. Après plusieurs fâcheuses rencontres, tant de l'aigreur de l'esprit de sa femme, qui ne se pouvoit rendre à parler au Roi avec le respect qu'elle devoit sur le sujet de ses amourettes, que de l'envie de don Joan, qui essaya de persuader au Roi qu'il seroit mieux en Italie que proche de la Reine, il gagna enfin crédit en l'esprit de Sa Majesté, tant parce qu'il étoit adroit aux exercices, aimoit le jeu, étoit d'humeur agréable, railleur et divertissant, que principalement pource qu'il le servoit à déguiser et à cacher ses amours à la Reine, et à divertir et à apaiser les orages de la jalousie, que le Roi ne pouvoit supporter.

Après la mort du Roi, sa fortune haussa et s'accrut avec l'emploi; mais sa faveur commença à aller de soi-même, et vint à tel point, que, durant la dernière année de son pouvoir, sa femme y eut la moindre part.

Il étoit naturellement soupçonneux, comme Italien

et Florentin, moins charlatan que le commun de sa nation ne porte, entreprenant, courageux, quoique la médisance, qui attaque toujours ceux qui ont la première puissance, ait voulu dire : ceux qui virent tuer des gens auprès de lui, à l'entreprise du Catelet et au siége de Clermont, sont encore en vie, et témoins dignes de foi qu'il ne se peut pas faire meilleure mine en lieu périlleux.

Ses railleries ordinaires de traiter ceux de sa nation et ses domestiques de *coglioni*, donnèrent prise au monde, qui la recherche volontiers sur ceux qui tiennent son poste pour l'en faire traiter lui-même.

Il avoit pour principal but d'élever sa fortune aux plus hautes dignités où puisse venir un gentilhomme, pour second désir, la grandeur du Roi et de l'Etat, et en troisième lieu, l'abaissement des grands du royaume, et surtout de la maison de Lorraine; car, encore que partie en fût attachée aux intérêts de sa maîtresse, il disoit néanmoins souvent à ses confidens que les princes du sang faisoient moins de mal par leur rebellion ouverte, que les autres dans leurs intrigues de cour.

Il avoit reconnu l'imbécillité d'esprit de sa femme deux ans avant sa mort, et n'ignoroit pas ce qu'on disoit de ses autres imperfections. Il avoit été sur le point de l'envoyer enfermer au château de Caen comme folle; mais Montalto, le médecin qui gouvernoit la santé de l'un et de l'autre, détourna ce dessein, et fut plutôt d'avis qu'on tâchât de la ramener par douceur, en satisfaisant son avarice par petits, mais ordinaires présens et autres soins étudiés, que d'en venir à cette extrémité.

Il avoit passion d'épouser mademoiselle de Vendôme, qui en eut connoissance par personne confidente du maréchal, et reçut ses vœux avec témoignage de singulière approbation.

Les anciens ministres lui étant en extrême dégoût, le chancelier, M. de Villeroy, et le commandeur de Sillery par-dessus tous, le président Jeannin lui eût agréé détaché des autres, mais il n'en put venir à bout, et en reçut de rudes rebuffades. Il eut peu ou nulle satisfaction du garde des sceaux du Vair; il l'accusa d'ignorance et d'ingratitude en parlant à sa barbe.

Je lui gagnai le cœur, et il fit quelque estime de moi dès la première fois qu'il m'aboucha. Il dit à quelques-uns de ses familiers qu'il avoit un jeune homme en main, capable de faire leçon à *tutti barboni*. L'estime dura toujours, mais sa bienveillance diminua entièrement, premièrement parce qu'il me trouva avec des contradictions qu'il n'attendoit pas, secondement parce qu'il remarquoit que la confiance de la Reine penchoit toute de mon côté, troisièmement par les mauvais offices de Russelay, qui n'omettoit aucun artifice pour m'abattre et Barbin.

Il reconnut la distinction du passé dans l'esprit de la Reine, par deux propositions qu'il fit faire par Russelay, qu'il croyoit qu'elle refuseroit toutes deux, mais au contraire les approuva. La première, qu'il fût ambassadeur à vie auprès de Sa Sainteté; la seconde, qu'il fit faire pour éluder la première, qu'on lui procurât auprès du Pape l'investiture de Ferrare, moyennant grande somme de deniers délivrée aux neveux.

L'acceptation de ces deux partis l'aigrit tout-à-fait

contre Sa Majesté, et lui fit projeter mon éloignement, et du garde des sceaux, Mangot et Barbin.

L'aigreur s'augmenta en ce même temps contre sa femme, qui, n'ayant plus le juif Montalto, mort quelque temps auparavant, pour modérer ses fantaisies, s'échappoit jusqu'aux injures, et leurs dernières visites eurent besoin de l'intervention de la Reine pour empêcher les dernières extrémités.

Elle vouloit s'en aller hors le royaume; il n'en vouloit point partir, disant souvent qu'après avoir été ce qu'il étoit en France, il n'y avoit que *la casa di domino* meilleure, et où il pût vivre à son goût. Il ne fit quasi aucun bien à ses parens ni à ceux de sa nation, afin qu'on vît que tous ses sentimens naturels étoient étouffés par ceux qu'il avoit pour la France.

Le médecin juif avoit préoccupé son esprit, mais moins que celui de la Reine et de sa femme, qu'on les vouloit assassiner par la vue et empoisonner par des regards. Leur manie en vint à tel point, qu'ils ne regardoient que peu de gens, et vouloient encore être regardés de moins.

La passion du jeu étoit son seul divertissement les dernières années de sa vie, celle de l'amour n'y paroissoit point; il étoit rompu par deux hernies, de telle façon que la vertu ne faisoit aucune partie de sa chasteté. Il étoit naturellement libéral, d'agréable conversation, recevant à manque d'affection en ses particuliers amis si le respect bornoit la familiarité; ses domestiques ne le voyoient jamais que maître, et peut-être plus aigre qu'il ne convient pour en être aimé; mais il a eu cette bonne fortune que ses gens l'ont toujours aimé avec grande fidélité.

Les vices de sa nation n'ont point paru en lui; l'assassinat de Prouville fut plutôt toléré que permis (1), et puis ce ne seroit pas une question peu problématique de disputer qu'un sergent-major d'une place comme la citadelle d'Amiens, qui a intelligence avec les ennemis de celui qui l'a mis en charge, peut être justement traité du poignard.

Quant à la maréchale, elle s'appeloit Leonora Gay, et changea de surnom pour déguiser la bassesse de son extraction, laquelle étant obscure facilita ce changement sans qu'on s'en aperçût. Elle étoit fille d'un menuisier; sa mère fut nourrice de la Reine, de laquelle partant elle fut sœur de lait, plus âgée qu'elle de quinze ou vingt mois, et nourrie dans le palais auprès d'elle. Avec l'âge crut leur amitié : la fidélité, le soin, l'assiduité de Leonora à servir sa jeune maîtresse n'avoit point de semblable; la tendresse de la reconnoissance de la princesse vers sa servante en avoit encore moins; aussi se rendit-elle si adroite et si savante en toutes les propretés et gentillesses dont la jeunesse des filles se pare et orne ses beautés, qu'il sembloit à sa maîtresse qu'elle étoit seule au monde, et qu'elle n'en pourroit jamais recouvrer une telle si elle la perdoit.

Ce besoin que sa maîtresse ressentoit plutôt qu'elle ne pensoit avoir d'elle, lui fit donner une telle part en sa confiance, qu'il n'y avoit point pour elle de secret dans son cœur. Le Grand-Duc n'étoit pas marri qu'une fille de sa condition, des volontés de laquelle

(1) *Fut plutôt toléré que permis* : « Ventre Saint-Paul, s'écria le « maréchal d'Ancre quand il apprit que cet officier avoit été tué, il « falloit lui faire affront et lui donner les étrivières, et non l'assas-« siner. »

il étoit toujours le maître, gouvernât sa nièce ; les réponses de laquelle aux princes qui la recherchoient étoient telles que lui insinuoit Leonora, et Leonora ne manquoit pas à les lui donner telles que le Grand-Duc vouloit, qui, par ce moyen, sans paroître s'en mêler, gouvernoit l'esprit de sa nièce, et en faisoit ce qu'il vouloit. Enfin, après l'avoir beaucoup de temps gardée comme un trésor qu'il faisoit espérer à tous et ne laissoit néanmoins enlever de personne, comme il la vit avoir atteint l'âge de vingt-sept ans accomplis, et ne la pouvoir plus long-temps retenir sans la faire beaucoup déchoir d'estime, et s'offrant l'occasion la plus avantageuse que la bonne fortune lui pût offrir de la colloquer utilement pour lui, glorieusement pour sa maison, heureusement pour elle, il l'accorda à la recherche qu'en fit Henri IV après avoir donné par ses victoires une paix assurée à son Etat. Leonora a part à cette grande aventure de sa maîtresse, puisque si elle est élevée à la haute majesté de reine de France, celle-ci l'est à la dignité de reine de son cœur : pauvre papillon, qui ne savoit pas que le feu qui la consumeroit étoit inséparablement uni à l'éclat de cette vive lumière, qu'elle suivoit transportée d'aise et de contentement.

Arrivée qu'elle est en France, elle est incontinent reconnue pour la favorite de la Reine, qui, sans beaucoup de difficulté, la fait agréer au Roi. L'inclination qui déjà dès Florence étoit née en son cœur en faveur de Conchino, joint à ce que, naturellement défiante et se reconnoissant mal partagée de beauté, elle eut crainte de n'être pas si bien traitée d'un Français, la portèrent à épouser Conchino, qui fut fait premier maître d'hôtel de la Reine, dont elle étoit dame d'atour.

Dans les mécontentemens que la Reine reçut par les diverses amours du Roi, elle demeura si inséparablement unie aux intérêts de sa maîtresse, que jamais ni le Roi ni son mari ne la purent gagner pour les lui pouvoir faire dissimuler, ou l'empêcher d'en parler avec l'aigreur que méritoit le ressentiment de l'offense qu'elle prétendoit être faite à la Reine; d'où elle se vit plusieurs fois en danger d'être renvoyée en Italie, elle et son mari. Cela ne lui nuisoit pas auprès de sa maîtresse, qui, à la mort du feu Roi, étant devenue dame absolue de ce grand royaume sous le titre de régente, lui fit telle part de sa puissance, et pour l'amour d'elle à son mari, qu'ils se virent élevés au plus haut point de grandeur où jamais étrangers le furent en cet Etat.

Elle se gouvernoit avec cette modestie en sa faveur, qu'elle ne se soucioit pas que l'on crût que le principe en fût en son mari ou en elle, bien qu'elle en fût l'ame et le lien, tant pour ceque c'étoit elle que la Reine aimoit, que pource que le feu de l'ambition de son mari le faisoit aller si vite et avec si peu de précaution en sa conduite envers la Reine, qu'il manquoit de l'adresse nécessaire pour en obtenir quelque chose, où elle au contraire, par la sienne, venoit à bout de ce que la Reine par son inclination ne vouloit pas; ne lui parlant jamais d'une affaire qu'elle n'y eût premièrement fait disposer son esprit par plusieurs choses qu'elle lui faisoit dire de loin par les uns et les autres, et après tous ces préparatifs seulement lui en parloit, et d'abondant encore avoit toujours quelqu'un des ministres de son côté, et souvent pour les ruiner les uns par les autres.

Dès le commencement, mais plutôt par la bassesse de son esprit qui suivoit celle de sa naissance, que par modération de vertu, elle témoigna avoir plus de désir de richesses que d'honneurs, et résista quelque temps aux appétits immodérés de la vanité de son mari, tant pour la susdite raison que pource qu'elle craignoit qu'il s'emportât d'orgueil envers elle-même et la méprisât.

Mais la magnificence de la Reine, qui vouloit que la grandeur de ses créatures fût proportionnée à la puissance et à la libéralité de celle qui les élevoit de la poussière, ou leur mauvaise fortune, qui, pour les tromper plus facilement, jonchoit de roses le chemin qui conduisoit à leur ruine, firent qu'enfin les désirs de l'un et de l'autre furent assouvis, les principales richesses, dignités et charges de cet Etat étant accumulées en eux.

Si leurs prospérités furent extraordinaires, leurs traverses ne le furent pas moins : les grands, les princes, les ministres, les peuples, les avoient pour but d'envie ou de haine. Le courage manqua premièrement à Leonora (1), elle pensa à faire retraite en Italie ; son mari ne le voulut pas sitôt, et ne se rendit à ce désir qu'à l'extrémité, quand il se vit abandonné de M. le prince ; mais il le quitta quand il le vit arrêté, ce que sa femme ne fit pas, qui continua en ce dessein et y disposa ses affaires.

(1) *Le courage manqua premièrement à Leonora :* D'autres mémoires assurent au contraire que le maréchal, après la mort de sa fille, conjura vainement son épouse de quitter la cour.

Toutes ces traverses, et domestiques avec son mari, dont les désirs étoient si contraires aux siens, et publiques, donnèrent une telle atteinte à son corps qu'il en perdit toute santé, et à son esprit qu'il s'en troubla en quelque façon : de sorte qu'elle se mit en imagination que tous ceux qui la regardoient l'avoient ensorcelée; dont elle devint si chagrine, que non-seulement elle se tiroit de la conversation de tout le monde, mais même elle ne voyoit quasi plus sa bonne maîtresse; et quand elle la voyoit ce n'étoit que paroles d'injures, l'appelant *despietata, ingrata,* et quand elle parloit d'elle, l'épithète ordinaire qu'elle lui donnoit étoit celle de balourde.

L'opinion qu'elle eut que son mari eût voulu être défait d'elle, et pensoit déjà à une nouvelle épouse, jetant les yeux sur mademoiselle de Vendôme, n'apportoit pas peu de coup à tous les troubles de son esprit. Il dissimuloit néanmoins du commencement avec elle le mieux qu'il lui étoit possible, ne la voyant que les soirs seulement, faisant ses visites de peu de durée, lui apportant toujours quelque petit présent, et permettant même, à ce que l'on disoit, qu'un seigneur Andrea, napolitain, qui étoit à lui, demeurât avec elle pour la réjouir de la musique de sa voix et de ses instrumens. Mais enfin il cessa de la voir plus, que fort rarement, lorsque tant de fâcheuses humeurs de sa femme lui donnèrent lieu de prendre crédit de soi-même en l'esprit de la Reine ; dont elle pensa désespérer, et vint à tel point de fureur vers lui et lui vers elle, qu'ils ne se parloient plus qu'avec des imprécations mutuelles : pronostics secrets du malheur prochain qui leur devoit arriver.

Heureux l'un et l'autre s'ils eussent vécu en l'amour et en la confiance qu'ils se devoient, et que ou le mari eût, par une déférence bienséante, déféré aux conseils de sa femme lorsqu'elle lui faisoit dire qu'il levoit trop de voiles pour un si petit vaisseau, et se fût résolu de descendre de ce haut ciel de faveur où il étoit élevé en une sphère plus basse, et y fournir la carrière de sa fortune en restreignant sa course en des cercles de moindre grandeur, ou qu'elle, de sa part, interprétant avec simplicité les désirs de son mari, et n'y prévoyant pas à l'avenir de mauvais desseins contre elle, eût consenti que sa nièce eût épousé Luynes, attachant par cette ancre sacrée sa fortune flottante dans le port de salut.

Mais Dieu, qui vit qu'au lieu du service de leur maîtresse leur seul intérêt les conduisoit en toutes choses, voulut que ce même intérêt d'un chacun d'eux en particulier fût enfin cause de la perte du bien commun et de la vie de tous les deux.

On croyoit que la persécution devoit finir avec la vie de cette pauvre misérable; mais, comme il est malaisé de modérer une puissance injustement acquise, elle n'est pas sitôt morte qu'elle passe de la servante à la maîtresse.

La nouvelle de sa mort donna une grande affliction à la Reine qui étoit à Blois, et du mal qu'on faisoit à la favorite on jugeoit bien qu'on ne faisoit pas passer dans l'esprit du Roi la maîtresse pour exempte de manquement.

Tous les autres serviteurs qui lui restoient à la cour, ou pour mieux dire ceux qui avoient fait profession de l'être, et qui ne parloient pas maintenant contre elle assez impudemment, recevoient tous, chacun à leur condition, peu favorable traitement. De sorte que s'il y avoit autrefois presse à mendier ses bienfaits, il y en avoit maintenant davantage à dénier qu'on en eût reçu ; et si quelqu'un, touché de compassion du changement qu'on voyoit en elle, lâchoit quelque parole à son avantage, le bruit n'en venoit pas sitôt aux oreilles de ceux qui la craignoient, qu'ils imputoient tels sentimens à crime, et l'accusoient de ne pas approuver les actions du Roi, donnant ainsi à entendre qu'elle gagnoit par faction et cabale secrètes les langues et les cœurs des personnes qui se portoient à la plaindre par raison.

Au sortir de Paris je l'accompagnai, recevant plus de consolation en la part que je prenois en son affliction, que je n'en eusse pu recevoir en la communication que ses ennemis me voulurent faire de leurs biens. J'en voulus avoir une permission expresse du Roi par écrit, de peur qu'ils ne me rendissent puis après coupable de l'avoir suivie, et soutinssent que je l'avois fait de mon mouvement. Je savois bien l'épineuse charge que ce m'étoit de demeurer auprès de la Reine, mais j'espérois me conduire avec tant de candeur et de sincérité que je dissiperois toutes les ténèbres de la malice conjurée contre moi ; et pour m'aider à y parvenir, je conseillai incontinent à la Reine d'envoyer querir le père Suffren, personnage de grande piété et de simplicité, éloigné de menées et d'artifices, et qui n'en laisseroit pas prendre la pensée seulement à la Reine jusqu'à l'extrême nécessité. Le bon père néanmoins ne vint pas trop tôt, comme il avoit été mandé, mais seulement quelques mois après.

Je ne manquai point aussi, dès que nous fûmes arrivés à Blois, en donnant avis au sieur de Luynes, de lui mander que je prévoyois assurément qu'il auroit tout contentement d'elle, et que ses actions n'avoient autre but que le bien des affaires de Sa Majesté; que la mémoire des choses passées n'a plus de lieu en son esprit, et que je n'eusse pas cru que si peu de temps l'eût entièrement guérie comme elle étoit. Puis, de temps en temps, je lui rendois un compte exact des actions de la Reine, afin qu'il ne lui pût rester aucun doute qui le fît entrer en soupçon.

La Reine m'ayant fait chef de son conseil, je ne voulus pas accepter cette charge sans l'en avertir et en avoir permission du Roi, assurant Sa Majesté, et le sieur de Luynes particulièrement, que toutes mes actions feroient connoître que l'envie et la rage de tous ceux qui me traversoient ne peuvent en rien altérer un homme de bien comme j'étois; que si Dieu m'a donné quelque esprit, il ne doit pas m'être imputé à crime en usant bien, comme les bons et les méchans seront contraints par mes actions de le reconnoître.

J'appelai M. de La Curée à témoin si je ne lui avois pas dit qu'ayant à honneur de servir la Reine, je n'accepterois aucune charge que le Roi ne l'agréât, ce que le sieur de Luynes voyoit maintenant par effet; que, s'il considéroit mon procédé par lui-même et non dans les artifices des personnes mal affectionnées, il ne me condamneroit pas; que les actions de la Reine étoient toutes si saintes, que s'il arrivoit quelque mauvais événement en sa conduite, il le faudroit attribuer, non à elle, mais à ceux à qui elle a quelque créance; que j'étois sûr que le Roi auroit contentement de ses actions et de ceux qui sont auprès d'elle; que, pour mon particulier, je ne désirois autre chose, sinon qu'on ne prît pas l'ombre pour le corps, et qu'ouvrant les yeux pour voir clairement quelles sont les actions de Sa Majesté et de ceux qui en servant le Roi la servent, on ferme l'oreille à tous mauvais rapports.

Mais toutes ces précautions ne purent empêcher les effets de leur mauvaise volonté contre moi, d'autant que le défaut de sincérité n'étoit pas ce qu'ils craignoient en moi : ce qui les travailloit étoit leur propre crime, et ce qu'ils craignoient étoit le peu d'esprit que Dieu m'avoit donné. Je recevois par toutes leurs lettres des nouvelles des avis qu'on donnoit, disoient-ils, au Roi contre moi; ils me mandoient qu'à toute heure ils avoient les oreilles battues de ne se pouvoir pas assurer en moi, d'autant que j'étois du tout porté à cabaler; que le sieur de Luynes essayoit de faire voir la fausseté de ces beaux avis, et faire fermer la bouche aux inventeurs et porteurs de ces bruits, mais qu'il n'en pouvoit venir à bout; une autre fois, qu'on avoit avis des brouilleries et menées de plusieurs, sous le nom et en faveur de la Reine, dont le Roi et Luynes ne croyoient rien, mais qu'il falloit que j'y veillasse, de peur que si cela étoit il en arrivât du malheur. Bref, toutes leurs lettres ne chantoient autre chose.

Je leur mandois que je m'obligeois au Roi, sur ma tête, d'empêcher toutes cabales, menées et monopoles, ou, si je ne pouvois, que je m'engageois non-seulement de lui en donner avis, mais du temps pour y apporter remède; que tout ce que je désirois d'eux étoit qu'ils prissent une entière confiance en moi, comme je l'avois auprès de la Reine, afin que mes ennemis ne me pussent faire aucun mauvais office; que j'étois sûr qu'il ne se faisoit ni ne se feroit rien contre le Roi; que je rendrois ma vie caution de mes paroles; que je ne pouvois empêcher les calomnies, mais que mes actions confirmeroient le sieur de Luynes au bon jugement qu'il fait de moi, et feroient honte à ceux qui, contre leur conscience, tiennent des langages à mon préjudice; que j'étois combattu de toutes parts, mais qu'armé de mon innocence je supportois tout avec patience; que j'étois bien empêché, ayant à me défendre en divers lieux, présent et absent, de diverses personnes puissantes; qu'il fâche véritablement à un homme de bien, qui n'a autre but devant les yeux que le service de son prince, de voir qu'on veuille mettre tous les jours son honneur en compromis; mais ce qui me consoloit, étoit que je savois l'opinion que Sa Majesté et le sieur de Luynes ont de moi, et que j'étois sûr que la fin couronneroit l'œuvre; que la créance qu'il avoit plu à la Reine prendre en moi m'avoit donné des envieux et des ennemis; que les intentions qu'on savoit que j'avois toutes portées au service du Roi m'en donnent d'autres, y ayant force gens qui voudroient avoir l'honneur que j'avois par la confiance de la Reine, pour en user autrement que je ne ferai jamais, quoiqu'il leur fût impossible, l'esprit de Sa Majesté étant tellement retenu dans les bornes du contentement et du service du Roi, que nul ne sauroit le porter à en sortir.

La maréchale..... envoya à la Reine le capitaine Benche, qui avoit été autrefois à son mari; mais la crainte que l'on eut de déplaire à ces messieurs fit que Sa Majesté ne fit point de réponse. Depuis, le duc de Montéléon désira que l'ambassadeur de l'Empereur, qui avoit vu le Roi, vît la Reine à Blois, et en écrivit sur ce sujet: la Reine, pour s'en exempter, fit la malade, et ne le vit point.

Toutes ces choses ne les contentoient point encore; à quelque prix que ce fût, ils ne me vouloient point voir auprès de cette princesse: ils eussent bien désiré m'éloigner d'auprès d'elle; mais leur timidité et leur inexpérience qui leur faisoient tout craindre, les empêchoient d'oser prendre résolution de me faire commander par Sa Majesté de m'en retirer. Leur ruse suppléa à leur défaut de hardiesse; ils firent que quelqu'un donna avis à mon frère qu'on me dépêcheroit bientôt un courrier pour ce sujet. Incontinent il me le manda; je le crus, et jugeant qu'il m'étoit mieux séant de les prévenir, je demandai congé à la Reine de m'en aller pour quelque temps à Coursay, qui est un prieuré que j'ai auprès de Mirebeau, où dès que je fus arrivé, ils prirent occasion de m'envoyer une lettre du Roi du 15 juin, par laquelle Sa Majesté me témoignoit être bien aise de la résolution que j'avois prise de m'en aller à mon évêché, et que j'y demeurasse, ou en mes bénéfices, jusqu'à ce que j'eusse autre commandement d'elle.

Je fis réponse que, n'ayant jamais eu ni ne pouvant avoir autre intention que de servir Sa Majesté et d'obéir à ses commandemens, je n'avois rien à répondre à la lettre que Sa Majesté m'avoit fait l'honneur de m'écrire, sinon que j'observerois religieusement ce qui étoit de ses volontés; qu'en quelque part que je fusse Sa Majesté recevroit des preuves de mon affection et fidélité, n'ayant jamais eu et ne pouvant avoir autre but que son service; que je savois bien que quelques-uns tâchoient de lui persuader le contraire, mais que Sa Majesté daignant considérer mes actions, ils ne viendroient pas à bout de leur dessein; que je croyois qu'en me gouvernant de la façon que j'avois fait, non-seulement je demeurerois exempt de blâme en la bouche de tout le monde, mais aussi que mes actions seroient approuvées de ceux qui me voudroient le moins de bien; que n'ayant pas eu ce bonheur je tâcherois de l'acquérir, continuant à si bien faire que ceux qui me rendroient de mauvais offices se fermeroient la bouche d'eux-mêmes; suppliant Dieu de ne me faire point de miséricorde, si j'avois jamais eu aucune pratique ni pensée contraire à son service.

Dès que la Reine le sut, elle dépêcha au Roi l'évêque de Béziers, et lui manda qu'elle ne pouvoit supporter ce dessein qu'elle voyoit qu'on avoit pris de m'éloigner d'auprès d'elle pour lui faire déplaisir, et au préjudice de la permission qui lui avoit été donnée de me retenir; ce dont elle étoit d'autant plus étonnée, qu'elle savoit très-certainement que depuis ce temps-là je ne pouvois lui en avoir donné aucun sujet; que soupçonnant ceux qui sont auprès d'elle, c'est vouloir croire qu'il soit possible de lui mettre en l'esprit quelque chose contre le devoir d'une mère envers son fils; que s'il désire faire paroître qu'il n'ajoute point de foi à ces calomnies, elle supplie Sa Majesté de ne lui pas dénier la continuation de la faveur qui lui est faite de me retenir près d'elle; que c'est une des plus grandes obligations qu'elle lui puisse avoir : car aussi il l'assura que lui ayant une fois accordé quelque chose, ses ennemis n'auroient pas le pouvoir de lui faire des affronts qu'elle aimeroit mieux mourir qu'endurer, et son esprit pourra être en repos : ce qu'elle désire avec telle passion, qu'après le bien de son service elle ne souhaite autre chose en ce monde.

Elle mande quant et quant au sieur de Luynes que cette action lui fait croire qu'on ne se méfie pas de moi, mais d'elle; que c'est faire tort à son intégrité que de s'imaginer qu'elle veuille se servir de moi pour brouiller, vu que, quand elle et moi aurions ce dessein, mon absence y seroit plus propre que ma présence; que voulant mettre ordre en ses affaires particulières, elle désire se servir de moi, me connoissant capable de ce faire; et ne voyant rien en moi qui puisse donner de l'ombrage qu'à ceux qui, poussés d'une grande animosité, se veulent forger en l'esprit ces imaginations, quoique en conscience ils reconnoissent le contraire; quand il seroit vrai que j'aurois de mauvais desseins étant auprès d'elle, sa personne répondroit de mes actions, étant entre les mains du Roi quand il voudroit; que c'est faire tort à une personne de juger de ses intentions à l'avenir, et de l'en punir avant la faute; qu'il ne doit pas préférer l'animosité de quelques particuliers à son contentement, autrement elle auroit occasion de croire qu'elle ne pourroit rien espérer que ce que la pure rigueur de la justice lui donneroit; que ce lui est un préjugé que tous les jours, sous de faux donnés à entendre, on lui donnera de semblables mécontentemens, ce qui la feroit enfin résoudre de supplier le Roi de lui permettre de sortir hors du royaume, pour ne donner sujet de croire qu'elle fît des cabales, comme on la vouloit calomnier; que, puisque le Roi lui fait l'honneur de le croire, il est obligé, en conscience, de lui remontrer qu'il ne doit point craindre de déplaire à quelques particuliers pour donner du contentement à sa mère, qui consiste au repos et tranquillité d'esprit qu'elle désire par-dessus toutes les choses du monde, et ne le peut avoir pendant que le Roi continuera de changer si soudainement ce qu'il lui a une fois accordé; et qu'enfin, s'il ne peut quitter le doute qu'il a que je voulusse brouiller, elle lui répondoit de moi-même, et que la réponse d'une reine étoit suffisante pour un criminel, et que cependant, puisqu'elle ne m'avoit point renvoyé en ma maison, comme elle voyoit qu'on en vouloit prendre le prétexte, mais m'avoit seulement donné congé pour huit jours, elle m'avoit déjà mandé de la revenir trouver, et que le lendemain je serois auprès d'elle.

Ces lettres si affectionnées et si pleines de raisons ne servirent à autre chose qu'à faire qu'elle ne reçut pas un refus déterminé de ce qu'elle demandoit, mais seulement un délai, Luynes lui mandant qu'on avoit tant dit de choses au Roi contre moi, qu'il ne pouvoit pas sitôt lui faire agréer mon retour; que tous les diables étoient déchaînés, ce n'étoit que médisances atroces, chacun parloit contre moi; qu'il n'en croyoit rien, mais néanmoins que cela faisoit impression en l'esprit de plusieurs, et qu'il falloit lui donner loisir de prendre son temps.

Il me payoit de semblable monnoie en réponse des lettres que je lui écrivois, s'avouoit mon obligé, promettoit de m'assister, se plaignoit des ennemis que j'avois qui me faisoient tout ce mal, disoit être marri de ne pouvoir pas sitôt dissiper ces nuages, promettoit de le faire et de m'envoyer la permission du Roi de retourner. Autant m'en écrivoient Déageant et ceux de sa cabale, et que, dès qu'ils verroient le temps à propos, il enverroit vers la Reine l'avertir de me demander au Roi; mais surtout qu'il ne falloit pas témoigner dans sa maison qu'elle désirât ardemment me faire retourner, car on feroit contre moi comme on avoit fait jusqu'alors.

La Reine, d'autre côté, me pressoit de la retourner trouver, d'autant que le sujet sur lequel étoit fondée la lettre du Roi étoit faux; mais je ne le voulus pas faire, parce que je savois que cela eût été préjudiciable à son service, et voulus montrer l'exemple d'une obéissance parfaite, pour leur faire juger par elle la sincérité de mes actions précédentes.

Les six mois restans de l'année, je les passai en perpétuelles attaques de calomnies et fausses suppositions contre moi, tant qu'enfin ils restreignirent mon exil dans mon évêché.

J'espérois, en cette rencontre, recevoir de l'assistance du maréchal de Vitry, que j'avois obligé fraîchement quinze jours avant la mort du maréchal d'Ancre, et il me l'avoit promis. Mais il arriva que le sieur de Luynes ayant eu volonté d'avoir la capitainerie de la Bastille, qui étoit à la Reine, mais que

Vitry désiroit, comme y ayant déjà un pied par la lieutenance qu'il y avoit, je crus qu'il étoit pour le service de la Reine que, cédant au temps, elle donnât contentement à Luynes. Vitry eut tant de ressentiment contre moi de ce qu'il sut que j'y avois contribué quelque chose, que non-seulement par après il ne fut plus mon ami, mais, comme si je lui avois fait une grande offense, il s'intéressa dans tous les moyens qui s'offrirent d'avancer ma ruine.

Tandis que j'étois à Coursay, il arriva que le père Arnoux ayant fait un sermon devant le Roi contre la confession de foi des huguenots, les quatre ministres de Charenton firent un écrit qu'ils adressèrent au Roi, par lequel, sous ombre de se défendre de ce que le père Arnoux avoit dit contre leur hérésie, ils parloient au Roi avec des paroles bien éloignées de ce qu'un prince catholique peut souffrir de ses sujets, et disoient beaucoup d'injures et faussetés contre l'Eglise de Dieu. La justice séculière en prit quelque connoissance, et le Roi, par arrêt de son conseil du 5 d'août, supprima cet écrit, et fit défense aux ministres de lui en adresser jamais aucun à l'avenir sans sa permission.

Mais, parce que je ne voyois pas que de la part de l'Eglise il fût apporté aucun remède au mal qui se glissoit dans les ames par la lecture de ce livre pernicieux, dont les huguenots faisoient leur coryphée, se vantant que les catholiques ne s'en pouvoient défendre, j'employai le loisir de ma solitude à y répondre, et le long temps qu'il y avoit que j'étois diverti de l'exercice de ma profession m'y fit travailler avec tant d'ardeur, que dans six semaines j'achevai cet ouvrage (1), dont, pour ne rien dire de moi-même, je laisse le jugement à ceux entre les mains desquels il est parvenu.

Plus cette action me donna de réputation, plus elle me chargea d'envie; et, bien qu'il fût aisé à connoître par-là qu'aucuns desseins de la Reine n'occupoient point mon esprit, mes ennemis ne laissèrent pas néanmoins de le craindre, et ne me firent pas donner permission de la retourner trouver.

Ce qui étoit plus déplorable en la misère de la Reine, c'est que la plupart de ceux dont elle devoit recevoir plus d'assistance pour les grands biens, charges, dignités et honneurs qu'elle leur avoit départis pendant sa puissance, étoient ceux qui se portoient plus hardiment contre elle, de peur qu'on ne les privât de ce qu'ils tenoient de sa bonté : chose ordinaire aux ames basses, mais du tout indigne de bon courage.

On la prive de la jouissance d'une partie de son bien; s'il vaque quelque bénéfice, il ne lui est pas permis d'en gratifier un de ses serviteurs; si quelque capitainerie qui dépend de ses domaines est à donner, celui qu'elle aime le moins en est pourvu par les personnes qui la haïssent pour l'avoir offensée.

On fit davantage : on lui envoie le sieur de Roissy en ma place, introduisant près d'elle des personnes dont on se veut servir à sa ruine en la place de ses principaux ministres qu'on avoit chassés. Elle ne le veut souffrir, on l'établit contre son gré proche d'elle, pour épier toutes ses actions.

(1) *J'achevai cet ouvrage :* Ce livre est intitulé : *La Défense des principaux points de notre créance contre la lettre des quatre ministres de Charenton.*

Nul n'entre chez elle qu'il n'en veuille avoir connoissance ; nul ne lui parle qu'il ne s'enquière du sujet ; si elle a quelque domestique qu'elle affectionne peu, c'est celui qui a part en leur faveur ; ceux qu'on estime les plus capables de faire faux bond à leur conscience pour servir aux passions injustes sont ceux qu'on trouve les meilleurs. On ne veut près d'elle que des personnes qui en aient le cœur éloigné ; ceux qui retiennent dans leur éloignement l'affection que par naissance et par obligation ils doivent avoir à son service, sont criminels, en quelque lieu qu'ils soient. Le désir que beaucoup ont de profiter par quelque voie que ce puisse être, porte diverses personnes à donner des avis contre elle ; on reçoit tout, on fomente tout ; on en invente non-seulement pour la décrier, mais même pour la rendre criminelle ; on trouve mauvais que ses domestiques, obligés à sa bonté, satisfassent à ce à quoi leur honneur et leur conscience les obligent ; s'enquérir de ses nouvelles, ne point quitter une si bonne et grande princesse d'affection comme de lieu, est un crime qui ne mérite pas de pardon ; si un de ses serviteurs se vouloit défaire de quelque charge qu'il eût auprès de sa personne, ils ne le vouloient pas souffrir, si ce n'étoit entre les mains de quelqu'un qui fût à eux.

Le baron de Thémines eut volonté de se défaire de la charge de capitaine de ses gardes ; le baron du Tour, homme de cœur et de fidélité, étoit d'accord avec lui de la récompense : ils n'osèrent pas lui dire ouvertement qu'ils ne le vouloient pas, mais ils l'arrêtèrent sur l'incident d'une pension de deux mille écus qui étoit attachée à ladite charge, laquelle ils ne lui voulurent jamais accorder, et lui firent dire nettement par le président Jeannin, qui le pria de le venir trouver sur ce sujet, qu'il étoit trop serviteur de la Reine-mère : ledit baron lui répondit courageusement qu'il l'étoit et le seroit jusques à la mort, bien qu'il sût que l'être étoit être coupable de tous les crimes qu'on eût su s'imaginer.

On ôte Monsieur d'entre les mains de M. de Brèves, non pour autre considération que pource qu'il témoignoit affectionner la Reine, qui lui avoit conservé l'éducation de Monsieur, que le feu Roi lui avoit destinée. Le sieur du Vair, témoignant la volonté du Roi à M. de Brèves sur ce sujet, lui dit qu'on lui ôte ce dépôt de la personne de Monsieur, non pour aucun desservice qu'il eût rendu, le Roi étant très-content de ses actions, mais pour des raisons qu'il n'est pas obligé de dire.

Il est vrai que les rois ne sont pas toujours obligés de dire les causes des résolutions qu'ils prennent; mais en ce temps on se servoit grandement de ce privilége, d'autant qu'ils avoient eu de mauvaises raisons de ce qui se faisoit, ou qu'ils n'en avoient point du tout.

La Reine apprend ce changement; elle juge incontinent que sa considération faisoit éloigner de son fils celui que la prévoyance du feu Roi y avoit mis; elle en appréhende les conséquences, et en parle néanmoins avec tant de modération, que la réponse qu'elle fit au sieur de Brèves, qui lui en avoit donné l'avis pour s'acquitter de son devoir, ne tendoit qu'à lui faire connoître que le Roi l'avoit voulu soulager en son âge caduc de la peine et de la sujétion qui est nécessaire auprès d'un prince de cet âge. Mais ce n'est pas assez qu'elle approuve les actions des autres, on lui veut faire confesser qu'elle s'est mal gouvernée en l'administration des affaires de l'Etat, qu'elle a gâté ce qu'elle a conservé.

Divers ambassadeurs vont vers elle pour la persuader d'écrire au Roi des lettres de cette teneur. Modène est choisi pour y employer son éloquence; il va trouver Barbin avant que de partir, et lui dit premièrement que Luynes a volonté de se réconcilier avec la Reine; et, pour commencer à lui en donner quelque témoignage, le veut envoyer de la part du Roi vers elle pour la visiter, mais qu'il n'ose entreprendre ce voyage, pource que depuis peu la Reine avoit dit qu'il y avoit quatre personnes auxquelles elle ne pardonneroit jamais : Luynes, Vitry, Ornano et lui.

Barbin, croyant qu'il lui dit vérité, l'encouragea à faire ce voyage, lui représentant la facilité que la Reine avoit à pardonner par l'inclination bénigne de son naturel, et l'obligation que le sieur de Luynes avoit, pour son propre bien, de l'en rechercher, attendu la piété du Roi, qui nécessairement le feroit enfin ennuyer du mauvais traitement que recevoit sa mère, et qu'il devoit craindre un changement de l'état présent de la Reine, ce qui pouvoit arriver par plusieurs accidens auxquels les affaires du monde sont sujettes; que si cela arrivoit dans le mauvais traitement qu'elle recevoit, il n'y avoit lieu de la terre où il pût être assuré; car, quand bien lors la Reine ne seroit pas sensible aux injures qu'elle avoit reçues, on la forceroit d'en avoir du ressentiment; ou au contraire, si ce changement arrivoit après la réconciliation, quand bien elle auroit mauvaise volonté contre eux, elle ne leur oseroit malfaire, de peur de se perdre de réputation devant tout le monde.

Modène fit semblant de goûter ses raisons. A quelques jours de là il lui dit qu'il est résolu de partir, et lui demanda une lettre de recommandation à la Reine, laquelle il lui donna. La Reine le reçut avec toute sorte de bonne chère, et de visage et de présence, et lui en récompense lui débaucha autant qu'il put de ses serviteurs, et fit de la plupart d'eux autant de pensionnaires de Luynes et d'espions de la Reine, à laquelle, quoiqu'il déployât toutes les voiles de son bien dire, il ne put persuader de faire chose indigne de son courage, ni d'avouer avoir failli en ce qu'elle avoit bien servi le Roi, estimant trompeuse une réconciliation le commencement de laquelle tendoit à la rendre coupable contre la vérité.

Au retour de cet ambassadeur, quelque petit rayon d'espérance de liberté parut à M. le prince, lequel ils transférèrent, le 15 de septembre, de la Bastille au bois de Vincennes, dont il estimoit l'air meilleur et la demeure moins resserrée, et ressentant son élargissement de prison; mais son désir le trompoit, car ils n'avoient nulle pensée qui tendît à sa liberté; au contraire, ils estimoient n'avoir assurance qu'en la détention de la Reine et de lui, et croyoient qu'en les tenant tous deux en leur puissance, ils ne pourroient recevoir aucune secousse en l'assiette de leur fortune.

Modène dit un jour à Barbin, en la Bastille, que

M. le prince lui avoit dit que la Reine l'avoit voulu délivrer peu après son arrêt, mais avec des conditions si honteuses qu'il ne les avoit pas voulu recevoir. Barbin lui ayant lors soutenu le contraire, et dit la réponse généreuse que la Reine lui fit, et que nous avons dit ci-devant, et qu'encore qu'il pût maintenant rejeter la prise de sa personne sur le maréchal d'Ancre qui étoit mort, il ne le vouloit pas faire, sachant qu'en cela il lui avoit été rendu un service signalé, Modène lui dit franchement qu'entre les choses qu'on approuvoit du gouvernement de la Reine celle-là étoit la principale, et qu'on n'avoit nul dessein de le laisser aller. Le sujet pour lequel on le changeoit maintenant de demeure étoit, au contraire de la pensée du prince, pour le garder avec plus de sûreté, car ce ne fut que pour réparer la faute qu'ils avoient faite au commencement, quand, cheminant avec grande timidité et comme n'étant pas encore leur autorité affermie, ils en donnèrent la garde à Persen, au lieu de l'avoir eux-mêmes.

Ils laissèrent bien encore lors l'apparence de la garde de sa personne au baron de Persen, lequel ils logèrent dans le donjon du bois de Vincennes, mais en effet ils l'avoient eux-mêmes par le régiment du sieur de Cadenet, qui y fut mis pour le garder.

Madame la princesse, qui, avec la permission du Roi, s'étoit, dès le commencement de juin, enfermée avec lui, l'accompagna aussi audit lieu, où elle espéroit faire ses couches avec plus de facilité; mais sa mauvaise fortune ajouta encore au déplaisir qu'elle avoit de l'état où il se trouvoit, celui de se voir accoucher avant terme.

En même temps que les uns étoient mis en de nouvelles prisons, les autres étoient élevés à contentement aux dignités et grandeurs nouvelles ; car, en ce même mois, le sieur de Luynes se maria avec la fille du duc de Montbazon (1), et fut pourvu de la lieutenance générale au gouvernement de Normandie qu'avoit le maréchal d'Ancre, et eut le don de tous ses immeubles, la réunion desquels au domaine du Roi ne servit que de passage pour les faire tomber entre ses mains. Tout résonnoit d'éloges à sa gloire ; mais comme il n'y avoit rien en lui à dire pour fonder ces louanges, il se remarqua que tout ce qu'on put avancer en sa faveur fut de le comparer au roi juif Agrippa, qui fut favori de l'empereur Caligula, qui succéda à Tibère ; ne considérant pas qu'il avoit eu une si malheureuse fin pour sa vanité, que Dieu punit exemplairement, qu'ils faisoient quasi un pronostic de la courte durée de sa fortune.

Cependant Barbin, qui étoit à la Bastille, resserré dans sa chambre, sous ombre que si on lui donnoit plus grande liberté M. le prince demanderoit le semblable, demanda lors celle de se pouvoir promener. On la lui accorda, et permit-on encore à son valet de chambre de le venir voir toutes fois et quantes il voudroit. Persen, et Bournonville qui commandoit en son absence, le traitant avec toute douceur, espérant par ce moyen diminuer quelque chose de l'aigreur de la Reine, qu'ils croyoient enflammée contre eux de colère pour l'offense qu'elle en avoit reçue, ce peu de courtoisie lui coûta bien

(1) *Avec la fille du duc de Montbazon :* La jeune épouse du favori fut depuis la fameuse duchesse de Chevreuse.

cher, et fut un piège que sa mauvaise fortune lui dressa pour le rendre misérable, et le porter jusque sur le bord du précipice, d'où la seule miséricorde de Dieu, comme par miracle, le garantit, ainsi que nous verrons l'année suivante.

Car, se voyant en cette petite liberté, et ayant appris que la Reine faisoit toujours instance vers le Roi en sa faveur, il demanda congé de lui pouvoir écrire pour lui rendre très-humbles grâces d'une si grande bonté.

Ils furent bien aises de cette demande, et lui en donnèrent plus de liberté qu'il ne vouloit, pour trouver occasion de lui ôter ce peu qui lui en restoit encore; car ils eurent soin de découvrir ceux qui iroient de sa part et de les gagner, et de se faire avertir par ceux qui étoient déjà à eux auprès de la Reine, de ce qui se passeroit à l'arrivée de ses lettres, et, s'il se pouvoit, de ce qu'elle lui récriroit.

Barbin envoyoit ses lettres par son valet de chambre; mais, de peur qu'ils prissent ombrage de l'y voir aller trop souvent, il les lui envoyoit le plus souvent par un sien parent chez qui il logeoit. Ils gagnèrent cet homme; et, dès qu'il avoit ses lettres, il les portoit au sieur de Luynes, qui en prenoit copie, les fermoit et les envoyoit à la Reine, des réponses de laquelle il faisoit le semblable, et les lui renvoyoit par cet homme à la Bastille, par lequel il savoit aussi beaucoup de choses dont la Reine s'ouvroit à lui pour les dire à Barbin.

La première lettre qu'il lui envoya fut portée par son valet de chambre même, et rendue fidèlement. Elle lui dit en particulier qu'elle ne pouvoit plus demeurer en la misère où elle se trouvoit; qu'elle étoit résolue de supplier le Roi de la retirer de là ; mais qu'elle eût bien désiré savoir son avis auparavant, car elle n'avoit plus personne auprès d'elle en qui elle se fiât. Mais il ne lui conseilla pas de le faire pour lors, d'autant qu'en ce temps-là ils firent expédier des lettres patentes du 4 d'octobre pour la convocation d'une assemblée des notables au 24 de novembre à Rouen, en laquelle, bien que la plupart de ceux qui y étoient appelés fussent personnes choisies par eux, néanmoins, si elle eût fait en ce temps quelque demande, ils auroient dit qu'elle auroit pris exprès la conjoncture de cette assemblée pour exciter quelque remuement dans l'Etat.

Tandis que ces choses se passent en France, l'empereur Mathias fait élire, au mois de juin, son beau-frère l'archiduc Ferdinand, son successeur au royaume de Bohême, dont les protestans d'Allemagne entrèrent en une grande crainte, à cause que Ferdinand avoit chassé tous ceux de leur secte hors de son Etat. Cela fut cause que tous les princes tinrent une assemblée à Hailbronn, par laquelle ils se liguèrent ensemble, et se promirent une mutuelle assistance contre les catholiques, quoique l'empereur Mathias dépêchât vers eux pour les en dissuader.

Le Pape fait publier à Rome un jubilé pour les nécessités de l'Eglise, l'extirpation des hérésies, la concorde et l'union des princes chrétiens.

L'électeur de Saxe, ou excité par ce jubilé, ou ayant déjà eu cette pensée dès long-temps, fit commandement par tout son Etat de célébrer les cent ans révolus au 31 d'octobre des premières thèses que

Luther fit afficher à Wurtemberg contre les indulgences de Sa Sainteté, et commanda de commencer cette fête depuis la veille dudit jour jusqu'au 2 de novembre, et fit faire quantité de pièces d'or et d'argent avec des inscriptions particulières, pour conserver la mémoire de ce prétendu jubilé.

Autant en firent les villes luthériennes d'Allemagne, et les calvinistes mêmes à Heildelberg firent aussi quelque fête particulière ce jour-là.

Mais, tandis que ce jubilé et ces fêtes se faisoient, la guerre continuoit très-cruelle entre le roi d'Espagne et le duc de Savoie en Italie, et les Vénitiens et l'archiduc Ferdinand en Dalmatie.

Au commencement de cette année, le maréchal de Lesdiguières passa en Piémont avec force troupes, quelques défenses qu'on lui eût pu faire de la cour, et son arrivée fut si heureuse que du côté du Montferrat il prit d'abord les villes de Saint-Damien et Albe, et de l'autre côté, vers Novarre, le prince de Piémont prit sur le prince de Majeran, partisan d'Espagne, les villes de Majeran et de Crevecœur, dans la dernière desquelles il y avoit grand secours d'Espagnols. En ces rencontres fut tué don Sanche de Luna, gouverneur du château de Milan, et toute l'armée espagnole fut étonnée, et leurs partisans en Italie ne le furent pas moins. Mais nos troubles de France, qui contraignirent le maréchal de Lesdiguières de repasser diligemment en Dauphiné, coupèrent les ailes de cette bonne fortune, et non-seulement l'empêchèrent de se porter plus avant, mais réduisirent premièrement le prince de Piémont à se mettre sur la défensive, puis encore à se défendre si malheureusement, que sa ville de Verceil, qui fut assiégée sur la fin de mai par don Pedro de Tolède, fut contrainte de se rendre le 25 de juillet, ouvrant une porte aux Espagnols pour se promener à leur aise dans le Piémont.

Bien que cette ville fût bientôt prise, et ne durât que deux mois, on l'eût pourtant facilement secourue de France, si le duc de Montéléon n'eût donné à entendre qu'il étoit expédient aux deux couronnes qu'elle fût prise, afin de rabattre l'orgueil du duc de Savoie qui vouloit aller du pair avec elles, promettant que le Roi son maître la rendroit par la paix à l'intercession du Roi. Mais quand on vit qu'au lieu de la rendre ils vouloient encore étendre leurs conquêtes, et faisoient contenance de vouloir assiéger Ast, le Roi commanda au maréchal de Lesdiguières de repasser les monts en diligence ; il y envoya aussi le duc de Rohan et le comte de Schomberg avec un régiment de lansquenets qu'il avoit levé contre les princes ; et quantité de noblesse française y accourut de toutes parts, faisant, avec ce qu'avoit de troupes le duc de Savoie, dix mille hommes de pied et deux mille chevaux. Dès qu'ils furent passés ils s'en allèrent à Ast, en résolution de déloger l'armée espagnole des postes qu'elle avoit à l'entour.

Le premier de septembre ils attaquèrent Felizan, où deux mille Trentins de ladite armée étoient logés, et, nonobstant le secours qui y fut envoyé, le prirent de force le lendemain par le courage des nôtres, qui, craignant qu'on les voulût recevoir à composition, sans attendre le commandement de donner franchirent le fossé, montèrent sur le rempart, taillèrent en pièces ce qui se rencontra devant eux, et se rendirent maîtres de la place, en laquelle ils gagnèrent onze enseignes des ennemis. Le lendemain ils surprirent un autre petit quartier où étoient deux enseignes de Trentins, et, le 4 de septembre, ils assiégèrent None, où les ennemis avoient logé deux mille hommes, et le prirent le 7; de sorte qu'ils rechassèrent par ce moyen l'armée des ennemis des environs d'Ast jusqu'au-delà du Tanaro.

Tous ces exploits refroidirent un peu les espérances hardies de don Pedro, et donnèrent lieu au traité de Pavie du 9 d'octobre, selon les articles proposés à Madrid et résolus à Paris. Par ce traité, la restitution des prisonniers et places prises devant et après le traité d'Ast étoit promise de part et d'autre, et le duc de Savoie obligé à désarmer; et, ledit duc ayant restitué et désarmé, don Pedro devoit disposer son armée dans le mois de novembre, ainsi que le vouloit le traité d'Ast. Ensuite fut publiée une suspension d'armes en Piémont et au Milanais. Mais l'exécution entière et pacification de toutes choses ne s'ensuivit que bien avant dans l'année suivante, comme nous le dirons en son lieu.

Le différend aussi entre les Vénitiens et l'archiduc Ferdinand fut terminé, ledit archiduc promettant de chasser de ses Etats ceux des Uskoques qui alloient en courses durant ces derniers mouvemens, et les autres encore qui vivoient en pirates, et de mettre dans Segna, ville de leur demeure, un gouverneur allemand, homme de qualité, pour les tenir en devoir, et que leurs navires de courses seroient brûlés. Il se trouva des difficultés à l'exécution de cet accord, pour lesquelles la guerre continua encore jusqu'à l'année prochaine.

Cependant le temps venu de l'assemblée des notables, le Roi et tous les députés se trouvèrent à Rouen. L'ouverture en fut faite le 4 de décembre, et elle fut close le 26. Il y fut fait beaucoup de belles propositions pour le bien de l'Etat; mais, comme ce n'étoit pas la fin pour laquelle se tenoit l'assemblée, il n'en fut tiré aucun fruit pource qu'on n'en avoit pas le dessein : joint que la façon de délibérer ne le souffroit pas; car on leur envoyoit de la part du Roi, en toutes les séances, lorsqu'ils s'assembloient, les articles sur lesquels on vouloit avoir leur avis, de sorte qu'ils ne savoient pas le matin ce dont ils devoient délibérer l'après-dînée, ce qui n'étoit pas pour faire une sage et mûre délibération.

Le principal dessein de Luynes étoit de faire trouver bon ce qu'il avoit conseillé au Roi sur le sujet de la mort du maréchal d'Ancre, et de l'éloignement de la Reine-mère. Cela fait, son soin ne s'étendit pas plus avant.

Une chose remarquable se passa en cette assemblée, qui est que les parlemens prétendirent avoir rang devant la noblesse dans la compagnie du conseil d'Etat, pour, avec les princes, ducs, pairs et officiers de la couronne, donner au Roi les conseils nécessaires pour le bien de son Etat, et qu'ayant juridiction souveraine sur la noblesse, il n'étoit pas raisonnable qu'elle les précédât.

M. de Luynes, qui ne les vouloit pas offenser, trouva une voie d'accommodement, qui fut de faire mettre la noblesse à l'entour de la personne du Roi et de Monsieur; ce qui étoit proprement leur faire céder leurs places, et donner gagné au parlement.

Durant cette assemblée, M. de Villeroy mourut âgé de soixante-quatorze ans, que la fortune plusieurs fois voulut chasser de la cour, et la réputation de sa sagesse y a toujours rappelé, et que la piété sur les dernières années de sa vie en voulut éloigner pour le faire vaquer à Dieu, mais ne le put gagner sur l'ambition qui lui faisoit remettre de jour à autre l'exécution d'un si louable dessein. Il fut enfin surpris d'une maladie qui l'emporta en trente heures, lâchant incessamment ces paroles de sa bouche, qui témoignoient plutôt son erreur que sa sagesse : *O monde, que tu es trompeur !*

Il fut fait secrétaire d'Etat en l'an 1566, sous le roi Charles IX, et demeura en faveur jusqu'aux Barricades, après lesquelles le roi Henri III l'éloigna. Henri IV le rappela par le conseil de M. de Sancy, qui lors étoit en crédit et avoit beaucoup de part aux bonnes grâces de Sa Majesté, et, pour plus d'assurance de sa fidélité, donna une de ses filles en mariage au sieur d'Alincour son fils, et fut en grande estime auprès du Roi jusqu'à sa mort, nonobstant la disgrâce qui lui arriva de L'Hoste, un de ses commis, à qui il confioit le secret de ses dépêches, lequel se trouva avoir intelligence avec l'Espagne ; et le sieur de Villeroy le voulant faire prendre, il se noya dans la rivière de Marne ; ce qui ôta le moyen à son maître de se justifier ; mais le Roi avoit conçu une si bonne opinion de lui, qu'il le consola en cette affliction, et ne lui voulut pas permettre de se retirer, comme il le désiroit, mais l'obligea à continuer de prendre soin de ses affaires.

Il approcha du Roi M. de Sillery et le président Jeannin, qui vivoient avec lui avec un grand respect et déférence. Le premier y étoit retenu par l'alliance du sieur de Puisieux son fils avec la fille aînée du sieur d'Alincour, qui lui apporta en dot, outre son bien, qui étoit grand, la charge de secrétaire d'Etat qu'avoit M. de Villeroy, laquelle il exerçoit par indivis avec lui.

Incontinent après la mort du Roi, le chancelier s'en fit accroire : lors M. de Villeroy, pour se maintenir, commença à ployer sous lui. A ce commencement eux deux et le président Jeannin demeurant bien ensemble, et le favori, qui étoit le maréchal d'Ancre, n'osant pas encore les attaquer, et eux aussi n'ayant pas sujet de faire le même à son égard, ils subsistèrent tous ensemble, et résistèrent sans aucune difficulté aux efforts des grands du royaume, qui ne se soucient pas que les affaires publiques aillent bien pourvu que les leurs particulières soient en bon état. Ils le firent encore, bien qu'avec beaucoup de peine, tandis qu'il n'y eut point de cour contre eux trois, nonobstant que le favori et eux se fussent déclaré la guerre; car ils se maintinrent, et résistèrent aux divers mouvemens et de lui et des grands, avec lesquels il s'étoit ligué contre eux. Mais, lorsque le chancelier eut perdu le lien de leur alliance en la mort de sa belle-fille, et, se voyant élevé par l'autorité de sa charge, et par celle du commandeur son frère auprès de la Reine, et son crédit près de la maréchale, ne voulut plus dépendre de compagnon, mais vivre en supérieur, le sieur de Villeroy s'aigrit aussi de son côté, et se mangèrent les uns les autres, donnant lieu au favori de se venger d'eux, et de les disgracier un à un, et à des personnes de misérable condition, de médiocre esprit, et de peu de cœur, de machiner la ruine des favoris et de la Reine même; dont ils vinrent à bout.

En tous ces troubles néanmoins, M. de Villeroy demeura toujours en quelque considération, et, à la mort du maréchal d'Ancre, étant remis en la fonction de sa charge, y servit jusqu'à la fin, bien que non plus avec tant d'autorité qu'il avoit accoutumé, ni avec la première vigueur de son esprit.

Il fut homme de grand jugement, non aidé d'aucunes lettres, et ne les aimoit pas parce qu'il ne les connoissoit pas, et présumoit beaucoup de soi, ne considérant pas qu'il n'avoit atteint que par une longue expérience la connoissance qu'il avoit, que les lettres, par un chemin abrégé, lui eussent donnée et plus parfaite et plus facilement. Il cachoit néanmoins avec artifice ce défaut par son peu de paroles, qui aida beaucoup à lui donner la réputation qu'il acquit; car, ne parlant dans le conseil que par monosyllabes, il donnoit plutôt lieu de dire qu'il ne se montroit pas être savant, que non pas qu'il parût être destitué de savoir. Il étoit timide de son naturel et par la nourriture qu'il avoit eue dans la cour en des temps èsquels la foiblesse de l'autorité royale, dans les divisions des troubles de la religion et de la ligue, interrompit le cours de la générosité ordinaire des conseils de cette monarchie. Il fut estimé sincère et homme de parole, laquelle il donnoit aussi très-difficilement. Plus mémoratif des injures que des obligations auxquelles il avoit peu d'égard, jaloux et soupçonneux, mais qui eut toujours les mains nettes, et après cinquante-un ans de services, et quasi toujours de faveur envers ses maîtres, mourut avec le même bien qu'il avoit eu de ses pères, ne l'ayant accru que de deux mille livres de rente.

En la même année mourut M. de Thou, l'histoire duquel témoigne qu'il étoit plus versé ès bonnes lettres qu'il n'étoit louable pour sa piété, et son emploi dans la cour sur la fin de sa vie ; que savoir est toute autre chose qu'agir, et que la science spéculative du gouvernement a besoin de qualités d'esprit qui ne l'accompagnèrent pas toujours, M. de Villeroy sans science s'y étant trouvé aussi propre que lui inhabile avec toute son étude.

LIVRE IX.

[1618] Nous avons vu, l'année passée, l'indignation qu'une grandeur que l'on tient d'autrui, et qu'on n'exerce pas avec toute la retenue qu'on pouroit désirer, mais en laquelle on s'abandonne à une licence absolue, a accoutumé d'engendrer dans le cœur des peuples : nous verrons au contraire, dans l'année présente, combien la même grandeur, humiliée et maltraitée par des personnes abjectes, change les cœurs des hommes en une commisération plus grande que n'étoit leur indignation.

Quand la Reine partit de Paris, personne ne compatissoit à son malheur que ceux qui y étoient intéressés : mais le mauvais traitement qu'elle reçoit à Blois croît tous les jours de telle sorte, qu'enfin il vint jusqu'à tel point de rigueur et d'indignité, que la faveur de tout le monde se tourne vers elle, Sa Majesté s'accroît par sa calamité, et les grands qui lui avoient été les plus contraires, et ceux-là mêmes qui touchoient de plus près le sieur de Luynes, soit d'intérêt, soit d'alliance, ont pitié d'elle, et font dessein de la faire retourner auprès du Roi pour y tenir le même rang qu'elle y avoit auparavant.

J'ai dit au livre précédent qu'elle avoit eu quelque dessein de venir trouver le Roi à cause des mécontentemens qu'elle recevoit de se voir assiégée de personnes qu'on envoyoit demeurer auprès d'elle contre sa volonté, épiée en toutes ses actions, et la plupart de ses serviteurs gagnés par argent contre son propre service. Barbin le lui déconseilla à cause de l'assemblée des notables, ne jugeant pas à propos qu'elle parlât de venir en cette rencontre, de peur qu'il semblât qu'elle prît exprès ce temps-là pour faire éclater ses plaintes par tout le royaume. Mais l'assemblée étant terminée à la fin de l'année, dès le commencement de celle-ci, elle pensa exécuter son dessein, et en écrivoit à Barbin, et Barbin à elle.

Elle avoit envie d'attendre quelque temps, soit par l'irrésolution ordinaire aux femmes, que la peur retient lorsqu'elles sont sur le point d'exécuter ce qu'elles ont entrepris, soit pource que le sieur de Luynes parlant d'envoyer le sieur de Cadenet pour la voir au nom du Roi, elle espéroit de recevoir de lui quelque remède. Le désir extrême qu'elle en avoit donnoit lieu à la tromperie de cette espérance, quoiqu'elle sût, d'autre côté, que Déageant n'avoit point de honte de dire qu'il se perdroit plutôt que de permettre qu'elle revînt auprès du Roi.

Barbin lui manda qu'elle ne devoit point différer davantage, ni attendre la venue de Cadenet, telles gens faisant parler Sa Majesté comme ils vouloient, ne lui disant rien de la part du Roi que ce que bon leur sembloit, et ne rapportant rien au Roi de ce qu'elle leur disoit que ce qui faisoit à leurs desseins; que les lettres qu'elle écriroit à Sa Majesté ne pourroient pas être déguisées comme leurs paroles; que difficilement l'empêcheroient-ils de les lire, et que ce que disoit Déageant lui faisoit connoître qu'il étoit temps qu'elle agît.

M. de Rohan la servoit en cela avec grande affection, et communiquoit avec M. de Montbazon, beau-père de Luynes, qui se chargeoit d'ôter de son esprit les méfiances qu'on lui avoit données de la Reine, et le porter à condescendre à se vouloir réconcilier avec elle, ce qu'il faisoit en partie parce qu'il étoit mécontent dudit sieur de Luynes, qui étoit si resserré en la propre vue de soi-même, qu'il n'avoit point d'égard au bien de son père comme il l'eût désiré ; et l'un et l'autre donnoient avis à Barbin de tout ce qu'ils faisoient. Le premier le pressoit qu'il sollicitât la Reine d'agir promptement, ou sinon qu'elle étoit en danger de demeurer long-temps en son exil.

Le duc d'Epernon et M. de Bellegarde se montroient aussi fort affectionnés à la Reine, et faisoient état de parler eux-mêmes au Roi pour lui remontrer l'injustice avec laquelle on la traitoit. Ils avoient été fort maltraités d'elle, qui les avoit éloignés par les menées du maréchal d'Ancre, à la mort duquel ils n'étoient pas à la cour : mais ils se trouvoient aussi maltraités de ceux-ci, et l'injure présente étant plus sensible que celle qui est passée, et celle qui nous est faite par une personne d'éminente qualité moins que celle que nous recevons d'une personne plus vile, ils devinrent favorables à la Reine par la mauvaise volonté qu'ils avoient contre l'état présent.

Ces quatre étoient les principaux qui s'entremettoient pour la Reine, et les uns ne savoient rien des autres ; tous se rapportoient à Barbin, qui donnoit avis à la Reine des choses qui se passoient. Tous ces desseins étant connus au sieur de Luynes, à qui on portoit toutes les lettres et les réponses qui s'écrivoient, et lui semblant qu'il en avoit assez pour prendre prétexte contre Barbin, Persen et son frère, et d'autre part ne voulant pas que les choses passassent plus avant, et étant étonné de voir les siens propres inclinés pour la Reine, il voulut rompre ce commerce, et ôter à la Reine toute espérance de se pouvoir rapprocher du Roi.

Il crut devoir commencer par m'ôter toute communication avec elle, laquelle croyant ne pouvoir me retrancher qu'en m'envoyant bien loin, ils m'adressèrent une lettre du Roi, du 7 d'avril, par laquelle il m'écrivoit que sur les avis qu'il recevoit des allées et venues et diverses menées qui se faisoient aux lieux où j'étois, dont l'on prenoit des ombrages et soupçons qui pourroient apporter de l'altération au repos et tranquillité de ses sujets et au bien de son service, il me commandoit de partir au plutôt, et me retirer dans Avignon, pour y demeurer jusqu'à ce que j'eusse autre commandement de sa part; à quoi satisfaisant promptement, je lui donnerois occasion de demeurer toujours dans la bonne impression qu'il avoit eue de moi ; mais, si j'y manquois, il seroit obligé d'y pourvoir par autre voie.

Je ne fus pas surpris à la réception de cette dépêche, ayant toujours attendu de la lâcheté de ceux qui gouvernoient, toute sorte d'injuste, barbare et déraisonnable traitement. Mais quand je l'eusse été, le temps auquel je la reçus m'eût consolé, étant le propre jour du Mercredi-Saint. Je mandai à Sa Majesté que, si j'avois beaucoup de déplaisir de reconnoître la continuation des mauvais offices qu'on me rendoit auprès d'elle, j'avois un extrême contentement d'avoir occasion de lui témoigner mon obéissance; que je partirois dès le vendredi pour satisfaire au commandement qu'il lui plaisoit me faire d'aller en Avignon, où je serois très-content si ceux qui m'en vouloient me laissoient vivre aussi exempt de soupçon que je le serois de coulpe. Cependant, puisqu'on m'accusoit d'avoir fait des menées en ces quartiers contre le service de Sa Majesté, je la suppliois très-humblement de vouloir envoyer quelqu'un sur les lieux, qui, dépouillé de passion, pût prendre connoissance de la vérité, étant sûr que par ce moyen Sa Majesté reconnoîtroit mon innocence.

Le sieur de Richelieu mon frère, et le sieur de Pont-de-Courlay mon beau-frère, reçurent le même commandement et le même exil que moi : encore nous fut-ce une grande consolation de ne nous voir pas séparés, bien qu'ils ne le fissent pas à cette fin, mais pour pouvoir prendre garde à nous tout d'une même vue.

La Reine se plaignit bien haut de mon bannissement; mais elle reçut des réponses absolues de refus, et en même temps tant de sujets de plainte pour elle-même, qu'elle eut sujet d'oublier celui-là. Je puis dire de moi avec vérité, et sans blesser la modestie, que, quelque animosité qu'ils me portassent, ils me trouvèrent aussi peu dans les papiers de ceux qui manioient les affaires, comme convaincu d'avoir mal fait, que dans la chambre des comptes, comme ayant reçu des bienfaits en servant.

J'obéis à la Reine dans sa régence ; mais de qui tout le monde recevoit-il les volontés du Roi que de sa bouche? Il n'y a personne qui ne doive connoître que le vrai serviteur doit redresser les volontés de son maître à une fin avantageuse pour lui, mais que lorsqu'il ne les peut conduire où il veut, il les doit suivre où elles vont. J'ai eu habitude avec le maréchal ; mais qui a jamais ouï parler que des civilités fussent des crimes? Si c'est un crime, qui en est exempt? Qui est celui dans l'état d'éminente condition qui ne soit coupable de cette faute? Le sieur de Villeroy ne refusa pas d'entrer dans son alliance ; ce personnage n'a eu pour ennemis que ceux qu'il n'a pas voulu avoir pour serviteurs, ou qui, après l'avoir été, ont bien voulu conserver ses bienfaits, mais en perdre la mémoire.

Si on considère le temps, on trouvera que celui auquel il s'est enrichi est celui où les sieurs Brulart, de Villeroy et Jeannin étoient employés aux affaires, et qu'il n'a eu nulle dignité, ni office, ni nulle charge depuis leur éloignement. Ceux qui avoient pris racine du temps du feu Roi, qui tenoient le timon des affaires, pouvoient aucunement empêcher l'accroissement de cette plante ; il leur étoit aisé, vu qu'ils étoient en autorité dès long-temps, et qu'il n'y étoit pas encore, le feu Roi l'ayant contenu dans la simplicité de sa condition.

Si c'est un crime que d'être appelé de son temps aux affaires, où est l'innocence du sieur du Vair? Si être sorti de charge contre son gré lui donne cet avantage d'être innocent, avoir voulu sortir par cinq fois avec instance et de mon propre mouvement, ne me doit-il pas donner la même qualité?

Si c'a été une violence que de prendre les armes pour empêcher les mauvais desseins des princes qui s'étoient unis contre l'Etat, pourquoi ceux qui les ont conseillés au dernier mouvement n'en sont-ils pas taxés? N'est-ce pas le garde des sceaux du Vair qui a fait la première déclaration sur l'emprisonnement de M. le prince contre lui et ses adhérens?

M. de Villeroy n'a-t-il pas dit souvent à la Reine, sur le progrès des armes du Roi, qu'il ne restoit autre chose qu'à les poursuivre, qu'il ne manquoit à ses conseils que de les faire exécuter? Depuis la chute même de la Reine, il n'a pu dissimuler qu'on lui avoit cette obligation, et à ses nouveaux ministres, d'avoir ouvert le chemin de conserver l'Etat, et empêcher les troubles, ne trouvant rien à redire en leur conduite; mais seulement en l'introduction, n'estimant pas leur autorité légitime pource qu'elle lui étoit préjudiciable.

De m'accuser moi et mes compagnons d'être espagnols, pource que nous avons ménagé l'intelligence, comment le peut-on sans en convaincre ceux qui en ont fait et conseillé l'alliance; qui, aux oppositions des princes contre ce dessein, ont toujours répondu qu'elle étoit nécessaire au bien de cet Etat et au repos de nos voisins?

Mais avec quelle franchise ai-je dit mes sentimens au maréchal quand le service du Roi l'a requis? Lors même qu'il s'agissoit des Espagnols, ne trouva-t-on pas une de mes lettres dans les papiers du maréchal d'Ancre, par laquelle, ledit maréchal m'ayant écrit, sur l'occasion de l'union que les princes firent à Soissons, qu'il étoit d'avis, puisqu'il se trouvoit tant de mauvais Français, qu'on eût recours aux étrangers pour maintenir l'autorité du Roi, et qu'il étoit temps à ces fins de se servir des Espagnols, qui seroient bien aises en cela de nous faire ressentir un effet avantageux de l'alliance de ces deux couronnes, je lui répondis qu'il se falloit bien donner de garde de se servir de cet expédient qui le rendroit odieux à tous les Français, qui prendroient ce prétexte pour dire qu'étant étranger il en voudroit introduire en France pour se rendre maître de l'autorité et de la personne du Roi; que les bons Français étoient en assez bon nombre pour résister à ceux qui s'étoient éloignés de leur devoir; qu'au reste tous les secours d'Espagne étoient toujours plus en apparence qu'en effet, ce qui faisoit que, outre qu'il n'étoit point nécessaire et qu'il n'étoit pas à propos pour s'en servir, quand on le feroit on n'en tireroit pas grand fruit?

Le sieur Servin, animé de la passion du temps et de ce que je n'avois pu satisfaire à quelques intérêts qu'il avoit prétendus pendant que j'étois au maniement des affaires, n'oublia rien de ce qu'il put pour faire prendre cette lettre et quelques autres en mauvais sens. Mais l'équité de messieurs de la cour, qui trouvèrent fort mauvais qu'il requît, en ces occasions, un ajournement personnel contre moi, et qui se moquèrent de ses conclusions, me fut un authentique témoignage de l'approbation qu'ils voulurent donner à ma conduite. Qui ne sait la querelle que j'eus avec lui, pour le détourner de la résolution qu'il avoit prise d'envoyer les gardes à Soissons, et laisser le Roi désarmé en un temps si difficile, lui représentant que ce procédé pourroit irriter le Roi contre lui, et donner pensée au peuple qu'il le vouloit avoir absolument entre ses mains, ce qui pourroit lui apporter beaucoup de préjudice? Comme les princes furent réduits à l'extrémité, je maintins toujours, contre ses avis, que le Roi les avoit assez châtiés en faisant voir qu'il le pouvoit faire.

Quels conseils donnai-je à la Reine depuis que je fus hors de la cour, si ce n'est qu'elle ne devoit avoir aucun sentiment des choses passées, et que le maréchal et sa femme s'étoient attiré leurs malheurs et leurs peines par leur mauvaise conduite, bien que non par leur crime; que tout ce qu'elle avoit à faire étoit de se gouverner si modérément que ses actions présentes justifiassent celles du passé, faisant paroître une si grande différence entre elle possédée par la maréchale d'Ancre, et non possédée, qu'on jugeât clairement que tout ce qu'on pourroit remarquer d'odieux au passé venoit de ses conseils?

Mais tout cela n'empêcha pas que, par une haine qui est toujours aveugle, et partant à l'égard de laquelle toutes les raisons sont inutiles, et pour s'assurer dans l'anxiété de la crainte en laquelle ils vivoient, ils ne voulussent, à quelque prix que ce fût, me voir hors du royaume, au préjudice du service que j'étois obligé de rendre au peuple que Dieu m'avoit commis, comme ils m'empêchoient déjà de rendre au Roi celui auquel j'étois tenu.

Je passai toute l'année en cet exil, quoique, mon frère étant devenu veuf durant ce temps, je les suppliasse de lui permettre de faire un petit voyage en sa maison pour mettre ordre à ses affaires, et de me prescrire un lieu proche d'eux tel qu'ils voudroient, n'en exceptant aucun, où je pusse demeurer pour caution de ses actions et des miennes, me soumettant encore, outre cette assurance, à recevoir de la part de Sa Majesté telle personne qu'elle auroit agréable, pour avoir égard à nos comportemens. Mais cela fut en vain.

En même temps qu'ils m'envoyèrent en Avignon, ils resserrèrent Barbin, et lui ôtèrent cette ombre de liberté qu'ils lui avoient donnée dans la Bastille, disant qu'il en abusoit, et qu'au lieu d'écrire des lettres de simples complimens à la Reine, il tramoit avec elle des menées préjudiciables au service du Roi. Dès le lendemain qu'ils l'eurent resserré, ils lui envoyèrent le sieur de Bailleul et un autre conseiller d'Etat pour l'interroger. Il refusa de répondre, pource qu'il croyoit que le sieur de Bailleul étoit encore maître des requêtes, et se défioit que les commissaires alloient bien vite en des procès criminels; mais, lui ayant dit qu'ils étoient conseillers d'Etat, lesquels ne font le procès à personne, et qu'ils étoient seulement venus pour ouïr et faire écrire par le sieur d'Andilly, qui étoit commis pour cet effet, ce qu'il auroit à dire sur quelques lettres et mémoires qu'ils lui présenteroient, et que ce n'étoit qu'une affaire domestique dont le Roi vouloit avoir la connoissance, il consentit de répondre.

Lors ils lui représentèrent les copies des lettres qu'il avoit écrites à la Reine, et celles que la Reine lui avoit envoyées, et le vouloient rendre grandement criminel par ses lettres, les prenant en sens qu'ils vouloient, non au sens des paroles auquel elles étoient conçues; et, entre autres choses, interprétoient ce que nous avons dit qu'il lui avoit mandé, que ce qu'elle savoit qu'avoit dit Déageant lui montroit qu'il étoit temps qu'elle agît, qu'ils vouloient entendre par là qu'il falloit qu'elle fît tuer Déageant, comme s'il n'y avoit point d'autres moyens que de tuer Déageant, et que sa mort servît beaucoup aux affaires de la Reine. Enfin, quand il eut expliqué cette affaire, il les éclaircit de ce doute, comme il fit de tous autres, leur remontrant que le dessein de la Reine étoit de voir le Roi par le moyen et les bonnes grâces de Luynes, et que, pour ce sujet, elle y employoit M. de Montbazon son beau-père et M. de Rohan son parent.

Ils vinrent plusieurs jours de suite l'interroger, et, au sortir d'avec lui, s'en alloient chez le chancelier et le garde des sceaux du Vair, où quelques-uns, choisis du conseil, les attendoient et délibéroient sur sa déposition. Les accusations étoient frivoles, les défenses étoient fort solides : le chancelier et le garde des sceaux, quoiqu'ils fussent ses ennemis, ne furent pas d'avis, non plus que le président Jeannin, qu'on passât plus outre en cette affaire, laquelle ils jugeoient ne pouvoir réussir qu'à son honneur. Luynes, qui espéroit avoir des moyens de la faire passer pour bonne, et venir à bout de faire porter le jugement selon sa passion, voulut qu'on continuât le procès. Il est vrai qu'il le pressoit quand il pensoit avoir assez de juges gagnés, et l'arrêtoit quand le jugement lui paroissoit incertain.

Tandis qu'il se comportoit si violemment en sa conduite, il essayoit de gagner une bonne réputation par autre moyen. Il fit révoquer la paulette, par arrêt du conseil du Roi, dès le commencement de l'année, continuant néanmoins la vénalité, pour gratifier, disoit-il, les officiers, et leur donner le moyen d'accommoder leurs affaires.

En février, il fit donner un autre arrêt au conseil

en faveur des pères jésuites, par lequel il leur fut permis d'ouvrir leurs écoles au collége de Clermont, selon le désir qu'ils en avoient depuis leur rétablissement, et la poursuite que, depuis la mort du feu Roi, ils en avoient continuellement faite, sans avoir néanmoins pu jusqu'alors surmonter les grandes difficultés qui s'y étoient rencontrées, et principalement l'opposition de l'Université, laquelle encore en cette occasion ne se rendit pas, et, voyant que c'étoit une résolution prise, et qu'ils ne gagneroient rien au conseil, fit deux décrets, par lesquels elle empêchoit qu'aucuns écoliers ne pussent aller en leur collége. Mais les jésuites en ayant fait plainte, par un autre arrêt du 26 d'avril lesdits décrets furent cassés.

Le Roi, d'autre côté, demeura ferme pour l'exécution de l'arrêt qu'il avoit donné en son conseil en faveur des ecclésiastiques de Béarn, les rétablissant en leurs bénéfices, et remplaçant aux ministres le revenu d'iceux sur son domaine du pays, de proche en proche; car ceux de la religion prétendue réformée, qui avoient reçu commandement d'envoyer des députés pour voir procéder au remplacement desdits biens ecclésiastiques, ne pouvant goûter de se voir dessaisir du bien réel qu'ils avoient, et être remis sur la bourse du Roi, voulurent tenir en Béarn une assemblée pour cela, composée des trois Etats dudit pays et des députés des églises prétendues du haut Languedoc et de la basse Guienne, afin d'intéresser tout le parti huguenot en cette affaire. Ce que Sa Majesté sachant, elle commanda à Lescun, qui étoit venu vers elle pour la lui faire agréer, de se retirer, et leur dire qu'il la leur défendoit : ce qui fit qu'ils résolurent de la faire en la ville de Castel-Jaloux au premier de mai. Mais le Roi ayant donné commandement au parlement de Bordeaux et chambre de l'édit à Nérac, de procéder contre ceux qui y assisteroient, comme contre perturbateurs du repos public, les consuls de ladite ville, et ceux qui avoient charge des autres places de la Guienne tenues par les huguenots, refusèrent de l'y recevoir : autant en firent ceux de la ville de Tonneins, où, au refus de ceux de Castel-Jaloux, ils pensoient aller. De sorte qu'ils furent contraints de retourner en Béarn pour être hors du ressort de Bordeaux, et choisirent Orthez pour leur assemblée, qu'ils convoquèrent au 15 de mai. Le Roi fit une déclaration, par laquelle il déclaroit criminels de lèse-majesté tous ceux qui s'y trouveroient; mais, nonobstant cela, ils ne laissèrent pas de la tenir, parce qu'ils avoient le parlement du pays à leur dévotion.

Le commissaire du Roi y arriva pour l'exécution dudit édit de la main levée et remplacement; il y fut traité comme en terre ennemie; il reçut mille outrages de paroles par les écoliers d'Orthez qu'on suscita contre lui, sans que le parlement ni le sieur de La Force, gouverneur, y missent aucun ordre; et ledit parlement, par l'arrêt du 29 de juin, refusa de procéder à la vérification dudit édit, et ordonna que très-humbles remontrances seroient faites à Sa Majesté, pour la supplier de laisser les choses en l'état qu'elles étoient. Le Roi, en ayant eu avis, envoya une jussion audit parlement, sur laquelle ils donnèrent seulement un arrêt interlocutoire, suppliant Sa Majesté de pourvoir à la conservation des droits de ses sujets de la religion prétendue réformée.

Il prit aussi soin des affaires d'Italie, de peur que l'accusation qu'il faisoit contre la Reine et les ministres qui avoient gouverné sous son autorité, d'avoir trop incliné vers l'Espagne, ne fût rétorquée contre lui-même. Il envoya Modène pour aider à M. de Béthune à poursuivre l'exécution des traités de Pavie et d'Ast; et pource qu'il fâchoit aux Espagnols de rendre Verceil contre leur coutume, et que don Pedro retardoit de jour en jour, le Roi fut contraint de parler hautement à l'ambassadeur d'Espagne, et lui dire que, quelques troubles qu'il eût en son royaume, il ne laisseroit pas de passer les monts pour faire tenir la parole qui lui avoit été donnée : ce qui fit tel effet, que le 15 de juin Verceil fut rendu, et les choses promises exécutées de part et d'autre.

Semblablement aussi furent exécutées toutes les choses promises par le traité qui avoit été fait entre les Vénitiens et l'archiduc Ferdinand, pour la pacification des troubles qui avoient été entre eux.

Toutes ces choses, qui témoignoient un soin et du zèle pour la justice, la religion et la gloire du Roi, donnoient aux peuples, et à ceux qui ne savoient pas le secret du cabinet, bonne estime du gouvernement, et leur faisoient désirer qu'il demeurât en la main de ceux qui l'avoient.

Luynes ne perdoit pas ce temps favorable à l'avancement de sa grandeur et à l'établissement de sa maison. Il échangea la lieutenance générale du gouvernement de Normandie, qu'il n'avoit prise, l'année passée, que pour être avec plus d'autorité en l'assemblée des notables à Rouen, pour le gouvernement de l'Ile-de-France et des villes de Soissons, Noyon, Chauny, Coucy et autres, qu'avoit le duc de Mayenne, auquel il fit donner le gouvernement de Guienne avec celui du Château-Trompette, et de quelques autres places dans le Bordelais que le colonel d'Ornano tenoit, lequel on récompensa d'une charge de maréchal de France et deladite lieutenance générale de Normandie.

Il eut encore La Fère et Laon, par la remise que lui en firent le duc de Vendôme et le marquis de Cœuvres, qui en étoient gouverneurs. Comme il s'élevoit et se fortifioit d'un côté, il parachevoit de ruiner, tant qu'il pouvoit, le parti qui lui étoit contraire, à opprimer Barbin et à lui faire condamner toute la conduite de la Reine. Ce procès faisoit un grand bruit à la cour, et sembloit qu'il y eût eu des menées capables de renverser toute la France : on sollicitoit, de la part du Roi, les juges avec instance, comme on avoit fait ceux de la maréchale d'Ancre ; on demandoit gain de cause et non justice.

On mêla en cette affaire quelques personnes qui, par leur imprudence, avoient fait quelques écrits mal digérés sur le sujet de Luynes et des affaires du temps. Durand fut mis prisonnier pour ce sujet, et un nommé Sity, florentin, qui avoit été secrétaire de l'archevêque de Tours, frère de la maréchale d'Ancre. Un même livre fut imputé à tous deux, et même peine leur fut ordonnée d'être rompus et brûlés avec leurs écrits en la Grève, et un frère dudit Sity, qui n'avoit fait simplement qu'en transcrire une copie, fut pendu. Ils essayoient, par ces condamnations, de souiller

Barbin et quelques autres particuliers qu'ils mêloient avec lui par leur sang, confondant leurs accusations qui sont entièrement différentes. Plusieurs autres sont pris prisonniers; les uns sont mis à la Bastille, les autres au Fort-l'Evêque, et tous à dessein d'être conduits à la mort. Bournonville et Persen sont du nombre, et au lieu de geôliers qu'ils étoient gardant les autres, ils deviennent prisonniers eux-mêmes. Les Luynes avoient un vieux dessein d'ôter Bournonville de la Bastille, et à Persen la garde de M. le prince. Depuis ils avoient conçu quelque mauvaise volonté contre eux, parce qu'ils avoient vu des lettres de Barbin et de la Reine; par lesquelles il paroissoit que Bournonville lui étoit favorable, et que la Reine en avoit du ressentiment de bonne volonté vers lui.

Ils essayèrent premièrement de tirer de gré Persen du bois de Vincennes, et lui firent offrir de l'argent pour cela, lui représentant qu'y ayant apparence qu'il fût coupable de toute la menée de Barbin, ils ne vouloient pas enfoncer cette affaire, mais qu'ayant soupçon de lui, il n'étoit pas raisonnable aussi qu'ils lui confiassent la garde de M. le prince. Il répondit des paroles assez hautaines, sur lesquelles ils le firent mettre à la Bastille, et Bournonville aussi, et établirent en sa place le sieur du Vernet, parent de M. de Luynes. On feint qu'ils ont voulu mettre en liberté M. le prince, et, par ce moyen, renverser l'Etat, tenant sa sortie la perte du royaume. Quoiqu'ils n'eussent pas peu contribué à la chute de la Reine, on les accuse de désirer son établissement auprès du Roi, et on les traite comme criminels.

L'on arrête madame du Tillet, femme de condition,

sur de simples soupçons ; on mène des religieux à la Bastille aussi librement qu'en leur couvent ; on la remplit de toutes sortes de personnes, nulle condition ni qualité n'étant capable de mettre à couvert ceux qui étoient jugés avoir quelque empreinte d'affection pour la Reine dans le cœur ; on s'attaque à tout le monde. Ceux de la faveur soupçonnent le duc de Montbazon, beau-père du sieur de Luynes, et avec raison si la plupart de ceux qui sont maltraités sont coupables, puisqu'ils ne sont chargés d'autres crimes que d'avoir discouru avec lui des moyens de faire faire, par l'intervention de son gendre, une action glorieuse au Roi, en rappelant sa mère au grand avantage de son Etat et de ses favoris.

Déageant prit toutes les réponses que Barbin, Bournonville, La Ferté qui étoit au duc de Rohan, les deux hommes de Barbin et un sergent de la Bastille avoient faites, et les communiqua au sieur Lasnier, conseiller au grand-conseil, qui, après les avoir vues et communiquées à quelques-uns de ses amis, lui promit qu'il feroit donner un arrêt de mort contre eux. Luynes, ayant su cette bonne volonté, fit dresser une commission au grand-conseil pour leur faire leur procès. Lasnier et La Grélière sont les rapporteurs de cette affaire ; Barbin demande, comme secrétaire du Roi, d'être renvoyé au parlement ; il en est débouté, et est ordonné qu'il procédera devant le grand-conseil. Luynes en envoya querir tous les juges l'un après l'autre, et leur recommanda cette affaire. Lasnier tous les soirs alloit chez lui lui rendre compte de ce qui se passoit, et, pour s'acquitter promptement de sa promesse en laquelle il étoit engagé, il le vouloit juger sur les réponses qu'il avoit faites aux conseillers d'Etat dont nous avons parlé, quelques protestations qu'il fît qu'il leur avoit répondu comme devant personnes qui ne venoient point là pour lui faire son procès, et partant qu'il ne s'étoit pas expliqué autant qu'il devoit faire quand il étoit question de le juger. Mais il insista si fort à ce que la demande qu'il faisoit d'être ouï plus amplement là-dessus fût rapportée au grand-conseil, qu'ils le firent, et on lui accorda ce qu'il désiroit.

Il se plaignoit incessamment de ce qu'on ne lui parloit point du sujet pour lequel on l'avoit mis prisonnier ; qu'il avoit été dans le conseil du Roi sous le gouvernement de la Reine, et avoit eu la charge des finances dont il avoit disposé absolument ; qu'on l'accusât là-dessus, et qu'on l'interrogeât s'il y avoit délinqué ; que c'étoit une grande honte de l'avoir emprisonné et ne lui parler pas du sujet pour lequel on lui avoit fait ce traitement, mais lui faire son procès seulement pour ce qu'il avoit fait depuis qu'il étoit détenu à la Bastille, qui n'étoit que ce que le plus religieux capucin eût pu faire, de moyenner la réconciliation du Roi et de la Reine, laquelle il ne savoit pas avec quelle conscience on lui pouvoit imputer à crime de lèse-majesté.

Cependant on donnoit, d'autre côté, ajournement personnel à plusieurs domestiques de la Reine, à Chanteloube, à Codony et à Selvage, dont les deux derniers étoient des plus nécessaires auprès de sa personne. Il est vrai que la cour, ayant honte du peu de fondement avec lequel on les avoit accusés, les renvoya absous. Ils venoient néanmoins aux fins qu'ils prétendoient, puisqu'ils ne vouloient qu'étourdir le peuple et lui donner une impression apparente de quelque grand crime, puisque tant de gens de condition, et ceux-mêmes qui approchoient le plus près de la Reine, y étoient embarrassés.

On ne châtie pas seulement les actions, on examine les paroles, on devine les pensées, on suppose des desseins. Si on parle, on prend pied sur des mots innocens, on donne un sens préfix à des paroles indifférentes. Si on se tait, on impute le silence à crime, estimant qu'on couvre quelque chose qui ne se dit point. Temps déplorable où il y a égal péril à parler et à se taire! Si on va, tout voyage est mal interprété, et on suscite des traîtres et des espions qui suivent à la piste pour découvrir des nouvelles. Tous ceux qui sont pris sont interrogés, et, ce qui est une chose inouïe et qui fait horreur à y penser seulement, on force les dépositions le plus qu'on peut pour mettre le nom de la Reine en des procès, ayant pour but de l'envelopper en la perte des autres.

A la contenance des juges, il est aisé de voir qu'ils sont assis, non pour ouïr ceux qui comparoissent devant eux, mais pour les condamner, non pour instruire leur procès, mais pour ordonner de leur supplice. Enfin ils sont tous jugés. Ceux qui avoient écrit des choses qui leur déplaisoient sont condamnés, comme nous avons dit des autres qui sont accusés pour être serviteurs de la Reine; ceux à qui ils en veulent le moins sont déclarés innocens et remis en liberté; les autres passent pour coupables.

Le fait de Barbin est remarquable. Ils lui en vouloient avec une grande animosité, à cause de la passion qu'ils voyoient qu'il avoit au service de la Reine, et sa fidélité qu'ils n'avoient jamais su ébranler. Ils firent tout ce qu'ils purent pour le faire condamner : il n'y eut juge à qui ils ne parlassent ; mais Dieu fut le plus fort : les plus gens de bien de la compagnie, reconnoissant son innocence et désirant le délivrer, ne crurent pas en avoir un meilleur moyen que de le condamner à un simple bannissement, craignant quelque autre violence plus grande de la part de Luynes. Mais le nombre des autres qui étoient gagnés étoit si grand, qu'il ne laissoit pas de passer d'une voix à la mort si un des juges qui opinoient ne se fût évanoui ; car on l'emporta hors de l'assemblée, et on attendit que ses esprits fussent revenus. Peut-être avoient-ils opinion que celui-là dût opiner contre lui ; revenu qu'il fut et rentré en la compagnie, il commença à opiner en ces mots : « Messieurs, « vous voyez en quel état j'ai été. Dieu m'a fait voir « la mort, qui est une chose si terrible et effroyable, « que je ne me puis porter à condamner un innocent, « comme celui-ci de qui il s'agit. J'ai ouï quelques « opinions qui vont au bannissement ; s'il y en a quel- « qu'une plus douce, je prie le conseil de me le dire « afin que j'en sois. » Et à l'heure même quasi tous les jeunes conseillers furent d'avis de son bannissement. Tous les présidens, hormis le sieur de Bercy, et quasi tous les anciens conseillers à qui on avoit parlé et que l'on avoit mandés au Louvre pour cet effet, se prêtèrent à la passion de ses ennemis.

Par le même arrêt, qui fut du 30 août, Bournonville fut condamné, comme criminel de lèse-majesté, à avoir la tête tranchée ; Persen et madame du Tillet à s'abstenir de la suite de la cour et de la prévôté de Paris pour l'espace de cinq ans. On bannit hors du royaume, pour le même temps, le sieur de La Ferté et un des serviteurs de Barbin, l'autre étant renvoyé absous, et le sergent de la Bastille, qui avoit servi Barbin à faire porter ses lettres, fut condamné à être pendu. Ils ne tirèrent cet arrêt à conséquence que pour Barbin, faisant donner grâce aux autres, d'autant qu'ils avoient ce qu'ils vouloient, qui étoit la Bastille, la garde de M. le prince et la condamnation de Barbin, par laquelle ils prétendoient justifier sa prison, et couvrir les injustices et violences avec lesquelles ils avoient procédé contre lui.

Néanmoins, sa condamnation leur sembla trop douce. Il fut banni par ses juges, plus pour l'ôter de la main de ses ennemis qu'en intention de leur plaire. Mais cette peine ne satisfait pas leur passion; la crainte qu'ils ont de ce pauvre infortuné fait qu'ils lui commuent son bannissement en une prison rigoureuse : chose du tout contraire à la nature des grâces, qui remettent de la peine au lieu de l'augmenter.

Ce bruit venant aux oreilles de la Reine lui perça le cœur d'une douleur très-sensible; joint qu'elle sut que, comme on étoit sur le jugement de ce procès, le chancelier, le garde des sceaux et le président Jeannin s'étant accordés à témoigner qu'il falloit étouffer cette affaire et ne la pas poursuivre à l'extrémité comme on faisoit, Luynes dit qu'il n'eût jamais cru que M. le chancelier, premier ministre de l'Etat, eût favorisé une personne qu'on pouvoit dire l'unique ennemi de l'Etat. L'autre lui répliquant qu'il désiroit savoir de quelle personne il parloit, il dit qu'il étoit bien aisé de l'entendre, et qu'il parloit de la Reine-mère, qui devoit être considérée comme la plus puissante, voire la seule cause des désordres.

Ces injures atroces qui blessoient Sa Majesté, et tant d'infâmes artifices desquels on se servoit pour divertir d'elle l'affection du Roi, lui redoublèrent l'ennui qu'elle ressentoit de son absence, et l'obligèrent de se servir des copies de lettres que Barbin lui avoit envoyées, il y avoit long-temps, pour le Roi, M. de Luynes et le duc de Montbazon, par lesquelles, se plaignant à Sa Majesté des déplaisirs qu'elle recevoit, elle la supplioit qu'elle pût aller à Paris pour, étant plus proche d'elle, lui rendre plus facilement compte de ses actions, et prioit Luynes de l'assister en ce juste désir, et de la délivrer de servitude, et le duc de Montbazon d'y porter l'esprit de son beau-fils. Le Roi fut touché de ces lettres; mais ils le détournèrent de lui donner contentement par mille artifices, ne lui représentant pas seulement que, si elle vient, il n'aura plus d'autorité, mais qu'ils appréhendent même que sa vie ne soit pas en sûreté, le désir de régner étant tel en eux, qu'il n'y a lien de sang, de raison ni de justice, qui puisse arrêter leur fureur.

D'un côté ils mesurent le péril qui leur pourroit arriver de la présence de la Reine à l'atrocité des injures qu'ils lui avoient faites, et ne peuvent prendre d'elle assurance, quelque promesse qu'elle leur fît; d'autre part, demeurant leur ennemie, ils vouloient avoir lieu de la faire paroître tout autre qu'elle n'étoit, et, pour ce sujet, essayoient de la tenir éloignée, d'autant que les objets sont peu souvent et difficilement vus de loin tels qu'ils sont en effet. Ainsi ils représentent au Roi important à sa vie, à sa gloire et au bien de son Etat, ce qui ne l'est qu'à leur fortune, et lui font passer leurs propres intérêts pour siens; et d'abondant encore, craignant que tous leurs artifices ne fussent pas assez forts pour arrêter les vrais sentimens de la nature, et que la Reine, assurée du bon naturel du Roi, ne vînt à l'imprévu, ils envoyèrent des troupes à l'entour de Blois pour lui boucher le passage.

Davantage, on lui défendit de plus sortir de Blois. Les promenades lui sont désormais limitées, les conversations bornées à certaines personnes qu'ils tenoient tout à eux; nul ne la peut voir, quoique son chemin soit au lieu de son séjour, sans permission expresse; celui qui la demande se rend suspect de crime; celui qui fait gloire de ne la voir pas, quoiqu'en passant, est estimé d'une fidélité éprouvée, digne de récompense.

On envoie diverses personnes vers elle pour lui détacher de l'esprit la pensée qu'elle avoit de voir le Roi, et ainsi l'en empêcher non-seulement par force, mais encore volontairement. Modène et le père Arnoux lui sont envoyés pour cet effet, tous deux séparément; ils y travaillent puissamment à divers voyages qu'ils y font : comme l'un met en avant les considérations d'Etat pour l'en détourner, l'autre lui propose qu'elle ne le pouvoit entreprendre avec conscience, vu le mal qui en arriveroit au public. Entre autres raisons, on ne craignoit point de lui dire que si cela arrivoit la France étoit perdue, parce que son arrivée contraindroit de mettre M. le prince en liberté pour la contrecarrer, et que de cette opposition naîtroit la ruine de l'Etat. Ils la menacent de pire traitement; on parle de la chasser hors de France; enfin on l'intimide de sorte que sa bouche fut contrainte de proférer ce dont son cœur étoit bien éloigné, et de promettre par serment, sur les saints évangiles, qui à cet effet lui furent présentés par le père Arnoux, qu'elle n'iroit jamais vers le Roi si on ne l'envoyoit querir premièrement, et, en cas qu'elle y vînt, ne lui donneroit point de conseils, ni ne se mêleroit d'aucune affaire.

Bien que ces choses outre-passassent tout devoir et tout exemple, et que ces assurances fussent telles, que, jointes à la force qu'ils avoient en main, il semblât qu'il fût superflu d'en demander davantage, néanmoins la connoissance de leur crime, qui est toujours craintive, et ne peut trouver de sûreté, les fit passer plus avant, et désirer d'elle la déclaration suivante, qu'elle donna au père Arnoux, écrite et signée de sa main, en un autre voyage qu'il y fit exprès pour ce sujet.

« Marie, par la grâce de Dieu, reine de France et
« de Navarre, mère du Roi. Dieu qui sait l'intérieur
« de nos pensées, ayant par sa divine providence
« voulu, pour faire voir à un chacun la pureté des
« nôtres, et pour nous relever du doute auquel nous
« étions que des gens mal affectionnés n'eussent
« rendu par leurs calomnies ordinaires le Roi mal
« satisfait de nous, qu'il plût au Roi, notredit sieur
« et fils, touché de son bon naturel, nous faire pleinement
« entendre et confirmer par ses lettres, et de la
« bouche du révérend père Arnoux, de la compagnie

« de Jésus, et son confesseur ordinaire, la pureté de
« son ame, sa prudente conduite au gouvernement
« de son Etat, et son amour singulier en notre
« endroit : nous qui, conformément à nos souhaits,
« avons ressenti, par sa venue, des preuves de cette
« affection qui nous fait espérer toute sorte de bon
« traitement, le Roi notre seigneur et fils étant invio-
« lable en ses promesses, pour reconnoissance de
« la joie que nous en avons, et pour en rendre un
« chacun bien informé, et de nos bonnes et sincères
« intentions à y correspondre par une bonne cons-
« cience et union de volonté, avons fait et faisons au
« Roi, notredit seigneur et fils, devant Dieu et ses an-
« ges, les soumissions, protestations et promesses ci-
« après déclarées : De n'avoir pour maintenant ni pour
« l'avenir, non plus que j'ai eu par le passé, désir
« ni pensée qui ne tendent à la prospérité et avan-
« cement de ses affaires, au bien, repos et grandeur
« de son Etat, et de lui vouloir rendre les devoirs
« et obéissance qui lui sont dus comme à notre roi
« et souverain seigneur, résignant toutes nos vo-
« lontés en ses mains. De n'avoir aucune correspon-
« dance dedans ni dehors le royaume, en chose quel-
« conque qui puisse préjudicier à son service, désa-
« vouant toutes personnes, de quelque état et qualité
« qu'elles soient, qui, sous notre nom et autorité, se
« voudroient ingérer d'aucunes pratiques et menées,
« ou feroient aucune chose contre la volonté du Roi,
« notredit seigneur et fils, et la nôtre. D'avertir aussi-
« tôt le Roi, notredit seigneur et fils, des rapports et
« ouvertures contraires à son service, et de ceux qui
« nous les auroient faits, au cas qu'il y en eût de si témé-

« raires; de déférer et faire connoître ceux qui seront
« ainsi mal affectionnés, même de nous joindre, si
« besoin est, à la poursuite qui sera faite contre eux,
« pour en ordonner ensuite la punition exemplaire.
« De n'avoir aucune volonté de retourner à la cour,
« que lorsque le Roi, notredit seigneur et fils, nous
« l'ordonnera, désirant, non-seulement en cela, mais
« en toutes autres choses, observer religieusement ses
« commandemens. Que si nous avons souhaité avec
« passion ce voyage, c'a été pour avoir l'honneur de
« le voir, et pour lui faire connoître, par nos dépor-
« temens pleins de respect et d'obéissance, que l'on
« nous avoit blâmée sans sujet, n'ayant eu aucun
« désir de nous mêler d'affaires, comme l'on l'avoit
« voulu faire accroire au Roi, notredit seigneur et fils,
« qui doit régner seul; et qui peut, par sa prudence
« mieux que par l'entremise de qui que ce soit, gou-
« verner son Etat avec la justice et réputation qui y
« est requise, reconnoissant que les bonnes qualités
« et inclinations qu'il y avoit dès son jeune âge, nous
« avoient été autant de promesses des effets qu'il y
« fait reluire de sa prudente conduite. Nous finirons
« par une vérité tirée de notre cœur; qui est que si
« la conservation du Roi, notredit seigneur et fils, dé-
« pendoit de notre perte, nous y consentirions, pour
« lui témoigner que nous l'honorons plus que nous
« ne nous aimons nous-même. Et afin que cette
« déclaration puisse être notoire à un chacun, nous
« avons convenu qu'il en soit expédié plusieurs co-
« pies, pour être publiées si notredit seigneur et fils le
« désire. Fait à Blois le troisième jour de novembre
« 1618. »

Tout cela ne suffit pas encore ; ils la veulent resserrer davantage, et font dessein de la mettre dans le château d'Amboise. Ils demandent le gouvernement de Normandie dont elle étoit pourvue ; on parle même de la faire entrer dans un monastère, et le sieur de Villesavin, qui étoit un des siens, mais affidé à la faveur, lui propose d'y entrer de son mouvement.

Tant de mauvais traitemens qu'elle n'eût jamais pensé, lui en font encore attendre d'autres pires, qu'elle ne se pouvoit imaginer, croyant que leur malice trouveroit tous les jours de nouveaux moyens de lui faire du mal, puisqu'ils lui en avoient déjà tant fait, dont il n'y en avoit point d'exemple en personne devant elle. En ces tristes attentes, sans espoir de mieux, elle passa le reste de l'année sans autre compagnie que de ses larmes et soupirs.

Sur la fin de l'année, le cardinal de Savoie vint en France pour remercier le Roi de l'assistance royale que le duc son père avoit reçue de Sa Majesté, et lui demander Madame, sa seconde sœur, en mariage pour le prince de Piémont, laquelle lui fut accordée sans qu'on en envoyât demander le consentement à la Reine sa mère, qui tint ce traitement plus cruel qu'aucun qu'elle eût reçu jusqu'alors, lui étant fait en une chose si intime comme lui étoit Madame, sa fille.

Durant cette année, l'empereur Mathias, qui avoit, il y avoit un an, fait élire l'archiduc Ferdinand roi de Bohême, à la charge qu'il ne se mêleroit des affaires du royaume qu'après sa mort, fit le même du royaume de Hongrie en sa faveur. Mais, incontinent après, Ferdinand se saisit de la personne du cardinal Clezel, chef du conseil dudit Empereur, en haine, ce disoit-on, de ce qu'il s'étoit opposé tant qu'il avoit pu aux susdites démissions de l'Empereur, mais sous prétexte qu'il fomentoit un soulèvement très-grand qui étoit survenu en Bohême, où tout le peuple s'étoit révolté contre l'Empereur, sous la conduite du comte de Thurn, à raison de quelques temples que ceux qu'ils appellent évangéliques, c'est-à-dire communiant sous les deux espèces, avoient voulu faire bâtir en quelques terres ecclésiastiques qui ne les avoient pas voulu souffrir, et avoient été soutenues de l'Empereur.

Ce soulèvement vint si avant qu'ils tinrent en mai les États contre la volonté de Sa Majesté Impériale, jetèrent ses conseillers du haut en bas par les fenêtres du château de Prague, ensuite prirent les armes, firent une armée, se défendirent contre celle que l'Empereur envoya contre eux, se rendirent maîtres de la Bohême, Silésie et Moravie, et reçurent promesse d'assistance des protestans d'Allemagne et des états de Hollande.

Le roi Ferdinand et l'archiduc Maximilien, supposant que le cardinal Clezel, comme nous avons dit, connivoit avec eux, le firent arrêter à Vienne, le 20 de juillet, au retour de Presbourg, où il avoit servi ledit Roi en son assomption au royaume de Hongrie. Et afin de conserver, au moins en apparence, selon ce qui se pouvoit en telles rencontres, l'honneur dû à sa dignité en l'arrêtant, ils lui firent prendre un bonnet et un vêtement noir, le firent monter en un carrosse, et l'envoyèrent par relais de carrosses jusqu'en Tyrol. De ce pas ils allèrent trouver l'Empereur, qui ne savoit rien de ce dessein, et aimoit uniquement ledit cardinal, et lui dirent qu'ils l'avoient fait arrêter, parce qu'il vouloit troubler l'union qui étoit entre eux; ce qu'il reçut avec autant de déplaisir que la foiblesse et la maladie en laquelle il se trouvoit l'obligèrent à témoigner le contraire. Ce lui fut un bien petit échange des maux qu'il avoit faits à l'empereur Rodolphe son frère, du ressentiment desquels il étoit mort.

La mort du cardinal du Perron, qui arriva en septembre, est bien digne de clore cette année, et sa mort et sa vie méritent d'être remarquées. Il étoit d'une maison noble de la basse Normandie, né toutefois en Suisse, dont il se glorifioit à cause de la fidélité de la nation. Son père fut ministre, et mourut le laissant jeune. Il vint à la connoissance de la vérité peu de temps après, et eut cette bénédiction de ramener sa mère au giron de l'Eglise. Dès l'âge de vingt ans il parut comme un prodige d'esprit et de science, et fut choisi par le roi Henri III pour un de ses lecteurs, et de ceux qui faisoient devant lui des discours sur les matières qu'il leur proposoit, où il excella tellement qu'il n'y avoit personne qui osât se comparer à lui. Après sa mort, le roi Henri IV venant à la couronne, et l'hérésie tenant le dessus, il la confondit en une conférence qu'il eut à Mantes, l'an 1592, avec le ministre Rotan, qui étoit un homme insigne entre les hérétiques; depuis lequel temps ils fuirent toujours la lice avec lui, et n'osèrent comparoître où il étoit; ce qui ne donna pas peu de branle à l'esprit du Roi pour l'incliner à se ranger à la religion catholique. Il fut depuis envoyé à Rome par Sa Majesté pour obtenir de Sa Sainteté l'absolution de son hérésie. A son retour il fut fait évêque d'Evreux; l'an 1601 fit la célèbre conférence de Fontainebleau, en laquelle il emporta une telle victoire contre l'hérésie, que le Roi, qui jusques alors étoit chancelant, se confirma en la foi, et le pernicieux livre de du Plessis-Mornay contre la messe perdit toute créance, même envers les hérétiques. Peu après il fut fait cardinal, et envoyé à Rome pour y servir le Roi, où étant il fut fait archevêque de Sens et grand-aumônier de France. De là revenant en France l'an 1607, il composa les œuvres que depuis sa mort nous avons vues en lumière. C'étoit un homme doux et sans fiel, facile, bienfaisant et libéral, froid de son naturel, et difficile de mettre en train de parler; mais, quand il étoit échauffé, il ne pouvoit être épuisé ni se taire; tenant en cela, ce semble, de la France de laquelle il avoit tiré sa première origine, et de la Suisse en laquelle il étoit né. Il mourut très-chrétiennement d'une suppression d'urine, assisté de l'évêque de Nantes et du père Bérule, supérieur général des prêtres de l'Oratoire, n'ayant autre regret en sa mort que de n'avoir pas résidé en son archevêché.

LIVRE X.

[1619] La continuation des maux, qui non-seulement rompt les chaînes les plus fortes de la patience, mais donne du sentiment aux plus insensibles, força enfin la Reine, nonobstant la résolution qu'elle avoit prise de supprimer ses maux par la souffrance, à chercher les moyens les plus puissans de sortir hors de la servitude en laquelle elle étoit injustement détenue, après avoir tenté en vain tous les autres plus doux.

Elle ne vouloit pas croire, au commencement, toutes les menaces qui lui étoient faites de l'envoyer hors du royaume, ou l'enserrer dans un monastère, croyant que son éloignement étoit un assez fâcheux exil; et le château de Blois, dans lequel elle étoit arrêtée non-seulement au milieu des gens de guerre qui étoient autour d'elle, mais de ceux qui se disoient être ses serviteurs et étoient ses ennemis, lui sembloit une prison assez étroite pour assouvir la mauvaise volonté de ceux qui la haïssoient. Mais enfin, considérant par l'expérience du passé que ceux qui lui en vouloient ne trouvoient aucune violence difficile pour se maintenir en l'état où ils s'étoient établis par la même voie, elle n'en fait plus de doute, et se résout de sortir de Blois, et de se délivrer de la misère en laquelle elle étoit, qu'elle eût volontiers supportée, selon que je lui ai ouï dire plusieurs fois, si elle n'en eût appréhendé une plus grande.

Chanteloube, qui étoit venu auprès d'elle quinze jours après que je fus parti de Blois, commença à travailler à cette fin. Tous les grands de la cour qui étoient mécontens, ne manquoient pas de faire diverses propositions à ces fins : tous parloient selon leur passion, et peu faisoient des ouvertures raisonnables ; beaucoup échauffoient l'esprit de la Reine et des siens, et peu lui donnoient des remèdes. Enfin, après que l'on eut long-temps écouté ceux qui parloient sur ce sujet, entre autres le duc de Mayenne, le prince de Joinville, le cardinal de Guise, le duc de Bellegarde et autres particuliers ; après même qu'on eut consulté le duc de Bouillon, qui étoit tenu pour un oracle en telles affaires, on estima que le plus propre pour servir la Reine en cette occasion étoit le duc d'Epernon, tant à cause de son gouvernement qui étoit en lieu où il la pouvoit retirer aisément, qu'à cause de son humeur audacieuse, plus tenante que celle de tous les autres.

Chanteloube faisoit de Blois à Paris plusieurs voyages, inconnu, pour conférer avec tous ceux qui étoient plus propres à animer la Reine qu'à la secourir. Russelay, qui, quelque temps après la mort du maréchal d'Ancre, avoit obtenu permission de demeurer à la cour, sur la découverte qu'il fit à Luynes des deniers que le feu maréchal avoit à Rome sous son nom, et le service qu'il promit lui rendre pour les lui faire toucher, travailloit aussi de son côté, quoique sans commission et sans aveu, et avec si peu de discrétion, que les favoris, outrés de son insolence, le firent chasser de la cour ; ce qui l'anima, non-seulement à travailler plus que jamais à cette fin, mais lui donna commodité de le faire, vu qu'il se retira dans une abbaye qu'il avoit en Champagne, assez proche des ducs d'Epernon qui étoit à Metz, et de Bouillon qui étoit à Sedan, pour avoir communication avec eux.

Le duc de Bouillon estima toujours que personne ne pouvoit mieux servir la Reine en cette occasion que le duc d'Epernon; que comme il pouvoit plus commodément que personne la retirer de Blois pour la recevoir à Loches, qui n'en est qu'à treize lieues, et de là la conduire à Angoulême, personne ne pouvoit aussi mieux que lui faire une puissante diversion du côté de Champagne, à cause de l'excellente place qu'il avoit, et la commodité qu'il avoit d'avoir des étrangers, soit de Hollande, soit d'Allemagne, où il avoit l'alliance qu'on sait qu'il a avec l'électeur Palatin et le prince d'Orange, soit de Liége, dont les terres sont contiguës à celles de sa principauté.

Mais il se rencontroit de grands obstacles en ce projet qui se faisoit pour la liberté de la Reine. Les ducs d'Epernon et de Bouillon étoient si mal ensemble qu'ils ne pouvoient prendre confiance l'un à l'autre : ils avoient si mauvaise opinion de Russelay, tant parce qu'il étoit étranger qu'à cause de la légèreté, vanité et mauvaise conduite qu'il avoit témoignées en tous les lieux et en toutes sortes d'occasions, qu'ils ne vouloient prendre aucune confiance en lui. D'autre part, le duc de Bouillon ne faisoit jamais rien sans argent, et, qui plus est, le duc d'Epernon et lui en avoient besoin pour une telle entreprise : la Reine n'en avoit point, tant parce que, pendant sa régence, elle n'avoit pas été fort soigneuse d'en amasser, que pource qu'elle avoit confié ce qu'elle en avoit mis à part, entre les mains de la grande-duchesse de Florence, qui gouvernoit alors l'Etat de son fils qui étoit mineur; qu'elle, bien éloignée de la secourir du sien en une telle occasion, ne voulut jamais lui rendre deux cent mille écus qu'elle lui gardoit pour s'en servir à temps.

Si les ducs de Bouillon et d'Epernon étoient en défiance de Russelay, la Reine l'étoit encore davantage : ce qui l'obligea à les faire avertir qu'ils n'eussent aucune créance en ce personnage. Sa Majesté en usa ainsi, non-seulement pour éviter le dégoût de ces seigneurs, mais en outre parce que le duc de Bellegarde, qui étoit à la cour, lui avoit écrit que cet homme se gouvernoit si imprudemment dans la cour, et se faisoit de fête si indiscrètement ès affaires de la Reine, que, s'il continuoit, il les perdroit tous ; ce qui donna lieu à Sa Majesté de faire dire au prince de Joinville, et à ceux à qui elle avoit confiance dans Paris, de n'en prendre aucune en cet esprit chaud et bouillant.

Nonobstant l'aversion que le duc d'Epernon avoit de cet esprit, et les avis qu'il avoit reçus de la Reine, il n'eut pas plutôt vu ce personnage dans Metz, où il l'alla trouver de son mouvement, que, passant d'une extrémité à l'autre, il s'ouvrit entièrement à lui du dessein qu'il avoit de servir la Reine au désir qu'elle avoit de sortir de Blois. Au bout de quelques jours il fit un voyage en secret à Sedan, avec aussi peu de commission que celle qu'il avoit quand il fut à Metz, où il gagna aussi, sinon la confiance du duc de Bouillon qu'il n'étoit pas aisé à avoir, au moins la souffrance qu'il s'entremît en toutes ces affaires, qui enfin, par d'autres négociations, et entre autres d'un nommé Vincence, secrétaire du feu maréchal d'Ancre, que la Reine envoya au duc d'Epernon, réussirent au contentement de Sa Majesté.

Il arriva beaucoup de traverses en cette négociation. Ce Vincence allant trouver le duc d'Epernon, chargé d'une lettre qu'il avoit désirée, par laquelle la Reine le conjuroit, par la mémoire du feu Roi, de l'assister en sa sortie, lettre qui contenoit tous les motifs qu'on pouvoit prendre pour colorer son action, fut arrêté à Troyes, et étant reconnu, fouillé si exactement qu'on décousit tout son habit, hormis au lieu où il l'avoit cachée; après n'avoir rien trouvé, la fermeté avec laquelle il soutint qu'il s'en alloit en Allemagne par les Grisons, fit qu'en lui donnant la liberté on lui donna lieu d'achever son voyage.

Il arriva ensuite que, lorsque le duc d'Epernon fut résolu à partir de Metz pour aller trouver la Reine, Russelay fut si impudent que de dépêcher un page qu'il avoit, au comte de Brenne qui étoit à Blois, pour lui donner avis, par une lettre, du jour du partement du duc d'Epernon, et assurer la Reine de la résolution qu'il avoit de la tirer du lieu où elle étoit. Ce page infidèle et traître, sachant bien qu'il portoit quelque chose d'important, fut expressément à Paris pour rendre la dépêche au duc de Luynes; mais le sieur Ollier, conseiller de la cour, qui étoit serviteur de la Reine, étant averti de son arrivée, et lui ayant tiré les vers du nez, lui donna trois cents écus pour tirer sa dépêche, et le tint quelque temps à couvert chez lui.

Le duc de Bellegarde, sachant obscurément qu'il se faisoit quelque dessein pour la sortie de la Reine, et que le duc d'Epernon y étoit mêlé, écrivit une lettre de six feuilles à Sa Majesté, par laquelle, après avoir dépeint le duc d'Epernon de vives couleurs, il concluoit que si elle se mettoit entre ses mains, elle seroit plus prisonnière qu'elle n'étoit au lieu où elle étoit; que son humeur tyrannique lui devoit assez faire connoître la vérité de son avis, sans qu'il fallût de grandes raisons pour le prouver. Pour la détourner même de ce dessein, il lui offrit de la retirer en Bourgogne, dont Sa Majesté ne fit pas de cas : elle connoissoit trop la jalousie en laquelle ce personnage s'est nourri toute sa vie, et l'envie qu'il a de la gloire d'autrui, voire même de celle à laquelle il n'est pas capable d'aspirer, pour ajouter foi à ses avis. Il est bien vrai qu'elle appréhendoit l'humeur du duc d'Epernon; mais elle étoit en un tel état, qu'elle savoit bien que tout autre lui seroit meilleur : elle savoit, en outre, très-bien qu'encore que le duc de Bellegarde fût capable de lui offrir retraite, il ne l'étoit pas de se résoudre à la lui donner, beaucoup moins de soutenir une telle action, quand même il la voudroit faire.

Comme rien ne la détourna du traité qu'elle avoit fait pour se retirer à Angoulême, rien ne put divertir aussi le duc d'Epernon de partir de Metz pour la venir servir en cette occasion. Il y étoit allé dès l'année précédente sur des mécontentemens imaginaires, mais en effet par la seule inquiétude de son naturel, qui ne peut supporter de voir personne au-dessus de lui, comme il témoigna assez, en ce que, peu auparavant son partement, rencontrant Luynes sur le degré du Louvre, il lui dit : *Vous autres, messieurs, vous montez, et nous, nous descendons.*

Il ne fut pas plutôt à Metz qu'il y fit des siennes, et se comporta si violemment envers la justice, que le président même fut contraint de s'en absenter. Le sieur Favier, maître des requêtes, fut envoyé pour remédier à ces désordres, et quant et quant porter au duc d'Epernon commandement de ne point sortir de Metz jusqu'à ce qu'il eût ordre exprès de Sa Majesté, qui prenoit le sujet des mouvemens de Bohême pour prétexte d'avoir besoin de sa présence sur cette frontière pour son service.

Ledit duc écrivit à Sa Majesté, et la supplia de trouver bon qu'il s'en allât chez lui, où la nécessité de ses affaires le rappeloit; disant qu'il ne s'estimoit pas être si misérable ni si peu estimé de Sa Majesté, qu'elle voulût se servir de lui en son âge pour faire passer plus sûrement des paquets en Allemagne. D'abord on lui accorda sa demande, puis on la lui refusa, puis après il obtint, par l'entremise de quelqu'un de ses amis puissans à la cour, qu'on le lui accorderoit après un mois de délai.

Ce temps expiré, après avoir pourvu la citadelle de Metz de tout ce qui y étoit nécessaire, il y laissa le duc de La Valette en sa place, et en partit ayant fait tenir quelques jours auparavant les portes de la ville fermées, et semblablement aussi quelques jours après qu'il en fut sorti; de sorte qu'on n'en eut point avis à la cour, que par la lettre qu'il en écrivit au Roi du pont de Vichy le 7 de février, ayant déjà traversé la Lorraine et la Bourgogne, passé la Loire entre Decize et Roanne, et la rivière d'Allier audit pont de Vichy.

Son partement de Metz étonna grandement les favoris, qui se rassurèrent aucunement quand ils surent qu'au lieu d'aller à Blois, comme ils le croyoient, il tira droit à Angoulême. Ce que le duc fit expressément pour leur ôter l'imagination de ce qu'il vouloit faire, et l'exécuter plus sûrement, ainsi qu'il fit, en ce que, comme il fut à l'entrée de l'Angoumois, il retourna droit à Loches pour y recevoir la Reine, que M. de Toulouse, maintenant cardinal de La Valette, et le sieur du Plessis, sergent de bataille, domestique et confident du duc d'Epernon, étoient allés querir à Blois pour la rendre à Loches au même temps que ledit duc y arriveroit.

Etant résolue à sa sortie, et considérant que, d'un côté, on avoit mis des forces à l'entour de Blois, qui servoient de rempart contre sa liberté ; que le comte de Cheverny, gouverneur du Blaisois, avoit promis de s'opposer à tous ses justes desseins ; que quelques-uns même de ses domestiques étoient gagnés à cet effet, elle se trouve contrainte de se servir de la nuit pour couvrir sa retraite, et de ne point rechercher d'autres portes que des fenêtres, d'autres degrés qu'une échelle. Elle descend donc de la hauteur de plus de six vingts pieds, et, passant seule avec une de ses femmes, le comte de Brennes, son premier écuyer, deux exempts de ses gardes, elle gagne un carrosse qui étoit au-delà du pont, avec lequel, accompagnée de huit personnes, elle se rendit à Montrichard, à six grandes lieues de là, où elle rencontra le cardinal de La Valette, lors archevêque de Toulouse, avec trente ou quarante gentilshommes qui l'accompagnèrent jusqu'à Loches, sur le chemin duquel elle fut reçue du duc d'Epernon, assisté de deux cents chevaux.

Le sieur de Luynes, après avoir reçu les lettres du duc d'Epernon, par lesquelles il sut son partement de Metz, ne tarda guère à recevoir celles que la Reine lui écrivit de Loches, par lesquelles il apprit la sortie de Sa Majesté hors de Blois; ce qui lui fut une nouvelle qui tempéra bien la joie qu'il recevoit du mariage du prince de Piémont, qui avoit été accompli le 10 de février, avec madame Christine, et lequel il avoit traité sans en donner aucune part à la Reine-mère, espérant par cette alliance se fortifier contre elle.

La lettre que la Reine écrivit au Roi étoit datée de Loches du 23 de février, par laquelle elle lui représentoit premièrement la nécessité qui l'avoit obligée à ce qu'elle avoit fait, laquelle elle disoit être la longue oppression de son honneur et de sa liberté, et la raisonnable appréhension de sa vie, mais plus que tout encore la mauvaise conduite de ses affaires, et le péril auquel se trouvoit son Etat, dont elle le vouloit informer, se mettant premièrement en lieu sûr afin d'en avoir plus de liberté, le péril étant si présent que le délai eût apporté de l'impossibilité aux remèdes, qui étoient encore lors sûrs et honorables. En quoi elle avoit choisi le duc d'Epernon pour l'assister, suivant ce que le feu Roi, sur ses derniers jours, lui avoit commandé de se confier entièrement en sa probité ès plus importantes affaires; suppliant Sa Majesté de lui prescrire le moyen et la forme qu'il lui plaît qu'elle tienne pour l'informer des choses dont elle a à l'avertir; ce qu'elle veut faire sans haine et sans ambition, protestant ne vouloir prendre aucune part au gouvernement, auquel elle a éprouvé trop de péril et de déplaisir, lorsqu'en son bas âge elle s'en est mêlée selon l'obligation qu'elle y avoit, et n'en désiroit aucune autre que la gloire de le bien voir gouverner son royaume par lui-même, et entendre un chacun, content de son règne, louer ses vertus en tel lieu qu'il voudra qu'elle achève ses jours.

Elle en écrivit une autre à peu près de pareil style au prince de Piémont.

Le duc de Luynes et ses adhérens surent par ces lettres la sortie de la Reine avec un grand étonnement, sur les divers avis que l'on leur avoit donnés de ce dont ils virent l'événement.

Ils avoient pris résolution, à ce que le duc de Chaulnes m'a dit plusieurs fois depuis, de mener le Roi à Blois, sous prétexte de visiter la Reine, pour en effet la mener honnêtement au château d'Amboise, où il étoit arrêté qu'elle demeureroit à l'avenir sous bonne et sûre garde, ou l'envoyer à Moulins s'ils n'eussent pu se garantir des jalousies que Loches et l'Angoumois leur donnoient, quelque soin qu'ils pussent avoir de sa personne.

La Reine ne fut pas sitôt sortie de Blois, que le conseil du Roi, étonné, ne songeât à tous les expédiens par lesquels ils pourroient se garantir de l'orage qu'ils prévoyoient devoir être beaucoup plus grand qu'il ne fut pas. Dès lors les favoris commencèrent à jeter feu et flamme contre Russelay, qu'ils estimèrent auteur de la négociation qui avoit produit la délivrance de la Reine, envoyèrent, sous le nom du Roi, par toutes les provinces commander aux gouverneurs et aux villes de se tenir sur leurs gardes, donnèrent force commissions pour lever des gens de guerre, et se résolurent de terminer cette affaire par la voie des armes.

Le Roi, cependant, pour découvrir les sentimens du duc de Bouillon, et l'obliger en quelque façon, lui écrivit pour lui demander son conseil en cette occurrence; lequel, avec dextérité, lui manda d'assoupir ce mécontentement par remèdes doux et benins, et ne troubler la paix de son royaume en un temps où elle étoit si bien établie et si chérie de ses sujets, sachant qu'il y en a beaucoup qui offrent leurs services pour avoir de quoi desservir; qu'il vît paisiblement ce que la Reine a à lui remontrer pour le bien de son Etat; qu'il seroit juge et de la sincérité et de l'importance de ses avis, et départiroit la récompense ou la punition selon qu'un chacun l'auroit mérité. Après avoir gardé la lettre de la Reine quinze jours entiers pour la tenir d'autant plus long-temps en suspens et en incertitude de la volonté du Roi, et bien concerté ce qui étoit à propos d'y répondre, le Roi lui manda, le 12 de mars, qu'il étoit sur le point de partir pour l'aller voir quand ses lettres lui arrivèrent; qu'il châtieroit l'injure qui avoit été faite à Leurs Majestés en l'action de son enlèvement de Blois par ceux qui cherchent leur avantage dans la ruine des peuples et dans la diminution de son autorité; qu'il voit bien que la lettre qu'elle lui a écrite lui a été dictée par le duc d'Epernon, et que ce qu'elle lui mande de l'opinion en laquelle l'avoit confirmée le feu Roi est tout contraire à ce qu'elle lui en avoit dit plusieurs fois, et qu'elle avoit souvent éprouvé elle-même; au reste, que blâmer ceux qui sont auprès de lui c'est le blâmer lui-même, pource que les résolutions de son conseil partent de son jugement, après avoir ouï ceux-là mêmes qui conseilloient le feu Roi; qu'aussi lui avoit-elle souvent mandé qu'elle louoit Dieu de la sage et heureuse conduite de son Etat, et qu'elle étoit même contente du traitement qu'elle recevoit ; que si, pour quelque occasion que ce fût, elle n'avoit point la demeure de Blois agréable, elle choisît quelque autre de ses maisons ou de celles de Sa Majesté qu'il lui plairoit, et que de là tous les avis qu'elle lui voudroit donner seroient bien reçus, mais non du lieu où elle étoit, qui lui étoit suspect. Le sieur de Béthune fut porteur de cette lettre, avec charge d'adoucir son esprit et essayer de la ramener à la volonté du Roi.

Le prince de Piémont lui écrivit le même jour, du même style, ajoutant que le duc son père et lui serviroient le Roi de toutes leurs forces, pour ranger à la raison les ennemis du repos de sa couronne, et redonner à Sa Majesté la liberté qu'on lui avoit ôtée en la retirant de Blois.

Auparavant que ces lettres lui fussent arrivées, elle écrivit le 10 de mars au Roi, se plaignant de l'incertitude en laquelle on la tenoit si long-temps de sa volonté, et protestant qu'elle feroit retentir ses plaintes par toute l'Europe ; qu'elle n'avoit commis aucune action qui pût être blâmée, n'y ayant loi au monde qui défende aux prisonniers de chercher leur liberté et d'assurer leur vie, et principalement encore n'ayant fait cette action que pour le bien de l'Etat, et pour faire entendre au Roi des choses qu'il étoit nécessaire qu'il sût ; néanmoins, qu'elle voyoit de toutes parts des préparatifs de gens de guerre contre elle, et qu'elle étoit marrie de se voir réduite à la nécessité de la défense.

Cette lettre fut accompagnée de trois autres au chancelier, au garde des sceaux et au président Jeannin. Le Roi lui répondit le 16 que, comme il avoit mandé par sa précédente, elle n'étoit pas en lieu d'où elle lui pût écrire les vrais sentimens de son ame touchant le gouvernement de son Etat, qu'on ne peut accuser que le blâme n'en tombe principalement sur lui; qu'on ne s'est pas contenté d'avoir tâché de lui imprimer une mauvaise créance de ses affaires, on s'efforce même de lui donner appréhension de ses armes, qu'il ne veut employer que pour maintenir son autorité et la tranquillité publique, et pour s'opposer aux desseins de ceux qui, sous le nom de la Reine, ont levé des gens de guerre, tant dedans que dehors le royaume; qu'il saura toujours distinguer l'intérêt de la Reine d'avec le leur, n'ayant autre résolution que de l'aimer et l'honorer comme sa mère, et de les punir comme sujets rebelles et ennemis de son Etat; que les services que ceux qui approchent de sa personne lui ont rendus et continuent de lui rendre, sont si signalés qu'ils l'obligent à les protéger avec raison et justice; que si elle croit qu'il y ait quelque chose à désirer en son royaume, elle lui peut dire quand elle voudra ce qu'elle en croit en son ame, sans en faire éclater les plaintes en public, parce que cette voie n'a jamais été pratiquée que par ceux qui ont plus désiré de décrier le gouvernement que d'en procurer la réformation; qu'il lui a écrit et fait dire par le sieur de Béthune qu'elle peut choisir telle qu'il lui plaira de ses maisons ou celles du Roi, pour y vivre avec une entière liberté.

M. le chancelier, le garde des sceaux et le président Jeannin accompagnèrent cette lettre des leurs tendantes à même fin, et lui conseillèrent de se remettre entre les mains de Sa Majesté, et qu'elle recevroit tout le bon traitement qu'elle pourroit désirer.

Pendant ces allées et venues, un des Bouthillier, simple ecclésiastique pour lors, qui est depuis mort évêque d'Aire, homme de cœur et d'esprit tout ensemble, dont l'adresse et la fidélité étoient égales, et le père Joseph, capucin, qui avoient beaucoup de déplaisir de mon exil et grande passion au rétablissement de mes affaires dans le service de la Reine, parlant avec Déageant de tous les maux qui étoient arrivés, firent en sorte que tous, d'un commun accord, estimèrent qu'un des meilleurs moyens que le Roi pourroit pratiquer, ce seroit de m'envoyer vers Sa Majesté pour adoucir son esprit, et la retirer des violences où ils craignoient que celui de Russelay et quelques autres ne la portassent.

Cet avis étant goûté du sieur de Luynes et de Sa Majesté, le sieur du Tremblay me fut dépêché avec ordre de Sadite Majesté d'aller trouver la Reine, sur l'assurance qu'elle prenoit qu'en la servant fidèlement je ne voudrois pas lui donner aucun conseil contre le bien public et son service particulier.

Aussitôt que j'eus reçu la dépêche de Sa Majesté, bien que le temps fût extraordinairement mauvais, que les neiges fussent grandes et le froid extrême, je partis en poste d'Avignon, pour obéir à ce qui m'étoit prescrit et à ce à quoi j'étois porté par mon inclination et mon devoir. Mais ma diligence fut bientôt interrompue, en ce qu'étant auprès de Vienne je trouvai dans un petit bois trente gardes du sieur d'Alincour, conduits par son capitaine des gardes, qui viennent à moi les armes basses, et me dirent avoir commandement de m'arrêter. Je priai ce capitaine de me faire voir le pouvoir qu'il en avoit, ce dont il se trouva dégarni. Il me répondit qu'il exécutoit les ordres du sieur d'Alincour, qui avoit ceux du Roi; je lui dis que j'obéissois volontiers parce qu'ils avoient la force en main, et non par aucune connoissance que j'eusse qu'il eût juste pouvoir d'entreprendre ce que son maître lui avoit commandé.

Au même temps le sieur du Tremblay partit pour aller trouver le sieur d'Alincour, et lui justifier qu'il étoit venu par l'ordre de Sa Majesté pour me querir, voir ceux qu'il disoit avoir reçus de la cour pour m'arrêter, et voir ceux qui étoient les plus récens. Il se trouva en effet que le sieur d'Alincour n'en avoit aucun, mais que son fils lui avoit mandé, au premier instant que la nouvelle de la sortie de la Reine arriva à Paris, que le sieur de Luynes, étant auprès du Roi, lui avoit dit : « Si votre père pouvoit arrêter l'évêque « de Luçon il nous feroit grand plaisir. » Et sur cette parole il avoit envoyé dans Avignon des espions pour savoir quand j'en partirois, et faire une entreprise qui n'étoit fort pas difficile, puisqu'il n'étoit question que d'arrêter un homme qui venoit seul en poste.

Aussitôt que ledit sieur d'Alincour eut vu les ordres du Roi que ledit sieur du Tremblay m'avoit apportés, il changea ses rigueurs en civilités, et fut bien fâché de s'être trop hâté en cette occasion, où sa passion avoit bien plus paru que son obéissance, puisqu'il n'avoit point d'ordre. Il m'envoya un carrosse qui me rencontra à trois lieues de Lyon, écrivant à son capitaine des gardes, qui fut bien honteux de la façon avec laquelle il m'avoit traité dans Vienne, faisant voir à tout le monde, et la mauvaise volonté de son maître et sa malice et son peu d'esprit tout ensemble, en ce que, non content de m'avoir fait entrer dans Vienne comme un criminel, avec autant d'apparat qu'il le devoit éviter s'il eût été habile homme, je vis, sur les dix heures du soir, étant à l'hôtellerie prêt à me coucher, l'effet d'une partie qu'il avoit dressée en passant lorsqu'il me vint arrêter.

Vingt ou trente hommes apostés vinrent devant ma porte, où ils mirent l'épée à la main, et firent semblant de se battre contre le gardes dudit sieur d'Alincour; le chamaillis des épées étoit si grand, et le nombre des coups de carabine que tirèrent lesdits gardes tel, que je croyois qu'il y en eût vingt ou trente morts sur la place. Je fis appeler le capitaine, et le priai de me dire ce que c'étoit; à quoi d'abord il me répondit que je le devois mieux savoir que lui-même, et que c'étoient des gens qui me vouloient sauver. Je lui dis qu'il en auroit bien aisément connoissance, puisque dans une ville obéissante au Roi, comme étoit celle où j'étois, il ne se pouvoit que tous ceux qui restoient d'un si grand combat ne fussent pris; que je le priois d'envoyer promptement quérir les chefs de la justice pour informer d'une telle action, en laquelle moi-même je me rendois partie. Il me dit qu'il n'étoit point besoin de faire cette information, qu'il lui suffisoit de connoître le dessein qu'on avoit eu et l'avoir empêché. Je le priai alors qu'au moins, en sa présence, je pusse parler aux blessés, afin que tous deux ensemble nous découvrissions l'origine de cette affaire: il me répondit qu'il n'y avoit personne de blessé, parce que ses compagnons avoient eu cette discrétion qu'ils avoient tiré haut pour faire peur seulement. Je répliquai : « Et tant de coups d'épée que « nous avons entendus, ont-ils été sans effet ? » Il me dit que, par la grâce de Dieu, il n'y avoit personne de blessé. Je confesse que l'état auquel j'étois alors ne me put empêcher de lui dire : « Je pensois, lorsque « vous m'avez arrêté sans pouvoir, que vous fissiez « votre charge avec ignorance, mais je reconnois « maintenant qu'il y a bien autant de malice pour le « moins. »

La nuit se passa, et le lendemain cet honnête homme fut bien étonné quand il vit que son maître s'étoit mécompté. Lors, au lieu de recevoir de moi des paroles qui lui pussent déplaire, je lui parlai avec toute la civilité qu'il me fut possible, et ne pensai qu'à me tirer de ses mains et de celles de son maître.

Le sieur d'Alincour me fit force excuses que je reçus en paiement, et aussitôt que j'eus dîné avec lui, je partis pour continuer mon voyage en poste comme j'avois commencé. J'allai jusqu'à Limoges avec toute liberté ; mais le sieur de Schomberg y arrivant le même jour que j'y passai, j'eusse été au hasard d'un pareil accident, si l'appréhension que j'en eus ne m'eût fait changer mon chemin : ce qui fut si à propos, que ledit sieur de Schomberg m'a dit plusieurs fois depuis qu'il m'avoit fait courre toute la nuit, pensant que je fusse M. de Toulouse.

J'arrivai le lendemain à Angoulême, le mercredi de la Semaine-Sainte. Comme je pensois être arrivé à bon port, c'est là où je trouvai plus de tempête ; le duc d'Epernon, Russelay, Chanteloube et plusieurs autres, peu unis, s'accordèrent tous en ce point de s'opposer à moi. Je ne trouvai quasi personne en la maison qui m'osât regarder de bon œil, que madame de Guercheville.

D'abord je trouvai la Reine en conseil, où, bien qu'elle sût que je fusse en sa chambre, elle étoit tellement obsédée des esprits qui étoient lors auprès d'elle, qu'elle n'osa me faire entrer. Ces messieurs enfin avertirent la Reine de mon arrivée, qu'elle savoit mieux qu'eux, lui donnèrent avis que j'étois venu par l'ordre du Roi, sur des lettres du sieur de Luynes ; ce qu'elle n'ignoroit pas aussi, vu que le sieur Bouthillier étoit parti de Paris pour la venir trouver, au même temps que les ordres du Roi me furent envoyés par le sieur du Tremblay, pour lui rendre compte de tout ce qui s'étoit passé. Ils tâchèrent de découvrir en quel état j'étois en l'esprit de Sa Majesté, mais sans effet, sachant parfaitement dissimuler quand elle croit qu'il y va de son service.

La retenue avec laquelle elle agissoit sur mon sujet, leur faisant croire que je n'avois pas grande part en sa bienveillance, leur donna l'audace de lui dire qu'elle devoit se garder de moi ; ce qu'elle écouta sans les croire. Ils ajoutèrent qu'il seroit très-dangereux que j'entrasse dans son conseil présentement, parce que, s'il s'y faisoit quelque accommodement, ceux de la cour croiroient que j'en serois auteur.

A cette proposition Sa Majesté témoigna de la répugnance, jusqu'à ce que, m'ayant fait l'honneur de me dire tout ce qui s'étoit passé, je la suppliai de leur dire le lendemain qu'en me demandant la façon avec laquelle je désirois la servir, je lui avois témoigné que je n'avois autre volonté que les siennes ; mais si elle me permettoit de lui dire mes pensées, je ne devois point me mêler des affaires qui étoient lors sur le tapis, parce qu'il étoit raisonnable que ceux qui les avoient commencées les missent en leur perfection.

Aussitôt que cette cabale entendit cette réponse, jamais gens ne furent si étonnés. Après avoir tenu conseil entre eux, ils dirent à la Reine qu'il paroissoit bien que j'avois mauvaise opinion de ses affaires, puisque je n'avois pas désir d'entrer dans leurs conseils. Sa Majesté repartit qu'ils se trompoient, que je ferois volontiers ce qu'elle désireroit, mais qu'elle avoit connu que je ne voulois donner ombrage à personne. Lors ils supplièrent la Reine de me donner le lendemain entrée en son conseil, et me commander de dire mon avis sur les affaires; ils estimoient que la crainte de la cour m'empêcheroit de parler hardiment à l'avantage de la Reine, et qu'ainsi ils me décréditeroient auprès d'elle.

La Reine m'ayant fait l'honneur de m'avertir du changement de leur désir, je résolus avec elle de suivre le lendemain leur intention. Je parle ainsi, parce que comme alors j'avois l'honneur de servir la Reine en ses affaires, elle prenoit telle part en mes intérêts qu'elle trouvoit bon de m'y donner conseil.

Le lendemain, l'heure du conseil étant venue, j'y entrai comme les autres, et, pour montrer ma modestie, je faisois état d'y parler fort peu. Enfin ces messieurs faisant trop connoître l'extrême désir qu'ils avoient de savoir mes sentimens sur les affaires qui étoient sur le bureau, je pris la parole, et leur dis qu'ils ne devoient point trouver étrange si j'opinois mal en l'affaire présente, parce que je ne savois ni les particularités de ce qui s'étoit passé, ni quelles intelligences Sa Majesté avoit au dedans et au dehors du royaume, mais que je leur ferois voir ingénument ma franchise en leur disant que je pensois avoir assez de connoissance pour leur dire que, pour bien faire aller les affaires de Sa Majesté, je voudrois faire tout le contraire de ce qu'ils avoient fait jusqu'alors; quo j'avois vu diverses lettres que la Reine avoit écrites à la cour, fort piquantes et fort aigres, que je voyois autour d'elle fort peu de gens de guerre pour la défendre, et apprenois qu'on n'avoit pas fait grands préparatifs pour en avoir davantage; qu'à mon avis il falloit écrire civilement sans bassesse pour adoucir les esprits de la cour, et s'armer puissamment pour se mettre en état de se garantir de quelque mauvaise humeur qu'ils pussent prendre.

Cet avis, qu'ils ne pouvoient condamner avec raison, leur ôta tout moyen de me contredire, mais non pas la volonté de me mal faire. Deux jours après, le duc d'Epernon vint trouver la Reine pour lui dire que Russelay, ayant su que Sa Majesté m'avoit donné ses sceaux (ce qui n'étoit pas vrai, bien qu'elle me les eût destinés dès Blois), étoit résolu de la quitter si elle continuoit en cette volonté. La Reine lui répondit que cette pensée qu'elle avoit eue n'étoit point nouvelle, puisqu'elle avoit pris cette résolution dès Blois, à laquelle Russelay n'avoit aucun intérêt, parce qu'aussi bien ne vouloit-elle pas les lui donner. Sachant ce qui s'étoit passé en ce sujet, je suppliai la Reine de ne découvrir pas encore tant la bonne volonté qu'il lui plaisoit avoir pour moi, et dire à ces messieurs qu'ayant su ce qui s'étoit passé sur le sujet des sceaux, je l'avois suppliée de n'en disposer point en ma faveur.

Aussitôt qu'ils surent cette réponse ils crurent que j'avois quelque appréhension, et le duc d'Epernon, par personnes interposées, me fit dire que je serois bien mieux en mon évêché que de demeurer auprès de la Reine, pour m'y attirer tant d'ennemis comme je faisois.

Je répondis à celui qui me faisoit ce discours, avec autant de civilité comme en apparence il en avoit assaisonné le sien, que je croyois que, en quelque lieu que seroit la Reine, elle seroit la maîtresse; qu'il étoit important au duc d'Epernon de le faire voir; que j'étois venu la trouver à Angoulême sans y désirer autre aveu que le sien, que je prétendois y demeurer de la sorte, si elle l'avoit l'agréable, sans vouloir contraindre ceux qui ne me voudroient pas aimer à forcer leur humeur; que j'estimois pouvoir n'être pas inutile à ceux qui me départiroient leur bienveillance.

Deux jours se passent sans que j'entendisse aucune nouvelle des nouveaux complots qui se faisoient; mais le troisième ne s'écoula pas sans que la Reine reçût une nouvelle proposition de m'exclure de son conseil. Elle s'en défendit fortement, témoignant trouver d'autant plus mauvais cette ouverture, que je n'y étois entré qu'à leur prière; mais j'estimai qu'il falloit encore suivre le nouveau changement de leur humeur, à quoi Sa Majesté condescendit enfin, quoique avec grande peine.

Pendant ces divisions de cabinet, le comte de Schomberg, qui étoit arrivé, comme j'ai dit ci-dessus, à Limoges, se préparoit puissamment, assemblant tout ce qu'il pouvoit de gens de guerre pour aller attaquer Uzerche, où le duc d'Epernon avoit mis garnison. Il estimoit lui-même que ce poste étoit si nécessaire à Angoulême qu'il le falloit conserver assurément. Il conseilla à la Reine d'écrire au Roi, ce qu'elle fit, pour le supplier de ne point faire attaquer cette place, qui lui étoit nécessaire pour sa sûreté, jusqu'à ce qu'elle lui eût pu faire entendre les choses qu'elle avoit à lui représenter, ainsi qu'elle lui avoit mandé auparavant.

Le Breuil, capitaine du régiment de Piémont, homme de grand cœur et de fidélité égale, étoit dans l'abbaye qui tient lieu de château, avec trente ou quarante hommes seulement. Plusieurs s'offrirent à se jeter dans la ville. Chambret, entre autres, huguenot assez connu par les bonnes actions qu'il avoit faites du temps du feu Roi, homme déterminé, et qui savoit le métier de la guerre parfaitement, demande cinq cents hommes de pied et cent chevaux, pour se jeter dans cette place et la garder contre de bien plus grands efforts que ceux du comte de Schomberg.

Le duc d'Epernon, aussi jaloux qu'irrésolu en ce qu'il vouloit faire, ne put se résoudre ni à laisser faire cette action à autrui, ni aussi à y aller lui-même assez à temps pour faire l'effet qui étoit désiré. Il différa tant, que le jour qu'il partit avec cinq cents chevaux et deux mille hommes de pied, en résolution de combattre le comte de Schomberg, le même jour ledit comte étoit arrivé à Uzerche, avoit emporté la ville par l'intelligence des habitans, et l'abbaye par la hardiesse d'un curé voisin qui lui donna l'invention de l'écheler par un côté par où ledit curé passa lui-même, et faire jouer une mine par un autre, qui fit ouverture dans une cave par laquelle trois hommes de front entroient dans la cour.

Le Breuil fit merveille en cette occasion, et se défendit jusqu'à ce point que, tous les ennemis étant dans la place, il se retira dans une petite voûte avec onze de ses compagnons, où, sans autres armes que des piques et leurs épées, ils firent leur capitulation, la vie sauve, le onzième jour d'avril.

Par ce moyen le duc d'Epernon, s'approchant d'Uzerche, n'eut autre conseil à prendre que de s'en revenir, et ramener Le Breuil avec autant d'honneur comme il avoit de déplaisir d'avoir manqué son entreprise.

En même temps on reçut la nouvelle de la réduction de la haute ville de Boulogne en l'obéissance du Roi, ceux de la basse ville ayant contraint le lieutenant de M. d'Epernon et les gens de guerre qui y étoient de se retirer, dont ils firent encore écrire à la Reine le onzième d'avril pour se plaindre de ce que, pendant que M. de Béthune lui donnoit de bonnes paroles, on procédoit par voie de fait contre les villes qu'elle tenoit.

Le Roi répondit à l'une et à l'autre de ses lettres le 23 d'avril, lui mandant qu'il reconnoissoit bien que ce qu'elle écrivoit n'étoit pas d'elle, à la sincérité et vérité qu'il savoit bien être en elle, et qui n'étoient pas dans ses lettres, attendu qu'elles étoient pleines d'assurances de son affection au bien de son Etat et conservation de son autorité, et qu'elle vouloit être la première à recevoir et observer ses volontés, et néanmoins on avoit, sous son nom, dès long-temps auparavant son partement de Blois, commencé, et on continuoit encore à faire soulever tout ce que l'on pouvoit contre lui, tant dedans que dehors le royaume, y ayant non-seulement armé et levé force gens de guerre, mais mis la main sur ses finances, imposé sur ses sujets, fait entreprises sur ses places pour courir sus au comte de Schomberg, son lieutenant général en Limosin; que la ville d'Uzerche n'appartenoit point au duc d'Epernon, qu'il s'en étoit emparé sur l'Eglise et les habitans, contre son autorité et la justice.

Pour le regard de la ville de Boulogne, que les habitans, voyant qu'il y appeloit nombre de gens de guerre, s'y étoient justement opposés, et que ces places ni aucune autre n'avoient été destinées pour sa sûreté, n'en ayant point besoin dans son Etat où elle seroit toujours assurée; qu'au reste il étoit prêt d'entendre les avis qu'elle lui vouloit donner, que le sieur de Béthune étoit tout exprès auprès d'elle pour les recevoir et les lui mander, mais qu'il n'en avoit pu tirer un seul mot, quelque soin qu'il y eût apporté, ce qui lui étoit une assez évidente preuve du mauvais dessein de ceux qui lui dictoient les lettres qu'elle lui envoyoit.

Cependant la Reine est avertie d'une entreprise sur la citadelle d'Angoulême, où le sieur Danton qui y commandoit avoit ouvert les oreilles à quelque pourparler de la part du comte de La Rochefoucauld, sans toutefois avoir dessein de rien exécuter.

On évente encore une conspiration formée par le comte de Schomberg, qui gagna le poudrier d'Angoulême pour faire sauter les poudres de la citadelle d'Angoulême, ce qui lui étoit fort aisé, parce qu'il entroit quand il vouloit dans les magasins pour voir si les poudres étoient en bon état : ce qui ne se pouvoit exécuter sans la perte de sa personne, pour la proximité du lieu de sa demeure.

La Reine se plaint de ce procédé, demande, mais en vain, avec quelle justice, lorsqu'on traite ouvertement d'accord avec elle, on agit par force à couvert, contre la foi des paroles qui lui sont données.

D'autre part, le duc d'Epernon n'avoit pas été plutôt de retour d'Uzerche à Angoulême qu'il apprit que, du côté de la Guienne, le duc de Mayenne étoit arrivé à Châteauneuf, gros bourg à trois lieues d'Angoulême, qu'au commencement ledit duc avoit fait dessein de défendre.

Ainsi le traité de la Reine n'étant point fait avec le Roi, chacun commençoit à connoître que les affaires de la Reine étoient fort mal conduites. Russelay parloit ouvertement contre le duc, ce qui émut tellement de nouveau la bile dudit duc, qu'ils vinrent à telle extrémité que Russelay un jour, mettant la main sur le côté, lui présenta le coude comme il entroit dans le cabinet de la Reine. Je ne croirois pas cette insolence si le duc ne me l'avoit dit, n'y ayant personne qui pût entreprendre une telle effronterie sans être fou ou se vouloir perdre en même temps, vu que le duc étoit dans son gouvernement, avoit la plus grande partie des forces qui étoient à sa dévotion, et que toute sa vie étoit une preuve bien authentique qu'il n'étoit pas bien endurant.

Cependant cet étranger étoit si présomptueux, qu'il

se fondoit en ce que la principale noblesse qui accompagnoit la Reine pour l'amour d'elle étoit de son parti, et en ce que le marquis de Mosny, son ami intime, commandoit le régiment de la Reine, dont quelques compagnies étoient dans la ville. Il est vrai, soit qu'il fît cette action ou non, qu'il tenoit des discours fort offensans contre le duc d'Epernon.

Cette division, et la connoissance que chacun avoit que les affaires de la Reine alloient fort mal, firent que le duc d'Epernon proposa de nouveau à la Reine de me rappeler dans ses conseils, et prendre confiance en moi en ses affaires, disant que, quand on verroit qu'un homme qui avoit réputation en prendroit le soin au lieu de Russelay, homme peu avisé, qui les avoit conduites jusqu'alors, on croiroit qu'elles changeroient de face.

Lors M. le cardinal de La Rochefoucauld, qui étoit arrivé quelques jours auparavant à Angoulême pour voir s'il pourroit conclure l'accommodement que le sieur de Béthune avoit commencé auparavant, trouva plus de facilité en cette affaire qu'il n'avoit fait jusqu'alors; ce qui fit qu'en trois jours on conclut le traité pour lequel le sieur de Bérule avoit fait divers voyages en poste sur les difficultés qui se présentoient de part et d'autre.

La substance de ce traité consistoit premièrement en l'oubli de tout le passé, à la sûreté que le Roi donnoit et pour les personnes et pour les charges de ceux qui avoient servi la Reine, en 50,000 écus de récompense qui furent accordés au duc d'Epernon pour Boulogne, en l'échange du gouvernement de Normandie que la Reine avoit en celui d'Anjou, château d'Angers, le Pont-de-Cé et Chinon, et en 600,000 écus qui furent accordés à Sa Majesté pour les frais qu'elle avoit faits en cette occasion.

Ce traité fut conclu le dernier d'avril; le Roi le reçut à Saint-Germain-en-Laye le 2 de mai, et cinq jours après partit pour aller en Touraine, afin d'être plus proche d'Angoulême et faciliter l'exécution de ce qui avoit été promis.

Le gouvernement de Normandie, qu'avoit la Reine, fut absolument désiré, parce que le sieur de Luynes avoit dessein de le faire donner au duc de Guise pour celui de Provence; mais, ne le pouvant, il tâcha de l'échanger pour celui de Bretagne, dont ne pouvant encore venir à bout, enfin il en eut la Picardie, où il avoit déjà quantité de places : et ce grand établissement ne semblera étrange, quand on saura qu'en même temps il offrit de tirer plus d'un million et demi de livres des coffres du Roi, pour avoir certaines places de telle considération qu'on les peut dire les portes de la France à tous les étrangers.

Jamais accord ne fut conclu plus à propos, car Annibal étoit aux portes, puisque les troupes du Roi étoient déjà proche d'elle, et que s'il eût passé outre la Reine eût été contrainte, pour éviter de s'enfermer dans une ville dont on devoit prévoir le siége, de se retirer à Xaintes, ou pour y demeurer, ou au moins pour passer de là en Brouage; ce qui eût causé sa perte indubitable, ayant su depuis certainement qu'un avis qui dès lors lui fut donné de l'infidélité du gouverneur de Xaintes étoit très-véritable : il y avoit si peu d'apparence de le croire, vu que ledit gouverneur avoit été nourri du duc d'Epernon, qu'il étoit neveu du sieur du Plessis son confident, que par sa seule faveur il avoit trouvé un mariage très-avantageux; qu'il n'étoit dans cette place, au respect du duc d'Epernon, que comme une créature pour son maître; que quelque avis qu'on eût pu avoir on n'eût pas évité ce piége, lequel cependant étoit si certain, que le sieur de Béthune avoit les ordres nécessaires pour lui faire exécuter la promesse qu'il avoit faite d'arrêter la Reine et le duc d'Epernon s'ils alloient à Xaintes, moyennant ce dont on étoit convenu avec lui pour son intérêt, et que les adhérens du sieur de Luynes, qui avoient machiné ce complot, ne me l'ont pas nié depuis.

Pendant cette négociation, Russelay traversoit, en ce qu'il lui étoit possible, le traité qui se faisoit; mais, comme il étoit sans crédit, ses efforts étoient vains. Il fit diverses propositions à la Reine, fort extravagantes, et qui n'avoient autre fin que sa vengeance et sa passion. Un jour, après lui avoir fort exagéré ses services et exigé d'elle plusieurs sermens de secret, il lui dit qu'il savoit un moyen fort avantageux de la tirer du mauvais état où elle étoit; ensuite il lui représenta qu'elle n'étoit pas trop contente du duc d'Epernon, et que la haine que le Roi et les favoris lui portoient étoit telle, que si elle vouloit leur donner lieu de se venger de lui, il n'y a rien qu'ils ne fissent en sa faveur; qu'il lui seroit déshonorable de le faire en sorte qu'on pût apercevoir qu'elle contribuât à son malheur, mais qu'il lui donneroit un expédient où les plus clairvoyans ne verroient goutte, et où elle trouveroit son compte.

Cet expédient étoit que la Reine fît semblant de

vouloir aller voir faire la montre, à une lieue d'Angoulême, au régiment de ses gardes qui étoit commandé par le marquis de Mosny. Là se trouveroient trois ou quatre compagnies de chevau-légers, qui étoient assurées à Russelay, pour être vues de la Reine, qui, au même temps, prieroit le duc d'Epernon de ne point trouver mauvais si elle se retiroit d'Angoulême pour s'en aller à Brouage, où le sieur de Saint-Luc la devoit retirer ; qu'incontinent après la retraite de la Reine, le Roi s'avanceroit avec ses forces, et déposséderoit sans difficulté le duc d'Epernon d'Angoulême et de Xaintes, et traiteroit d'autant mieux la Reine, qu'il sauroit qu'elle auroit favorisé le châtiment d'une personne qui avoit desservi Sa Majesté.

Cette proposition sembla non-seulement si extravagante, mais si méchante à la Reine, qu'elle la rejeta de son propre mouvement : ce en quoi je la fortifiai autant qu'il me fut possible après qu'elle m'eut fait l'honneur de me la communiquer, lui faisant voir que toute la malice d'enfer n'eût su lui en suggérer une plus propre de la perdre en toutes façons. Cet esprit désespéré, se voyant débouté de ses prétentions, corrigea sa proposition, suppliant seulement la Reine de se tirer des mains du duc d'Epernon, avec son consentement, pour se mettre à Brouage. La Reine prit temps de penser à cette ouverture, laquelle on lui fit voir très-mauvaise ; premièrement, pource que Brouage étoit lors en si mauvais état que la place n'eût su soutenir quinze jours l'effort de la puissance du Roi ; secondement, pource que la fidélité du sieur de Saint-Luc lui étoit fort peu assurée, Comminges étant déjà venu en divers voyages de Paris vers lui pour le regagner pour la faveur ; ce qui fit telle impression dans son esprit, que peu de temps après il fit son accord sans la Reine, moyennant 20,000 écus et quelques autres conditions, qui, à mon avis, n'eussent produit autre effet que de lui faire éviter de recevoir la Reine en sa place, mais non pas la tromper au cas qu'elle y eût été ; troisièmement, parce que si la Reine entendoit à ce conseil, quoiqu'elle ne fût pas d'accord avec les favoris de la perte du duc d'Epernon, ainsi que Russelay la désiroit par sa première proposition, elle s'ensuivroit indubitablement, étant certain que sa personne et le respect de la Reine ne seroient pas plutôt séparés d'Angoulême, que la ville ne fût en proie et prise dans quinze jours ; enfin, parce que si elle étoit pressée dans Brouage, il ne lui resteroit plus que de se mettre à la merci des vents dans quelque méchante barque, n'ayant point de vaisseau de considération. Sa Majesté goûta tout-à-fait ces raisons, et, représentant à Russelay la dernière ci-dessus exprimée, il fut si impudent que de dire que Rome lui resteroit pour retraite, et qu'il se tiendroit fort heureux de la loger dans le palais qu'il y avoit.

Ces extravagances, qui faisoient de plus en plus connoître et la folie de cet esprit et sa malice tout ensemble, furent suivies d'une autre non moins impertinente. Il proposa à la Reine d'épouser le roi d'Angleterre ; qu'il feroit la négociation de ce mariage pendant qu'elle seroit à Brouage ; que de là on pourroit faire venir des vaisseaux propres à la faire passer sans péril le trajet qu'il falloit faire ; qu'il savoit bien qu'il y avoit quelque chose à dire pour la religion ;

mais qu'en matière si importante il ne falloit pas regarder de si près, vu principalement qu'elle ne seroit pas forcée en sa créance, et auroit la liberté de la religion catholique en son particulier.

Par cette dernière proposition la Reine se trouve si importunée des impertinences de cet homme, que lui étant insupportable elle résolut de le chasser, ce dont je la détournai, non sans peine. Je lui représentai qu'elle savoit bien que je n'aimois pas Russelay, que je connoissois son extravagance, et le préjudice qu'elle pouvoit recevoir de l'avoir auprès d'elle, qu'il n'étoit pas question de savoir s'il l'en falloit ôter, mais seulement des moyens qu'il falloit tenir pour parvenir à cette fin.

Que si elle le chassoit, beaucoup blâmeroient Sa Majesté, et l'accuseroient d'ingratitude, parce qu'au lieu qu'il l'avoit desservie les apparences feroient croire qu'il lui avoit rendu des services fort signalés; que cet homme étoit en des termes où il ne pouvoit demeurer; qu'il étoit si immodéré qu'il ne demeureroit jamais auprès d'elle s'il ne croyoit y avoir la principale confiance, et que partant, si la Reine continuoit à lui témoigner qu'elle se méfioit de lui, indubitablement il s'en iroit de lui-même; auquel cas mon avis étoit qu'il lui falloit faire un pont d'or, lui donnant récompense de ses services prétendus, afin que Sa Majesté eût autant les apparences d'un bon procédé de son côté comme elle en avoit l'effet.

Le duc d'Epernon étoit fort contraire à cet avis, qui disoit souvent à la Reine qu'il ne falloit point nourrir un serpent dans son sein, et qu'il n'y avoit rien tel que de s'en défaire le plus promptement qu'on pourroit. Au même temps il s'anime jusqu'à ce point qu'il veut battre Russelay. Je l'en détournai autant qu'il me fut possible; mais enfin les langages que Russelay tenoit de lui étoient si insolens, qu'un jour il m'envoya M. de Toulouse pour me dire qu'il ne demandoit plus que j'approuvasse l'action qu'il vouloit faire contre Russelay, mais seulement qu'après qu'elle seroit faite j'adoucisse la Reine, et portasse son esprit à ne le condamner pas.

Je représentai audit sieur de Toulouse que si le duc d'Epernon commettoit cette violence il étoit perdu; que les favoris, qui le haïssoient au dernier point, ne demandoient pas mieux que de prendre ce prétexte de le maltraiter, faisant croire au monde que les intérêts de la Reine les y porteroient autant que ceux du Roi; qu'ils publieroient qu'elle ne seroit pas libre entre ses mains, et le prouveroient en l'imagination de ceux qui ne sauroient pas l'état auquel Russelay étoit auprès d'elle, par la violence dont il auroit usé en son endroit contre son gré; qu'ils refuseroient peut-être, sur ce sujet, d'achever le traité qui étoit commencé, ou au moins de l'y comprendre; qu'il acquerroit la réputation d'être incompatible, avec d'autant plus de facilité que déjà beaucoup croyoient sa société un peu épineuse; qu'ainsi il perdroit les affaires de la Reine et les siennes tout ensemble, sans autre fruit que de précipiter la sortie de Russelay, qui arriveroit indubitablement dans peu de jours.

Ces raisons furent si bien représentées au duc par le sieur archevêque de Toulouse son fils, qu'il y déféra par son avis et celui du sieur du Plessis, en qui il n'avoit pas peu de confiance. Cependant Russelay continuoit toujours à parler, non-seulement mal à propos dudit duc, mais de la Reine. Il veut pratiquer une de ses femmes plus confidentes contre son service, et lui offre 30,000 livres pour être averti par elle de toutes les paroles et actions de la Reine qu'elle jugeroit dignes de remarque. Il l'accuse d'ingratitude en son endroit, représente que sans lui elle seroit encore à Blois ; que le duc de Bouillon, le cardinal de Guise, le prince de Joinville, n'étoient ses serviteurs qu'en sa considération. Il se laisse aller jusqu'à cet excès d'insolence, parlant à Chanteloube, que de lui dire qu'autrefois le domaine de Toscane, possédé par ceux de la maison de la Reine, étoit à ses prédécesseurs.

Chanteloube fait ce rapport à la Reine ; les mécontentemens croissent de toutes parts enfin Russelay étant assuré d'être bien reçu à la cour, par les négociations qu'il y avoit fait faire, un jour, comme j'étois à une lieue d'Angoulême, on me vint dire que Russelay avoit demandé son congé, et que la Reine le lui avoit accordé. Je vins aussitôt à Angoulême, et n'y fus pas plutôt arrivé, que je trouvai Sardini en mon logis, qui me vint proposer de raccommoder Russelay avec la Reine, par le moyen de quoi je l'acquerrois ami pour jamais, au lieu que jusqu'à présent il avoit été mon ennemi. Je lui répondis que je tiendrois à faveur de le servir, mais non pas aux dépens de mon maître ; que, pour son amitié, j'avois bien connu que je n'étois pas assez heureux pour la pouvoir avoir à conditions raisonnables, et que je n'étois pas aussi assez fou pour la vouloir acheter à un prix injuste, comme celui de la perte des bonnes grâces de la Reine; mais que je m'emploierois auprès d'elle pour qu'elle le traitât en sorte que chacun reconnût qu'il auroit sujet de se louer d'elle.

Et de fait, je m'en allai de ce pas proposer à la Reine de lui donner 100,000 liv. pour reconnoissance de ce qu'il pensoit avoir contribué à son service : ce que Sa Majesté trouva bon, et lui envoya le sieur de Sardini pour l'assurer qu'à Paris il les toucheroit. Russelay se trouva si surpris de cette libéralité, qu'il n'attendoit pas, que sur-le-champ il ne put se résoudre ni à l'accepter, ni à la refuser; mais il pria Sardini, et quelques autres qui lui en parlèrent, qu'il lui fût libre de faire l'un ou l'autre quand il seroit à Paris.

Incontinent que sa réponse fut sue, nous jugeâmes bien qu'il en usoit ainsi pour ne rien faire que ce qui lui seroit conseillé en ce sujet par le sieur de Luynes, vers lequel il appréhendoit que cette gratification de la Reine ne lui pût nuire. Ainsi Russelay se sépara de la Reine, et, au lieu de se retirer chez lui, ce qu'il devoit faire s'il eût eu de l'honneur, il se retira à la cour, comme s'il eût voulu justifier à tout le monde l'intelligence qu'il avoit eue de tout temps avec Luynes, qui lors étoit ennemi de la Reine.

Sa retraite, qui avoit été précédée du marquis de Mosny, qui, quinze jours auparavant, s'étoit retiré par complot fait avec lui, sous prétexte du refus que la Reine lui fit du gouvernement d'Angers, fut suivie de quelques autres personnes de peu de considération.

Jamais esprit n'eut tant de divers desseins, tous mal fondés, dans la tête, que ce pauvre homme témoigna en cette occasion. Il exerça la charge de secrétaire de la Reine, il eut dessein d'être son chancelier ; depuis, convertissant sa plume en une épée, il voulut être son chevalier d'honneur, ce qui l'exposa à la risée de tous ceux qui en eurent connoissance. Il n'oublia rien de ce qu'il put pour faire que la ville et gouvernement d'Angers tombassent entre les mains du marquis de Mosny, qui étoit un corps dont il étoit l'ame, afin que, la Reine y faisant son séjour, il eût les principales forces du lieu de sa demeure pour s'autoriser davantage en sa maison, et disposer de la conduite de cette princesse, en sorte qu'en lui faisant faire tout ce que désireroient les favoris, il pût recevoir d'eux ce qu'il désireroit de leur puissance.

La Reine connut trop clairement son dessein pour le pouvoir souffrir davantage : et en effet, s'il n'eût pris son congé comme il fit, on n'eût pu l'empêcher en aucune façon de la divertir davantage de le lui donner.

Comme Russelay emmena quelques-uns de ceux qui étoient de sa cabale, pour nuire à la Reine en lui soustrayant des serviteurs, il en laissa d'autres à Angoulême pour la même fin, pour nuire à Sa Majesté, comme serpens dans son sein. Entre autres, la confiance qu'il avoit en la dame de Montandre, et à un certain abbé de Moreilles, qui, dans la confusion des occasions passées, s'étoit donné à la Reine sans qu'on le reçût, lui donna lieu d'établir entre eux une correspondance pour découvrir tout ce qu'ils pourroient, et lui faire savoir soigneusement ; ce qu'ils firent, mais non pas long-temps sans être découverts par la surprise de quelques lettres de cet abbé, si détestables, qu'outre qu'elles étoient pleines de médisances de la Reine, elles contenoient des paroles qui violoient au moins le respect dû aux sacremens, si elles ne contenoient un manifeste abus de celui de la confession, vu que ce personnage étoit si effronté, qu'il lui écrivoit qu'il ne pouvoit qu'il ne lui donnât beaucoup de nouvelles, puisqu'il confessoit la plupart des femmes de la Reine.

Le marquis de Thémines, capitaine des gardes de la Reine, imbu des humeurs et des impressions de Russelay, ne vit pas plutôt le marquis de Mosny, qui s'en étoit allé, hors de la prétention du gouvernement d'Angers, qu'il ne se le mît en tête. Ce qui fit que la Reine ayant donné ledit gouvernement à feu mon frère, celui de Chinon à Chanteloube, celui du Pont-de-Cé à Bétancourt, la passion lui fit mal parler de ce choix, et dire qu'il méritoit mieux que ceux qui l'avoient eu, ce qui produisit plusieurs querelles. La première fut de Chanteloube, qui fit appeler ledit marquis, et furent séparés sur le pré. Cette querelle ayant appris à mon frère les mauvais discours dudit marquis, il lui fit savoir qu'il le vouloit voir l'épée à la main. Ils se retirèrent tous deux hors de la ville à cette fin, mais sans effet, à cause de la pluralité des seconds qui se trouvèrent de part et d'autre; ce qui donna lieu de remettre la partie à une autre fois.

La Reine ayant su ce qui s'étoit passé, prit grand soin de les faire accorder; mais, comme il y a peu de maladies dont on sort bien nettement, l'accord de cette querelle ne fut pas si net qu'il n'en restât des semences qui donnèrent lieu à mon frère de le chercher autant qu'il put. Il alloit, pour cet effet, toujours seul avec un petit page, avec lequel trois jours ne se passèrent pas qu'il ne le rencontrât devant la citadelle. Aussitôt qu'ils se virent ils mirent pied à terre, et, après s'être tiré trois ou quatre estocades, le marquis de Thémines recula, jusqu'à ce que se couvrant de son cheval, il en avança une qui, coupant le nœud de la queue de son cheval, lui donna dans le cœur; ce qui n'empêcha pas qu'avec le reste de la vie qui demeure à un homme blessé à mort, il ne se jetât à son collet, d'où il fut dépris par quelques personnes qui y arrivèrent, et par la mort qui le surprit, mais non si subitement, que le sieur de Bérule, qui se trouva par cas fortuit en cette occasion, n'eût loisir de lui donner l'absolution sur les signes de douleur qu'il put tirer de lui.

Je ne voudrois ni ne saurois dire que ce combat se fût passé avec aucune supercherie, et ne crois pas, en vérité, que Thémines en eût voulu user ainsi; mais il est vrai que, tandis que mon frère et lui furent aux mains, deux gentilshommes qui le suivoient eurent toujours l'épée haute dans le fourreau, ce qui ne laisse pas d'être un très-grand avantage. Je ne saurois représenter l'état auquel me mit cet accident, et l'extrême affliction que j'en reçus, qui fut telle qu'elle surpasse la portée de ma plume, et que dès lors j'eusse quitté la partie, si je n'eusse autant considéré les intérêts de la Reine que les miens m'étoient indifférens.

Ceux qui restoient dans la maison de la Reine de plus grande considération, voyant mon frère mort, et le marquis de Thémines éloigné de Sa Majesté par cet accident, se mirent en tête d'avoir le gouvernement d'Angers. Mais la Reine, jugeant bien que si dans la malice du siècle elle ne m'autorisoit auprès d'elle, non-seulement par son crédit, mais par la force du lieu de sa demeure, et par celle qu'elle pouvoit donner en sa maison, je ne pouvois lui rendre le service que je devois, elle voulut, de son mouvement, donner le gouvernement d'Angers à mon oncle le commandeur de La Porte, et quelque temps après la charge de capitaine de ses gardes au marquis de Brezé, mon beau-frère, moyennant 30,000 écus que je payai au marquis de Thémines, qui avoit été fort bien reçu du Roi.

Tous ces malheurs passés, la Reine m'envoya à Tours pour préparer son entrevue avec le Roi. Elle n'eut pas peu de peine à se résoudre à ce voyage ; le traitement qu'elle avoit reçu, la continuation qu'il lui sembloit voir de mauvaise volonté envers elle, la crainte de s'aller mettre en la puissance de ses ennemis, la tenoient en une grande irrésolution si elle devoit aller trouver le Roi.

Luynes, incontinent que le Roi fut arrivé à Tours, lui écrivit par le prince de Piémont, qui l'alloit trouver à Angoulême, que, sur la parole du père Bérule, il hasardoit la très-humble supplication qu'il lui faisoit de vouloir prendre assurance en son très-humble service, et en recevoir les offres qui lui étoient dues, et que le Roi lui avoit non-seulement permis, mais commandé de lui faire ; et que si elle les avoit agréables, il exposeroit sa vie pour elle, tant à raison de ce qu'elle est, que pour avoir commencé et beaucoup avancé sa fortune, qui l'obligent à ne l'oublier jamais, laissant le plus important à ce bon père pour le lui faire entendre.

La Reine ne manqua pas de correspondre à ces honnêtes offres, lui mandant qu'elle recevoit d'autant plus volontiers les assurances qu'il lui donnoit de son affection, qu'il les lui faisoit en intention de les confirmer par effet auprès du Roi ; qu'elle étoit bien aise qu'il reconnût l'inclination qu'elle avoit eue dès longtemps à son bien, de laquelle il se pouvoit promettre la continuation, et faire état de sa bienveillance, qu'elle lui promettoit de nouveau ; qu'il devoit vivre en cette croyance très-véritable, puisqu'elle lui étoit assurée par une princesse dont la parole est inviolable, et qu'elle faisoit état d'aimer toujours ce que le Roi honorera de son affection.

Quelque temps après le Roi lui écrivit, la priant de le venir voir, et lui envoie le duc de Montbazon pour ce sujet. Le sieur de Luynes l'assure qu'elle sera très-bien traitée. Elle remercie le Roi de la faveur qu'il lui plaît lui faire de désirer la voir, et lui mande le désir qu'elle a aussi de jouir de sa vue ; mais le supplie de trouver bonne la prière qu'elle a faite à M. de Montbazon, qu'auparavant que de penser à ses contentemens elle procure qu'il plaise au Roi pourvoir à ce qui concerne ceux qui l'ont assistée, ainsi qu'il lui a plu lui promettre, et que sa conscience et son honneur l'y obligent.

Cette réponse est non-seulement jugée équitable, mais louée d'un chacun. Le sieur de Luynes lui témoigne l'extrême contentement qu'il a d'avoir reçu de M. de Montbazon nouvelles assurances de la confiance qu'elle veut avoir en lui, et de l'honneur qu'elle lui fait de prendre créance aux protestations qu'il lui a faites de la servir, la joie que lui apporte la résolution qu'elle a prise d'aller à la cour sur la parole qu'il lui a donnée qu'elle y recevra toute satisfaction; qu'outre l'aise du Roi et le bien général il y considère encore le sien particulier, en l'honneur qu'il se promet de la bienveillance de Sa Majesté, et en celui qu'il aura de la servir fidèlement, ce qu'il fera en l'exécution de ce qui lui a été promis par l'intervention de M. le cardinal de La Rochefoucauld et de M. de Béthune, touchant le bon traitement de ceux qui l'ont servie en ces dernières occasions; la libre disposition de sa maison et de sa demeure qui lui sera conservée, sachant si bien les intentions du Roi, qu'il ne craint point de l'assurer, au péril de son honneur, de tout ce que dessus; et que, tant au voyage qu'elle vient faire à la cour qu'aux autres qu'elle y pourra faire à l'avenir, elle n'y demeurera que tant et si peu qu'elle voudra; qu'il lui en donne sa parole comme aussi de la servir en toute autre occurrence; qu'elle n'appréhende point, comme M. de Montbazon lui a dit qu'elle faisoit, qu'on lui puisse rendre de mauvais offices auprès du Roi, lui jurant que si quelqu'un lui fait quelque mauvais rapport, il en avérera la fausseté avec elle.

Et, afin de lui faire avoir davantage de foi à ses paroles, il lui fait confirmer, par le père Arnoux, tout ce qu'il lui avoit mandé, et la convier efficacement d'aller à la cour, l'assurant qu'elle y recevra tout contentement; qu'il lui donne d'autant plus volontiers cette assurance, qu'il reconnoît qu'on ne sauroit manquer à ce qui lui a été promis en tout cela, et à ce qu'elle désire, sans un notable préjudice de conscience; et engage sa foi, son honneur et son ame, qu'en cela et en toute autre chose elle aura contentement.

Enfin ils s'obligèrent à toutes ces choses par toutes sortes de sermens, et le donnèrent même par écrit. Sur cela la Reine leur promet son amitié inviolable; elle dépose cette parole entre les mains de M. de Montbazon.

On ne laisse pas, nonobstant tout cela, de traiter pour surprendre les places qui sont en la puissance des serviteurs de la Reine. On voit à Metz du jour pour en chasser le marquis de La Valette par la mauvaise volonté des habitans, qui ont bien le courage d'oser entreprendre de se rendre maîtres de lui. On agrée leur entreprise, quoique de mauvais exemple, et on fait acheminer quelques troupes vers eux pour leur prêter main forte; mais le marquis de La Valette les prévient, fait entrer dans la ville des gens de guerre qui sont à la dévotion de son père, désarme les habitans, et les met en état de ne lui pouvoir faire de mal.

On sollicite le gouverneur de Xaintes; on fait des offres à celui de Loches; on trame des menées pour Angers, avant même qu'on l'ait livré; on donne absolution de plusieurs crimes aux huguenots en récompense d'une fidélité imaginaire, en vertu de laquelle on supposoit qu'ils avoient refusé de servir la Reine, qui, bien loin de les en avoir sollicités, avoit aussi généreusement refusé l'offre qu'ils lui avoient faite de l'assister, qu'infidèlement et pour s'avantager au désavantage du service du Roi ils lui avoient faite sans en être requis. Il n'y eut pas même jusqu'à Déageant, qui étoit un de leurs plus affidés ministres, qui ne ressentît les effets de la mauvaise volonté qu'ils couvoient encore contre la Reine, car ils l'éloignèrent, sur l'imagination qu'ils eurent qu'il se repentoit de sa faute.

Tandis qu'ils étoient si attentifs à ôter à la Reine toute l'autorité auprès du Roi que la qualité qu'elle avoit lui donne, ils avoient peu de souci ou peu de moyens de maintenir l'autorité royale envers ses alliés.

Barneveldt, le plus ancien officier des états des Provinces-Unies, celui qui avoit le plus travaillé à l'établissement de leur république, et qui avec plus d'affection s'étoit toujours porté à maintenir la bonne intelligence entre Sa Majesté Très-Chrétienne et lesdits Etats, fut condamné à mort et exécuté au mépris des offices que Sa Majesté fit plusieurs fois par ses ambassadeurs pour le sauver. La première cause apparente de sa disgrâce fut une division qui commença à éclater, l'an 1611, en Hollande, entre les ministres, sur le fait de la prédestination, de laquelle un ministre nommé Arminius, qui étoit mort quelques années auparavant, avoit commencé à prêcher une doctrine qui n'étoit pas conforme à ce que Luther et Calvin en avoient tenu, et approchoit davantage de la vérité qui est enseignée en l'Eglise catholique.

Un ministre, nommé Vorstius, commença, ladite année 1611, de prêcher suivant cette nouvelle doctrine, avec grande chaleur. La nouveauté, qui est amie des peuples, fit qu'il eut dans peu de temps grand nombre de sectateurs. Le roi d'Angleterre, qui prétend, par le titre de défenseur de la foi, et par celui qu'il se donne de chef de l'Eglise anglicane, devoir être comme une sentinelle qui donne avis des erreurs naissantes parmi les protestans, écrivit incontinent à messieurs des Etats, leur remontre l'importance de cette nouveauté, qui séparera les cœurs de leurs peuples aussi bien que leur créance. Mais, nonobstant tous ses efforts, la négligence que messieurs les Etats apportèrent en ce sujet, fit que cette opinion gagna en peu de temps presque toute la Hollande, Utrecht, West-Frise et Over-Yssel, et ce par l'autorité de Barneveldt, avocat général des états de Hollande et West-Frise, qui avoit été imbu de cette opinion à Heidelberg, il y avoit plus de trente ans. Sous son autorité ils prirent tel courage, qu'ils levèrent des gens de guerre dans les villes pour leur sûreté, lesquels ils appelèrent *Attendans,* comme étant en attente pour les défendre si on les vouloit attaquer.

Leurs ennemis firent trouver cette action mauvaise, particulièrement au comte Maurice, comme étant un attentat contre son autorité qui devoit être absolue au fait des armes, prenant un de leurs prétextes sur ce qu'ils ne portoient pas ses livrées, qui étoient l'orangé. Le comte Maurice, qui jusqu'alors n'avoit point eu la puissance de Barneveldt suspecte, ni n'en avoit point eu de jalousie, d'autant qu'il l'employoit toute à maintenir et à augmenter son crédit et autorité dans les Etats, commença à l'envier dès qu'il vit qu'il se soustrayoit de sa dépendance, et agissoit à part, non-seulement sans son avis, mais contre sa volonté.

Des libelles commencèrent à courir parmi le peuple contre Barneveldt, qu'on accusoit d'être étranger de la province de Hollande, et de s'être enrichi dans sa charge, ce qui ne pouvoit être que par mauvais moyens. Il fait son apologie, mais elle n'est pas reçue avec la même grâce que son accusation, tant la faveur du peuple est prompte à changer envers celui qu'il a plus estimé, dès que la fortune commence à lui être moins favorable. Les Etats-Généraux et le comte Maurice commandent aux villes de casser ces gens de guerre qu'elles appellent *Attendans*; elles refusent de le faire: le comte y va courageusement en personne, non sans péril, parle aux soldats, les gagne, leur fait poser les armes, et dépose tous les magistrats. Les Arminiens se plaignent, présentent requête pour vider devant les magistrats le différend de leur religion; les autres demandent un synode, et soutiennent que le magistrat ne se doit mêler de ce fait.

Barneveldt, déchu d'autorité avec son parti, est averti qu'on veut mettre la main sur sa personne; il ne se retire pas néanmoins, mais, assuré sur ses longs services et sur son innocence, paroît toujours en public, et va au conseil comme il a accoutumé. Enfin on l'arrête le 24 d'août 1618, et on le met en prison. On convoque un synode, qui se termina sans qu'ils prissent aucune résolution sur le fait de leur créance, et tôt après ils donnèrent des juges à Barneveldt pour lui faire son procès.

C'étoit une chose pitoyable de voir un vieillard de soixante-onze ans, le plus ancien ministre de leur république, qui avoit été trente-trois ans avocat général de leurs principales provinces, qui avoit la principale part à leur établissement, et, ce qui est le plus à remarquer, avoit, par son adresse, renvoyé en Angleterre le comte de Leycester, établi en 1585 gouverneur général des Provinces-Unies, et avoit mis en avant le prince Maurice, et été la principale cause de sa grandeur, le maintenant toujours bien avec messieurs les Etats en toutes rencontres esquelles il y avoit eu entre eux quelque mésintelligence, ayant été jusqu'à trente-deux fois député de leur part vers lui dans leurs armées, après tant de services rendus, et y avoir employé tout le temps de sa vie, être, pour récompense, mis prisonnier par celui qui lui étoit plus redevable au milieu de l'Etat qui lui étoit obligé de la meilleure partie de sa prospérité.

Le Roi s'y intéressa, et pour l'honneur des Etats et pour l'amour de Barneveldt; et pource aussi qu'entre les crimes qu'on lui mettoit à sus, celui d'avoir eu quelque intelligence avec les ambassadeurs de Sa Majesté en étoit un. Le sieur de Boissise fut envoyé ambassadeur extraordinaire pour ce sujet, et exposa aux Etats, le 12 de décembre, le motif et les raisons de son envoi, leur représentant que si Barneveldt et les autres prisonniers étoient véritablement coupables du crime de trahison et d'intelligence avec les ennemis, il étoit raisonnable qu'ils fussent punis selon la rigueur des lois; mais qu'il étoit juste aussi de considérer que ces crimes étoient si atroces en eux-mêmes, que les Etats bien policés les jugeoient réduits à certains faits outre lesquels on ne les devoit pas étendre, ni les tirer par des conséquences à d'autres actes qui ne sont pas de cette qualité-là; et partant, que les contentions, les jalousies et l'ambition entre les personnes d'autorité, desquelles naissent souvent plusieurs inconvéniens aux Etats, ne sont néanmoins pas imputés à crime de trahison contre l'Etat, pource qu'on la doit juger par la volonté, non par l'événement; que Barneveldt avoit rendu tant de témoignages de sa fidélité, qu'il étoit difficile de croire qu'après cela il eût conspiré la ruine de sa patrie; qu'il étoit important qu'on lui donnât des juges non suspects, et qu'ils ne le jugeassent pas sur de simples conjectures, étant chose certaine qu'il y a beaucoup de choses apparentes qui ne sont pas véritables, et beaucoup de véritables qui n'ont pas de vraisemblance; enfin que le conseil de Sa Majesté étoit qu'on le traitât favorablement, selon la bonne coutume des rébliques libres, qui, même ès plus grands méfaits, ont fait difficulté d'épandre le sang des citoyens, conservant pour une des principales marques de liberté de ne toucher pas facilement à leur vie; que si les Etats choisissoient la voie de la douceur en ce fait-ci, Sa Majesté leur en sauroit un gré particulier, comme elle tiendroit à offense le peu de respect qu'ils lui auroient rendu s'ils faisoient le contraire.

Les Etats firent réponse, le 19 de décembre, qu'ils suivroient en ce jugement la voie de la douceur et de la clémence, à laquellle la condition de leur république les porte, tant que la sûreté de leur Etat leur pourra permettre, ne croyant pas néanmoins que, quel que pût être l'événement de ce procès, Sa Majesté en puisse être offensée, préférant les sollicitations de quelques particuliers à la conservation de leurs provinces. Ils y ajoutèrent une plainte non légère, que Sa Majesté avoit défendu aux huguenots de leur Etat de se trouver au synode qu'ils avoient assemblé; et sans perdre temps ils continuèrent, à La Haye, à faire le procès audit Barneveldt et aux autres prisonniers qui étoient avec lui, et ce par vingt-six juges qu'ils choisirent dans les sept Provinces-Unies, et le condamnèrent à mort au commencement de mai de la présente année, par la plus signalée ingratitude qui fut jamais commise, car ils n'eussent osé penser autrefois à le perdre ; mais après que par ses sages conseils il les eut mis en état de n'avoir plus besoin de lui, et eut ouvert un chemin si ample et si large à la prospérité de leurs affaires, qu'ils n'avoient point affaire ni nécessité de guide pour les conduire, au lieu de la récompense qu'il méritoit, ils le payèrent d'envie, et lui donnèrent la mort.

L'ambassadeur du Roi, ayant eu avis de ce jugement, et qu'il devoit être exécuté le 13, demanda audience aux Etats, et ne l'ayant pu obtenir leur manda, par écrit, qu'il avoit charge de Sa Majesté de leur représenter que Sadite Majesté, sans entrer plus avant en connoissance des causes motives de ce jugement, persistoit à les exhorter encore, pour le lieu qu'elle tenoit entre leurs amis et alliés, d'épargner la vie du plus ancien officier de leur république, attendu que, s'il défaut quelque chose à la sûreté de leur Etat, il ne sera pas suppléé par le peu de sang qui reste à un pauvre vieillard, qui, sans violence, ne peut éviter de mourir bientôt par le cours de la nature, et ils recevroient de l'honneur d'user de clémence pour celui qui a usé sa vie en les servant ; que s'ils ont volonté de lui faire souffrir quelque sorte de peine, il leur est aisé de lui commuer celle de la vie en une moindre, le confinant à demeurer le reste de ses jours en une de ses maisons.

Ces remontrances ne servirent de rien, tant ce peuple étoit animé contre lui, donnant une preuve certaine que, dans les Etats qui sont sujets aux lois populaires, la grandeur et l'autorité est le plus souvent dommageable à celui qui la possède, et nourrit d'ordinaire son propre malheur, d'autant que, comme ils ne reçoivent leurs charges qu'en faisant la cour au peuple, l'envie de ceux qui les ont données les soulève contre eux, et ce avec tant d'iniquité qu'ils ne sont pas contens de les abaisser et les remettre dans l'état auquel ils étoient quand ils les ont élevés en la magistrature; mais, usant cruellement de la puissance qu'ils ont, ils les condamnent aux peines les plus grièves qu'ils peuvent, dès que la mauvaise fortune leur en présente l'occasion. Les obligations qu'ils avoient au Roi furent peu considérées par eux, dont le prince Maurice fut la principale cause, d'autant que, cette querelle étant, en quelque manière, particulière entre lui et Barneveldt, il se sentit offensé que le Roi entreprît sa défense.

Messieurs de Luynes, qui gouvernoient, eurent peu d'égard à ce mauvais procédé, ne pensant qu'à se conserver en leur particulier, et tenir, par tous les artifices qu'ils pouvoient, la Reine éloignée, de peur que la splendeur de Sa Majesté n'obscurcît la fausse lumière dont ils éclatoient à la cour.

Quoique toutes leurs actions lui donnassent lieu de douter de la sincérité des promesses qu'ils lui faisoient, elle ferme les yeux à ses justes pensées, et attribue la chaleur de ces cendres au feu qui y avoit été un peu auparavant, et qu'elle veut croire qui n'y est plus, et ainsi elle me commande de m'avancer vers Tours pour préparer son entrevue avec le Roi, où je ne manquai pas d'assurer le sieur de Luynes que, pour conserver la bienveillance de la Reine, qu'il trouvera sincère en son endroit, il n'étoit question qu'à lui donner des effets de son affection aux occasions qui se présenteront ; que je savois certainement ses intentions être entières pour le Roi, et que ses désirs n'avoient autre but que la paix et le repos de cet Etat ; qu'il pouvoit être certain d'avoir une vraie part en son affection, et que si d'autres lui persuadoient le contraire, c'étoient artifices de personnes qui, sous couleur de l'aimer, lui vouloient porter préjudice.

Cinq jours après que je fus parti, la Reine suivit, et vint trouver le Roi. Toute la France est ravie de voir la réunion de deux personnes qui, unies par nature, ne peuvent être séparées que par des horribles artifices. Couziers ôte à Tours le bonheur de cette entrevue. La Reine y étant arrivée le soir, le Roi s'y rendit le matin ; si grande affluence de peuple s'y rencontre, que le logis ne la pouvant contenir, le jardin fut le lieu de cette première vue. Une joie paroît très-grande au visage du Roi, les larmes de la Reine parlent à son fils, elle l'embrasse tant de fois qu'elle lui baigna le visage ; peu de personnes purent contraindre les leurs : tout est en alégresse, vraie cause de ces larmes. La Reine arrive peu après avec les princesses vers la Reine sa mère. L'après-dînée on va à Tours, où quelques jours se passent avec grands témoignages d'amour entre la mère et le fils. Cela ne plaît pas trop aux favoris, qui, pour leur intérêt particulier, estiment à propos de rompre cette intelligence nécessaire au bien de l'Etat. Ils ont l'œil au Roi autant qu'ils peuvent : s'il va chez la Reine, un d'entre eux y est toujours présent ; s'il s'approche d'elle, ils y accourent incontinent sous quelque prétexte qu'ils forment sur-le-champ. Toute la cour remarque cette procédure, s'en offense et la blâme, chacun connoissant bien qu'elle n'avoit autre but que d'empêcher les effets de la nature. On tâche de la séparer des intérêts du duc d'Epernon, on lui propose force conditions avantageuses à cette fin ; mais l'intérêt de l'honneur l'arrête, et les lui fait rejeter avec courage.

Leurs Majestés se séparent. Le Roi va à Compiègne, et la Reine sa mère va passer à Chinon, pour de là aller à Angers prendre possession de son gouvernement, avec intention de rejoindre le Roi à son arrivée à Paris. Mais elle n'est pas sitôt éloignée qu'elle voit de nouveaux effets de mauvaise volonté contre elle : ceux qui l'ont assistée et servie ne sont point remis dans les charges dont ils avoient été dépossédés à son sujet; et davantage, le comte du Lude étant mort du pourpre à Tours, incontinent après son départ on donne la charge qu'il avoit de gouverneur de Monsieur au maréchal d'Ornano, sans lui en donner avis. Elle se tient offensée et du choix de la personne et de la forme qu'on y a tenue; mais ce qui la fâche davantage est que l'on résout de la délivrance de M. le prince, dont on lui avoit parlé de loin comme d'une chose non arrêtée.

Toutes ces choses l'arrêtent à Chinon, et lui donnent sujet d'écrire au Roi pour se plaindre. On la presse d'aller à Angers, ne s'assurant pas que les troubles dont on venoit de sortir soient pacifiés si elle ne prend possession de son gouvernement. Elle s'excuse, et, n'osant mettre en avant les causes qui l'offensent le plus, elle dit que la principale raison qui l'arrête est que ceux qui l'ont servie ne sont point rétablis dans leurs charges, et que son honneur et sa conscience l'obligent de ne partir du lieu où elle est jusques à ce que cela soit, étant obligée de penser à leur repos premièrement qu'au sien. Néanmoins enfin, le sieur de Brantes l'étant venu trouver de la part du Roi, elle se résolut de partir, ce qu'elle fit le 14, et arriva le 16 à Angers, non contente des raisons que Brantes lui avoit apportées de la liberté qu'ils avoient résolu de donner à M. le prince; car elle savoit bien qu'ils ne la lui rendoient que pour le lui opposer, et que leur premier dessein avoit été de les arrêter tous deux, espérant que, les tenant l'un et l'autre en leur puissance, il n'y avoit personne dans le royaume qui osât entreprendre quelque chose contre leur contentement. Et dès qu'ils eurent nouvelle de sa sortie de Blois, et qu'ils perdirent espérance de la pouvoir tenir arrêtée, ainsi qu'ils eussent désiré, lors, craignant que les partisans de M. le prince se missent du côté d'elle, pour éviter ce péril ils l'envoyèrent incontinent assurer qu'aussitôt que les affaires seroient accommodées avec elle ils l'ôteroient de prison, et firent publier ce dessein par tout le royaume; ce qui étoit proprement armer M. le prince de haine contre elle, et sembler l'obliger non-seulement à les aimer, mais à les servir avec animosité en tous leurs injustes intérêts contre elle. Elle ne témoigna néanmoins pas avoir désagréable cette action-là, mais se remit à eux et au conseil qui étoit auprès du Roi à juger de cette affaire, reconnoissant que ce n'étoit pas aux personnes éloignées comme elle étoit à donner son avis en une chose si importante, pour laquelle délibérer il falloit être averti ponctuellement de l'état de toutes les affaires du dedans et du dehors du royaume, ce qu'elle n'étoit pas.

Au reste, qu'elle ne fait point de doute qu'on ne puisse en un temps changer avec prudence les conseils qu'on a pris en un autre avec juste considération.

M. le prince est ensuite délivré le 20 d'octobre, et vient saluer le Roi à Chantilly. Si messieurs de Luynes lui procurèrent avec affection la liberté, la Reine la sollicita non moins justement pour Barbin, que depuis un an ils avoient resserré dans la Bastille avec des rigueurs incroyables, nonobstant l'arrêt donné contre lui un an auparavant à leur poursuite, par lequel il avoit été condamné à être banni. Ils reconnoissoient en cet homme une si forte passion au service de la Reine, une si grande intégrité en son procédé durant le temps de son administration, un courage si ferme et une si grande liberté de parler, avec un si vif ressentiment des injustices qu'ils lui avoient faites, qu'ils avoient résolu de le laisser mourir en la Bastille. Mais la Reine fit tant d'instances pour lui qu'ils ne s'en purent enfin dégager, et commandèrent qu'après lui avoir encore une fois lu son arrêt on lui ouvrît les portes de la Bastille.

Barbin se plaignant du mauvais traitement qu'il avoit reçu, Maillac, lieutenant de la Bastille, lui montrant une lettre du sieur de Brantes, par laquelle il lui donnoit charge de lui faire ses recommandations, et lui dire que c'étoit tout ce que le sieur de Luynes et lui avoient pu faire jusqu'alors en sa faveur, et que bientôt il ressentiroit les effets de leur amitié, cette lâcheté emporta Barbin à lui dire, sans considération du lieu où il étoit encore, que, quelque misérable qu'il fût, il renonçoit à leur amitié, qui ne pouvoit être guère grande en une cruauté si barbare qu'étoit la leur; que c'étoit agir avec bien peu de courage de flatter de paroles celui dont ils machinoient la mort; qu'ils l'avoient ainsi traité, et que, tandis qu'ils faisoient solliciter tous les juges contre lui, ledit Brantes lui disoit plusieurs fois qu'il n'auroit point de mal, et qu'on ne l'interrogeoit et faisoit son procès que pour avoir des lumières pour les procès qu'on vouloit parfaire aux autres.

On le mena le jour même chez le chevalier du guet, chez lequel il demeura deux jours seulement, durant lesquels il reçut plusieurs courriers du sieur de Luynes qui le pressoient de le faire sortir sans délai hors du royaume, tant ils étoient et de peu de courage et de peu de connoissance, qu'ils avoient peur de lui en ce misérable état où il étoit. J'avois donné ordre à un homme de lui bailler de la part de la Reine l'argent qui lui étoit nécessaire pour faire son voyage; mais son départ fut si pressé qu'il fut contraint d'emprunter de l'argent, lequel fut rendu incontinent après.

La Reine cependant se prépare à satisfaire au désir qu'elle avoit dès long-temps de se voir avec le Roi son fils: elle l'avertit du dessein de son voyage, et convie le sieur de Montbazon, qui la devoit venir quérir, de s'avancer. Luynes, de sa part, la sollicite en apparence de venir, et lui dépêche, au nom du Roi, le sieur de Marossan pour la prier de se trouver à Paris au retour du voyage du Roi à Compiègne, pour renouer une étroite et entière intelligence. Mais ce n'étoit rien au prix de la croyance et des lettres que le sieur évêque d'Aire lui portoit, pleines d'amour et d'impatience de la voir. Ces deux ambassadeurs, aussi différens dans le cœur que semblables en langage, et dont l'un trompoit autant que l'autre étoit trompé, firent ce qu'ils purent, l'un en apparence, l'autre en effet, pour y disposer son esprit.

L'évêque de Luçon, prévoyant bien que Luynes promettoit ce qu'il ne vouloit pas tenir, et que, sur le refus, il vouloit tirer avantage de ses offres, porta la Reine à recevoir les prières de son fils pour de très-agréables commandemens. Mais comme elle s'y disposoit, on lui témoigne sous main qu'elle feroit chose désagréable au Roi, et qu'elle en devoit perdre le désir.

Mais en même temps, M. le prince, délivré, tient des langages qui lui sont désavantageux, lui écrit quelques lettres dont les termes sont du tout éloignés du respect qu'il doit au Roi et à elle. Il fait passer une déclaration du 9 de novembre, aussi avantageuse pour lui comme elle étoit contraire à l'honneur de ceux qui ont conseillé son emprisonnement, et désavantageuse à l'honneur et au service de Sa Majesté : car, par icelle, le Roi attribuoit la détention faite dudit prince à ceux lesquels, pour l'honneur qu'ils avoient lors d'approcher Sa Majesté, et de tenir de grandes charges et pouvoirs en son royaume, avoient tellement abusé de son nom et autorité, que, si Dieu ne lui eût donné la force et le courage de les châtier, ils eussent enfin porté toutes choses en une grande et déplorable confusion : et Sa

Majesté disoit que, s'étant soigneusement informée des raisons sur lesquelles on avoit prétexté sadite détention, elle avoit trouvé qu'il n'y en avoit eu autres que les mauvais desseins de ceux qui vouloient joindre à la ruine de cet Etat celle dudit sieur prince, les actions et déportemens duquel avoient toujours tendu à l'affermissement de son autorité et sa grandeur. Pour raison de quoi Sa Majesté le déclaroit innocent des choses qu'on lui avoit imposées, et dont on avoit voulu charger son honneur et sa réputation, et sur lesquelles on avoit pris prétexte de le faire arrêter : et Sa Majesté, ce faisant, cassoit, révoquoit, et annuloit toutes lettres, déclarations, édits, arrêts, sentences et jugemens, si aucuns se trouvoient à son préjudice, depuis sa détention jusqu'alors.

Cette déclaration n'est pas plutôt expédiée que, par surprise, on la fait vérifier au parlement, les chambres non assemblées. On l'envoie par les provinces.

La Reine en écrit au Roi, lui représentant avec modestie le préjudice qu'il recevoit de cette déclaration, non-seulement par la part qu'il prend dans ses intérêts par son bon naturel, mais principalement en ce que la continuation de la détention de M. le prince, qu'il avoit fait faire par l'espace de deux ans, ne pouvoit être qu'injuste si le premier arrêt de sa personne étoit digne de blâme; que même on ne pouvoit condamner cette action sans le condamner lui-même, puisqu'elle avoit été faite avec sa connoissance peu auparavant qu'il prît le maniement de ses affaires.

Le Roi lui mande qu'il est fâché du déplaisir qu'elle a reçu des termes qui lui ont déplu dans ladite déclaration; qu'elle doit être fort éloignée de s'en croire offensée, puisque lui étant obligé, comme il est, du soin et des peines qu'elle a pris en l'administration de ses affaires, et en faisant profession publique de le reconnoître, l'ayant toujours louée, et la louant encore aux occasions de son affection au bien de son Etat, il est certain qu'il n'y a personne en ce royaume qui en puisse avoir autre impression ; ce qui lui donne juste sujet de croire que M. le prince n'a nul dessein de lui déplaire; qu'il sait trop bien l'honneur et le respect qui lui est dû, et combien il aura toujours agréable de le voir dans les mêmes sentimens que les siens.

En cette réponse les intentions du Roi lui sont si favorablement représentées, qu'il ne lui restoit rien à souhaiter, sinon qu'elles fussent aussi publiques qu'elles lui étoient particulières. Mais, bien que la réparation ne fût pas égale à l'offense, elle ne laisse pas de voir que le cœur du Roi est bon pour elle.

De ce déplaisir je pris occasion de lui faire connoître combien sa présence étoit nécessaire dans la cour, les avantages que tiroient ses ennemis de son éloignement, et que les inclinations du Roi étant bonnes pour elle, si elle avoit la liberté de le voir, ceux qui lui veulent mal seroient contraints de céder aux efforts de la nature. Mais bien que cette opinion fût la meilleure, elle fut peu suivie.

Chanteloube, qui ne m'étoit pas ami, et qui étoit ennemi découvert de ce conseil, ne perdit point de temps à me donner de l'exercice. Chez lui étoit le bureau des nouvelles, dont les moindres figuroient à la Reine le Roi irréconciliable, mettoient sa liberté en compromis, et ne lui faisoient voir que mépris pour elle dans sa cour, et salut dans les armes.

Ces raisons, qui ne manquoient pas d'apparence, n'eurent pas faute d'appui; elles furent soutenues des grands, qui espéroient profiter des divisions publiques, et de mes ennemis, qui pensoient, par ce moyen, me dérober la confiance de ma maîtresse; si bien que je fus, par prudence, contraint de revenir à leurs pensées, et, à l'imitation des sages pilotes, de céder à la tempête : n'y ayant point de conseil si judicieux qui ne puisse avoir une mauvaise issue, on est souvent obligé de suivre les opinions qu'on approuve le moins. Je voyois bien qu'il y avoit beaucoup à espérer pour la Reine dans la cour, et rien dehors : mais, parce qu'il y avoit beaucoup à craindre dans la puissance des favoris, j'aimai mieux suivre les sentimens de ceux qui la détournoient d'aller trouver le Roi, que de faire valoir mes raisons; ce que je fis cependant avec ce tempérament, que je suppliai la Reine d'envoyer recevoir les avis des personnes affectionnées à son service, avant que de prendre une dernière résolution.

Au même temps on fait des chevaliers du Saint-Esprit sans lui en donner aucune communication que le nombre n'en soit arrêté : on lui envoie M. de Tarajet, le 7 de décembre, pour lui en porter les noms; non-seulement n'en reçoit-on aucun à sa recommandation, mais ceux qui n'ont pas perdu entièrement le respect dû à la mère de leur maître en sont éloignés; on en rejette même qui ont été nommés du feu Roi, parce qu'on ne les croit pas ses ennemis : avoir juré sa ruine, c'est la meilleure preuve de noblesse, c'est avoir les conditions requises.

À l'instant qu'on a commis cette action de mépris,

on lui en fait des excuses; mais il parut incontinent qu'elles étoient faites avec plus d'artifice que de regret; car deux de ceux qui étoient nommés s'étant trouvés malades, on en choisit deux autres, savoir est le sieur de Valençay et le sieur de Saint-Chaumont, sans lui en donner avis ni liberté de remplir leur place.

Elle se plaint de ce traitement à ceux qui ont la meilleure part au maniement des affaires, se fâche qu'après leur avoir promis amitié ils ne lui donnent pas sujet de la continuer. Elle leur représente par diverses fois ses mécontentemens, afin qu'ils y apportent des remèdes : elle leur remontre qu'on ne se souvient point de l'argent qui lui a été promis pour le paiement de ses dettes; que pour vivre elle est réduite aux emprunts; que ceux qui l'ont suivie sont maltraités; que Mignieux est dépouillé de la place de Montreuil pour être affectionné à son service; que le marquis de La Valette est troublé ès fonctions de son gouvernement, sa place investie de gens de guerre; que l'on n'effectue point ce qu'on lui a promis en sa faveur, qui ne consiste qu'au rétablissement de sa charge, et au paiement des ses états et pensions; qu'il suffit de l'avoir mal en la bouche pour être bien en leur cœur et en ses affaires; qu'on a donné un gouverneur à son fils à son desçu; qu'elle approuve la personne, mais improuve la forme de son établissement; que la déclaration faite pour l'élargissement de M. le prince lui est d'autant plus sensible que l'honneur du Roi y est intéressé; qu'il est en ses mains de lui faire donner contentement par une déclaration nouvelle, qui, sans préjudicier à personne, fasse connoître à tout le monde que, par la déclaration faite en faveur de M. le prince, le Roi n'avoit pas entendu donner lieu de blâmer ses actions en l'administration de ses affaires, en étant très-content, et reconnoissant combien elle lui avoit été utile et avantageuse.

Au lieu de pourvoir à son contentement par ce moyen si raisonnable, on lui fait connoître clairement, par le refus, qu'on veut agrandir pour sa ruine celui qu'elle avoit abaissé pour la grandeur de l'Etat. On lui envoie le sieur de Brantes pour l'avertir que le Roi veut achever le mariage de Monsieur avec mademoiselle de Montpensier, et faire celui de madame Henriette avec M. le comte de Soissons.

La Reine répond qu'elle n'avoit rien à dire aux volontés du Roi; mais que, puisqu'il étoit question du mariage de ses enfans, où la nature lui donnoit un notable intérêt, elle savoit qu'il ne voudroit rien conclure qu'elle ne fût présente.

Il l'avertit encore de trois mariages qu'on propose: de mademoiselle de Bourbon avec le fils aîné du duc de Guise, de mademoiselle de Luynes avec son second, et de M. de Mercœur, fils du duc de Vendôme, avec la fille du duc de Guise.

La Reine écoute toutes ces propositions avec patience, et se porte volontairement à souffrir ce qu'elle ne peut empêcher.

Elle le prie à son tour de tenir la main à ce qu'elle touche le paiement des deniers qui lui ont été promis, à ce que les pensions que le Roi a accordées, à sa recommandation, à ses domestiques soient acquittées, à ce qu'au gouvernement de Metz il ne soit rien innové au préjudice du marquis de La Valette, et la création de la justice; mais surtout à ce qu'on lui accorde une déclaration qui fasse voir que, pour celle qui a été faite sur la délivrance de M. le prince, on n'a point entendu blâmer sa conduite.

Parmi tant de preuves de mauvaise volonté, M. de Luynes ne laisse pas de lui continuer ses sermens de fidélité et protestations de services.

En ce temps arriva à Paris le comte de Furstemberg, ambassadeur extraordinaire de l'empereur Ferdinand, de nouveau élu à cette dignité, pour supplier Sa Majesté de l'assister au soulèvement de la plupart de ses sujets, non tant contre lui que contre la religion catholique.

Après le décès de l'empereur Mathias, qui mourut le 10 de mars, ledit Ferdinand prit l'administration des deux royaumes de Bohême et de Hongrie, dont il avoit été, les deux années précédentes, élu roi, et semblablement aussi de l'Autriche, au nom et sous l'autorité de l'archiduc Albert qui en étoit héritier et lui en donna le pouvoir.

Incontinent, pour apaiser les mouvemens qui étoient en Bohême, il fit publier une suspension d'armes en son armée, commandée par le comte de Buquoy, et tôt après leur envoya la confirmation de leurs priviléges, promettant de faire observer tous les édits qui avoient été faits en Bohême touchant la religion. Mais tout cela n'adoucit point leurs esprits, ni ne les persuada de se mettre à la raison ; mais, au contraire, continuant toujours à lui faire la guerre, ils envoyèrent solliciter le duc de Saxe et le marquis de Brandebourg de les assister. Ceux de la haute Autriche s'y mirent avec eux, autant en firent les états de Silésie et de Moravie ; qui prirent prisonnier le cardinal Diefristein qui en étoit gouverneur, et en chassèrent tous les jésuites, pillèrent les biens des ecclésiastiques, et maltraitèrent tous les catholiques.

Le comte de La Tour fut si hardi qu'il vint jusqu'à Vienne, le 2 de juin, pour donner courage aux Luthériens, qui y sont en grand nombre, de se révolter, à quoi l'Empereur remédia, les désarmant ; et peu de jours après le comte de La Tour fut contraint de se retirer, et s'en retourner à Prague, sur la nouvelle qu'il eut de la défaite de quelques troupes de cavalerie que conduisoit Mansfeld.

Cependant l'électeur de Mayence convoqua l'assemblée des Electeurs à Francfort, au 23 de juillet, pour élire un empereur. Les Bohêmes y envoyèrent des ambassadeurs pour empêcher que le roi Ferdinand fût élu, se plaignant de ce qu'on l'avoit cité à l'assemblée, attendu qu'il n'y avoit point de droit, vu qu'il n'étoit pas en l'actuelle possession de l'électorat de Bohême. Mais, nonobstant toutes leurs oppositions, il fut élu le 8 d'août, selon le style ancien, et couronné le 30, nonobstant que d'autres pour les états de Bohême eussent conclu, le 19 d'août, de ne le reconnoître jamais, et de procéder à l'élection d'un nouveau roi ; et ensuite, le 26, élurent l'électeur palatin Frédéric v.

En ces entrefaites Gabriel Betlem, prince de Transylvanie, voyant le jeu trop beau pour n'en être point, se rendit maître de tout ce que la maison d'Autriche possédoit en Hongrie, depuis la rivière de la Teysse jusqu'à Presbourg, qu'il prit le 26 d'octobre.

L'électeur Palatin ayant été élu roi de Bohême, comme nous avons dit, ne voulut pas accepter la dignité qui lui étoit offerte, sans en prendre l'avis des princes et Etats protestans d'Allemagne, qu'il pria de se rendre, pour ce sujet, en personne, ou par leurs ambassadeurs, à Rotenbourg, où il en délibéreroit avec eux. Saxe lui déconseilla cette entreprise ; mais il crut les autres qui le lui conseillèrent tous, et partit de Heidelberg avec sa femme le 17 d'octobre, fit son entrée à Prague le 31, et fut couronné le 4 de novembre.

Le nouveau roi de Bohême, les princes et les Etats protestans d'Allemagne, tinrent en ce mois une assemblée à Nuremberg, en laquelle ils lièrent une plus étroite union entre eux, renvoyèrent le comte de Hohenzollern que l'Empereur leur avoit député, avec peu de satisfaction, et députèrent au duc de Bavière, le prièrent de désarmer, et faire faire le semblable aux princes et Etats catholiques, de faire qu'on leur accordât une chambre mi-partie en l'Empire, et plusieurs autres choses déraisonnables qu'ils mêloient avec des menaces, auxquelles le duc de Bavière répondit courageusement, et leur manda qu'ils s'adressassent à l'assemblée des princes catholiques qui se tenoit au même temps à Wurtzbourg.

L'Empereur se trouvant en ces altères, envoya au Roi le comte de Furstemberg en ambassade extraordinaire, lui demander assistance contre tant d'ennemis.

Le duc de Bouillon, qui étoit intéressé en cette affaire, et par les conseils trop hâtés qu'il avoit donnés au Palatin, et par l'alliance qui étoit entre eux, écrivit incontinent à Sa Majesté que, selon qu'elle lui a commandé de lui donner ses avis sur les affaires importantes qui se présenteroient en son royaume, il se sentoit obligé de la supplier de ne pas ajouter foi à ce que lui diroit l'ambassadeur de l'Empereur, qui voudroit bien convertir l'intérêt particulier de son maître en une cause publique de religion, pour obliger Sa Majesté à l'assister contre le bien de son Etat, qui a toujours été, et est encore de maintenir tous ceux que la maison d'Autriche veut opprimer, comme elle veut faire maintenant les états de Bohême et le roi Frédéric, et que Sa Majesté prendra un sage conseil s'il lui plaît moyenner la tenue d'une diète, où les rois et Etats non intéressés soient conviés d'intervenir par leurs ambassadeurs, pour, d'un commun consentement, juger les moyens qui seront les plus convenables pour ôter tous les prétextes des armes.

Mais Sa Majesté, ayant pitié de la religion, qui couroit fortune de se perdre en toute l'Allemagne, ne jugea pas à propos d'user d'un si long circuit en cette affaire, mais trouva bon d'envoyer promptement une ambassade solennelle, pour, par son entremise et autorité envers les princes et Etats intéressés, acheminer plus facilement toutes choses à un juste accommodement.

En cette année mourut la reine de la Grande-Bretagne, qui faisoit profession secrète de la religion catholique, entendoit souvent la messe et fréquentoit les sacremens, sans que le Roi son mari, qui en étoit bien averti, y apportât aucun empêchement. Dieu ne lui fit pas néanmoins la grâce d'avoir un prêtre pour se réconcilier avec lui en cette heure dernière, bien qu'elle en fût avertie et en eût la commodité; mais, s'estimant assez forte pour aller dans quelques jours à

Londres de Greenwich où elle étoit, la mort la prévint. Elle étoit princesse courageuse ; si elle eût vécu elle eût reçu avec grand contentement la nouvelle de l'assomption de sa fille à la dignité royale, mais avec un bien plus vif ressentiment de douleur celle de la mauvaise issue de sa prétendue royauté.

TABLE DES MATIÈRES

CONTENUES

DANS LE VOLUME VINGT-UNIÈME *BIS*.

MÉMOIRES DU CARDINAL DE RICHELIEU.

Livre premier.	Page 1
Livre II.	90
Livre III.	131
Livre IV.	152
Livre V.	183
Livre VI.	221
Livre VII.	282
Livre VIII.	381
Livre IX.	490
Livre X.	520

FIN DU TOME VINGT-UNIÈME *BIS*.

www.ingramcontent.com/pod-product-compliance
Lightning Source LLC
Chambersburg PA
CBHW051326230426
43668CB00010B/1158